中小学心理辅导的
实施与案例分析

林雅芳◎著

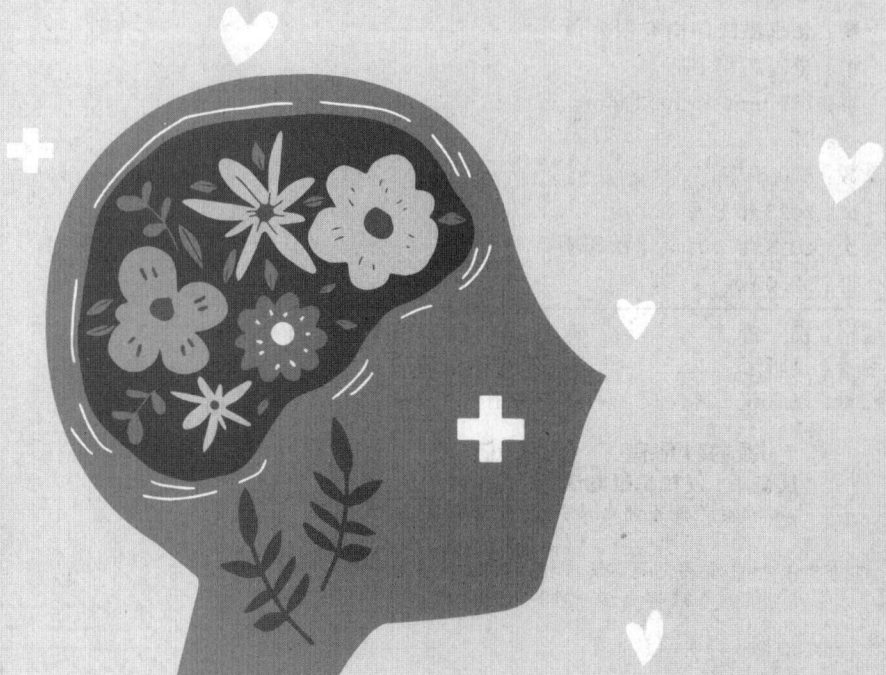

北京师范大学出版集团
BEIJING NORMAL UNIVERSITY PUBLISHING GROUP
北京师范大学出版社

图书在版编目(CIP)数据

中小学心理辅导的实施与案例分析 / 林雅芳著. —北京：北京师范大学出版社，2023.8
ISBN 978-7-303-28768-0

Ⅰ. ①中… Ⅱ. ①林… Ⅲ. ①中小学－心理健康－健康教育－案例 Ⅳ. ①G444

中国国家版本馆 CIP 数据核字(2023)第 016021 号

北师大地方教材平台 http://dfjc.100875.com.cn

ZHONGXIAOXUE XINLI FUDAO DE SHISHI YU ANLI FENXI

出版发行：北京师范大学出版社 www.bnupg.com
　　　　　北京市西城区新街口外大街 12-3 号
　　　　　邮政编码：100088
印　　刷：北京溢漾印刷有限公司
经　　销：全国新华书店
开　　本：787 mm × 1092 mm　1/16
印　　张：27
字　　数：600 千字
版　　次：2023 年 8 月第 1 版
印　　次：2023 年 8 月第 1 次印刷
定　　价：98.00 元

策划编辑：祝　蕾　　　　　责任编辑：祝　蕾　徐　玥
美术编辑：姚昕彤　　　　　装帧设计：汉风唐韵
责任校对：段立超　陈　民　　责任印制：李汝星

前　言

我与中小学心理辅导教师的第一次真实接触发生在 2008 年，我在导师张日昇教授的带领下为四川近 400 名中小学心理教师讲解了我使用箱庭疗法为一位聋生进行心理辅导的过程。课后有几位心理教师围着我，他们的不吝赞美让初出茅庐的我异常羞涩，更让我意外的是他们热衷学习的态度，那一次我仿佛被他们无尽的问题包围，也第一次认真思考关于中小学心理辅导的问题。得益于工作上的契机，我与中小学心理辅导教师的接触已整九年，在这九年的时间里，我更深刻地认识到了他们的尴尬与孤独。

2021 年 7 月，教育部发布《关于加强学生心理健康管理工作的通知》，其中强调每所中小学至少配备一名专职心理健康教育教师。心理教师正在变得重要和急缺，然而现实生活中他们很难全情投入在学校心理健康教育工作上。很多学校仅设一名心理教师，很多心理教师一个人忙成了一支队伍，上课、心理辅导、组织活动、应对各种检查、承担学校其他任务等，这些都使心理教师疲于应对。同时，越来越多的学生、家长和教师逐渐认识到心理健康的重要性，心理辅导工作随之日益繁重，但缺少清晰的定位、对辅导理论的一知半解、不熟悉心理辅导的流程和技术等问题也让心理教师们感到无助。此外，忽视伦理议题带来的意外频发、心理评估能力弱导致的工作繁杂、与家长合作的困境等也使心理教师们心力交瘁。与外在的压力相比，更让他们感到焦虑和孤独的是专业成长路径的狭窄。尽管教育主管部门组织了相关的专业培训，商业培训也层出不穷，但因其要么缺少系统性，要么忽视了中小学心理辅导的工作实际，加之每位心理教师的成长诉求不同，所以目前仍有部分心理教师在面对心理辅导工作时会有无能为力的感觉。

以上种种是我写作本书的初衷。萌生撰写本书的念头时，我曾抱有憧憬：只要罗列心理教师们提交的优秀案例，就足以起到启发的作用。然而在研读他们提交的案例之后，我决定放弃执念，重新深入心理教师的工作实践，结合他们的工作和社会发展现状，尝试构建理论框架，对案例进行审阅批注，最终形成本书现在的样子。

本书包括两个部分，第一部分在对现有心理健康教育的政策、文件等梳理之后，根据已有研究和理论，对中小学心理辅导教师的常见困惑进行了理论阐释。这部分共七章，分别是中小学心理辅导概述、中小学心理辅导教师的定位与发展、中小学心理辅导常用理论、中小学心理辅导的流程、中小学心理辅导中的伦理议题、中小学心理辅导中的评估、与家庭一起开展工作。第二部分以批注真实的中小学心理辅导案例的方式来阐述常用的心理辅导技术，包含了多动症、焦虑、抑郁、自我认识、人际关系问题、适应问题等常见的心理辅导主题。

在本书术语的使用上，我曾经左右为难。一方面，我希望选择公众偏好的术语，同时兼顾中小学心理辅导的工作实际。然而我发现随着术语的普及，它们的含义已经发生了变化。这一点并非我个人的感受，研究者也发现了概念的普及导致含义逐渐折损(Mcwilliams，2011)，如抑郁变得与多愁善感"不分彼此"。术语的变化不仅包括折损，也包括值得警觉的混淆和乱用，如诊断和评估的混淆、家庭教养方式和家庭养育理念的乱用等。因此我在撰写时，尽可能地溯本求源，同时增加必要的解读，力求呈现专业术语原本的含义，同时避免专业术语晦涩难懂。另一方面，与心理咨询的研究相比，关于中小学心理辅导的研究少且不成规模，很多内容需要借鉴心理咨询现有研究结果，阅读起来难免杂乱。因此，在必要时，我会用心理辅导一词直接替代咨询，但更多时候我会尊重研究者的研究对象和术语使用情境，这一点也需要读者在阅读时做必要的转换。

在称谓上，我在第二章开篇说明了使用"心理辅导教师"一词的缘由；与之相对应的是心理辅导的服务对象，本书将其统称为来访者，这个称谓更突出服务对象的主动性和自主权，同时也指出他们只是在情绪或适应环境上遇到困惑，需要帮助。

本书的撰写离不开中小学心理教师的支持。本书第二部分的案例来自我在北京教育学院负责的研修项目——北京市中小学心理健康教师心理辅导能力提升项目。在收集到的 132 个案例中，本书采用的这 16 个案例各具特色，按照其具体涉及的辅导内容分为七个主题，分别是多动症、焦虑、抑郁、自我认识、人际关系问题、适应问题和其他主题。16 位案例提供者也是当事案例的心理辅导教师，他们来自北京市各区中小学和教研部门，分别是王燕(石景山区实验中学)、刘爱萍(顺义区教育研究和教师研修中心)、朱虹(东城区教育研修学院)、张静(北京市航天中学)、李梦璐(北京市第三中学)、吴丽梅(北京市东城区史家小学)、佘晓君(北京市第十四中学)、陈晓莉(北京理工大学附属中学)、林翔宇(北京市第一零九中学)、林丽(北京市育英学校)、罗守彪(北京市房山区霞云岭中心小学)、郑璐(北京市人大附中分校)、赵建琦(北京市平谷区山东庄中心小学)、康菁菁(北京教育学院丰台分院)、黄菁莉(北京市西城区三里河第三小学)、鄢荣农(北京市海淀区教师进修学校)。他们提供的案例翔实真挚，各具特色。他们对待来访者的认真、对待心理辅导工作的热情是我撰写本书的重要动力，在此一并感谢他们的分享精神与开放心态。

本书在撰写过程中听取了不少专家、前辈、老师和同事的意见和建议。我曾经的领导何劲松院长支持彼时资历尚浅的我大胆尝试，承担了北京市中小学心理健康教师心理辅导能力提升项目，本书的案例均来自该项目；钟祖荣院长、汤丰林院长、胡淑云教授、王远美教授等都为项目的质量提升给予了专业又温暖的支持。我的导师刘翔平教授、张日昇教授，多年来言传身教，对我而言他们不仅是行业的标杆，更是人生的灯塔，他们对我的教育严厉和温柔并存，足以温暖我的后半生；他们对待学术的严谨态度和钻研精神一直是我模仿的榜样。我的同事伍芳辉教授、曾盼盼博士、马英博士、张玉静博士、刘晓柳博士等人对本书的理论和案例部分均给予了大量中肯的建议，使本书内容更加丰富，他们也是我工作和生活中的重要社会支持。以上无法穷尽我身边的温暖，在此一并表达感激之情。

目 录

第一部分 中小学心理辅导的实施

第一部分

中小学心理辅导的实施

第一章　中小学心理辅导概述

心理学建立之初有三大重要使命：第一，治愈心理疾病；第二，使所有人的生活过得更幸福、效率更高和自我更充实；第三，发现并培养有特殊才能的孩子。受其影响，中小学心理健康教育工作也把三大使命作为从事学校心理工作的重要依据。我国中小学心理健康教育起步于 20 世纪 80 年代，随着经济的高速发展，社会转型期对人们心理的冲击也影响了中小学生的心理健康，心理健康教育随之应运而生。在近四十年的发展中，中小学心理健康教育的具体内容和开展形式日益丰富，心理辅导成为心理健康教育的重要组成。

心理健康教育是指一切有利于学生心理素质培养和人格健全的教育活动，包括学校、家庭、社会教育等。林效廷（2005）把心理健康教育定义为教育者与受教育者相互作用的过程，是教育者运用心理学的原则和特殊技术协助受教育者增进自我了解、自我抉择、自我发展，进而自我实现的一个过程。叶一舵和赖运成（2015）则根据学校心理健康教育的具体内容把学校心理健康教育定义为教育者根据学生的生理、心理发展特点，运用心理学、教育学及相关学科的理论和技术，通过心理健康教育课程、心理健康教育活动、学科渗透、心理辅导与心理咨询以及优化心理环境等相关的途径和方法，帮助学生解决成长过程中的心理问题，促进全体学生心理素质提高和心理机能发展的一类教育活动。1999 年 8 月 13 日，教育部颁布了《关于加强中小学心理健康教育的若干意见》，指出"中小学心理健康教育是根据中小学生理、心理发展特点，运用有关心理教育方法和手段，培养学生良好的心理素质，促进学生身心全面和谐发展和素质全面提高的教育活动，是素质教育的重要组成部分"。此外，《中小学心理健康教育指导纲要（2012 年修订）》《中小学心理辅导室建设指南》等文件均强调了心理健康对学生发展的重要性，同时为心理健康教育工作的开展提供了具体的指导和细致的规范。

近年来越来越多的政策和文件突出强调了中小学心理健康教育的重要性，其中指导和规范心理辅导的内容日益增加。2016 年，国家卫生计生委等 22 个部门出台了我国首个心理健康领域宏观指导性文件《关于加强心理健康服务的指导意见》（以下简称《意见》），《意见》指出要加强重点人群心理健康服务，包括针对儿童青少年的心理健康教育工作。2019 年国家卫生健康委等 12 部委联合发布了《健康中国行动——儿童青少年心理健康行动方案（2019—2022 年）》（以下简称《方案》），《方案》指出儿童青少年心理健康工作是健康中国建设的重要内容，到 2022 年底基本建成有利于儿童青少年心理健康的社会环境，形成学校、社区、家庭、媒体、医疗卫生机构等联动的心理健康服务模式，落实儿童青少年心理行为问题和精神障碍的预防干预措施，各级各类学校建立心理服务平台或依托校医等人员开展学生心理健康服务。2021 年 11 月教育部对《关于进一步落实青少年抑郁症防治措施的提案》进行答复时明确提出，将抑郁症筛查纳入学生健康体检内容，建立学生心理健康档案，评估学生心理健康状况，对青少年进行预防抑郁症教育。这些政策、文件的出台直接和间接地推动了中小学心理辅导工作的开展和实施。

随着中小学对心理健康教育的需求不断增长，心理健康教育得以不断规范化和专业化。首先是心理健康教育课程以快速传播心理健康知识、提升心理健康意识、解决学生们成长中的共性问题和发展性问题等特点受到了广大中小学的重视。心理健康教育课程更强调体验性和应用性，是对学生生活的凝缩、提炼和升华。我国地大物博，生活习惯、民风民俗丰富多样，因此当前心理健康教育课程不仅需要关注学生发展的共性问题，也需要考虑不同地区学生生活的差异性和体验的丰富性。近些年大部分地方心理健康教育教材开始涉及地区差异，有很多心理健康教育发展较好的学校也开始在借鉴现有教材的基础上，开发具有本校特色、更加符合学生需要的校本课程，越来越多的心理教师在设计课程时基于更细致的学情分析。上好心理健康教育课也成了很多中小学心理教师的主要工作。其次，心理辅导作为心理健康教育的组成部分越来越受到人们的重视，一方面学生的个性化发展需求激发了心理辅导的开展与深化；另一方面有特殊需要的学生群体有所增加（这里不仅仅是有心理问题的学生增加，更重要的是学生的求助意识也明显增强）。然而心理辅导的开展不仅需要心理辅导的技术，更需要把心理辅导放到心理健康教育和学校教育的体系中，因此中小学心理辅导教师有必要对中小学心理辅导的概念、目标、任务和途径有所了解。

第一节　中小学心理辅导的概念

中小学心理辅导这一概念在不同场景下并不总是有清晰的内涵和外延，在有关中小学心理辅导的研究和实践中，心理辅导经常与辅导、心理咨询、心理治疗等不同的概念混淆使用。因此要想了解中小学心理辅导的概念，需要对这些相关概念进行阐述和辨析。

一、相关概念

下文在对相关概念的阐述中，既包含了不同概念的定义，也从中小学心理辅导工作开展的角度对其进行辨析。

1. 辅导

张春兴（1992）认为辅导是一个教育的历程，在辅导历程中，受过专业训练的辅导人员，运用其专业知识和技能，协助受辅者了解自己，认识世界，根据其自身条件（如能力、兴趣、经验、需求等），建立有益于个人和社会的生活目标，并使之在教育、职业及人际关系等各方面的发展上，能充分展现其能力和个性，从而适应生活。张春兴提出了辅导的四个特征：第一，辅导是连续不断的历程，人的一生任何阶段均需辅导；

第二，辅导是合作和民主式的协助，根据受辅者的需求而辅导，而非强迫式的指导；第三，辅导重视个体差异，旨在配合个人条件，辅其自主，导其自立；第四，辅导的目标是个人与社会兼顾，以期个体在发展中既利于己，也利于人。

张春兴对辅导的定义超越了中小学心理辅导的内涵与外延，其中有些界定值得中小学心理辅导教师学习，如强调辅导的必要性，尤其是对受辅者（来访学生）主动性和自主性的强调等；再如兼顾个体与社会，如果脱离社会环境和社会发展讨论个体的心理健康，忽视文明程度对心理健康的影响，那么这样的心理健康目标无疑是无效乃至对个体发展有害的。值得注意的是，在上述定义中可以看到对辅导的定义并不是很突出心理咨询的成分及相关内容，这与很多中小学心理辅导教师的理解和实际工作内容是有差异的。有的研究者认为学校的所有事都与辅导学生这一概念有关：教师对学生的日常教导，对人际关系进行的辅导，管理者在学校政策、学校课程、纪律和学校计划有关的方面对学生进行的辅导（施密特，2013）。因此，辅导渗透在学校的所有方面，学校的心理辅导更像是超越了治疗关系限制的另一种咨询服务，是给每一个人而不只是有问题的人提供心理咨询。

2. 心理咨询

广义的心理咨询包括心理咨询和心理治疗，有时心理检查、测验和评估也被列入心理咨询的范畴。狭义的心理咨询仅指咨访双方通过面谈、电话或网络等手段，由咨询师向来访者提供心理援助和咨询帮助。不同的研究者对心理咨询的定义略有不同，如罗杰斯将心理咨询解释为通过与个体持续的、直接的接触，向其提供心理援助并力图帮助其改变行为、态度的过程。张日昇（1999）综合了不同研究者对心理咨询的理解后提出了心理咨询的定义：运用心理学的方法，对在心理适应方面出现问题并企求解决问题的求询者提供心理援助的过程。上述关于心理咨询的定义包含了中小学心理辅导的内容以及常见的辅导过程，将重点放在问题解决和心理援助上。

3. 学校心理辅导

综合辅导与咨询的定义，徐光兴认为以学校教育活动为背景的心理辅导和咨询，即学校心理辅导，主要以儿童和青少年的学习、适应、人格成长作为中心问题予以援助。被援助者不仅包括学生，也包括学生的家长和学校的教师。这个定义界定了工作的对象和内容，是比较贴近中小学心理辅导实际工作的。但心理辅导教师依然需要明确的是，心理辅导工作的设计和提供的服务是给全体学生而非少数学生的，是帮助所有的学生恰当地认识自己，了解自己的力量，使用积极的方法使学习更具效能，生活中更能体现个人能力和价值。

吴增强（2012）从学校教育的目标出发，将学校心理辅导界定为教育者运用心理学、教育学、社会学、行为科学乃至精神医学等多种学科的理论和技术，通过小组辅导、个别辅导、心理辅导课程以及家庭心理辅导等多种形式，帮助学生自我认识、自我接纳、自我调节，从而充分开发自身潜能，促进其心理健康与人格和谐发展的一种教育活动。吴增强还阐述了上述定义的几点含义：一是学校心理辅导的直接目标是提高全体学生的心理素质，最终目标是促进全体学生人格的健全发展；二是学校心理辅导是帮助学生开发自身潜能、促进其成长发展的教育活动，通过他助、互助培养其自助能力；三是学校心理辅导是具有现代教育理念的方法和技术，它不是一种带有指示性的说教，而是耐心细致的聆听和诱导，它不是一种替代，而是一种协助和服务。

吴增强的定义提醒我们学校心理辅导目标的系统性，展示了学校心理辅导理论和技术的多元性和包容性，这一点与当下很多中小学心理辅导的实际情况相符合。确实很多学校的心理辅导并不仅仅以心理学的理论支撑，更像是整合了多种学科后灵活开展的教育活动，这个教育活动更强调以学生为中心，最终提升学生的自助能力。同时吴增强还介绍了学校心理辅导的常见形式，尽管随着中小学心理辅导的不断深入和细化，研究者越来越难将所有的辅导形式穷尽，但上述分类较为全面。从我个人的经验看，我更倾向于将心理辅导纳入心理健康教育课程体系之中，本书的结构也建立在这个分类的基础上。

也有研究者从学校实务工作开展的角度定义学校心理辅导（刘华山，1998），他们认为学校心理辅导是学校辅导人员运用其专业知识和技能，给学生以合乎其需要的协助与服务，帮助其了解自己，认识环境，解决其所遇到的心理问题，使其健康成长的过程。

二、相关概念辨析

上述内容包含了辅导、心理咨询、学校心理辅导等不同的概念，并结合当前中小学的实践进行了辨析。不同概念的差异主要集中在心理辅导、心理咨询和心理治疗之间的差异以及各自所涵盖的内容上。大部分的学者把三者看作既有联系又有区别的三种心理辅导模式，其中广受认同的是吴武典（1987）对三者及教育关系的界定，他指出四个术语的目的都是为了助人成长或解决问题，功能与性质有所重合，但在服务对象和程度上有所差别（见图 1-1、图 1-2）。

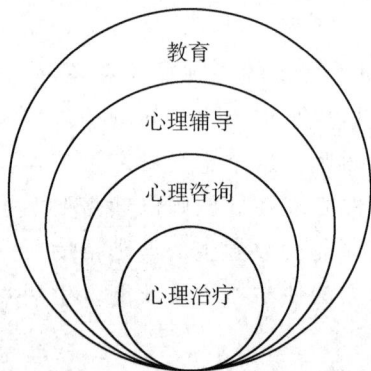

教育	心理辅导	心理咨询	心理治疗
常态的		←──────→	异常的
团体的		←──────→	个别的
认知的		←──────→	情感的
预防的		←──────→	治疗的
一般的		←──────→	特殊的
结构的		←──────→	非结构的
终身的		←──────→	定时的

图 1-1　四种概念的范围比较　　　　图 1-2　四种概念的特征比较

如图 1-1、图 1-2 所示，心理辅导、心理咨询和心理治疗的目的都是帮助来访者解决心理问题，使用的理论和技术基本相同，只是在助人的专业范围和程度上略有不同。

从中小学心理教师的工作内容上看，它们经常是混在一起的，心理辅导不仅要关注异常和治疗，更要关注常态和预防。

三、实践视角下对心理辅导的界定

有很多中小学心理教师参加了社会上组织的种种心理咨询培训之后，回到中小学校园开展工作时会遇到一些阻碍。在他们的经验中，心理治疗往往被看作是对个别的、较为严重或者确诊的患者进行的心理援助，重在治疗；而心理咨询更强调对一般性心理问题、严重心理问题、发展性心理问题的专业支持；心理辅导更多融入了教育与指导的内容，兼容了心理咨询与心理教育，并不是真正意义上的咨询。心理咨询中强调咨询师需要不断地觉察自己的价值观是否影响了（激进者也常用"污染"一词）来访者本身，需要尽力做到"价值中立"，其原因一方面是咨询师尽量不要让自己的价值观扰动来访者问题解决的进程；另一方面是希望通过不指导、不主导的咨询方式来激发来访者承担自己的问题的基本责任。然而中小学心理辅导的对象中有大部分是"被动"而来的，加之年龄、经验、学校发展要求等的差异，辅导教师很难完全做到价值中立和不指导、不主导，因此心理辅导也经常被视作在中小学开展的不正规的"心理咨询"。从个人的角度来看，我喜欢这种"不正规性"。中小学是个体三观形成的重要时期，任何一名教师都必须承担引导学生树立正确三观的义务，因此无法对心理辅导中可能出现的歪曲价值观置之不理。在理解来访学生情绪和动机的基础上，必要的价值引导是学校心理辅导的重要任务。每个学校的运作机制、心理辅导教师的任务都不相同，尽管心理辅导看起来不如心理咨询"正规"，但前者更符合学校的需求，站在学校的视角，如果把心理咨询的模式完全搬到校园工作中，可能还会激化实践中的种种矛盾。

当前对我国所有中小学心理教师最具直接指导意义的是《中小学心理健康教育指导纲要（2012修订）》（以下简称《纲要》）。《纲要》指出：心理辅导是一项科学性、专业性很强的工作，心理健康教育教师应遵循心理发展和教育规律，向学生提供发展性心理辅导和帮助。开展心理辅导必须遵守职业伦理规范，在学生知情自愿的基础上进行，严格遵守保密原则，保护学生隐私，谨慎使用心理测试量表或其他测试手段，不能强迫学生接受心理测试，禁止使用可能损害学生心理健康的仪器，要防止心理健康教育医学化的倾向。《纲要》中的阐述更多强调了开展中小学心理辅导的过程和注意事项，对心理辅导教师的工作具有极强的指导意义，值得广大中小学心理工作者认真研读。

综合上述观点，结合中小学心理辅导开展的实际情况，中小学心理辅导可以界定为，在中小学校整体教育体系中，受过专业训练的中小学心理辅导教师，立足中小学生发展特点及教育规律，遵守相关法律法规和职业伦理规范，利用专业知能对有意愿和需求的学生及相关人员，通过个体、团体辅导等形式开展的，以促进学生恰当地认识自我、有效应对和灵活适应为本，以提高学生的创造性、激发学生的潜能、唤醒学生的社会责任为目标，促进学生全面发展的一种教育活动。

第二节　中小学心理辅导的目标

中小学心理辅导的目标是培养身心健康的个体，推进素质教育。从教育经济学的角度看，每个孩子都是社会的财富，中小学的心理健康教育应立足基本国情和当前社会环境，以尊重规律为基础，培养能够面向未来的社会人。讨论中小学心理辅导的目标，既需要有对心理健康的理解，也需要有对个体在中小学阶段发展特点的思考。

一、心理健康的标准

心理健康的重要性越来越受到人们的重视。世界卫生组织对健康的定义强调了心理健康的重要性，它给健康下的定义为"身体、精神以及社会活动中的完美状态"。健康不仅是躯体没有疾病，还包括心理健康、社会适应良好和有道德。《"健康中国2030"规划纲要》中特别提出了促进心理健康的内容，强调"加强心理健康服务体系建设和规范化管理。加大全民心理健康科普宣传力度，提升心理健康素养。加强对抑郁症、焦虑症等常见精神障碍和心理行为问题的干预，加大对重点人群心理问题早期发现和及时干预力度。加强严重精神障碍患者报告登记和救治救助管理。全面推进精神障碍社区康复服务。提高突发事件心理危机的干预能力和水平。到2030年，常见精神障碍防治和心理行为问题识别干预水平显著提高"。

尽管心理健康得到了充分的重视，但其界定仍缺乏公认的、一致的标准。1946年第三届国际心理卫生大会对心理健康首先进行了定义：所谓心理健康，是指在身体、智能以及情感上与他人的心理健康不相矛盾的范围内，将个人心境发展成最佳状态。具体表现为：身体、智力、情绪十分协调；适应环境，人际关系中彼此谦让；有幸福感；在工作和职业中，能充分发挥自己的能力，过有效率的生活。这个定义强调了个体在生活的方方面面处于有效平衡的状态，也凸显了个体性与社会性之间的平衡。心理学家们也纷纷给出了关于心理健康的标准，其中美国心理学家马斯洛和米特尔曼提出的心理健康的十条标准被公认为"最经典的标准"：

(1)有充分的安全感；

(2)充分了解自己，并对自己的能力做适当的估价；

(3)生活的目标切合实际；

(4)与现实的环境保持接触；

(5)能保持人格的完整与和谐；

(6)具有从经验中学习的能力；

(7)能保持良好的人际关系；

(8)适度的情绪表达与控制；

(9)在不违背社会规范的条件下，对个人的基本需要做恰当的满足；

(10)在集体要求的前提下，较好地发挥自己的个性。

需要注意的是，心理健康是一个动态的过程，因此在个体不同的阶段有不同的健康标准，如根据青春期个体的心理活动特点，青春期个体心理健康的标准如下：

(1)智力发育正常，即个体智力发展水平与其实际年龄相称；

(2)稳定的情绪，尽管会有悲哀、困惑、失败、挫折等，但不会持续长久；

(3)能正确认识自己，清楚自己存在的价值，有自己的理想，对未来充满信心；

(4)有良好的人际关系，尊重理解他人，学习他人长处，友善、宽容地与人相处；

(5)稳定、协调的个性，能对自己个性倾向和个性心理特征进行有效控制和调节；

(6)热爱生活，能充分发挥自己各方面的潜力，不因挫折和失败而对生活失去信心。

大部分中小学心理辅导教师对学生心理健康的判断带有强烈的主观性，其中最典型的就是把个体放在群体当中去比较，判断个体的知、情、意、行是否有所不同，甚至大部分心理辅导教师直接观察个体的行为表现是否突出或异常，如果没有异常则代表了个体的心理健康水平没有大的问题。这样的判断尽管朴素，却也有它的实用价值。有的心理学家指出心理健康包括以下七个方面：智力正常，情绪健康，意志健全，行为协调，人际关系适应，反应适度，心理特点符合年龄(马建青，1992)。个体在这几个方面的表现与同龄人差不多就是健康的。当然，有些老师会通过学习成绩来判断，也许有人会认为这样的判断过于功利，其实也不尽然，因为学习成绩不仅是智力正常的佐证，也是一个学生身心健康的"副产品"。不过个体的心理健康问题影响学习成绩需要一定的时间，因此仅仅依靠学习成绩来判断可能会错失最佳的辅导契机，我还是希望中小学心理辅导教师能够站在更加宏观的、动态的视角看待每一个学生的心理健康，对个体的心灵和人性的运作保持基本的尊重，同时在考虑到社会文明对个体心理健康的影响的基础上，理解心理健康对中小学生而言是在身心统一、人格逐渐完善、满足个体发展的同时，能够有效发挥社会功能的持续的心理状态。

二、不同国家和地区心理辅导的目标

心理健康的标准可以作为确立中小学心理辅导目标的理论支持。此外，借鉴其他国家和地区的心理辅导目标也会对中小学心理辅导教师开展工作有所启发。美国学校咨询师协会(American School Counselor Association，ASCA)制定的学校心理咨询伦理标准把学业发展、职业发展和个性/社会性发展作为学校辅导三大目标(Dansby-Giles, et al.，1999)。我国台湾地区1992年修订的小学辅导活动纲要把小学生的辅导分为生活辅导和学习辅导两个方面，并从这两个方面提出了辅导的目标。

(1)生活辅导目标

①协助儿童认识并接纳自己；

②协助儿童适应家庭生活；

③协助儿童认识学校，并适应学校生活；

④协助儿童认识人际关系，以增进群体发展；

⑤协助儿童认识社区，并能有效地运用社区资源；

⑥协助儿童提高价值判断与解决问题的能力；

⑦辅导儿童培养民主法治素养，并协助他们过有效的公民生活；

⑧辅导儿童妥善安排并享受休闲生活，增进儿童活泼快乐的生活情绪；

⑨培养儿童正确的职业观念与勤劳的生活习惯；

⑩辅导情绪困扰等适应欠佳儿童，以疏导他们的情绪，矫正他们的行为；

⑪协助特殊儿童开发潜能，并辅导他们的人格与社会生活正常发展。

(2)学习辅导目标

①协助儿童培养浓厚的学习兴趣；

②协助儿童建立正确的学习观念与态度；

③协助儿童发展学习的能力；

④协助儿童养成良好的学习习惯与有效的学习方法；

⑤协助儿童培养适应与改善学习环境的能力；

⑥特殊儿童的学习辅导；

⑦辅导儿童升学。

上述辅导目标涉及学生生活学习各方面的素养要求，这部分内容更像是我们所说的心理健康教育目标。从中可以看出，心理辅导作为心理健康教育的重要组成部分，其目标包含在心理健康教育的大目标之中。

吴增强(2012)提出了对学校心理辅导的目标的理解，他认为学校心理辅导的目标大致应包括以下两个方面。

(1)发展性目标

①帮助学生认识自己、接纳自己；

②帮助学生学习发展良好的人际关系，培养合群性、同情心；

③帮助学生适应学校生活环境，热爱学校生活；

④帮助学生发展其学习能力，培养正确的学习观念、良好的学习兴趣与学习习惯；

⑤帮助学生提高承受挫折的能力，培养良好的意志品质；

⑥帮助学生在学习、生活中学会调节、控制自己的情绪，经常保持乐观、平和、愉快的心境；

⑦帮助学生培养独立自主的精神，懂得对自己的行为负责；

⑧帮助学生培养创造力和创新精神。

(2)防治性目标

①辅导学习困难的学生，改善他们的学业成绩；

②辅导有情绪困扰、行为问题的学生，改善他们的情绪，矫正他们的行为；

③辅导家庭环境不利的学生，帮助他们健康成长；

④辅导学业优秀的学生与智力超常的学生，使他们获得更佳的发展。

上述心理辅导目标包含了发展性和防治性两部分，体现了对全体学生心理发展的重视，也凸显了对特殊需要学生的关注；尽管在有些表述上存在着理解上的争议，但总体上是关于中小学心理辅导目标较全面的论述。

三、囊括在心理健康教育体系中的心理辅导目标

理解心理健康对中小学生发展的重要性，了解心理健康的标准，以及参考其他国家和地区的辅导目标，对于中小学心理辅导教师理解中小学心理辅导的目标会有更系统的助益。中小学心理辅导的目标隶属于心理健康教育的大目标，我国中小学心理辅导教师需要认真研读落实《纲要》中关于心理健康教育的目标的阐述，包括总目标、具体目标以及由目标引申的任务。

心理健康教育的总目标是：提高全体学生的心理素质，培养他们积极乐观、健康向上的心理品质，充分开发他们的心理潜能，促进学生身心和谐可持续发展，为他们健康成长和幸福生活奠定基础。

心理健康教育的具体目标是：使学生学会学习和生活，正确认识自我，提高自主自助和自我教育能力，增强调控情绪、承受挫折、适应环境的能力，培养学生健全的人格和良好的个性心理品质；对有心理困扰或心理问题的学生，进行科学有效的心理辅导，及时给予必要的危机干预，提高其心理健康水平。

《纲要》罗列的目标有其更为宏观的思考，而且将中小学心理辅导看作教育工作中的重要一环。纵观我国开展的心理健康教育，其实隶属于德育工作，因此中小学心理辅导的目标作为小目标必须与教育的大目标是一致的。2021年4月，第十三届全国人民代表大会常务委员会第二十八次会议通过再次修改后的《中华人民共和国教育法》，其中第五条规定："教育必须为社会主义现代化建设服务、为人民服务，必须与生产劳动和社会实践相结合，培养德智体美劳全面发展的社会主义建设者和接班人。"因此我国中小学心理辅导的目标不是单纯的心理疾病的治愈或者潜能的增长，而是整体育人情况的提升，是每个学生全面深入的发展。落实在每个中小学生的实际生活中，就要求对他们的教育既能满足个体的发展，也能使他们对未来的社会发展做出贡献，帮助其发挥潜能和天赋。这一点与杨国枢教授的看法相同，他认为教育的目标是增进个体良好的生活所需要的知能与态度。所谓"良好的生活"突出的是适应性，一是个体在学习、工作、情绪及社会关系上适应良好，二是个人就其能力所及，对社会有贡献。

2021年7月，中共中央办公厅、国务院办公厅印发《关于进一步减轻义务教育阶段学生作业负担和校外培训负担的意见》（以下简称《意见》）。《意见》明确指出"双减"的总体目标是在一年内使学生过重作业负担和校外培训负担、家庭教育支出和家长相应精力负担有效减轻，三年内使各项负担显著减轻，教育质量进一步提高，人民群众的教育满意度明显提升。《意见》明确"强化学校教育主阵地作用，深化校外培训机构治理，坚决防止侵害群众利益行为，构建教育良好生态，有效缓解家长焦虑情绪，促进学生全面发展、健康成长"。主要任务和重大措施有：全面压减作业总量和时长，减轻学生过重作业负担；提升学校课后服务水平，满足学生多样化需求；坚持从严治理，全面规范校外培训行为；大力提升教育教学质量，确保学生在校内学足学好。

看上去"双减"政策并不涉及中小学心理健康教育，尤其是心理辅导的部分，然而健康是学生发展的前提和基础，中小学心理辅导也要思考"双减"的目标，其核心是提

升教育质量和人民对教育的满意度，一方面使身处教育外围的广大人民群众感受到教育的公平、公正，不由家庭的经济基础薄厚来决定受教育的质量；另一方面是让身处教育之中的学生们不以单一的成绩和作业量来论成败，而是能够保持热情和创造性，保持旺盛的生命力。当前让很多心理辅导教师感到压力的辅导内容是学生们动力的缺乏，尤其是他们在行动上、思想上和表达上变得缺少生机，仿佛学校生活寡淡无趣到让他们不愿意付出热情；也有部分同学的热情在长期的外在单一评价中被浇灭，甚至出现习得性无助①。这一现象在社会群体中也不少见，近几年出现的"躺平"之风从侧面印证了这一点。因此站在人的综合全面发展的角度看，中小学心理辅导最终也要去提升学生的动力，让学生能够主动地参与到学习、劳动、体育、娱乐等各项教育活动当中，发挥主体作用，同时保持热情与创造性，增强与人产生关联并建立起紧密联系的能力。

第三节　中小学心理辅导的任务和内容

中小学心理辅导作为实现心理健康教育目标的主要途径之一，其任务和内容融入心理健康教育的范畴之中。因此，中小学心理辅导教师需要先了解心理健康教育的任务和内容。

一、不同国家和地区心理辅导的内容

一些国家和地区在中小学心理辅导的内容中囊括了中小学心理辅导的任务、内容和途径，其中有些国家和地区的行文表述与我们略有差异，有些在实际工作任务和内容上与我们有所不同。例如，美国学校心理学家协会（National Association of School Psychologists，NASP）要求每1000名学生需要配备1名学校心理学家，大部分州在20世纪末已经要求每300名学生应配备一名专职指导人员。以纽约地区为例，几乎每所学校都有一个由学校心理学家、学校社会工作者、教育评估专家、学生辅导员和语言矫正师组成的"以学校为基地的辅助组"，为普通学生和特殊教育学生进行日常心理辅导、心理诊断、心理咨询、评估和干预（周正，2003）。美国学校心理辅导主要包含六方面的内容：

（1）在学业、社会生活等方面个体问题的辅导与咨询；

（2）就业指导及跟踪服务；

（3）信息服务；

（4）为每个学生建立详细而系统的积累性档案，档案需要记录学生所做过的各类智力、兴趣、人格特征等测量的结果和各个时期的学业成绩，还包括学生的嗜好、健康状况、家庭历史背景、经济状况以及打工经历等内容；

---

① 习得性无助（Learned helplessness）是指个体经历某种学习后，在面临不可控情境时形成无论怎样努力也无法改变事情结果的不可控认知，继而导致放弃努力的一种心理状态。

（5）磋商性服务，主要是指导学生与社会、家庭和学校联系合作；

（6）辅导学生治疗心理疾病和矫正不良行为习惯。

在上述内容中，特别值得我们借鉴的是（2）（4）两项。其中（2）就业指导及跟踪服务具有明显的国情特征，随着我国高职教育的扩招，中学阶段针对学生的就业指导及后续的跟踪服务显得尤其重要，这部分并不完全等同于生涯辅导，尤其是跟踪服务部分，具有更强的现实性和信息性。（4）中的积累性档案也给中小学心理辅导教师们提供了工作的思路。学生系统性发展的档案跨年级乃至跨校积累的呼声一直很高，然而不同地区选择记录的内容差异很大，学校要求、教师个人的工作习惯等皆影响了学生档案的记录内容。例如，有些学校是在全员心理检测之后，对全体学生建立心理成长卡（心理检测的内容记录），对心理检测预警的学生建立个别生心理档案（便于后期辅导和与班主任沟通）；而有些学校则与之差异很大。尽管有具体工作的差异，但（4）中提及的需要记录的内容全面、翔实、科学，便于后续接手工作的教师再提供辅导、就业指导这一经验仍值得我们借鉴。心理档案强调全员覆盖，长期来看对学生升学、择业等均能有所帮助。

我国台湾地区对中小学心理辅导任务阐述得更加精细，高级中学以下学校主管机关应设学生辅导咨商中心，其任务包括：①提供学生心理评估、辅导咨商及资源转介服务；②支援学校辅导严重适应困难及行为偏差的学生；③支援学校严重个案的转介及转衔服务；④支援学校教师及学生家长专业咨询服务；⑤支援学校办理个案研讨会议；⑥支援学校处理危机事件的心理咨询工作；⑦进行成果评估及严重个案追踪管理；⑧协调与整合社会咨询与辅导资源；⑨协助办理专业辅导人员与辅导教师的研修与督导工作；⑩统整并督导学校恰当的辅导工作的推进。

从上述学校心理辅导的任务中可以看出，我国台湾地区的中小学生心理辅导依托学生心理辅导咨商中心开展，其中值得我们借鉴的是将辅导人员与辅导教师的研修和督导工作纳入其中，并在最后将心理辅导教师的工作提升到了学校管理的层面。

我国台湾地区还规定了心理辅导的三级内容，提出学校应视学生身心状况及需求，提供发展性辅导、介入性辅导及处遇性辅导。发展性辅导：为促进学生心理健康、社会适应及适应性发展，针对全校学生，制订学校辅导工作计划，实施生活辅导、学习辅导及生涯辅导相关措施。介入性辅导：针对前面发展性辅导仍无法有效满足其需求，或适应欠佳，重复发生问题行为，或遭受重大创伤经历等学生，依其个别化需求制订辅导方案或计划，提供咨询、个别咨询及小团体辅导等措施，并提供评估转介机制，进行个案管理及辅导。处遇性辅导：针对介入性辅导仍无法有效协助，或严重适应困难，行为偏差，或重大违规行为等学生，配合其特殊需求，结合心理治疗、社会工作、家庭辅导、职能治疗、法律服务、精神医疗等各项专业服务。

从内容上看，我国台湾地区的心理辅导分为三个等级，每一个等级都是对前面内容的完善和补充。此外，我们可以在行文中发现，其对中小学生的辅导大部分发生在校园之内，但也有一部分是与校园外部的力量融合，如与社会工作、家庭辅导、法律和医疗等部门的联合。

二、从心理健康教育的任务和内容理解心理辅导的内容

《纲要》指出心理健康教育的主要任务是：全面推进素质教育，增强学校德育工作的针对性、实效性和吸引力，开发学生的心理潜能，提高学生的心理健康水平，促进学生形成健康的心理素质，减少和避免各种不利因素对学生心理健康的影响，培养身心健康、具有社会责任感、创新精神和实践能力的德智体美全面发展的社会主义建设者和接班人。

《纲要》规定了心理健康教育的主要内容包括：普及心理健康知识，树立心理健康意识，了解心理调节方法，认识心理异常现象，掌握心理保健常识和技能。其重点是认识自我、学会学习、人际交往、情绪调适、升学择业以及生活和社会适应等方面的内容。

从尊重个体年龄发展的角度，《纲要》强调因地制宜和尊重学生的身心发展特点，强调："心理健康教育应从不同地区的实际和不同年龄阶段学生的身心发展特点出发，做到循序渐进，设置分阶段的具体教育内容。"《纲要》针对不同年级的发展提出了不同的心理健康教育内容。

小学低年级主要包括：帮助学生认识班级、学校、日常学习生活环境和基本规则；初步感受学习知识的乐趣，重点是学习习惯的培养与训练；培养学生礼貌友好的交往品质，乐于与老师、同学交往，在谦让、友善的交往中感受友情；使学生有安全感和归属感，初步学会自我控制；帮助学生适应新环境、新集体和新的学习生活，树立纪律意识、时间意识和规则意识。

小学中年级主要包括：帮助学生了解自我，认识自我；初步培养学生的学习能力，激发学习兴趣和探究精神，树立自信，乐于学习；树立集体意识，善于与同学、老师交往，培养自主参与各种活动的能力，以及开朗、合群、自立的健康人格；引导学生在学习生活中感受解决困难的快乐，学会体验情绪并表达自己的情绪；帮助学生建立正确的角色意识，培养学生对不同社会角色的适应；增强时间管理意识，帮助学生正确处理学习与兴趣、娱乐之间的矛盾。

小学高年级主要包括：帮助学生正确认识自己的优缺点和兴趣爱好，在各种活动中悦纳自己；着力培养学生的学习兴趣和学习能力，端正学习动机，调整学习心态，正确对待成绩，体验学习成功的乐趣；开展初步的青春期教育，引导学生进行恰当的异性交往，建立和维持良好的异性同伴关系，扩大人际交往的范围；帮助学生克服学习困难，正确面对厌学等负面情绪，学会恰当地、正确地体验情绪和表达情绪；积极促进学生的亲社会行为，逐步认识自己与社会、国家和世界的关系；培养学生分析问题和解决问题的能力，为初中阶段学习生活做好准备。

初中年级主要包括：帮助学生加强自我认识，客观地评价自己，认识青春期的生理特征和心理特征；适应中学阶段的学习环境和学习要求，培养正确的学习观念，发展学习能力，改善学习方法，提高学习效率；积极与老师及父母进行沟通，把握与异性交往的尺度，建立良好的人际关系；鼓励学生进行积极的情绪体验与表达，并对自

己的情绪进行有效管理，正确处理厌学心理，抑制冲动行为；把握升学选择的方向，培养职业规划意识，树立早期职业发展目标；逐步适应生活和社会的各种变化，着重培养应对失败和挫折的能力。

高中年级主要包括：帮助学生确立正确的自我意识，树立人生理想和信念，形成正确的世界观、人生观和价值观；培养创新精神和创新能力，掌握学习策略，开发学习潜能，提高学习效率，积极应对考试压力，克服考试焦虑；正确认识自己的人际关系状况，培养人际沟通能力，促进人际间的积极情感反应和体验，正确对待和异性同伴的交往，知道友谊和爱情的界限；帮助学生进一步提高承受失败和应对挫折的能力，形成良好的意志品质；在充分了解自己的兴趣、能力、性格、特长和社会需要的基础上，确立自己的职业志向，培养职业道德意识，进行升学就业的选择和准备，培养担当意识和社会责任感。

由上文可以推导出，中小学心理辅导的内容主要包括自我认识辅导、学业辅导、人际辅导、生活辅导和生涯辅导等内容。需要说明的是，尽管我们可以从不同的侧面来命名和任务化这些辅导的内容，但在实际的工作开展中需要注意三个问题，一是个体差异。首先不同年龄的学生存在不同的差异，这一点在《纲要》中对不同年龄阶段心理健康教育内容的细化中有所体现。同样年龄的学生面对的问题也会存在差异，没有哪个学生的问题是照着诊断手册或者评估手册逐一出现的。其次，个体在不同阶段的差异也是存在的，中学的问题与小学的问题存在差异，甚至每个季节、每一天、每一分钟之间的差异都是存在的。尽管个体行为有连续性和常规性，但中小学心理辅导教师一定要看到学生之间存在的差异性，才能更好地实施心理辅导。二是辅导内容的细化。以生涯辅导为例，小学阶段的生涯辅导显然和高中阶段的生涯辅导差异很大，同样是高中阶段的生涯辅导，也可以细化为自我探索、环境探索和生涯抉择等不同的内容。三是辅导的内容有不同的分级，包括预防性辅导服务、发展性辅导服务和治疗性辅导服务。

第四节 中小学心理辅导的途径和方法

中小学心理辅导的最终目的是帮助学生顺利地度过学校生活，巴克利和施奈德(Buckley & Schneider，2009)认为心理教师应该"提供回应性服务，包括内部和外部的转介，短程的咨询或危机干预，重点是针对心理健康或情境性的问题(如悲伤、过渡困难)进行工作，帮助学生返回教室或移除学习的负担"。从系统论的角度来看，中小学心理辅导的对象包括学生、家长和教师群体。根据服务对象和目标，在中小学开展心理辅导的途径包括个体心理辅导和团体心理辅导(以下简称团体辅导)，二者是开展中小学心理辅导的最主要的两个途径，也是对心理辅导教师的专业性要求最高的两个途径。此外，家庭教育指导、顾问与辅导服务、学校心理辅导活动、研究与自我提升等也是心理辅导的重要方法，下文将简述这些途径和方法。在列举时，根据时代发展和中小学实际情况，除了传统的个体心理辅导，增加了另外两种类型的个体心理辅导——网络心理咨询和一次单元咨询模式，供读者参考。

一、个体心理辅导

个体心理辅导是中小学心理辅导的重要组成，其流程和内容包括心理评估、辅导、危机干预和必要时的转介。与面向全体学生、解决共性问题与发展性问题的心理健康教育课和心理健康教育活动不同，个体心理辅导主要面向个体，解决个性化与特殊发展需求，以一对一的形式开展。《说服与疗愈》（*Persuasion and Healing*）一书注重从过程上界定心理辅导（原文是心理咨询）：一个痛苦的人，来寻求帮助，咨询师提供帮助，通过一个可信的解释，咨询师与来访者共同寻找其行为的对应解释并解决痛苦。来访者来寻求个体辅导的原因不尽相同，即使是同一个来访者，在不同时期来求助的内容也可能是不同的。

对于同时接受社会机构咨询或医疗机构治疗的学生，个体心理辅导也可以发挥功能。有些流派的咨询师不赞成来访者同时接受两个及以上咨询师同时工作，以避免因哲学基础和人性观不同带来的混乱，最终影响来访者解决问题的动力。但从经验上看，即使接受了社会咨询，学生在学校依然面临着诸多困境。这些困境由主、客观因素造成，让学生在学校的生活远比旁观者看上去艰难得多。学校提供的个体心理辅导不一定像社会咨询那么的规范和规律，但也可以给学生提供一个可以放松的、自由思考的温暖空间；对学生来讲多了一个可以寻求支持的途径。与校外咨询师相比，心理辅导教师的工作需要更加深入，既要了解学生在校外咨询的大致情况，尽可能地理解学生在校内遇到的困难，也要调动身边可用的资源，最大化地保障学生的健康成长。

尽管所有的学生都需要鼓励和支持，但对待同时接受医疗机构治疗的学生不能单纯地一概而论。以确诊抑郁并服药的学生为例，学校心理辅导可以提供的支持随着病程的发展包括心理评估—鼓励进一步就医诊断—提供必要的家庭教育指导和情感支持—协助降低对急性发作期学生的学业等在校要求—随着抑郁症状的缓解逐步恢复学生在校社会功能—预防复发—协助恢复社会功能—预防复发。这个过程中既包含了个体心理辅导，也需要心理辅导教师掌握大量的实践技巧，在保护学生隐私权等权益的同时，保障学生在学校的生活和发展，减少复发的可能。必要时，心理辅导教师还需要帮助学生做出权衡，如感到无法维持在学校的正常生活时，是否考虑暂停学业，先缓解心理问题，这样的优先级排列也可以在个体心理辅导中进行探讨。

除了解决来访者个性化的问题，个体心理辅导也常被用在危机干预工作中。在危机事件发生前，个体心理辅导可以透过心理评估和辅导，在师生之间展开对话，建立信任，并且传达给学生非评价的态度，有效规避重大心理危机事件的发生。在危机事件发生时，也可以应用个体心理辅导的部分技术，表达对学生的关心，了解学生的社会支持系统和动机，协助学生降低压力，引导学生思考照顾自己的方法。在危机事件发生后，针对受严重影响的学生，个体心理辅导可以稳定学生情绪，降低危机事件对学生的影响，协助学生处理危机事件带来的问题，并识别需要转介的学生。

个体心理辅导对心理辅导教师素质的要求与授课不同且更有挑战，所有的教师对于"站讲台"都有一定的经验，即使是新手教师，只要想学习和提升，身边也大有名师可以模仿学习。然而个体心理辅导则不同，一方面，心理辅导教师往往单兵作战，身边缺少可以模仿辅导技能的榜样；另一方面，即使心理辅导教师上进努力，通过期刊文献来学习，也要注意心理治疗中常见的"渡渡鸟效应"①。

个体心理辅导的实施效果不易评估，心理辅导教师对来访者的理解、对心理辅导过程的把控、对问题表现的尊重和敬畏，任何一个环节都有可能对结果产生积极或消极的影响。心理辅导教师本人对心理辅导工作的评估无法避免地会带有主观性；外部的工作评估对评估者的专业性有要求，同时也需要通过心理辅导教师本人提供的材料才能进行全面的评估，因此客观性和专业性依然是对学校个体心理辅导规范性和实效性进行评估时会遇到的难题。

二、个体心理辅导的新形式——网络心理辅导

随着现代网络通信技术的发展，不少家长和学生乐于通过网络与心理辅导教师进行沟通。"网络心理咨询"概念于 1995 年由墨菲和米切尔正式提出；尹海兰和贾晓明（2012）将网络心理咨询在形式上分为即时网络咨询和非即时网络咨询两种。即时网络咨询是指在网络咨询过程中，咨询师与来访者以同步的方式进行交流，在一方通过网络工具传递消息之后的几秒内，另一方可以在线上看到并即时做出回应。即时网络咨询分为即时视频网络咨询、即时语音网络咨询和即时文字网络咨询等。在赵建章和陈家麟（2013）的调查中，即时文字网络心理咨询占全部网络心理咨询网站的 27.6%，位居第一。可见即时文字网络心理咨询可以作为中小学开展即时网络心理辅导的重要方式之一，这种形式不仅能够通过文字来进行交流，也可以通过其他文本形式，如图片、具有特殊意义的符号和网络表情等来提高咨访双方对信息的理解程度，且学校系统中不存在网络心理咨询的隐匿性及其带来的信任不足和安全隐患。

除即时文字网络心理辅导外，即时语音网络心理辅导可以为低龄儿童、识字量不足、打字速度慢或者有特殊需要的学生提供有效的心理干预和支持。即时语音网络心理辅导的优势还在于可以捕捉来访学生在语音、语调等方面的非言语信息，使中小学心理辅导教师能够在短时间内掌握更丰富的信息。

张南（2015）的研究中总结了即时文字网络心理咨询的特点：隐匿性、非言语信息的缺失性、即时文本的沟通特点（包括文本多样性、文字精确性）、停顿含义的不确定性和咨询记录的保存特性（易保存性、完整性）。在中小学开展即时网络心理辅导具备上述大部分特点；不同的是心理辅导教师和来访者之间可能彼此熟悉，教师了解来访者的语言特点、社会支持、表达习惯等信息，因而中小学即时网络心理辅导缺少隐匿性及其带来的相关问题；此外，中小学即时网络心理辅导在文本沟通和伦理议题方面

---

① 心理治疗领域的研究发现，主流的治疗方法之间、个体和团体治疗之间的疗效没有差异，这个结论可以引用《爱丽丝漫游仙境》里渡渡鸟的话来总结："每个人都是赢家，所以都应该获奖。"我们在这里用渡渡鸟效应是想说明心理辅导教师可能会发现期刊中的心理辅导往往都有效果，这并不能代表他们可以随意选择治疗流派或者简单地认为自己的辅导毫不费力且一定会有效果。

也有其独特的问题表现。

中小学心理辅导教师与来访者的认知差异较高校咨询中的师生差异要更大，因此，中小学心理辅导教师开展即时网络心理辅导时需更多考虑来访的年龄、性别和家庭环境等因素；尤其是与低龄来访者开展即时网络心理辅导时，年龄差距、非言语信息的缺乏，以及对来访者当前家庭环境、社会支持、情绪的评估片面等情况可能会直接影响心理辅导师对来访者的理解和提供有效的帮助。

相比于传统的面对面心理辅导，网络心理辅导的辅导记录在存储和案例查询方面更加便利。然而心理辅导教师不仅要注意辅导记录的及时保存和保密性等特点，更需明确在心理辅导中的文字表达和语音表述，会在心理辅导结束后被来访者用于重复体验辅导关系和辅导进程中的感受，理解重要问题和观念以巩固心理效果，这些问题也会给心理辅导教师开展即时网络心理辅导带来一定的心理负担。因此，中小学网络心理辅导的开展应充分考虑伦理上的挑战、评估受限和资料保管等问题的影响，尤其是对搭建网络心理辅导服务体系的重视，以及线下转介和督导体系的联通。

三、一次单元咨询模式

短程心理辅导在近些年的学校心理辅导中被许多心理辅导教师使用，有研究者指出，鉴于心理辅导教师通常要做大量的个案辅导，还需要在综合性心理工作中担负诸般事务，因此心理辅导教师应做一些短程咨询（Paterson & Metcalfe，2009）。当前我国中小学心理辅导教师遇到的常见问题也包括学生来一次就不来了，学生希望快速得到"解决方案"或"建议"等；此外，心理辅导教师能够进行心理辅导的时间有限而需要辅导的来访学生越来越多，这也使得更多的心理辅导教师愿意尝试短期辅导。

鉴于心理辅导教师们遇到的无奈又常见的"一次"情况，这里介绍的是以王智弘教授（2014）为首的研究者从华人文化的角度出发提出的一次单元咨询模式（Single Session Counseling Model，SSCM）。一次单元咨询模式是指助人专业人员在咨询服务过程中致力于以一次咨询单元的成果为专业服务的努力目标，亦即单次的咨询单元必须是具有咨询效果的。王智弘指出一次单元咨询模式的使用时机，包括以媒体为中介的咨询、次数受限的咨询和危机处理的咨询。

一次单元咨询模式有其结构化的咨询程序，包括八个步骤：
(1)展现良好的治疗态度以建立治疗关系；
(2)肯定来访者的求助行为与面对问题的勇气；
(3)强调改变的可能性并强化来访者对问题解决的信心；
(4)找出此次咨询焦点并选择可解决的问题；
(5)找出来访者的生命意义与力量；
(6)提出可具体寻求改变的任务并演练可能的解决方案；
(7)肯定咨询与来访者的努力成果；
(8)追踪或进行下一单元咨询。
一次单元咨询模式的咨询目标包括单元目标和整体目标。单元目标指以达成每一次咨询单元的具体成果为手段，以建立来访者对问题解决的信心为目标。

整体目标包括：

表层目标：问题解决，以来访者的问题解决为咨询的焦点任务。

中层目标：生活改变，以来访者的生活形态改变为咨询的工作重点。

深层目标：生命意义，以来访者生命意义与力量的发现为咨询的成败关键。

为了达成目标，王智弘等人提出了一次单元咨询模式的核心任务，是咨询师通过结构性的咨询程序，表现真诚、无条件积极关怀与正确共情的态度，建立良好的治疗关系以展开咨询，运用催化性与问题解决导向的语言与文字，以问题解决导向与改变的任务为主轴，以达成问题解决的表层目标与生活改变的中层目标。同时咨询师不以专家角色自居，并相信来访者有能力做正向与建设性的决定，尊重来访者的存在价值、自由意志以及生命意义的追求，以达成发现生命意义与力量的深层目标。

孙菲菲在关于心理辅导的会议上曾报告一次单元咨询模式在学校心理辅导中的探索，从成效上看，学生的问题得到了解决，在心理辅导过程有所收获，也愿意去探索和实践。她同时报告了使用一次单元咨询模式的反思，包括四方面的内容：

（1）一次咨询需要完成从信息收集到问题解决多个心理辅导步骤，对于问题复杂的来访学生，仅一次咨询难以有效完成个案概念化和选择后期心理辅导的方向；

（2）心理辅导效果的追踪上，学生往往不会专门为了反馈而回到心理辅导室，因此后期追踪难以跟上；

（3）对中学生的心理辅导需要关系建立、目标制定、问题探讨等步骤，这些都需要时间和过程，因此一次单元咨询模式不适合处理学生更深层的问题；

（4）基于对该心理辅导模式有效性的探索，建议心理辅导教师根据学生的情况，决定是否选择该模式。

四、团体辅导

人的社会性决定了人不可能离开团体而独立生活，人也必然会受到团体的影响。学校是社会的缩影，学生在学校也会面临着诸多团体的影响，团体辅导相比于个体心理辅导，可以更多考虑人际以及文化、制度、氛围层面对人的影响。相比于一对一的个体心理辅导，能够容纳更多学生的团体辅导显然更能凸显心理辅导教师的工作效能。对发展性议题占多数的中小学生而言，团体辅导是其心理健康教育的重要组成部分，也是学校综合性心理工作的重要内容。

团体辅导起源于美国的职业指导运动，开始主要是为需要帮助的人提供信息与指导。但在指导过程中，它自觉地与咨询挂钩，不再局限于提供信息与忠告，而要帮助来访者解决各种问题，使其更好地适应社会。到目前为止，团体辅导的概念和内容早已突破职业指导的范畴，会为学生提供多种咨询服务（刘伟，2015）。团体辅导是在团体情境下进行的一种心理辅导形式，是指导教师面向普通人群开展的一种预防性、发展性的工作。它运用团体的情境，设计活动、课程，来预防个体在各发展阶段中会碰到的各类问题及其引发的一般性困扰。中小学团体辅导以人的成长与发展为主题，辅导对象主要是学生。团体辅导通常由1～2位指导老师主持，参加团体辅导的人数因咨询目标的不同而不等，少则3～5人，多则十几人或整个班级。团体辅导通过特定的团体活动，如游戏、角色扮演等，把学生不同的心理困扰呈现出来，通过小组讨论、交流、分享和教师的引导，帮助学生认识自我、探讨自我、调整自我。

团体辅导应用的场景非常多，如新生适应、考前辅导、人际交往能力提升、自我认识、领导力培养等。团体辅导也可以用来解决问题，如寝室矛盾的化解、校园欺凌的和解等。张日昇(2006)在《箱庭疗法》中曾经阐述了团体箱庭疗法的意义，本书在此将其沿用到团体辅导的意义中。

(1)促进现实人际互动的改善：随着成员之间默契和共情的增加，成员能够将团体辅导中获得的人际互动的成功经验迁移到现实生活中，促使其以团体辅导为起点反思自己往日的言行，促进其社会性成熟，改善其人际关系。

(2)提供"和他人一样"的体验：当团体成员在一起交流时，个体会对其他成员也有类似的担忧、想法和情感而感到惊讶，产生彼此的共感，进而减少消极的自我评价，会因彼此的默契而感到被理解、接纳，最终达到自我接纳。

(3)沟通和协调多样化的资源和观点：不论是在进行信息交流、问题解决、价值观探索还是在发现共同情感，同一团体中的每一个人都可以表达自己的观点，从而彼此共情和启发，提供更多的资源。对同一问题的共同解释会使个体获得一种心理支持、援助、理解，而不同解释则启发了个体对问题不同层面的理解。

(4)创造心灵的归属：根据马斯洛(A. H. Maslow)的需要层次理论，归属感是人类具有的高层次的需求，团体成员经常会相互认同，并逐渐感到自己是归属于整体的一部分。即使团体结束，彼此间仍会非常默契和亲切，这种感觉会给人一种力量和信心，使人能更好地应对团体之外的现实生活。

(5)增强成员的责任感：团体辅导需要在一定的规则下进行，在同一个团体中，每个成员都处于一种无形的团体束缚和压力下，对于规则的遵守也直接受到团体带领者和其他成员的监督。这无形中增加了成员对自己、团体和规则的责任感，最终帮助成员更好地理解自己的社会角色和责任，进一步融入学校生活中，最终实现个体和团体的成长。

在校园心理危机干预中，团体辅导也占有一席之地。危机发生前，团体辅导可以用于危机处理的训练，如对教师团体开展辅导和培训，也可以面向各班的心理委员。危机发生前团体辅导的最大作用是提升学生的心理弹性，帮助学生理解痛苦不是永久的，感受到周围有人与自己有同样的困难和处境，体验与他人在一起的感觉，寻找可以得到的支持和资源等。危机发生时，团体辅导主要用于在协助稳定、提供信息上提供支持。危机发生后，团体辅导主要针对受影响较大的学生，帮助他们澄清事实，巩固现有的支持系统，给予必要的心理教育和指导，提供可以分享情绪和行为反应的机会，同时识别出需要加强支持的学生。

从类型上看，中小学的团体辅导大多是封闭式的，由特定数量的成员组成，他们进入特定的团体里，大致经历相互认识、探索、工作和结束四个阶段。封闭式团体辅导的好处是结构清晰，成员在团体内的表现会更出色，彼此之间的关系和动力也更清晰；而且精确的日程和规则设置也更适合学校日常运作的实际情况。从形式上看，大部分的团体辅导都在线下开展，然而近两年伴随着线上授课逐渐被人们接受，网络团体辅导也开始在中小学辅导中出现，只是规模尚小，从形式上可以作为心理辅导教师必要时的一种选择。

尽管"讲效率"不是心理工作的理念，但很多心理辅导教师私心里还是希望通过成果展示得到领导的重视、同事的认可。团体辅导的效率高、形式灵活、生动有趣等特点，使其在中小学得到了更多的应用。相比于个体辅导中的沉默、不主动等挑战，团体中人员较多，一般不会出现太多冷场的尴尬；我们文化里习惯的诸事圆满氛围也会让团体在最后都能有个大团圆的结局，这也是很多心理辅导教师以为团体辅导比个体辅导更容易的原因。实际上两者没有难易之分，最重要的是设置的辅导目标是否合理、可达成；其次是辅导者的专业素养，是否有能力与成员建立良好的辅导关系。由此可以看出，一对一的关系远比一对多的关系要容易，事实上这也是专业人士的观点：做好团体辅导并非易事，有时候能做好个体心理辅导的人并不一定能做好团体辅导；团体辅导对团体带领者的要求比个体心理辅导者的要求更高。因此中小学心理辅导教师要想做好团体辅导，在设计、招募、实施、评价、改善与提升等不同环节，都需要花些功夫。

五、家庭教育指导

家庭对儿童和青少年发展的影响深远持久，中小学的心理辅导工作绕不开家长群体。心理辅导教师面向家长的工作包括解决家长的个人问题和家庭教育指导两个部分。

少数时候心理辅导教师需要为家长提供个体和团体支持。尽管家长和其他教师也是心理辅导教师的服务对象，然而大家对于是否应该直接对家长进行辅导这一观点并没有达成共识。大部分的心理辅导教师并不乐于为家长提供辅导，一方面是因为关系复杂，难以控制心理辅导的进程；另一方面是因为学生数量庞大，工作任务繁重，学生辅导和学校的常规工作已经让心理辅导教师们神乏力竭，从精力上难以针对家长群体做更多的辅导。

但直接的拒绝也不常见。家长来寻求个人问题的解决时，单纯的个人问题的指导对心理辅导教师而言相对简单，更多的教师是与家长建立初步的关系后指导他们去寻求学校之外的专业服务，这时候心理辅导教师作为转介者或者信息提供者就可以完成与家长的工作。如果家长的个人议题裹挟了学生发展的问题，如糟糕的亲子关系、不良的亲子互动、家长身份带来的挫败感等，因为涉及了学生的发展，面对这样的议题心理辅导教师就需要自问：我是否能够为他们提供恰当的服务？为他们提供服务是否会妨碍我给学生提供的心理辅导和支持？我能为他们提供多少恰当的支持和服务？我是否有足够的时间，在给他们提供心理辅导和支持的同时，不会影响我在学校的其他工作？如果必须为家长提供心理辅导的话，我建议大家更多考虑短程辅导，尤其是一次单元咨询模式，力求简洁、有效。当然，做家长心理辅导也并非没有好处，我们帮助家长改善、提升和选择，相当于间接地为学生改善了他的生态环境。

开展家庭教育指导是心理辅导教师的职责之一。从开展形式上看，以尊重学生的发展规律为前提的家庭教育指导除了讲座，也可以通过沙龙、个体辅导、团体辅导来进行，如有些学校采取周六家长沙龙的形式，提前收集家长的问题，集中在周六解决；有些学校针对某些特定群体的学生家长提供支持，如针对注意缺陷多动障碍的学生家长，提供家庭干预计划团体辅导，针对青春期家长，提供家长效能提升团体辅导等。从任务上看，吴增强(2012)认为家庭教育辅导的基本任务包括向家长普及心理健康常识，指导家长改善家庭教育生态环境，指导家长适当关心子女的学业。此外我建议心理辅导教师可以在此基础上增加一些内容，包括以下几点。

(1)激发家长的家长效能感。家长相信自己可以成为好家长的效能感对家长后期行为上的调整至关重要，高的家长效能感和调整好的行为期望将为整个家庭重新注入活力和希望，适度关注家长本身也更容易激发家长与心理辅导教师合作的愿望。

(2)指导家长关注子女的情绪管理。家长的言传身教对子女的情绪管理来讲无疑是最好的模仿榜样；家长是孩子的第一任老师，当年幼的个体遇到消极事件时，仅靠自己难以改善情绪，而家长往往能够更及时地发现并协助子女做好情绪调适和管理。

(3)指导家长关注子女的人际关系。家庭的功能之一就是人际功能，家庭不仅要传递和教育子女人际交往的技巧和方法，还可以帮助子女选择友谊，在个体对人际关系的理解逐渐分化和社会化的过程中承担指导和辅助任务。

(4)指导家长帮助子女构建积极的自我概念，包括理解亲子关系的重要性，理解家长评价对子女人格发展的影响等。

(5)协助家长做好家庭教育，对学生的成长来讲无比重要。其实，家庭教育指导并不完全是心理教师的工作和任务，因此在综合性学校心理工作的内容中，根据服务对象、服务内容和本身的精力、能力，综合确定家庭教育指导工作的权重和比例，对心理辅导教师而言是一件需要在实践中不断探索和调整的事情。

六、顾问与辅导服务

相对于家庭教育指导，面向教师提供的心理服务更像是顾问式服务。小部分情况是教师针对个人问题进行求助，这部分我建议沿用针对家长个人问题的方案；此外，也可以关注学校是否有员工帮助计划(Employee Assistance Program，EAP)。在我们的校园内，员工帮助计划的部分职能由学校工会负责，很多工会组织可以提供免费的心理支持，我们可以把这些信息告知求助教师。

大部分情况下，顾问式服务是指其他教师针对接触到的学生问题提出需求，心理辅导教师提供建议，间接地解决学生遇到的心理健康、适应性和发展性问题。最常求助的教师群体是班主任，内容涉及师生关系、学生问题识别、家长会谈等方方面面。随着对班主任心理素养的要求不断提升，越来越多的班主任在开展主题班会的时候渴望得到心理辅导教师的专业建议，在班会中融入班级心理辅导的形式和内容，心理辅导教师给予的建议包括了发展心理学、教育心理学、人格心理学等学科融合的综合心理服务。而且，越来越多的班主任和学科教师渴望把心理学的内容融入课堂教学和学科辅导当中，这给心理辅导教师提供了更广阔的工作空间，也使得心理学的知识在课堂教学、班级管理、班级文化建设、学科辅导等不同领域发挥了更大的功能，在教育教学实践中找到了新的生长点。

随着儿童、青少年心理问题和个性化成长需求的不断增加，学校开始重视整体心理健康教育水平及相关工作，尤其是教师全员参与学校心理辅导。从教师队伍建设的角度要求全体教师加入心理辅导培训，一方面减轻了心理辅导教师的压力和负担，另一方面完善了学校整体心理健康教育体系，最终有利于学校营造良好的心理健康环境，打造阳光、向上的校园氛围。

七、校园心理辅导活动

校园心理辅导活动以其形式多样、趣味性与科学性相结合等特点，近年来颇受学生、家长和教师们的欢迎，部分大型校园心理辅导活动甚至能够成为全校文化建设的重要组成部分，吸引全校师生的积极参与。校园心理辅导活动形式灵活度高，没有固定的要求，可以是心理健康日/周/月，也可以是学生心理社团、心理委员成长团、校园心理剧、校园心理广播、心理报刊、心理网站等。有很多学校的心理辅导教师在设计校园心理辅导活动时别出心裁，包括以心理知识竞赛的形式提升全校师生的心理健康水平，以心理辩论赛等形式强化心理知识的普及。

有些学校把校园心理辅导活动与教师的团队建设相结合，如增设教师减压团体辅导，把心理辅导活动当作学校福利之一进行推广。我曾经带领学员到上海市七宝中学学习，该校的心理健康教育颇具特色，最让我们一行人艳羡的就是各式各样的教师心理辅导活动，包括但不限于女教师个人成长团体辅导、亲子关系提升沙龙、教师职业规划体验、冥想与自我关怀团体。另一所让我们羡慕的学校是浙江省箬横中学，尽管校园处地并不繁华，但学生心理社团的丰富、学科心理渗透的深入足以让我们感佩不已。北京的很多学校也在校园心理辅导上颇具特色，北京市第十九中学以积极心理学为指导的整体心理健康教育包含了形形色色的校园心理辅导活动，帮助学生们重新认识自己的同时，不断挖掘潜力，追求幸福生活；北京师范大学附属实验中学的学生社团也值得不少同行一起学习。以上并不能穷尽我对这些学校心理教师及其他学校心理同行创造性和工作热情的敬佩，仅作为示例供大家参考。

学生心理社团一般由学生自发组织，心理辅导教师提供一定的指导。因其自主性和自发性，社团的活动往往取材于学生之间的真实事件和实际问题，加上形式灵活，所以深受学生们喜爱。不少学校的心理社团出现了两大趋势，一是逐渐细化，如由原来综合的社团细化成人际关系社团、同伴辅导社团、心理电影赏析社团、心理名著赏析社团、素质拓展社团等；二是社团不断融合，如单纯的心理电影赏析社团融合短视频拍摄与剪辑，心理游戏与绘画社团融合，人际关系与名著赏析社团融合等。这些社团让心理学的知识在学生之间学起来、用起来、活起来，真正做到了心理学与生活的实践与融合。

八、研究与自我提升

随着心理辅导教师专业化需求的不断提升，成为研究者是新形势下对心理辅导教师素质的要求，也是心理辅导教师专业发展的趋势。当前我国的中小学心理辅导快速发展，但也涌现出了诸多问题。这些问题的解决不仅是某个心理辅导教师自我提升的过程，也是整个行业不断进步的体现。因此心理辅导教师不仅仅要做专业的助人者，更要做问题的发现者、提出者、研究者，不断更新自己的知识体系，完善能力结构，提升专业素质，努力做一位善于发现和研究的研究者。

中小学心理辅导教师常常使用的研究范式包括个案研究和行动研究。个案研究是对单一研究对象进行深入而具体的研究的方法，心理辅导教师通过搜集资料，综合分析，探讨心理的形成和发展过程。心理辅导教师个案研究的情境包括：证明某种心理治疗方法的有效性，针对某一典型案例的辅导过程进行梳理；较少出现的是对针对超常儿童的个案研究。个案研究的长处是有利于全面系统地了解对象，其缺点在于研究对象的数量少，结果可能不具有普遍意义。此法应与其他方法配合使用（车文博，2001）。

勒温最早将行动研究定义为将科学研究者与实际工作者的智慧与能力结合起来以解决某一事实的一种方法。当前比较公认的定义是凯米斯在《国际教育百科全书》中界定的："行动研究是由社会情境（包括教育情境）的参与者为提高对所从事的社会或教育实践的理性认识，为加深对实践活动及其依赖的背景的理解，进行的反思研究。"在教育情境下，行动研究是一种以教育实践工作者为主体进行的研究，以研究其实践中的问题，改进教育实践为本质（Husén，1994）。

勒温认为行动研究的过程是一个螺旋加深的过程，每一个螺旋发展圈都包含计划—行动—观察—反思四个相互联系、相互依赖的基本环节。凯米斯在此基础上对行动研究的模式进行了改进，提出了"凯米斯程序"，包括计划—行动—观察—反思—再计划等环节。国内已有的研究发现，行动研究对我国教师专业发展的影响主要包括两个方面，一是促进教师专业知识的发展；二是促进教师专业能力的提高。对心理辅导教师而言，他们在行动研究中既是研究者也是实践者，作为两者的结合，通过研究真实的学校心理辅导情境，以解决实际问题和促进专业素质的提高。

做研究与做心理辅导有颇多相似之处，两者对专业性的要求都极高，都需要付出大量的时间和精力，都需要理论与实践的紧密结合，都需要心理辅导教师不断积极反思。与心理辅导更为相似的是，做好研究和自我提升并不完全是心理辅导教师一个人的事情，学校的文化氛围、科研资金、制度保障、评价体系等对促进教师提高研究的积极性、主动性，不断自我完善、自我提升来说都是必不可少的。

当前中小学心理辅导不断发展，以上只是在现有基础上对中小学心理辅导的途径和方法进行罗列和梳理，不能穷尽。随着心理辅导工作的精细化，其面临的问题和挑战也不断增加，相应地，心理辅导教师们解决问题的创造性和活力也会被源源不断地激发出来。因此，在未来的中小学心理辅导工作中，一定会衍生出更多科学、有效的途径和方法，这一点，我无比坚信。

第二章　中小学心理辅导教师的定位与发展

不同国家和地区对于从事学校心理工作的专业人员的称谓多有不同,例如,美国称为"学校心理学家""学校咨询员",日本称为"学校心理士""临床心理士",我国澳门地区称为"学生辅导员""辅导教师",我国台湾地区称为"辅导教师"。我国教育部发布的《中小学心理健康教育指导纲要(2012年修订)》将专业心理服务人员称为"心理健康教育教师",通常人们将其简称为"心理教师"。本书主要侧重中小学心理辅导的内容,在称谓上以"心理辅导教师"来突出主题。

近年来,随着社会需求的增加,学校心理辅导教师队伍正在迅速扩大与成长,这里面包括了科班出身(指心理学专业、学校心理咨询及辅导方向、社会工作专业)的教师,也包括了主动或被动转岗的其他专业背景的教师。在学校常规心理健康教育工作中,这支队伍也包括了班主任、德育主任、校长等相关人员。本章主要论述以心理健康教育工作为核心工作的教师队伍,即中小学专兼职心理辅导教师,他们的角色定位、专业成长和工作过程中的问题与思考。

第一节　中小学心理辅导教师的角色定位

对于热爱心理咨询和教育工作的心理学专业学生而言,到中小学从事心理工作是一种能够实现职业理想的选择。但在现实情况中,很多刚刚工作的心理辅导教师会很苦恼,他们往往因工作界限的不清晰、工作职责复杂而找不到自己在学校的位置。也有许多有志于从事心理辅导工作的教师感到压抑,因为他们并不能像期望的那样开展足够多、足够自由的心理辅导。曾经有多位心理辅导教师向我诉苦:"为什么学校不重视我们心理辅导教师?"我常常被他们的敬业精神感动,同时也会思考一名心理辅导教师在学校应知应做应责的内容有哪些,这也是我们这一节要去探讨的内容。

对一个学校的领导者而言,设置心理辅导教师岗位的效果大概可以用老子《道德经》中对统治者的描述:"太上,下知有之;其次,亲而誉之;其次,畏之;其次,侮之。信不足焉,有不信焉。"心理辅导教师在学校工作中最佳的效果是师生的"忘记",大家身心健康,乐天向上,彼此信任互爱,就好像心理辅导教师不存在一样。事实上,这样的理想状态需要全校师生的努力,心理辅导教师要提升全员的心理健康意识,守护师生健康,做到"润物细无声"。这样的工作效果不仅仅需要心理辅导教师的努力,更需要全校师生的配合,需要足够的时间去营造,当然现实中这样的工作效果几乎是不存在的。比较突出的工作效果是受到全校师生的赞誉,学生乐于亲近,同事乐于请教,领导乐于托付,这样的状态需要心理辅导教师有极高的专业知识储备,并且能够将心理健康教育工作作为学校工作的一个环节来实施。现实中要想取得这样的工作效果，也非一日之功。再差一点的效果是学生害怕心理辅导教师，这样的结果虽然难堪，却并非不存在，原因在于心理辅导教师没有能够取得师生的信任，工作起来举步维艰。当然，对学校心理工作效果的描述只能让广大心理辅导教师从体验上衡量当前工作的状态，并不足以刻画心理辅导教师的角色定位及相应的职能。那么中小学心理辅导教师的角色有哪些呢？

大部分中小学心理辅导教师在学校并不仅仅负责心理辅导工作，而是承担了全校心理健康教育核心任务。因此尽管本章聚焦心理辅导教师的角色定位，但也需要思考他们工作内容的整体性和功能性。《纲要》指出心理健康教育教师要开展个别辅导和团体辅导，指导帮助学生解决在学习、生活和成长中出现的问题，排解心理困扰。在心理辅导过程中，教师要树立危机干预意识，对个别有严重心理疾病的学生，能够及时识别并转介到相关心理诊治部门。心理健康教育教师应遵循心理发展和教育规律，向学生提供发展性心理辅导和帮助。开展心理辅导必须遵守职业伦理规范，在学生知情自愿的基础上进行，严格遵循保密原则，保护学生隐私，谨慎使用心理测试量表或其他测试手段，不能强迫学生接受心理测试，禁止使用可能损害学生心理健康的仪器，要防止心理健康教育医学化的倾向。心理健康教育教师的主要服务对象是学生、家长和教师，而开展工作的方式包括授课、心理辅导、活动三种主要形式，可以利用的资源包括家长、校外资源等。

中小学心理辅导教师在学校的角色定位及职责不仅包括授课和心理辅导，也需要统筹全校心理健康教育工作的开展，联合其他力量，拓展心理健康的渠道，整理与保存资料，评估心理健康教育开展的效果等。针对不同的工作内容，心理辅导教师的角色有如下几种。

一、学校整体发展规划的建议者

教师不仅是学校发展的执行者，也是学校发展的建议者。对一个学校的发展而言，校长是主要决策者，但一个学校发展规划的完善是由每一位学校老师共同谋划、修改、制定而成的。与其他学科教师相比，中小学心理辅导教师深谙学生身心发展的规律，因此在学校管理、教学设计、人才选拔及日常管理中可以提供建议、指导和决策协助等，使学校的教育教学和日常管理更符合教育的规律。

心理辅导教师需要对学校心理健康教育进行整体规划和不断完善。在这部分内容中需要心理辅导教师做到及时了解和掌握国家的法律法规、区域和学校的教育规划等相关内容，使心理健康教育整体规划隶属于学校发展，学校发展隶属于区域发展，最终汇成国家教育发展中的一部分。学校心理健康教育整体规划包括教育、预防、阻止和预后等几个部分的内容：教育启智，激发师生的心理健康意识，传授恰当的调节方法，提供支持的资源等；预防心理问题和心理危机的发生；阻止可能伤害学生心理的行为；一旦发生危机事件，需要考虑预后心理重建。学校心理健康教育的整体规划与有效的评估体系分不开，有效的评估也可在心理健康教育实施的过程中起到监控作用，并能够促进整体规划不断趋于完善。

　　心理辅导教师需要参与学校的课程建设，各校心理健康教育课程的设置并不相同，有的学校能够实现每个班级每周一次心理课，有的学校是每两周一次心理课。心理辅导教师需要根据本校的实际情况统筹心理课的规划、实施，定期参加课程方面的教研活动。

　　心理辅导教师应参与学校的整体科研建设，心理学的研究范式很适合在学校开展科研。科研不是单纯的写论文，发表论文，科研更重要的目的是服务学校管理和教学工作，比如课程实施的学情分析，心理学常用的观察法、访谈法、调查法都可以帮助教师们更好地定位学生当前的知识储备和群体差异，帮助教师更好地设计课程。此外科研可以作为学校整体建设的"智囊"，扎根学校的科研可以在发展方向和途径上为学校建设提供助力。

二、心理健康教育的实施者

　　要解决学生成长的发展性问题、共性问题，规范、系统的心理健康教育课程是有效的方法。从课程规划到课程实施，这中间需要根据学生的情况和环境的变化进行积极的调整，因此做好课程建设与上好心理课之间存在灵活度和弹性。举例来说，给初三的学生上考前心理课，对于成绩好、心态稳的班级，心理课更重要的是维持平稳心态，使学生保持优势即可；对于重点提升成绩的班级，心理课更重要的是提升学生的自我效能感，传授关于学习和考试的应对技巧和方法；对于考试焦虑比较突出的班级，心理课传授放松的方法，使学生保持身心健康更重要。由此可以看出，规划心理课更多依靠的是中小学生心理发展的规律、教育教学的规律、学校发展的情况等内容，而上好一堂心理课，则需要在设计课程的基础上，进行更深入细致的学情分析、活动设计和教师引导。

　　与心理健康教育课程同样重要的另一任务是学生的心理辅导，主要开展形式包括个体心理辅导、团体心理辅导和其他活动（详见第一章第四节）。心理辅导大部分工作应在相应的心理辅导室内进行，因此教师在这部分的职责还包含了心理辅导室的建设与维护。个体心理辅导通常包括接待、收集资料、评估、制订辅导计划、实施辅导和结束辅导几个步骤；团体心理辅导通常包括制订团体辅导方案、招募团体成员、实施团体辅导和结束辅导几个步骤。个体心理辅导通常面向有个性化的发展问题、较为严重的心理问题、心理危机倾向或者不适合参加团体心理辅导的个体；团体心理辅导通常面向有同质性的发展议题、人际关系相关议题、需紧急处理的团体问题（如寝室矛盾）、自我成长类议题的个体和受影响较轻的危机干预团体等。中小学的心理辅导多为发展性辅导，也包含发现严重心理问题和危机预防、危机干预等内容。

　　尽管心理辅导包含危机干预，但中小学危机的预防和发生并不仅限于辅导室内，而对于心理危机的预防、干预和危机后师生的心理重建等工作，心理辅导教师均承担了相应的责任。必须要说明的是，不管危机的属性是否属于心理层面，中小学校园内的任何危机都不仅仅是心理辅导教师一个人的职责，更多时候危机的处理需要校长领导，全校协同工作，心理辅导教师在学校危机干预工作中更多是执行者而不是决策者。

心理健康教育活动是对心理辅导和心理课的有效补充。2004 年团中央学校部、全国学联共同决定将 5 月 25 日定为全国大、中学生（包括中职学生）心理健康日，"5·25"的谐音为"我爱我"，提醒大、中学生"珍惜生命，关爱自己"。依托这一节日，高校和中学开始举办 5·25 心理活动日、5·25 心理活动周乃至有些学校将 5 月定为心理活动月，当前该活动逐渐向小学延伸，通过一系列活动使学生们关注心理健康，了解自我，接纳自己。此外，有些学校还会举办心理沙龙，开展心理社团活动等，通过多种形式帮助学生提升自身心理素质。

上述心理健康教育的具体实施离不开资料的收集、整理、保存等工作。这些资料包括了学校开展心理健康教育工作的所有内容：学生的辅导资料、团体活动设计与实施资料、校本教材、活动设计与实施资料、危机干预相关资料、科研相关资料以及学校涉及心理健康教育的文件等资料。这些资料需要分门别类的整理，对于学生的辅导记录则不仅需要定期整理保存，也需要兼顾保密原则，做到专人专管，有效保护。资料的整理和保存不仅有助于定期梳理心理健康教育工作，也有助于补充和完善该工作；应对定期的巡视、督导和检查时，充分、翔实的资料也是开展有效心理健康教育的重要佐证。

三、家校沟通与家庭教育指导的联合推动者

中小学生的健康成长和全面发展离不开家庭的配合，构建学校、家庭和社会协同的育人体系是当前中小学校致力去做的事情。随着时代的进步和学生成长需求的多元化，家校合作的方式从传统的家访、家长会，拓展到家长学校、家长委员会、家长接待日、家长热线等不同的形式，帮助实现与家长共同学习、积极沟通，完善问题调处机制，创新学校家庭教育指导服务工作模式，引导家长积极参与学校管理，支持学校建设，参与学校教育教学活动。在学校健全长效机制、完善家庭教育指导服务工作体系的内容里，包含建设学校家庭教育指导教师队伍。心理辅导教师具备了解学生的身心发展规律、熟知沟通理论和技术、能营造安全的沟通环境、善于创新服务模式等优势，成了很多学校具体实施家校沟通与家庭教育指导的实践者。他们不仅可以为有需要的家长提供个别指导，也可以开展家长的团体辅导、团体沙龙，更新家长的教育理念，指导家长学习更有效的教育方法，帮助家长改善亲子关系，优化家庭教育氛围。心理辅导教师还可以在家长学校中开展主题讲座，做好有特殊需要家庭的定期心理指导，也可以与班主任、法律专家等共同承担家校沟通和问题调节等任务，在完善家访、设计家长会内容等方面也可以献智献策。当然，心理辅导教师并不是专门处理家校沟通和家庭教育指导的人，家校合力的形成需要每一位教师的付出，而在这个过程心理辅导教师是一位促进联合的推动者，校内促成合力与家长共同努力，校外联合资源与家长共同成长。

四、学校教师的知心人

尽管从解决心理问题的角度，我们不建议心理辅导教师直接针对同事开展个体和

团体心理辅导，一方面是因为多重关系带来的影响深远且无法预期，另一方面是因为心理辅导教师自身的胜任力和精力所限。但是从提供心理辅导相关的业务培训（如构建良好师生关系的方法和策略），指导教师开展主题班会，提供学科辅导，运用心理知识改善课堂教学等方面来看，心理辅导教师可以作为同事的专业顾问。心理辅导教师也可以针对同事间的共性问题开展心理沙龙、团体游戏或组织定期的主题讲座，以此来影响教师的教育理念，调节情绪，解决自身家庭及亲子困扰，做学校教师的知心人。教师更新了教学理念，获得了更积极的情绪，掌握了更适合学生的教育策略，最终受益的不仅有教师，也有广大学生。

五、心理健康教育工作的传播者

上述对中小学心理辅导教师角色定位及职责的阐述是以全国大部分地区教师的工作任务而定的，实际上不同地区、不同学段的心理辅导教师的角色定位及相应职责会有较大不同。这一部分《纲要》中也有说明，其中一项是分类指导，大中城市和经济发达地区，要在普遍开展心理健康教育工作的基础上，继续推进和深化心理健康教育工作，努力提高质量和成效，率先建立成熟的心理健康教育服务体系；其他地区，要尽快完善心理健康教育工作机制，建设心理健康教育辅导室和稳定的心理健康专业教师队伍，广泛开展心理健康教育工作。因此广大中小学心理辅导教师需要结合自己所在地区经济发展、社会需求和学校发展的节奏，不断完善工作角色和职责，改进工作内容，在做好当前工作的同时，也要学会走出去、看一看、引进来、变一变的学习方式，开阔眼界，提升自我。

同时《纲要》也强调了要协调发展，坚持公共教育资源和优质教育资源向农村、中西部地区倾斜，逐步缩小东西部、城乡和区域之间中小学心理健康教育的发展差距，以中西部地区和农村地区发展为重点，推动中小学心理健康教育全面、协调发展。按照"城乡结合，以城带乡"的原则，加强城乡中小学心理健康教育的交流与合作，实现心理健康教育全覆盖和城乡均衡化发展。同时，着力提高中小学心理健康教育质量和成效，促进学生的心理素质和德智体美全面协调发展。由此看出，一些心理健康教育工作开展得较好的地区的心理辅导教师，可以匀出一部分时间来分享和交流，可以撰写文章和书籍，也可以以讲座、研讨会等形式传播心理健康教育的经验和技能。

不同学段的心理辅导教师需要更多地关注本学段学生的发展特点、教育重点和培养策略。因此在不同的学段，上述角色不变，但任务会有所不同，这一点我们在前文已有说明，此处不再赘述。

中小学心理健康教育隶属于德育，"立德树人、育人为本"是开展心理健康教育的指导思想和基本原则。一个学校的心理辅导教师承担了复杂的角色和任务，这些任务不仅是育心，更是育德。在学校建设过程中，他们尊重规律，热爱学生，善于创新，是学校不可或缺的一分子。在实际的工作中很多心理辅导教师因学校发展的需求承担了很多上述角色之外的职责和任务。这反映了他们对学校的责任感，但也需要学校领导者思考如何更好地人尽其用，清晰心理辅导教师的角色定位，使他们有更多的精力和时间更好地发挥心育的作用。

　　每个学校心理辅导教师岗位职责的清晰与角色的定位明确，都是在各项工作的开展中逐渐探索和完善的。对于刚刚投入中小学心理健康教育中的教师而言，上述的角色定位可以作为职业发展的参考，教师也可以在实际工作中自行探索并创造出其他的工作内容，衍生出不同的角色定位。

第二节　中小学心理辅导教师的专业知识与素养

　　学校心理辅导教师与一般教师在专业素养和知识储备上既有共性，又有个性。从共性上看，在教师职业理想与职业道德、管理学生、组织课堂教学、多方（师生、上下级、同事、家校等）沟通、反思和觉察、教师个人成长路径这些方面，对心理辅导教师与一般教师的要求别无二致。从个性上看，两种教师在特定专业知识与素养、心理辅导的知能、心理辅导伦理规范的觉察与遵守这几方面存在差异。这一节我们将重点梳理心理辅导教师部分相对个性化的专业知识与素养。

　　做好一名中小学心理辅导教师需要掌握心理学和教育学的知识和理论，包括儿童发展心理学、教育心理学、社会心理学、咨询心理学、教育学原理等学科知识，具备开展学校心理工作的一般专业知识与能力。中小学心理辅导教师要做好有效评估，则需要懂得卫生心理学、心理测量、精神心理学、精神诊断相关内容以及常见的儿童用药知识和技能。为做好具体的心理辅导工作，不仅需要掌握咨询知识和技能、专业助人伦理知识，也需要有一定的生活经验和良好的心态，心理健康，情绪稳定，善于与人交往。

　　令人欣喜的是，当前很多重视心理健康教育的地区越来越强调所有的教师都要掌握一定的心理学知识和技能。尤其是班主任们全部或部分掌握、了解上述专业知识与素养，尽管这给心理辅导教师带来了挑战，但长期来看，其他教师掌握专业心理知识对营造学校整体高效的心育环境、提高师生心理健康水平乃至促进心理辅导教师的专业化进程，都是大有裨益、极其值得鼓励的事情。

一、心理辅导知能

　　霍普森将学校心理辅导人员的咨询技能概括为三个方面，即建立关系的技能，包括尊重、真诚与共情；探讨和说明的技能，包括预约、列出问题、汇总和集中；解决问题的技能，包括客观定向，制订活动计划，确定解决问题的策略和实现自助和自我强大（施密特，2013）。在本书后面的章节将分别介绍其他的技能，这部分以建立辅导关系的技能为例说明掌握心理知能的重要性。

　　对中小学心理辅导教师而言，建立关系时应考虑儿童、青少年辅导关系的独特之处。有些咨询流派将咨询关系比喻为平行的母子关系，像颇受儿童欢迎的箱庭疗法直接将咨询关系定义为"母子一体性"，足见在咨询中与儿童建立关系时要像一个"足够好的母亲"①，甚至像一位孕育胎儿的母亲一样，重新体验与另一个生命的联结与成长。这一点对面向尚未成年的中小学生开展工作的心理辅导教师而言尤为重要，在与学生建立辅导关系时，提供帮助，必要时给予支持，陪伴玩耍。在这个过程中心理辅导教师的情绪体验非常重要，他们需要真诚的情绪流动，对孩子有足够的专注和珍视。如果心理辅导教师并非主动、亲切、友好，那么学生会感受到被拒绝，产生糟糕的体验。很多心理辅导教师容易在辅导过程中带入说教，渴望用讲道理的方式帮助来访者，实际上面对的学生年龄越小，心理辅导教师越不能过分在乎真理和言语，而是要更多地看到学生的感受和内在的需求。只有这样做，学生才会信任自己的体验和感受，这也是对学生的边界的尊重。学生以自己的方式体验和感受之后，心理辅导教师才能帮助他们找到健康的方式重组过去的经历，并为这些经历赋予其他的意义，帮助学生看到不同的选择。对于有创伤经验的个体而言，能给予接纳、包容、关注的心理辅导教师所营造的安全与受保护的空间，不评判的态度和对学生界限的尊重，可以作为学生受到创伤之后的缓冲，阻止他们的消极情绪蔓延，使他们可以展开自由的想象，用健康的方式缓解创伤的痛楚，最终实现外在症状的缓解和心理功能的恢复。

良好的辅导关系是彼此信任、可用和积极的关系。首先，这种关系能使辅导双方在心理和情感上感受到安全，在辅导室里实现彼此相对放松的状态。这种状态包含了彼此的真实、依赖、珍视和尊重。与儿童建立这样的辅导关系并不需要像成人那样有那么多的规则，反而需要更多的包容。与成人相比，儿童心理辅导过程中存在的诸多规则更多是为了保障儿童在辅导室的安全。举例说明，如果辅导室里有玩具架等家具，那么这些家具需固定在墙体上，以免发生倒扣或者侧翻；如果因条件所限无法做到，那么与儿童之间要有必要的规则以保证环境的安全。其次，良好的辅导关系可以作为评估儿童现有功能的工具之一，通过观察儿童与心理辅导教师的互动评估儿童的自我功能、个人优势、社会支持系统、依恋关系等。良好的辅导关系可以使心理辅导教师更能了解儿童的感受，理解他们的问题以及他们真正的需求和可能隐藏的求助动机。良好的辅导关系不仅能促进了解，还可以帮助儿童用恰当的方式表达他们的感受、问题和需求，完成体验、理解和满足的过程，而不是单纯地对抗或压抑。因此有时候中小学心理辅导并不需要做什么，只是建立了积极的辅导关系就能发现学生已经发生了神奇的改变：表现出更少的愤怒和更多的自在状态。再次，与中小学生建立的辅导关系可以作为健康成人与儿童关系的榜样与示范。良好的辅导关系不仅可以帮助儿童理解与成人之间的关系是健康的、彼此信任和珍视的，同时可以给予儿童修正性的体验去重建儿童感受到的与成人之间的情感。如果这种辅导关系在充足的时间里持续地给予儿童良好的关系体验，甚至有可能改善或调整儿童原本的依恋类型，重建安全的依恋关系。最后，良好的辅导关系可以营造更安全支持的环境，儿童更容易投入游戏

---

① "足够好的母亲"是温尼科特提出的重要概念，指母亲在婴儿出生后数周内处于一种"原始母性专注"的心理状态，母亲越来越淡化自己的主体性、个人兴趣和生活节奏等，越来越关注婴儿的活动，这是一种高度敏感的状态，能适应婴儿的愿望和需要，为婴儿塑造了主观全能感和持续存在感。足够好的母亲会提供足够但不会太多的抱持，既不忽略，也不会过度干涉。

中，不用担心被评价和指责，可以沉浸在游戏中体验和调节，从而获得更多的力量去面对更复杂的问题。

二、伦理觉察与遵守

尽管在职业伦理与道德上，心理辅导教师与一般教师并无二致，但心理辅导教师还需要遵守相应的辅导伦理规范，如尊重学生的自主权、隐私权等。在实际开展心理辅导工作的过程中，热爱辅导工作，为来访学生保密，做好与相关人员的沟通，觉察多重关系，提升胜任力，发表成果或者授课时考虑到学生的隐私保护等，这些专业伦理素养是一名合格心理辅导教师必备的。

对我国中小学心理辅导教师而言，当前在伦理议题上最大的困扰就是没有专门针对学校心理辅导的相关伦理守则，也没有专业机构或社会团体对伦理行为做出指导、评议；违反伦理时缺乏相应的衡量标准和处罚主体，因此很多心理辅导教师不得不依据国内外相关的伦理守则来做出伦理决策。另一个值得关注的问题是，仍然有很多中小学心理辅导教师缺乏伦理意识，忽视伦理学习，工作中缺乏对伦理议题的觉察和恰当的应对方法，这也是未来心理辅导教师专业化发展途径上的一大问题。这些问题的解决不能仅依靠广大中小学心理辅导教师自我觉察和自我提升，更需要相应的教育行政部门、社会机构、专业协会、培训机构等共同努力。关于中小学心理辅导教师常见的伦理困境和可能的解决方法，我们在后面的章节中有专门的论述。

三、人格是衡量辅导有效性的重要标准

北京师范大学的张日昇教授曾经将心理咨询总结为"人文关怀，明心见性，以心传心，无为而化"。这句让心理辅导教师感到困惑的是"无为而化"，如果心理辅导教师可以"无为"，那么心理辅导如何才能有效果？其实在这个总结里，除了态度、方法、文化的传递，更重要的是强调心理辅导教师的人格对来访者的改变具有举足轻重的作用。薇拉(Vera，1999)的研究发现，人格特质与治疗关系的优劣最为相关，人格相似性被视为最有影响力的因素。因此在心理咨询领域，咨询师最重要、最有意义的资源就是他自己，这一点在中小学心理辅导中同样适用。中小学生的心理辅导不仅关注症状的缓解，还需要帮助学生从不适应走向适应，从不健全走向健全。心理辅导教师人格健全才能对来访者的言行做出恰当的反应，为他们创造安全与自由的空间。当心理辅导教师有能力展现出真诚、友善、亲和、温暖等人格特质时，心理辅导中工作联盟的发展能得到极大的促进，最终更可能出现理想的辅导效果。此外，人格特质中的宜人性也是评判心理辅导教师吸引力程度的一个指标。

人本主义的领军者卡尔·罗杰斯曾经建议美国心理学会(American Psychological Association，APA)在选拔和考核心理咨询人员时，要注意以下人格品质：

(1)较优秀的智力和判断能力，既有独创性又有融会贯通的能力；

(2)有旺盛的求知欲和好奇心，坚持自学，有学而不厌的精神；

(3)不机械地看待人，对人有爱心；

（4）对自我人格和性格加以洞察，有幽默感；

（5）具有丰富的感受性和多方面的思考能力；

（6）谦虚和宽容，为人温和，有较好的人际关系，有较强的人际交往能力；

（7）工作勤勉，工作习惯有规律，承受压力的能力较强；

（8）勇于承担责任，办事灵活机敏，富有协调性；

（9）性格安定，具有自制力；

（10）能够识别不同的伦理道德、文化价值观；

（11）文化底蕴深厚，富有教养；

（12）对心理学特别是心理咨询有研究兴趣。

人格健全是心理辅导教师心理健康的写照，教师身教的作用也由此得以凸显。在对生活的态度上，人格健全的心理辅导教师面对困境时能够以积极的心态面对生活，接纳自我，乐观地面对困难。这样的教师即使遇到生活挫折也不会影响来访者的情绪和心理成长，不会成为学生心理问题的"垃圾桶"，因学生的状态产生消极的情绪状态。心理辅导教师面对困难时的乐观、豁达和坚韧也会对学生有潜在的影响，使他们能够看到在困难面前如何为自己的生活负起责任来，从而帮助学生塑造更加积极地解决问题的倾向。人格健全的心理辅导教师更能相信来访者具有无限成长的可能性，帮助他们逐渐完善自我。健全的人格也体现在心理辅导教师自我整合、自我照料的过程中。大众可能将心理工作者视为没有心理问题或者能控制任何情绪的人，实际上，在前面一章我们介绍了健康的动态性和相对性，对照心理辅导教师的种种，他们也是鲜活的个体，有精力充沛的时刻，也有身心俱疲的时刻，工作、学习、生活的烦恼也会影响他们的心情。人格健全并不等于情绪毫无波澜，也不是学了心理学就成了能够预测生活、规避烦恼的圣贤。个体只要在面对烦恼时能以恰当的态度和理念去应对，能自知自制，有所为有所不为；可以在感受到知识、内涵的缺失时不断提升，坚持学习，锐意进取，通过阅读、欣赏、体验、分享等适合自己的方式实现自我照料；不断完善自己，逐渐实现自我整合，就是人格完整健全的体现。

人格健全的咨询师在面对来访者时更有能力传递信任和希望。我经常在对新手咨询师的督导中跟他们说："如果可以做到足够的真诚，怎么肯定和夸奖来访者都不为过。"这里谈到的是咨询师的期待对来访者的影响，哈里斯（Harris，1989）的研究发现，咨询师公开或者间接的期望，对于来访者的恰当行为来说是一个强有力的线索。然而在中小学心理辅导的实践过程中，对来访者在辅导室外的直接和间接了解，急于解决问题和给出答案，希望满足班主任、家长的期待等因素都会影响心理辅导教师传递期望。他们往往更容易发现和接受来访者的种种问题行为，而忽视这背后期望的价值；哪怕他们深知罗森塔尔效应①，也会觉得这一效应对来访者可能是不适用的。其实，有能力传

---

① 罗森塔尔效应，亦称"皮格马利翁效应""人际期望效应"，是一种社会心理效应，指的是教师对学生的殷切希望能戏剧性地收到预期效果的现象，由心理学家罗森塔尔和雅各布森于1968年通过实验发现。一般而言，这种效应主要是因为教师对高成就者和低成就者有着不同的期望，并以不同的方式对待他们，从而促使他们维持了原有的行为模式。

递信任、真诚、宽容和值得依赖，会对学生更有吸引力，他们也更愿意在这种期望中发生行为的改变。

心理辅导教师人格健全，没有明显的人格缺陷和未处理的巨大创伤，可以平和稳定地面对生活的变动，拥有情绪调节的能力和策略，才能对工作表现出热爱。这不仅是伦理要求，也是职业素养的体现。只有热爱心理辅导工作，才能履行自己的工作责任，才会在工作中做一个主动的承担者而不是被动的接受者。从工作完成效果上看，尽管短时间内两者并无多大区别，然而长时间来看，主动的承担者才能认真地聆听与真诚地关爱学生，看到学生的发展性，保护和尊重学生的各项权利，为学生的长久发展和学校的教育理念做出贡献。更重要的是，主动的承担者乐于发现问题，不回避，不敷衍，充满热情和创造性地迎接工作中的机遇和挑战。在面对来访者时，主动承担者可以做到对学生平等相待，尊重学生的独特性，全面地理解学生所处的困境，不轻易贴标签，不轻视，不矫枉过正，发现优势，传递信任，用自己的人格影响来访者的人格，潜移默化地使学生恢复对自己的积极认知和对问题解决的自信。即使遇到暂时无法解决的难题，主动承担者也会重新梳理自己的所知所学，不断提高自己的心理辅导理论和技术，寻求更加专业的支持和引导，实现自我提升的同时，更重要的是尽心尽意地为学生服务。

人格健全的重要性也体现在中小学心理辅导过程中对伦理问题的觉察与决策上。我曾经为一位学校心理辅导教师做过个体督导。作为学校新聘请的心理辅导教师，他感受到了极大的压力，一方面学生从接受心理辅导到见效需要时间，另一方面学校领导希望立竿见影。因此在心理辅导过程中他难免急迫，不断地直接告知学生解决问题的方法，这不仅没有帮助到来访者，反而使好几位正处在青春期的学生感受到不被尊重而愤怒，最后不仅破坏了辅导关系，还使他开始质疑自己的胜任力，也导致学校领导对他的不满。在督导中他提到自己在面对权威时不由自主地讨好，而在面对来访者时难免轻视，认为他们的问题是鸡毛蒜皮的烦恼，用他的原话说，就是"这些学生就是被家长惯坏了，很显然他们没有接受过社会的毒打"。当我邀请他去思考自己在表达这个观点背后的伦理议题时，他开始表现出对之前心理辅导工作的懊悔，他认为自己在成长过程中习惯性地讨好权威使他忽视了学生的自主决定权和选择权，甚至很多时候他罔顾了学生的隐私权（幸好没有造成更严重的后果啊！）。其实这里面有他对自己胜任力不足的心虚，也有太想证明自己的倔强。尽管督导中我们有一些讨论，但最后我还是建议他去接受一段时间的个人成长，也许对于他理解自己的人格，做出更恰当的伦理觉察有所帮助。

我们不由得要去思考：人格健全是不是等于没有创伤体验和经历？如果我们有创伤体验和经历，还能否胜任学校心理辅导教师的工作？其实研究者们对创伤的定义并不一致，有些研究者认为创伤是一些天灾人祸带来的，有些研究者则认为创伤有较强的个人选择性和主观性，哪怕是他人眼中微不足道的小事，都足以让个体感受到强烈的创伤经验，"甲之蜜糖乙之砒霜"大致可以形容一二。从这个角度看，抛开教师这个身份，其实每个人都难免有一两件创伤经历，毕竟"叹人生，不如意事，十常八九"。当然，心理辅导教师本身是心理辅导过程中最重要的工具，因此对于有重大创伤且依然深受困扰的教师，不建议在情绪和正常生活没有恢复前开展个体辅导甚至是心理健康教育工作。自我照顾是教师伦理中的重要议题，这时候要先处理好自己的创伤，并给复原留出一段时间。有严重个人议题没有处理的教师，同样也不建议从事心理辅导工作，或者至少不要接待有同样困扰的学生。对于有创伤经验但已经恢复正常生活，并能客观地看待创伤经历，乃至从创伤体验中获益的教师而言，从事心理辅导工作时，可以将创伤经历作为一种宝贵的经验，一方面更能理解有同样经历的来访者，另一方面也可以采用自我暴露等形式分享自己的经历和方法。更重要的是，经历过之后能更包容，更理解，也更相信生命的韧性和向上的动力。

四、对多元文化的尊重和理解

在与中小学心理辅导教师进行案例研讨时，他们在介绍个案时往往着重强调来访者身上的某一单维标签：单亲家庭、离异家庭、留守儿童、校园暴力等。我想这背后最让来访者感到无助的，莫过于心理辅导教师通过某一个标签表现出来完全理解、太懂自己。事实上，要想真正理解某个特定学生的成长历程，首先需要心理辅导教师承认自己的"无知"。其中一个隐含的信息就是心理辅导教师对多元文化的尊重和理解。伊曼纽尔·阿德勒把文化定义为"人作为社会的一员所习得的所有知识、信念、艺术、法律、道德、习俗和能力的共同体"，文化是一个群体的生活方式，是多少有些僵化的习得行为的集合体，通过语言和模仿从一代人传递到下一代人（Adler，1997）。特定文化中的成员在上述方面有着约定俗成的生活真理，以此维持生活的秩序，探寻生命的意义，成员彼此之间相互制约，相互信任，对生活存在一定的掌控感。中小学心理辅导教师在与不同的来访者工作时，需要意识到身处该文化中的学生会基于他们自己的文化标准来度过成长时光，而不一定是与心理辅导教师相同的文化标准。我国上下五千年的时光里创造了光辉灿烂的文明，不断地在现代生活中传承，此外我们也能看到新的亚文化群体、亚圈子以及其他文明对学生的影响。因此与学生工作时，不仅要考虑他们周围的社会群体和文化的影响，也要看到个人的目标、独特性和自主控制。举例来说，面对一个留守儿童心理辅导教师不仅需要考虑与留守相关的文化影响，也要考虑其民族、性别、年龄、家庭教养方式、与父母的沟通频次等因素的影响，把学生放到大的文化背景和个人独特的成长历程下去理解，这就要求心理辅导教师能看到文化影响的传承性和多元性。

我们在心理健康教育中经常可以看到文化的痕迹，如我国传统观念中的孝顺父母、尊老爱幼，使得我们的学生往往会在家庭中寻求成长的建议。一项包括了 170 项有关个人主义和集体主义的元分析（Oyserman，Coon ＆ Kemmelmeier，2002）发现，对于个人主义者来说，核心是个人的自我概念，不是家庭生活，集体主义则相反。个人主义者认为幸福感和自我控制感有关，而集体主义者则认为这两者无关。在沟通和冲突解决的方式上，个人主义者更多地采用以目标为导向的、直接的、低语境①的沟通方式，而集体主义者则采用间接的、高语境的沟通方式。前者在面对冲突时更倾向于采用对抗与仲裁的方式，后者则更喜欢和解与协商的方式。因此在中小学心理辅导中，我们也经常会更强调与学生发展相关的因素，强调寻找社会支持尤其是家庭支持。当学生与他人之间存在冲突，心理辅导老师也更倾向于向"和为贵"的方向加以引导。

有共性的文化背景可以引发共鸣，使心理辅导关系更容易建立，双方更易实现理解。然而如果只看到共性，对学生成长的文化和假设不加以理解，就很容易形成对学生的偏见。这一点在特殊情况下更容易凸显，如在大规模的灾后心理危机干预中。2008年汶川地震后，很多热心的心理工作者被当地受灾民众拒之门外，个中缘由与心理援助的介入时机有关，也受心理援助的组织混乱影响。其中隐藏的但越来越被广大研究者所重视的影响因素是危机干预工作者对当地的文化并不熟悉，因此工作中带有大量的错误假设，以致开展援助工作时无法真正地接近受灾人员的真实心境。尽管中小学心理辅导远没有大规模的灾后心理援助那么的惊心动魄，然而文化偏见带来的假设却随处可见。彼得森讨论了心理工作(危机和咨询)应当铭记的十条有关文化偏见的假设(吉利兰，詹姆斯，2000)，摘录如下，供心理辅导教师们对照参考。

(1)人们都有同样的有关"正常"行为的概念。(假定在不同社会、文化、经济或政治背景下，问题、情感反应、行为以及对心理问题/危机的认知都或多或少地一致。)

(2)个体是社会的基本单位。(假定咨询和危机干预主要直接针对个体，而不是个体集合或群体，如家庭、组织、政治团体或社会。)

(3)对问题的定义受限于学科界限。(假定咨询师或危机干预工作者的身份是与哲学家、医生、社会学家、人类学家、律师或其他学科代表区分开的。)

(4)西方文化以抽象的词语为基础。(美国的咨询师和危机干预工作者假定其他人会以同样的方式来理解这些抽象的词语。②)

(5)独立性很重要，而依赖是不受欢迎的。(西方的个人主义假定个体不应该依赖其他人，也不应该让其他人依赖他。我国心理咨询和辅导的主流方法和技术很多是西方的舶来品，因此这一点在我们的咨询中也有所体现；同样地，过分强调依赖忽视独立也是一种文化偏见。)

(6)正式的咨询比来访者周围的自然支持系统更重要。(假定来访者更需要咨询师提供的支持，而不是家庭、同伴和其他支持系统提供的支持。)

(7)所有人都采用线性的思维模式。(假定每个原因都有一个结果，而每个结果都可以追溯到某个原因，并用此来解释世界是如何运转的，所有的事物都可以用好或坏、

---

① 霍尔提出了高语境和低语境的概念，在低语境文化中，个人的自我意向和价值是根据个人的自我概念来定义的，信息通常通过语言清楚而具体地传递；而在高语境文化中，个人的自我价值和自尊是与群体联系在一起的，信息通过互动时的肢体语言传达，面部表情、姿势和语调等和说出来的话一样重要。

② 这一条虽然是在讨论文化的影响，实际上学校里也有与校外相区别的文化，有时候心理辅导教师会假设其他学生、家长和同事会以同样的方式理解这些抽象的词语。

恰当或不恰当以及其他二分法的方式来分类和描述。）

（8）咨询师要改变个体以适应系统。（假定系统不需要改变以适应个体。）

（9）来访者的过去和现在的问题几乎没有关联。（假定问题只与当时当地的境遇有关，而咨询师不需要注意来访者的背景。）

（10）咨询师和危机干预者已经了解所有的假设。（假定如果危机干预工作者和咨询师倾向于以一种封闭的、偏见文化上保守的方式做出反应，以提升某个精英群体的主导性，他们也会知道这一点。）

用多元视角看待上面的假设，会感受到这些假设对咨询工作的影响。科米尔和哈克尼曾指出忽视多元文化的三种影响：错误地将来访者的某些行为视为阻抗和不合作；当咨询师不了解自己的文化偏见、其他人的价值观以及自己与其他人的文化差异时，则更可能误解不同文化背景下来访者的行为和态度；对来访者的特定行为有所期待，而这些行为可能与某些文化群体的基本价值观冲突，导致咨询师滥用标签，或者使用单一模式的、不恰当的、无效的咨询方法和概念（Heesacker，1988）。这里面最后一点特别容易引起中小学心理辅导教师的共鸣，这一点在关于多元文化假设的论述中已有说明；前两个影响相比之下更加隐蔽，但也更容易在辅导实践中影响辅导的历程和效果。

三种影响往往会同时出现在心理辅导的历程中，我曾经接待过一位"被动"来访者（被班主任要求来接受心理辅导）。他初进辅导室时用肢体语言表示对我的强烈不满和对被迫辅导的愤懑，对他几乎不了解的我犯了前述的第三个错误，使用单一的咨询方法——我肯定了他能来的动机。实际上这是一个在心理辅导中常用的套路："尽管你不想来，但是班主任要求你来，你还是来了，我看到你渴望让自己变好的心和对老师的尊重。"结果是对方更加愤怒并朝我大发脾气。紧接着我又犯了第一个错误，将他的行为视为阻抗和不合作；我尝试对他做出了安抚，其实我内心期待的是他能够放下攻击性坐下来跟我聊聊，但我对他原本经历的忽视让他一直耿耿于怀。事过多年，那次心理辅导依然历历在目，我很感谢当时来访者的坦诚和直率，使我意识到尽管我的动机和方法都没有问题，但是对他经历和经验的忽视让我对他做出了大量的错误假设。实际上只要认真倾听，我就能了解我的来访者曾经在与教师沟通时受过多少误解和伤害，这些误解和伤害使他看到教师时出现自动化的反应——教师不是支持者和帮助者，而是一位高高在上的批评者和评价者。这是他对教师的假设，显然这与我的假设是不一致的，而我作为心理辅导教师需要对来访者不同的假设有觉察，并更恰当地看待来访的行为，选择更适合他的心理辅导方法，而不是先入为主地选定方法，再去期待来访者能在我的"套路"里得到治愈。与我有同样经历的心理辅导教师不在少数，而多元视角的提醒是一个很好的理解来访者、改善心理辅导效果的途径。

关于如何在心理辅导工作中保持对多元文化的觉察，基塞利卡（Kiselica，1998）提出在与多元文化来访者工作时，心理工作者应该具备四种品质：自我认知，尤其是对所在文化中的偏见的认知；对不同群体的文化的认知；具备使用文化适宜的辅导方法的技能，包括愿意采用比传统策略更适合来访者文化特征的替代策略；为不同文化的来访者提供辅导和危机干预的实际经验。尽管文化是多元的，然而当前在咨询和危机干预领域，很多研究结果和假设、书籍、职业教育是针对北美和欧洲文化的。因此对于很多中小学心理辅导教师而言，"尽信书不如无书"依然是一条指导实践的真理，尝试理解来访者的世界观，才能使我们更接近对方，做出正确的解释、判断和结论，进而才能帮到来访者。

教师本身的职业身份和传统的尊师重教的理念，会导致部分学生习惯遵从教师的理念和假设，最终影响心理辅导的进程和效果。加上教师自身根深蒂固的文化偏见对学生潜移默化的影响，有可能导致对客观现实的扭曲，使来访者呈现与其本来情况完全不同的样子。来访者可能无形中讨好了权威，甚至呈现出跟日常表现彻底相悖的行为方式。此外，教师对教育整体情况的掌握优于来访者及其权威意识，常常导致教师在工作中带有专家的优越感，甚至会做出武断的评估。我国是一个多民族国家，心理辅导教师需要考虑民族背后的文化和人群差异，以及价值观和偏见等因素，再去考虑学生的个体差异。与其他咨询师相比，中小学心理辅导教师需要考虑的个体差异因素中年龄是一个重点，有时候仅仅是提醒家长他们的孩子所处的年龄，就足以缓解他们大部分的焦虑情绪。因此，中小学心理辅导教师需要不断地显示出开放性，邀请来访者一起探讨、识别双方可能的社会定位，以一种平等、合作的方式开展辅导，才能真正帮助那些有需要的学生。

不管咨访双方的文化背景是否存在差异，真正地帮助到来访者，都是非常复杂的事情。例如，"病耻感"文化特征往往影响着心理辅导的开放性。金等人（Kim，Seitz & Watanabe，2008）的研究发现，与欧裔美国人相比，亚裔大学生在寻求任何支持系统的帮助时都要更加犹豫，这是因为他们更难处理心理问题给自己及家庭带来的羞耻感。因此在与学生进行心理辅导时，与直接解决问题相比，心理辅导教师多花点时间理解到底发生了什么才是更重要的促进问题解决的方法。心理辅导教师也需要理解，来访者会同时存在看似矛盾的情绪，如一方面对心理辅导教师的真诚关心和善意心存感激，另一方面在面对同样的帮助时也可能会感到羞耻、愤怒和困惑，这样的情绪往往在一次或多次心理辅导中有所呈现。这其中微妙的平衡需要心理辅导教师有足够的开放、坦诚，细致的觉察、反思，以及对来访者的文化背景和生态环境保持足够的敏感，耐心地探索和理解在来访者身上发生过的或正在发生的事。

第三节　中小学心理辅导教师发展的路径

教师的专业发展主要依靠外部支持和内部成长。其中中小学心理辅导教师的外部支持包括政策要求、职后教育等方面。与之相对的内部成长则涵盖了不同方向上的专业成长以及具体开展工作时的变通与创新。本节将针对这些内容进行叙述。首先，介绍政策支持，我国各地陆续制定和完善了心理辅导专职教师资格认定的相关课程和考核标准，包括心理辅导专职教师的实践操作规定和考核要求。这些标准和要求指明了中小学心理辅导教师发展的官方职业路径。我们将简要介绍上海、浙江和北京三地的相关政策，并重点介绍北京的政策变化对中小学心理辅导教师发展的影响。其次，以北京为例介绍心理辅导教师的职后教育，包括市级、区级和校级三种常见的分层培养。最后，从工作任务的角度介绍心理辅导教师的纵向和横向发展、专业成长和在学校开展工作等不同侧面的成长路径。

一、上海、浙江和北京市的相关政策

依照有关规定，中小学校应当配备或者聘请具有相应专业技术水平的心理健康教育教师、辅导人员，设立校内心理健康教育与咨询机构，对学生开展心理健康监测、心理健康教育和咨询服务，为精神障碍学生接受教育创造条件。学前教育机构应当开展符合幼儿特点的心理健康教育。

2020年，上海市教育委员会发布的《关于加强上海学校心理健康教育的意见》指出，"专兼职心理健康教育教师须具备从事大中小学生心理健康教育的相关学历和专业资质"。要"明确专职心理健康教育教师在心理课程教学、心理咨询与辅导、心理健康知识宣传普及、心理危机干预等方面的工作职责。各校在保证专职心理健康教育教师数量的基础上可根据教学和咨询（辅导）等需要配备兼职心理健康教育教师。各区心理健康教育中心要配备专职心理健康教育教师，各区教育学院每学段至少配备1名心理教研员，常态建立市区心理健康教育教师专项教研机制，每月至少组织1次辖区内的教研活动。建立并完善学校心理健康教育专家库"。

浙江省对专业人员进行分层培养，对中小学心理健康教育教师的认证采取分级培训，分级认证，强调实践操作，突出专业督导，细分专业要求。在实际运作过程中按照职责划分A、B、C证，其中A级资格证书的发放对象为县（市）心理辅导中心的负责人，负责对所在区域内B证教师的督导，在认证和培训内容上中重点突出个别咨询的理论与技术。B级资格证书的发放对象为学校心理辅导站站长，负责对本校C证教师的督导与考核，培训内容重点是心理辅导课的操作实务。C级资格证书的发放对象为一般的心理辅导教师，负责学校心理健康教育的具体实操，培训内容是普及心理健康教育的基本理论。除行政职务上的区别之外，三个专业等级之间的提升有一定的实践积累要求，C级资格证书需要完成30课时的心理课和至少20小时的个别辅导实习才能申请B级资格证书；获得B级资格证书后需要积累超过50小时的个别辅导和30课时的心理课，才能申请A级资格证书。从现有的数据来看，平均每年有5000名以上的中小学教师参加全省的心理健康教育上岗面试，包括其他学科教师，尤其是班主任老师们，纷纷投入心理健康教育的上岗学习中。这也为心理健康意识的普及和提升提供了广泛的群众基础，使全员心育成为可能。

2004年3月，北京市教育委员会印发了《北京市中小学和职业学校心理健康教育工作纲要（试行）》（以下简称《北京市纲要》），该文件是北京市教委在《中小学心理健康教育指导纲要》实施之后，总结中小学和职业学校三年来开展心理健康教育研究与实验工作经验的基础上，广泛听取专家、教育行政部门和学校相关人员意见制定而成。《北京市纲要》指出中小学和职业学校心理健康教育师资队伍建设的三项内容，具体如下。

（1）心理健康教育师资队伍建设的基本要求。各区县必须建立一支以专职为骨干、专兼职结合，相对稳定的心理健康教育师资队伍。各中小学和职业学校应配备经过系统培训的专职心理健康教育教师，并可聘请一定数量的兼职教师。专职心理健康教育教师的编制可从学校总编制中统筹安排。专、兼职心理健康教育教师必须热爱心理健康教育工作，具有良好的思想素质，应积极参加专业培训与教研活动，主动开展学校心理健康教育工作。

（2）专职心理健康教育师资队伍建设。学校专职心理健康教育教师应为大、专院校心理系或相关专业毕业的人员，或从经过心理健康教育系统专业培训的在职教师中选拔。学校要为他们专业技术职务评聘等问题创造条件，专职心理教师要享受班主任待遇，记班主任年限。专职心理健康教育教师主要负责学校心理健康教育课，进行个别辅导与团体辅导，开展心理健康教育的其他各项活动及科研等工作。

（3）兼职心理健康教育师资队伍建设。学校兼职心理健康教育教师应从有教育工作经验，有较强工作能力，接受过心理健康教育专门培训的教师中选拔。兼职心理健康教育教师主要负责协助专职教师开展相关工作。学校应保持兼职教师队伍相对稳定，相应减轻兼职教师的其他教育教学工作，并对其开展的心理健康教育工作计入工作量，给予相应报酬。

《北京市纲要》同时提到了中小学和职业心理健康教育的实施，包括以下四项内容。

（1）心理健康教育的培训工作。各区县教师培训机构和心理健康教育中心要在市中小学中等职业学校教师培训中心统筹规划、协调和指导下，组织好"教师及学生心理健康"必修课的培训工作。通过培训提高专、兼职心理健康教育教师的基本理论、专业知识和操作技能水平，提高全体教职员工开展心理健康教育的水平和能力。

（2）心理健康教育的教研活动。区县心理健康教育中心应定期组织学校专兼职心理健康教育教师开展教研活动，并对专兼职心理健康教育教师个人进行督导。要将教研活动与专业培训及教师的自我成长融合在一起，共同研究教材，研讨个案，提升他们的专业水平。要以学生成长过程中遇到的各种问题和需求为主线，探索心理健康教育的内容和方法，提高心理健康教育的水平。

（3）心理健康教育的科研课题研究。各区县和学校要积极开展心理健康教育的科研课题研究，在研究过程中坚持心理健康教育与素质教育相结合，理论与实践相结合，注重心理健康教育与德育、与人的全面发展关系等问题的研究。通过带课题培训与合作研究等方式推广优秀科研成果，保证心理健康教育工作健康、科学地开展。

（4）中小学和职业学校心理健康教育实施过程中要注意的问题。心理健康教育是一项科学性、专业性很强的工作，在实施中要注意与德育工作的联系与区别；心理咨询应严格遵循保密原则，要谨慎使用心理测试量表或其他测试手段；注意防止心理健康教育医学化和学科化的倾向；凡是进入中、小学和职业学校的心理健康教育教材或自助读本，必须按照有关规定，经教育部或北京市教委组织专家审定后方可使用。

2014年，北京市教育委员会根据教育部《中小学心理健康教育指导纲要（2012年修订）》精神，发布了《北京市中小学和职业学校心理健康教育工作纲要（修订）》（京教基一

〔2014〕3号）。其中第六项"组织实施"的第四条重点强调了加强队伍建设，保障中小学心理健康教育工作的可持续发展，包括各区县应创造条件，不断提高心理健康教育教师队伍的专业化水平，加快形成以专职心理健康教育教师为主的教师队伍，完善培养和发展机制，稳定心理健康教育教师队伍。每所学校至少配备一名专职心理健康教育教师，心理教师原则上应具有心理学、教育学或相关专业本科以上学历。500名以上学生规模的学校应创造条件，适当增加心理教师的数量。建立完善新任心理教师上岗培训和心理教师轮训制度，专职心理教师享受班主任同等待遇，记班主任工作年限。

2021年10月9日《北京市教育委员会关于加强中小学生心理健康管理工作的通知》发布，文件在原有的强调心理健康课程建设、心理辅导等基础上，重点突出心理测评、学生心理档案建立、危机三级预警机制等服务内容，强调与家庭、专业机构和社会力量的合作。同时在心理健康教师专业发展问题上提出明确要求，包括以下四点。

（1）配齐建强骨干队伍。中小学每校至少配备1名专职心理健康教育教师，在保证专职心理教师数量的基础上，可根据实际情况和工作需要配备兼职心理教师。学生规模500人以上的学校，集团化办学、一校多址办学的学校，应适当增加心理教师配备。专职心理教师原则上应具有心理学或相关专业本科以上学历，兼职心理教师须经过专业培训或具备从事心理健康教育的专业资质。提高班主任教师的心理健康教育支持能力，中小学要在班主任及各学科教师岗前培训、业务进修、日常培训等各类培训中，将心理健康教育作为必修内容予以重点安排。学校全体教职员工要树立全员关注学生心理健康的意识，发现学生有异常心理或行为，及时告知班主任和心理教师。

（2）加强心理健康教育研究队伍建设。建设市级心理健康教育专兼职教研队伍，建立健全中小学心理健康教育定期视导机制，坚持和完善心理健康教育研究成果交流机制，推进心理健康教育特色学校建设，提升心理健康教育专业水平，促进心理健康教育工作规范化、科学化开展。各区教育研修、培训部门要配齐配强专职心理教研员，并建立教研培训长效机制。支持有条件的学校成立心理教研组并定期开展活动。

（3）加大心理教师支持保障力度。支持心理教师参加学习、进修、培训、交流等活动，提升心理健康教育专业技能，推动心理教师队伍专业化发展。根据学校实际情况，将专职心理辅导教师面向学生、家长、教师开展各类心理健康教育讲座、主题活动、心理辅导等计入工作量，纳入绩效管理，保证专职心理教师享受班主任同等待遇。兼职心理教师按学校有关规定计算工作量并保障相应待遇。

（4）落实场地和经费保障。区教委要为区级中小学生心理辅导中心配备专门场地空间及软硬件设备，进一步推动中小学校按照教育部《中小学心理辅导室建设指南》要求建设心理辅导室。健全心理辅导值班、预约、面谈等制度，保障学生心理辅导与求助需求。学生在校期间，心理辅导室每天均应在课间、课后等非上课时间向学生开放，并安排具备心理辅导资质的教师值班。各区、各校要保障心理健康教育日常运作以及设备配置、运行维护和队伍建设等经费。各区应足额保障心理健康教育工作经费，并视情况建立增长机制。学校应在年度预算中统筹各类资金保障心理健康教育工作经费。

从政策涉及内容的延续性上可以看出，北京市近年来从政策层面上对心理老师的专业发展予以了极大的支持和肯定，包括且不限于通过班主任培训、区级统筹测评、全市教研队伍建设、制度保障等来减轻当前心理辅导教师的压力和负担；构建家-校-社三位一体心理防护体系，推动心理健康教育的实效性；强化心理健康教师的精准、专业发展。当然，政策的提出和实践的工作开展之间仍存在距离，不过积极的政策导向也为心理辅导教师们指明了工作方向和制度保障，为每一位心理辅导教师的发展提供了政策依据。

二、中小学心理辅导教师的职后教育——以北京为例

北京市对中小学心理辅导教师的培养带有区域特色，也深受历史沿革的影响。按照职后教育的培养单位可以分为市级培养、区级培养和校级培养。

1. 市级培养

北京教育学院作为与省级平级的、具有师范性质的市属成人本科高等学校，近20年来对北京市中小学心理健康教师的培养集科学研究、学术交流、教育培训和教育发展服务为一体，强调"研训一体"，形成了"实践取向、专业引领、优质服务、开放创新"的办学特色。从2003年开始，北京教育学院开启了针对中小学心理辅导教师的上岗培训，全年培训160课时，包括理论学习、实践观摩、技术锤炼和专家指导等内容，涵盖了中小学心理健康教师必需的开展心理课和组织各项心理活动的基本知能。从2008年开始的中小学心理健康教师提高培训项目则是上岗培训的延续，为上好心理课提供专业培训。从2013年开始，北京教育学院将心理健康教育的基础理论和能力扩展到班主任培养体系当中，每年有几百名班主任老师从中受益。2016年开启了专门针对心理辅导能力提升的心理辅导技术培训，首期培训专注北京市教师继续教育的人才培养结构，专门面向各区教研员开展培训，培训课时为120～160课时，包含了伦理培训、常用理论、辅导过程、辅导技术、案例督导、危机干预等模块，培训结束后，各区均有资质和能力开展针对本区的相关培训。

作为首都中小学干部教师继续教育的重要基地，"3＋1＋N"人才培养体系成为北京教育学院的核心竞争力。学院根据国内外教师教育发展趋势、首都"四个中心"战略定位以及干部教师发展需求，贯彻"创新、协调、绿色、开放、共享"的发展理念，坚持"以促进学生发展为目的，以解决实践问题为导向，以服务学员需求为中心，以科研引领支持为根基"，启动和实施北京市中小学名师名校长名园长发展工程、协同创新学校计划、"启航计划"、"青蓝计划"、"卓越计划"。这一点在中小学心理辅导教师的培养上也有所体现，各区开展的区内心理辅导培训作为中小学心理健康教师的"启航计划"，具备3年以上工作经验的中、青年心理辅导教师可以申请参加"青蓝计划"，以及针对有丰富经验教师开展的"卓越计划"。以上构成了中小学心理健康教育教师的体系化培养。

此外，北京教育学院开设紧缺急需学科（领域）干部教师研修项目，针对中小学心理健康教师的培养包括积极心理项目、初高中生涯教育设计项目、心理辅导能力提升培训和危机干预培训等更专业化的培训内容，满足不同发展阶段、不同需求教师的发展。

2. 区级培养

在很多地区，心理教研员在中小学心理健康教师的培养过程中发挥了巨大的作用。以北京的心理健康教师培养为例，北京市中小学心理健康教师的培养离不开各区心理教研员的精心设计和系统性培育，从途径上看，教研员对一般心理辅导教师的培养包括：开展系统培训和案例研讨，深入学校观摩和指导，定期检查和评估，以研究课题带动教师的专业成长。北京市各区心理教研员基本上每个学期都会指定不同的研修主题，每周或每两周组织一次专业培训，内容涵盖心理课的设计、组织与实施，个体与团体心理辅导，案例研讨与督导等内容。在深入学校环节，教研员们会定期去学校指导教师实践，并为教师的专业成长提供平台，如组织区级公开课、与学校主管领导沟通等，深入学校环节也有助于对危机案例的早期识别和评估，使教师在有指导的情况下开展工作。定期的检查和评估往往也是心理辅导教师成长的契机，案例评选、档案整理、辅导室建设等都足以引起学校的重视，也足以激励教师的成长。北京教育科学研究院为各区心理教研员和一线心理辅导教师开展课题研究提供了专业支持和保障，促进教研员立足本区心理健康教育和心理辅导教师队伍建设的现状，扎根现实情况，发现新问题，解决真问题。这为心理辅导教师们总结工作经验，提炼工作重点，升华工作内容提供了专业的发展途径。

3. 校级培养

近年来，各学校内部开始关注心理健康教育教师的发展，我所了解的部分学校开始系统化思考心理辅导教师的成长路径，工作形式上包括师带徒、同侪互助小组、寻求校外督导等专业支持等，工作内容上包括打造全校整体心育环境、为心理辅导教师的成长提供平台、完善校本课程、建设心理辅导的硬件设施等。其中为心理辅导教师的成长提供平台这一项，多数学校能结合自己的办学特色展开活动，如心理健康活动周/月，针对不同群体不同主题的沙龙，心理剧，心理辩论赛等活动。

对心理辅导教师而言，各地区教育学院、教师进修学校、学校等部门承担着教师培训的职责和任务，这些单位组织的专业学习能满足日常工作的基本需求。对于一些有个性化需求的教师，自我学习也是专业成长的重要路径之一。很多机构上线了公益的培训课程，也有部分付费的内容可供教师选择。值得欣喜的是，越来越多的学校愿意为心理辅导教师的专业学习提供支持，从经济、时间和工作任务安排上，酌情考虑，保证心理辅导教师的专业成长。

三、心理辅导教师的纵向和横向发展

心理学家波斯纳（G. J. Posner）曾提出一个教师成长的公式："经验＋反思＝成长"（张晓霞，2011）。心理辅导教师每一次上课、辅导，每一次与学生、家长的接触中都蕴含了丰富的经验，但是如果缺乏反思意识，这些宝贵的经验就会沦为简单的经历或重复。朱永新（2012）特别强调"用心教"的重要性，指明了反思意识的重要性。根据心

理辅导教师的两大主要任务，其反思有两大类型：教学反思和对心理辅导个案的分析。因为职业活动的特殊性，心理辅导教师的专业成长和个人成长是紧密结合在一起的，二者相辅相成，相得益彰。经验丰富的心理辅导教师还可以进行自我成长分析或者自传性反思。如果说专业的培训和理论学习是自上而下的学习，再由教师逐渐内化为自己的教育智慧的话，那么扎根于对日常生活的理解、分析和寻求意义的反思过程，就是自下而上的学习过程。两者相互补充和完善，才能实现更高的教育成就和更好的自我成长。

心理辅导教师的职业发展由其两大主要任务决定：上好心理健康教育课和做好心理辅导，这两个内容沿着两个方向延伸。纵向上是单一脉络的成长，如费斯勒（Fessler，1992）提出的教师生涯发展动态论，将教师的发展细分为八个阶段：职前教师阶段、导入阶段、能力建立阶段、热心和成长阶段、生涯挫折阶段、稳定和停滞阶段、生涯低落阶段和生涯退出阶段。也有研究者（赵志成，张佳伟，2012）将教师的专业发展阶段划分为出道期、成长期、成熟期、超越期和完善期。当然并不是所有的教师都能从成熟期走向超越期，其中重要的标志是教师能否重塑自己的教育哲学与价值，做到诚信、公平、公益等。对很多中小学心理辅导教师而言，纵向的发展更多体现在职称的变化上，当前我国中小学教师的职称共有五个，从低到高依次是三级教师、二级教师、一级教师、高级教师和正高级教师，这很大程度上也体现了心理辅导教师在职业上的纵向发展。横向发展上，心理辅导教师除了完成上述任务，还可以将其他的角色定位不断发扬，从心理辅导教师到家庭教育指导教师，从做好教学和辅导到同时担任行政职务，更广泛的还可以担任一些社会团体或组织成员。在我身边有很多优秀的心理辅导教师，经过一定时间的积累和积淀，有的从一名普通的心理辅导教师成长为学校的管理者，有的成长为区域教研员，也有的成长为优秀的咨询师，更重要的是，与其他学科教师的纵向成长不同，他们好像从入职就处在热心和成长阶段，并一直在这个阶段中奋力地成长着。

上好心理健康教育课是一名心理辅导教师职业发展的重要目标。麦克伊万在《培养造就优秀教师——高效能教师的十大特征》一书中将高效能教师的十大特征分为三类：一是关于高效能教师是什么样的人的个人特征，包括满怀使命感和热情、积极而真诚、具有领导才能；二是关于高效能教师做什么的教学特征，包括全面关注、风格、激励技巧、有效教学；三是关于高效能教师思考什么、如何思考的智力特征，包括书本知识、社区经验和精神生活。对于我国的中小学心理辅导教师而言，上述十大特征值得借鉴，但也要考虑职业的特殊性和文化的适用性。

对中小学心理辅导教师而言，上述高效能教师的特征更多体现在教师教学能力上，尤其是评课、说课的能力。与其他学科教师还要强调习题做讲的能力和改题命题的能力相比，单纯的评课与说课能力似乎显得较为单薄。但实际上，心理健康教育课需要建立在对学情的细致分析、寻找科学支持理论以及制定具体、翔实的课堂目标的基础上，在课程的设计上既要考虑活动的安排能否激发全体学生，又要考虑活动之间的环环相扣、逻辑深入；在课程的实施环节更重视学生的体验而不是知识的传授，因此课程需要留足生成的时间，并有多元的预设。这些都对教师本身的开放性、知识储备、活动设计、课堂实施等有较高的要求。同时很多中小学心理辅导教师不仅没有统一的教材使用，还需要根据本校情况研发校本教材；即使有地方使用统一的教材，但缺乏相应的教辅资料，这不仅给教师设计和实施课程带来了挑战，也给教研活动带来了挑战。

尽管我们强调心理辅导教师在两个职业内容上的发展，实际工作中两项内容常有交叉。以中国香港师训与师资咨询委员会 2003 年发布的教师专业能力理念架构为例，该理念架构指出教师的专业能力范畴包括教与学范畴、学生发展范畴、学校发展范畴和专业群体关系及服务范畴，将教师的专业发展与学生发展、学校发展和专业群体及社会发展相联系，提倡教师不仅教书育人，也要配合和实践学校的愿景、使命、文化及校风，制定和执行学校政策，回应社会变革；学会与他人分享知识及成功经验，与大众保持互动关系，参与有关教育的社区服务及志愿工作。同时这个架构还提出了教师的六个基本价值观，包括坚信学生人人能学；弘扬师德，关爱学生；尊重差异，多元取向；恪尽本职，献身教育；团队协作，乐于分享；持续学习，追求卓越。这个理念架构结合心理辅导教师的角色定位，不仅使广大心理辅导教师看到自身职业发展大有可为；也使他们意识到上课与辅导两个方面的职业发展有很大的重合，如都要遵守学生发展、学校发展和社会服务等方面的工作规范和要求。

四、心理辅导教师的专业化成长

与一般教师相比，学校心理辅导教师的专业成长与咨询师的专业成长有较多重合，这也使很多心理辅导教师在校内的专业成长路径有更多的独特性。来自江苏教育学院的王明宾和程振响 2003 年在《中小学心理健康教育师资培训的需求评估》中报告，有 60% 的中小学心理辅导教师更希望得到"有经验的中小学心理咨询和辅导人员"的指导，二十多年来，这一倾向逐步增强。近年来关于教师心理咨询的培训也在如火如荼地展开，然而这些培训要么与心理辅导教师在学校的工作相去甚远，要么缺乏连续性和系统性。其中大部分的培训是关于某一咨询流派或者技术的学习，对中小学心理辅导教师学习的适应性和灵活性挑战较大，也对心理辅导教师的迁移能力和知识基础要求较高。此外，心理咨询有专门的职业伦理标准，并对咨访关系等内容做出界定，这些也与学校的工作差距较大，无形中增加了心理辅导教师对自身专业发展的迷茫。

在与心理辅导教师的接触中，我能感受到他们在一般教师与心理咨询师之间的踌躇。所有的教师都会关注师生关系，言传身教并开展教育，整合不同的视角和不同的资源。心理辅导教师不仅要与一般教师一样关注这些内容，还需要更多关注学生的问题行为、师生关系和自我觉察，这里强调的关注问题行为更倾向于指对问题的理解、评估、建立解决方案并给予支持，评估的部分将放在后面的章节单独讨论。心理辅导教师面对的师生关系具有复杂性和挑战性，平时在心理健康教育课与学生建立的师生关系和一般教师的别无二致，但与有问题行为或者特殊需求的学生建立的师生关系更像是咨访关系，这就给心理辅导教师带来了不小的挑战。从咨询伦理的角度，咨询师和来访者应尽量避免双重关系，然而对中小学心理辅导教师而言，这部分避无可避。

类似的部分还包括心理咨询师更关注的发生在咨询前后的自我觉察。咨询师的觉察更多在于对来访者的理解和假设是否精准，使用的技术是否适恰当，与来访者建立的关系在不同咨询阶段的流动性如何，以及咨询中时间地点等外在设置和内在界限是否清晰等。这些内容对中小学心理辅导教师而言不能不考虑，但现实情况却也障碍重重。对学生的理解和假设不仅要考虑学生的问题和需求本身，也要考虑全校乃至家长们的精神健康意识。技术的适恰需要更多地思考周围相关人员的配合程度（包括但不仅是学生的社会支持情况）。在关系部分，建立和结束都常会遇到无法选择和身不由己，被动开始和莫名结束对中小学心理辅导教师来讲是家常便饭，尽管家常，却会在无形中减少了自主性，增加了无力感。设置上还要考虑学校的硬件条件如辅导室的设置，考虑行政管理和其他力量的扰动，当然这部分并非总是贬义，甚至大部分时间他们是能获得支持的，然而隔行如隔山的状态确实挑战了心理辅导教师们跨专业沟通的能力，在原本单一自我觉察的任务上增加了对外展示和跨专业说明的难度。

五、心理辅导教师在学校开展工作

心理辅导教师的状态是由工作属性决定的，一种是面向全体学生的教书育人，另一种则需要关注特需学生的心理状态和行为表现。前者是关注所有学生发展的言传身教，有章可循，有法可依；后者则是针对个别学生的问题解决。尽管在学校教育的大背景中，看似后者隶属于前者，但实际上两者的共存给心理辅导教师带来了更加复杂的考验，不仅要求心理辅导教师熟知国家及地方的教育方针政策，更要了解学校的各项规章制度和教育理念，更重要的是面对不同的来访者要不断地保持开放性，避免将过多的假设和做教师时对某一来访者的已有看法带入辅导室中。此外，心理辅导教师要小心应对多重关系的影响，这个部分经常会使其他教育同伴感到迷惑，尤其是心理辅导中的一些伦理设定，常常引发同事乃至领导的不满。例如，心理辅导教师时常会听到类似于"这个学生是我们班的，有什么情况是我不能了解的？""你可以保密，但那是对其他人，我是你的领导，你还要保密吗？"等声音。大部分心理辅导教师会看到这种诉求的目的都是为了学生的健康发展和保障学校的正常秩序，目的无错只是立场不同，于是选择不断地澄清，日久年深后总会有倦怠感。但断绝跟教育同伴的沟通又会影响来访者的问题解决，因此这也给心理辅导教师的实际工作带来不小的压力。

改善这种情况最好的办法是在全校乃至学校辐射的周边群体大力普及心理健康知识，提升心理健康意识。因此我常常告诉心理辅导教师们要学会在学校"刷存在感"，学会"曲线救国"，《论语》里论述的"不患无位，患所以立；不患莫己知，求为可知也"，是非常适合心理辅导教师工作发展的指导语。心理辅导教师一进入学校工作就能被所有人理解和支持并非易事，与其坐等大家理解，不如像孔子所说的，不要担心没有自己的职位，只需要思考自己是否有任职的本领；不要担心没有人知道自己，要努力成为有真才实学、值得被大家记住的人。因此心理辅导教师也需要打破过于低调的现状，学着将自己的专业特长融入学校的各项工作中，从开始给大家一种"心理辅导教师很积极，心理学视角很特别"的印象，到大家自发有一种"这件事情可以问问心理辅导教师"的心理，就是胜利的一大步，如果最后大家在提到心理工作时都能有"心理辅导教师就应该这样做，这是专业的体现"的感受时，心理辅导教师再开展各项工作就能得到更多的理解和支持。这个"曲线救国"的时间并不会很长，只是需要心理辅导教师适当调整工作思路，辅以必要的时间，最终会发现不仅改善了自己的工作环境，也提升了全体师生的心理健康意识。

充满支持和信任的外部环境有助于心理辅导教师的专业成长和工作开展。为了营造这样的环境，心理辅导教师要有能力在不同的角色间灵活转换，"打铁还需自身硬"，因此心理辅导教师们可以在心理咨询和辅导的伦理学习中多下功夫。对于社会心理咨询师来讲，在时间和空间上做好咨询设置，就能够保障角色间的灵活转换，就像一位上中学的来访者在跟我工作了一段时间之后由衷地表达："老师如果你是我的妈妈该多好，这么包容、倾听和尊重我。"通常面对这样的回答我既需要帮他看到他自己的需求和对妈妈的期待，更重要的是让他明白我之所以如此"包容、倾听和尊重"是因为我每周只在一小时的时间里尽力做好就可以了，咨询室之外的我也是一个平凡的妈妈。类似于这样普通的咨询设置不仅可以促进来访者的反思，也提升了咨询师身份的灵活转换，但这样的设置对很多中小学心理辅导教师而言也是奢侈的。现实是整个校园里随处可以遇见来访者，辅导室隔壁就是教室或者教师们的办公室，走出辅导室就需要上课和做科研工作。因此心理辅导教师身份的灵活转换存在不小的现实阻碍，这些现实阻碍也会转换成来访者心理上的警惕或者不信任，使得他们在辅导过程中不由自主地选择隐瞒或者讨好。对此，心理辅导教师需要加强伦理的学习，做到对学生自主权与隐私权的保护，比如，尽量明晰辅导的设置，在约定的时间里在辅导室进行心理辅导；加强对心理辅导过程的觉察，捕捉来访者是否有不信任或者讨好等情况；时刻提升对自我的觉察，如是否有突破设置的情况，以及心理辅导中自身情绪和需求的变化对来访态度和辅导进程的影响。

外在环境的积极调整对心理辅导教师的专业发展而言是必要的，内在的调整也同样重要。面对更加复杂的任务和多重融合的身份，心理辅导教师对工作界限和自身能力的觉察也很重要。关于自我觉察，心理学家大卫·邓宁和贾斯廷·克鲁格提出了达克效应（又称邓宁-克鲁格效应），他们通过一系列实验研究发现：能力差的人通常会高估自己的技能水准，因为他们不能正确认识到其他真正掌握此技能的人的水准，也无法认知且正视自身的不足，以及不足的程度。低能力者陷入双重困境，在某一领域表现不足，又缺乏元认知能力，使他们无法正确地认识自己和他人。这一效应在心理辅导教师队伍中也较常见，拥有多年教学经验或从事行政工作的老师转行做心理辅导工作时，常常只能看到他人的不足，而缺乏对自身不足的客观了解；另外有时一知半解的新手也会有过度自信的情况，新手的自信在不同的行业都会有所体现，尤其是在新手经过一段时间的工作之后，往往会出现高估自己的倾向。[①] 此外，即使是心理辅导领域的高能力者，也会因自我评价的偏差去高估或者夸大自己信念、判断及行为的普遍性，错误地认为其他人也是这样的，而对自己能力突出这一特征并不敏感。因此不该谦虚者谦虚、需要谦虚者骄傲的现象比比皆是。这也提醒广大中小学心理辅导教师们，恰当的自我觉察也是一种重要的能力，而清醒地认识自己，一方面需要不断地向内思考，另一方面也需要多与同行相处，提升开放性，真正地理解忠言逆耳的科学性。

不过达克效应也指出，如果能力差的人能够经过恰当的训练大幅度提高能力水准，他们最终会认识到并能承认他们之前的不足。因此不管是千里之行始于足下，还是百尺竿头更进一步，不断地增加训练都是可以笑谈过去痴、力求今朝进的好办法。

心理辅导教师发展的复杂性不仅仅表现为达克效应，在实际的工作中，大部分转行过来或者刚刚投入心理辅导工作的教师们感受到的不是自负，而是自卑和焦虑，他们的自卑和焦虑大部分来自两个方面：作为新手内心的挣扎和面对来访者问题的挑战。关于其内心的挣扎，缺乏成功经验和担忧外在评价直接影响了心理辅导教师专业自我的建立，过分依赖身边有经验的前辈（督导师、教研员等）和过分在意他人的评价，导致心理辅导教师对外在的依赖胜过对专业自我建立的重视。此外，过快地期待自己成为能够解决问题、更有效能的专家，片面地把自己的能力与来访者的点滴进步画上等号，这些也会使心理辅导教师忽视成长的过程和训练的重要性，急于求成的结果往往是欲速则不达，最终导致对自己的评估更加负面。这些因素叠加在一起，会导致新手心理辅导教师更加担心犯错，自我怀疑，加上在学校工作多重关系的影响，他们不由自主地把注意力放在自己身上而不是来访者身上。在面对来访者问题的挑战方面，新手心理辅导教师往往把日常教育中沟通的技巧和咨询（辅导）的技巧混为一谈，用一位刚刚学完咨询课程正在实习的心理辅导教师的话说，"我有时候自己都很困惑，我是在给学生上课还是在辅导"，"我总是习惯在心理辅导结束后给来访者留作业，明明有些时候不用留，但是不留就感觉这次辅导不完整"，导致这一现象的原因往往也与前面提及的专业自我建立大有关系。此外，新手心理辅导教师往往在咨询技术上更常使用初级的咨询技术，不太敢尝试高级技术，个案概念化上也更倾向于理解和标签化，忽视问题解决的过程和与人工作的复杂性。在实际的工作开展中，有些新手心理辅导教师倾向于分裂理论和实践，或者容易出现理解但是做不到的情况。当然，面对来访者最大的挑战就是当前学生问题的多样性和复杂性与日俱增，太过平常的问题缺乏解决的动力，太困难的问题无法解决，涉及家庭的部分难以干预，遇到创伤经验容易被吓退等，关于这部分的内容我们会在下一节中结合一份调研结果来重点阐述。

由此不难看出，一个新手心理辅导教师的专业发展需要内外兼修。这部分的成长一方面依靠自我觉察和不断地刻意练习，另一方面也需要有人引领和支持，教研和督导固然是最好的外部支持，但如果这部分条件受限的话，同伴和领导的尊重、关注、

---

① 例如，新手医生在最开始的时候对自己的诊断正确率有正确的认识，但是在诊断了一些病人之后，这些有一定诊断经验的新手医生高估了自己的诊断准确率，他们认为诊断准确率为73%，实际上的正确率还没有达到60%。

理解和信任也能够起到促进心理辅导教师成长的重要作用。

近几年我国鼓励倡导党员教师对所在社区、村镇等地开展志愿及服务工作，大大推动了心理辅导教师对专业发展的思考，走出去才是更好地促进家-校-社联合的专业提升路径。我们鼓励心理辅导教师在做好本职工作的同时，多多参与社会事务，不仅能拓宽工作的眼界，还能提升教师的专业素养。心理辅导工作尽管具有极强的专业性，但归根结底还是要服务人的发展，这也是其专业发展和职业进步的终极价值体现。

第四节 当前中小学心理辅导教师工作的困难与应对

我与同事刘晓柳老师近年来曾经对北京市近 200 名心理辅导教师的健康开展过调研，调研中询问"请问您觉得目前从事心理健康教育工作的问题有哪些"和"请问您觉得目前从事心理健康教育工作的困难有哪些"，被调查者采用填空的形式填写答案，由于这两个问题的答案比较接近，所以放在一起进行编码统计，结果如图 2-1 所示。

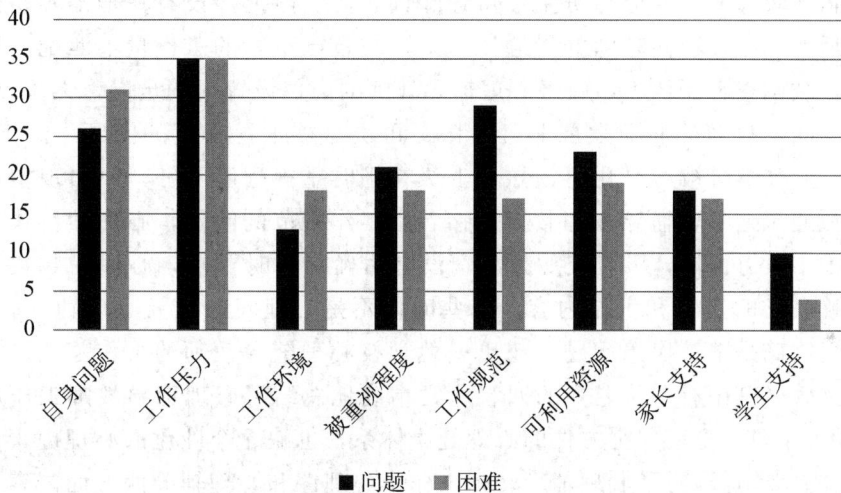

图 2-1 心理辅导教师工作中的问题与困难

在图 2-1 中，纵轴表示被提及的次数，横轴表示被提及的心理健康工作中的问题和困难。可以看到，被提及的问题和困难主要包括自身问题（问题 26 次、困难 31 次）、工作压力（问题 35 次、困难 35 次）、工作环境（问题 13 次、困难 18 次）、被重视程度（问题 21 次、困难 18 次）、工作规范（问题 29 次、困难 17 次）、可利用资源（问题 23 次、困难 19 次）、家长支持（问题 18 次、困难 17 次）、学生支持（问题 10 次、困难 4 次）。

一、中小学心理辅导教师的常见困境

第一大类的问题和困难主要来自心理辅导教师自身。尽管被调查的心理辅导教师大多数是心理学背景出身，但是对于学生心理健康的具体问题，尤其是近年来的学生问题呈现出的复杂性，以及危机类事件，心理辅导教师在理论知识与实践技术上，都有一定的欠缺。很多心理辅导教师认为自己缺乏系统的培训和训练，专业知识和实操

技能都需要提高，这里面比较突出的是心理评估、个体辅导、危机预防以及与之相关的上下级沟通、家校沟通等能力和技术。越来越多的心理辅导教师逐渐认可在从事心理健康工作的过程中，需要接受心理督导，保证心理辅导的顺利进行。但在实际工作中，老师们得到的培训和督导非常有限，使其缺少足够的把握去应对个别学生的心理健康问题。

第二大类的问题和困难来自心理健康工作本身，包括工作压力、工作环境、被重视程度、工作规范和可利用资源五个方面的问题。首先是工作压力的问题，心理辅导教师的工作压力普遍较大，主要体现在缺乏时间和精力、其他事务性工作太多、需要服务的对象太多、工作量太大等方面。有些老师表示，由于学校没有专门的心理辅导教师岗位，自己是兼职的心理教师，然而需要同时负责全校的心理课和针对个体的心理辅导，工作量非常大。其次是工作环境的问题，包括了硬件和软件两个方面。硬件方面，有老师表示目前学校的心理辅导室设置老旧，甚至没有专门的心理辅导室，需要和广播室共用房间，而且心理辅导室的沙盘等器械配备不完善。软件方面，有文件规定心理辅导教师的待遇应与班主任待遇相同，但实际上并没有完全落实。被调查的老师普遍反映，心理辅导教师的待遇比较低，与自己实际的工作量不匹配。除了工资待遇方面，被调查者还认为，由于心理辅导教师的岗位设置为职员岗，无法评定职称，没有上升空间，教师的职业发展非常受限。再次是被重视程度的问题，由于不是中、高考科目，心理学科被边缘化，领导和上级在平时重视程度不够，而出现学校危机事件时，又快速拉上心理辅导教师救火。接着是工作规范的问题，心理学科缺乏成熟的体系化标准，没有课标，没有统一教材，没有明确的课时要求，心理辅导教师在工作中无法明确自己的责任和工作内容。有些时候不是心理问题也要心理辅导教师来管，有时候已经明确是精神疾患问题，超出一般学校心理辅导教师的工作范围，也要心理辅导教师来管。其中有一位老师的回答非常精确地总结了心理辅导教师工作规范的问题，"既缺乏全员、全程、全方位的心理健康体系，也缺乏个性化的心理健康评估、预警、干预体系"，这针对了心理辅导教师工作中心理课和心理辅导两方面内容。最后是可利用资源的问题，学校配备的心理辅导教师名额有限、编制不够，很多心理辅导教师在学校是单打独斗的，而由于心理健康工作的特殊性，心理辅导教师需要朋辈督导也需要团体支持，而学校的其他教师并不能很好地支持心理辅导教师的工作，心理辅导教师也不知道如何寻求社会资源的帮助，所以可利用的资源非常有限，感觉在孤军奋战。

第三大类的问题是关于家长和学生的支持问题。在实际工作中，很多家长因为病耻感而不肯承认自己的孩子有心理问题，这对心理健康工作的开展造成了巨大的困难。也有很多家长轻视或低估孩子们的心理痛苦，王智雄等人（2021）对青少年抑郁症患者的研究发现，青少年抑郁症患者的家长往往低估患者的危及健康的相关行为，包括自杀自伤行为、攻击暴力行为和被学校警告的相关破坏行为。我在与儿童青少年及其家长工作的经验中也有类似的结论，家长往往低估孩子的痛苦，高估孩子的幸福，会有诸如"他只是吓唬人，没有胆子自杀""现在学习条件这么好，他就是作，不知足"等言论，这样的想法固然难以轻易转变，更艰难的是会带来消极的应对行为，错失保障和提升学生健康的最佳时机，难以与学校形成合力。心理辅导教师反映学生家长不理解、不重视、不信任、不配合，使自己的工作很难进行。同时，一部分学生也不愿意接受心理辅导教师的帮助，有排斥心理辅导的现象存在。这些方面也成了心理健康工作顺利开展的阻碍。尽管上述调研仅针对北京市心理辅导教师开展，但管中窥豹可见一斑，想来这样的结果会引发我国大部分心理辅导教师的共鸣。

在其他学者的研究中也有对心理辅导教师专业发展问题的探索，如王震（2011）对上海市宝山区中小学心理健康教育教师队伍的调查结果显示出三大问题。（1）学校心理健康教育教师的队伍结构不理想，包括专职心理辅导教师比例较低，兼职教师多为非心理、教育专业背景；兼职心理辅导教师任务繁重复杂；兼职心理辅导教师缺乏对自己身份的认同感；男性心理辅导教师的过度缺乏导致对男生问题缺乏关注。（2）学校心理健康教育内容校际差异较大，包括工作内容不确定、工作随意性大和工作对象具有局限性。（3）现有的各类培训难以满足心理辅导教师职后专业成长的需求，包括重理论轻实践，重具体轻整体；培训形式无法满足教师成长的需求；培训内容与学校心理工作存在一定的差距等问题。此外，心理辅导教师工作中缺少伙伴支持和工作资源，尤其是有经验的顾问、指导与督导。

二、改善建议与应对策略

对于如何应对和改善心理辅导教师遇到的问题，秉承着自下而上的原则，我们仍然选择先倾听心理辅导教师的声音，因此我们在上述调研中同时询问了"请问您想提出哪些政策性改进建议"，被调查者采用填空的形式填写答案，经过编码统计，结果如图2-2所示。

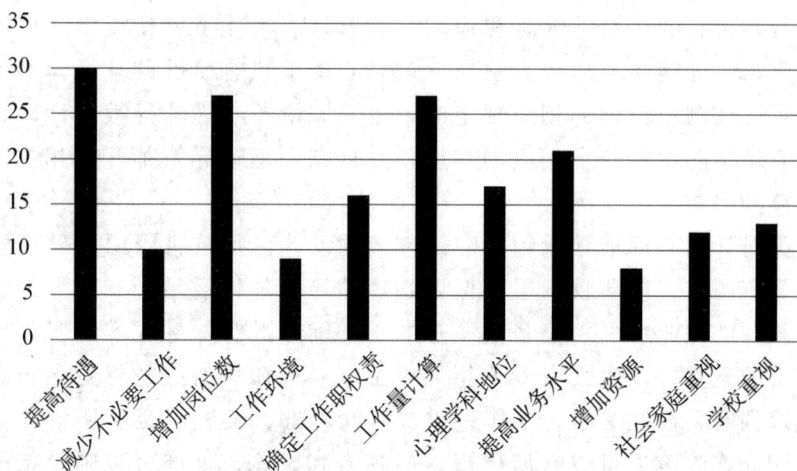

图 2-2　教师提出的政策性改进建议

在图2-2中，纵轴表示被提及的次数，横轴表示被提及的政策建议。可以看到，被提及的政策建议主要包括提高待遇（30次）、减少不必要工作（10次）、增加岗位数（27次）、工作环境（9次）、确定工作职权责（16次）、工作量计算（27次）、心理学科地位

（17 次）、提高业务水平（21 次）、增加资源（8 次）、社会家庭重视（12 次）、学校重视（13 次）。

通过图 2-2 可以发现被调查者提出的政策建议主要针对工作保障、工作内容、心理健康教师资源、社会和学校重视等。

第一大类是针对工作保证的政策建议。首先是提高工资待遇，应该落实相关文件中"心理健康教育教师与班主任待遇相同"的规定。其次是减少不必要的工作，心理健康教育工作是学校整体工作中重要的一环，心理辅导教师需要将心理工作放在学校工作的系统里去思考，因此需要了解学校工作的内容，但大量的行政工作、临时事务性工作不仅破坏了原本的工作计划和节奏，也影响了工作的积极性。减少行政、事务性工作，减轻工作压力，有更多的精力和时间专心做心理的工作是当前很多心理辅导教师的迫切需要。再次是增加岗位数，尤其保证学校的专职心理辅导教师的配额，增加岗位数可以减少每位心理辅导教师的工作量，并有利于建立心理辅导教师团队，以保证团队协作和互相支持。最后是改善工作环境，包括硬件和软件两个方面，硬件方面应该改善心理辅导室的基本设置，软件方面应该保证心理辅导教师的上升空间，尤其在评定职称的时候给予平等的权利。

第二大类是针对工作内容的政策建议。首先是确定心理辅导教师工作的职、权、责，要明确心理辅导教师需要做的、应该做的，而这一点在很多学校是模糊的。部分学校领导认为只要其他老师解决不了的学生问题都是心理问题，这显然是一种刻板又片面的观点。其次是对于心理辅导教师工作量的计算，应该有明确的规定。目前心理辅导教师的工作内容主要包括心理课和心理辅导两个部分，关于心理课的部分，有老师反映心理课应该纳入课表、规定课时，以保证心理课正常进行，而关于心理辅导的部分，无论是个人辅导或者团体辅导，应该有对应工作量的计算，由于心理辅导工作是心理辅导教师特有的，目前缺乏相应的课时转换、工作量转换规定。再次是心理学科地位的确定，心理辅导教师认为领导应该对心理学科有足够的重视，不仅需要保证心理课的课时，在制定学校的相应规定时，也应该给予心理辅导教师话语权，让心理辅导教师从心理学的角度给予相应的建议，并且在心理辅导教师开展相关工作时，给予一定的支持和关注。

第三大类是针对心理辅导教师资源的政策建议，包括自身资源和外部资源两个部分。针对自身资源，应该从政策层面保证心理辅导教师接受培训和督导的权利，以保证心理辅导教师的专业水平。很多被调查的心理辅导教师提到在实际工作中，有专业困惑时既没有团队支持，也没有专家指导，总有一种孤军奋战的感觉。当心理辅导教师希望得到培训时，往往又因为工作过重、时间不够、经费不足等原因，无法参与相应的培训，因此在政策上可以有所体现，使其得到保障。外部资源则包括了区县的专家团队、社会协同资源等。有心理辅导教师反映，希望在规定中明确部分学校工作可以交由社会上有资质的团队处理，比如危机干预的处理、特殊需要学生的处理、家长纠纷的处理等，以使心理辅导教师专注自己的日常本职工作。这些特殊情况的处理确实让心理辅导教师感到非常有挑战，如果需要学习这些特殊情况的处理技巧，需要投入大量的精力，然而这些特殊情况出现的概率并不高，如果让每一位心理辅导教师都完全精通，有一种投入产出比不高的感觉，因此有教师建议这些特殊情况可以聘请专业的团队进行，对方不仅专业性强，且立场客观，既能够减轻心理辅导教师被多重关系裹挟的无力感，又能够提高问题解决的效率。

第四大类是针对心理健康知识普及的政策建议。无论是社会、家庭的重视还是学校的重视，都会大大改善心理健康工作的现状。心理健康工作不仅仅是心理辅导教师的工作，小范围来说，需要学校其他任课教师、班主任教师的配合，稍大范围来说，需要家长的配合，再大范围来说，需要全社会的配合。只有各人群对心理健康都有普遍、正确、科学的认识，中小学生心理健康问题才能够得到各方的重视，心理辅导教师的工作才能顺利地开展。

除此之外，还有个别教师提到了非常实用的建议，比如已有的文件应该得到落实。目前在心理辅导教师配比、心理辅导教师待遇、心理辅导室设置等方面已经有了相关的政策文件，但是在具体落地的过程中，还有落实不到位的情况，岗位数量不够、待遇不及班主任、心理辅导室设置不足的情况仍旧存在。因此，与其增加新的政策，不如首先落实已有政策。另外，还有老师建议，在政策文件中尽可能使用确定的措辞，避免"建议如何如何"等字样，这些模棱两可的文字不利于政策在落地的过程中的精准执行，加上心理学科容易被边缘化、得不到足够重视，领导往往选择忽视这些看似"可做可不做"的政策指导。

第三章　中小学心理辅导常用理论

在历史上，人们对心理的关注由来已久，但这种关注更多的是通过哲学、文学、宗教学及人们喜闻乐见的神话、童话等形式流传下来，并没有形成科学的体系和有影响力的理论。这一点在心理辅导领域也是一样，历史上记载了诸多起到辅导效果的故事和传说，众所周知的亦不在少数，既有以严厉著称的"棒喝"，也不乏温和明理的《劝学》。然而从体系化的研究来看，对心理学的科学研究始于西方，1879 年冯特在莱比锡大学建立第一个专门研究心理学的实验室，是心理学成为一门独立学科的标志。直到现在，西方的心理学研究范式、研究成果、研究内容等依然对我国的心理学研究影响深远。与此类似的是，当前市面上关于心理咨询和心理治疗的书籍、职业教育、研究结果以及理论和假说很多植根于北美和欧洲文化。其中被大众熟知的包括精神分析（也称为心理动力学、精神动力学等）、人本主义、认知行为、积极心理学等理论和假说。尽管这些理论和假说在传入我国时融入了本土的表达习惯和解读，但文化差异、生态环境差异等带来的理解差异并不少见。值得庆幸的是，越来越多的实践者开始意识到文化对个体心理问题形成和表达的影响，他们在各个领域开展着咨询、治疗以及科普等实践活动。

中小学的心理辅导可以被看作是我国心理咨询行业范畴内的一个独特组成，其理论假说、学习和使用的过程沿袭了国内心理咨询行业的发展脉络和特点。随着大众对心理健康的重视，人们认识到在家庭、社会、学校、地域、境遇等因素的联合作用下，任何人都可能出现暂时的病理症状。这也无形中使人们开始更渴望心理辅导的实效性、操作的便捷性和确凿的实证研究倾向。中小学心理辅导教师面对越来越复杂的心理问题、越来越个别化的成长需求，单一的理论取向和工作模式已无法满足其工作需求。他们不仅需要学习和实践各种理论，如精神分析、人本主义、认知行为、发展心理等理论，从中吸取有用的成分，用以在日常工作中实现对学生及其相关人员的理解、支持和指导，还需要扩展视野和创新工作方法，依据工作现状创新各种"整合"模式，这一点在全国各地的中小学心理辅导中都有所体现。

本章主要介绍目前在我国中小学心理辅导中常用的几种理论，帮助读者理解"整合"的意义。同时介绍中小学心理辅导中常见的工作模式，并根据实际情况进行简要解读。

第一节　精神分析理论与中小学心理辅导

不管是学历教育还是继续教育，在中小学心理辅导教师的培养课程中精神分析都是必修理论。翻开任何一本关于心理咨询和心理辅导的教科书，理论部分中精神分析理论几乎总是占据着第一的位置。这不仅仅是因为 1900 年，奥地利精神病医生弗洛伊德出版了《梦的解析》，标志着精神分析的诞生，开创了世界心理咨询与治疗的新篇章，更是因为一百多年来精神分析在临床实践中不断加深细化，不仅发展出了一整套的理论与技术，还专注于对人内在深邃与细致的觉察。从弗洛伊德开始，精神分析理论流派诞生了荣格、阿德勒、温尼科特、霍妮、拉康、克莱茵等一批影响深远的学者。百年以来，精神分析理论对人心理问题的独特解释（通过获得进入个体的无意识思想和过去的情绪经历的机会，可以理解个体当前心理的失衡状态）、对来访者个案概念化的精细操作与洞察补充了人们对心理问题单一的症状描述的评估方式，受到大量研究者和实践者的追捧。近年来国内学者和实践者对精神分析的喜爱有增无减，这一现象在中小学心理辅导领域同样存在。

受到影视作品和漫画等素材的影响，精神分析给人留下了深不可测的神秘印象：来访者躺在长椅上，漫无边际地讲着话；长椅的背后是一位理性、深沉、看似掌控一切的绅士；或者是咨询师在来访者面前有节奏地摇晃着催眠的器物，来访者慢慢地进入像睡眠一样的状态。这些传统精神分析的治疗技术被不知内情的大众神化，好像从咨询室走出去，一切人生难题都可以迎刃而解。当然也会有人感觉到恐惧和抵触：咨询师可以看透我的心。现实情况并非如此，参与过精神分析治疗的人们认为精神分析能帮助个体将不同体验的碎片连为整体，包括过去和现在、清醒和睡眠、思想和情感、个体生活事件和内心最隐秘的幻想，接受精神分析最终能帮助来访者扩大自我的疆域，使来访者变得坚强又独立。

一百多年来，精神分析理论不断被充实和完善。本节将以精神分析的主要创始人弗洛伊德提出的理论为主，介绍精神层次理论、人格结构理论、性本能理论，这三个理论被称为精神分析理论的三大基石。然后我们将介绍以精神分析理论为指导的治疗过程，最后介绍精神分析理论在中小学心理辅导中的应用。

一、精神层次理论

弗洛伊德在治疗实践中感受到了身心关系的微妙，体验到人被强大的、与生俱来的生物欲望所驱动，这种欲望被他定义为"本能"，本能往往不被社会所期待。弗洛伊德将本能比喻为一口"沸腾的大锅"，这一点在新生儿身上充分地体现了出来——被生的本能（eros）和死的本能（thanatos）驱动着。生的本能是指向维持生命的活动，如吃、喝、性和其他满足生理需要的活动，以此保证生存。死的本能则是一种破坏力，以攻击、斗殴和自虐等方式表达。作为生物人，我们必须满足生的本能和死的本能，对两种本能中大部分不符合社会期望的需要必须加以限制，这也被称为压抑。因此弗洛伊德认为父母在孩子出生的头几年对孩子欲望的控制，对孩子的性格、内化的价值观和行为等的形成起着重要的作用。

人们不禁会好奇：被父母控制或被个体压抑的欲望去了哪里？弗洛伊德借鉴地理学中对地壳的描述，在多年临床实践的基础上明确提出了人的精神活动可以划分为三个区域：意识（conscious）、前意识（preconscious）和无意识（unconscious）。意识是我们可以觉察的心理活动，包括思想、情感和对外在环境的感觉。前意识是我们在注意力高度集中时才能觉察的精神活动，这些活动是可以被回忆起来的、能被召唤到清醒意识中的无意识，因此前意识联系着意识和无意识，使无意识向意识的转化成为可能。前意识的基本功能是监督、防备和阻止那些引起焦虑的本能冲动侵入意识领域。无意识又称潜意识，是意识无法触及的思想、本能冲动、情感及幻想等，是被压抑的无法被意识到的心理活动，代表着人类更深层、更原始的心理能量。它通常被比喻为水面下的冰山，是人类一切行为的内驱力，支配着个体的整个心理和行为，是动机的源泉。然而弗洛伊德并不认为人的行为是完全由无意识支配的，他强调人的生存必须面对现实世界的制约，人的思维活动经过了前期处理和后期处理。前期处理由无意识支配，原始、不容于社会规范、不尊重因果关系、没有时空改变并往往是自相矛盾和反复无常的；后期处理则被现实世界所制约，是意识的活动形式，是人们与他人交往、理解世界的精神基础。因此几乎所有与精神分析相关的心理治疗的目的，都是通过分析无意识，使无意识内容意识化，才能扩大个体意识的疆域，就像让水面下的冰山更多地浮出水面才能规避风险、积极发展，从而使个体的行为更加理性，更多地被自己和他人所理解和接受。

二、人格结构理论

在精神层次理论中，弗洛伊德认为意识或者前意识就像是检查员，把那些不被接受的欲望挡在了意识之外（大部分时候通过压抑实现）。这个检查员的功能后期被弗洛伊德定义为自我或者超我，弗洛伊德在精神层次理论三分法的基础上又提出了包含本我（id）、自我（ego）与超我（superego）的人格结构的三分理论。

本我是最原始的生命冲动和力量，没有逻辑，不被现实世界的种种要求所制约，就像是新生儿刚出生时表现出来的所有东西，它唯一的技能是满足天生的生物本能，因此本我按照快乐原则行事。就像一个小婴儿只要饿了、困了就会大声哭闹，无法忍耐和等待，试图立刻得到满足。本我是与生俱来的，它存在于无意识之中，通常不能被个体所觉察。

自我是人格中有意识的部分，包含可以意识到的思考、感觉、判断和记忆等部分，它对应的是婴儿成长到儿童阶段，逐渐出现了学习、记忆和推理等理性部分。自我的技能是寻求本我的冲动在现实世界满足的途径，是内在需要与外在现实之间的媒介，其遵循的是"现实原则"，自我功能大部分是意识的。

并不是所有用现实方式满足的需要都能被接受。就像一个 3 岁的儿童在两顿饭之间饿了，偷吃零食被抓到和教育，自我对本我的满足还要考虑个体成长过程中内化的道德规范以及与社会和文化环境相关的价值观念的影响，这就是人格的第三种成分——超我——的作用。超我开始于儿童对父母的价值观和标准的内化（变成自己的价值观和行为标准），通常在 3～6 岁出现。超我遵循"道德原则"。超我一旦出现，儿童就不再需要成人告诉他们什么是好坏，而是通过"良心发现"来规范个体的行为，一旦行为不当，他们会为自己的不道德行为感到羞愧和耻辱。超我就像一个监督检查员，它监督着自我，让自我平衡本我的冲动。

本我和超我的活动通常不能被我们所觉察，不过当本我的冲动不恰当时，个体会感觉到明显的焦虑和不适；当个体本我的冲动不恰当、自我的满足不符合内化的超我时，来自超我的批评所引发的罪恶感也会被我们意识到。三者之间的关系是动态变化的，精神分析取向心理治疗的目的就是增强来访者的自我功能，不同来访者的治疗目的有所不同但都围绕着自我展开，通过治疗最终形成一个强大的自我，它可以充分地满足本我的要求，又不会引起超我的冲突导致被惩罚。

三、性本能理论

在生的本能中，弗洛伊德强调性本能对人的影响，这里的性本能有着广泛的含义，是指人们一切趋乐避苦的欲望，也被弗洛伊德称为"力比多"（Libido）。这种本能的冲动是一切心理活动的动机，随着性本能的逐渐成熟，性欲的聚集点会从身体的一个部位转移到另一个部位，每一次转换都带来心理发展的一个新阶段。在此基础上，弗洛伊德将人的性心理发展划分为 5 个阶段（见表 3-1）。

表 3-1　性心理发展阶段

阶段	年龄	描述
口唇期	0～1 岁	性本能的发展是从口唇部位开始的，婴儿通过吸吮来获得满足和快感，这个阶段的喂养非常重要，如果断奶过早或者过于突然，可能导致个体以后渴望与配偶密切接触或者依赖。
肛门期	1～3 岁	性本能的主要满足手段是大小便；父母在训练儿童大小便的过程中与其产生冲突，产生的情绪氛围可能有长远的影响；过分严厉或者忽视的氛围，可能导致个体以后变得抑制或者挥霍。
性器期	3～6 岁	儿童到了 3 岁之后逐渐懂得了两性的区别，开始对异性的父母产生眷恋，期间充满了矛盾和冲突，甚至是对同性父母的嫉妒。儿童会体验到恋母情结（也称俄狄浦斯情结）和恋父情结（也称伊莱克特拉情结），这种冲突导致的焦虑将影响儿童形成内化的性别角色特征和以同性父母为参照的道德标准。
潜伏期	6～12 岁	性器期的创伤导致性冲突的压抑。随着儿童外在生活的丰富，性本能的满足更多地依靠学校的学习和精力充沛的游戏。随着儿童在学校习得越来越多的解决问题的能力，不断地内化社会的价值观，儿童的自我和超我得到进一步的发展。
生殖期	12 岁及以后	性欲在青春期重新觉醒，青少年需要学习如何以社会接受的方式表现这些欲望。成年人成熟的性欲可以通过社会价值观认可的结婚和养育等行为来得到满足。

性本能理论自提出以来一直存在一些争议，其中最容易引发争议的是年幼的儿童有无性欲。按照弗洛伊德的说法，性围绕着一切活动，如吸吮手指和排泄，而这些通常并不被认为是与性相关的活动。此外，对性器期的讨论也从未停止。

弗洛伊德认为，在性欲发展的每个阶段父母都要正确地对待孩子。过多或者过少地满足儿童的需要都可能使他们感到困惑，儿童无法辨别哪些行为是被允许或者禁止的，最终儿童可能会固着(fixate)在那些行为上(发展的停滞)，并在一生中都保留着某些方面。过分固着的话，会导致个体失去灵活性，在面临挫折或者焦虑的情境时，忽视情境之间的差异，而自觉或不自觉地采取以往的一种或者几种应对方式来恢复心理平衡和稳定，这种自我保护的行为方式也被称为防御方式。久而久之防御方式的频繁使用也会使个体逐渐退缩甚至导致心理疾病的发生。

弗洛伊德在后期提出了死亡本能，它是促使个体返回出生前非生命状态的力量。死亡虽是生命的终结，但也是生命最后的稳定状态，在死亡后生命不再为需要满足的欲望而斗争，不再有焦虑和抑郁，因此所有生命的最终目标均是死亡。在生存状态下，死亡本能催生出指向外部的攻击、破坏、仇恨等一切毁灭行为；转向内部时会导致个体的自责，甚至是自伤和自杀。

在构建上述精神分析的三大理论基石时，弗洛伊德也为精神分析取向的治疗提供了一个共同的假设：人们当前的状态受到过去的影响和制约，我们早期的生活经历中对人、事、物的体验将延伸并影响我们的成年生活，自知或不自知地反映在我们对世界的情感、态度、行为和处事风格中。所以人人都有防御机制，它们的存在是为了减少现实的痛苦和主观的煎熬，只有将这种冲突压抑到无意识中才能缓解。然而压抑的冲突会以变化了的方式表达出来，最突出的表达方式是我们在来访者身上看到的各种症状，这也被称为心理冲突的变形。因此精神分析的目的是让来访者意识到这些变形背后真实的心理需要，在被充分理解的基础上通过其他符合现实的途径来表达。

四、精神分析的治疗过程

随着学科的发展，精神分析的治疗过程发生了一些根本的变化。弗洛伊德在创立之初强调治疗者只能处于中立的观察者地位，在治疗过程中只关注来访者的精神过程(所以坐在长椅背后、不被来访者看到成了现在影视作品中的标配)。发展至今，治疗者们逐渐认识到治疗者和来访者之间的关系，特别是一些深层的互动更需要关注，因此治疗过程开始关注两个人的心理，双方都对治疗过程起重要的作用。在具体的精神动力取向治疗中，治疗者和来访者双方首先要签订治疗合约，通常需要 3~5 次的治疗时间来对来访者的病史、个人成长史、内省能力进行评估，并确定双方各自的权责，以及双方需要遵守的规则。合约不仅是为了规范治疗的流程，也对后续的治疗过程中识别过度卷入、阻抗、移情等问题有所帮助，甚至还会影响后续可能存在的转介及其议题。

精神分析治疗最被人熟知的方法是催眠、释梦和自由联想。治疗过程中会遇到来访者无意识的阻抗(如迟到、沉默、偏题等)，以及对咨询进程影响较深的移情及反移情，这些问题的处理需要治疗者首先对自己内在的冲突有充分的认识和及时的觉察，才有能力对来访者的反应进行合理的处理，引导来访者体验到原本无法有意识获得的欲望，引导来访者清楚自己的努力和合作的态度才是治疗成功的重要因素。最终双方以一种更为成熟的方式在一起工作，来访者开始以成人式的理性思考为主，与咨询师建立起目标一致的工作联盟（郑日昌，江光荣，伍新春，2006）。最终通过澄清、解释和修通等技术使来访者领悟，重建自我形象，尝试新的情感和行为模式，并将这些新的模式应用到咨询室外的现实人际关系中。

五、精神分析与中小学心理辅导

尽管对精神分析的批判和继承占据了心理治疗理论书籍的大部分章节，然而精神分析治疗效果依然深受认可，如精神动力（体验式治疗从中产生并且与之同属于一个大家族）治疗焦虑和抑郁的方法已被证明是有效的（Shedler，2010）。此外，一致的趋势表明，这些干预措施的效果在后续随访中更明显，且在创造持续变化的方面也是成功的（持续时长通常比行为疗法长一些）。中小学心理辅导的主要工作对象是中小学生，心理辅导教师喜爱精神分析的原因包括精神分析强调早年经历对人一生发展的影响，这在无形中强化了心理辅导教师工作的成就感和重要性。然而从精神分析的临床经验和理论起源上看，精神分析的操作流程和技术并不适合中小学生，辅导教师很难要求中小学生（尤其是小学生）安安静静地自由联想一段时间。同时从中小学生成长的角度上看，过早地分析他们的心理本身也很难引起来访者的共鸣，且有可能增加他们的疑虑，最终不仅对症状的缓解无功，反而会减弱他们的自我功能。

除了信念上的肯定，精神分析理论对中小学心理辅导老师的影响主要体现在对学生问题的理解和解释上。南希·麦克威廉斯在他的著作《精神分析诊断：理解人格结构》中提出尽管单纯的 DSM（精神疾病诊断与统计手册）系统的诊断在不断地提升信度和效度，然而"出于研究目的而人为定义心理病理现象，会不可避免地制造出一些与患者的复杂感受相分离的临床体验"，以及"忽略患者对症状的主观体验，已经导致精神症状的描述性定义枯燥无味、脱离现实"。诚然，大部分专注于中小学心理辅导的教师都会遇到同样的困惑，例如同样患有焦虑的学生当前的表现和背后的原因千差万别，因此在辅导的过程中一味地对标症状描述一方面会加重辅导教师本身贴标签的倾向，即使具备良好的自我觉察能力依然会再耗费更多的内部资源；另一方面会使学生不自主地感受到这种单纯症状解读偏差引起的失落，可能引发更强烈的不安全感和自我疏离感，导致更严重的社会退缩，这些对于辅导结果都是不利的。因此在中小学心理辅导中，对精神分析理论的使用聚焦在对学生症状背后的人的理解，辅导教师不仅要看到"焦虑"的症状，也要在家庭、学校等环境中找到同样的行为或者人际模式，尝试着理解症状背后的原因，如焦虑是源于分离、源于评价还是源于对死亡的恐惧，而这些方面恰恰对心理辅导至关重要。

基于精神分析理论的学生评估也会影响后续的心理辅导计划，使教师们更多地看到学生的个体差异和成长动态，使中小学的心理辅导工作更能够无差别地展开。例如面对服用药物的学生，在中小学心理辅导的过程中教师也会给予支持性干预；面对其他发展性议题的学生，更是能够从成长的动态性的角度给予理解和支持。这是因为在心理辅导的过程中，以精神分析理论为基础的理解学生的视角，通常可以使心理辅导教师更具耐心，更加关注学生本身；不仅能帮助学生改变问题行为和情绪状态，还能激发学生对自我的认识，提升对挫折的容忍能力、自尊和自主能力，甚至通过不断地强化帮助学生发现自身的潜能和力量。我对中小学心理辅导教师的佩服也体现在这方面，他们并不会排斥其他的诊断系统，而是能够把心理辅导放在一个整合的体系下来实施，灵活地兼容了 DSM 系统、CCMD（中国精神疾病诊断与分类标准）系统以及精神分析理论。博采众长的同时，在并不完善的机制和参差不齐的培养体系中，不断探索内心的伦理道德，灵活地开展各项工作。

第二节　人本主义理论与中小学心理辅导

人本主义的盛行被称为心理学的第三次思潮。在中小学心理健康教育领域，最为常见的是罗杰斯的来访者中心疗法和马斯洛的层次需求理论，前者更多应用在心理辅导过程中，后者更多在日常教育教学中体现。两者在中小学心理辅导中的联结体现在层次需求理论更多应用在对来访者的理解中——每个人拥有自我实现的能力。来访者中心疗法以其通俗易懂的理论、对人积极的解释，成为在中小学最受欢迎的、喜闻乐见的理论之一，尤其是其关于建立良好辅导关系的理论阐述被广泛应用在所有的心理辅导之中。

罗杰斯提出的来访者中心疗法的哲学基础来源于现象学，沿袭了现象学对个人体验、感受等内部活动的重视，强调个体对现实的知觉存在差异，内在的体验指导着个体的行为，使每个人都有朝向健康和创造性成长的潜能。罗杰斯认为人的基本动机是趋向自我实现，这种趋向会促使人们成为他们想要成为的人，进而无限接近"理想的自我"。就像是动物或者植物，只要提供给他们成长的最佳条件，个体便可以在不断趋近自我实现的同时，帮助自身在困境中适应和恢复。因此心理咨询对来访者的理解需要搁置评判，尽可能地站在来访者的角度看待问题（克拉拉·E. 希尔，2013）。

一、人本主义的人格发展理论

罗杰斯认为婴儿出生时就能够根据自己的感受去评价每一个经验，他把这称为"有机体评价过程"（organismic valuing process）。有机体评价过程使婴儿能够自由且持续地觉察内部产生的经验，并对行为加以导引。对婴儿而言，每一个经验就是经验本身，没有价值高低的区别，婴儿不会带有成人先入为主的经验去探究，而是开放的。婴儿对经验的衡量标准也源于自身的感受，如果一些经验能够增强有机体（如被抱起），婴儿就会感受到舒适和满足，行为上表现出笑容；如果一些经验无法增强有机体（如强迫进食或穿着脏的纸尿裤），婴儿就会有不舒服的感觉，并表现出大哭的行为。因此有机体评价过程是个体生来就有的内在向导，可以带来更恰当的行为，人们越信任内在的向导，越能够自由地探索有益于有机体的经验。罗杰斯假设所有人都有自我实现的趋向——一种推动自我概念与真实经验趋于一致的趋力（与我国的"知行合一"有异曲同工之处）。当自我概念与真实经验一致时，意味着自我概念将通过个体的真实感受及自尊去评价每一个经验。真实的经验则是通过有机体需要的满足来激发内在向导——有机体评价过程，进而使有机体对内更加信任，对外更加开放，内外一致，引导着个体趋向自我实现。

如果说与生俱来的有机体评价过程是对内在经验的不断觉察和探索，那么婴儿还有从外部获得无条件积极关注（unconditional positive regard）的需要。这种无条件积极关注表明了儿童被爱的需要，这种爱是针对他们本人而不是他们做了什么。当儿童感受到被他人（通常是父母）珍惜、接纳和理解时，他们开始体验到自我接纳和良好的自我感受，内部冲突减少，从而感受到自己是有价值的，更关注自己的有机体评价过程，做出更适切的选择。然而在现实的养育过程中，父母都难免将价值条件（condition of worth）加诸孩子身上，要求孩子满足一定的要求才能被爱。长此以往，父母通过自己的言行向孩子传达了只有当他们满足了父母强加的价值条件（各种各样的标准）他们才能被爱，才值得被爱。对于年幼的个体而言，对爱的渴望往往成为他们经验和行为的另一个向导，这就意味着儿童需要在有机体评价过程和父母有价值条件的爱之间做出选择，结果是儿童往往会牺牲他们的有机体评价过程来获得父母的爱。当一个儿童内化了父母的价值条件，这些条件就会成为他自我概念的一部分，这部分自我概念失去了与真实感受的联结，无法对自己的经验保持开放，导致儿童经常否认自己的感受，活在价值条件的套子里，无法自由地做出决策，过早"懂事""听话"的背后，儿童也会变得僵化和失去创造力。很多中小学生最容易感知到的价值条件就是在学校的表现，尤其是成绩上的表现。尽管父母并不会直接表达，他们依然深知考得好就是好孩子，就能被爱，考砸了在很大程度上会失去父母的爱，因此很多学生都拼尽全力在学校表现良好（尽管他们在不同阶段的表现并不一致）。但限于能力、方法或其他因素的影响，很多学生还是处在深深的焦虑中，担心自己的表现会导致他们无法获得父母的爱。当然我们并不否认成绩是儿童学校生活的重要评价指标之一，但过分地强调成绩而忽视了儿童的感受，就会让儿童形成一种僵化的认知——我只有成绩好才是有价值的，久而久之他会忽略自己的感受、自己身上其他的品质，甚至有些原本对学习感兴趣的儿童，也可能出现将对学业的兴趣转移到满足父母的需要上，最终成为表面上热爱学习，热爱学校，实际上充满了愤怒、无力和压抑的体验的儿童。

父母言行的反馈与儿童自身的经验差别越大，他们体验到的不一致就会越强烈。相反，儿童自我价值感的形成依赖于与重要他人互动时习得的价值条件，这就需要他自身的经验与他人的反馈一致（如一个儿童认为自己热爱学习，他周围的人也有同样的看法），一致程度越高，儿童体验到积极自尊的可能性就越大，消极自我形象、低自尊、适应不良的行为、焦虑和抑郁等情况才会更少出现。

很多中小学教师会感到疑惑，按照上述观点儿童想要自我实现是非常困难的；同样，要求父母完全无条件地积极关注也会引起他们的无助。一方面，帮助一个儿童完成社会化的过程才能使其适应未来的生活，儿童不能单纯地按照自己内部的需要来行动；另一方面，这个世界上没有完美的父母可以满足儿童所有即时的需要，而且个体自身的需要往往也会与其他人的需要相冲突。如何在无法满足儿童的需求时不影响他们的成长呢？事实上，在帮助儿童社会化的过程中，父母因为社会规范、外在环境等要求而无法满足儿童的需要时，至关重要的是父母试着去理解儿童的感受，并设定限制。儿童可能会感到沮丧，但不会否认自己的感受，体验自己感受的同时以一种更灵活的、能够被社会所接纳的方式来疏导它。因此对父母来说重要的是承认、接纳并允许儿童体验他自己的感受，这比说教规则、设置界限和传递知识都要更早一步发生在对儿童的每一个养育细节中。很多父母如果单纯地教而不育，忽视、否认儿童的感受，直接强加自己的价值条件，那么儿童的有机体评价过程就会失去功能。当一个人（包括儿童）不被允许拥有自己的感受时，与自己的感受失联会让他感到空虚、伪善，最终导致理想自我和现实自我之间的分裂越来越大。

二、来访者中心疗法的治疗过程

来访者中心疗法强调寻求帮助者的人格尊严，标志着"罗杰斯疗法"的最终形成。该疗法的基本假设是，只要给来访者提供适当的心理环境和气氛，他们自己就能发挥潜能，改变对自己和他人的看法，产生自我指导的行为。治疗时，治疗者不以问题、行为和目标为中心，而是为来访者创造一种和谐的气氛，与来访者建立一种相互信任、相互接受的关系，帮助来访者厘清思路，逐步克服自我与理想间的不协调，接受和澄清当前的行为和情绪问题，达到自我治疗、自我成长的目的。来访者中心疗法的治疗过程分七个阶段：(1)来访者未认识到自己的问题，缺乏改变自己的动机和意愿；(2)来访者与治疗者相互接受，能谈论自我以外的一些问题，但常推卸责任；(3)来访者能流畅地谈论自我的情况，虽谈论情感问题，但多以过去的情感为主，对经验的解释仍是刻板的；(4)来访者完全、真正地接受治疗者，能更自由地流露个人情感，尝试表露当前的情感和经验，并出现对问题的自我责任感；(5)来访者虽仍有恐惧感，但可自由表达当前的情感，并日益清楚地正视矛盾与不协调，对问题的责任感增强；(6)来访者已有丰富的情感体验，自我由不协调变为协调；(7)来访者生活在自己的情感中，能自如地进行自我交流，并在与他人的交往中自由地表达自己。

从人本主义理论的观点来看，心理问题的产生始于对有机体评价过程的放弃。当外在的价值条件的评判取代了个人基本的、积极的自尊，个体在内化这些条件价值的过程中上形成了自我认知。真实经验与自我认知的不一致愈演愈烈，个体在真实的生活产生的感受就会威胁到由价值条件引导形成的自我认知，大量的焦虑会引发诸多不适，为了减少这种不适感，个体常唤起防御机制来应对。最常被使用的防御是对知觉的歪曲和否认，前者是通过替换或者曲解自己的真实经验实现与自我认知的一致；后者则是拒绝、忽视，不承认自己的真实经验，也就不会产生与自我认知的差异。对每个人而言，防御在生活中十分常见，一定水平的防御对于应对问题是必要的。然而过度防御则需要自我付出三方面的代价：第一，主观现实与外部现实变得不一致；第二，在某些领域发展出僵化的认知；第三，真实自我与理想自我不一致。三个代价都会使个体失去灵活性、创造性，同时引发心理失调，最终导致心理问题的产生。根据罗杰斯的观点，个体要克服这种现实自我与理想自我之间的僵化和分离，就必须对歪曲和否认的经验有所觉察。这时对经验和体验的再整合，需要(1)减少价值条件；(2)通过从他人那里获得无条件的积极关注来增加积极的自我评价。当一个人本真的一面得到他人的接纳时，价值条件就会失去意义和对行为的指导，个体重新启动有机体评价过程，开始相信内部自我，对经验和感受也变得更加开放。

与他人的互动模式塑造了关键的、习惯性的反馈回路，并积极地塑造自我的工作模式（Florian, Mikulincer & Bucholtz, 1995）。每个个体的自我都会或多或少遇到或强或弱的威胁，大部分人感受到的自我与真实经验之间的差别不大，或者身边有来自他人的无条件积极关注，因此这部分个体可以在日常生活情境中不断地实现重新整合，心理保持动态的健康状态。对于那些自我受到较强威胁，身边缺少他人无条件积极关注的个体（通常在我们的心理辅导室中可以见到）而言，仅靠自身内化的价值条件去做出反应，变得越来越具有防御性，即使是在不需要防御的环境里，恐惧和习惯也会使得防御难以消除。

中小学心理辅导教师与来访者建立的助人关系就是通过真诚、共情、无条件的积极关注帮助学生战胜防御，激发自我实现的趋向使个体突破内化的价值条件的限制，给学生提供一种不附带任何价值条件的被接纳和被爱的体验。当心理辅导教师接纳了学生，学生就能够自我接纳，他们就允许自己体验真实的感受，对经验更加地开放。允许个体有这些感受为他的行动提供了更坚实的基础，只有这样，行动才会立足于个体内部的感受，而不是所谓的"应该"去做。

对与儿童青少年一起工作的中小学心理辅导教师来说，来访者中心疗法的利弊同样明显。有利的一面是儿童青少年年龄尚小，生活经验和接触的环境相对简单，内化及遵循的价值条件也相对较少。弊端是他们的大脑发育和生活经验都使他们容易将恐惧泛化到生活的其他领域，因此防御可能会更明显，更难消除。当然从心理辅导教师的视角来看，在学校系统里工作，想要时刻做到真诚、共情和无条件的积极关注也并非易事，关于如何做到我更希望向大家提供罗杰斯本人的观点，此外我们在后面伦理一章讨论多重关系时还会涉及这一部分。

罗杰斯在访谈中曾经提到建立良好治疗关系的三个条件[①]：

根据我多年的治疗经验，如果我在咨询中能够创造出一个恰当的氛围、关系，具备恰当的条件的话，那么几乎最终都会促使来访者在治疗中有所进展。那么什么是恰当的治疗氛围？它包括哪些因素或条件？作为咨询师我们首先要问的是"我能真的处在关系之中吗"，在过去的几年中，这个问题对我而言变得越来越重要。我觉得我可能更愿意用"真诚"这个词，我也喜欢用"一致的""表里如一"这样的词，这意味着我会在交流中表达出任何我所意识到的内心感受。从某种意义上来说，当我拥有这种"真诚"的品质，我将全然投入一段关系中。我们还可以用另一个词来描述这种品质，我觉得，在咨访关系中，我们必须做到"透明"。我很乐意让我的来访者看到我对咨访关系的任何感受，没有什么好隐瞒的。当我真的做到我所描述的这些，我的感受就会浮现在意识层面，并且被表达出来，但表达时要注意不能将这些感受强加给来访者。我要强调

---

①　以下一段内容来自罗杰斯的自述，由笔者转录为文字，其中为了使表达更符合阅读习惯，部分内容与罗杰斯的表述稍有差异。

的第二个问题是"我是否发自真心地爱护与关心来访者"，我不想假装，如果我真的不喜欢我的来访者的话，我觉得表达出来会比较好。但是我知道，如果我真的是自发地、真心地要去关心与爱护与我工作的来访者的话，真的将他当作一个独立的个体去关注、爱护的话，治疗将更有可能取得进展，建设性的改变也将更有可能发生。你可以将这些品质称为接纳、积极关注或是非占有性的爱。如果我们的关系具有这样的品质的话，它将大大提升治疗的建设性效果。第三个问题："我是否能够理解来访者的内心世界？是否能感同身受？"我是否能以他的角度去看世界？是否足够敏感，能够进入他的内心情感世界，了解他的内在体验？如果能做到这些，我就能够不再局限于感受到素材表面的意义，而是能更加理解潜伏于素材表层之下的那些意义。我知道，如果我能足够敏感，精确地进入他的感受与体验的世界，那么有益的变化与治疗性进展将更有可能出现。假设我们有幸在咨访关系中确实体验到以上所说的工作态度，那又会怎么样？我认为，各种有趣的事情将会发生。在我的临床经验和我们的调查研究中都发现，如果咨询师有着前述工作态度，将会促成许多事情的发生。来访者将会更加深入地探索自己的感受和态度。他将发现一些之前并没有意识到的，被隐藏得更深的自我的一部分。当感受到被我无条件积极关注后，他将逐渐能够积极关注他自己。当他感受到被我理解后，他将能够更加愿意倾听自己内心的声音，关注自己内心的体验，倾听之前他无法觉察到的意义。如果他能感受到我的真诚，他将能够开始对他自己也更加真诚一点，我猜这将改变他的表达态度，至少这种改变确实发生在我的一些案例中。当我们不再漠不关心，而是通过共情触及他更为深刻细腻的内心体验后，来访者将更有可能去触及自己在当下的体验，更有能力去觉察和探索出此时此刻内心究竟发生了什么。当我们不再指责反对他时，来访者将会在更深的维度上接纳自己，当来访者不再害怕与自己的内心、与他人产生连接时，他将能够逐渐连接得更加直接坦诚，与我的互动与连接也将更加直接坦诚。当来访者能从对生活非黑即白的僵化的观点中解脱出来时，他将尝试对他的经历的意义做出更多不同的解释。当来访者能不再关注和受制于外在评价系统时，他将能够逐渐认识到：在评价和做决定上，自己内在本身具有巨大的能力。这些是我们可以观察到的一些变化。如果我们能够做到以上所说的共情、真诚一致、无条件积极关注等方面的话，那么我们也将会在来访者身上看到这些变化。

三、人本主义与中小学心理辅导

人本主义在中小学心理辅导中被广泛使用，一方面，人本主义对治疗关系的重视已经得到了所有心理治疗流派的认可，同样，建立良好的心理辅导关系是学校心理辅导中的必要步骤；另一方面，人本主义强调的"以来访者为中心"的治疗理念与教师们多年在教学岗位上奉行的"以学生为中心"的教育观同根同源，这让教师在接受和实施上可以直接迁移，实现旧知识与新知识的有效衔接。此外，人本主义的咨询技术和流程相较于其他流派有更少的结构化和更多的灵活性，对咨询的效果评估较为主观，因此被很多缺乏系统化培养经历的心理辅导老师奉为至宝，而有一定系统学习经验的老师，因深知辅导关系的重要，更是乐于在实际工作中对人本主义表达喜爱之情。

对很多在实际工作中使用人本主义咨询方法的心理辅导教师而言，最大的困惑就是人本主义的理论和技术在使用的时候好像没有什么问题，但实际的辅导过程和效果却并没有预想的那么乐观——来访者们往往难以出现上文罗杰斯谈到的那些变化。尤其是人本主义理论所倡导的辅导过程和技术，就像是武侠小说中形容的那样，是典型的"无招胜有招"。看上去简单易上手，但在实际操作的过程很难做到得心应手。并且人本主义的心理辅导需要辅导教师在看似简单甚至随意的辅导过程中有更多的灵活性和时时觉察的能力，这在无形中提高了对心理辅导教师的要求。对这些要求的觉察更加需要心理辅导教师的元认知持续发挥作用，这对在日常工作中经常忙碌不堪且被学生及家长的问题围绕的很多心理辅导教师而言，显然不是一件容易的事情。

单纯地从建立辅导关系的三个条件来看，实际工作中的种种挑战都足以让心理辅导教师手足无措。以真诚一致为例，中小学心理辅导教师在面对学生时具有多重身份，这对真诚来讲本就是一种挑战。与校外机构的心理咨询不同，在学校心理辅导中，在一个安全和自由的心理辅导室结束工作之后，辅导教师和来访者回到的是同一个低头不见抬头见的相对封闭的世界——学校。在这里彼此之间不仅见证了可能出现在辅导室里的种种行为模式和情绪体验，也会见证其他场合下双方的不同状态，尤其是很多学校只有一位心理辅导教师，日常生活中其与学生在校园见面的机会要远多于在辅导室中的会面。教师在不同情境下状态的不同，有可能会让学生感到迷茫，甚至会导致学生怀疑教师在辅导室里的状态是否有伪装的成分。而对于那些仅有兼职心理辅导教师的学校来说，学生在辅导室和教室见到的往往是同一个人，这不仅会使学生在主动选择心理辅导时会产生压力和负担，也会让教师们在表达上难以实现真诚一致，毕竟这需要他们对环境有极强的敏感度和适应性。这一点在无条件积极关注上表现得较为明显，尽管我国贯彻素质教育多年，对学生的课程设计和评价体系也向更加个性化和多元化转变，然而对教师而言，对学生的学业成绩评价依然是综合素质评价的重要内容。这使得在对不同的学生进行心理辅导时，辅导教师难免会做出带有价值条件的判断，甚至有时候会在辅导室中承担起学科教师的责任，现实中也不乏在辅导室中一遍又一遍给来访者补课的心理辅导教师。虽然说起来都是做学校的工作，甚至可以作为笑谈分享，然而安静下来仔细思考一下学生来辅导室的目的和辅导伊始建立的辅导目标，往往就会让心理辅导教师理解"待在心理辅导教师的位置"上并不是一件容易的事情。

当然在辅导室辅导功课并不永远是不合理的，在学校进行心理辅导和在其他地方进行心理咨询一致的是，最难克服的永远是走进辅导室之前的挣扎。曾经有位中学的心理辅导教师原本是数学教师，在中学数学领域深耕多年，深受学生和家长的信赖。他经过一系列的学习后担任学校兼职心理辅导教师，渴望开展学生的心理辅导工作，然而第一次来辅导的学生提出的要求就是关于数学问题的解答，师生二人在辅导室里做了三次辅导都是数学辅导，三次之后学生终于愿意信任并敞开心扉跟他畅谈自己的心理困扰。所以中小学心理辅导有时就是没有定法，我们相信学生走进心理辅导室是出于对心理辅导教师的信任和对自己的问题解决的期待，进而把学生的需求（哪怕开始是与心理辅导无关的)当成最需要关注的问题去给予帮助,给他们思考和与我们建立信任的时间,这种来者不拒的态度和愿意等待的心态,恰恰是无条件积极关注的体现。

在选择成为教师的那一刻,每一位教师都深知做教师需要耐心和爱心,因此很多中小学心理辅导教师在接触学生心理工作之后,往往自豪于自己的共情能力。然而实际的工作中,很多心理辅导教师常常在共情上出现问题。第一个是老生常谈的共情与同情的混淆,两者在表达上都更多指向情感的表达,加上教师本身与学生地位上的差异,使这种混淆最容易出现在心理辅导中。同情的发出者往往给人一种"我比你过得好"的感觉,很容易让被同情者失去继续谈下去的动力,进而失去彼此情感上的联结;更值得注意的是,同情会给人一种"需要被同情"的感觉,无形中削弱了来访者,导致其内在能力的进一步压抑。共情则需要心理辅导教师在辅导时放弃自我完全地进入来访者的世界。从操作上看,泰尔萨·怀斯曼(Tersa Wiseman)曾经在研究中提到关于共情的四个特征:接受观点,接受他人观点或者认同他们的观点是他们所理解的事实;不加评论,这一点在实际心理辅导过程中很难做到;识别出来访者的情绪,并尝试与他们交流;给他们一种在一起的感受。恰当地共情能够给来访者一种"我的感受是真实和值得被尊重的"感受,这种感受催生出更多对感受的进一步探索。

使用共情容易出现的第二个问题是心理辅导教师认为共情是单向的。很多心理辅导教师认为共情就是待在心理辅导教师的位置上去感受来访者的体验,然而我们和学生的实际体验总有差异。共情在本质上是心理辅导双方通过言语、行为和情绪来实现双方不同生活体验的融合和理解。因此单方面的共情很容易导致咨询目标的模糊,也容易导致来访者忽视自己的感受去追逐与辅导教师感受的一致,甚至出现角色的倒错,就像"来访者把脚伸到了咨询师的鞋子里"一样。其实在心理辅导过程中,大多数的共情都是双向的,辅导教师不仅要在恰当的时候共情,更要作为参与其中的观察者评估双方共情的情感联结。这显然对教师的要求更高一些,这也是当前中小学心理辅导教师专业成长中需要细化和探索的部分。当前我国大部分地区的中小学心理教师急需的依然是初级心理辅导知识和技能的普及,因此当前心理辅导教师专业成长的细化和专业化,一方面要依托每位心理辅导教师自己的觉察和努力;另一方面也需要等待全体中小学心理辅导教师专业素养的进一步提升。

中小学心理辅导教师使用共情技术遇到的第三个问题是共情的不足和过度。共情的不足容易给来访者带来伤害,好像他们的问题看上去"没那么严重",这对来访者是一种否认和打击,等于间接指责了对方过于脆弱。一种共情不足的情况出现在心理辅导教师急于解决来访者的问题时,他们在心理辅导过程中更容易看到来访者的问题而不是问题背后的人,急于进到问题解决这一理性的模式中,容易忽视来访者的感受、体验或者对其一带而过,一种"我已经共情过了,你应该感受到了被理解,那么请和我一起来解决问题吧"的不恰当期待油然而生,也会给来访者带来不被接纳、过于笨拙的糟糕体验。这种急迫往往是多种因素叠加而成的,如家长的期待、学校对心理工作的误解以及心理辅导教师的个人特质等。另外一种共情不足的情况则来自心理辅导教师对共情本身的使用偏差,这种情况的改善只能依靠更多的觉察、练习和督导来不断提升。过度共情和刻意做作的共情会让来访者感到不适，甚至有一种被柔和地植入了他人感受的感觉。被植入的感受固然让人不适，然而更容易引发来访者愤怒和无措的反而是心理辅导教师柔和的态度，使他们有一种否认了就意味着辜负了教师的好意，不否认又要去承认非真实感受的无助。大多数来访者原本是善良、不善于表达和反抗的学生，遭遇过度和做作的共情时就像哑巴吃黄连——有苦说不出。

对中小学心理辅导教师而言，共情技术的概念是一致的，但共情的使用情况却因来访者而异。心理辅导初期的过度被理解会让来访者产生"心理辅导教师比我更懂我"的依赖感，也有可能让原本不安全感强烈的来访者落荒而逃。因此心理辅导教师不是不能共情，而是要有足够专业和稳定的心态，明确何时需要共情，何时虽能深度共情来访者的体验却要选择沉默。研究者已经指出在某些类型的来访者治疗中存在共情表达的陷阱，尤其是当来访者处于原始组织体验（体验生命初期的心理状态）中时，心理辅导教师的共情表达会让他们倾向于变得更加害怕和失序。如何恰到好处地共情只能交给心理辅导教师的临床判断：共情不是单纯的表达，在某个特定的时刻也需要不表达。

人本主义理论及技术在中小学心理辅导中的使用以及面对的问题远比我们罗列的要多。尽管如此，相比于其他心理咨询流派，人本主义依然是中小学心理辅导中最受欢迎的流派之一。究其原因，人本主义理论的哲学基础强调体验是认识现象的最好办法，这一点与我们强调"行"或"做"的理念非常契合。此外，人本主义心理治疗的人性观坚信人性本善，其对自我实现的肯定与我们文化中积极向上的一面相呼应，更容易引起情感上的共鸣。

第三节　认知行为理论与中小学心理辅导

认知行为理论由行为主义和认知理论整合而来，理论服务实践大概是对其最好的阐释。本来是两个不相干的理论，由于各自具有服务生活的优势而结合在一起，使其对生活的服务愈加便捷和有效。从发展趋势上看，近年来这种理论整合十分流行，不论是认知行为理论的常青态势，还是各路自称为整合派的咨询师层出不穷，都彰显出心理服务愈来愈坚实地走上了实用主义的路线。这一点最容易被中小学心理辅导教师认可，毕竟将理论放在实践的世界里，灵活实用是重要的检验标准之一。

相对于精神分析治疗过程的长程性，以认知行为理论为指导的心理疗法大都有着相对结构化、针对问题、短程等特点。不过分执着于来访者的童年经历也使个体的问题变得相对简洁明了。因此在中小学心理辅导中，认知行为理论一直占据着比较有优势的地位，甚至在日常的心理健康教育中，也常常看到心理教师在课堂、社团活动、家庭教育指导和同事工作中努力地调整着他人的认知，以期对方在行为上发生改变。

认知行为理论是在扬弃弗洛伊德精神分析学派的基础上发展起来的。行为主义认为人类可以学习新的行为，改变旧的行为，因此治疗的焦点在于找到可以持续引起人的行为发生改变的事情，而不是去关注人的心理内在的变化；这种行为的改变更关注的是结果。认知学派则认为人的行为受学习过程中对环境的观察和解释的影响，错误的知觉和对环境的解释导致不恰当的行为，所以要想改变人的行为，首先要改变人的认知，而且在多数情况下，行为和认知是相伴而生的，认知可以改变行为，行为也可以改变认知。

认知行为理论认为，在认知、情绪和行为三者中，认知扮演着中介与协调的作用。认知对个体的行为进行解读，这种解读直接影响着个体是否采取最终行动。认知的形成受到"自动思维"的影响，自动思维是经过长时间的积累形成的某种相对固定的思考和行为模式，行动发出时按照固有的模式发出，而不需要经过思考（郭召良，2020）。因此自动思维会使个体行为看上去不假思索，在不断变化的情境中容易使个体的行动失去该有的效果，或者使个体变得刻板和固执，在许多错误的想法、不合理的信念、零散的认知的影响下，使个体表现出对行动的失察和固定的模式，久而久之变得无法适应当前的环境并产生主观上的心理痛苦。认知行为理论的作用机制是通过认知来把个体那些自动化的、不假思索发出的行动重新带回个体可以思考的范围之中，帮助个体在理性层面改变那些不恰当的、刻板的、不想要的行为。

认知行为理论在学校心理辅导中最常被用到的是阿尔伯特·埃利斯（Albert Ellis）的合理情绪疗法（Rational Emotive Behavior Therapy，REBT）和亚伦·贝克（Aaron T. Beck）的认知行为疗法（Cognitive Behavioral Therapy，CBT）。下面我们将分别简单介绍两种疗法的理论基础、治疗过程及在中小学心理辅导中的应用。

一、合理情绪疗法的理论基础

合理情绪疗法，又被称为理性情绪疗法、情绪调节的 ABC 理论，这种疗法在 20 世纪 50 年代由埃利斯首创。这一理论以埃利斯的人性观为基础，构建出相应的人格理论和治疗方法。埃利斯对人性的看法包括：（1）人既可以是理性的、合理的，也可以是无理性的、不合理的，当人们按照理性去思维和行动时，他们就会富有竞争精神，行动有效，情感愉快；（2）情绪是伴随人们的思维而产生的，情绪上或心理上的困扰是由不合理的、不合逻辑的思维造成的；（3）任何人都不可避免地具有或多或少的不合理思维与信念；（4）思维借助语言进行，不断地使用内化语言重复某种不合理的信念将导致无法排解的情绪困扰；（5）持续的情绪困扰实际上是内化语言持续作用的结果。埃利斯曾说："那些我们持续不断地对自己所说的话经常就是或者变成了我们的思想和情绪。"在此基础上，埃利斯宣称人的情绪不是由某一诱发事件本身引起的，而是由经历了这一事件的人对事件的解释和评价所引起的。这就是 ABC 理论的基本观点。

A（Activating events）是诱发事件或一个人的行为或者态度；B（Beliefs）是指个体在遇到诱发事件之后产生的相应信念，往往是看法、解释和评价；C（Consequence）是指特定情境下，个体的情绪及行为的结果。A 并不能直接导致 C，而是由 B 导致了 C。例如两个学生因为在楼梯上打闹被老师批评，其中一个学生的想法是"在楼梯上打闹确实有危险，老师只是担心我们的安全"，他体验到的情绪中有对自己不恰当行为的愧疚和对教师关爱的感激；另一个学生的想法是"肯定是因为我上课的时候顶撞了他，才故意找碴儿"，他的情绪多半会是愤怒和压抑。所以同样的事件因为不同的想法导致了不同的情绪体验，并最终反映在外显的行为反应上。从这个常见的例子中可以看出，影响人们情绪的信念在人群中有一定的共通性，有些信念是合理的信念，引起个体对事物恰当的、适度的情绪和行为反应；有些则是不合理信念，往往导致的是不恰当的情绪和行为反应。个体长期坚持某些不合理信念会导致其长期处在不良的情绪状态之中，最终导致情绪障碍的产生。

埃利斯在 1962 年总结出具有普遍意义的、通常会导致各种各样神经症状的 11 种不合理信念。20 世纪 70 年代以后，他进一步把这些主要的不合理信念归并为三大类，即人们对自己、对他人、对自己周围环境及事物的绝对化要求和信念。

(1)在自己的生活环境中，每个人都绝对需要得到其他重要人物的喜爱与赞扬。

(2)一个人必须能力十足，在各方面至少在某方面有才能、有成就，这样才是有价值的。

(3)有些人是坏的、卑劣的、邪恶的，他们应该受到严厉的谴责与惩罚。

(4)生活中出现不如意的事情时，就会有大难临头的感觉。

(5)人的不快乐是外在因素引起的，人不能控制自己的痛苦与困惑。

(6)对可能(或不一定)发生的危险与可怕的事情，应该牢牢记在心头，对"它会发生"保持顾虑。

(7)对于困难与责任，逃避比面对要容易得多。

(8)一个人应该依赖他人，而且依赖一个比自己更强的人。

(9)一个人过去的经历是影响他目前行为的决定因素，而且这种影响是永远不可改变的。

(10)一个人应该关心别人的困难与情绪困扰，并为此感到不安与难过。

(11)碰到的每个问题都应该有一个正确而完美的解决办法，如果找不到这种完美的解决办法，那是莫大的不幸，真是糟糕透顶。

心理学家韦斯勒(R. A. Wessler)总结了以上不合理信念的三个特征：绝对化要求、过分概括化和糟糕至极(江光荣，2012)。

(1)绝对化要求。这是指人们以自己的意愿为出发点，对某一事物怀有认为其必定会发生或不会发生的信念，它通常与"必须""应该"这类字眼连在一起。比如"我必须获得成功""别人必须很好地对待我""生活应该是很容易的"等。怀有这样信念的人极易陷入情绪困扰中，因为客观事物的发生、发展都有其规律，是不以人的意志为转移的。

(2)过分概括化。这是一种以偏概全、以一概十的不合理思维方式的表现。埃利斯曾说过，过分概括化是不合逻辑的，就好像以一本书的封面来判定其内容的好坏一样。过分概括化的一个方面是人们对自身的不合理评价。比如当面对失败就是极坏的结果时，往往会认为自己"一无是处"、"一钱不值"、是"废物"等。以自己做的某一件事或某几件事的结果来评价自己整个人，评价自己作为人的价值，常会导致自责自罪、自卑自弃的心理及焦虑和抑郁情绪的产生。过分概括化的另一个方面是对他人的不合理评价，即别人稍有差错就认为他很坏、一无是处等，这会导致一味地责备他人，以致产生敌意和愤怒等情绪。

（3）糟糕至极。个体认为如果一件不好的事发生了，将会非常可怕、非常糟糕，甚至是一场灾难。这将导致个体陷入极端不良的情绪体验如耻辱、自责自罪、焦虑、悲观、抑郁等的恶性循环之中，难以自拔。当一个人认为什么事情都糟透了、糟极了的时候，对他来说往往意味着碰到的是最坏的事情，是一种灭顶之灾。埃利斯指出这是一种不合理的信念，因为对任何一件事情来说，都有可能发生比糟糕更好的情形，没有任何一件事情可以被认定是百分之百糟透了的。当一个人沿着这条思路想下去，认为遇到了百分之百糟糕的事或比百分之百糟糕还糟的事情时，他就会把自己引向极端的、负面的不良情绪状态之中。

二、合理情绪疗法的治疗过程

按照上述理论，个体的情绪障碍是个体的不合理信念造成的，因此合理情绪疗法的治疗过程就是帮助来访者以合理的信念代替不合理的信念，以期最大限度地减少不合理信念给情绪带来的不良影响。通过改变来访者的认知帮助来访者减少或消除他们已有的情绪障碍。合理情绪治疗通常分为四个步骤，第一步是心理诊断，这是咨询的最初阶段，咨询师致力于与来访者建立良好的工作关系，探索来访者关心的问题，并归类、确认问题的属性及其情绪反应，在此基础上与来访者共同制定咨询所需达到的新的情绪和行为目标。第二步是领悟，向来访者指出他们的不合理信念，帮助他们了解不合理信念的产生、发展以及对情绪和行为的影响；帮助来访者理解是自身存在的不合理信念导致了情绪的困扰，激发他们自己负起责任，而不是过分纠结于早年生活的影响，接受自己有能力显著地改变这些困扰的信念。第三步是修通，通过辩论等治疗技术帮助来访者看到信念的不合理性，相信自己有能力在认知层面做出改变，这也是治疗的核心步骤。这一步主要是询问来访者他们所持有的信念有无客观依据，是否符合逻辑与现实等。咨询师根据来访者的不合理信念故意向来访者提一些夸张的问题，也可以直接进行挑战式反问。通过这一过程的不断重复，咨询师不断地与来访者的不合理信念进行辩论，使来访者真正地认识到不合理信念的不现实、缺乏证据，并能够区分不合理信念与合理信念，帮助来访者认识并放弃不合理信念，学会以合理的信念和思维方式代替不合理的信念和思维方式，鼓励来访者在生活的不同领域使用。第四步是再教育阶段，这一阶段用于巩固和扩大咨询的效果，帮助来访者摆脱旧的不合理信念，觉察是否有其他的不合理信念存在，对这些信念进行辩论，巩固来访者在前一阶段学习到的与不合理信念辩论的方法，使其在咨询中学到的东西可以应用到现实生活中。

埃利斯认为治疗过程中可以采用多样的技术方法，把这些方法运用于合理情绪疗法的治疗框架之中都是允许的，只是这些方法要聚焦在改变来访者的认知而不是改变来访者的情感和行为上，否则就背离了合理情绪疗法的核心了。与其他技术相比，合理情绪疗法最常用的治疗技术就是辩论，也就是紧跟在 ABC 后面的 D（Debate），也有人翻译成驳斥，它是指咨询师协助来访者向他们的不合理信念发起挑战，一般包括侦测、辩论和分辨。对于初学者而言，侦测不合理信念是最重要的，如果没有真正找到来访者的不合理信念，咨询很容易在外层转圈子而难以深入，后续的辩论也就无从下手。因此建议初学者从 ABC 先入手，找到诱发事件 A，询问来访者对 A 的感受及反应，从而确定 C，在此基础上与来访者一起找出 C 产生的理由，包括其潜在的看法、信念等，最后与来访者一起分清哪些信念是合理的，哪些是不合理的。找出不合理信念后采用各个击破的原则，用积极提问的方式促进来访者主动思考，逐一调整自己的不合理信念。

合理情绪疗法常用的技术还包括合理的情绪想象技术，可以在咨询室之外不断帮助提升的"家庭作业"技术，以及其他提升自我管理的技术，在治疗的最后阶段也会使用社交技能训练、决策训练等技术。

三、合理情绪疗法在中小学心理辅导中的应用

即使是不了解心理辅导技术的中小学教师，在安慰他人和自我宽慰时最常用的一句话也常常是"改变不了这个世界，就改变自己"。这句话正是合理情绪疗法的核心思想在生活中应用的体现，当然我想这句话的影响和知名度要超过合理情绪疗法本身。这也提醒我们，其实每个人内在都有处理情绪和行为问题的动力和能力，人人都是朴素的自我治疗师。现有的心理治疗理论是对这些朴素智慧的凝缩和提升，其中合理情绪疗法在业界并不如其理论那么知名，但在中小学心理健康教育中处处可见其应用的身影。

合理情绪疗法在中小学的应用并不仅仅是朴素的理念传递。在我国现有的心理健康教材中，从小学阶段已经在开始渗透合理情绪疗法的具体使用，初中阶段开始普及合理情绪疗法中的核心理念，高中阶段涉及的理论部分较初中更加深入和详尽。当然，合理情绪疗法在中小学心理健康教材中依然偏重情绪调节的应用，至于其理论背后的哲学基础、人性观、作用机制等内容并不会在教材中出现。但仅灵活使用这一项足以在中小学心理健康教育的课堂上让学生领悟情绪与认知之间的关系，以及个体可以为自己的情绪和现状负责的主动性。

与面向全体学生的心理健康课程相比，心理辅导中对合理情绪疗法的应用更侧重对来访者求助的特点及问题解决的关注。疗法本身更偏重认知的调整，中小学心理辅导面对的主要群体——学生本身处在身心不断发展的时期，能够安稳地坐在辅导室里思考自己的认知需要生理上的相对成熟。因此，合理情绪疗法从小学高年级才开始在中小学心理辅导中占据一席之地。然而面对很多即将进入青春期的学生，其自我中心的特点会慢慢动摇心理辅导老师使用合理情绪疗法的决心，加之由于种种原因心理辅导并非总能按照设置进行，因此在对中学生进行心理辅导时，合理情绪疗法往往是被整合在某一次或几次辅导当中。纵使心理辅导双方均能感受到该疗法的魅力，体验辩论的乐趣，然而系统使用合理情绪疗法的心理辅导依然是凤毛麟角，大部分的合理情绪疗法被辅导教师们融入了来访者及其相关社会支持系统的心理健康教育当中。

尽管如此，合理情绪疗法依然是中小学心理辅导教师钟爱的方法。不过在实践中有两点需要注意，一是心理辅导教师开展心理工作时容易出现教师角色中乐于说教的特点，很多教师将这一点视为改变学生的认知。站在一个长者的位置上进行的说教确实能够在某些时刻改变学生的认知，只是这一点与埃利斯的哲学观点和人格理论并不契合。二是合理情绪疗法理论清晰简洁，看似容易上手，实际上与其他心理疗法别无二致，如果想要用起来得心应手，需要系统的理论学习和实践探索，需要使用者本人积极觉察和有效反思，才能在来访者身上看到调整认知对情绪改善的神奇效果。

四、认知行为疗法的理论基础

从 1977 年发表第一个关于认知行为疗法治疗效果的研究报告以来，已经有几百个研究证实了认知行为疗法在各种不同的精神障碍、心理问题和身心疾病的治疗中具有良好的效果。认知行为疗法与合理情绪疗法一样是通过认知改变和行为改变来进行干预的方法，稍有不同的是认知行为疗法更符合循证研究(evidence-based research)的特点，被看作在实证理念指导下的、研究证据支持的治疗方法。认知行为疗法的特点包括循证、数据化和客观，临床目标具体化、短程化和可操作化，这些特点恰好迎合了当时西方的医疗管理改革，使认知行为疗法得到了快速的发展和推广，成为心理治疗的主流流派和方法。

有研究者(王建平，王晓菁，唐苏勤，2011)把认知行为疗法的作用机制定义为通过一种目标导向的、系统的程序，解决情绪、认知和行为的障碍，提高和改善功能水平。其基本原理有两点，一是认知对情绪和行为有控制性的影响，二是行为反过来又强烈地影响着认知和情绪。其中认知-情绪-行为是认知行为疗法的最基本的理论基础，也可以用来做来访者个案概念化，通过了解来访者的当前问题的促发因素、情绪和行为表现来进行对来访者认知与行为的横断分析。认知行为疗法的创始人亚伦·贝克在认知-情绪-行为理论机制的基础上，加入了不同情境下个体的认知对情绪等影响的作用机制，使用 T 字模型(见图 3-1)来解释情境/刺激、认知、情绪和行为之间的关系，其中的纵向分析也常用于完善来访者个案概念化(郭召良，2020)。

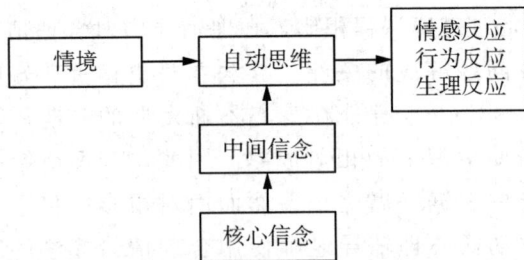

图 3-1　T 字模型

T 字模型中人的认知可以分为三个层次，(1)自动思维是具体情境中的具体认知，它往往是自动涌现的，通常迅速而简单，人们往往不加评判地接受它。自动思维并非深思熟虑或者理性决策的结果，通常以言语和视觉的形式出现，自动思维并不总是错误的，错误的自动思维包括无效、部分有效和无用三种类型。如学生没有按时完成作业，他的自动思维可能是"我的效率太低了，我不配待在这个班里"，这个自动思维的含义是"我无法胜任，我不够好"，由此带来的情绪是焦虑、内疚和难过；引发的行为是放弃或者失去学习的动力。如果来访者错误的自动思维没有得到解决，在新的情境中，受旧的认知影响，糟糕的情绪体验和固化的行为模式会让来访者陷入之前经常体验的恶性循环中；如果问题得到了解决，在新的情境下引发的认知就会有所不同，新的情境引发的新的、正性的认知带来灵活的情绪体验和有效的行为反应，事情朝着不同的方向发展。(2)中间信念顾名思义处于自动思维和核心信念的中间，是比自动思维更深刻、更不易觉察、影响力更大的思维，可表现为规则、态度和假设。中间信念通常是具体某个心理领域的一些心理策略。如上面提到的学生的中间信念可能是"如果我足够好，我就应该按时高质量完成作业""只有获得别人的肯定，我才是有能力的，否则我就是没有能力的"，由此导致他行为上会过分在意别人的评价，在意完成作业的时间而遗失了做作业最核心的目的。(3)核心信念则是有关自我、他人和世界的最一般、最概括化的认识，是信念中最根深蒂固的部分，通常是整体的、牢固的、绝对的和被全面概括的。一般本人不能清晰表达，但自己却认为这些信念是绝对真实和正确的。核心信念也有正性和负性之分，往往产生于童年时期，当孩子与其他重要他人之间相互影响，遭遇一系列情境时，逐渐产生并发展出具有可塑性的核心信念。值得注意的是，因创伤经历而产生的核心信念会保持其顽固性，成年之后也常常难以依靠个人改变它们。负性的核心信念通常包括无能和不可爱两类。上述学生的核心信念是"我无能，我无法胜任"，由此导致行为上的过分努力或者放弃。这三个信念由具体到抽象，向我们指明自动思维归根结底受到核心信念的影响，这三个信念是决定与被决定的关系。认知行为疗法认为造成来访者心理问题的直接原因是自动思维，而核心信念又决定着自动思维，如果在咨询的过程中只解决自动思维而不解决核心信念，咨询就只起到治标不治本的结果。因此认知行为疗法的咨询强调要彻底解决问题就要通过咨询技术让来访者看到他们的负性核心信念，并将其转变为正性的核心信念，才能从根本上解决问题。此外，T字模型中的三个信念可以帮助构建理解个案的纵向分析，是来访者个案概念化的重要步骤之一。

在认知行为疗法中，除了结构化等特点和适用性较广的技术，贝克提出的"认知概念化模型"也是具有指导性的理解学生的理论。该模型包含 3 个部分：(1)在来访者当前的问题中搜集功能不良的思维、情绪和行为的资料，即对来访者当前所表现出的占支配地位的认知、情绪和行为进行横断分析；(2)确认产生这些障碍或者问题的机制，也就是对来访者认知和行为功能进行纵向分析，如来访者本质上是如何看待自己、他人和未来的(核心信念或关键图示)？来访者发展了哪些"中间信念"(潜在的假设、规则和态度)来应对痛苦的核心信念？来访者使用了哪些补偿性的行为策略？(3)思考核心信念是怎么产生并维持的，考察与来访者的核心信念及行为策略的起源与维持有关的先行事件(相关的早期经历)。该模型在逻辑上将自动思维和更深层的信念联系在一起，提供了关于来访者精神病理学的认知地图。

五、认知行为疗法的治疗过程

认知行为疗法的咨询直接针对症状开展工作，减少痛苦，重新评估想法，促进有益行为的发生，支持来访者用自己的资源解决问题。结构化是认知行为疗法的核心特征，意指整个咨询过程有严格的咨询程序和时间安排，每次咨询需设置合理的咨询目标且目标具有可操作的特点以便评估。标准化是认知行为疗法的另一个特征，咨询目标、时间安排、程序、评估工具等都有标准化的特征。

使用认知行为疗法进行心理咨询的第一步是评估性会谈，这部分是一项系统的工作，目的是对来访者的问题做出判断，明确类别，判断心理问题是否可以通过咨询解决。除会谈之外，这部分还需要完成一定的心理检查，具体的检查和测试内容因来访者的问题而定（郭召良，2020）。评估性会谈通常需要1～3次的会谈，问题越单一，问题持续时间越短，会谈时间越短，反之亦然。评估性会谈结束后，咨询师会对来访者的问题进行判断，一般会出现三种情况，第一种，如果来访者的问题超出了心理咨询的范畴，那么咨询师会建议来访者到精神科医院或者其他地方寻求帮助；第二种，如果来访者的问题属于心理问题但超出了咨询师的胜任范围，咨询师应与来访者沟通后进行有效转介；第三种，如果咨询师可以解决来访者的心理问题，那么咨询师通常会安排下一步咨询计划和时间，并与来访者进行沟通。

认知行为疗法的治疗过程从进到咨询性会谈阶段正式开始，咨询性会谈的持续时间受到来访者问题的严重程度、持续时间、求助动机、个人领悟能力、周围支持系统的影响。认知行为疗法的咨询通常以疗程来进行，一般一个疗程的时间为5～7次会谈。在这个阶段，咨访双方通过箭头向下的技术来分别探索来访者的自动思维、中间信念和核心信念，每个阶段的干预又包含了识别、评估、评价和应用四个环节。随着咨询目标的达成，咨询进入结案阶段，这个阶段包括回顾咨询过程、总结收获、展望未来，协助来访者将所学的东西应用到未来的实践中去，其目的是预防疾病的复发并使其能够灵活有效地处理新问题。

对于问题较为严重、复发性高的来访者，认知行为疗法通常建议在咨询性会谈结束后安排巩固性会谈，一般安排1～3次，每次间隔3个月左右。巩固性会谈的主要目的是让来访者能够从咨询师这里得到足够的支持，提升自觉应用新方法的能力，快速梳理学习过的新方法，以最大限度地减少复发的可能性，提升健康生活的概率。

六、认知行为疗法的常用技术

认知行为疗法的技术通常应用于咨询性会谈阶段。咨询师会先处理来访者心理问题的具体临床表现——具体情境及相应的情绪和行为问题，然后处理来访者功能失调的认知和行为模式，最后处理来访者深层的、往往是源自童年的心理疾病的根源。其咨询过程通常是沿着 T 字模型的纵向部分，从围绕着自动思维开始，紧接着是中间信念，最后是核心信念。

咨询师与来访者通常在咨询性会谈阶段使用三联表来共同觉察和发现自动思维，

处理来访者的情绪并解决相应的问题情境。三联表的内容如下：

表 3-2　三联表示例

情境	自动思维	情绪
走廊里两个同学聊天，自己经过时突然不聊了	一定在说我的坏话	担忧
妈妈在指责爸爸玩手机	妈妈是想指责我，我不配玩手机	伤心
……	……	……

三联表可以作为咨询中的工具，也可以用于布置来访者的家庭作业。值得注意的是，如果来访者并没有接触过三联表，大多数咨询师会先在咨询室里跟来访者进行多次练习以保证来访者掌握了三联表的使用方法，然后再以家庭作业的方式布置练习。这样可以避免来访者对自动思维的觉察出错，同时节省咨询时间。

如前所述，自动思维的干预包括识别、评估、评价和巩固应用四个环节，识别指的是横向概念化；评估是要求来访者用数量化的方式来判断对其想法的信任程度和情绪体验程度，最终用来量化咨询改变的效果；评价是对自动思维的有效性和有用性进行判断，看来访者的替代思维（更有效、更有用的新思维）是否已经在发生作用；巩固应用包括确认替代思维和替代行为的习得情况，通常可以借助咨询笔记或者应对卡等进行，另外巩固应用的内容也包括对自动思维的识别和评价。整个对自动思维的干预中常常包括一定的心理教育。

中间信念在 T 字模型中起到承上启下的作用，根据贝克的观点，中间信念包括态度、假设和规则。其中态度是指对某个对象的消极情绪或者对某个领域担忧的状况。假设分为积极假设和消极假设，积极假设是指如果个体采取某种措施就可以避免消极结果的一种预期；消极假设是出现某种状况会导致消极结果的一种预期。假设通常以"如果……那么……"句型出现。规则是对自己行为方式的具体要求，是基于态度和假设的逻辑结果。贝克认为，识别中间信念的关键是认识积极假设和消极假设，其步骤如下：确定问题领域—确定核心信念—确定态度和规则—确定积极假设和消极假设。咨询师在有效识别之后需要对来访者进行中间信念的心理教育，进而才能改变其动机和提高进一步应用的可能。

中间信念标本兼治，它不仅能改变个体的行为方式，使来访者能够更好地解决实际生活问题，提升生活质量，也会修正个体的补偿策略（个体形成负性的核心信念后，为了掩盖负性的核心信念而发展出的一套心理策略，可以维护个体的正面形象，让来访者看起来是正面的和积极的），改变个体的人格特征，起到治本的作用。在与中间信念工作的阶段，可以使用的技术包括评估零点技术、认知连续体技术、饼图技术、多重环节技术和照见未来技术等（大卫·韦斯特布鲁克，等，2014），本文囿于主题和篇幅限制，不对技术展开阐述，感兴趣的读者可以自行查阅相关书籍和文献资料。

尽管关于中间信念的咨询已经可以起到治本的作用，但是只有与负性的核心信念工作结束之后，认知行为疗法才算真正完成。核心信念也有正性和负性之分，具有负性核心信念的人对自我、他人和世界的观点是负面和悲观的。相反，具有正性核心信念的人虽然知道世界是不完美的，但仍然对世界抱有正面的肯定的看法。核心信念可以从自动思维中识别，也可以从对自动思维的总结中发现。在咨询中比较常见的还包括应用箭头向下技术来识别，该技术主要应用提问的方式促进来访者探究想法背后的想法，常见的提问模式是"如果你的想法是对的/真的，它意味着什么/会怎么样"，当个体对这个提问做出回答后，我们在新的回答基础上继续提问，直到触及核心信念。负性核心信念得到修正的来访者，通常可以重新认识自己，悦纳自己，发展出更健康的人格。

七、认知行为疗法在中小学心理辅导中的应用

2006 年，认知行为治疗的创始人之一贝克因其在临床医学研究中的成就获得了在医学界具有"诺贝尔奖风向标"之称的艾伯特·拉斯克医学研究奖，该奖项的主席认为："过去 50 年中，认知行为治疗在精神疾病的治疗中即使不能被称为是最重要的成就，也应该被称为是最重要的成就之一。"由此可以看出，认知行为疗法已成为当前在全世界最主流的心理咨询方法，该疗法的临床疗效得到了大量实证研究的支持。已有研究也发现，认知上的重新评价可以选择性地改变大脑的工作方式即对情绪刺激的反应方式。综合国内外的研究成果可以发现，认知行为疗法对轻、中度的抑郁症及非精神病性抑郁最为有效，对躯体疾病或生理功能障碍伴发的抑郁状态疗效较好；对广泛性焦虑、强迫症、成瘾、身心疾病、多动冲动等行为问题也有较好的疗效，当然研究者也强调对有需要的来访者进行药物治疗的必要性（大卫·韦斯特布鲁克，等，2014）。由此可以推导出认知行为疗法在中小学心理辅导中针对严重心理问题和神经症类心理疾病具有较好的使用效果。

然而在我国当前中小学心理辅导中，认知行为疗法远没有在国际上、不同人群中那么流行和受欢迎。原因之一在于在中小学系统地应用认知行为疗法有点"大材小用"，这一点是由认知行为疗法的适用范围和中小学生本身存在心理问题的特点二者共同决定的。规范的认知行为治疗主要针对相对严重的、具有确诊倾向的心理问题，而中小学生的大部分心理问题是发展性问题，并未达到确诊的程度。原因之二在于缺少能够使用认知行为治疗的心理辅导教师。任何一个流派从理论学习到得心应手的实践应用，都需要系统的学习和培养，而对很多心理辅导教师而言，能够接受这种培训的机会并不多。尽管近几年对心理辅导教师的各种培训如雨后春笋般出现，有条件的老师们也乐此不疲地忙于各种技能的学习，然而几天的培训显然在复杂的实践中略显苍白，老师们的成长之路依然需要不断的努力。原因之三仍然是中小学生的发展特点，认知行为治疗需要来访者具备言语表达能力和一定的自我觉察、领悟能力，年龄尚小的小学生在承受压力和情绪困扰时往往难以准确地用语言表达自己的状态。而初中生处在身心发展的过渡阶段，领悟力参差不齐，加上思维本身的片面性可能使他们在思考认知行为疗法的理论时，不仅无法清晰地辨别，反而会增加迷茫和纠结的可能性，因此心理辅导教师在使用时常有力不从心的感觉，纵使心理辅导的设计初衷很好，但总有一种"话没说明白，事没想清楚"的无力感。

当然随着近几年中小学生心理评估的精细化和患严重心理问题的学生比例有所增加，认知行为疗法在中小学的应用正在逐渐扩大。尽管由于来访者的时间和精力受到学业压力和学校作息的实际影响，心理辅导教师们要想在学校系统标准化地开展一个以上疗程的认知行为治疗并不容易，但是他们往往可以将认知行为疗法进行拆分，结构化地对来访者进行个案概念化，在能干预自动思维时干预自动思维，能调整中间信念时调整中间信念，并把认知行为的理念坚定不移地贯彻到相应的学生心理健康教育和家庭教育指导当中。此外，中小学心理教师对系统学习的热情和坚定也使我们对未来充满了美好的想象，他们的学习力就像对我们使用了照见未来的技术一样，让我们对认知行为疗法在中小学心理辅导中的应用满怀期待。

第四节　发展心理理论与中小学心理辅导

以中小学生为主要服务对象的心理辅导教师，需要在理解上述心理咨询理论的基础上实现对来访者的评估、理解和心理辅导。然而学生的成长可谓"士别三日，当刮目相看"，中小学心理辅导跨越了个体发展的早期阶段，因此发展心理理论在中小学心理辅导中必然具有举足轻重的意义。一些发展阶段理论研究者相信，人的一生不同发展阶段的过渡是至关重要的（Blocher，2000）。对心理健康而言，在生命的特定阶段，未发生和未完成的发展任务会累积起来并引发问题。导致潜在危机的原因一方面是个体的需求与社会的需求和期待之间的冲突；另一方面是外在的、环境的或情境的危机（如家庭暴力、被忽视、缺乏有效教育、自杀等）与预先发展的危机并存时，个体内部的自我概念和人际关系模式可能会崩溃，严重影响下一个阶段的发展。

相比于高年级学生的身心发展逐渐内化，低年级学生成长的发展性更加明显，因此小学心理辅导教师更容易接纳发展的理论和视角。然而让人爱恨交织的青春期正是学生快速成长的重要时期，这一时期甚至会发生很多"神奇"的变化，给人一种一夜之间就长大了的感觉，尤其是外在的成人化容易让人忽视学生内在的"过渡性"。中学生同时面临激素、内分泌系统变化带来的剧烈变化，出现心理问题时总是给人一种早知如此、何必当初的感觉，这时候的干预显然不如提前预防更有利于学生的发展，因此发展理论也是需要广大中小学心理辅导教师掌握的理论。不过发展心理学是心理学研究队伍中规模极大的一支，研究资料和具有指导意义的理论成百上千，本节根据中小学心理辅导的实际情况简要介绍两个概念和两个理论。两个概念分别是关键期和敏感期。两个理论是依恋理论和埃里克森（Erikson，1963）的社会心理危机理论，前者帮我们更好地理解学生在成长中的人际模式及建立辅导关系时的注意事项；后者则关注不同阶段的发展任务，两者在中小学心理辅导实践中具有良好的指导意义和理论价值。同时，本节也将介绍上述发展心理理论在中小学心理辅导中的应用。

一、关键期和敏感期

发展心理学之所以吸引人，除了是因为其在中小学教育中的实用性和指导性，还是因为随着研究的深入，该领域中的很多未解之谜会带给人更深刻的探索欲望，例如天性和教养之谜不仅让研究者值得为之敬献一生的思考，也是普罗大众茶余饭后的谈资。对中小学老师、家长等关注个体发展的人来讲，天性和教养的相互作用让他们看到一个核心词——"时机"。时机在个体成长中的作用是如此的明显以至于例证唾手可得。例如你希望一个孩子能够长高，那么除了天性上的影响，你需要至少在青春期及其前期生活中保障他睡眠充足、饮食健康和合理运动。这提醒我们所谓时机就是在合适的时间做合适的事情；心理学术语中与之相对应的即与个体年龄有关的关键期与敏感期。关键期（critical period）是指为了确保个体正常发展必须或者唯一可能发生某件事、某种变化的时间段。这样的时间段在人的一生发展中很少见，更常见的是一种特定的发展很可能发生（但也很可能因为一些问题而较晚发生）的时间段，这个阶段叫作敏感期（sensitive period）。语言学习就是一个最好的例子，3 岁之后开始说话的儿童也是正常的，尽管他们可能在语法掌握上不如 1～3 岁（敏感期）就开始说话的儿童（戴维·谢弗，2004）。儿童早期不仅要学习语言，还要保证对大脑的供养，否则就会影响一生的发育，6 岁之前还是学习情绪控制的最佳时期；早年与父母、同伴等人的人际关系也会影响成年的人际关系发展。儿童期存在大量的敏感期，同时也有很高的可塑性。可塑性有两个方面的作用，一方面是给人改变的希望，可塑性保证儿童的成长一生都会发生变化，这种变化建立在过去的基础上，但不完全由过去的基础决定，因此早年人际关系不佳的儿童成年后也可能会成为温良敦厚之人；另一方面的表现容易被忽视却更好理解——早期的潜能不一定会变成成人的优势，最典型的例子是《伤仲永》的故事，当然我们身边也随处可见一些"神童"后来泯然众人的故事。

二、依恋理论

约翰·鲍尔比（Bowlby，1969）用情感依恋来描述我们一生中对某一特定个体的强烈情感联系。这种情感联系是父母与婴儿之间的相互联系，婴儿依恋父母，父母也依恋婴儿，依恋关系能否建立不仅由父母有没有意愿与婴儿建立强烈的情感联系决定，也取决于婴儿本身的气质类型等特点。事实上，绝大多数父母在依恋的强度上比婴儿的依恋强度高，时间也更早。不过研究发现，尽管在胎儿期父母就在构想与婴儿之间的美好体验，但真正的情感依恋是在父母和婴儿最初几个月的交往中逐渐形成的，彼此相互关爱，渴望保持亲近。这一点不仅影响双方的情感，更会在个体出生后前几个月影响双方互动的协调性。这种和谐的互动使双方积极根据对方的感受或行为调整他们的回应，对父母保持养育的热情和婴儿的健康成长极其重要。

关于如何培养和建立依恋，不同的理论持有不同的观点，进化心理学认为婴儿天生就具备有利于生存的行为倾向，所以婴儿天生有一张可爱的脸，还有一些能够让他们获得怜爱的反射行为。精神分析强调母亲通过满足婴儿的快感而成为婴儿最初获得安全感的目标，这一观点在弗洛伊德的口欲期和埃里克森的发展危机的论述中都有体现。哈利·哈洛（Harry F. Harlow）以研究"爱的本质"而闻名世界，作为学习理论的代表者他通过研究揭示了对于猴子形成依恋而言，舒适的接触比喂养和减轻饥饿更为重要。尽管现在的研究已经证明喂养并不是依恋产生的主要原因，但现代的很多学者的观点都与埃里克森类似，认为婴儿喜欢那些对他们的需要可以做出敏感的反应并给予恰当满足的人。因此那些及时对婴儿的需求做出恰当的反应，经常和婴儿玩耍的母亲，更容易跟婴儿建立亲密的依恋关系。认知发展理论对依恋的研究更多地聚焦在婴儿的认知发展水平上，婴儿需要具备识别熟人和陌生人的能力，了解了重要他人存在的客体永久性，才能与母亲建立依恋关系。尽管不同的流派对依恋的建立有不同的解释，我们在实践中依然可以将他们整合应用，喂养是生存的必须，婴儿的可爱确保了喂养之外更多的舒适接触的可能，而婴儿发展到一定水平后，对那些早已付出良多的父母会报以更亲密的接触和接近的渴望。

爱斯沃斯等人（Ainsworth，et al.，1978）通过陌生人情境测验将依恋划分为以下四种类型。

安全型依恋（secure attachment）。这类婴儿与母亲之间有积极的情感联系和共同协调性，他们在测验中把母亲作为安全的基地，母亲在场时，他们会以母亲为圆心，独立地不断扩大向外探索的半径。母亲离开时表现出明显的不安；母亲返回时能够温暖地回应安抚；母亲在场时这类婴儿对陌生人随和大方。

抗拒型依恋（resistant attachment），又称矛盾型依恋，一种非安全型依恋。这类婴儿往往在陌生的地方紧紧地靠在妈妈身边，很少有探索行为，母亲离开时表现得非常压抑，母亲返回时表现得很矛盾：希望与母亲接近，同时抗拒母亲的主动接触，好像还在为母亲的离开而生气。即使母亲在场对待陌生人也会保持相当的戒备。

回避型依恋（avoidant attachment），一种非安全型依恋。这类婴儿好像有意回避和忽视母亲一样，分离时没有抑郁，母亲主动时表现冷漠。这类婴儿往往对陌生人很友善，偶尔也会像忽视母亲那样回避和忽视陌生人。

组织混乱/方向混乱依恋（disorganized/disoriented attachment）。这种依恋类型的提出时间晚于前面三种依恋类型，这类婴儿在陌生情境中极度压抑，混合抗拒型和回避型两种依恋模式，对接近母亲表现得犹豫不决，不知所措；母亲主动接近时有可能会突然逃开，他们可以在不同的场景中同时表现出两种模式。

依恋类型的文化差异主要体现在安全型依恋和非安全型依恋的比例有所不同。尽管亲子之间都渴望安全的依恋关系，但依恋关系的质量受抚养质量和婴儿特点的双重影响。敏感地捕捉婴儿发出的信号并做出正确的反应、态度积极、与婴儿之间建立默契、双向交往、交往中可以共享注意、密切关注婴儿并给予情感支持、积极引导婴儿行为的抚养方式最能促进安全型依恋的产生；容易型气质的婴儿最容易跟父母建立安全的依恋（戴维·谢弗，2004）。

依恋理论认为个体通过将自己与他人放在一起来定义自己，否认与他人建立支持性联结的必要性会阻碍个体的成长和发展。依恋理论的视角更系统，它不仅看到了个体的社会性，更强调个体是作为人类的联结体生存的。近年来关于依恋理论的研究不断地拓展，作为一种发展性的理论，它关注的是成长的灵活度和适应性以及阻碍或增强这种适应性的因素。与可信的他人保持紧密联系是人类大脑、神经系统和关键行为模式进化的基础，也是我们可以进化为最好的自己的大背景。因此，亲子关系和成年伴侣关系的质量由与对方的敏感性、可亲近性和回应性来决定，成功的联结带来信心、安全感、内心的满足和对他人的共情反应；失去联结则会导致焦虑、愤怒和违抗行为，甚至导致心理疾病和人际关系的回避与防御性的疏离（Johnson，2019）。

依恋与中小学心理辅导的联结中最让人振奋的一点是依恋类型是可以改变的。依恋理论承认童年的经历确实会影响个体的发展，但其轨迹可以改变。作为一种风格或习惯性互动策略，安全型依恋在一系列的研究中已经显示出几乎与社会科学中涉及的所有心理健康和总体幸福中的积极指标呈正相关（Mikulincer & Shaver，2016）。鲍尔比和罗杰斯都相信来访者天生渴望健康成长，鲍尔比认为来访者是卡在了狭隘的感知和回应方式中，而不是自身有问题，因此依恋的心理治疗更倾向于采用系统的视角，把关注点更多地放在个体与他人僵化的互动模式的组成成分上。鲍尔比在晚年阐述了心理治疗能帮助来访者重新评估和建构对自己及他人的动态流程图和内在工作模式。要实现这一点，治疗师需要完成五项工作：（1）为来访者提供一个安全基地，即一种"包容的环境"，在这样的环境中去感受他们的痛苦；（2）帮助来访者思考自己在关系中的模式是如何导致他们的痛苦的；（3）帮助来访者将咨访关系作为这种关系的缩影；（4）与来访者共同探讨这一模式在过去的起源，关注这种探讨所带来的"惊恐、怪异以及不能容忍"的情绪；（5）帮助来访者反思过往经验是怎样限制了他们对世界的感知并决定了当下思考、感受以及行动的方式，从而帮助来访者找到更好的选择。在治疗中，治疗师需要明确聚焦于来访者的情绪和修正性情绪体验的独特力量，这种力量能阻止过往行为模式的再次出现，简言之，利用来访者内在的强烈情绪，改变他们的人际关系。因此，依恋理论下的有效治疗最终能帮助个体在人际交往中持续保持开放、好奇的心态，能够灵活应对关系问题，与他人建立有效的联结等。

近年来随着中小学生心理问题受到越来越多的关注，与其相关的家庭关系也被视为影响学生心理健康的重要因素，因此关注亲子关系的依恋理论、以依恋理论为基础的治疗技术等越来越受到广大中小学心理辅导教师的追捧。当然，尽管偶尔成功地应用某个技术与成熟系统地使用该疗法之间依然有差距，但不可否认的是，关于依恋的研究进展无疑在中小学个体辅导、家庭教育指导等领域不断地给教师们带来更多的思考。

三、埃里克森与心理社会发展理论

埃里克森接受了弗洛伊德的许多观点，不同的是埃里克森受自己的成长经历的影响，更看重文化的多样性，他认为社会文化才是发展的决定性因素。此外，埃里克森认为个体的发展不是被动的，儿童是寻求适应环境的积极、好奇的探索者。与弗洛伊德相比，埃里克森的论述摆脱了晦涩专业的术语，更容易被普罗大众接受和理解，且随着时代的发展将个体人格发展阶段从青春期延续到毕生发展，拓宽了人格发展心理学的研究前景。

埃里克森将人毕生的自我发展分为八个阶段，在生命的每个阶段，人们必须应对社会现实(自我发挥作用)才能成功地适应和发展,每个阶段存在一种发展任务,在每个阶段的特定时期存在发展的冲突,这个时期是由发展的个体的生理成熟和社会需求决定的,这种冲突也被称为"危机"。每个阶段个体经历的危机使其徘徊在对立的正负两极之间,如果任务和危机得到了恰当的处理和解决,自我发展出正极的特征后向下一个阶段发展,个体就能获得较为完整的同一性;如果没有成功地处理发展的任务,就容易出现个体发展的不连贯状态,处理的成功与失败会导致发展的两极。每个阶段都建立在前一个阶段的发展的基础之上,八个阶段紧密相连(如下表)。

表 3-3　埃里克森提出的人格发展阶段

大致年龄	心理社会危机	有意义的事件或社会影响	培养的品质
婴儿期 (0~1.5岁)	基本信任 vs. 基本不信任	婴儿通过与照料者的互动学会信任自己,信任他人和世界,如果照料者被动、拒绝或者前后不一致,婴儿可能会认为世界是危险的,他人是不可信的或者不可靠的。主要的社会动因是照料者。	希望
儿童期 (1.5~3岁)	自主 vs. 羞耻 和疑虑	儿童在适应社会的过程中学会自主——自己吃饭,穿衣,讲究卫生等。儿童在这个阶段会通过很多游戏和提要求来表达对主导世界的渴望,如经典的"你来抓我呀"游戏;如果不能实现这种自主,可能会引起儿童怀疑自己的能力,感到羞耻。主要的社会动因是父母。	意志力
学龄初期 (3~6岁)	主动 vs. 内疚	儿童试图像成人一样做事情,试图承担他们力所不及的责任。他们在诸多自主活动中发展总结出做什么样的事情能得到什么样的结果的目标意识;学习保持主动的同时不侵犯他人的权利、利益和目标。如果他采取的活动或目标与父母或其他家庭成员是冲突的,这些冲突会导致他们内疚。主要的社会动因是家庭。	目的
学龄期 (6~12岁)	勤奋 vs. 自卑	随着儿童走入学校,他们必须掌握重要的社会和学习技能。他们经常与同伴进行社会比较,如果很勤奋,儿童将获得社会和学习技能,从而感到自己是有能力的,是自信的。不能获得这些技能则使儿童感到自卑。主要的社会动因是老师和同伴。	能力与胜任
青春期 (12~18岁)	同一性 vs. 角色混乱	这一阶段是个体由童年走向成熟的转折点。他们思考的主要问题是"我是谁",由此延伸出来的问题是"我能成为谁",他们必须整合关于"我"的不同概念,建立基本的社会和职业同一性,否则他们就会对自己承诺的角色感到困惑,主要的社会动因是同伴。	忠诚

续表

大致年龄	心理社会危机	有意义的事件或社会影响	培养的品质
成年早期 （18～40 岁）	亲密 vs. 孤独	主要任务是形成亲密的友谊关系，与他人建立恋爱或者伴侣关系，在与他人的亲密互动中体验共有的同一性。没有建立的个体会体验到孤独或孤立，主要的社会动因是爱人、配偶或者亲密朋友。	爱
成年期 （40～65 岁）	繁殖 vs. 停滞	成人在这一个阶段的主要任务是繁殖，具体表现为对工作的创新、总结和成果产出，在家庭方面体现为抚养孩子。繁殖的标准由个体所属社会文化界定。无法承担或者不愿意承担这种责任的个体会变得停滞或自我中心。主要动因是配偶、孩子和文化规范。	满足感
老年期 （65 岁以上）	自我整合 vs. 绝望	老年人回顾生活，如果以上七个阶段的任务完成，危机平稳渡过，个体就会感觉到有意义、成功和幸福；反之则会体验到失望感，没有履行承诺和实现目标。个体的生活经验、社会经历决定着最终生活危机的结果。	关心与智慧

埃里克森认为每个阶段的顺利度过都会培养出一种美好的品质，如对世界和他人充满信任的人也会拥有希望，敢于冒险、富有理想的人会意志坚定，不惧失败，这些美好品质是个体未来幸福生活的重要保障。

与弗洛伊德相比，埃里克森的理论更能满足大众对心理学的渴望。在日常生活的蛛丝马迹中随处可见埃里克森对个体发展的论述，然而令人遗憾的是，埃里克森并没有论述"动因"发挥作用的机制以及成功解决发展任务的方法，他的理论更像是人类社会性和情绪发展的真实描述，并没有充足的证据去解释和验证，这一点也是被其他研究者诟病的重要原因（戴维·谢弗，2004）。

四、发展理论在中小学心理辅导中的应用

假如一位有丰富成人咨询经验的咨询师转岗为中小学心理辅导教师（假设他不了解发展理论的相关知识），我想不久之后他就会感到挫败和无助。中小学生的世界看似简单，其实变化多端，个体生理的成熟程度、自我意识发展的差异、社会和环境支持的差异足以让一位有经验的咨询师手足无措。事实上，发展心理理论就像是理解中小学生的"纵轴"，大部分有经验的心理辅导教师会对来访者进行"纵轴"的访谈，了解其从小到大的成长模式，评估自我的发展水平，查找有无错过的关键期和敏感期，探索与人相处的依恋模式，因此发展心理相关理论看似与心理辅导没有直接关系，但在对来访者的理解中占据了十分重要的位置。

我们建议中小学心理辅导教师对关键期和敏感期有所理解，比如小学教师了解了小学四年级是学生"自尊"发展的关键期，就会在具体的心理辅导中，在与家庭、其他教师的合作中传达对学生多元评价和提供探索机会的重要性。对关键期和敏感期的理解并不仅仅在心理辅导中发挥作用，如了解一个儿童情绪管理的敏感期也有助于对当

前求助学生的情绪管理能力进行评估与指导。

可塑性是另一个需要与关键期和敏感期放在一起理解的概念。教师理解了这种"士别三日，当刮目相看"在学生身上的普适性之后，不仅会用更恰当的理念和技术去帮助学生，自然也会乐于对学生的发展的不确定性抱有积极的态度，减少贴标签等负性行为的发生。

发展心理学领域中对中小学心理辅导最具有积极影响的研究之一是对依恋的研究。依恋理论中最振奋人心的是个体的依恋类型是可以改变的，早年不安全的依恋可以在个体成长的过程中发生积极的变化。因此儿童青少年咨询的目标之一就是改善来访者早年不安全的依恋关系，这从一个侧面证实了师生关系需要"亲其师，信其道"：心理辅导关系可以类比为平行的母子关系，用爱去化解曾经的不被爱，用好的关系去治愈糟糕的关系，最终给来访者更多的安全滋养。

很多中小学心理辅导教师在读完埃里克森的心理社会发展理论之后，会有一种"出来混迟早是要还的"的感觉，毕竟早年发展的顺利与否决定了之后每一个阶段能否顺利度过。该理论也使很多教师豁然开朗——原来生理年龄一致的学生会有不同的心理表现，具有形形色色的人格差异。这样的理解也使得心理辅导教师在做家长指导的时候多了一些底气，毕竟那些从消极转变为积极的自我，以及后续美好品质的培养，不仅需要心理辅导教师（和其他教师）在教育中帮助学生充分完成当前阶段的发展任务，更需要教师与家长一同解决学生前期遗留的问题，为他们后续阶段的发展打好基础。而这方面，如果能够争得家长的积极配合，相信学生们的学习和生活会更顺利。

第五节　中小学心理辅导理论的发展趋势

当前关于心理咨询和治疗的理论多达几百种，即使是专门针对儿童和青少年的理论也足以让中小学心理辅导教师们苦作学海之舟，因此本章只选取与中小学心理辅导实际情况更加贴近、教师使用率高的几种做简单介绍。此外，实践是检验理论的唯一标准，近几年受我国心理健康教育发展的不均衡性影响，随着中小学心理辅导工作的复杂化，国外舶来的心理辅导理论亟须本土化和创新才能更好地满足实践的需要。加之其他心理学思潮的不断涌现，也使得很多新鲜的理念和理论融入中小学心理辅导的实践当中，因此中小学心理辅导的理论发展呈现出日新月异的变化。其中如下几个发展趋势可供大家参考。

一、系统化发展

系统化是当前中小学心理健康教育的重要发展趋势之一，教育本身是系统性工程，就像我们常讲"十年树木，百年树人"。育人工作不仅需要"阳光雨露"等必需的养分，也需要"时间"来见证成长的历程。当前中小学心理辅导工作的系统性发展更多受到布朗芬布伦纳提出的生态系统理论（见图 3-2）的影响。该理论认为生物因素和环境因素交互影响着人的发展，其中自然环境对人的发展是一个主要影响源，发展的个体处在从直接环境到间接环境的几个环境系统的中心或者嵌套于其中，每一个系统都与其他系统以及个体交互作用，影响着发展的许多重要因素。微观系统是生态系统理论环境结构的最里层，指的是个体实际参与的直接环境（包含角色关系和活动），个体最初的微环境仅限于家庭，随着个体的成长，微观系统不断丰富和复杂，这是一个动态发展的情境，生活在其中的每个人都与其他人相互影响。第二个环境层是中间系统，是个体与直接环境或微环境之间的相关关系。如果微观系统之间有较强的支持性关系，发展可能实现最优化，相反，微观环境之间的非支持性关系则会导致不良的后果。第三个环境层是外层系统，指的是儿童和青少年并未直接参与却影响个体发展的社会系统。布朗芬布伦纳还强调的一个系统是宏观系统——微观系统、中间系统和外层系统嵌套于其中的文化、亚文化和社会阶层背景，实际上是一个广阔的意识形态。最后布朗芬布伦纳的模型还包括时间系统，是指个体或环境会随着时间的变化而改变发展的方向。

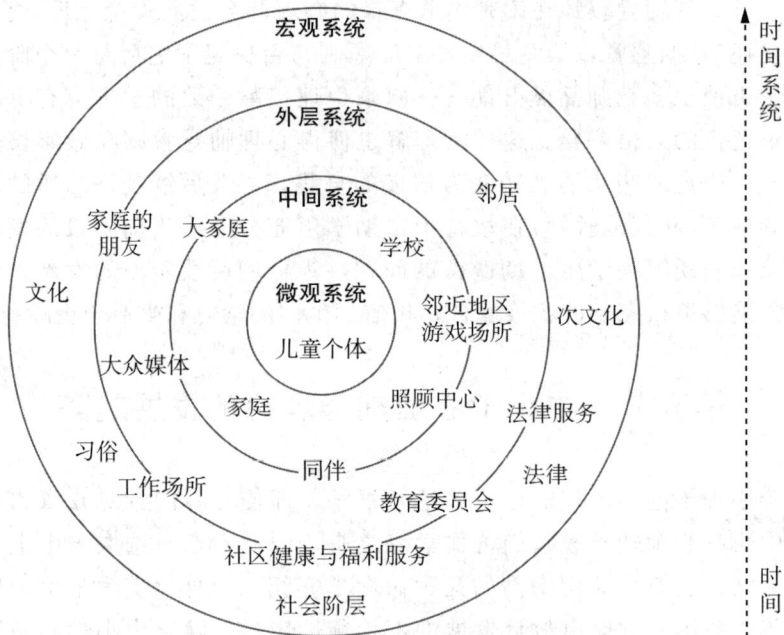

图 3-2　生态系统理论

人们常把心理问题的解决比拟成"解铃还须系铃人"，也就是说在解决问题之前，先找到问题产生的原因和影响因素更为重要。因此中小学心理辅导的具体过程包括评估和辅导两个部分，系统化在两个部分中起作用。受布朗芬布伦纳生态系统理论的影响，中小学心理辅导教师在评估影响学生身心发展的因素、协同工作解决问题的途径上加入了系统化的思考。首先在思考影响学生身心发展的因素时，很多中小学辅导教师会去寻找来访者家庭本身的因素，如家庭的结构、教养方式、经济和社会地位等情况。系统化的思考不仅仅停留在微观系统的重要组成和互动之间，我们还需要去思考外层系统和宏观系统的影响，如思考文化和亚文化如何影响中小学生的价值形成，同时考虑到时间维度对个体成长的影响。因此在对中小学生心理问题的评估中，这些内容需要辅导教师有足够的敏感和系统思考的能力。在问题解决的途径上考虑协同工作是当前中小学心理辅导的主要目标之一。这其中最让辅导教师们担忧的是对学生隐私的保护，具体体现在心理辅导的过程中保密原则的具体实施。其实系统化思考并非要牺牲学生的隐私，协同工作并不等于打破保密协议。当然，对中小学生而言，与心理辅导时双方谈及的具体内容相比，能够系统化地思考、协同开展工作才是更重要的。这个过程不仅体现了对学生隐私权的尊重，也体现了对家长监护权、教师教育权的尊重。

二、三种整合-折中倾向

整合-折中倾向是另一个中小学心理辅导时理论指导的重要发展趋势。由于中小学生的生活阅历受限、成长历程较为单一等，人们往往会认为与成人咨询相比，中小学心理辅导在操作上更简单、结果更积极。实际上面对言语表达受限、认知水平参差不齐、周围系统复杂多变、自我尚未确立的中小学生，实施心理辅导的困难程度并不弱于成人。加之中小学心理辅导受到学校整体教育目标的规范、家长配合程度乃至于当地的经济发展等多重因素的影响，实际操作上往往并不能由一种理论涵盖。因此在近几年的中小学心理辅导中，心理辅导教师与研究者们不约而同地选择了整合-折中的倾向，其中比较典型的包括在心理辅导的不同阶段整合不同取向的理论和技术，将新的研究趋势整合到现有的理论模型中去，提炼多种理论的精髓服务短期的学校心理辅导这三种倾向，下文将分别介绍这三种倾向。

1. 不同理论与技术的整合

在心理辅导的不同阶段整合不同理论和技术并不是中小学心理辅导的典型做法，实际上这种灵活和追求实用性是当前咨询领域的共同之处，其中最经典的做法被研究者们整理成书籍和文献资料。克拉拉·E. 希尔（Clara E. Hill）的《助人技术：探索、领悟、行动三阶段模式》一书是介绍这种整合的典型代表，该书强调在咨询初期使用人本主义的理论和技术，更突出咨询关系的重要性；在咨询中期借用精神分析的方法来理解来访者的成长历程，但并非困囿于传统精神分析的长程性和问题的根源解决性，而是通过人格地形图来理解来访者的自我状态，通过分析来访者的防御和反移情来更多地帮助来访者觉察和整合，推动咨询朝着下一个阶段发展；在咨询后期，强调对来访者认知和行为的改变，并逐渐将这些积极的改变推广到日常生活中，这个阶段认知行为理论指导下的疗法和技术就派上了用场。虽然在日常的学生心理辅导中我有自己更擅长和喜欢的理论流派，但我更钦佩这种可以灵活组合的心理辅导教师，毕竟每一个理论都像是盲人摸象里的盲人，他们摸到的是真实的象，但把每个人摸到的放在一起才更接近象的本质，所以能够随机组合的整合-折中派真的是集大成于一身了。

2. 与交叉学科的整合

心理学及相关交叉学科的发展也在源源不断地给中小学心理辅导注入活力，近几年积极心理学思潮与神经系统学的研究更是其中翘楚。积极心理学思潮起源于荣格的思想和人本主义对自我实现的肯定，根源上与咨询心理学部分同源。此外积极心理学思潮强调实证研究，很多有趣的实验结果可以直接挪用到心理咨询之中。从积极心理学对中小学心理健康教育的影响来看，我的导师北京师范大学的刘翔平教授是国内研究积极心理学的先驱者之一。他对积极心理学的诸多研究进行了本土化的探索，并启发我们一众学生投身到积极心理学的研究当中。此外他著书立说为积极心理学在国内的传播起到了极大的推动作用。我的同事曹新美教授在 2010 年开启的北京市中小学教师积极心理大讲堂培训项目中，尝试将积极心理理念与中小学心理健康教育相结合，该项目在五年的时间里使几千名北京市中小学教师受益。清华大学彭凯平教授带领的清华大学积极心理研究中心也为全国的中小学心理辅导教师带去了积极心理学研究的各项进展。当然在国内传播积极心理的学者不仅上述三位，这也使我们看到了积极心理学在中小学心理辅导领域的快速发展，其中积极心理学的创始人之一马丁·塞利格曼提出的优势理论和芭芭拉·弗里德里克森关于积极情绪的相关研究和论述在中小学心理辅导中最受欢迎，前者极大地影响了心理辅导教师的学生观，后者帮助心理辅导教师更好地理解了情绪对人的影响。同时二者的很多技术也直接变成了心理辅导中的技术，如"优势大爆炸""感恩的三件好事""畅想未来""给亲爱的人写一封信"等，这些技术稍加巧思，就成了在中小学生的情绪辅导、生涯辅导和学业辅导中学生十分喜爱又乐于投入的辅导技术。

3. 与脑科学的整合

近 40 年，教育学家、心理学家、神经学家一直在孜孜不倦地探索人脑运作机制研究中所获得的大量新知是否都可以应用于教育学中，并由此衍生出新兴的交叉学科——教育神经系统学。神经系统学在中小学心理辅导领域的影响，一方面使众多研究者开始研究脑科学是否可以验证之前理论的实效性，如有文献证明，认知及有意识地情绪自我调节会直接影响大脑的电化学动力（electrochemical dynamic），认知上的重新评价可以选择性地改变大脑的工作方式及对情绪刺激的反应方式，这代表了由认知行为疗法产生的认知改变会带来大脑及行为的改变。神经生物学的研究表明情绪记忆和创伤性记忆存储在大脑的边缘系统和右半球中，箱庭疗法利用可视化的形象作为自我表达的载体，可以激活并释放这部分信息，从而使心理得以发展和整合，在此过程中，帮助个体建立与更强大的自我的内在联系。另一方面神经系统学的知识本身也被中小学心理辅导教师们津津乐道，开始在学生心理辅导及家庭教育指导中发挥作用。例如居家学习期间，很多中小学生及其家长面临着无法做到自主学习而带来的情绪困扰和亲子矛盾激化，有些心理辅导教师学习了大脑前额叶负责的功能、成熟年龄与负责情绪的脑区成熟程度的差异等知识后，可以有效地帮助学生和家长减轻这种困扰，缓解情绪，调和亲子关系。尽管当前神经系统学的研究在教育领域的应用更多体现在教学设计和课堂的教学策略上，但很多中小学心理辅导教师也开始将最新的发展尝试应用在心理辅导的过程中。

很多人以为中小学心理辅导可以像高校开展的学生咨询一样设置严谨和规范，实际上在当前情况下这是一种误解。中小学生本身有繁重的学业任务和严谨的课程安排，而大多数心理辅导教师身兼数职，因此中小学心理辅导并不总能按照一周一次、每次一小时左右的时间、每周同一会见时间和地点的设置来进行，部分辅导教师为了保证辅导的效果和持续性，往往需要额外拿出午休、下班之后的时间来安排学生辅导。然而师生比例过高，心理辅导教师精力有限，这也导致很多心理辅导教师只能做到尽力而为。因此尽管大家都知道改善情绪和治愈需要一定的时间，然而在短期内完成一个有效的辅导仍变得愈加迫切。这也使辅导教师们更倾向于提炼多种理论的精髓以服务短期的心理辅导，于是，我们可以在一次心理辅导的过程中看到精神分析的影子、短程焦点的方法和叙事的技术，也可以看到认知行为混合了绘画、箱庭等技术，通过心理辅导教师的巧思，在来访者身上起着各种各样的"化学反应"。

三、本土化趋势

心理咨询和治疗起源于西方，然而国内对人心理的探索和理解并非完全受西方思想和技术影响，并且心理学研究本身存在取样偏差和文化偏差。因此从心理咨询和治疗传入中国的那一刻起，本土化就成了极为重要的议题。本土化也在两个方向上起作用，一个方向是在传承优秀传统文化的基础上提出了新的咨询模式，另一个方向是对理论的丰富和技术的创新，这两个方向也在中小学心理辅导领域展现。

理论上的本土化已经成了东西方研究者认可的发展方向，皮克伦等人（Pickren，et al.，2012）在研究中指出："心理学必须面对一个新的现实，那就是非西方心理学的觉醒，这是基于每一个文化，无论是东方还是西方，都有独特的心理学适切性，并与其历史与文化的根源具有一致性。"我国的研究者开始致力于思考适合我国文化的咨询心理理论建构，其中王智弘教授提出的一次单元咨询模式和助人专业伦理双元模型（the duality model of helping professional ethics）恰好契合中小学心理辅导渴望短期起效的特点。一次单元咨询模式除了吸纳西方文化的专业治疗观，也从华人文化的角度出发，探讨含摄华人文化的专业治疗观，并从黄帝内经与易经的观点加以论述。我曾两次邀请王智弘教授为北京市中小学心理辅导教师授课，讲解一次单元咨询模式在中小学心理辅导中的应用，广受教师们的好评。其中"挑软柿子捏"（改变是辅导时的焦点）、"天生我材必有用"（激发学生的生命意义与力量）和"上药精、气、神"等治疗过程和技术，更是易于与教师们原有的文化底蕴相结合，可以快速地将一次单元咨询模式迁移到中小学心理辅导中。此外北京林业大学朱建军教授创立的认知领悟疗法、广西大学杨新国教授提出的研究型心理咨询等一大批本土化咨询理论都在不同程度上影响了当前的中小学心理辅导。近几年随着对优秀传统文化的重视与宣传，本土心理学家杨中芳老师开创和引领的中庸心理学也在悄然地影响着国内的心理学研究和实践，她和赵志裕将"中庸"构想为类似于元认知的一套"实践型"思维方式，成为"中庸实践思维"，并不断细化、更新和拓展为一套包含集体文化思维、个体心理思维和心理健康三大层面的中庸实践思维体系，研发了相关的思维量表，成为发展本土化心理学的一项重要代表。

众多研究者在国内推广理论时会不断地丰富理论和创新技术。研究者们一方面扎根理论，拓展不同理论流派的应用群体，修订评估量表和问卷，用实证检验咨询效果；另一方面创新技术，使之更符合国人的文化和思维方式，这也使得在中小学辅导领域的实践中，已经不断细化和更新出更契合的理论视角和更贴切的实践技术，这一切在中小学心理辅导中悄然发生，却已影响深远。

当然，对于理论的学习需要大家更多的思考，奥尔索特认为青少年行为是由以下因素共同驱动的：遗传倾向，性别，先天和出生影响，宏观社会、历史和经济状况，文化习俗，与照顾者的早期经验，出生顺序，兄弟姐妹和同龄人关系，社区和社区组成，学校教育。现有的理论研究中，不同的理论赋予这些因素的权重不同，在如何描述它们之间的相互作用等方面亦有所不同。然而，几乎所有的主要理论都将年轻人描绘成通过低水平的情绪或行为反应来适应这些"生活事实"（或"标记物"）变量，如焦虑和压力回避、攻击性、依恋和归属感、受欢迎和地位寻求、羞耻和内疚，以及狭义任务的成就动机，比如学校测试等。实际上中小学心理辅导的目标并不仅仅是适应生活，我们希冀学生们的成长，希冀他们能在适应的基础上创造一个更美好的世界。

第四章　中小学心理辅导的流程

在学校综合性的心理工作体系中，心理辅导工作被认为是最专业、最能体现心理辅导教师与其他教师不同的工作，涵盖了针对学生、教师和家长个性需求和问题的个体心理辅导、团体辅导、给服务对象提供重要的信息和指导等形式。有些学校甚至让心理辅导工作扩大到实施班级辅导等内容和范畴。本章将聚焦中小学心理辅导的流程，并简单介绍信息提供和指导等形式的简要步骤。

对儿童开展心理辅导并不是一件容易的事情。当把儿童放到系统中去思考，有些心理辅导教师会认为，改变儿童不如改变他周围的生态系统，如家庭。从我个人与儿童接触的经验上看，考虑儿童的发展水平，采用儿童喜欢的方式如角色扮演、绘画、游戏、讲故事、运动等，与儿童建立关系并有效沟通，可以对儿童的问题起到更加积极的调整作用。随着受辅导学生年龄的增长，心理辅导中与认知讨论和语言互动相关的内容的比例会不断增加。但这并不代表着游戏类、行为类的辅导会没有效果。相反，对于青春期的学生来讲，尽管他们有较高的言语表达能力，但他们依然是行为导向的，他们需要用行动来表达自己的需求，因此，艺术活动、角色扮演、心理剧等技术，依然能够非常好地帮助到学生。

由此可见，中小学开展心理辅导是帮助学生健康成长的重要方式，工作中蕴含了对个体成长规律的尊重，以及心理辅导双方共同努力的过程。本书聚焦中小学心理健康工作中旨在满足学生个性化发展需求的预防性、发展性及治疗性辅导内容上，从中小学心理辅导开展的角度，把中小学心理辅导按照心理辅导前的准备、个体心理辅导的开展、团体心理辅导的开展、其他任务流程四个部分对中小学心理辅导的流程做简要说明。

第一节　心理辅导前的准备

心理辅导是一项专业性极强的工作，学校又是典型的采用结构化、日程化的日常运行方式的场所，因此在中小学并不能完全照搬一般心理咨询的流程，预约—辅导—结束这样的设置在中小学心理辅导中无法良好运行。教师在开展心理辅导前，需要先把心理辅导放到学校的整体发展和运作中才能进行后续工作，这部分内容涉及软硬件配置、规划和接待三个部分。

一、软硬件配置

任何一项工作的开展都离不开软硬件的配置。从软件上看，中小学心理辅导中最重要的是可以实施中小学心理辅导的师资力量。在心理辅导的开展上，有些学校不断创新，在学生的朋辈辅导、导师制设置下的导师辅导、聘请校外专家辅导等方面颇有心得和经验，然而对大部分中小学而言，心理辅导教师仍是开展心理辅导的核心力量。在人员配置上，有些学校的心理辅导相对独立，如设置专门的心理辅导部门，直接对接校级领导；有的学校则让心理辅导教师与其他非主科教师在组织结构上混在一起，但独立开展工作。关于心理辅导教师的角色和专业发展，已在第二章独立论述，此处不再赘述。

软件也包括与开展心理辅导工作相关的规章制度。规章制度不仅是对当前工作的要求，更是一种规范和对心理辅导教师的保护，这种规范和保护不仅体现在工作内容和任务上，也体现在提升心理辅导教师的精神状态和改善学校的文化环境上。与心理辅导相关的工作制度包括经费管理制度，人员管理制度如辅导教师的待遇（包括进修、学习、工资、晋升等内容）制度，辅导室建设及维护制度等。具体的工作制度建设包括辅导室的使用规范、辅导中的注意事项、辅导资料的保管与整理、评估的流程及规范解读制度、转介与协调制度、辅导教师的月度/季度/年度报告制度、检查和监督制度等。很多学校按照政策要求配备了心理辅导教师，却容易忽视制度建设。有些学校直接授权心理辅导教师撰写规章制度，却忽视了在心理辅导教师撰写的基础上进一步从学校管理的角度进行凝练和提升。总而言之，中小学管理者一要提升心理辅导工作中的制度意识，树立起制度的权威，把制度作为开展中小学心理辅导工作的载体。二要科学合理地制定制度，既要体现人文关怀，又要体现学校的整体管理意识，在将国家、地方的政策文件细化、具体化的基础上，融合学校的发展理念和实际情况，为学校心理辅导工作的开展提供行动准则和依据。三要严格执行制度，制度得不到执行，其效力将化为虚有，当然，学校心理辅导制度的完善也需要一个从无到有、从不规范到规范的过程，所以执行制度也是不断用实践检验和优化制度的过程，在执行中发现问题，改进情况，进一步完善相关制度体系，才能更好地为学校心理辅导工作的开展提供帮助。

中小学校开展心理辅导的硬件主要指开展心理辅导工作的场所及相关配置。对于开展心理辅导工作的场所的命名，可以体现学校发展的理念和机构设置情况。如有的学校具备多个功能的心理辅导室和一支专业的心理辅导教师队伍，常见的命名包括心理辅导中心、学生发展中心、心理成长中心等。有的学校则设置了一间独立的房间，由一名或少数几名兼职心理辅导教师开展工作，常见的命名包括心灵驿站、心理小屋、阳光彩虹心理室等。从功能上看，有些学校提供了充足的场地，囊括了提供接待、评估、宣泄、放松、辅导等不同功能的房间，辅导室又可以包括个体辅导室、团体辅导室、游戏辅导室、家庭辅导室等，有些学校则是一间辅导室涵盖了上述功能。这里必须要澄清的是，辅导教室按照学校的需求配置即可，并不是越多越好，配置过多但长期空置的话，是严重的资源浪费。

中小学在对心理辅导室进行配置时，对功能的考虑更多出自学校可获得资源和学生的发展需求。此外，心理辅导室的设置也要考虑"用户体验"，给学生一种友好的感觉，当然使用者的舒适感也同样重要。很多心理辅导教师在进行辅导室的配置时会考虑到私密性，主要是基于对来访学生隐私权的保护，然而过于强调私密性可能会影响辅导室的开放性和友好度，使学生或者其他可能使用的群体体验到不被欢迎、神秘、难以靠近的感觉。有些时候一块"正在工作，请勿打扰"的牌子就可以实现对私密性的保护，留有足够的空间给那些等待的、好奇的、浏览资料或者单纯来玩玩具的学生，这样做不仅能让这些学生受益，也能使来访学生在心理上感受到更多的开放和包容。关于心理辅导室的具体建设，大家可以参考教育部发布的《中小学心理辅导室建设指南》中的要求，结合学校的具体情况配置即可。

二、规划

心理咨询和治疗强调来访者的主动性，几乎所有的社会咨询师都信奉"不求不助"和"来者不拒，去者不追"的理念，这听上去有些"佛系"和被动，然而咨询可以起作用的核心因素就是来访者愿意为自己的问题负责任，因此被动其实是对来访者自主权的充分尊重。作为社会咨询师，我深知咨询中最难的部分并不在咨询中期，而是在咨询前期，来访者选择走进咨询室这个过程才是最难的。但中小学心理辅导的开展并不是仅仅依靠"愿者上钩"就可以的，一方面，学生年龄越小，越无法清晰地感知到心理问题对他的影响，甚至无法及时地觉察到心理问题的存在；另一方面，中小学心理辅导教师需要完成相关工作，不能过分干预学生的成长，也不能忽视个体的问题，这个尺度的拿捏不仅仅依靠未成年学生自身的主动性，更需要心理辅导教师在工作的开展中有规划的意识和能力。

做好学校心理辅导工作的规划需要建立在对本校辅导工作评估的基础上。一是要了解服务对象的需求：教师、家长和学生他们的需求是什么？二是需要了解学校对于这份工作的要求：从学校的角度出发，哪些心理辅导工作以及开展方式会更有价值？心理辅导工作成效和结果如何呈现才能更符合学校的期待？三是对学校校风、学风的基本评估。为了做好这些内容的评估，心理辅导教师可以简单列出问题提纲，在学期末对不同的群体进行访谈，以便为下个学期的工作做好计划。设计一些问卷来收集教师、家长和学生的需求是更快速的方法，心理辅导教师在设计调查问卷时首先要明确目的；其次也要限制评估的范围和服务的内容，问卷不宜过长；再次需要考虑不同年龄的学生在问卷调查中可能会遇到的问题，如年龄太小的学生需要调查者更多的协助（如读题）；最后，调查尽量使用客观题，并且用正向的方式表述。

对于心理辅导工作的开展，我们建议心理辅导教师设置年度—学期—月度—周度—日计划，其中年度计划的设计与前面调研的校风、学风等实际情况相关。例如，我们希望在新的一年提升学生学习的主动性（或改善学生的人际交往、提升学生的心理健康水平等），就要考虑在心理辅导的年度计划中如何落实这部分的内容。学期计划则是对年度计划的分解和细化，尤其是学期初涉及新入学的测评和筛查、学期末重要考试（如中考和高考）的考试辅导等，这些内容看似常规，实际上心理工作强调未雨绸缪，简单的一次心理辅导背后可能需要心理辅导教师计划、协调、修改十次以上，因此制订学期计划是非常有必要的。月度计划是对学期计划的分解，常规计划之外还需要关注特殊月份的活动安排，如开学月、劳动月、心理健康月（越来越多的学校把5月份作为心理健康月）、考试月等。周计划则更像是短期目标的落实和常规工作的自我检测。日计划的重要性不言而喻，千里之行，始于足下，其实心理辅导的开展就藏在设置了目标清晰、有优先次序、有合理方法的每日工作计划中。心理辅导工作需要给学生提供即时求助的通路，这看似随意，却也可以被放在计划之中。

心理辅导教师制订计划时，建议与同事达成一致。学校的心理辅导工作并不是由单个人来完成的，很多目标的实现需要学校其他任课教师、班主任、管理者们的协调、支持和补充完善。此外如果学校有其他社会资源，如外聘的心理专家、家委会中热心学生心理健康的成员、校医等，我们也建议在制订计划时给他们一些话语权，毕竟协同才能更好地保障学校心理辅导工作的完成。

对学校心理辅导工作的规划也包含了对工作的评价。除了行政部门、外聘专业人士和地方督学的检查，我们建议心理辅导教师们定期开展自查、自评工作。开学初撰写工作计划和学期末撰写工作总结都是进行工作评价的重要方式。在评价的维度上，数量、质量、工作时长都是可以参考的指标。心理辅导教师也可以请服务对象为工作打分，有些学校每年都会邀请学生给所有的教职工打分；此外，教师也可以收集学生变化的佐证材料，这需要教师们日常多与学生及其任课教师接触，观察学生们的变化，收集相关资料。进行工作评价不仅是为了承上启下，系统化地开展工作，也是向学校展示我们的工作成效的重要方式，对心理辅导教师个人而言，这部分内容也有助于维持和巩固职业理想，提升职业幸福感。

三、接待

中小学心理辅导的开展很大一部分是为遇到生活适应、个性和社会性等发展性问题的学生提供个体或者团体辅导。人们的求助动机通常包含两个因素（Gross & Mcmullen, 1983），第一，个体应该已经意识到自己正处在痛苦当中或者正面临着一个艰难的处境，并且他必须感知到这种痛苦或处境的恶化，显然，对痛苦的感知因人而异，对某个人来说无法忍受的事情，可能对另一个人来说可以轻易承受甚至忽略不计。第二，这个痛苦应该大于个体思想上对于寻求帮助的阻碍和畏难。有时候这种思想阻碍涉及现实的考虑，比如占用其他课时等，但通常是情绪方面的，可能包括害怕深入讨论问题，或者在意他人对自己求助行为的评价。因此对待求助的来访者，心理辅导教师要摆正心态，一是很多人不愿意寻求帮助，是因为他们对于寻求帮助感到尴尬或羞耻，或者认为寻求帮助意味着情感脆弱或不成熟，因此面对鼓起勇气的来访者，不能以脆弱与否、勇敢与否等评价化倾向去定义是否求助的行为。二是充分地理解来访者的痛苦，理解痛苦的主观性和阻碍性，并贯穿整个辅导的过程。

　　有些学生意识到问题之后会直接寻求心理教师的帮助，这个时候的接待相对容易。有些学校会在工作日规定出一个时段用来接待主动求助的学生，这个时段通常是学生和老师们吃饭、休息的时间，如中午12:00—13:00，同时给出心理辅导教师的值班安排，如周一王老师值班，周二周老师值班等。通常对成年人如教师和家长的接待是预先安排的，这部分心理辅导教师需要注意自己的立场，我们接待成年人的目的大多是为了更好地完善对来访学生的问题理解，以及发现更多可以寻求支持的途径。

　　作为中小学心理辅导教师，我们时常会遇到由教师或者家长请求我们见学生的情况，心理辅导教师对他们的接待在态度上与前者并无二致。大量的研究发现，因为病耻感的存在，大多数求助者首先会寻求亲友们的帮助，最后才寻求专业帮助（施密特，2013）；不仅如此，很多中小学生的心理问题并不会由主观的情绪痛苦和困扰组成，他们往往表现在学业、行为、躯体症状、人际交往中。年龄小的学生不会因心理问题求助，这就更多地需要同龄人、家长和教师的观察和识别。后续这部分来访学生的接待往往不如主动求助的学生那么简单，心理辅导教师需要在接待时就让来访学生感受到我们并未与前期联系我们的成人包括但不限于教师、家长等任何一方结盟，而且心理辅导教师在接待的时间里会尽最大可能地尊重学生的自主选择权和受益权。为了更快地了解多方的需求和期待，心理辅导教师可以设计一份教师/家长转介表，写清楚转介人、被转介人、求助教师、因什么问题转介、有无其他注意事项等内容即可。

　　对于那些尚在犹豫而且没有由教师/家长提出辅导需求的学生，心理辅导教师可以通过多种途径开放求助的通道，比如在辅导中心外设置信箱，提供自己工作用的邮箱或者发放带有联系时间、联系方式的小卡片等。需要注意的是，设置信箱、邮箱等时也要考虑安全的问题，"铁将军"把门、设置文档密码、定期维护账户安全是保障学生隐私的必要手段。

第二节　个体心理辅导的开展

　　接待之后，心理辅导教师会按照来访者的需求来开展相应的工作，包括个体心理辅导和团体心理辅导等形式。这部分我们将重点讨论个体辅导的开展流程，详细介绍个体辅导在规划和接待之后如何一步步有效地帮助来访者。个体辅导的流程可以为其他辅导工作如团体辅导、信息提供、指导等提供借鉴和参考。

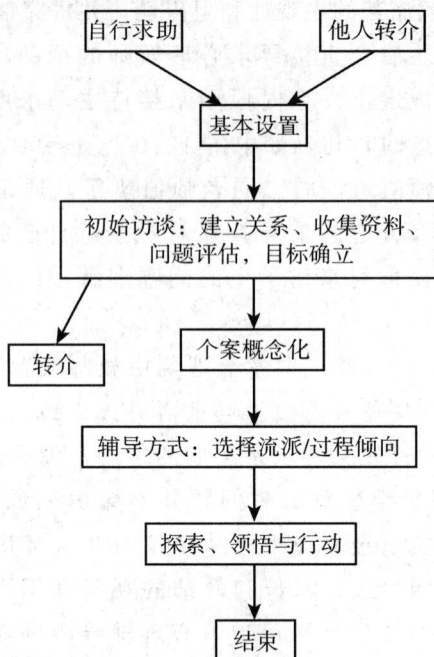

图 4-1　个体心理辅导的流程

一、初始访谈

初始访谈也被称为初始面谈，是心理辅导教师与来访者首次接触，通过交谈收集信息的过程，是在开始心理辅导之前，先对来访者进行的评估性访谈。尽管被称为"初始"，但初始访谈不是只能在第一次见面时全部完成，如果来访者的问题和情况复杂，那么心理辅导开始之前的多次会谈都可以被称为初始访谈，通常情况下初始访谈会持续1～4次。

约翰·萨默斯-弗拉纳根和丽塔·萨默斯-弗拉纳根（2014）指出，初始访谈为后续一系列关键问题找到答案：来访者是否被精神、情绪或行为问题困扰？如果是，那么这些精神、情绪或行为问题是否严重到有必要接受治疗？应该为来访者提供哪种治疗方法？来访者应该接受什么人、什么机构的治疗？概括起来初始访谈有三个基本目的：找出、评估来访者的主诉和治疗目标；获得与来访者的人际关系模式、人际交往能力和个人经历有关的信息；评估来访者当前的生活状态和功能。

塔维斯托克（Tavistock）模型是根据巴林特（Balint）的理论提出来的，该模型认为初始访谈中要注意三大方面的问题（Kent & Stern，2016），我们根据心理辅导教师的工作将其迁移到心理辅导中。一是心理辅导关系的发展，心理辅导教师需要关注的内容包括：来访者如何对待心理辅导教师？来访者的态度在访谈中有什么变化？这种变化和态度是否与其行为习惯或疾病有联系？心理辅导教师如何对待来访者？这种态度在访谈过程中是否有变化？心理辅导教师对来访者的问题关注吗？是否感觉到自己可以为来访者做些什么？虽然来访者有各种各样的缺点，心理辅导教师是否感觉到来访者有些特点是他喜欢的？二是关注访谈中的重要时刻，来访者令人吃惊的表述或情感流露，比如口误，特别是对其生命中特殊时期或特殊人物的排斥。在访谈过程中提供了什么样的解释？来访者对这些解释的反应如何？三是结果和评估，当前的问题或障碍在来访者的生活中是如何表现的？假定的症状的意义有哪些？

通过一次初始访谈来了解上述全部情况是很难的。做好初始访谈需要娴熟的技巧，包括提问和倾听，对交流过程的专注，譬如对主题的聚焦和对内容的引导；对信息的高度敏感，包括对关键信息的抓取，对模糊信息的识别等。初始访谈后，心理辅导教师需要整理资料，形成报告。报告的内容包括：（1）评估和揭示来访者的问题，包括理解和分析症状；（2）收集背景资料，包括个人成长经历、人际交往的方式、心理状态的评估等；（3）评估人际模式；（4）评估当前的功能。心理辅导教师对每个来访者问题与症状的理解和后续工作均需要建立在初始访谈的基础上，因此接下来我们将对初始访谈的任务进行拆分，分别阐述基本设置、收集资料、建立关系、评估和初步确定辅导目标五部分内容。

1. 基本设置

"没有设置，不谈治疗。"心理辅导的基本设置是心理辅导教师从事专业工作的常规，包括心理辅导的时间、地点、频率、见面对象等。基本设置在心理辅导的进程中有不同的功能和意义，是发挥辅导效果的基本要素。在心理辅导的初期，要向来访者说明基本设置的内容，取得与来访者共同遵守基本设置的承诺。在心理辅导的开展过程中，心理辅导教师要言行一致地维持这个设置，协助来访者讨论来访者出现的违背基本设置的各种行为，帮助他们对自己的行为、人际关系甚至是人格特征进行觉察和领悟。

（1）心理辅导的时间设置。时间设置里包含了时间和频率。通常情况下，心理辅导教师沿用50分钟的通用设置，除非紧急情况或者危机情况出现，否则每次辅导时间尽量维持一致。对中小学心理辅导的开展而言，如果来访者年龄较小，辅导时间也可以调整为30分钟上下。如果有必要对家庭成员进行对应的家庭教育指导的话，在50分钟里要留出家庭成员会谈的时间。我的经验是，来访者年龄越小，与家长的会谈会越密集。如果我的来访者还在幼儿园，那每次咨询我都会给家长留出10分钟左右的时间；如果是低年级小学生，那这个时间大概在5～10分钟；如果是高年级小学生和初中生，则会在3～5次会谈中，选择其中一次会谈中的20分钟来与家长会谈；如果是高中生，我通常会提前与来访者和家长说明，例如10次咨询中会用30分钟左右与家长会谈。当然这仅是我在社会机构咨询中的经验，在中小学的常规辅导中，哪怕是低年级的来访者，也很少有家长能够每次都出现在心理辅导室，因此大家根据实际情况酌情处理即可。特别要提醒的是，不管怎么安排时间，都尽量提前放在设置中说清楚，如果有必要调整，那么也要先与来访者讨论，经来访者同意后方可做出选择。比如我需要临时安排一次与家长的会谈，我会在上一次咨询中跟来访者商量："我想在下次咨询中用 15 分钟的时间见一见妈妈，是因为我希望……，在与妈妈谈话的时候我会主要说……（内容），在刚才的内容中，有没有哪些是你觉得不能告诉妈妈的？你觉得我这样跟她说可以吗？你还有什么希望通过我告诉她的话吗？"以这样的方式来临时调整时间，对来访者来讲既能感受到尊重，也能让他意识到身边关心他的人在共同努力。

如果涉及寒暑假或者心理辅导教师个人原因的休假，可以探讨来访者对待分离及独立机会的反应，即使是双方都明确日期的寒暑假，这样的讨论也是必要的。建议心理辅导教师不要拖到放假前最后一次辅导时才讨论，以防引发来访者早年分离的、重要的记忆，严重影响其个人状态而心理辅导教师却没有时间处理。此外，假期也可以讨论关于学习、成长自主性等问题。有效的时间设置可以使来访者从中学习到心理辅导是一种有目的与时间限制的工作，学习将问题带到特定的时间、地点来讨论，不使其蔓延至来访者的其他生活层面。在同样的辅导时间里，心理辅导教师还要不断觉察个人感受的差异，比如同样的 50 分钟有时过得飞快，有时无比难熬，时间感知的主观性背后也许隐藏着心理辅导教师之前未曾觉知的价值导向。

（2）心理辅导的地点设置。心理辅导的地点与时间一样需要稳定。固定的地点、内部的布置会给来访者一种稳定的、一致性高的心理环境，使他们可以集中注意力去探索和整理内心世界。通常情况下，心理辅导室对隔音的要求高一些，光线温和，物品相对简单、非个人化，必备的物品包括面巾纸和时钟等。对中小学心理辅导教师而言，最简单的转换角色和功能的动作就是把心理辅导放到心理辅导室中开展，那些在走廊里、教室中、操场上进行的会谈，不仅无法做到保密，也很难让双方进入辅导的状态，因此不能被称为心理辅导。有时候在这个问题上心理辅导教师会遇到挑战，比如某学生休学在家，但家长和学校都希望教师能持续为学生提供心理辅导，那么地点选在哪里？曾有心理辅导教师不愿意去学生家里，学生不愿意回到学校，最终双方妥协去了一个咖啡厅，辅导效果很不理想。这样的情况下有很多问题需要去考虑，有时候心理辅导教师也要有坚持，才能激发来访者更多为自己的问题负责任，激发其改变的动力。

（3）其他设置。中小学心理辅导不涉及收费问题，但中小学心理辅导教师需要理解收费与不收费对来访者求助动力和心理辅导过程的影响。不收费看上去没有什么，但可能导致来访者对心理辅导的轻视，或者对辅导时间设置的挑战，毕竟迟到或不到看上去不需要付出任何代价；也可能导致来访者对心理辅导教师的讨好，例如送礼物、在辅导过程中只说心理辅导教师愿意听的内容等。

心理辅导教师的穿着和态度也是设置的一部分，在心理辅导开展期间，尽量不做发型、穿着、打扮上的剧烈改变，衣着以偏正式为主。当然中小学心理辅导教师大部分时间以教师的形象出现在学校，这也使他们很少在穿着上出现问题。心理辅导教师对学生的态度要尽量保持中立、一致，切不可因新增了心理辅导关系就对学生过分热情或故意疏远，无形中增加来访者的心理负担。

总而言之，基本设置是心理辅导的常规，尽管我们面对的来访者千差万别，但设置需要保持清晰和稳定。设置的好处不仅在于保障双方日常学习、工作有序进行。从辅导功效的角度上看，设置可以透过人际界限的维系去识别移情和反移情，可以观察并探讨来访者有意、无意地改变设置行为背后的意义和冲突。设置也是社会现实与人际关系的缩影，帮助来访者学习在一个有规范、符合社会现实的人际关系中成长，将清楚稳定的设置内化到内心世界。

任何对设置的改变都需要心理辅导教师认真考量，因此不要对来访者改变设置的行为无视或妥协，而是需要去探讨和处理这里面隐藏的冲突或者欲望。比如前面提到的送礼物，背后的原因可能是来访者希望用这样的方式来表达对心理辅导教师的重视；也可能是来访者习惯性的讨好；或者来访者担心不被心理辅导教师重视；抑或是他们希望借此表达自己的独特，让辅导教师认为他们是独一无二的。如果是心理辅导教师需要改变设置，那么最好尽早，并且简要说明理由。如果造成了来访者的不便，心理辅导教师应予以道歉，或者选择性地弥补。如果心理辅导教师意识到自己经常非必要地改变设置，那么教师需要去觉察这背后的原因：是渴望被来访者迁就，还是一种无意间的报复？不管原因如何，过于频繁地改变设置的话，我建议心理辅导教师最好寻求督导的支持或者转介来访者。

2. 收集资料

收集资料的途径包括从转介表/登记表（或其他转介资料，如班主任提供的书面材料等）、相关人员访谈、来访者访谈和心理辅导教师的观察。通常情况下，我们建议心理辅导教师准备一份访谈提纲，将拟收集的资料囊括进去，通常针对中小学生的访谈提纲包括以下内容。

一般信息：姓名，年级/年龄，性别，民族，父母的联系方式，父母的职业情况等。

外观（通常来自心理辅导教师的观察和主观感受）：身高，体重，衣着，举止；与同龄人相比，有什么不一样的地方？

主动求助还是被动求助：主诉及现在的问题，症状初次发生的时间，有无伴发的事件，症状发生的频率，症状发生时的想法、感受和行为；来访者对问题、应对策略的描述，对防御模式的评估；来访者对相关人员如教师、父母对自己的问题所持观点的反应；对亲子关系和师生关系的感受，在认知、学业、学校表现上的优势和弱点等。

对心理辅导的期望：本身的期望表达；是否存在与相关人员的一致或冲突；期望是否符合心理辅导的范围等。

现在及近期状况：有无促进其走进辅导室的事件？情绪、行为、学业、人际上的主观感受等。

对家庭的看法：与父母的关系，尤其是依恋关系的质量和对象；父母的奖励和惩罚的方式，父母的期望，家庭中的人口、住址的变迁；家庭中的典型活动；有无家族心理疾病史等。

个人成长史：最早的记忆；0～6岁的记忆，6～12岁的记忆；12～18岁青春期的记忆；生活转折点和选择，对未来的看法等。

既往心理疾病史/心理咨询史/心理辅导史：治疗类型，疗程，结果，结束的原因；有无住院经历，药物服用情况等。

既往医疗史：围生期情况；出生情况；童年发育情况；重大疾病史、手术史、过敏史等。

躯体健康状态：目前与健康有关的疾病、所接受的治疗；家族中重大健康问题，目前睡眠、饮食状况，典型日常饮食，运动情况等。

心理健康检查：观察并询问来访者的仪态、表情、穿着的适当性；观察有无思维内容、思考方式上的异常；当前的情绪状态，有无自伤记录和行为等。

学习情况：对学习的状态如学习动机、学习投入、学业情绪等有无变化；学习成绩有无变化；喜欢/不喜欢的学科。

对学校的适应和理解：行为、情绪、认知、人际关系上有无适应良好和适应不良等情况；学生对学校规则和纪律的理解和遵守情况如何；道德和品德发展的情况如何。

情绪调节：是否存在典型的情绪症状；情绪调节的主要方式；情绪的影响等。

人际关系：同伴关系，交友情况包括数量、质量，如何维持友谊，如何应对同伴压力，解决社会交往问题的技能等；师生关系，有无喜欢/不喜欢的老师，对方做了什么等。

自尊和自我概念：自尊、自我效能感和归因方式；自我概念是否客观、积极、发展等。

值得注意的是，中小学生的资料收集并不仅仅针对来访学生本人，很多时候收集资料的对象还包括教师和家长，尤其是在与被动前来的来访者进行初始访谈时，通常情况下家庭访谈和学生单独访谈都要进行。与主动求助的学生相比，心理辅导教师要做好准备，被动前来的来访者和他的家人可能面临着同样的问题，但双方对问题的看法不同，甚至关于是不是问题的看法都可能是矛盾的。这里特别需要注意的是，心理辅导教师需要明确谁需要解决问题，并且注意我们访谈的目的不是为了讨任何人开心，而是创造一个良好的氛围和自由的空间，使他们（尤其是被动前来的学生）的痛苦和困扰能得到认真的对待和细致的澄清，并且让这些痛苦和困扰在学生及关心他的人的努力下得到改善。

家庭访谈时家长通常比较配合，收集资料也会很顺畅；与学生单独访谈时则需要多加注意，尽最大可能地传递尊重和理解是让学生愿意谈话的基础，因此心理辅导教师最好先允许学生表达他自己的感受，尤其是"被带到这里"的感受。有些心理辅导教师会认为年龄小的学生无法明白自己的"问题"，因此收集资料时会跳过，我个人非常不认同这一做法。尽管中小学生不一定能准确地描述自己的问题、痛苦和困扰，但他们的感受值得我们认真倾听和尊重。除了访谈，我建议心理辅导教师提前准备一些其他的方法，比如用游戏的方式洞察儿童的内心世界，可以选择箱庭游戏、房树人测验、画线等；也可以尝试用儿童听得懂的方式，比如"生日的时候许三个愿望，你会许什么？""请用三个词形容下你的母亲/父亲/老师。""如果你现在是妈妈，你觉得她会怎么跟我说你的情况？"类似的问题也可以帮助我们更快地了解学生。在访谈的最后，我建议跟学生讨论下他的关注点和担心，并询问他下次是否愿意来，如果愿意，我们做些什么能让他感到更舒服自在一些。

3. 建立关系

早年的美国人事与指导协会（the American Personnel and Guidance Association，APGA）认为，儿童个体咨询提供了如下两个机会：

一是帮助孩子们建立一份关系，他们可以从关系中看到自己是有价值的人，从他们的发展过程中有所学习，并应用这些学到的知识为自己设置目标；

二是与孩子们交流，听听他们怎么理解自己、他人和他们所生活的世界。

这里特别强调了建立一份关系的重要性，突出的是需要心理帮助的人与能给予这种帮助的人之间的一种独特的人际关系，通过这种关系达到心理改善的结果。研究者一致发现治疗关系是预测治疗结果的一个主要指标（Goldberg & Maldavsky，2012），所有的心理辅导教师都认同辅导关系的重要性，几乎所有的心理治疗流派都重视治疗关系对治疗效果的影响，对有些来访者来说，治疗关系本身就有治疗效果。墨菲等人（Murphy & Mutalik，2008）指出：咨询中的改变主要依靠学生在咨询过程中所呈现出来的能力和意愿，这部分的作用占总体的 40%；另外 30% 的贡献来自咨询师与学生建立关系的能力；剩下的 30% 来自乐观主义和特定的技巧（如放松、想象、角色扮演）的共同作用。有研究表明，我们的关系越牢固，对差异的容忍度越高，我们就越有可能共情和为他人着想（Solomon，Shklar & Mikulincer，2005）。在初始访谈阶段，与来访者建立良好的辅导关系是强化辅导动机的重要内容，心理辅导教师尊重、共情、真诚的态度，不过早的评论和解释潜在的冲突，客观专业地对待每一个访谈对象，这些都是建立辅导关系的前提。

关于辅导关系的建立，我们在第三章的人本主义理论部分介绍了罗杰斯提出的建立良好治疗关系的三个条件：共情、真诚和无条件积极关注。尽管单一的精神动力治疗在中小学心理辅导中并不常见，但依然有很多心理辅导教师更喜欢用精神动力学去理解来访者，因此这里简单介绍卡尔·沙伊特（Carl E. Scheidt）提出的精神动力治疗建立咨访关系的方法（卡巴尼斯，等，2015）：

（1）透明性（transparency）：解释你要做的事情和为什么要做，包括工作路径、目标、来访者需如何配合。

（2）参与感（participation）：让来访者参与讨论。

（3）中立（neutrality）：不要卷入来访者的内在冲突和人际冲突。

（4）容忍（tolerance）：接受来访者的个人价值。

（5）约定（engagement）：约定咨询是为了来访者个人成长。

心理辅导教师仍需明白，除了上面介绍的五个内容，影响与来访者建立关系的变量还包括移情、反移情、认同、内化、阻抗和治疗联盟等内容。此外，我们的文化对权威有着天然的好感，因此心理辅导教师的可信任性、魅力性、专业性也会影响到辅导关系的建立。

在初始访谈阶段，小到介绍自己、说明咨询时长，大到提出初步评估结果和改善建议，任何一个环节都会影响辅导关系的建立。其中最能影响关系建立的技术是集中关注、积极倾听和有效提问。集中关注包括生理关注和心理关注。积极倾听不仅要听来访者表达的内容，也要听其表达方式，引导他们说出感受。同时心理辅导教师还需要关注自己在倾听过程中的内心经历，对来访者的理解，辅导关系的变化等。尤其需要觉察的是，在倾听的过程中，心理辅导教师是否存在不断评价、贴标签、找证据（边缘性、刻板印象）等妨碍倾听的因素。有效提问包括封闭性问题和开放性问题，封闭性问题多用于收集资料，把问题条理化，澄清事实，获取重点，缩小讨论问题的范围，重新引入正题等。开放性问题的作用则包括让来访者自由发挥以便收集更多的资料；让来访者更深入、详细地思考，便于他们分析自我，充分展示，推动辅导向纵深方向发展等。

良好的辅导关系是彼此信任、可用、积极的关系，双方（尤其是来访者）在心理上、情感上感受到安全，真正地体验到被珍视和被尊重。儿童、青少年的心理辅导关系中规则更少，自由更多一些。好的辅导关系也是健康的成人与儿童关系的榜样，让儿童感受到可以与成人之间有这样的情感体验，如果可能这将重建儿童的依恋类型。良好的心理辅导关系可以营造出一个自由、受保护的空间，在安全支持的空间中，儿童可以更投入地进行游戏，获得更多的力量，去应对更复杂的问题。心理辅导关系也可以起到评估的作用，心理辅导教师与来访者之间建立关系的过程可以对应来访者的人际交往模式；此外，透过辅导关系可以评估儿童现有的功能，并更了解他们的感受、问题以及真正的需求。

要想与儿童、青少年来访者建立好辅导关系，除了上面提到的技巧和方法，首先，需要把他们看成独特的个体，从儿童发展的视角看待每个来访者独特的发展需求，并且心理辅导教师需要明确，跟成人相比，儿童、青少年的辅导需要更多地关注情感和行为。其次，要看到儿童、青少年内在的复原力和治愈力，因此问题视角和潜力视角同样重要。相比成人，儿童更在乎感受，如果他们感到心理辅导教师不喜欢他们或者比较消极，那么再好的辅导技术也有可能让症状恶化或问题行为增多；相应地，一旦儿童感觉到被喜欢和心理辅导教师积极的情感，他们的发展将更有潜力。再次，在与儿童、青少年工作时，需要让他们感受到被珍视、被尊重和被倾听，心理辅导教师对来访者真正的帮助就是让对方感受到"被听到"和"被看到"，这是使来访者体验到价值感的重要方式。最后，与儿童、青少年建立的辅导关系需要更多地考虑聚焦儿童、青少年的独特技术和方法，例如游戏、故事讲述等，年龄越小的来访者越要使用贴近他生活的自然方式，用发展的、友善的视角去看待来访者的问题和潜能。

杰尔索和卡特(Gelso & Carter，1985)认为治疗关系由真实关系、工作同盟、移情和反移情组成。真实关系是指治疗师和来访者之间真诚、未扭曲的关系。移情和反移情涉及对关系的扭曲，两种现象都与双方早年生活经验有关。工作同盟是治疗关系中聚焦治疗工作的部分。它由治疗师与来访者之间的联结、双方对来访者要做出的改变的一致认可(目标一致)和双方为达成目标需要做什么的一致认识(任务一致)组成。初始访谈阶段建立辅导关系的最终目标是形成比较稳定的工作联盟，心理辅导教师和来访者都明确地意识到双方是合作关系，来访者看到原来与自己的痛苦和困扰毫无关系的心理辅导教师如此努力地尊重和保护自己，并为了改善状态不断付出努力时，理性的、负责任的一面被激起。这个时候他们更愿意与心理辅导教师去共同确定和理解辅导的目标、辅导的任务和选择的方法，以及深刻地感受到与心理辅导教师之间形成的健康、真实的情感联系，最终双方积极地朝着目标共同努力。当然并不是建立起辅导关系就可以了，在后续的心理辅导开展过程中，维护和巩固关系一直是心理辅导的重点之一。

4. 评估

对来访者的情况进行评估是心理辅导中的重要内容，"诊断大于治疗"，如果方向错了，那么心理辅导双方努力的成效也会大打折扣。这部分的内容我们将在后续专门一章来说明，此处的评估特指在初始访谈阶段的评估。评估的目的是为了提供高效的服务。评估主要是向学生、家庭和教师收集信息的过程，评估、收集信息和建立辅导关系往往是同时进行的，在辅导中并没有明确清晰的界限。心理辅导教师需要运用收集的信息进行评估，确定服务对象和服务内容。

心理辅导教师在评估时首先要考虑总体的评估，尽可能多地接触信息及相关人员，才能在不同的对象需要的不同服务问题上做出恰当的决定。鉴于心理辅导的对象主要以学生为主，因此这部分内容以学生评估为例展开介绍，例如针对一个学生的问题，可以给学生本人提供单独的心理辅导；但如果能通过总体的评估，进一步对来访学生的某个教师提供班级管理技术的支持，或者对家庭提供必要的指导，可能更有利于学生问题的改善。

评估时第二个要注意的是依据学生的性别和年龄进行评估，如学生的语言、行为、认知、社会交往能力等的发展水平，只有考虑来访学生的发展水平，才能更好地让学生受益，例如对于认知发展水平受限的小学低年级学生，单纯的认知疗法可能效果有限，而游戏的方法则能更好地帮助到这类来访者。

汤普森等人(Thompson，Rudolph & Henderson，2004)在他们的著作《儿童咨询》(Counseling Children)一书中指出，咨询开始时你要提出以下四个问题：

(1)儿童被识别出来的基本问题是什么？

(2)儿童自己对该问题怎么看？

(3)如果将儿童的问题严重程度按 1 到 10 来评分的话，他会得几分？

(4)在咨询中，儿童想要什么样的开始？

尽管以上四个问题针对的是所有的儿童咨询，但我建议心理辅导教师把这四个问题作为重要的评估内容，才能更好地为学生的辅导制定合理的目标。需要大家注意的是，当前我们的很多评估容易走入一个狭窄的通道：仅评估儿童的问题。这样做固然有其客观之处，但也很容易让我们忽视儿童本身的视角，也让我们忽视了评估是为了更好地开展咨询和辅导，后面两者恰恰是辅导有效的关键。对问题的评估可以使用测试法、观察法、访谈法或者记录检查法等不同方法开展，我们会在第六章详细论述这个部分的内容。

对来访学生进行评估时一定要评估他周围的系统，包括他的人际模式和当前功能。我个人尤其建议要评估学生的自尊和自我概念，这些可以被囊括进围绕着来访者的危险性因素和保护性因素之中，常见的危险性因素和保护性因素如表 4-1 所示。

表 4-1　常见的危险性因素和保护性因素

危险性因素	保护性因素
医疗服务的障碍	良好的人际关系
媒体的负面报道	丰富的社交生活
歧视、不利的校园或生活环境	有凝聚力的家庭关系
与求助行为相反的标签	积极的应对策略
糟糕的师生关系：嘲讽，拒绝，指向人格的负面评价等	积极的自我概念
糟糕的家庭关系：恶劣，虐待，支持薄弱，管教不一致等	健康的精神、文化信仰
糟糕的同伴关系：欺凌，孤立，关系破裂，被排斥等	健康的生活方式和压力管理方式
个人：可能存在的生理问题；糟糕的应对方式；消极的自我概念；单一的认知等	乐观的态度 ……

对危险性因素和保护性因素的评估有助于心理辅导教师从系统的角度去看待学生的问题，抽丝剥茧地厘清问题出现的前兆和原因，同时也能理解、进一步寻找和激发学生的支持系统和来自其他因素的保护力量，为制定合理的辅导目标、选择辅导策略、安排翔实的辅导计划提供更多的帮助。

5. 初步确定辅导目标

问在答处，答在问处。来访者的问题与他们的治疗目标紧密相连(Jongsma，Peterson & Mcinnis，2000)，心理辅导教师有责任在辅导的早期帮助来访者确立自己的辅导目标或解决方法(Berg & Shafer，2004)。辅导目标通常包括阶段性目标和终极目标，也有心理辅导教师称之为短期目标和长期目标，不同心理咨询理论流派的咨询目标有较大差异，表 4-2 以精神动力、行为主义和人本主义举例说明。

表 4-2　不同理论流派的辅导目标

理论流派	基本目标
精神分析	将无意识意识化；重组基本的人格；帮助当事人重新体验早年经验，并处理被压抑的冲突，获得理智的领悟
行为主义	消除当事人适应不良的行为模式，帮助他们习得建设性的学习模式以改变行为；帮助当事人选择特殊的目标，将一般性的目标转化为确切的目标
人本主义	提供一种安全的气氛，引导当事人进行自我探索，以便使当事人认识到成长的障碍，体验到从前被否定与扭曲的经验；使他们能够开放地体验，更信任自我；有投入咨询的意愿，并且增强自发性和活力

　　每个来访者辅导目标的制定都需建立在对他的问题的症状的了解之上。然而来访者主诉了多种多样的问题和千奇百怪的症状，这些问题和症状裹挟着焦虑、迫切、无助等多种情绪体验，往往会把新手心理辅导教师或者急于解决问题的教师直接带入情绪调节和问题解决中。最终导致了来访者带着混乱而来，好像问题得到解决后回到生活中，依然感到生活如乱麻般缠绕，不仅没有解决问题，反而造成了对心理辅导的不信任。因此心理辅导教师通过引导来访者的关注点从问题转移到治疗目的，就可以使来访者感受到希望，并逐渐进入积极的心理治疗目标设定过程（Taylor & Lopez，2005）。

　　确定辅导目标，包括对来访者的问题与辅导目标加以排序和选择。带着明确单一求助目的的来访者屈指可数；大多数来访者在初始访谈中讲到的要么是一大堆混杂的主诉，要么是各种各样宽泛模糊的症状。我记得我的第一个稳定持续的来访者，首次走进辅导教室的时候带了一本书，书名叫作《大学生常见心理问题》，这本书原本有 200页，但来访者给我看的时候仿佛有 400 页厚，几乎每一页他都折了角，谈话中迫切地向我展示每一页的症状他都体验过的痛苦和无助。这种情况下心理辅导教师一是要澄清和确认有无遗漏的问题，二是可以在仔细聆听的基础上，对来访者提及的问题加以归纳和总结，对其他可能存在的问题进行探寻。在明确之后，心理辅导教师就可以对问题的优先性加以排序和选择。通常情况下，我会归纳和总结来访者提到的问题，按照序号排列好，然后请来访者补充后排序。这里需要注意的是，有时候来访者认为重要的问题和目标与心理辅导教师看到的不一样，这种情况我建议心理辅导教师最好先等一等，仔细倾听来访者为什么认为这个问题是最主要的。在来访者所关心的事情上与来访者保持一致，对于处理潜在的阻抗和促进工作同盟的建立至关重要（Miller & Rollnick，2002）。如果来访者年龄较小，那么倾听来自家长或相关人员对问题的排序也很重要；但如果家长的目标与青少年来访者的目标不一致，来访者本人对问题的优先级排序才是最重要的。

　　如果来访者在辅导初期坚持自己的目标，心理辅导教师需要做好辅导目标在后续的辅导工作中转换的可能性，尤其是中小学生来访者，他们对辅导目标的制定可能带有自己的思考，但这种思考受到认知发展、内省能力、生活阅历等的限制，并不总是完全代表了求助的需求，因此，心理辅导的目标并不总是一成不变的。还有另外的目标转换情况存在，比如来访者最早的求助问题得到了圆满解决，他们又遇到了新的问题，渴望持续进行心理辅导，那这个过程类似于我们重新制定心理辅导的目标，这种情况下目标的转换也就变得顺理成章。

　　一个好的心理辅导目标，首先，要以可测量的行为指标为代表，比如辅导一个抽动的儿童，那么辅导目标可以列为每节课的抽动行为由原来的二十次下降到三次以内；如果只是说抽动次数下降，那么这个目标就太过笼统。其次，心理辅导目标一定要是通过心理学方法可以达成的，就像很多家长和教师渴望心理辅导能直接带来成绩的改善，尽管这一点在接受心理辅导后常有体现，但把改善学习成绩当成辅导目标并不适合，我们可以把改善学习成绩换成调整学习状态、提升学习动机等。有时候来访者卡在明显的两难选择之间，比如是否结束一段关系、去哪所学校等，这个时候心理辅导教师很容易被来访者的困扰带偏，因为好的辅导目标并不是给出具体的抉择，而是帮助来访者深入地觉察自己的动机和需要，做出心理机能的调整和改变。好的心理辅导目标也要符合现实情况，做到切实可行。最后，好的心理辅导目标要做到终极目标和阶段性目标之间相对应，在阶段性目标之间也要有相应的联系。

　　儿童、青少年的心理辅导目标要兼顾来访者的发展性。除了减轻来访者的心理困扰之外，也要考虑如何促进儿童的心理发展，如从不成熟到成熟（与同龄人一致）、从不会应对到学会应对。此外儿童、青少年的心理辅导目标并非单维的，要促进儿童的健康，从治愈疾病到人格成长，这个过程中需要重新组织儿童过往的经历并赋予其意义，让儿童内在拥有更加分化的理解和更多的应对，为儿童的世界带去希望，提升他们的掌控感。

　　儿童、青少年心理辅导的目标要兼顾价值观的引导。心理健康专业工作者的工作不应局限在尽可能治疗个体、夫妻、家庭的痛苦，还应学习、提倡、引导筑就健康社会，使人类可以更加繁荣昌盛（Johnson，2019）。儿童、青少年是祖国的希望，也承载了全人类的未来。心理辅导教师对儿童、青少年的辅导不仅是矫正和治愈，还包括了对人生观、价值观和世界观的塑造，这个过程并不是强制的和灌输的，而是一个以人格影响人格的过程，一个言传身教并重的过程，也是一个逐步引导、不断调整的过程。"闲花落地听无声，细雨湿衣看不见"，把来访者的痛苦、感受和思考，更多与大自然的规律、世界发展的规律、社会运行的规律相结合，明德启志，未尝不是获得突破的途径和寻求的最终结果。

二、个案概念化——心理辅导的地图

　　个案概念化（case conceptualization）指咨询师依据某种心理咨询理论对来访者的问题进行理论假设。具体来讲，要考虑针对来访者的问题要获得哪些信息，如何获得信息并加以有意义地综合，如何利用信息进行临床预测和假设，从而由这种判断或假设进一步形成咨询计划的雏形（徐汉明，盛晓春，2010）。个案概念化是通过来访者思考、感受和行事的方式来理解他们问题的类型，进行解释和提出假设的过程。不同流派对同一个来访者所表现出来的各种问题产生的原因、个案概念化模式有不同的看法。因此，在心理辅导的进程中，个案概念化建立在对心理辅导教师理论取向的基础上。以精神动力学为例，精神动力学的心理辅导教师认为无意识的想法和情感是来访者遇到困扰并且前来接受心理治疗的原因，他们的个案概念化重视潜意识思想和情感对来访者思考、感受和行为的发展产生的影响。

心理辅导教师的重要专业素养之一就是培养个案概念化的能力。不管心理辅导工作使用的流派如何，心理辅导教师要有能力依据自己的理论倾向形成对来访者问题的评估以及处理策略。个案概念化是一种假设，在被验证的过程中可以进行调整，因此任何一个理论模式下的个案概念化都是动态的。对心理辅导教师来讲，个案概念化就像是一幅地图——指导着辅导的每个方面，通常情况下个案概念化包括：(1)提出辅导建议，设定辅导目标；(2)从发展的角度理解来访者的需求；(3)形成辅导策略，预期来访者将会对辅导做出什么样的反应，如何应对来访者对辅导的预期；(4)建构有意义的干预方法；(5)帮助来访者建立内在一致的自我描述。

个案概念化建立在初始访谈收集资料的基础之上，确认来访者的问题，并收集归类信息，心理辅导教师在个案概念化时通常要思考：来访者为什么要这样做？为什么这样看待自己？为什么用这样的方式应对压力？是什么让他无法过上自己想过的生活？为什么不能上学？这些现实的困境如何影响了来访者的健康和主观体验？与制定心理辅导目标时的相互协商探讨不同，个案概念化是心理辅导教师尝试以某种心理咨询理论统合和解释来访者的问题，并以此为基础确定咨询目标，选择适当的方法和技术。因此个案概念化更多基于心理辅导教师的视角，这个视角是主观的，同时也是建立在理论支持和对来访者信息收集的基础上的。

三、选择流派和过程倾向

万姆波尔德在文献综述中指出，接受过心理治疗的来访者比79％没有接受过心理治疗的人具有更健康的心理，因此他总结道："心理治疗是相当有效的。"研究者还检验了不同疗法的相对效果，数百项研究将不同疗法进行了比较(如当事人中心疗法、精神分析疗法、认知行为疗法等)，结果没有发现任何一种疗法比其他疗法更有效(Wampold, 2001)；在个人治疗与团体治疗之间也没有发现差异。针对这一现象，目前最流行的解释有三种。第一种是所有主流疗法中包含的共同因素都有积极的治疗效果。弗兰克夫妇讨论了心理治疗中的六个共同要素：治疗关系、希望注入、新的学习体验、情绪唤起、自我效能感的提升以及实践的机会(克拉拉·E.希尔, 2013)。第二种解释认为疗效无差异可能说明了来访者因素和治疗师因素比治疗派别更能解释差异性(Wampold, 2001)，例如有研究表明，在CBT(认知行为疗法)中，治疗联盟的质量和情绪体验的深度似乎预示着抑郁症患者的治疗效果(Castonguay & Hayes, 1995)。第三种解释是我们的研究尚处于初级阶段，我们用来检验治疗过程与结果的工具还没有精确到能够分辨疗法之间的差别。美国国家心理健康研究所的一项抑郁症研究(Elkin, 1989)比较了人际和认知行为干预，经常被用来论证所谓的渡渡鸟效应，即在任何心理治疗模式中，结果确实没有差异。由于各种研究在元分析中被合在一起，因此标签往往掩盖了治疗中实际所做的工作（每次 CBT 干预都可能是不同的）。与这些分析一样，平均值的做法必然掩盖了相当大的结果变异。因此最有可能的情况是所有的疗法都是有效的，但它们的治疗机制却不同。

对中小学心理辅导教师而言，初始访谈过程中进行个案概念化及后续的辅导安排时，需要考虑与来访者工作的治疗流派。这个流派的选择不是心理辅导教师一人决定的，他们需要在心理辅导的过程中与来访者共同商讨决定，不同的心理辅导教师和来访者会依据他们的世界观和人格特征倾向于使用不同的方法。我经常会遇到很有主见的来访者，当我向他们介绍我擅长的游戏疗法时，他们（哪怕只是一个上四年级的小姑娘）会很骄傲地告诉我他们不觉得自己还是孩子，这样的游戏不适合他们。因此在心理辅导过程中影响流派选择的因素有很多，心理辅导教师的个人喜好、优势，来访者的问题、年龄、个人选择等都会影响后续的心理辅导进程。其实前文也有介绍，大部分的中小学心理辅导教师在治疗流派的选择上倾向于整合流派——既然所有的流派疗效相似，那么为何不成为一位集大成者呢？因此在心理辅导过程中，心理辅导教师们往往更多地在辅导初期采用人本主义的以人为中心疗法，在辅导中期借鉴精神分析流派去理解来访者，进行个案概念化；在辅导后期采用游戏、认知行为疗法等促进来访者的领悟和转化。从这个角度看，心理辅导更像是针对心理复原的过程进行的一种更关注效果的选择。

心理复原的过程需要多久？我想这大概是每一位寻求心理支持的来访者迫切需要知道答案的问题。大量的文献研究提出了心理康复过程的三个阶段（Lueger, et al., 2001；Howard, et al., 1993）：第一阶段来访者主观体验良好，改变迅速；第二阶段来访者改变速度较慢，症状得以改善；第三阶段速度最慢，痛苦减轻，烦恼得到平复，开始对干扰生活运作的不良行为做出适应调整。因此问题少、痛苦轻的来访者进步很快，有着长期人格问题、周围风险性因素远多于保护性因素的来访者则需要更长的时间、更多的会谈才能恢复正常生活。既然不同流派的辅导效果没有差异，复原过程也被广泛认可，有研究者从哲学一致性的角度来整合这些流派的精华，克拉拉·E. 希尔提出助人三阶段模式，结合了不同流派的思想，从基于人本主义的探索阶段到基于精神分析的领悟阶段，再到基于行为疗法的行动阶段，来访者和咨询师共同努力推动整个过程向前发展。大家也许发现了，我们的心理辅导教师也是朴素的理论家，他们在实践中希望来访者复原的全部热情、自行整合的辅导过程与希尔的助人三阶段模式不谋而合，这也是我们选择在本章简述这一助人模式的初衷。

四、探索、领悟与行动阶段

探索阶段的主要任务是建立良好的心理辅导氛围，发展和维系良好的辅导关系；鼓励来访者讲述自己的故事，进一步搜集有关资料，协助来访者进行自我探索，进一步界定和理解问题。对来访者而言，探索阶段是一个很好的契机，可以彻底地思考、表达情感和问题，心理辅导教师的倾听和澄清就像一面镜子，可以使他们能够更加开放地认识自己，减少独自思考时的阻碍和防御。对心理辅导教师而言，探索阶段提供了可以深入了解来访者的机会，这个阶段来访者的主诉是主要的，心理辅导教师的提问以澄清和进一步启发探索为主；这个阶段来访者可能会更多地谈及症状、痛苦或问题，特别需要心理辅导教师站在"人"的立场去看待它们。这个阶段对心理辅导教师而言相对轻松，来访者有倾诉的欲望，看似不需要心理辅导教师做太多的工作，但心理辅导教师需要张弛有度，切忌"逼得太紧"或"过于轻松"。探索阶段还需要处理好理解来访者与促进来访者自我理解之间的尺度，如果心理辅导教师与来访者的经历过于相仿或者相悖，主观地认为自己了解/不了解来访者的问题，就有可能把自己的价值观强加给来访者。

领悟阶段的目标是促进觉察和领悟，让来访者在探索阶段的基础上更好地认识到自己在症状、问题的出现和维持上起着何种作用；同时帮助来访者以新的视角看待事物并使他们承担一定的责任，从而更深入地理解自己的问题。这个阶段建立在良好的辅导关系的基础上，如果心理辅导教师过早地发表自己的建议，来访者可能会否认、防御甚至脱落。但心理辅导教师如果仅是倾听，对来访者的领悟的作用也是有限的，这个阶段需要提出必要的反馈、分析的意见，偶尔挑战来访者的观点，并通过解释、有效的提问、深层的自我表露、面质等技术帮助来访者获得认识问题的新视角。除了技术，心理辅导教师从旁观者视角提出的反馈也很重要。领悟阶段的内容还包括影响来访者的行为觉察，尤其是行为的产生、维持和作用，觉察行为的好处是帮助来访者在理解自己的行为之后，可以更好地理解他人对待自己行为的反应。心理辅导教师在运用相应的技术时，要注意对辅导关系的巩固和维系，同时要求心理辅导教师对来访者所要讲述的问题有充分的把握，并能够容忍来访者的阻抗、异议或者反对。

行动阶段是在领悟的基础上，心理辅导教师与来访者一起用行动的改变来表达领悟的内容。有些心理治疗师在划分治疗阶段时，认为足够的领悟就足以带来改变的动力，因此在领悟阶段更多地强调影响的技术，其中最典型的是精神分析中的修通。修通是指精神分析中，患者由领悟导致行为、态度和结构改变的过程，内容包括：①重复地解释，尤其是对移情性阻抗的解释；②打破情感和冲动与经验的记忆之间的隔离；③解释的延长、加深和加宽，发掘一个行为的各种决定性因素；④重建过去，将病人和环境中其他重要人物置于活生生的背景下，重建在过去各个时期的自我形象；⑤促进反应和行为的变化(郑日昌，等，2006)。以精神动力学为代表的心理治疗并不过分强调行动阶段，而是将行动阶段纳入领悟阶段，后者直接囊括了从领悟到结束整个治疗。然而精神分析的技术在中小学阶段的单一使用本就受限，中小学生身心发展的特点决定了他们即使通过心理辅导有了改变的意愿，也可能缺少足够的方法，或面临着太多现实的困难。因此行动阶段对中小学心理辅导而言是必要的，心理辅导教师与来访者一起探讨不同的解决方案，确定解决方案，并评估、修改行动计划，与来访者一起预期行动的结果。当然，心理辅导教师也可以直接指导、传授行动技巧，或者协助来访者从他人处获得行为的指导等。总而言之，在行动阶段，教师要辅助来访者探索关于行动的想法、感受、动力并将这些最终落实在积极改变的行动上。

三个阶段的共同特点是拥有并维系良好的辅导关系，心理辅导工作的有效性建立在双方的合作和充分共情的基础之上。三个阶段中每个阶段都非常重要，并且蕴含了线性的逻辑关系——充分地探索促进来访者深入地领悟，深入地领悟激发来访者的积极改变。然而这种线性往往只存在于理论之中，现实的中小学心理辅导中，三个阶段呈直线顺利推进的情况非常少见，前一个阶段的顺利不代表下一个阶段也能顺利，心理辅导的双方有可能从一个阶段跳跃到另一个阶段，也有可能重复和回溯。如果在心理辅导实施时，来访者的生活发生突变或者出现危机情况，比如我曾经遇到过一个来访者，因考试评价求助心理辅导教师，结果在考试中途作弊被学校严厉处分，出现了自杀的危机情况，这时即使他和心理辅导教师原本讨论的问题仍处在探索阶段，也要直接进入行为阶段，针对自杀行为进行行为指导和干预，自杀危机消除之后，再回到充分探索的阶段中。

关于如何才能在心理辅导中一步步推动来访者，克拉拉·E. 希尔（2013）从阶段性目标的设置和技术的选择方面进行了总结，如表 4-3 所示。

表 4-3　三阶段的目标与技术

阶段	目标	相关技术
探索	专注、观察、倾听 探索想法 探索情感	非言语行为、轻微的言语行为 重述、针对想法的开放式提问 情感反映、情感表露、针对情感的开放式提问
领悟	促进觉察 促进领悟 促进治疗关系的领悟	挑战 针对领悟的开放式提问、解释、领悟性自我表露 即时性技术
行动	促进行动	针对行动的开放式提问、提供信息、过程建议、直接指导、策略性自我暴露

此外，许多一般因素也会带来治疗的改变。毫无疑问，来访者因素、关系因素、治疗师和技术因素都起着重要的作用。美国心理学会第十二分会专题组针对心理治疗程序的发展和传播确定了以下因素（Jacobson，1998）。

来访者因素：例如性别、依恋风格、动机和卷入水平，以及对于改变的预期和准备程度。

治疗中的关系因素：例如治疗联盟的质量和共情，以及治疗师的因素，如温暖、积极关注、真诚。

通用技术因素：例如治疗师提供指导的程度、对症状改变或个体成长和发展的关注、治疗的强度、对人际或者心理内部进行干预的偏向、对情绪在治疗中地位重要性的看法、对集中或短程干预程序的选择。

治疗联盟的概念可以分为三个要素：联结、目标一致和任务（Bordin，1994）。一项研究结果表明，正是联盟的任务要素，而不是与治疗师的联系或目标一致，预测了更好的结果。任务元素捕捉到来访者的体验，治疗师据此采取适合来访者的干预手段，这对改变的产生至关重要（Talitman，1995）。治疗师的灵活性、说服力、情绪调节和表达能力、热情和接受度以及传达希望的能力等，也会影响治疗联盟和治疗结果。

福利特等人（Follette & Greenberg，2006；Woody & Ollendick，2006）认为，任何有效的治疗方法都应该包括一些技术，以专注于以下几个通常是关键性的目标。

(1)用新体验挑战认知评价。

(2)正强化的增加。

(3)积极应对回避行为。

(4)逐步暴露于恐惧或困难情境。

(5)改善来访者的人际功能。

(6)改善婚姻状况和家庭环境。

(7)提高对情绪的觉察和调节能力。

三阶段助人模式在理念和技术上与中小学心理辅导的实施情况较为相符，对中小学心理辅导教师而言，如果确定和使用单一流派存在困难的话，不妨尝试学习和使用这个助人模式。不过正像最后关于技术部分的讨论一样，任何助人模式都受多重因素的影响，来访者的意图、心理辅导教师的技能和双方的灵活度、开放性、觉察能力等都影响了心理辅导的进程。因此在不同的流派/模式的选择之外，更重要的是看待来访者的独特性，在一定的理论框架范围内，帮助来访者恢复活力（提高幸福感）、修正（缓解症状）、康复（减少影响家庭和学习功能的烦恼和不适应行为）（Howard，et al.，1993）。

五、结束阶段

"授之以鱼不如授之以渔。"心理辅导的最终目标是来访者在与心理辅导教师共同进行探索、领悟、行动之后，带着在心理辅导过程中体验到、学习到、实践到的感悟、理念、技巧，达成了心理辅导的阶段性或终极性目标，回归到正常的生活中。与一般心理咨询和心理治疗不同的是，中小学心理辅导有其天生的多重关系，双方在辅导结束后各自回到生活轨道，难以保证再也互不相扰。这一关系上的复杂性影响了心理辅导的每一个环节，包括心理辅导的结束。

谁有权力选择结束心理辅导？通常情况下，心理辅导教师都希望心理辅导有效果，最终瓜熟蒂落、水到渠成。然而在心理辅导过程中结束并不是由心理辅导教师一人决定的，从伦理的角度看，来访者的自主权意味着他有选择开始和结束心理辅导的权利。中小学生来访者的自主权和监护权之间也有权衡，大部分时候，他们的父母比他们自己更有决定权。此外，心理辅导教师本人也可以根据实际情况提出结束心理辅导的建议；如果心理辅导教师因为反移情严重而渴望结束心理辅导，那么他需要去觉察调整或者寻求督导的帮助。

心理辅导的结束包含多种情况，最喜闻乐见的情况是心理辅导目标达成。不同流派对结束咨询的标准不一致，但共同之处在于症状的缓解或消除。尼考尔茨等人（Nichols & Beck，1960）给出了结束咨询的指标：来访者的症因、症状的解除程度；来访者对自身行动的理解程度；来访者对人生的思考、情绪的变化程度；来访者对自身问题的认识的变化程度。另一种衡量治疗效果的指标分别从个人内部、人际和社会角色表现的改变来考虑(Lambert & Hill, 1994)。内部的改变指当事人内心发生的变化，例如症状减少、自尊增强、问题解决能力提高、掌握新的技能(如自信的表达)、主观幸福感增强。人际关系的改变发生在当事人的亲密关系中，如沟通得以改善、关系更为健康。社会角色表现的改变指当事人在社会中承担责任的能力提高，如积极参与学校活动、学习成绩提高、反社会行为减少等。从我的经验来看，儿童、青少年在心理咨询之后能够发展出更多看问题的视角，更加接纳自我和他人；问题的症状得到消除、缓解或减轻；心理咨询中谈及现实层面的思考(如对未来的打算或志向)；能够客观地看待咨询师，这些都是可以考虑结束心理咨询的指标。在与儿童、青少年的直接接触中可以发现，当一个孩子越来越像他这个年龄的孩子的样子，也是趋向辅导结束的一种表现。

第二种结束心理辅导的情况是转介。对中小学心理辅导教师而言，转介意味着辅导关系的结束，但并不是全部的结束，后续的跟进和定期追踪非常重要。第三种结束心理辅导的情况最让人意难平：来访者的脱落，尤其是已经约定好后期的辅导计划情况下的脱落最让心理辅导教师百思不得其解。其实脱落受多种因素影响，来访者层面的因素包括现实困难(如时间分配)、与心理辅导教师的配合不良、自认没有准备好改变、家长不希望进行心理辅导等。心理辅导教师方面的因素包括对来访者的问题的重视不足、错误地使用了辅导技术(如共情不足、过度自我暴露等)、低估了来访者现实的困境、对来访者周围的人际关系影响理解不恰当等。脱落在心理辅导、心理治疗中非常常见，心理辅导教师一方面要去反思脱落中自身因素的影响(这一点很难，既有自我觉察盲点的阻碍，又有情绪上的阻碍，有时候承认自己错误的感受没那么美好，相反认为对方有问题却很容易)，积极地做出调整。另一方面也要学会调节，我常常在督导中跟接受督导的人反复强调，对待任何一次辅导，都要像第一次辅导一样认真准备，也要像最后一次辅导一样做好结束。这样的话语未尝不是提前给心理辅导教师打上一支可能面临脱落的预防针。除了心理辅导教师的准备，永远相信来访者的自我治愈力，也是应对脱落时最好的认知调节方法。

心理辅导的结束并不等于全部问题的治愈，并不是来访者在心理辅导结束后就会变得完美，行为符合社会角色要求。有时，治疗可能加重与存在性问题作斗争的来访者的焦虑(欧文·D.亚隆，2015)，这一点在中学生来访者中颇为常见，因此衡量心理辅导是否可以结束的指标并不包含完美表现或者没有消极情绪，相反，有的焦虑应被视为恰当的。

心理辅导的双方都认可辅导目标达成之后，该如何处理结束？从设置上看，常用讨论结束的方法有按照约定次数结束、提前预告和延长心理辅导间隔。按照约定次数结束是指双方在心理辅导之初就设置了心理辅导的次数，一般在高校、中小学这种情况比较常见。提前预告是指在结束会谈之前的心理辅导会谈中双方设置结束会谈的日期，例如"今天是倒数第二次见面，下一次我们将结束辅导，关于这个部分有任何想法或者感受你都可以跟我讨论"，通常情况下我会提前2~3次提醒，这样双方有充足的时间做好各项准备。延长辅导间隔是指在结束阶段与来访者约定好，将心理辅导的间隔延长，如由原来的一周一次延长到两周一次、一月一次等。

结束会谈通常包括四个方面。（1）总结，由心理辅导教师和来访者分别总结心理辅导带来的收获、心理辅导中涉及的关键点。这需要心理辅导教师提前做好准备，在结束会谈之前回顾整个心理辅导过程，必要时可以列提纲来保证总结的重点不会被遗漏。（2）反馈，心理辅导教师可以请来访者反馈对心理辅导的感受，提供建议；心理辅导教师也可以反馈自己在辅导过程中对来访者的感受。（3）展望，双方可以展望未来的生活，这时候通常带着对结束的依依不舍，给对方一些美好又符合实际的祝福。（4）意外情况的讨论，这里包含了来访者如果遇到突发情况、紧急情况如何处理，还有如何重回心理辅导室等可能面临的情况和问题。

心理辅导的结束可以是一次会谈，也可以是多次会谈，不管怎样，有效的结束是心理辅导的重要组成部分。这部分的处理需要心理辅导教师有效评估心理辅导的过程和效果，做好各项准备，并带着开放性的态度去信任和祝福来访者。

第三节 团体心理辅导的开展

团体辅导在中小学非常常见，然而团体辅导的开展和实施并不能照搬个体辅导的流程。团体辅导的目标更多重，周期短暂，大部分的团体辅导在设计之初就已经确定了结束的时间，同时看上去的确定性背后又隐含了活动的模糊性、团体规范的模糊性等特点。团体辅导的设计与实施是另一项专业学习，尤其是作为舶来品，团体治疗与团体咨询在我国的发展整体上尚存在许多不足。主要表现在理论上仍需不断深入研究；团体咨询的伦理、团体咨询的测量、与个体咨询之间的有效转介、督导、团体咨询的本土化探索均有待完善。从心理辅导教师培训的力度上看，团体辅导的培训明显少于个体辅导。尽管有些流派团体辅导的体系初具规模，但影响范围较小，仍需在系统性和生态推广上继续完善。路漫漫其修远兮，团体辅导在中小学的使用和理论建构值得每一位使用者认真思考。出于对实用性的考虑，本节重点对结构性团体辅导实施的流程进行介绍。

结构性团体辅导（以下简称团体辅导）是指团体辅导的内容和活动是事先计划和设计好的，团体辅导的实施完全是按照事先制订的方案进行的。团体辅导的开展可以分为团体辅导的设计、团体的建立和团体辅导的实施三大步骤，其中团体辅导的设计主要通过团体辅导方案的撰写来体现，包括整体设计、阶段活动设计、效果评估；团体的建立则分为宣传与招募、确定成员两个部分；团体辅导的实施只需要按照前面的设计进行即可，因此我们将主要介绍团体辅导的设计和团体的建立。此外，团体辅导的实施会遇到一些常见问题，我们会在本节末尾对其进行简要介绍。

一、团体辅导的整体设计

科瑞（2006）指出团体咨询与治疗的成功基于运用大量的时间进行计划。可见在团体辅导开始之前，对团体辅导的设计是非常必要的。有很多心理辅导教师自认为经验充足、完备，开展团体辅导不需要进行方案的设计和撰写，这一点我并不赞同，尤其是新手心理辅导教师或者刚刚准备尝试团体心理辅导的教师一定要（事实上我认为所有准备使用团体辅导的教师都需要）认真对待和撰写辅导方案。一份完整的团体辅导方案需要制订者思考清楚：团体辅导的目标，团体成员的数量、属性，团体开展的时间、场地，团体的活动设计，团体辅导的效果评估。

1. 团体辅导目标的制定与完善

团体辅导的目标不仅需要制定，也需要在设计、招募和团体辅导实施过程中不断地澄清、发展和完善。团体辅导的目标往往具有多元性和复杂性。通常情况下中小学心理辅导的目标与学生的成长息息相关，可以是开发潜能，如提升学生的积极领导力；也可以是关键时期的特殊学习，如考试前的复习和准备；还可以是矫正性质的，如针对行为和情绪的调节等。团体辅导的目标往往并不单一，开发潜能、教育、矫正可以相互关联，发展、预防和治疗相互作用等。因此一个团体可以有多个目标，设计者需要考虑目标之间的逻辑和递进关系。

上一节已经说明了心理辅导目标的制定标准，这在团体辅导中同样适用。团体辅导目标大多与团体辅导的主题相对应，主题是目标的凝缩，通过更有吸引力的表达来传递团体辅导目标的宗旨。团体心理辅导目标的制定大多数情况下包含两个步骤，第一步是团体领导者的初步设计，通常需要将经验、理论与当前发现的问题相结合，发挥巧思进行设计。第二步是根据团体成员的需求来制定，对中小学心理辅导教师而言，需要明确团体辅导的对象，并了解拟辅导对象的真实想法，他们希望从团体辅导中学到什么，解决什么问题。这部分可以采用问卷调研、与涵盖团体辅导对象的群体或群体代表一起磋商来实现。深入地了解需求是非常必要的，有位心理辅导教师曾设计了这样一个主题——父母效能感的提升，辅导目标是提升父母对青春期子女教育的效能感，改善青春期子女与父母的沟通现状。然而在与一些目标对象的父母进行沟通之后，他发现随着生育政策的变化，很多父母渴望再生育或者已经再生育，而还在上学的头胎子女一时较难接受父母的选择，因此该教师将团体辅导的主题调整为"多胎时代如何与老大进行有效沟通"，团体辅导的目标调整为改善家庭沟通现状。由此可见团体辅导目标的制定不仅需要设计者的巧思，也需要对目标群体真实需求的了解。团体辅导目标的完善体现在团体的招募和实施阶段，团体的设计者需要在团体的招募中阐明明确的目标。尽管如此，每一位团体成员在参加团体的时候对团体目标的理解依然可能不同，他们会根据自己的问题和要求设定自己的目标，这些目标可能与设计者的初衷相同，也可能不同；还有的团体成员因为自我保护、情绪不稳定等因素在一开始不愿意立即认可团体的目标，这时候需要在团体实施之初与团体成员开放性地讨论团体的目标，随着团体的发展不断地澄清、发展团体目标，这是一个持续、渐进的过程。

2. 确定团体成员的数量、属性

通常情况下团体规模在 5～10 人较为合适，这样每次团体活动的时间可以在 1.5～

2小时，保障每位成员可以有效地开展探索和分享。如果开展单次团体的时间较短，那么人数上也要相应缩减。特殊目标的团体在人数上可以有调整，如面向亲子的两人团体人数是固定的；在危机发生后的团体心理辅导或者面向一个寝室的关系辅导，成员往往为同一个班级分成的若干小组（通常情况下由辅导教师的数量和危机发生后学生的不同反应决定）或者固定为一个寝室的人员。如果团体中都是女生的话，建议团体确定的成员数量为偶数，有研究表明，相比于奇数，在偶数人数小组中的女生表现更为出色，原因是女生会在意自己在小组中的个人作用，所以当她们身处一个奇数小组时，可能感到得不到别人的注意而成为多余的一个（Benenson，Hodgson & Heath，2010）。

团体辅导主要是为了解决团体成员共同存在的问题，如果成员之间所要解决的问题各不相同，难以找到共性，那么团体辅导的计划将难以制订。因此与异质性团体相比，同质性团体能够更快地建立起一致性，凝聚力更强，能提供更多的支持，冲突更少，成员的参与性更高（Yalom & Leszcz，2005）。同质性团体一般要求成员在问题的表现和性质上相同，在年龄、教育程度上最好相近，性别则不在同质性的考虑范围之内。中小学团体辅导更倾向于选择同质性、封闭式的团体，从辅导的效果和实施情况来看，具备这种属性的团体无疑是最有利于中小学团体辅导的开展的。

3. 遴选团体开展的时间、地点

学校是典型的遵照精确日程和计划运作的组织机构，因此团体辅导的开展需要寻找合适的时间。有时候其他教师不太情愿让学生们离开教室去参加团体辅导这样的活动。事实上，几乎所有的教师都认为自己的课程对学生来讲是更重要的，因此心理辅导教师的挑战之一就在于告诉教师们，通过团体辅导可以帮助学生改善学习态度和学习行为。学生在团体辅导中获得的关于自我意识、应对技巧和其他发展性问题的领悟与进步，也有助于学生在学业上取得成就。解决这个问题需要提升其他教师对心理辅导的重视，也需要在团体主题和目标设定时更多地考虑问题导向，最后一个方法则是在团体开展的时间上做好设计。

如果团体辅导的对象在同一个班级，那么我建议设计好团体辅导的日程，而不是单纯地把团体辅导放在固定的时间占用某个教师的固定课程。这样做的好处不仅是使其他任课教师认可团体辅导，更重要的是不会让学生们在一门课上一直缺课从而造成较大的影响。如果团体辅导使用的是社团活动开展的时间，这是最佳的选择之一，名正言顺且属于学校的常规运行计划，这种情况尤其适用于团体辅导招募的成员在不同的班级、年级时。把团体辅导放到每周同样的时间是最有利于保障团体成员的参与度的，具体操作方式需要心理辅导教师根据实际情况去权衡。

多数团体治疗师认为，即使已经参加过一段时间的团体，团体的热身、提出问题到讨论并最终解决问题至少需要60分钟的时间，而当团体进行到两个小时后，团体治疗师和参与者都会感到非常疲倦、厌烦而不能坚持治疗，因此大部分人认为单次团体活动的时间应为80～90分钟。团体辅导的频次可以是每周一次到五次，但大部分的团体一般是一周辅导一次；在中小学如果时间上可以的话，一周两次的团体辅导可以使上一次讨论的议题有效地延续，使整个团体保证一定的连续性。在医院和高校中，学生们也有机会参与到马拉松团体中，然而在中小学我们认为来访者的精力、时间的分配等都不适合开展马拉松团体。

团体辅导活动的场所对于团体辅导的效果有相当的影响，其基本要求有：避免团体成员分心，保证团体成员在没有干扰的条件下，集中精力投入团体辅导活动；让团体成员有安全感，能够保护团体成员的隐私，不会有被人偷窥、监视的感觉；有足够的活动空间，可以随意走动、活动身体、成圈围坐；环境舒适、温馨、优雅，使人情绪稳定、放松；宽敞，整洁，空气流通，最好有隔音设备，没有固定桌椅（樊富珉，1996）。有时候一些意想不到的情况可能会影响团体的进展，比如我曾参加了一次设计良好的团体，设计者把各项环节都考虑得非常周到，唯一没有预料到的是炎炎夏日里提供团体活动室的酒店所有空调的温度都是 16 摄氏度，一众穿着裙子、短袖的成员不到一小时便集体落荒而逃。从此我便多了一个经验，每次组织团体辅导时，即使是再熟悉的场地，我也会提前一天过去，调试设备，准备材料，查看空调和通风情况（这一点总是让我很骄傲）等。

二、不同阶段的团体活动设计

霍曼斯认为，任何一个团体中都存在相互联系的三种组成要素：团体活动、相互作用和情感活动。在学校心理辅导中，团体活动的形式多样，包括交流、分享、讨论、游戏等，团体活动也需要次数的保障，这是维系团体存在、推动团体发展的最基本因素。团体活动是成员之间相互作用的载体和途径，团员在参与活动的基础上才有可能产生模仿、吸引、合作、顺从、排斥等相互作用；这种相互作用最终带来彼此之间的情感流动，一旦团体结束，彼此之间的相互作用停止，情感关系也就会逐渐淡化。按照霍曼斯的观点，团体辅导的设计中活动设计是主体，透过活动来凸显团体成员的相互作用和影响流动（施密特，2013）。

团体活动的设计与团体辅导的发展阶段有关，一般来说，团体首先经历初期的定位阶段，其特征是确立团体的结构和目标，对领导者产生依赖，分清团体的界限。接着团体进入冲突阶段，开始关注人际交往中的支配权问题。然后团体日益关注成员间的和谐与情感，此时成员间的分歧往往被团体凝聚力所替代，至此一个成熟的治疗团体诞生了，它不但具有高度的凝聚力，能够开展广泛深入的人际探索和个人分析，而且各成员还竭尽全力去完成团体和个人的主要任务。当然并不是所有的研究者都认同这样的顺序，麦肯齐等人在关于团体发展的综述中总结了团体发展的唯一可靠迹象：团体凝聚力的提高和自我表露的增加是团体早期的特征性表现，紧随其后，则是团体内部的紧张状态和冲突（MacKenzie & Roy，1994）。有的研究者从团体活动开展的角度将团体划分为导入阶段、展开阶段和结束阶段（樊富珉，1996；吴增强，2012），也有的研究者认为团体辅导一般会经过相互认识阶段、探索阶段、工作阶段和结束阶段（施密特，2013）。本节基于概念简洁和阶段清晰的角度，将从最后一种团体阶段的划分视角去对团体的活动设计进行阐述。

1. 相互认识阶段

亚隆（Yalom & Leszcz，2005）提出无论团体领导者是否愿意，都必须在团体一开始就建立团体规范，而且确立规范也只有在团体还在初始阶段时才更容易完成，因此团体领导者在首次团体辅导时就必须积极主动地运用一些技术来建立团体规范。通常情况下，团体规范以口头或者书面的形式，由所有团体成员共同讨论形成。布朗等人（Brown & Lewinsohn，1984）提出团体辅导的契约应该包括以下内容：清楚说明团体目的；个别成员的目标和希望在团体中获得的一些东西，要与团体的整体目标相配合；团体运作的方法，例如讨论、游戏等，成员是否有权随时放弃参与不喜欢的项目；团体的聚会时间、地点、次数；有关守则、奖励与惩罚细则；要求成员对团体有认同感、投入感，包括准时到会，不能无故缺席等；要求保密；个别成员若有需要能否单独约见团体领导者。

相互认识阶段的第二个任务是着重加强成员之间的认识和沟通，使成员之间建立相互信任的关系（樊富珉，1996）。一般来说总有成员会主动建议大家做自我介绍，团体领导者也可以设计热身活动来加强大家对彼此的认识。在这个阶段，沟通模式和话题都是相对固定和局限的，成员们理性地探讨问题，对于发问者的非理性一面用支持、客套、友善等手段予以压抑。这个时期，团体成员之间相互寻找共同点也是普遍现象。对中小学生而言，他们可能在参加团体时彼此是熟悉的，甚至彼此的熟悉程度超出了与团体领导者之间的熟悉程度，这对团体领导者是一个不小的挑战：成员内部有稳定的、复杂的社会关系，而团体的领导者更像是一个入侵者。这个时候团体领导者在团体建立之初清晰地阐明团体的目标、基本的设置、自身的职责、自己对团体的期待等内容，对大家重新认识团体和重新认识彼此都是有帮助的。

这个阶段的自我介绍可以多次强化，例如根据团体领导者自我介绍的模板大家分别进行介绍之后，可以采用"滚雪球""我说你猜"等活动来加强彼此的认识和联结，也可以采用"生日折线""肩颈按摩""最佳搭档"等活动来促进理解。

2. 探索阶段

探索阶段的主要任务是对团体目标和自身主要问题的深入理解和探索，这个过程不仅有对自我的探索，也包含了对团体其他成员的探索以及彼此之间的互动。当然探索一定是与主题相关的，如果主题是加强沟通，那么自我探索和成员之间的探索也是与自己和彼此的沟通模式相关的。探索阶段的活动设计与团体的目标和主题息息相关，以中学生的团体生涯辅导为例，常见的自我探索的活动有"二十个我""我的自画像""生命线"等经典活动，成员之间的探索则可以加入"不同人眼中的我""兴趣岛友好旅行"等活动。

团体在初始的自我探索阶段会对许多问题感兴趣，并不断地对自己和其他成员进行有意无意的评价，渴望自己树立一个成功的形象，衡量自己是受欢迎还是被忽视和排斥的。这往往容易激起成员之间的相互防御，或者没完没了地谈论实际上并不感兴趣的话题。这个阶段会经常出现困惑、犹豫和试探，也有一些团体成员为了表现自己的热情和投入，不断地给其他成员提供建议，这些虽然看上去激活了团体内的热络氛围，但实际上却鲜有实效。所以团体领导者需要去衡量，如果需要成员之间相互表达兴趣和关注，那么小范围的讨论是可以的，如果团体需要"沉下来"进行探索，那么这样的小团体讨论最好被制止，或在一定的时间范围内结束。

探索阶段类似于发现问题和理解问题的阶段，这个阶段成员之间也可能出现阻抗，甚至是大家对讨论的问题众说纷纭，无法调和，每个成员都尝试争取自己的主动权，因此团体成员的不同角色在这个阶段开始出现。每个团体成员都渴望成为关注的焦点，他们往往认为自己有权对他人做出分析和判断，成员之间没有建立起深厚的感情，他们发表的建议并非出于接纳和理解，而是想通过这种方式在团体中谋取权力。对团体领导者而言，如果缺乏娴熟的引导技巧和对团体发展的理解，那么清晰、公平的时间分配和对团体规范的严格遵守就变得很重要，要界定新出现的行为是不是可接纳的，探索团体的发展方向、结构和意义等。

3. 工作阶段

工作阶段类似于解决问题阶段。经过上一阶段的探索和冲突之后，团体逐渐成为一个有凝聚力的团体，这个阶段团体有共同的目标和团队精神，一致的团体行动、合作和互相支持，团体成员之间有沟通的自由，成员之间亲密感和信任感明显。在这个阶段，团体成员间相互信任的增加带来更多的自我表露，一些成员会深入地分享自己参加团体辅导的初衷；成员之间在单次团体辅导结束之后依依不舍，甚至会相约其他活动来联络感情，彼此热衷于出勤，并对缺勤甚至是脱落的成员表现出更多的关注。

团体成员对于亲密感有高度的渴望，因此他们渴望更多的自我表露的机会，对其他成员的建议也更多出于理解和接纳，他们把团体领导者当作重要的成员，并不会因他公平地对待每一个人而心生怨怼。需要注意的是，如果团体成员为了维持亲密感而克制自己表达负性情感的话，那么团体领导者一方面要肯定团体甜蜜、温暖的氛围，另一方面也要引导团体成员明白，团体内部能表达不同意见和冲突，才是真正的亲密，只有所有的情感充分地表达并富有成效地解决，团体才能发展成为一个成熟的工作团体。因此团体的凝聚力不仅来自早期强大的相互支持，也是在工作阶段出现紧张状态时，每个成员努力克服自身阻抗的结果（Yalom & Leszcz，2005）。

与前两个阶段不同，在工作阶段活动并不是最重要的，成员之间的互动和情感流动更为突出。团体领导者需要做的是营造团体氛围，重视团体辅导目标的实现路径和阶段性完成情况，同时对成员分享的方法和技巧进行及时总结和有效提炼。

4. 结束阶段

结束阶段往往对团体辅导的效果起到画龙点睛的作用，团体辅导的结束对很多中小学生来讲是个体成长中的一个重要部分。团体辅导是一个高度个性化的过程，每个成员以个性化的方式进入团体，参与团体，体验团体并最终应用团体，团体辅导结束时的目标也需要个体化。团体目标很多时候并不能像个体目标那样清晰，多数团体辅导的目标是问题解决导向的，也就是缓解症状、调节情绪、改善关系、学会方法等。弗洛伊德简明扼要地提出了治疗目标——"去爱，去工作"，在中小学阶段可以把它调整为"去爱，去学习"。除了团体目标的达成，团体的结束还可能有很多其他的理由，例如寒暑假的来临、外在情境的影响（如突发状况影响学校的常规工作）等。

团体结束阶段要考虑团体成员之间的关系，他们往往担心彼此的关系随着团体的结束而结束，因此在团体结束阶段，中肯又真诚地允许他们彼此表达信任、对过去的怀念，肯定彼此对团体的贡献也很重要。

团体结束阶段的活动可以为团体辅导的活动画上一个圆满的句号，"把心留住""相约十年后"等都可以让团体成员更能感受到团体辅导的魅力。

三、团体辅导的效果评估

在团体辅导设计之初，就要在辅导方案中阐明关于团体辅导效果的评估指标和评估方式。

如前所述，团体凝聚力提高和自我表露程度可以作为团体评估的指标；团体目标的实现和团体成员个性化需求的满足也是团体辅导效果的重要体现。从方式上看，团体辅导的效果评估可以采用问卷评估、访谈评估和追踪评估三种方式进行。问卷评估包含两大类，一类是针对团体目标而言的，如考试焦虑的团体辅导，在团体辅导前后进行考试焦虑的测量，前后测对比可以作为团体效果重要评估手段；另一类是针对团体成员的表现和特征的，如团体成员自我评估问卷，衡量的是团体成员的发展和团体的发展趋势及状态。访谈评估通常是在团体辅导结束时做的总结性评估，心理辅导教师可以访谈和评估的内容包括了解团体成员的感受、满意程度，对团体活动的看法，参加团体前后的行为变化等。追踪评估是指在团体结束三个月、六个月或一年后进行的评估，目的是了解团体辅导的效果是否持续，团体成员的改变是否对周围的人及环境产生了影响等。追踪评估可以采用问卷和访谈等不同的形式进行。

四、团体的建立

成功的团体心理辅导开始于团体成员的选择，无论是一般的中小学团体辅导还是需要在相对确定的人群中进行的危机干预，抑或是在全校范围内遴选进行的团体辅导，对团体成员的评估都是必不可少的，这将直接影响到团体辅导的有效性。

1. 宣传与招募

团体辅导的宣传是学校整体心理辅导工作开展的一个缩影，心理辅导教师需要在日常工作中告知学校各方人士：团体辅导与个体辅导一样有效。

樊富珉（1996）认为团体成员的参与途径主要有三种：一是通过宣传，成员自愿报名参加；二是辅导教师根据平时的咨询情况，选择有共同辅导需求的人，建议他们报名参加；三是其他渠道，如班主任介绍或者其他辅导教师转介而来。途径里的宣传指的是招募，招募工具一般是书面的公告，在中小学一般是通过张贴海报来向全校公开招募，海报可以由团体领导者、社团的学生或者感兴趣的人来设计，海报的内容通常包括团体的主题、目标、类型、参与的条件、人数、时间和地点等。这样的公开招募吸引来的成员大多是自愿参加的，有较强的体验和改变动机。由心理辅导教师根据平时咨询情况推荐而来的或其他教师转介来的成员通常带有非自愿的成分，针对这部分团体成员，心理辅导教师需要在团体设计时注意他们对团体的动力和凝聚力可能带来的影响。随着社交网络的发展，当前中小学心理辅导的招募也可以通过网络公告的形式进行，网络公告的主要内容与海报内容一致，形式上可以增加一些图片、之前参加过团体辅导的来访者的反馈（通常是匿名的）来增加招募的趣味性和实效性，吸引更多的人员关注。

2. 确定成员

成员筛选有一定的标准，如果是同质性团体，那么与团体设计目标和问题不同的异质来访者就不能被纳入团体。吴增强（2012）认为团体成员的选择应具备三个条件：(1)自愿报名参加，并有改变自我现状的强烈需求；(2)愿意与他人交流，并具有与他人交流的能力；(3)能够坚持参加团体活动全过程，并遵守团体的各项规则。实际上，在中小学团体辅导中，有一些学生并不是完全自愿或者非自愿参加的，因此在确定成员时考虑成员参加团体的动机和愿望是非常重要的筛选标准。不过中小学心理辅导团体本身更多是教育性、预防性和发展性团体，因此针对成员的筛选标准并不是非常严格，有些迫于组织和人际压力参加的成员，尽管开始时动机弱，但在团体结束时也许会有所收获。参加团体辅导的成员也要具备一定的自我观察能力，观察、分析是团体辅导探索阶段发挥作用的重要原理；对自己的问题缺乏觉察和领悟将带来团体辅导效果上的偏差，也会在团体辅导的进程中影响团体成员之间的亲密感和凝聚力。

针对教育性、预防性和发展性团体，我们建议心理辅导教师在收到报名信息后，组织入组访谈，尤其是当报名的成员多于团体辅导设计的人员数量时，入组访谈的作用一是可以有效地辨别报名人员是否适合参加这次团体辅导，二是进一步明确成员所要解决的问题，三是促进团体领导者与成员之间关系的预热。入组访谈通常包括的问题如下：(1)你希望这次团体辅导可以帮你解决什么问题？(2)你对这次团体辅导的期待是什么？/你希望团体辅导结束后自己的收获是什么？(3)关于团体辅导的时间，你当前有没有冲突事件？能否保证全程参加？(4)对于团体辅导的形式，你有什么想法和建议吗？除上述问题外，心理辅导教师也可以根据团体辅导的设计纳入其他相关问题。

如果成员是因组织和人际压力而来，那么在入组访谈时可以增加相应的内容，例如询问成员存在的问题，周围人及自己的看法等；也可以询问成员关于团体辅导的看法、期待和困惑等问题。如果成员数量较多，把入组访谈希望解决的问题以问卷的形式发放也可以在短期内收到成员的想法。

并不是所有的学生、家长和教师都适合参加团体心理辅导，科瑞等人指出下列六种不适合参加团体辅导的人群：(1)脑器质病变；(2)偏执型人格障碍；(3)疑病症；(4)药物或酒精依赖；(5)急性精神疾病；(6)反社会人格障碍等(Corey G，Corey M S & Callanan，1979)。从中小学生群体的属性上看，发展性依然是他们的重要属性，综合对诊断的研究和某些精神疾病、人格障碍对年龄的要求来看，明确诊断出上述人格障碍的人群在中小学中并不常见，但对心理辅导教师而言，他们可以依据工作经验对成员是否适合做出考量。从经验上看，情绪严重不稳定、选择性缄默症、言语交流困难、有重大创伤经历和极具攻击性的来访者，并不适合参加团体辅导，在团体辅导的设计和团体成员的招募中都要留意这一点。绝大多数临床工作者认为，正经历急性生活危机的来访者不适合团体辅导，但适合以个人、家庭和社会网络的形式进行危机干预。严重抑郁并有自杀倾向的来访者最好也不要转介到其他异质性的互动式团体辅导中，因为团体很难给予他们所需要的特别关注，而且这些成员的自杀意念往往使其他成员焦虑不安，不堪重负(Yalom & Leszcz，2005)。但如果团体是由慢性自杀意念的来访者组成的同质性团体，这种团体治疗被证明是有效的(Linehan，1987)。心理辅导教师需要牢记，团体辅导可以根据目标去设置不同的种类，因此任何的排除标准必须针对某一具体团体而言，实际上，每个来访者都有适合参加的团体，只是不一定是我们当前所设计的。

当团体辅导设计完成、团体成员确定之后，团体就已经建立，对于团体领导者而言，接下来按照团体辅导设计的方案推进团体辅导即可。尽管如此，中小学团体辅导中也会遇到一些常见问题，下面对这些常见问题进行简单的梳理和说明。

五、团体辅导中的常见问题

团体辅导的设计类似于出行的导航，大部分时候团体辅导按照"导航"前进即可，但再好的"导航"也可能遇到信号不良、路况不佳、车辆出现故障等各种问题，在团体辅导中这样的问题特别考验团体领导者的适应性、灵活性和创造性。从专业发展的角度看，新手心理辅导教师更容易遇到这样的问题，这并非坏事，一方面"导航"出问题是常态；另一方面从新手到专家的进阶也是在不断地发现问题、解决问题过程中完成的。

1. 团体设计重视活动、忽视目的

团体辅导设计的最大问题就是计划不充分或者不切主题。有些心理辅导教师把活动当作团体设计的重要部分，因而时常出现活动过多、活动跑题、活动之间缺乏联系、活动堆砌等情况。这样的团体辅导往往热闹非凡但是效果不佳。值得注意的是，有很多心理辅导教师将热闹错误地理解为成员的参与度，并以此衡量团体辅导的效果，这是对概念的误解，也是对团体辅导的误解。团体辅导固然重视活动，但活动的目的并不是为了体验，体验只是通往问题解决的途径之一。

团体活动中忽视目的的表现还包括破冰及热身活动时间过长。顾名思义，破冰和

热身活动只适合在每次团体开始时成员之间建立或巩固联结，过长时间的破冰和热身活动，会导致团体缺乏深刻的体验和深入探索、交流的机会。

2. 活动实施中指导语不清晰

团体活动的有效开展离不开指导语。团体活动的指导语要求内容确定、步骤清晰、完整和简单明确，活动较为复杂或者言语无法简单说明时，团体领导者需要做正确的示范，带领团体成员进行练习之后才能正式开展活动。很多心理辅导教师对活动没有很好的实践，容易误以为所有的成员都了解活动，所以指导语非常简洁，甚至没有指导语。改变这种情况最好的方法是，在撰写指导语之后、团体辅导实施之前，找一些没有心理学背景和团体辅导经验的同事、朋友，听一下指导语的内容，如果他们无法按照指导语完成相应的活动，那么这个指导语就是需要修改完善的。

3. 团体领导者或者其他成员占用的时间过多

新手团体领导者出于评价焦虑会习惯做出更多的解释，必要的解释对团体辅导来说是非常重要的，然而事无巨细的解释会使其他成员感到厌烦，也会压缩交流和讨论的时间，导致团体辅导缺乏效率。有时候，团体辅导的整体发展会被偶然因素影响，例如初期成员为了寻找位置而急于表现，滔滔不绝地表达，或者能够引发团体动力改变的极端情绪被唤起，都会使团体偏离原本的方向。一旦团体辅导中出现这样的成员，最有可能出现的就是其他的成员中隐藏着具有强烈控制欲和表现欲的成员，双方的冲突可能以无所不知的自我表露和滥用控制权的形式出现。尽管在团体初期这样的成员可以提供讨论的焦点，激发情感的表达，甚至能增加团体辅导的趣味性，但在整个团体辅导的开展中，这样的成员一旦被拒绝或者不被关注，脱落的可能会大大增加，因此团体领导者的觉察十分重要，不在团体辅导的早期对这些成员表现出过分的偏爱，根据团体的目标和时间设置及时地调整团体的情绪和话题导向十分必要。

4. 团体辅导实施时缺乏针对性和灵活性

团体辅导设计是"纸上谈兵"，是一个针对问题进行分析、理解、选择方法和解决的思维过程。这个过程无法穷尽团体辅导中的所有情况，尤其是团体成员的招募与确定总会与设计时有所不同，以及如果团体成员在早期的掩饰性过高，那么在团体辅导的实施过程中，将会出现较多计划无法应对的情况。因此团体辅导需要一定的计划性，但更需要根据团体实施中的情况有针对性和灵活性，团体领导者根据团体成员状况和发展进程等因素及时地调整计划，增加或者删除活动，重新选择技术，甚至修改或者增加规则，以保证团体的最终效果。

5. 刻板地理解团体发展的阶段

现实中有一些在团体辅导中并不是那么得心应手的心理辅导教师，他们对于理论的坚守值得尊敬，但过于刻板的理解也会带来各种问题。尤其是在中小学团体辅导中，成员之间可能已经非常熟悉，如果团体领导者在相互认识的阶段投入太多，也许成员之间已经开始了探索，而团体领导者还在一意孤行地促进彼此的联结。有时候团体辅导看似在讨论同一个问题，在不同的阶段反复回到同一个问题，对于缺乏经验的团体领导者而言可能感到无力或者阶段的停滞，实际上这可能是每次从不同的角度深层次地理解和解决问题的过程，汉堡（Hamburg）曾称之为"循环治疗"。因此，心理辅导教师需要灵活地理解理论，尤其是团体发展阶段，某些时刻，与其生搬硬套理论，不如塌下心来体验团体的凝聚力，观察成员的自我表露程度，以及相信自己的直觉；必要时寻求督导的支持，都能够保证团体的发展虽在意料之外，也在情理之中。

第四节 其他任务流程

除了实施个体心理辅导和团体心理辅导，中小学心理辅导教师还要为服务对象提供信息和必要的指导。在个体和团体辅导之后，仍有一些工作需要衔接，其中包括转介、督导和档案管理等相关内容。

一、信息提供

信息提供在服务对象寻求帮助的过程中占有重要的地位，尤其是当他们准备做一些个人的、学业的、职业的决定时，重要的信息往往是他们求助的重点。看似简单的信息提供，其实特别考验心理辅导教师的综合素养，获取信息并保障信息的准确性和传递信息的有效性等每一个环节都不能出现纰漏。这需要心理辅导教师了解关于医疗、专业发展、录取升学等内容，日常需要具备收集整理信息的意识，做到及时更新文件资源以及对法律、政策和伦理的不断学习。

二、指导

施密特（2013）在综合了一些咨询文献后，指出指导是这样一个过程：

（1）帮助教师们学习了解学生的需求，调整教育策略帮助学生进行课堂学习，识别出促进学生学习的资源；

（2）心理教师与教师们形成一个工作团队，致力于检查课程设置和制订教育计划，以使学生得到更好的学习机会；

（3）为所有学生提供指导，指导主题包括他们的成长课题、个人成长、同伴关系、学习和其他主题；

（4）为家长提供关于孩子的信息，教给他们促进孩子学习和发展的方法；

（5）与学校和社区的其他专业人员合作，设计出促进学生发展的策略；

（6）为学生提供信息，帮助他们做一些与教育、职业有关的决定。

同时该研究者指出指导包括情境指导和教育性指导。在情境指导中心理辅导教师是指导者，学生、家长或其他教师是被指导者，问题构成了情境。例如，心理辅导教师指导其他教师处理某些学生行为表现糟糕的问题，指导者与被指导教师共同探索情境，检查可以做出的改变，做一些决定并找到策略，被指导教师用它来改变情境。研究者把指导的步骤称作"六步魔术"，分别是做重大决定、收集信息、澄清、探索、达成做决定的时间、获得进展。教育性指导更常见的形式是班级辅导，心理辅导教师与班主任一起紧密合作，识别出学生的发展需求，并设计适当的班级团体辅导活动，共同为学生开展教育性活动。有余力的学校也会为家长和教师提供教育性指导。为了保障指导的科学高效，需要规范的指导过程和相应的技能，并及时收集反馈和做出合理的评价。

三、转介

心理辅导教师在对学生进行评估时通常会遇到两种常见的情况：一种情况是来访者面临的是预防性和发展性问题，这种情况下心理辅导教师可以在后续安排相应的辅导工作；另一种情况是少数来访者存在心理障碍或者是超越学校心理辅导职责的个案，这部分学生需要转介到医疗机构或社会心理咨询机构中。这里就涉及在中小学心理辅导中常见的转介问题。

转介是心理咨询中的常用术语，这一概念在中小学心理辅导中得以沿用，通常指在心理辅导过程中，心理辅导教师因知识、技术、经验、精力等原因，发现自己与来访者有明显的不相适宜之处，或与来访者在关系上无法匹配，或发现自己无法胜任和无法妥善处理时，以高度的责任感和良好的职业道德，把来访者转给能为之提供更适合的服务的专业人员。通常情况下，在心理辅导过程中，越早发现问题并及时采取针对性的策略就越有可能提供有效的帮助，否则有可能耽误时机，加重症状，酿成不良后果。为此心理辅导教师如发现自己与来访者有明显不匹配的情况，要尽快转介。转介时，心理辅导教师须向来访者说明理由，态度诚恳，表达明确。需要注意的是，一定要避免将来访者的问题过度夸大，使其产生心理负担，或者有被拒绝、排斥和遗弃的感觉。

转介首先建立在对来访者问题的评估上，施密特（2013）列出了下列问题，帮助中小学心理辅导教师衡量是否要为来访者提供帮助/做出转介：

(1)对这种特定的情况、问题或障碍，你有足够的知识储备吗？

(2)你能获得有效处理这些情况、问题或者障碍的资源吗？

(3)你能意识到最可能成功处理这种情况的有效咨询技术，并很好地使用这些技术吗？

(4)处理这种情况需要你多少时间？你能提供多少时间？

(5)接受你咨询的学生（或其他人）想要解决这个问题吗？

(6)有哪些社区资源、专业人士和机构能解决这个问题？

(7)有可以接收这个家庭的社区工作者或机构吗？家庭会听从转介建议吗？

(8)校长和教师们支持你的心理教师角色吗？

(9)如果你提供了心理服务，你会如何评估其进步？

(10)如果你不能帮到他们，接下来你会采取什么措施帮助他们？

以上这些问题可以作为是否做出转介的参考，需要注意的是，国外的转介资源和制度可能与我们有所不同，如在社区资源的使用上，显然国内的情况与之并不相符。除了上述问题，我还建议老师们在转介的时候思考：

(1)你对自己的心理辅导能力了解多少？

(2)你对自己在心理辅导中的优势和劣势了解多少？

(3)如果这个来访学生(或其他人)没有可以接收的转介资源该怎么办？

(4)如果这个来访学生(或其他人)得到了有效的转介，后续你还需要做什么？

这四个问题更加针对当前我国中小学心理辅导的两个实际情况。心理辅导教师对自己有正确的认识是恰当转介的前提，但现状是很多心理辅导教师对自己专业能力的认识不恰当，这是第一个情况。准确地认识自己并非易事，尼采在《道德的谱系》的前言中说："我们无可避免跟自己保持陌生，我们不明白自己，我们搞不清楚自己，我们的永恒判词是：'离每个人最远的，就是他自己。'"这一点在心理辅导教师中尤为典型，自视过高和妄自菲薄这两个极端均较为常见，前者认为自己无所不能，在心理辅导中遇到疑难时也倾向于勉为其难；后者又过于低估自己，在心理辅导中容易被焦虑和内疚影响。

第二个情况是与发达国家相比，我国的心理转介资源紧缺，医疗资源和社会上可以满足中小学生辅导需求的心理资源均不足，更遑论有些社会资源水平参差不齐。2021年5月，第一个有关中国少年儿童精神疾病患病率的流调报告发表在《儿童心理学与精神病学》杂志上，该研究由北京安定医院郑毅等学者牵头，2012年底启动，选取了北京、辽宁、江苏、湖南、四川五个省(市)的约74000名儿童青少年作为样本。调研结果显示：在6～16岁的在校学生中，精神障碍总患病率为17.5%，其中，流行程度最高的精神障碍包括注意缺陷多动障碍占6.4%、焦虑障碍占4.7%、对立违抗障碍占3.6%、抑郁障碍占3.0%、抽动障碍占2.5%。世界卫生组织亦指出，青春期是发展和维持社交和情感习惯的关键时期。一个业界共识是，全世界大概有1/5的儿童和青少年会罹患精神障碍，而在发展中国家，实际得到合理诊断和治疗的却不足1/5。从前面研究的统计数据上看，我国的儿童精神科医生不足500人，匮乏的不仅有儿童精神科医生，还有专业的儿童心理治疗师、心理咨询师等相关人员。

可喜的是，我国政府部门越来越关注青少年心理健康，并把相关服务纳入未成年人思想道德建设体系之中。《"健康中国2030"规划纲要》明确提出实施健康儿童计划。2018年4月，卫健委启动实施了《健康儿童行动计划(2018—2020年)》，指导各地健全儿童健康服务网络，提高儿童健康服务能力，努力为儿童提供连续、全面的儿童健康服务。《健康儿童行动提升计划(2021—2025年)》重点提出促进儿童心理健康：加强儿童心理行为发育监测与评估，探索建立以儿童孤独症等发育异常为重点，在社区可初筛、县级能复筛、专业医疗机构诊断和康复的服务网络。推动妇幼保健机构、儿童医院、二级以上综合医院、精神专科医院开设儿童精神心理科或儿童心理保健门诊，加强儿童精神心理专科建设，促进儿童心理学科发展。加强社会宣传健康促进，营造心理健康从娃娃抓起的社会氛围。针对孕产妇及家庭成员、儿童家长、幼儿园和托育机构工作人员、学校教师，普及儿童心理行为发育健康知识，开展生命安全教育和健康教育，培养儿童珍爱生命意识和情绪管理与心理调适能力。

2010 年中央文明办在南京进行了未成年人心理健康辅导工作集中调研，就建设未成年人心理辅导站(中心)，推进未成年人心理健康教育工作做出了部署。按照中央文明办的统一部署，北京、上海等地纷纷在全市推进了区县未成年人心理辅导站(中心)的建设。北京市教育委员会 2021 年 10 月 9 日发布了关于加强中小学生心理健康管理工作的通知，指出要加强心理咨询辅导服务，建立市、区、校三级心理咨询服务平台，建好用好北京市中小学数字德育网师生在线心理咨询服务平台、12355 青少年心理咨询服务热线。区教委要建立区级中小学生心理辅导中心，通过热线电话、心理辅导室等方式，在课后、双休日和节假日面向全区中小学生提供即时心理辅导，并通过网站、微信公众号等途径，提供 24 小时心理问题留言平台，及时解答学生心理困惑。各校要健全心理咨询辅导值班、预约等制度，通过面谈、电话等形式，满足学生咨询与求助需求。加大宣传力度，提高师生家长对市、区、校心理咨询辅导渠道的知晓率。

理想状态下，中小学心理辅导的任务主要是预防性和发展性辅导，治疗性辅导需要由医疗系统介入，心理辅导教师对待这部分学生的任务主要是协助他们恢复在学校的社会功能。现实的中小学心理辅导中，因为转介资源的匮乏，以及现有资源尚待完善等问题，来访学生得不到有效转介的情况十分常见。2015 年，郑毅在评述中国儿童精神医学发展时指出，该领域最大的问题是发展不均衡，大城市已经达到国际先进水平，而大部分中小城市甚至没有儿童精神科医生和诊所，大多数相关病例还是由成人精神科按"小大人"模式处理。同样的发展不均衡在心理健康教育体系中也很常见，大城市如北京、上海、广州等的学校，不仅医疗资源发达，相关的专业人士也如雨后春笋般涌现，虽然转介需费周章，但大部分存在转介意愿的来访者均能得到较为满意的支持；然而对一些中小城市的城郊、乡镇及农村学校来说，心理辅导教师都是稀缺资源，要么完全没有，要么专业性亟须提升，要么形同虚设，因此很多这些学校的来访学生无法得到有效的心理支持，转介更是难以实现。

中小学心理辅导教师直接的转介联系人往往是家长/监护人，通常情况下需要家长具备一定的心理健康常识，例如心理辅导教师在反馈学生的抑郁状态时，很多家长(也有一定比例的教师)认为孩子只是"懒"或者单纯的"心情不好"。这时需要心理辅导教师明确，不仅要提升家长的心理健康意识，更重要的是理解家长视角和学校视角、心理辅导教师视角的差别。因此转介中涉及的家长沟通，包含了告知、信息提供、适当的心理健康教育和家庭教育指导几个部分。转介时，也要考虑到家长的行动力，家长们往往在知道和做到之间有一些顾虑和思考，这部分需要转介教师后续跟踪指导；家庭本身的经济能力也要在考虑范围之内，这一点在信息提供时就需要考虑到，因此心理辅导教师需要掌握多方转介资源，包括公益性质和收费性质的资源，在信息提供时要进行说明，请家长知情后做出适当的选择。

当前有些学校选择用《家长告知书》的形式将需要转介的学生情况告知家长，大致内容如下：

家长告知书

尊敬的家长您好，经学校多个部门整体评估，发现_____同学存在下列表现且该表现持续_____（时长）：

生理	
情绪	
行为	
认知	
学业表现	
其他	

为保障学生的健康成长，我们诚恳地建议您带该生到有专业资质的医疗机构/未成年人心理辅导站/社会咨询机构进行进一步的评估/咨询/治疗（后附建议机构地址及联系方式，仅供参考）。

如您需进一步了解该生的情况，您可以在_____（时间）联系_____老师，联系方式：_____。如您需要面谈，您也可以通过该联系方式预约。

学校学生发展中心
××××年××月××日

如果是首次通知家长，我们建议心理辅导教师首选面谈的形式告知，以便第一时间掌握家长的态度、对学生问题的认知、困难及需求等，家长告知书也可以当面给到家长。如果是再次转介且以往经验中家长配合的话，那么直接给予家长告知书也能起到有效转介的作用，同时缩短工作时间，提高转介效率。

如果家长在寻找社会转介资源时需要协助，我们也可以给出更详细的服务转介表。

表 4-4 中小学生个案心理服务转介表

转介学校	市 县 区 □小学 □中学		班主任	姓名： 手机：
转介学校相关信息	主要联系人： 固定电话：	职称： 手机：	家长/监护人	姓名： 手机：
学生姓名		性别 □男 □女	班级	年级 班
问题行为描述及转介期待				

续表

可能的问题行为及转介需求	□1. 外向性适应欠佳行为问题（如偷窃、身体攻击……） □2. 内向性适应欠佳行为问题（如退缩、自卑……） □3. 情绪障碍或倾向（如焦虑、情绪容易冲动……） □4. 发展障碍或倾向（如发展迟缓、智力发育迟滞、自闭症……） □5. 心境障碍或倾向（如抑郁发作、双向情感障碍……） □6. 注意缺陷多动障碍或倾向 □7. 学习障碍或倾向（如读写障碍、阅读障碍……） □8. 学习适应问题（如上课分心、作业缺交……） □9. 偏差或特定习惯行为（如口吃、尿床、咬指甲……） □10. 学校适应问题（如惧学、逃学、中辍、拒学……）	□11. 人际关系困扰与退缩（如孤独、人际技巧缺乏……） □12. 严重自我伤害问题（如自我伤害、自杀……） □13. 师生冲突问题（如对立反抗、忤逆……） □14. 亲子教育问题（如亲子冲突、管教态度……） □15. 家校矛盾 □16. 特殊家庭结构问题（如寄养、单亲、失亲、隔代教养……） □17. 有特殊需要的问题（如目睹家暴，受暴受虐，遭受疏忽、性侵或安置……） □18. 哀伤及创伤问题（如亲人意外离世、肢体受创……） □19. 进食障碍或倾向 □20. 遭遇学校处分（记过、违纪等） □21. 其他_____
学校已采取的辅导措施	心理评估说明： 个体辅导及简要过程说明： 团体辅导及简要过程说明： 家校沟通情况说明： 其他转介情况说明：	
心理教师及联系方式		德育主管及联系方式	
督导师及联系方式		接收转介的机构及联系方式	

　　心理辅导教师如何对待可以有效转介的学生？很多心理辅导教师在成功转介之后除了欣慰，也会感到放松和解脱，仿佛握了很久的"烫手山芋"终于有人接手了，不再需要他们做其他工作。这种对转介的误解使很多心理辅导教师在后续工作中遇到了不少棘手的问题，例如忽视了对当事人转介后情况的了解，缺乏与医疗机构的有效合作，后续家庭教育指导工作乏力等。实际上转介并不等于完全不管，相反，转介是在校内辅导关系的暂时结束，也是另一段新征程的开启。对于转介最好的比喻，是我多年前在张海音老师的课堂上听他娓娓道来的观点："转介不是撒手不管，我们可以想象一个

场景，你需要出远门，孩子无人照管，你想给他找一个照顾者，这需要精挑细选，孩子送过去了也不等于不要了，必要的时候多询问，适合的时候接回来。"这个观点如此的质朴、接地气，同时具体形象地指出寻找转介资源与转介成功后，心理辅导教师该如何应对。

中小学心理辅导中常有一些无法转介的当事人，这对心理辅导教师的伦理、道德、胜任力都是巨大的挑战。我相信如果资源和条件允许，几乎所有的心理辅导教师都可以及时有效地转介，然而现实的种种问题却也让他们挠头不已，就像陷入两难情境一般骑虎难下，开展心理辅导的话利弊难以预测，不辅导的话职责在此，外有领导要求，内有良心难安。大部分的心理辅导教师会选择硬着头皮工作，至少在无助面前给当事人树立一个不抛弃、不放弃的身教典范。对于这样的教师我无比敬佩，同时我也建议大家一方面要继续寻找转介资源和做好各方沟通，像看待学生的发展性一样看待资源和相关他人的发展性。另一方面可以尝试其他方法，比如个体辅导没有效果就尝试一下团体辅导，心理辅导没有效果就尝试改善身体情况，在尊重、理解、信任的前提下与当事人开展工作。

四、督导

伯纳德和古德伊尔(2005)认为督导是由高级专业人员为下级或初级人员提供的一种干预，他们通常是同专业的，但也有少数例外。从心理辅导教师的专业成长角度看，督导并非仅针对初级人员，且具有多种目的，包括提高初级人员的专业技能，管理提供给来访者们的专业服务的质量，以及为心理辅导教师能否胜任辅导把关。刘华山、江光荣(2010)把心理学上的督导定义为对长期从事心理咨询工作的心理咨询师和心理治疗师的职业化过程的专业指导。尽管该定义并未仔细地提到心理辅导教师这一对象，然而从开展辅导的实际工作上看，可以把辅导教师归入心理咨询师一类。作为学习者，心理辅导教师可以在有经验的督导者的指导下完成专业工作，提高自身专业水平；除此之外，督导也是同行之间分享临床知识、澄清工作思路、提升技巧的学习过程。与心理咨询和心理治疗不同，督导是一种通过训练提升专业实践的过程，心理辅导师需要在不断地实践中收获技能、知识和态度，需要持续地自我评估。

弗兰德和沙弗兰斯基(Falender & Shafranske, 2004)从过程的角度定义了临床督导：督导是一种独特的专业活动，督导的教育和培训致力于发展有实证支持的实践活动，并通过一段合作的人际过程进行促进，包括观察、评价、反馈、促进被督导者的自我评估，以及通过指导、示范和共同的问题解决来获得知识和技能。

督导建立在发现被督导者的长处和天赋的基础上，它鼓励自我效能。督导确保临床(督导)以一种合格的方式进行，在这种方式中，道德标准、法律规定和专业实践被用来保障来访者、专业人员和社会的最大利益。

督导的核心是督导关系，也就是督导者和被督导者共享的同盟基础，包括促进对治疗进程的理解和对专业性与个人化贡献的觉察，学习策略以提高被督导者的知识和专业技能。督导是基于道德和价值观的实践，强调关系中的一致性；督导也是基于科学和实证的实践，欣赏多元化。总而言之，督导工作对被督导者最大的影响并不在于教导专业知识，而是让其不断感受助人者、助人过程和助人专业的精髓和力量（Falender & Shafranske，2004）。

研究表明，督导可以提升工作满意度、增强治疗效果。临床督导与情绪耗竭和离职倾向呈负相关（Knudsen，Ducharme & Roman，2008）。中小学心理辅导教师寻求和接受督导是提升专业性的重要途径，然而这一点并未成为共识，究其原因，有来自心理辅导教师本人的主观因素，也有学校心理健康教育传统工作思路的历史因素。

从主观因素上看，尽管所有的心理辅导教师都认可督导的重要性和有效性，然而并不是所有的心理辅导教师都认为自己需要接受督导。寻求和接受督导也是一种冒险，现有的工作模式和专业能力可能面临着过时、需要改变的风险；归根结底，如果个体没有做好改变的准备，那么就算接受了督导，也不会有很好的效果。除了改变的勇气之外，普罗夏斯基等人的研究发现，改变也是有阶段变化的，如果被督导者当前处于退回期和思考期，他们往往并不认为自己的行为有需要调整的地方，相应地，就会缺乏寻求督导的动力。督导需要花费时间和精力，看上去一个小时的督导，需要被督导者提前准备要报告的案例，结束督导之后尚需整理和调整，通常在连续的督导关系中，督导师会要求被督导者反馈督导之后的状况，这些对忙碌程度日增的中小学心理辅导教师而言也是一种莫大的压力。

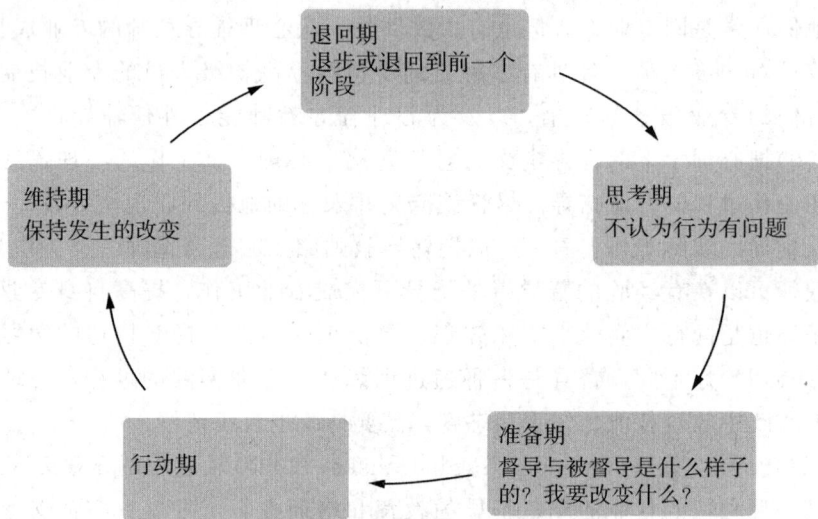

图 4-2　改变的阶段——督导者和被督导者

从客观因素上看，督导者的选择是第一个难题，很多心理辅导教师做好了改变的准备，克服了时间、精力上的困难，甚至准备自掏腰包，却发现适合指导学校辅导工作的督导者寥寥无几，或者督导者本身的胜任力让人质疑，或者对学校心理辅导工作体系缺乏了解，这使心理辅导教师可以选择的范围大大缩窄。督导的选择是宁缺毋滥的过程，督导实践中，有害的、不合格的督导会导致被督导者和来访者心理上、情绪上或身体上的创伤（Ellis，et al.，2014）。有害的督导包括但不限于：未能认识到权力、特权和多元文化差异的重要性，糟糕的督导边界，督导同盟中的困难，督导者没有提供持续的形成性反馈等(Milne & Reiser，2017)。

第二个常见的难题是费用问题，很多学校并没有把心理教师的督导纳入预算当中，而督导是一个连续的过程，对于收入稳定但不算高的心理辅导教师而言，缺少经费也是阻碍他们寻求督导的重要原因。第三个常见的难题是学校领导者可能并不认可督导工作，甚至不认可心理辅导工作。诚然，辅导工作往往没有立竿见影的效果，即使来访者问题好转，有些人也会认为影响成长的因素那么多，辅导不算什么，既然辅导都不算什么，那么督导更无从谈起了。

令人欣喜的是，越来越多的学校开始关注心理辅导教师的专业成长，认可心理辅导，支持心理辅导教师寻求专业督导，并在时间和经费上给予保障。以我个人的督导经验而言，一般有心理教师团队的学校更愿意聘请督导者，我个人从事督导的3所学校，均有4人以上的心理教师团队，有些学校还聘请了校外的兼职咨询师，力图在心理辅导工作上给师生、家长更专业的支持和服务。

没经费没时间从来难不倒中国人，我们骨子里特有的坚韧带来了不惧"变"的勇气和谋略。有些教研员看到了心理辅导教师专业成长的需求和现实的窘境，在教研活动中设置团体督导，由教研室聘请有资质的督导者，给心理辅导教师们提供督导的机会。只是这样的督导缺乏持续性，也很难照顾到辖区内教师的个性化发展。有些学校或辖区内有心理教师团队，在缺少外部督导的情况下，他们会定期组织同侪督导，形式上类似于案例研讨，但有心人总会在过程中不断地学习科学和规范的实施，久而久之自成规模，也可以助力参与者的专业发展。

那些接受了督导的中小学心理辅导教师也并不总是幸福的，频次太低的督导就像是顾问，仅有的时间用来理解来访者，好像督导的主要内容和目标就是个案概念化，难以顾及辅导教师的专业成长。并且较短的时间不足以让督导者和被督导者之间建立起同盟关系，无法发展出更多对伦理、技术、态度乃至价值观的讨论。另一个常见的情况是督导缺乏科学性的过程，督导者与被督导者更像是共同解决问题的联盟，而忽视了问题背后需要关注的内容。

督导过程的科学性有不同的督导模型作为理论支撑，其中比较常见的包括：

(1)基于心理治疗(咨询)的督导模型，该模型基于心理治疗和咨询的具体理论，督导者的角色和风格受督导者治疗理论取向的影响；

(2)发展模型，基于被督导咨询师的发展阶段；

(3)社会角色模型，强调督导者督导中的各种角色，包括管理者、咨询师、老师、评估者；

(4)基于胜任力的督导模型，也称元理论模型，针对能够使来访者获得真实咨询效果的胜任力的培养和锻炼，督导关心的问题是咨询师是否具有能够提供有效心理咨询服务的胜任力，而不是其理论取向；不同理论取向的咨询师都可以从基于胜任力的督导中获得成长。

中小学心理辅导教师可以根据自己的需求选择不同的督导者，例如，对于一心钻研和实践精神动力流派的辅导教师，我建议选择基于精神动力学理论取向的督导者为佳。对于整合倾向、新手辅导教师，我比较推荐基于胜任力的督导模型，该模型强调被督者的临床胜任力，尤其是元胜任力——对自己胜任力的认识。从督导关系上看，该模型强调双方发展合作性的督导关系，尊重被督导者现有的、发展中的能力，尊重彼此的过程和贡献，双方能力透明化、反馈透明化（Falender & Shafranske，2012）。反馈的透明和尊重发展的潜力既能提升心理辅导教师的专业素养又能使其保持专业热情。该模型涉及两个领域——基础胜任力和功能胜任力，几乎涵盖了学校心理辅导工作中的大部分胜任力；而可以开始见习、可以开始实习、可以开始执业三个水平的胜任力，也可以让心理辅导教师更明确地了解自己所处的发展阶段，使他们在工作中可以游刃有余地处理辅导一应事务。

规范的督导包含了督导协议、规范的个案报告和督导报告，督导协议需要在双方共同商议的基础上完成，可繁可简，此处不做说明。个案报告是被督导者需要提前提交给督导者的文本资料，下列的模板是我与我的被督导者常用的模板，供大家参考使用。

来访者　　　　的个案报告

机构（或课程）名称：

时间：

来访者：　　　　　　　　　　　　心理辅导教师：

目前为止辅导次数：

来访者基本信息

来访者主诉

来访者背景信息

关于来访者被困扰的问题的信息：

促发性应激事件：

来访者曾经和现在的应对方式：

人际关系：

家庭关系：

学习：

来访者自己和其家庭相关心理问题的历史性信息（酒精、药物、心理问题家族史、自杀/自伤、对别人的危险、危机事件史等）：

来访者自己和其家庭的健康史（健康状况、各种躯体疾病史等）：

测量与评估

总结所进行的各种心理测量和评估的结果：使用了什么评估方法、主要的结果等。

诊断

根据某个诊断手册所进行的诊断。

心理辅导/干预过程

总结咨询师在目前所进行的心理辅导中的行为（目标、干预的手段等），来访者寻求帮助的问题的变化、如何变化的，以及辅导关系、辅导过程中特定的事件等。

辅导目标：

认知：梳理基本情况和信息。

寻求帮助问题变化及如何变化：

辅导中特定事件：

概念化

根据目前的所有的信息，依据咨询师的咨询理论取向，提出概念化。

心理辅导/干预计划

根据上述概念化，提出随后心理辅导的具体目标和实现这个目标的具体干预手段。

目标一：

干预手段：（a）

　　　　　（b）

　　　　　（c）

目标二：

干预手段：（a）

　　　　　　（b）

　　　　　　（c）

督导问题：

短时间内让所有从事中小学心理辅导工作的教师都能得到督导的支持是很不现实的，毕竟种种条件限制难以化解。除了督导，心理辅导教师可以尝试刻意练习，即针对某一特定的技能，设立刚刚超过自己现有技能水平的递增性目标，在专家的反馈之下，通过重复练习不断提升技能。托尼·罗斯莫尼尔发展出的用于心理治疗训练的刻意练习程式，这个程式旨在通过投入一个永无止境的朝向心理治疗专业特长的渐进性改善的过程之中，帮助从业者突破胜任力的高原。这个程式包括下列五种可以练习的方法（Rousmaniere, et al., 2019）：

（1）通过录像观察我们自己的治疗工作；

（2）从教练或顾问那里获得专家的反馈；

（3）设置略微超越我们能力的微小递增性学习目标；

（4）针对具体技术反复进行行为演练；

（5）通过来访者报告的治疗效果不断评估我们的表现。

我想大多数心理辅导教师看到这五点刻意练习的方法会感到颇为熟悉，这部分有点像辅导教师日常的磨课，类似于不断提升教学水平的刻意练习，心理辅导教师可以从辅导能力的视角入手。得益于当下录音录像设备的发达，在遵守伦理设置的前提下，辅导教师可以对辅导过程进行录音或录像，进而在职业生涯中尝试使用刻意练习。

五、档案管理

来访者离开心理辅导室并不意味着心理辅导工作的结束，档案管理作为其中一项重要的工作需要引起中小学心理辅导教师的重视。从工作的内容上看，档案管理包括记录的及时撰写、资料的收集与整理、资料的保存与销毁三部分。

1. 记录的及时撰写

中小学心理辅导教师需要在工作结束后及时撰写记录，可以根据学校的需要和自己的喜好设计记录表。尽管服务对象包括学生、教师和家长，但记录表需要填写的格式大致相同，因此这部分仅以学生为例，简单介绍一些中小学心理辅导教师常用的记录表，包括学生接受服务记录表、个体心理辅导记录表、团体心理辅导记录表、月度总结记录表、个体心理辅导评价表、团体心理辅导评价表（来访者填写）等。下面就前三个常用的记录表做简要说明。

学生接受服务记录表（如表 4-5 所示）可以清晰明了地记录学生接受心理辅导服务的

情况。这个记录表的好处是使学生接受服务的情况一目了然，不仅可以快速了解学生在一个学期接受的服务，也可以提高撰写工作总结的效率。此外，这个记录表还有一个好处，与辅导过程记录表不同，学生接受服务记录表在例行检查中既能凸显心理辅导教师的工作时间和内容，又可以保护来访者的隐私。

表 4-5　学生接受服务记录表

学生姓名：　　　　　　年级：　　　　　　填表教师：

日期	服务或活动	服务教师

个体心理辅导记录表（如表 4-6 所示）和团体辅导记录表（如表 4-7 所示）用以记录每次个体和团体心理辅导开展的基本情况。记录表可以是心理辅导教师开展活动过程中使用的并在结束后简单整理了的草稿，也可以由教师在辅导结束后重新仔细整理。不同的流派、技术往往有属于自己的记录表，例如箱庭疗法的团体记录表需要两份，一份用来记录玩具的摆放，一份用来记录讨论的要点，这些我不做重点介绍，仅就最普遍的记录内容设计最通用的记录表。

表 4-6　个体心理辅导记录表

学生姓名：　　　　班级：　　　　　性别：　　　　　辅导教师：

日期：　　　　　　辅导时间：　　　辅导地点：　　　辅导次数：

辅导原因：
辅导教师观察：
来访者主诉：
辅导过程：

续表

初步分析：
下一步辅导计划：
辅导反思：

表 4-7　团体心理辅导记录表

辅导次数：　　　　辅导教师：　　　　辅导日期：　　　　辅导地点：

辅导起止时间：

成员	姓名						
	性别						
	班级						
团体简介							
辅导主题							
辅导过程							
辅导反思							

　　心理辅导记录一定要及时撰写。及时撰写能够最大化地保证对辅导过程记忆的准确性，也可以避免任务堆积太多引发的疲惫感。心理辅导教师可以在两次心理辅导的间隔留出一定的时间，也可以在集中完成几个心理辅导之后统一撰写。

2. 资料的收集与整理

与心理辅导相关的资料有很多种，直接跟心理辅导相关的除了上面提到的辅导记录表，还包括其他教师转介学生资料、知情同意书、个别学生测评资料、就医档案资料、转介相关资料、督导相关资料等。与学校工作相关的包括全体学生测评资料、问卷调查结果、其他调研资料、工作评价相关资料、团体活动设计资料、危机干预系列资料、教职工培训资料等。与心理辅导相关的规章制度也是需要收集和整理的资料。

资料的整理应该分门别类，不可混在一起；某一学生的资料应建立档案，放在同一文件夹内。资料的整理还包括定期汇总并撰写工作总结，供工作考核和检查使用。

3. 资料的保存与销毁

中小学心理辅导相关资料中大部分可以采用电子版的形式保存，心理辅导教师应该有专门的工作电脑用于日常工作和资料保存，应根据资料的整理建立不同的文件夹，特别需要注意的是学生的辅导记录及涉及隐私的相关资料，需要设置专门的密码，以保证不会在无意间泄露。如果在研讨会和督导中提前发送电子版资料，也要设置只有参加人员才能知悉的密码，以最大限度地尊重来访者的隐私权。

有些资料是传统的纸质版文件，这种资料最好以专门的文件夹和文件柜来存放，资料的存取、修改、查看都要有相应的规章制度，心理辅导教师切记不能轻视心理辅导的相关资料，更不能随手丢弃或置之不理。

保存心理辅导的相关资料的同时也要考虑销毁的情况。通常情况下，学生毕业之后有些资料可以暂时保存一段时间，但不需要长期保存。心理辅导教师可以根据学校的具体情况决定资料保存的期限；过了保存期限的资料需要销毁而不是简单的丢弃。

中小学心理辅导的专业性不仅体现在心理辅导教师的专业素养上，流程上的规范可以有效地保障心理辅导的实效性，避免不必要的问题出现。中小学心理辅导流程的规范需要在理论支持的基础上结合学校的实际情况进行探索、修改和确立，因此对于广大中小学心理辅导教师而言，持续思考和推进本校心理辅导工作规范化，是一个需要克服困难、不断发展和值得努力的事情。

第五章　中小学心理辅导中的伦理议题

在心理咨询与心理治疗中，伦理常被界定为咨询师和治疗师的行事准则。乔治与达斯廷将咨询伦理定义为在专业价值基础之上提供建议的一套行为标准；科瑞等认为伦理是"个人或团体用以衡量正当行为的准则"（Corey，Williams & Moline，1995）。专业的伦理规范了从业人员与其他专业人员、接受服务的当事人以及其他社会大众之间的互动行为与关系。关于伦理规范对于心理工作的重要性，我国心理咨询工作者在业内做了一个形象有趣的比喻，他们把专业技能和伦理规范比喻成助人工作者的两个翅膀，二者缺一不可，二者皆有力才能飞得更高更远。本章与前面章节在写作上略有不同，除第一节了解咨询伦理之外，后面几节以案例分析的方式进行表述，这些案例均来自心理辅导教师的常见伦理困惑，对于案例的分析和思考也许更能促进心理辅导教师的觉察，提高伦理意识，更有效地做出伦理决策。

第一节　了解咨询伦理

咨询伦理体现了专业的价值，包括五个方面：具备充分的知识/技巧与判断力开展有效的干预；尊重当事人的尊严和自由；负责任地运用专业的权力；所作所为能提升大众对专业的信任；将当事人的福祉视为第一优先。过去60年来，许多确切的证据指出，接受心理咨询是一种有效减缓痛苦情绪和增加生活满意度的干预方法（Lambert，Masters & Ogles，1991）。但是另一项研究显示，有5%～10%参与治疗的当事人在疗程结束时感觉更糟糕。造成恶化的原因有很多，当事人本身的困扰复杂也许是其中之一，但许多恶化的结果往往和治疗师能力不足，在工作中对伦理缺乏敏感度，或忽视当事人的福祉有关（Lambert，2010）。因此业内对助人者的要求之一就是必须落实伦理守则和提升专业能力。

伦理守则通常由专业学会或公会制定公布，因伦理规定的专业人员和来访者互动的行为规范有时候与法律的要求重合，所以相关法律条款和行政命令中也有对伦理的描述，如《中华人民共和国精神卫生法》。二者的不同之处在于伦理守则是规范专业人士行为的高标准，激励专业人士思考如何提供更好的服务；而法律与行政命令规范的是人们的行为低标准，定义出社会可以容忍的人们行为的最低要求。此外，违反伦理规范的情况更多由专业组织进行调查、审议和制裁，违反法律则需由法院审议和制裁，由此也带来二者制裁的效力和制裁人员的范畴的差异。

学习伦理是心理辅导教师工作中的重要组成部分。从事咨询与治疗的教学与实践的人们都会发现，在国外，几乎所有的咨询与治疗的教科书都把相关领域的伦理守则作为附录放在书的后面。伦理守则就像专业指南，是每一个咨询与治疗领域从业者必须阅读并熟知的(伊丽莎白·雷诺兹·维尔福，2010)。从业人员(包含心理辅导教师)参加伦理学习的目的包括：增加对伦理问题的敏感度，增进对伦理问题的思考、推理能力；发展对伦理问题的道德责任感；提高对伦理决策过程中模糊情境的容忍力；增强采取伦理行动的自我强度；提升对伦理问题的创意解决能力；提升对伦理问题的研究探索能力和教学与督导能力。

当前对伦理的重视也引起了高校、社会组织、心理咨询师资培训机构对伦理培训的思考。例如，中国心理学会临床与咨询心理学专业机构和专业人员注册系统以行业规范的引领者、自我管理的示范者、专业标准的制定者和学历教育的推动者为定位，制定了相应的注册标准和对伦理学习的要求，规定不同从业者伦理学习的小时数；推动学历教育中的伦理学习；强化注册人员的伦理规范。北京师范大学心理学部心理健康服务中心十分重视咨询专业硕士的伦理学习，并开始推广面向社会从业人士的临床与咨询心理专业能力长程培训项目(简称 CARE 项目)。从业者可以根据自己的需求选择有资质的机构开启伦理的学习。因为历史发展等原因，我国大部分地区中小学心理辅导教师的伦理学习属于职后教育。以我所在的北京教育学院为例，我们主要负责北京市中小学教师的职后教育，我从 2016 年开始负责北京市中小学心理健康教师心理辅导能力提升项目之后，每学期至少给学员安排 8 小时的伦理学习，并组织相应的伦理议题的研讨，以保证教师"另一个翅膀"的同步强大。当然，关于伦理学习的学历教育和职后教育逐渐成为行业准入的标准和最低要求，因此很多高校和培训机构也都在这方面投入了大量的精力，中小学心理辅导教师也借此机遇探索不同的学习形式，不断强化自己的专业素养。

咨询一定会涉及伦理的议题，有很多学者认为咨询的开展本质上就是处理一系列的伦理议题的过程。在中小学心理工作的设计和实施过程中对伦理问题的思考和处理是心理辅导教师专业素养的重要组成部分。不仅如此，由于中小学心理辅导的对象大多是未成年人，本身自主能力较低，行为和身心健康发展都需要监护人的教育和引导，因此中小学心理辅导的工作对象和工作内容不仅包含了学生，还包含了与学校老师、家长、医院等社会机构相关人员的沟通、协调与合作。如果心理老师对专业伦理不熟悉，一方面会影响对学生的辅导过程和效果，另一方面也会导致与上述各方合作上的困扰。对未成年人的心理辅导不仅有比成年人更复杂的伦理思考，也会涉及《中华人民共和国未成年人保护法》《中华人民共和国精神卫生法》等法律层面的相关内容。以保密原则为例，保密议题是心理辅导教师和学生建立辅导关系的基础，然而父母或监护人在法律上有权要求知晓辅导的内容，因此保密议题的处理成了心理辅导老师与未成年人工作时面临的最大难题。此外，我国的心理辅导工作属于德育的范畴，我们需要保护学生的隐私权、成长权，但同时可能面临着与学校发展、群体利益的冲突，这些往往给心理辅导教师和受辅导学生带来极大的压力和现实的阻碍。因此中小学心理辅导教师对伦理的学习不能仅限于理论和知识的学习，更重要的是提升对伦理议题的觉察，拥有面对伦理困境的基本态度，加强实践，明确每一个案例都是独特的并在这一基础上做好伦理决策。大部分心理辅导中的事情没有明确的定义和标准的解决方案，因此增强伦理敏感性，提升伦理意识，科学伦理决策，实践伦理行为不仅能够使心理辅导教师不断思考何为更好，过程中对伦理问题积极反思和不断探索也能为完善当前的伦理体系做出贡献。

关于心理辅导的伦理规范，不同的国家和地区的要求稍有不同。中国心理学会于2007年发布了《中国心理学会临床与咨询心理学工作伦理守则（第一版）》，大大推动了我国心理咨询服务的专业性和完善性发展。2018年7月中国心理学会在第一版的基础上发布了《中国心理学会临床与咨询心理学工作伦理守则（第二版）》，该守则把善行、责任、诚信、公正和尊重作为心理咨询工作的伦理总则，并在专业关系，知情同意，隐私权和保密性，专业胜任力和专业责任，心理测量与评估，教学，培训和督导，研究和发表，远程专业工作（网络/电话咨询），媒体沟通与合作，伦理问题处理十大方面对心理咨询服务的伦理议题进行了详细的规范。

中小学心理辅导面临的伦理议题与社会机构、高校的心理辅导面临的均有不同，除了前面提到的保密困境，如付费议题在以往的研究中被认为是排行前三位的伦理议题（排名前两位的分别是保密和多重关系），然而中小学心理辅导是不能收取学生和家长费用的。此外在中小学心理辅导中，教师与学生之间难以避免的双重关系，学生个别成长需求与班级整体需求、学校发展需求的冲突，与不同学科教师、家长沟通时的伦理议题等均具有独特性。尽管这些议题已经成为不同地区、不同学校的共性问题，然而鉴于伦理问题本身的复杂性、多元性和高度的情境依赖性等特点，加之我国中小学心理辅导工作开展起步晚、地域差别较大、发展不均衡等现状，如何处理这些议题尚缺乏相应的守则和规范指导。对于我国绝大多数中小学心理辅导教师而言，相关伦理议题的解决更多依赖于开展实际工作的教师本身的伦理敏感度和道德责任感。

本章后续内容以真实的伦理议题为例，在参考国内外工作方法的基础上，以《中国心理学会临床与咨询心理学工作伦理守则（第二版）》为主要依据，为读者提供问题解决的思路，提升广大中小学心理辅导教师对伦理问题的重视。

第二节　应对检查时如何保密的伦理议题

案例：李老师在一所中学做心理工作刚满一年。临近期末，学校又被市里抽中准备迎接督导，各个部门都忙得一团乱。李老师也不例外，校长告诉她这次的领导很重视学校的心理工作，让她把近一年的心理辅导记录整理好准备迎接检查，并希望李老师准备几个成功的辅导案例跟检查的专家汇报。这让李老师犯了难，她觉得把孩子们的心理辅导记录直接拿给领导看的话，没有尊重学生的隐私权，她自己的职业道德感也会让她觉得自己没有做到对学生的保护；而不拿给领导和专家看的话，可能影响学校的整体评估，李老师应该怎么做呢？

一、澄清问题与困境

在这个案例中李老师面临的伦理议题看上去相对单一——保密的问题。案例中李老师处在一个两难的处境，直接给检查组呈现学生的心理辅导记录可能侵犯学生的隐私权，不呈现则可能会给学校常规运作带来问题。其实对全世界的咨询师来讲，未成年人的咨询中最难处理的议题就是保密议题，做不到保密则咨询关系难以建立，完全的保密又有可能会影响来访者的成长。因此保密与保密例外一直是学校心理辅导中的需要关注的重要内容。

二、相关的资料及伦理守则

关于保密的问题一直是学校心理辅导中最普遍的直接考验心理辅导教师的议题。一项研究显示，51%的学校咨询师受到过他人希望公开学生保密信息的压力，19%的咨询师被要求上交学生咨询的有关信息。此外国内的研究者也发现了同样的问题，龚娜2009年的调查显示中国高校心理咨询常见伦理问题包括保密原则和突破保密原则、双重关系、知情同意等。

保密性是中小学心理辅导的重要伦理原则之一，也是辅导关系建立的基础。对于突破保密的条件，美国学校心理学会规定指出，只有在不突破保密原则会置青少年或他人处于显而易见的危险中时才可以突破保密。我国台湾地区的《学生辅导工作伦理守则》则强调直接辅导人员与学生开展辅导工作时，除需针对学生对他自己或他人有立即、清楚的危险行为提出预警，或法律要求必须揭露的事情外，须尊重学生权益，以学生立场考虑维护其隐私权，对于透露内容有所质疑时，需咨询专业人士。

尽管以上内容说明了关于突破保密的情况，但具体什么样的情况需要突破保密依然让心理辅导教师们感到困惑。有研究者曾经列举了13种保密例外的情况：（1）当事人会危及自己和他人时；（2）当事人要求透露资料时；（3）法院命令透露资料时；（4）咨询心理师正接受系统的临床督导时；（5）办公室的助理需要处理有关当事人的资料和文件时；（6）需要法律上和临床上的咨询时；（7）当事人在法律程序上提出了其心理健康的问题时；（8）第三者在场时；（9）当事人未满18岁时；（10）机构内或制度上的资料分享是处理过程的一部分时；（11）在刑事系统中需要分享资料时；（12）在当事人透露的目的是寻找达成其犯罪或欺诈行为的建议时；（13）咨询师有理由怀疑儿童虐待事情发生时(Swanson & Carl，1993)。案例中李老师面临的情况更贴近第（10）项，从规则上来讲似乎可以直接将心理辅导记录提供给督导组专家。然而李老师的顾虑更多出于对来访学生的保护，毕竟学生的问题涵盖了方方面面。从我国心理健康教育的大背景和大环境来看，心理辅导工作在学校心理健康教育工作中的比重在近几年随着需求量的增加而增加，但心理辅导教师的整体专业水平和大环境对心理辅导的了解均不完善，因此李老师担心接触心理辅导记录的人员中可能有人在检查工作之外的情境中无意或有意地忽视对学生隐私的保护。关于如何完善这一点李老师还需要多加学习相关的伦理守则。

《中国心理学会临床与咨询心理学工作伦理守则(第二版)》中第三项专门阐述了从业人员对来访者隐私权和保密性的规范，具体内容如下：

心理师有责任保护寻求专业服务者的隐私权，同时明确认识到隐私权在内容和范围上受到国家法律和专业伦理规范的保护和约束。

3.1 在专业服务开始时，心理师有责任向寻求专业服务者说明工作的保密原则及其应用的限度、保密例外情况并签署知情同意书。

3.2 心理师应清楚地了解保密原则的应用有其限度，下列情况为保密原则的例外。(1)心理师发现寻求专业服务者有伤害自身或他人的严重危险；(2)不具备完全民事行为能力的未成年人等受到性侵犯或虐待；(3)法律规定需要披露的其他情况。

3.3 遇到3.2(1)和(2)的情况，心理师有责任向寻求专业服务者的合法监护人、可确认的潜在受害者或相关部门预警；遇到3.2(3)的情况，心理师有义务遵守法律法规，并按照最低限度原则披露有关信息，但须要求法庭及相关人员出示合法的正式文书，并要求他们注意专业服务相关信息的披露范围。

3.4 心理师应按照法律法规和专业伦理规范在严格保密的前提下创建、使用、保存、传递和处理专业工作相关信息(如个案记录、测验资料、信件、录音、录像等)。心理师可告知寻求专业服务者个案记录的保存方式，相关人员(例如同事、督导、个案管理者、信息技术员)有无权限接触这些记录等。

3.5 心理师因专业工作需要在案例讨论或教学、科研、写作中采用心理咨询或治疗案例，应隐去可能辨认出寻求专业服务者的相关信息。

3.6 心理师在教学培训、科普宣传中，应避免使用完整案例，如果有可辨识身份的个人信息(如姓名、家庭背景、特殊成长或创伤经历、体貌特征等)，须采取必要措施保护当事人隐私。

3.7 如果由团队为寻求专业服务者服务，应在团队内部确立保密原则，只有确保寻求专业服务者隐私受到保护时才能讨论其相关信息。

三、可能的处理策略

关于保密的议题最常见的做法是在心理辅导开始时(或适时)向受辅导学生说明工作时的保密和保密例外。通常的做法是在心理辅导初期告知学生，心理辅导的核心宗旨是保护学生的根本利益，心理辅导教师会为他说的事情、辅导中的作品等内容保密，只有在特殊情况下(如上述提到的保密例外的情况)才会打破保密原则，以此征得学生的信任和在辅导进程中尽可能地开放。在我的个人经验中，对中小学生开展心理辅导时往往有些内容处在保密和保密例外适用情景之间，不易取舍，如果不是严重危机或触犯法律等议题，我一般会寻求学生的看法，与他们共同做出决定，这样既尊重了学生的权益，又间接地激发了他们为自己的成长负责的态度和信心。

在李老师的案例中，很可能李老师在和学生工作时并未提及关于被检查的保密例外。即使已事先提及，李老师的顾虑依然有其道理。学校对学生心理辅导档案及相关资料的整理、存储和检查应有其相应的规定；尤其是在面临检查的情况时需要做到既对学生负责、又对督导检查人员负责。因此我们认为可以采取下列措施来平衡两者的需求。

1. 部分呈现学生辅导记录

督导检查的目的通常是检查本校心理辅导工作做了没有、做了多少以及做得怎么样。因此心理辅导教师可以选择性地呈现辅导记录，通常用到的方法是将学生的基本信息表或者基本信息填写页的内容隐去，这需要心理辅导教师在整理学生辅导记录时有提前分类整理的意识。也可以用编码的形式取代学生的真实姓名，用表格的形式呈现辅导学生的数量、年级、基本求助信息、辅导次数等重要信息。在提交检查资料时将类似的表格作为目录信息呈现，后续辅导记录便可隐去学生的基本情况介绍，这样做不仅能一目了然，也免去了辅导学生被对号入座的可能性。

部分呈现学生辅导记录的另一种形式是仅呈现学生辅导记录的一部分，例如既代表了心理辅导教师的工作量又能保护学生隐私的相关内容，或者几次心理辅导中的某一次辅导记录，也可以是随机抽取部分学生的辅导记录。当然这些方法还需心理辅导老师灵活实施。

2. 提前说明保密性的重要意义

督导检查的专家组成员往往由各个学科、部门的领导及专家组成，并不能完全了解心理辅导工作中伦理部分的意义。因此心理辅导教师有责任提前向检查人员说明或澄清相关的伦理问题，例如保密及保密例外。案例中的李老师可以寻求校长的支持，首先向校长保证将做好迎接检查的准备工作，其次请校长帮忙应对当前的伦理和现实困境，求助的同时说明保密的重要性，并做好细节上的准备及提醒，例如是否可以复印、拍照，在检查范围之外被传播的风险评估和控制等。这样可以保证即使李老师不在场，学生的隐私权也能得到保护。

3. 保证受检资料的最小公开范围

即使心理辅导教师用上了前面的两个方法，被检查的材料也依然面临着可能被更多人看到的问题。因此心理辅导教师需要及时将资料收回，尽可能地缩小受检资料公开的范围，同时寻求在场人员对心理辅导工作性质的理解和尊重。受检资料收回后要尽快复原整理归档，避免影响学生的正常心理辅导进程。

四、延伸思考

尽管李老师的问题看上去仅是单一应对检查的保密议题，但经过分析可以发现其背后会牵涉诸多议题：如何处理反映出李老师的专业胜任情况；与校长等人的沟通涉及学校是否需要建立心理辅导团队及团队保密的议题；与检查组及相关人员的沟通可能涉及与其他专业人士分享信息的议题等。

第三节　被动来访学生的相关伦理议题

案例：王婷是一所小学的兼职心理教师，她最近接待了一位四年级的男生聪聪，聪聪是在母亲的强烈要求下来接受心理辅导的。第一次心理辅导时聪聪的母亲对心理辅导表达了高度认可，并承认自己之前对聪聪要求过分严格，且比较情绪化，导致聪聪现在厌学、攻击性强，发现问题后聪聪妈妈自述也要寻求心理咨询的帮助。在与聪聪的工作中，聪聪很快就信任了王婷，并且在辅导室里表现得很放松很开心；然而三次辅导之后，王婷发现只有在聪聪母亲每周接受心理咨询之后的一两天，聪聪的行为才会好一些，之后又会变差，如此反复。因此王婷认为聪聪的行为其实是与母亲的对待息息相关的，她觉得只有母亲的问题解决了聪聪的问题才有可能得到解决，因此她结束了与聪聪的心理辅导。不久之后，聪聪因为打架被班主任再次送到心理辅导室。

在这个案例中，王婷的做法是否遇到了伦理问题？如果是，可能存在的伦理问题有哪些？

一、澄清问题与困境

到底谁是王婷的来访者？在这个案例中聪聪在母亲的"强烈要求"下来寻求心理辅导，尽管他很快与王婷建立了看似良好的辅导关系，但这种关系到底是真实的工作同盟还是其他性质我们不得而知。

王婷的想法是否恰当？通过案例我们知道王婷认为只有在聪聪母亲咨询之后聪聪的行为才会好转，那么母子之间的行为变化到底有没有因果关系？

综合案例中呈现的信息和现有的伦理规范，我们认为王婷的主要问题在于：（1）没有尊重聪聪作为当事人的自主权；（2）片面地将自己的价值观作为聪聪的价值观；（3）忽略了聪聪成长中潜在的问题和发展的可能性，片面地理解了聪聪问题产生的原因；（4）缺乏有效的辅导计划。其中隐性的问题在很多的伦理守则中均有提及：辅导教师提供心理辅导时，需具备自我觉察的能力。本案例中王婷在来访者界定、问题界定、辅导目标设置、处理问题的预期和心理辅导的结束等方面均处理得不够细致和恰当，以至于给聪聪的成长带来不良的影响。

二、相关的文献及伦理守则

按照我国的有关规定，中小学心理辅导教师有责任为学生、家长和学校教师提供心理健康服务。限于规定的概述性和心理辅导教师的精力分配，大部分心理辅导教师工作的主要对象是学生和与学生问题直接相关的家庭成员，通常需要处理学生及家长的一应状况和问题。尽管我们认为在心理辅导中"谁求助就解决谁的问题"，然而在中小学心理辅导工作实践中，被迫前来的学生占大多数。对待这些学生，我国现有的伦理守则及相应规范中并未直接涉及未成年人来访的情况及非自愿的情况。《美国学校咨询师学会伦理标准》强调两项父母的权利和责任：尊重父母/监护人对其子女的权利和责任，尽可能和父母/监护人建立适切的合作关系，以促进学生的最大发展；让父母知道在学校情境提供咨询服务的性质。

1. 心理辅导结束的条件

关于心理辅导教师的价值观，几乎所有的伦理守则都强调心理辅导应该尊重当事人的价值观，不应强行替当事人做任何决定，或强制其接受心理辅导教师的价值观；

此外教师开展心理辅导应依据来访者的需要、能力和身心状况为重要内容，与其共同制订心理辅导计划，讨论并评估心理辅导的效果，尽量尊重当事人的自主决定并为其争取最佳利益。

关于王婷认为母亲问题的解决才能使聪聪的问题解决，因此结束了与聪聪的心理辅导。有关的伦理守则界定了结束咨询的时机，在以下的情形下，咨询师可征求当事人同意结束咨询：（1）当事人不再受益时，可结束咨询；（2）当事人不需要继续咨询服务时，可结束咨询；（3）咨询不符合当事人的需要和利益时，可结束咨询。借鉴这个标准的话，案例中的王婷并没有尊重聪聪的自主权，对聪聪作为未成年来访者的成长权益也没有进行深入的思考。

《中国心理学会临床与咨询心理学工作守则（第二版）》中强调心理师应公正对待寻求专业服务者，不得因寻求专业服务者的年龄、性别等因素而歧视对方，且心理师不得随意中断工作。更重要的是，在该文件的第二项知情同意部分开篇即指出寻求专业服务者可以自由选择是否开始或维持一段专业关系，且有权充分了解关于专业工作的过程和心理师的专业资质及理论取向，并在2.3中讨论了与该案例中来访相近的情况："在与被强制要求接受专业服务人员工作时，心理师应当在专业工作开始时与其讨论保密原则的强制界限及相关依据。"从这里可以看出，王婷忽视了聪聪作为来访者的权利。2.4的内容也可以供教师们在类似的情况下参考："当寻求专业服务者同时接受其他心理健康服务领域专业工作者的服务时，心理师可以根据工作需要，在征得其同意后，联系其他心理健康服务领域专业工作者并与他们沟通，以更好地为其服务。"

2. 知情同意与自主权

这个案例涉及的问题比较复杂，其中存在一个关于伦理的最重要议题：如何保障中小学生在心理辅导中的自主权。来访者可以自由选择是否开始或维持一段咨询关系，且有权充分知晓关于咨询过程和咨询师本人的信息，这些都与自主权息息相关。在实践层面上，自主权与知情同意权息息相关。知情同意是指心理师在执行心理专业服务之前，将心理服务的可能风险及保密的限制，主动用来访者能理解的语言进行说明，并取得来访者的同意，才执行该项专业服务。知情同意权是咨询关系中最重要的权利之一，提供来访者所需的信息也是对咨询师或心理治疗师的伦理要求。知情同意也是助人专业人员的法律责任。《中国心理学会临床与咨询心理学工作守则（第二版）》在第二部分关于知情同意的内容中指出，心理师应知晓，寻求专业服务者有权了解下列相关事项：

（1）心理师的资质、所获认证、工作经验以及专业工作理论取向；

（2）专业服务的作用；

（3）专业服务的目标；

（4）专业服务所采用的理论和技术；

（5）专业服务的过程和局限；

（6）专业服务可能带来的好处和风险；

(7)心理测量与评估的意义，以及测验和结果报告的用途。

在与来访者确立咨询关系之前，咨询师有责任向来访者说明自己的专业资格、理论取向、工作经验、咨询或治疗过程，治疗的潜在风险、目标及技术的运用以及保密原则与咨询收费等。知情同意是助人专业人员与来访者之间沟通及澄清的过程，借此使双方充分了解在咨询中各自扮演的角色、任务和权责，以利于来访者决定是否接受与持续咨询，或做其他相关的决定。在咨询过程中来访者有权被示以充分的资料，进行被告知而后决策的程序，以决定是否进入和持续与治疗者的治疗关系(科瑞，2004)。知情同意潜在的法律及哲学的前提是来访者有"知的权利"(牛格正，王智弘，2008)，以及"全然的自我决定"(Bersoff & Prasse，1978)，因此，知情同意权的法源是来访者的自主选择与决定权；而伦理的意义之一就是尊重来访者的自主权。

三、可能的处理策略

当前我国的心理健康教育工作开展得如火如荼，但心理教师的专业素养参差不齐，大部分中小学心理辅导教师像王婷一样是兼职的，他们有些经过简单的培训之后即开始了心理辅导工作，后期专业成长路径不清晰，成长结果无法预期和保障。有些教师甚至不了解心理辅导的基本理论和技术，更遑论日常工作对伦理议题的觉察。

针对本案例中王婷遇到的问题，我们认为可能的处理方法如下。

1. 明确价值观

王婷首先需要转变观念，她看到了聪聪母亲对聪聪的影响，这一点是很值得肯定的，但王婷的问题是将聪聪的行为和母亲表现之间的关系简单地归为因果关系。由此可以推断王婷从理念上并不认为聪聪能够解决现有的问题，他只是母亲的附属，而不是具有自主决定和成长动能的个体。因此王婷需要明确自己的价值观，案例中王婷的价值观认为"孩子的问题是母亲问题的附属"，这样的想法在当前我国家庭教育亟须提升的现状下极为普遍，即认为学生的问题是家庭问题带来的，学生问题的解决也需要在家庭中进行。事实上心理辅导教师的基本价值是认为学生是可信的、发展性的、独特的个体，尽管暂时遇到了心理困扰，但他们有能力为自己的行为和当前的困扰负责。学校心理辅导工作须考虑学生的最佳利益，促进其身心成长与发展，使其获得最佳的生活适应能力，因此学生心理辅导的目的是促进发展和问题解决相统一的。心理辅导教师固然需要找到学生问题产生的原因，但更应该做的是为学生的成长和适应提供助力，而不是找到原因之后置之不理。此外，王婷需要清晰地认识到自己的需求与学生的需求是有差异的，要避免自己的价值观对学生产生不良影响。

2. 抓住机遇，协同工作

聪聪在与王婷的短暂的心理辅导中建立了不错的信任关系，然而在没有任何商议的情况下中断心理辅导一定让他感受到了不尊重和不理解。因此我们建议王婷在聪聪再次来到心理辅导室之后及时与聪聪沟通，用聪聪可以理解的语言或方式表达之前工作的不足和对他的歉意，恰当有效地传递信任和对他自主性的尊重。如果聪聪决定继续接受心理辅导，那么应有效评估聪聪当前的情境，制订合理的心理辅导计划，确立恰当的心理辅导目标，并在心理辅导开展过程中及时调整和评估进程和效果。如果需要结束心理辅导，也应该尊重聪聪的自主权及其母亲的知情权，不能由心理辅导教师单方面做决定。

中小学心理辅导的难点之一是寻求来访者的教师和家长的支持，这一点王婷无疑是幸运的。从案例中可以看出聪聪的班主任和母亲都很支持聪聪来接受辅导，尤其是母亲的表现对聪聪有直接的影响，因此我们建议王婷应尽可能地与他们形成合作关系，及时与母亲沟通，在维护聪聪利益的前提下酌情反馈给母亲聪聪在心理辅导中的一些情况（具体原则见下一案例）。在这个过程中，王婷需加强与不同人士沟通和分享信息的能力，尽量做到跨学科沟通时准确、及时、高效。

3. 落实知情同意

作为心理辅导教师，王婷需要尊重并落实聪聪及其家长的知情同意权。咨询师有义务以书面和口头形式向来访者告知咨访双方的权利和责任。知情同意的落实并不仅仅发生在咨询的初始，而是会贯穿整个咨询过程。咨询师必须充分记录整个咨询过程中有关知情同意的讨论。咨询师应当明确告知来访者所有咨询操作的意义。咨询师应当告知来访者的信息包括但不限于下列所述：咨询所起的作用，咨询的目标，咨询中所用的技术，咨询过程，咨询的局限性，可能的风险，以及所带来的好处；咨询师的资质，所获认证，工作经验，以及咨询取向；在咨询师丧失咨询能力或死亡后咨询服务如何继续；咨询技术在咨询过程中所起的作用，以及其他相关的信息。咨询师应当设法保证来访者理解诊断的意义，以及测验和结果报告的用途。来访者享有保密权力，有权知晓保密的界限（包括督导、治疗或会诊小组的其他成员如何参与到咨询过程中），有权知晓关于咨询记录的信息，有权参与制订/修改咨询计划，有权拒绝任何咨询服务或模式的改变，并有权知晓此种拒绝可能带来的结果。这些内容在中小学心理辅导中基本上是通用的。

此外，如果需要收费的话，咨询师应当告知来访者收费和账单开具的安排，包括欠缴咨询费的处理。这部分在中小学心理辅导中并不常见，但需要心理辅导教师有基本的了解。

当前，落实知情同意权的具体方式主要是签订契约。心理咨询机构会撰写咨询的知情同意书，把来访者需要知道的心理咨询相关信息，咨询师、来访者和咨询机构的权利及责任等内容放在知情同意书里面。这样做的优点包括：第一，每一个来访者有书面的知情同意书存档，需要时可以使用；第二，咨询机构要告知来访者的信息不会因人而异，有一致性；第三，咨询机构以书面的方式告诉来访者，不会因为咨询师繁忙而遗漏，所以通常先签署知情同意书才能进入咨询。

当下很多中小学在实践中更多采用口头告知的形式，这样的形式虽然有风险，但与没有知情同意的心理辅导相比，也是一种进步。近几年随着知情同意重要性的普及，很多学校采用一种折中的方式，在学生入学之初，将学生在学校必要时接受心理辅导的《知情同意书》与其他需要家长知情和签署的文件放在一起，请家长阅读后签署，这样做的好处是一方面保障了心理辅导教师工作的规范性，另一方面使得紧急或特殊情况下（例如无法联系上父母），学生可以得到心理辅导教师的有效支持和恰当帮助。

四、延伸思考

尽管我们前面对心理辅导教师的个人成长和培养进行了叙述，然而从本案例中依然能看出这项工作任重道远，尤其是当前的工作环境缺乏有效的监管机构和监管机制，也给很多学校的心理健康教育工作带来了不少的困难和问题。

此外，中小学心理辅导必然涉及与家庭的沟通，这样的沟通致力于达成双方的合作，但很容易造成互相干扰，进而影响心理辅导的进程。其中对心理辅导教师最具挑战的是由于心理辅导教师的双重身份、自身的需求或个人动机的复杂性，其在心理辅导进程中做出的包括但不限于威胁、恐吓、误导来访学生的行为，因此必要的知情同意和界限的设置非常重要。心理辅导的界限为良好辅导关系的建立提供了基础和必要的安全感，确保心理辅导教师将始终以来访者的利益为中心开展工作。心理辅导教师与来访者建立新的依恋关系，本身就要学习和处理界限问题。

第四节　被迫校内转介学生的相关伦理议题

案例：张宗在一所高校就读心理咨询专业，近期为了完成实习小时数与一所初中签订了合作协议，他免费为学生提供半年的心理辅导，每周工作一天，每天 5 小时。在他的来访学生中，夕辰让他印象很深刻，这个有点腼腆的小伙子自述母亲的溺爱与严厉让他很矛盾，他一方面心疼母亲，一方面又觉得自己长大了需要有自主的空间。张宗肯定了夕辰对自我成长的负责，共情他在母亲严厉要求下的不易，鼓励夕辰多跟母亲沟通，向母亲表达自己渴望自主的真实需求，夕辰很开心地表示想持续得到张宗的专业支持。然而让张宗感到意外的是，接下来两周夕辰竟然都请假了。还没等他继续探究原因，学校的专职老师宋老师找到张宗，告知他夕辰已经在她那边进行了两周的心理辅导，并请张宗将之前的辅导记录等材料转交给自己。张宗非常愤怒，他觉得宋老师没有尊重自己作为一名兼职心理辅导教师的知情权就转介了自己的来访者，同时他表示在没有经过夕辰同意时不能单方面转交辅导记录。无奈之下，宋老师只好说明原来夕辰在跟母亲沟通时爆发了冲突，夕辰跟母亲说心理辅导教师让他勇敢点，要有主见，并表示母亲太暴躁了。夕辰母亲来找学校领导，表示不同意兼职心理教师为孩子提供辅导，且认为张宗的心理辅导有故意破坏亲子关系的嫌疑，因此她要求换心理辅导教师并留存辅导记录，后续可能追究学校的责任。

在这个案例中，张宗和宋老师是否遇到了伦理问题？如果有，是哪些？

一、澄清问题与困境

在这个案例中出现的伦理问题或困境包括：青少年心理辅导中监护人的权利和责

任有哪些？

与儿童青少年开展工作，涉及家长知情与保密议题之间的权衡如何把握？在即将成年的中学生的心理辅导中，家长要介入到什么程度？

学校兼职心理辅导教师与全职心理教师的权责及界限如何界定？校内心理辅导的有效转介如何进行？如果学生及其家长对学校的辅导有质疑，应该如何转介？

二、相关政策与伦理规则

学校的心理辅导工作不仅要尊重学生的知情同意，还应考虑学生监护人的知情同意问题。

1. 保密与监护人知情

在张宗的案例中，保密问题再次出现并面临着两个场景，其一是应对学校专职心理辅导教师，其二是夕辰与母亲的沟通导致母亲对心理辅导过程的断章取义和片面理解。与其他伦理问题一样，不同国家和地区的规定对儿童青少年咨询是否要对监护人保密的原则表述不尽相同。关于父母的权利和责任，《美国学校咨询师学会伦理标准》提出要依据学生的发展、年龄、环境、父母权利和伤害性质来判断是否保密，并强调了父母的权利和责任：尊重父母/监护人对其子女的权利和责任，尽可能和父母/监护人建立适切的合作关系，以促进学生的最大发展；让父母知道在学校情境提供咨询的服务性质。参考该守则给出的父母/监护人的保密原则，学校心理辅导教师需要：(1)告知父母/监护人辅导教师所扮演的角色，并特别强调辅导教师与学生辅导关系中的保密性质；(2)了解在学校情境与未成年人工作，心理辅导教师要尽可能和学生的父母/监护人合作；(3)在符合对学生的伦理责任下，本着客观与关心的态度，提供给父母/监护人正确的、综合的和有意义的信息。

有的研究者认为通常而言咨询师不应对青少年来访者的父母透露信息，咨询师对来访者负责，而青少年才是来访者。透露来访者信息也与保密原则相违背。其他研究者则认为是否打破保密以及打破的程度应根据不同青少年来访者的个体特殊性来决定，根据来访者的具体年龄、人格完善程度和智力发展水平以及问题严重程度来判断是否向其父母透露来访者情况。总体而言，国外的研究基本认同对于青少年来访者，治疗师可以根据其认知能力水平、对治疗的需求、目前暴露的问题、父母的情况以及相关的法律来决定合适的保密程度。

与国外主要探讨咨询师是否应该突破保密原则向父母透漏信息稍有不同的是，我国中小学心理辅导关于保密是否突破的问题，不仅有上述李老师面临的例行检查，也包括是否报告父母以及是否需要告知学校(如班主任、任课教师)的情形。《中华人民共和国精神卫生法》规定："学校和教师应当与学生父母或者其他监护人、近亲属沟通学生心理健康情况。"然而这一论述缺乏对具体情况和情境的表述，使得很多心理辅导教师在面临相关议题时无法做出决定。为了更好地讨论这个问题，我们查阅了国内关于保密的一些研究，结果发现我国的研究者均能考虑到学校心理辅导的特殊性对保密问题的影响。研究结果发现当学生的问题不涉及人身安全的问题如"自伤或自杀"时，（校内外）咨询师一般不会突破保密原则；当学生的问题涉及人身安全、发生违反法律规定行为如吸毒、接触不良乃至犯罪社会团体时，咨询师认为应该突破保密规定，应该告知他们的家长和监护人。我国台湾地区的研究发现中小学心理辅导教师对伦理规范的执行不如一般咨询师严格。中小学辅导教师认为不应该或不会告知来访学生家长和监护人的问题排名前三位的是同伴交往、性取向、亲子关系。在面临离家出走、自杀计划和伤人计划时，学校辅导教师与一般从业人员相比，更倾向于选择突破保密原则。有的工作伦理守则强调在遇到未成年学生家长或监护人要了解相关信息时，辅导老师经评估后决定揭露学生个人信息，最好事先与学生充分沟通，事后也需要顾及学生的感受、反应并给予支持和协助。

2. 转介的时机和方法

本案例还涉及转介的问题，所有的伦理守则都会介绍转介的时机和方法，《中国心理学会临床与咨询心理学工作守则（第二版）》指出，"心理师认为自己的专业能力不能胜任为寻求专业服务者提供专业服务，或不适合与寻求专业服务者维持专业关系时，应与督导或同行讨论后，向寻求专业服务者明确说明，并本着负责的态度将其转介给合适的专业人士或机构，同时书面记录转介情况"。我国台湾地区相关的伦理守则记录了需要转介的三种情况。第一，当事人自动要求结束咨询：若当事人自动要求结束咨询，而咨询师研判其需要继续咨询时，咨询师应协调其他辅助资源，予以转介。第二，专业知能限制：若当事人的问题超越咨询师的专业能力，不能给予咨询时，应予转介。第三，双重关系的介入：若双重关系的介入影响咨询师的客观判断或对当事人有伤害时，应予转介。

关于有效转介的问题是当前很多中小学心理辅导教师面临的难题。专业转介资源的匮乏、与医疗资源之间的有效链接的缺乏、学生及其家长对转介资源的不信任或者学生面临的家庭问题突出等均是无效转介的原因。此外教师有足够的胜任力去评估学生的情况并做出合适的处理也是有效转介的重要先决条件。从理念上讲，学校对学生的转介并不像社会机构之间的相互转介一样，即使在学生成功转介之后，心理辅导教师依然需要做后续支持、跟进和追踪等工作。如果条件允许，心理辅导教师还应与接诊的医生、咨询师保持沟通；且需要时刻做好准备，以便学生可以回到学校的心理辅导中来。

三、可能的处理策略

前文对本案例呈现出的知情同意、未成年人保密与家长权责之间的平衡及转介问题进行了梳理，然而本案例相对较为复杂，除了这些典型的伦理问题，还包含了一些隐形的问题，例如如何对学生的福祉和权益进行判断和评估将影响与家长、宋老师之间的沟通。心理辅导教师应将学生的福祉作为伦理判断的最高准则，在案例中，夕辰的福祉是什么呢？夕辰表达了渴望独立自主的想法，并表达了母亲的日常教养对自己的影响，夕辰母亲则认为心理辅导教师一味地鼓励未成年的孩子独立而忽视了自己的良苦用心，孰是孰非一时难以定论。张宗很快认同了夕辰的观点，虽然共情和鼓励做得都很到位，然而是否详细了解过夕辰母子的沟通方式？是否在辅导室中有过练习或进一步的探索？张宗能否在跟母亲沟通的时候保证双方的理解和包容？这些都是值得深思的。从这些问题中也可以发现，心理辅导教师的能力与执行力也是本案例需要讨论的内容，张宗作为实习心理辅导教师，不仅要明确学校心理辅导工作的内容和范畴，也需要考虑与未成年人工作的保密问题及监护人的权责问题。另外对心理辅导工作的安排、计划和步骤也要与夕辰讨论。此外，宋老师和张宗二人的关系界限也是需要心理辅导教师们思考的问题，心理辅导教师之间除了同事，有无潜在的上下级隶属关系？是否存在朋友关系？这些关系如何影响学生的权益？在学校系统中，这样的多重关系无法避免，因此心理辅导教师需要对多重关系可能造成的影响保持觉察，将伤害降到最低(本章下一个案例将讨论多重关系的影响)。

考虑到本案例错综复杂的伦理议题和可能存在的问题，我们建议可能的处理策略如下。

1. 做好家长的知情同意

本案例中矛盾集中体现在夕辰的母亲表达了对夕辰接受心理辅导的不满，尤其是对实习心理辅导教师提出了质疑。未成年人在学校的心理辅导需要尊重家长/监护人的权利和责任，争取家长的合作与支持。

针对本案例涉及的知情同意问题，我们建议学校准备《知情同意书》，内容应基本涵盖学校心理辅导的工作内容和性质，心理辅导教师、学生、父母/监护人的权利和责任，心理辅导教师的资质，心理辅导的设置和时间安排等。通常社会咨询机构的知情同意书是在来访者来寻求咨询时与来访者或其监护人签订的，考虑到学校心理辅导的复杂性和变动性，我们建议学校可以采取以下两种方式：第一种方式是遇到需要心理辅导的学生时与其家长、本人签订知情同意书；第二种方式是在学生升学之初与全体家长签订知情同意书，同意学生在学校期间接受心理辅导教师的专业支持，并且在学生来求助时与学生本人再次签订知情同意书。需要提醒心理辅导教师的是，签订了知情同意书并不代表所有家长和学生已经完全了解知情同意的内容，因此建议在签订时对知情同意书的内容进行解析，并给对方理解的时间和提问的机会。如果出现像本案例中实习辅导教师的情况，也应该在心理辅导开始前告知学生和家长，以尊重对方的权利。

2. 谨慎处理其他人员的沟通问题

除了尊重家长/监护人的权利和责任，由于未成年人受家长的影响很大，因此在涉及家庭关系类议题时，心理辅导教师需要考虑学生的知情同意权、隐私权和受益权。涉及亲子沟通问题时心理辅导教师需要和学生一起探讨时机、方式等问题。心理辅导教师如需同家长沟通，也需要谨慎思考提供给家长哪些信息可以促进相关人员对学生的帮助；并且在提供信息时评估家长的理解、家长的感受和反应，以避免产生误解或者造成伤害。如果需要家长的合作支持，则在心理辅导之初与来访者探讨透露心理辅导信息的相关议题，以便为后续的多方合作、有效辅导做准备。

3. 明晰教师职责，收集转介资源

本案例中矛盾还体现在宋老师在听了家长的反馈之后，没有经过张宗的同意先给夕辰做了两周的心理辅导，然后才同张宗索要之前的辅导记录。从工作关系上看，宋老师作为学校的专职辅导教师，有权限在必要时检查学生的心理辅导记录；然而在未告知张宗、未与张宗讨论的情况下，私自与张宗的来访者开展心理辅导工作，无疑破坏了夕辰与张宗之间已经建立起来的辅导关系。其实宋老师在吸纳实习心理辅导教师时即隐含了要对实习教师和来访者负责的部分。我们建议那些可以给实习心理辅导教师提供实习机会的学校，在与实习心理辅导教师签订实习协议时要清楚对方的心理辅导知识和技能，同时说明学校心理辅导工作的特质，表明工作中上下级的关系以及相关的内容（如必要时检查辅导记录）。在实习心理辅导教师开始实习后，专职教师也需要对他接待的来访者进行初次评估后再分配工作。如果学生的问题超出了实习心理辅导教师的胜任范畴，则需以来访者的个人利益和福祉为基本原则，重新分配更合适的心理辅导教师。实习教师开始心理辅导工作之后，专职教师也需对实习教师的工作做到及时指导，以减少新手教师因不当行为可能带来的不良影响。

在本案例中通过夕辰母亲的反馈，宋老师一方面担心夕辰的个人权益受到影响，另一方面又担心直接跟张宗谈可能会伤害他作为实习教师的热情，因此偷偷接手夕辰的心理辅导，且吞吞吐吐不愿直言相告索要辅导记录的原因，导致两位老师的工作关系受到影响。其实只要宋老师在发现问题之初，能够坦诚地从学生的心理辅导权益和张宗身处实习期的现实出发，我想张宗也乐于跟宋老师一起协商，讨论如何开展更适合夕辰的心理辅导。如果转介到宋老师处是最佳的处理方式，我想对张宗来讲也是一次难得的学习机会，学习如何更恰当的转介，并借此反思对未成年人开展心理辅导的相关问题。

另外关于转介的问题，当前很多教师面临着转无可转的处境，这需要心理辅导教师平时注意搜集专业的支持资源，以便适时做出转介。此外，学生的转介需建立在对学生的有效评估和尊重学生及监护人自主决定的基础上，同时心理辅导教师还应做好转介后的情况追踪和记录，以防止转介不当等情况引起学生心理问题或危机加重等。

四、延伸思考

当前有心理辅导需求的学生逐渐增多，家长的法律意识也在增强。学校心理辅导经常面临着是满足学生的成长需要还是满足家长需要的议题。尤其是青春期前后的学生有较强的自主的需求，而部分家长可能并未做好准备，因此两者之间出现的矛盾很可能反映在日常的心理辅导中。对于心理辅导教师而言，满足学生的成长需求自然是最重要的，然而当家长需求影响了心理辅导时我们应该如何处理？如果因家长对心理

辅导的不满而对学校的声誉等造成影响，教师又该如何选择呢？我们建议心理辅导教师在辅导的每个环节要慎重思考和行动，是否做到了知情同意？能否直接给建议？如何与家长沟通？需要透露辅导内容时是否考虑了学生的最佳利益？这些问题将影响辅导的最终走向。

第五节　中小学心理辅导中的双重关系议题

案例：周老师在一所高中从教十年，同时担任学校的心理课教师和心理辅导教师。她一直是学生眼中的好老师，她能倾听学生的烦恼，理解学生的处境，也有丰富的经验去处理家长、学生和学校的关系。然而最近周老师发现在心理辅导中两个来访的女孩都提到了恋爱的议题，周老师通过倾听发现两个女孩好像在跟同一个男孩谈恋爱，但彼此并不知道对方的存在。更重要的是，周老师知道这个男孩去年休学也是因为脚踩多只船被发现之后不知如何应对才休学的。周老师感到很苦恼，她一方面心疼来访的女孩们对初恋的珍惜，担心她们知道真相之后受伤害；另一方面又觉得这个男孩太"渣"，当她在班上看到这个男孩竟然还在跟其他的女孩打闹时，她简直无法控制自己的愤怒，在课堂上狠狠地批评了这个男孩。她在想，该如何做才能既帮来访者保密，又能让她们尽早看清男孩的真面目？

在这个案例中，周老师是否遇到了伦理问题？如果是，有哪些？

一、澄清问题与困境

周老师面临着几乎所有学校心理老师面临的困境——无法避免的多重关系，以及由此带来的两个问题，一是多重关系里每个学生的隐私权受到影响，从而造成的保密问题；二是心理辅导教师的个人价值观在面对不同学生时对他们的影响。

二、相关的文献及伦理原则

心理咨询与治疗中的多重关系目前尚无统一的定义，美国心理学会将多重关系界定为："当心理咨询师与一个人发生专业关系的同时与该人发生其他关系，与有其他关系的人发生专业关系，或者承诺与来访者或来访者的他人在将来发生其他非专业关系。"

《中国心理学会临床与咨询心理学工作守则(第二版)》规定：

1.5　心理师须尊重寻求专业服务者的文化多元性。心理师应充分觉察自己的价值观，及其对寻求专业服务者的可能影响，并尊重寻求专业服务者的价值观，避免将自己的价值观强加给寻求专业服务者或替其做重要决定。

1.6　心理师应清楚认识自身所处位置对寻求专业服务者的潜在影响，不得利用其对自己的信任或依赖剥削对方、为自己或第三方谋取利益。

1.7　心理师要清楚了解多重关系(例如与寻求专业服务者发展家庭、社交、经济、商业或其他密切的个人关系)对专业判断可能造成的不利影响及损害寻求专业服务者福祉的潜在危险，尽可能避免与后者发生多重关系。在多重关系不可避免时，应采取专业措施预防可能的不利影响，例如签署知情同意书、告知多重关系可能的风险、寻求专业督导、做好相关记录，以确保多重关系不会影响自己的专业判断，并且不会危害寻求专业服务者。

......

1.10　心理师和寻求专业服务者存在除性或亲密关系以外的其他非专业关系，如可能伤害后者，应当避免与其建立专业关系。与朋友及亲人间无法保持客观、中立，心理师不得与他们建立专业关系。

......

1.12　心理师认为自己的专业能力不能胜任为寻求专业服务者提供专业服务，或不适合与后者维持专业关系时，应与督导或同行讨论后，向寻求专业服务者明确说明，并本着负责的态度将其转介给合适的专业人士或机构，同时书面记录转介情况。

1.13　寻求专业服务者在心理咨询与治疗中无法获益，心理师应终止该专业关系。若受到寻求专业服务者或相关人士的威胁或伤害，或其拒绝按协议支付专业服务费用，心理师可终止专业服务关系。

美国心理学会制定的心理咨询师伦理准则中阐述了对多重关系的处理："如果有理由预见到该多重关系会损害心理学家工作的客观性、能力或效率，或者有剥削和伤害其专业关系中另一个人的风险时，心理学家应该避免进入多重关系中。"国外研究指出，在所有伦理投诉问题中多重关系问题的比例为23%。马利（Malley）等的研究认为多重关系是高校咨询中出现第二高频的伦理困境。这与我国现有的研究结论基本一致。国内的研究也发现学校心理辅导的多重关系问题发生率高且无法避免，学校心理辅导教师对多重关系的识别、重视、伦理判断的准确度均不高且存在较大争议。

我国的研究发现，超过70%的学校心理咨询师（大部分为高校咨询师）认为咨询后不应该接受与来访者建立其他关系，因为咨询后建立的关系会破坏咨询的设置，破坏咨询师与来访者之间的咨询关系，而且不建立其他关系、严格遵守咨询设置对来访者有治疗作用。有近15%的咨询师认为咨询后应该接受与来访者建立其他关系，主要目的是为了提高来访者的自我接纳或自尊。

当前中小学均要求配备至少一名心理辅导教师，有条件的地区中学（含初级中学和高级中学）尽量配备专职心理教师，小学可以配备兼职心理教师。根据教育部发布的《中小学心理健康教育指导纲要（2012年修订）》，学校开展中小学心理健康教育的途径和方法包括：学校应将心理健康教育始终贯穿于教育教学全过程；开展心理健康专题教育；建立心理辅导室；密切联系家长共同实施心理健康教育；充分利用校外教育资源开展心理健康教育。这些途径和方法的实施需要每一位学校工作人员的支持和配合，中小学心理健康教育需要全校共同努力，然而在实际实施过程中，几乎所有学校的心理教师都面临着周老师的困境：一方面承担着包括心理健康教育课程、家长沟通、校外资源链接等任务，另一方面也要针对有需求的学生开展科学专业的心理辅导工作。这就意味着学生在课堂上见到的和在辅导室里见到的是同一个心理教师，在心理活动周或者团体活动上见到的还是同一个心理教师。因此在中小学做心理辅导工作，几乎所有的心理教师都面临着一个伦理上的困境——多重关系。

多重关系可能带来信任危机，使教师与来访者之间的互动规则模糊，周老师在多重关系中对其他学生的期望与对来访学生的期望开始出现分歧，把心理辅导中的情绪带入课堂中导致对来访和相关学生的时间界限模糊，开始、结束及谈话的地点都模糊，严重影响了学校心理辅导的设置和心理辅导的后续进程。多重关系也会带来权力的不平衡，包括来访学生屈从于心理辅导教师的权力，或者教师与来访者在心理辅导关系之外的接触导致保密性陷入危险。即使是在心理辅导的时间里，权力的不平衡也会导致来访者无法敞开分享他们内心深处的秘密、恐惧、幻想和冲突。因此在心理辅导工作中，如果遇到像周老师一样的困境，必须引起足够的关注和重视。

三、可能的处理策略

提到工作中涉及的伦理问题，大部分中小学心理辅导教师会长叹一声，其中被提及最多的除了保密，就是多重关系引起的种种问题，甚至大部分的保密议题也是由学校心理辅导中错综复杂的多重关系引起的。就像在这个案例中周老师遇到的困境一样，她想把男孩对待感情的现状告知来访的女孩以避免更多的伤害，但又觉得这样做可能存在保密上的问题。另外周老师对男孩已经出现标签化的倾向，甚至代入教师、母亲、女性等多元角色及其秉承的价值取向，看得出来这样的多重关系不仅影响了周老师与两位来访女孩之间的心理辅导，也影响了对待其他学生时的状态。既然学校心理辅导中的多重关系无法避免，心理辅导教师们还能做点什么才能尽力减少由此带来的影响呢？

1. 努力做好心理辅导教师的角色

像一位心理辅导教师那样去思考，这样的要求看似简单，其实对教师本身的反思和觉察能力要求很高。"知道自己知道什么，知道自己不知道什么"这样的元认知叠加上职业身份，对在学校开展心理工作的教师而言并不总是那么容易。首先是对自身状态的基本留意，有意愿觉察自我意识，自我评估和自我监督，提升关于行动的反思和在实践环境下的反思。能够意识到言传与身教的双重作用，意识到自己作为育人者所具备的种种素养的现状。其次是要在一定基础上有能力对自己进行评估，尤其是对开展心理健康教育各项工作的胜任力的评估。在这个过程中能够监控和评估自己的实践活动并不是唯一的任务，教师还需要有愿意承认、纠正错误，接受和使用反馈，进行自我纠正并及时调整的能力。这需要教师理解自我关注对提升教育有效性的积极意义，在此基础上逐渐产生作为一名心理辅导教师的职业身份认同，能够主动寻求和使用专业发展资源，巩固作为一名好教师的专业身份，有意识、有行动地将科学和实践结合起来。对周老师而言，她如果能够及时地意识到自己对待"男孩子"的心态是不对的，可以主动地与身边的同事沟通寻求监控和反馈，也可以及时寻求督导师或者指导者的监控，进一步提升自我关注的能力。此外，周老师可以在已有的研究、案例报告或其他专业资源中寻求改善现状的方法，尝试通过提升自我觉察来寻找问题解决的途径。

2. 主动觉察多重关系的影响

所有的咨询师都需要觉察多重关系的存在及其影响，"我的咨询关系中是否存在多重关系？如果存在，这样的多重关系可以避免吗？"这样的自我反思常常是咨询师的必修课。面对天然的多重关系很多中小学心理辅导教师直接采用了接纳这样的处理方式，实际上接纳只是处理多重关系的第一步，并不是全部。戈特利布指出：权力的不平衡性，关系的持续时间，终止关系的清晰度是衡量多重关系影响的三个重要考量指标；权力的不平衡性越大，关系持续的时间越长，终止关系的清晰度越低，就越应该避免多重关系(Cohen，et al.，1993)。按照戈特利布的观点，中小学心理辅导教师与来访学生之间确实存在权力的不平衡性，这一点不仅受双方在教育过程中的地位影响，也受到我国"尊师重教""一日为师终身为父"等传统观念的影响。尽管"以学生为中心"的教育理念已经深入人心，然而现实的心理健康教育中权力的不平衡性依然存在。就像周老师遇到的情况，她在心理辅导室里掌握的信息，使她在面对非来访的学生时，依然有可以使用教师权力的可能——狠狠地批评。因此对广大心理辅导教师而言，思考如何在心理辅导过程中平衡权力是改善多重关系影响的重要方法，更多的自主、充分的尊重、严谨规范的设置和及时的觉察都是可以改善这种情况的方法。同样需要觉察的是当我们遇到与周老师同样的处境时，需要去思考多重关系对另一种职业身份——心理健康教师的影响。与社会咨询不同的是，由于中小学心理辅导教师往往既要上课又要承担心理辅导工作，因此中小学心理辅导双方关系持续的时间并不会因心理辅导的终止而终止，即使是与高校心理辅导相比，中小学心理辅导终止辅导关系的清晰度也要低得多。这导致心理辅导双方的选择深受影响，甚至与心理辅导教师不匹配的学生也没有足够的自主权选择适合自己的心理辅导教师，这样的情况一方面影响来访者的问题解决，另一方面无形中增加了心理辅导教师对自身职业角色认可的压力。因此中小学心理辅导中的多重关系绝不仅仅是影响来访学生那么简单。

3. 觉察个人价值观

如果中小学心理辅导中的多重关系无法避免，那么我们需要首先思考的是这样的多重关系可能会对来访者造成伤害吗(如来访学生对直接的表达愤怒有顾虑)？可能会对其他学生的利益带来消极影响吗？如果不可避免地对来访者造成了伤害，那么辅导的益处是否可以弥补这种伤害？我是否可以客观地处理与来访学生的关系？这样的思考是必不可少的。案例中的周老师的个人价值观在其中凸显出来，显然她并不能接受"脚踩多只船"这样的行为，这也使旁观者更清晰地看到多重关系中，教师的个人价值观对辅导关系、师生关系和教育行为的影响。此外，换个视角考虑问题也是一种有效的觉察方式，如果多重关系无法避免，那么多重关系除了伤害，是否对辅导有积极的作用？例如双方的了解更多元，建立关系更加顺畅，获取社会支持更容易，相关的家庭教育指导更容易开展等。

假如召开一场"心理辅导教师自我反思与觉察会议"，而你是参加会议的观察者或者记录员，你可能会发现一个有趣的现象，新手或者刚上岗的教师自信满满，好像无所不能的样子，甚至对于比较棘手的心理辅导案例都觉得易如反掌，颇有一副初生牛犊不怕虎的架势；而那些经验丰富的教师的表现则恰恰相反，给人一种过于谦虚和谨慎的感觉。当然不管是谦虚谨慎还是初生牛犊，基本上没有人认为自己无法胜任这份工作。事实上，自我反思与觉察确实与个人专业经验有关系，有研究者发现人们往往有高估自己的倾向，个体天生的乐观倾向使人们自带优越感，倾向于认为自己能力出众，尤其是在专业领域能力最弱的人最有可能高估自己的水平，甚至往往有初学者认为自己的能力可以与同领域的专家旗鼓相当。专业知识欠缺的人更容易犯错并做出糟糕的决定，而他们在专业储备上的不足使他们无法发现错误，也就是说低能力者缺乏足够的专业知识来正确地认识自己的不良表现。其实，所有人都有可能缺乏对自己正确的认识，研究者发现，一旦人们能够发现不足，他们往往愿意承认，所以有一定经验或者专业技能的人常常对自己的能力不够自信，恰恰是因为懂得足够多，才能意识到自己知识上的局限，往往知道得越多，就越明白自己不知道的东西更多。值得玩味的是，拥有丰富专业经验的人会犯另一种错误，那就是他们认为其他人懂得和他们一样多。因此我们往往在缺乏专业素养和专业素养充沛的人身上看见自我认知偏颇的影响：缺乏专业素养的人无法发现自己的错误，能力突出的人对自己的出众不自知，这种现象被研究者称为达克效应。如何才能更准确地觉知自己在专业上的表现呢？首先，心理辅导教师要学会寻求他人反馈并认真思考他人的建议和意见；其次，保持不断地学习，对任何行业而言，单纯重复的经验积累只能让人从新手成为熟手，而很难从熟手转变成专家。因此心理辅导教师的自我觉察和反思不仅要有意识，及时，更要提升开放性，乐于思考批评性建议，不断学习和提升来减少自我认知偏颇的影响。

4. 完善制度建设

从制度上进行调整也可以有效地改善多重关系的影响，有些学校心理教师不止一人，大家可以交叉分配任教学生和心理辅导学生，例如中学授课的心理辅导教师辅导小学生，小学授课的心理辅导教师辅导中学生。尽管这对心理辅导教师的专业素养提出了更多的挑战，但可以在一定程度上避免多重关系的影响。

学区内的联合是另外一种有效的方式，同一个学区内的学校地理位置相近，便于采用这种方式开展工作；同一学区内 A 校的老师在本校上课，可以去 B 校做心理辅导，也就是说本校教师本校授课，他校辅导，这样的方式可以有效地避免与本校学生在心理辅导中的多重关系。只不过这样的联合难度更大，不仅需要心理教师本身的专业素养，还需要在学校间甚至是区域间的联合，以及相应的制度保障和实际保障才能做到，因此这种联合更像是一种理想化的状态，具体的实施还需要考虑更多的因素。

四、延伸思考

在中小学从事心理辅导工作，绕不开多重关系的议题。及时的觉察、多元的视角都是必备的。然而在这个案例中让我们看到的是，多重关系不仅影响着心理辅导双方，更牵涉到与心理辅导相关的其他人员，影响心理辅导教师在其他工作岗位上的教育工作。其实在心理辅导中这样的情况很常见，例如对来访者的原生家庭抱有偏见，与其他任课老师合作过程中的彼此磨合，因此大家需要进一步重视和思考多重关系对学校心理辅导的影响。

对个人价值观的觉察也非常重要，什么样的方法和途径可以提升这种觉察也是本案例带给大家的思考。

第六节　中小学心理辅导教师的自我照料

案例：入职已经整整五年的孙老师最近感到非常疲惫，一方面，她记得入职时其他老师分享过一个观点——"教师的职业热情会下降，倦怠程度会提高，不过到五年的时候大部分老师可以在学校游刃有余地开展工作"，然而已经工作五年的孙老师感受到更多的是疲倦和阻碍。偌大的学校只有她一个心理教师，她觉得自己只有到期末才会成为同事眼里的"红人"——很多同事都在期末的时候跟她商量，能否把心理课让给他们给学生复习，这只是日常遇到的阻碍之一。另一方面是心理辅导工作的压力，虽然孙老师是心理学硕士学历，然而她原本做的是认知与脑神经科学的研究，现在给学生上课还能胜任，但涉及心理辅导时就有些为难。随着近些年学生心理问题严重化、复杂化，她越来越感到力不从心。其实每一次区里、学校组织的培训她都认真参加，也自学了不少的心理学课程，然而五年下来她依然感到自己对很多学生的困惑束手无策。她曾经跟学校申请一对一的督导学习，然而学校考虑到其他学科教师的公平培养，拒绝了她的申请。最近孙老师感到自己几乎要坚持不下去了，她很彷徨，想要离职又觉得自己五年的坚持不易；想要继续又觉得身心俱疲。现在的孙老师经常自我怀疑，感到前路漫漫又进退两难。

在这个案例中，孙老师是否遇到了伦理的议题？

一、澄清问题与困境

这个案例给了很多中小学心理辅导教师一种"这就是我"的感觉，心理辅导教师在学校往往孤军奋战，比这更糟糕的是职业倦怠和胜任力的不足，这一点在孙老师身上体现得非常明显。本案例还包含了另一个伦理议题——心理辅导教师的自我照料。自我照料是心理辅导教师工作中非常重要的一环，也是广大工作在一线的"钢铁教师"们需要多加关注的一环。

二、相关文献与伦理原则

关于心理辅导教师胜任力的问题，我们在第二章有过论述。我国心理健康教育的区域发展也受限于本地区的经济、历史等各种因素的影响，现实中像孙老师这样的情况并不少见，甚至很多心理健康教育尚不发达地区的心理辅导教师仅仅是顶着岗位的头衔，相关的学习、培训、督导和自我照料的部分少之又少，这也是需要被整个教育体系所关照和重视的部分。关于心理辅导教师的胜任力，几乎所有的伦理和法律条款中都有规定，《中国心理学会临床与咨询心理学工作守则（第二版）》就专门解释了专业胜任力和专业责任的相关内容，与本案例相关的条款如下：

心理师应遵守法律法规和专业伦理规范，以科学研究为依据，在专业界限和个人能力范围内以负责任的态度开展评估、咨询、治疗、转介、同行督导、实习生指导以及研究工作。心理师应不断更新专业知识，提升专业胜任力，促进个人身心健康水平，以更好地满足专业工作的需要。

4.1 心理师应在专业能力范围内，根据自己所接受的教育、培训和督导的经历和工作经验，为适宜人群提供科学有效的专业服务。

4.2 心理师应规范执业，遵守执业场所、机构、行业的制度。

4.3 心理师应关注保持自身专业胜任力，充分认识继续教育的意义，参加专业培训，了解专业工作领域的新知识及新进展，必要时寻求专业督导。缺乏专业督导时，应尽量寻求同行的专业帮助。

4.4 心理师应关注自我保健，警惕因自己身心健康问题伤害服务对象的可能性，必要时寻求督导或其他专业人员的帮助，或者限制、中断、终止临床专业服务。

4.5 心理师在工作中介绍和宣传自己时，应实事求是地说明专业资历、学历、学位、专业资格证书、专业工作等。心理师不得贬低其他专业人员，不得以虚假、误导、欺瞒的方式宣传自己或所在机构、部门。

4.6 心理师应承担必要的社会责任，鼓励心理师为社会提供部分专业工作时间做低经济回报、公益性质的专业服务。

与之相关的条款还包括：

1.12 心理师认为自己的专业能力不能胜任为寻求专业服务者提供专业服务，或不适合与后者维持专业关系时，应与督导或同行讨论后，向寻求专业服务者明确说明，并本着负责的态度将其转介给合适的专业人士或机构，同时书面记录转介情况。

《中小学心理健康教育指导纲要（2012年修订）》指出：要重视教师的心理健康教育工作。各级教育行政部门和学校要关心教师的工作、学习和生活，从实际出发，采取切实可行的措施，减轻教师的精神紧张和心理压力。要把教师心理健康教育作为教师教育和教师专业发展的重要方面，为教师学习心理健康教育知识提供必要的条件，使他们学会心理调适，增强应对能力，有效地提高其心理健康水平和开展心理健康教育的能力。

我国台湾地区的有关规定指出，学校校长、教师及专业辅导人员，均负学生辅导的责任。有关伦理守则指明了咨商师的专业责任，与本案相关的内容如下：

3.1.2 专业知能：为有效提供咨商专业服务，咨商师应接受适当的咨商专业教育及训练，具备最低限度的专业知能。

……

3.1.4 能力限制：咨商师应觉知自己的专业知能限制，不得接受或处理超越个人专业知能的个案。

3.1.5 专业领域：从事不同专业领域的咨商师，应具备该专业所需要的专业知能、训练、经验和资格。

3.1.6 自我了解：咨商师应对个人的身心状况提高警觉，若发现自己身心状况欠佳，则不宜从事咨商工作，以免对当事人造成伤害，必要时，应暂停咨商服务。

从上述相关文献和条款中可以看出，中小学心理辅导所需的专业性和精细化，对心理辅导教师的胜任力要求很高，并且需要系统支持才能从根本上保障学生的权益，比如专业的案例研讨、个别化的督导和有效的转介机制等。这些需求与现实相结合，恰恰是孙老师所处的困境，除了法律和伦理文件可供参考，在现有的条件下，也要思考其他可能的处理策略。

三、可能的处理策略

案例中孙老师的疲惫感的重要来源是专业与工作之间的不对口，因此在心理辅导工作中感受到胜任力的缺乏。后续可能的处理中需要思考的不仅有自我照料，还包括胜任力的提升。

1. 恰当对待职业倦怠

加强自我了解，关照心理辅导教师本身的身心健康状况不仅是心理辅导教师自身的责任，也是学校相关人员的职责。职业倦怠的三大特征分别是情绪衰竭、去个性化和成就感降低。情绪衰竭指个体情绪情感处于极度疲劳状态，丧失工作热情；去个性化则是指个体以消极、否定的态度对待工作对象；成就感降低指个体评价自我的意义与价值的倾向降低。其中情绪衰竭是职业倦怠的核心成分。从案例中看，孙老师当前的疲惫、力不从心和自我怀疑基本符合职业倦怠的特点。另外大量关于教师职业倦怠的研究均表明，随着教龄的增加，职业倦怠有上升的趋势，其中成就感丧失、精力枯竭是主要原因。

专门针对心理教师职业倦怠的研究发现，中小学心理教师职业倦怠整体程度不高，主要是职业成就感降低；经学校安排的心理教师的职业倦怠程度高于立志从事该职业的心理教师(张长英，刘美廷，2010)。当然，研究结果并不能完全代表个体的情况，就像孙老师，尽管曾经立志从事心理教师工作，但长期的疲惫和缺乏成就导致她产生了离职的倾向，因此孙老师必须要根据自身情况认真对待职业倦怠问题。心理辅导教师的职业倦怠对学生的影响尤其明显，毕竟心理辅导的首要内容就是帮助学生调节情绪，如果辅导教师本身的情绪衰竭明显，显然来访学生也无法受益。

心理辅导教师对倦怠的预防包括：设立限制，在专业胜任力范围内提供专业服务，如果承担了太多或者无法应付的责任，那么自然容易引发倦怠。就孙老师而言，她本身专业看似对口，实际与心理辅导工作相去甚远，尽管入职后持续进行了大量的学习，但工作量也在增加，导致了她精力枯竭，这个阶段对学生问题的"束手无策"也反映了她的职业成就感不高的事实。这种状态需要教师本身的自我了解，更需要学校校长、组长等人关注，在这里需要秉承的理念是学校心理辅导并非辅导教师一个人的责任，学校心理辅导工作也并非辅导教师一个人的任务。

2. 提升专业胜任力

从很多方面看，胜任力很显然是从业者的伦理责任，因为不胜任的实践活动会大大增加对来访者造成伤害的可能性，也会显著降低对来访者的潜在帮助(韦尔费勒，帕特森，2009)。专业胜任力指咨询师能够有效帮助来访者：建立专业关系，收集资料进行个案概念化，制订咨询目标和咨询计划；执行计划，帮助和改变过程，结束咨询；对咨询结果进行评估。对中小学心理辅导教师而言，上述几乎涵盖了学校心理辅导的全部内容。

增加专业学习是提升心理辅导教师胜任力的重要方法。我国很多地区对心理辅导教师的培养呈现出体系化的趋势，浙江省和广东省专门设置了心理教师的 A、B、C证，其中 C 证是上岗的必需，教师需要完成相应的学习和实践才能上岗。北京教育学院致力于成为北京市中小学教师职后成长的摇篮，我的同事们从 2003 年开始专门针对心理教师开展专业培训，包括针对基础知能的上岗培训和高阶培养的提高培训，2016年增加了专门针对心理辅导能力的培训，并且构建了"市级培养区级教研员，区级教研员发挥区域带动和辐射作用，深入开展区级各级心理健康教育人员的培养，校级针对本校特点开展定向培养"的市-区-校三级联合培养体系。不仅如此，抓典型、树榜样也是北京市心理教师培养的重点模式，根据教师的经验和资历分别开展了针对专家级教师的"卓越计划"、针对中青年骨干教师的"青蓝计划"和针对入门级教师的"启航计划"。即使如此，心理教师的心理辅导专业成长依然困难重重，就像孙老师面临的处境一样，学习的知识与实际的应用之间仍有差异，因此对于一些心理辅导能力较弱的教师，我们建议定期督导是非常必要的。如果学校能够在制度和经费上体现心理教师培养的专业性，将会在很大程度上缓解心理辅导教师的压力；如果这方面暂时无法实现，那么心理辅导教师需要寻找其他可用资源。充分地利用支持性资源也是缓解职业倦怠的方法之一，例如区域内教研员负责的定期团体督导，有同样需要的教师之间自发组织的同侪督导，这些都能在某种程度上提升教师的胜任力。当然，如果上述都无法实现，那么读书就是性价比最高的学习方式，读经典的案例可以掌握不同的理论和技术，读具体的技术可以重新梳理对案例的思考，读传世的理论可以重塑对来访学生的认识，其中杂糅了对自己的理解和关注，无疑也是一种重要的调节方式。

3. 做好自我照料

教师的自我照料是心理辅导教师胜任力的重要体现，张弛有度、劳逸结合是保持工作热情、提升工作效率的保障。承认自己脆弱的一面，关爱自己，就像每个教师有自己独特的心理辅导风格一样，每个教师也可以有自己独特的自我照料方式。下面将我个人常用的方法分享给大家，供大家参考。(1)拥有和守护属于自己的时空，每天抽出 10 分钟左右的时间做自己，放下其他的角色和身份，听一首轻柔的乐曲，读一段喜爱的小说，享受这片刻的安宁与沉静。（2）学会体味生活的点滴，在月光下散步时感受月色的宁馨，与孩子在一起时感受童真的烂漫，享受美食时品味食物的本真，拆快递时体验宠爱自己的小雀跃，其实美好并不总是那么的宏大，鸡毛蒜皮的生活里藏着美妙的人间烟火，车水马龙里品味与他人的点滴联结。（3）数数自己的福气，这个方法来自积极情绪的研究。有时候幸福并不在于增加了什么，福气就在身边，健康的身体，幸福的家人，愿意学习的心态，历数福气的过程让我们可以更多地活在当下，体验此时此刻的美好。（4）定期给自己点小奖励，这是行为主义在自我照料中的应用，想象着工作完成之后给自己放一个小假，买一件心爱的小物，放松一段时间，这都是可以改善情绪的方法。（5）自我怜悯其实是自我照料的核心内容，感兴趣的朋友可以了解下"慈心禅"，这种源于正念的方法，融合了感恩研究的理念，帮我们更好地理解当下的美好和未来的希望。如果自我照料无法改善孙老师的现状，那么考虑个人求助和寻求专业支持也是必要的照料途径之一。

照顾好自己才能帮助他人是助人工作的重要理念。我认识的很多中小学心理辅导教师有极强的助人愿望和善良的品质，他们在工作中奋勇向前地解决问题，然而当他们需要自我照料时，经常感受到来自外部和内部的压力。外部的压力既有工作压力本身的影响，也有身边人对心理教师的误解，举例来说，心理辅导教师表现脆弱时经常会听到"你们心理教师也调节不好情绪吗？"这些问题，使人哭笑不得，就好像做了心理辅导教师就不再拥有其他身份一样。其实心理教师经历生活的苦乐与普通人别无二致，喜怒哀惧恰恰是对鲜活生活的正常反应，有能力脆弱的人才有能力坚强。当然，并不是所有的心理辅导教师都能笑对这些压力，这也体现了教师的内部压力，很多心理辅导教师在面对这样问题的时候会单纯地思考自己的胜任力，好像有糟糕的情绪体验就是不能胜任的表现，甚至由此产生自我质疑。此外有些心理辅导教师对自我照料感到羞耻和内疚，他们更喜欢"俯首甘为孺子牛"的勤奋刻苦，一旦在工作中谈及自我照料，就像是在工作中走神或者浑水摸鱼一样，引发内疚感。实际上自我照料与"摸鱼"并不一致，自我照料的目的是为了更好地服务工作，"摸鱼"则是某种程度上对工作的抗拒和逃避。因此坦然地思考自我照料的方法并有效地实践，是心理辅导教师保证可持续发展的途径之一，如果在这个过程中感受到极强的内疚，甚至是在身心俱疲时依然无法稍作停歇，那么心理辅导教师需要考虑个人议题："为什么我无法休息？"这个问题的解决要先于自我照料的议题，也是心理辅导教师职业发展中需要处理的议题之一。

四、延伸思考

自我照料的方法因人而异，你是如何自我照料的？如果愿意的话，大家可以像列工作计划一样列一个自我照料的计划，实施一段时间试试看。我的朋友很喜欢"每天感恩三件小事"这个方法，每天在朋友圈记录今天发生的三件小事，体验下感恩的心情，她坚持得很好，也让我们看到了自我照料一段时间之后，身心焕发的光彩。对大家而言，找到适合自己的方法是很棒的体验，值得一试。

如何与非专业领域的领导和同事沟通以获得更恰当的专业支持？就像孙老师申请

了督导被拒绝一样，对很多非专业的领导和同事来说，他们本质上是希望心理辅导教师能够持续发展、不断提升专业素养的，但缺乏对心理辅导教师专业成长途径和方法的理解，因此心理辅导工作中需要思考如何与非专业人士沟通。

我们在上面的六节分别讨论了中小学心理辅导中常见的几种伦理困境：保密与保密例外，知情同意与自主性，校内转介与界限，多重关系以及辅导教师的胜任和自我照料。其实中小学心理辅导中的伦理议题远不止这些，还包括评估、研究与发表、网络与远程干预等内容，日常案例所涉及的伦理议题也比本章案例涉及的内容复杂得多。受篇幅和能力所限，其他的伦理议题本章不再展开讨论，部分内容在本书第二编的案例部分也会涉及。

其实在面对伦理困境时，法律和伦理守则并不能穷尽所有的实际情况，因此建议大家首先查找和学习相关的法律和伦理守则。如果在具体条款部分无法找到答案，大家可以参考总则，总则是工作的基本理念和行为指导方法，可以作为处理伦理困境的重要参考，例如《中国心理学会临床与咨询心理学工作伦理守则（第二版）》的总则：

善行：心理师的工作目的是使寻求专业服务者从其提供的专业服务中获益。心理师应保障寻求专业服务者的权利，努力使其得到适当的服务并避免伤害。

责任：心理师在工作中应保持其服务工作的专业水准，认清自己的专业、伦理及法律责任，维护专业信誉，并承担相应的社会责任。

诚信：心理师在工作中应做到诚实守信，在临床实践、研究及发表、教学工作以及各类媒体的宣传推广中保持真实性。

公正：心理师应公平、公正地对待专业相关的工作及人员，采取谨慎的态度防止自己潜在的偏见、能力局限、技术限制等导致的不适当行为。

尊重：心理师应尊重每位寻求专业服务者，尊重其隐私权、保密性和自我决定的权利。

其次需要提升对案例独特性的觉知和肯定，把来访学生放在更宏观的人性层面思考其成长背景，也是解决伦理困境的方法之一。

最后，跟大家分享美国学校咨询师协会（ASCA）给学校辅导教师的伦理建议，希望可以为大家的日常工作提供有益的参考。

（1）任何时候都要以学生的最大利益为出发点，遵从诚实、善行的辅导原则。

（2）在辅导关系开始前，告知学生辅导关系可能存在的限制。

（3）当个人特质阻碍有效性时，不断增强对个人价值观、态度和信仰的觉察及其影响。

（4）积极尝试去了解与你工作的学生及你自己多样的文化背景，包括文化、道德、种族认同，以及在辅导过程中对你价值观和信仰的影响。

（5）在个人能力范围内开展工作，能够意识到个人的技能水平和限制。

（6）能够充分解释你为什么要做你所做的事情，应用理论依据指导辅导策略和干预措施。

(7)在可能引起争议的敏感领域与未成年人工作时，应尽可能鼓励家庭的参与。

(8)遵守书面工作界定。确保你的行为在你的工作设置中发挥最佳功能。

(9)熟读并坚守你的职业伦理标准。人手一份 ASCA 伦理标准，定期检查并采取适切的行动。

(10)咨询其他专业人士(同事，督导，教育工作者，伦理专业委员会等)，拥有一个专业、可用的支持网络。

(11)加入合适的专业协会。阅读相关的出版物，积极争取参与专业发展的各种机会。

(12)随时了解最新的法律和法庭裁决，尤其是未成年人相关的内容。

(13)必要时可咨询学区律师，在有疑问的情况下，首先寻求法律的专业建议再开展行动。

第六章　中小学生心理辅导中的评估

当前我国中小学生心理健康问题呈现出低龄化、多样化、复杂化等趋势，学生的心理和行为问题骤增，全面推进中小学心理健康教育已经成为满足现实需求与兼顾学生健康发展的必要性工作。2012年教育部发布的《中小学心理健康教育指导纲要（2012年修订）》指出，加强学校心理辅导师资队伍建设是搞好心理健康教育工作的关键。综合国内外的现有文献及标准，心理健康教育工作者需具备四种能力：①建立良好辅导关系的能力；②准确分析和评估的能力；③个别和团体辅导能力；④心理辅导和科学研究能力（宋晓东，施永达，2010）。其中准确分析和评估学生的心理和行为问题成为中小学心理健康教育的开展与实施中的极大挑战。

当前我国相当一部分心理健康教师由德育工作者、行政工作者、班主任及学科教师组成（程永琛，朱仲敏，2018）；即使在心理学专业背景的心理教师队伍中，专业化发展与工作岗位的实际对接依然是当前的难题。有一大部分心理老师无法胜任学校心理健康教育的职能：心理预防与心理卫生、心理咨询、诊断性评价、行为矫正、学业指导、职业指导。即使是在北京市等重视心理健康教育的城市来看这种问题依然突出。2016—2018年我们对北京市133名中小学专兼职心理健康教师的调查结果显示，他们在专业成长上存在大量的需求，尤其是对学生心理问题的评估和识别的需求连续三年达到100%。

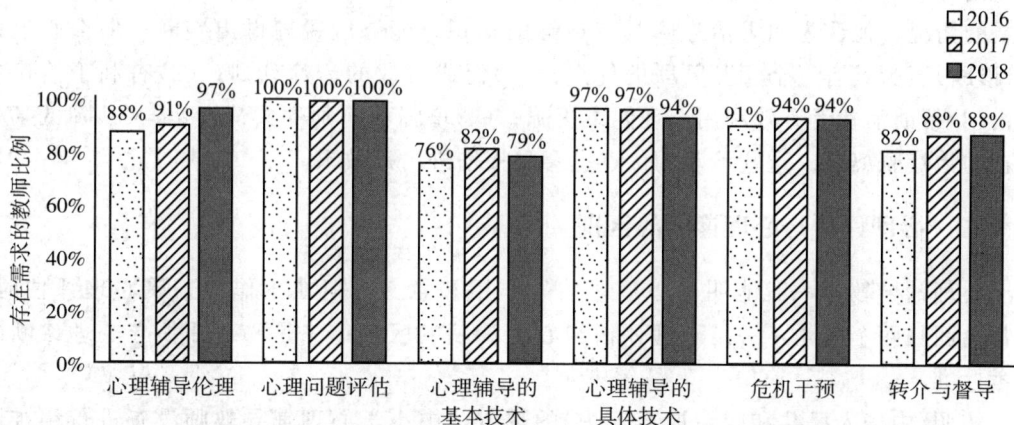

图 6-1　2016—2018 年北京市中小学心理健康教师培训需求调研结果

从学校心理健康教育工作者的职能上看，从事心理健康教育相关工作的教师不具备诊断的资质。《中华人民共和国精神卫生法》第十六条强调了各级各类学校应当对学生进行心理健康教育，提供心理援助，关注学生心理健康状况；第二十三条强调心理咨询人员不得从事心理治疗或者精神障碍的诊断、治疗；第二十五条规定了开展精神障碍诊断、治疗活动的资质。综合三者可知，心理辅导教师不具备对学生心理和行为问题进行诊断的资质，但恰当有效的评估即有效地关注学生的心理健康状况，能够帮助心理辅导教师为学生提供更适切的心理健康教育，提供恰当的心理援助。本章聚焦中小学心理辅导中的评估部分，从认识、任务、步骤、常用量表和方法等方面进行介绍。

第一节　认识心理评估

心理评估对中小学心理健康教育无比重要，有效的心理评估可以确立心理健康教育的基线水平，也可以作为衡量心理健康教育过程和结果有效性的参考标准。

一、认识心理评估的意义

心理评估在不同领域的作用大同小异，概括起来有如下三个方面。（1）做决定。通过心理卫生评估，我们全面了解了某一人群或某一个体的心理卫生状况，进而制订心理卫生计划，或者对个体做出诊断，制订治疗方案，向来访者提出忠告或建议等。（2）形成印象。评估的第二个意义是帮助心理卫生工作者形成对来访者或病人的印象，印象正确与否，取决于评估时获得的信息。第一印象很重要，因其形成后常常很牢固。研究表明，前三次会谈后形成的印象与第三十次会谈的相关度极高。社会心理学家也指出，第一印象往往有"贴标签"的作用。（3）核实假说。任何科学研究或者临床医学诊断都是不断地修正假说、核实假说的过程，心理卫生评估作为其中一种方法而发挥作用（汪向东，王希林，马弘，1999）。

南希·麦克威廉斯（McWilliams，2011）对心理评估的看法更符合中小学心理辅导开展的情况，他认为如果治疗师具有足够的知识，能够敏锐地做出判断，那么心理评估（诊断）至少具有五个相互关联的优点：（1）促成有效的治疗计划；（2）有利于治疗进展；（3）帮助消费者有效利用心理健康资源；（4）增强治疗师的共情表达；（5）降低某些患者的治疗脱离率。这些诊断的优点也会间接增进治疗效果。

二、心理评估与心理诊断的区别

心理辅导教师一般能明确心理评估的作用和意义，但在工作中开展心理评估时，经常会面临两个问题，一是心理评估与心理诊断的区别；二是心理评估与心理诊断的参考标准。

按照《中华人民共和国精神卫生法》的规定，中小学心理辅导教师没有进行精神障碍诊断的权限，但是心理辅导教师可以进行评估，那么心理评估和心理诊断有哪些不同呢？心理评估是指在生物—心理—社会医学模式理论指导下，综合运用谈话（也称访谈、晤谈）、观察、测验的方法，对个体或团体的心理现象进行全面、系统和深入的分析。心理诊断也是在生物—心理—社会医学模式指导下，以临床心理学的方法和工具为主，对个体或群体的心理状态、行为偏移或障碍进行描述、分类、鉴别与评估的过程。从对象上看，心理评估的范围更广，包括患者、相对健康的普通大众，心理诊断的对象则主要是患者。从内容上看，心理评估涵盖的内容更加广泛，既有对心理症状和人格特点的判断，又有对一般心理状态、潜力、人格特征等做出的评价与估计。内容的不同导致了两者服务目的的不同，心理评估的应用范围更广，可以用作一般心理健康的评估，为预防性的目标提供基础；也可以通过能力测试、职业测试等为生涯教育和日常选择提供参考。心理诊断则主要应用于临床心理问题和精神问题的诊断。心理评估的应用场所也比心理诊断要广泛得多，机关、学校、企事业单位、军队、社会机构、卫生机构等各种场合均可以使用，心理诊断则主要应用于医疗卫生机构和医学心理鉴定机构。

鉴于上述差别，广泛推广心理评估的不仅仅有学校，很多医疗机构也在更多地强调心理评估，弱化心理诊断，这样做可以从更动态的视角理解来访者问题的起因、病程、应对方式，也可以系统地给出干预方案，减少对来访者的标签化，强化来访者的主动性、可塑性和发展性。这些与中小学心理辅导的理念更为贴近。当然弱化心理诊断并不代表为心理治疗服务的诊断不重要，心理诊断最好是治疗性质而非确定性质的，一方面能体现诊断的严谨、精准，避免泛化，另一方面也是对患者隐私权和人格尊严的保护。

三、心理评估的参考标准

我国卫生系统使用的诊断标准是中国精神疾病诊断标准，这套标准与以 DSM、ICD 为首的诊断系统一致，通过对来访者行为和症状的描述来进行诊断，这些系统中与描述性诊断共存的还包含推理性、环境因素、人格维度和主观评判的内容(Gabbard，2005)。这套诊断的流程建立在确定对象—收集信息—必要的检查之上，之后确定疾病的过程也并不是简单地依靠信息或者检查得出结果，而是通过排除其他问题、确立症状和行为描述的边界后得出诊断的结果。

行为描述上的主观性，以及检查上的模糊性，对进行心理诊断和心理评估的人员提出了严格的要求，他们必须要经过严格的理论学习和大量的实践、指导才能独立开展工作。但症状描述式的诊断的误诊情况依然非常常见。因此有的研究对以 DSM 为首的诊断系统提出了质疑，南希·麦克威廉斯在他的著作《精神分析诊断：理解人格结构》中总结了现有研究对 DSM 诊断系统提出的质疑，并给出了自己基于精神分析理论对心理诊断和评估的看法，包括以下四点。

第一，DSM 缺乏对精神健康和情绪良好的操作性定义。精神分析治疗的理论，除了可以帮助来访者改变问题行为和精神状态，还可以帮助他们认识自身的缺陷，提高整体康复能力和自主能力，提升挫折容忍力、自我完整性、现实自尊感、亲密能力和伦理道德观，以及拥有独立主体性和对他人的感知能力。缺乏这些能力的人也常常缺乏自我识别能力，他们会因为适应困难而求助，但他们的问题却远非 DSM 轴 I 维度的疾病诊断名称。

第二，DSM 的信度和效度一直不尽如人意(Herzig & Licht，2006)。出于研究目的而人为定义心理病理现象，会不可避免地制造出一些与患者的复杂感受相分离的临床体验；忽视患者对症状的主观体验，导致精神症状的描述性定义枯燥无味，脱离现实。而这些方面对于临床诊断和治疗至关重要。

第三，DSM 是反映精神病理现象的"医疗模式"，但精神科医生都知道：症状的缓解不等于疾病的治愈。因此，主观地将"障碍"归为医学疾病类别，不仅很大程度上忽略了患者的临床主观感受，而且无意中会造成负面影响，即把心理问题看成互相分离的疾病症状单元的组合。有时，来访者主诉的症状往往只是冰山一角。

第四，DSM 对于哪些疾病名称应该列于其中，哪种疾病名称应该归为某一类别，显得凌乱，缺乏一致性。

南希·麦克威廉斯认为目前的诊断分类体系可能会加剧个体的自我疏离感，因为人为地对自我状态的描述具体化，会促使个体以隐晦的方式否认自己的责任；甚至会进一步阻碍个体与他人的接触，与"我是一个害羞的人"相比，"我有社交恐惧症"更加刻板，这种社会观念的细小变化，会影响个体意识形态的改变。

医疗系统等机构进行心理诊断的标准通常也作为中小学心理辅导教师开展心理评估的首要参考标准。与我国不同的是，很多国家和地区的心理咨询师与心理治疗师是等同的，都具有学习如何进行心理诊断的过程以及提供心理诊断的权限，在此也提醒大家在阅读国外的文献资料时要注意这一点。当前对于我国大部分的中小学心理辅导教师而言，无论是参考中国精神疾病诊断标准还是参考精神分析理论的诊断标准，都是非常有难度的，这里面不仅仅包含了历史遗留问题。根据心理辅导教师职前、职后的专业培养路径，从心理辅导工作者的个人成长、需要进行评估的任务和数量上看，中小学心理辅导教师很难完全依托这两个标准进行有效的评估。尽管这两个评估标准各有千秋，看似有冲突，但互相补充之后，才能更加趋近完整理解评估对象的全貌。因此这两个标准在中小学心理辅导中的实践中都是存在的。心理辅导教师们延续了心理咨询理论和心理咨询过程中实用主义的经验，他们往往通过症状和行为的描述来筛选来访者，进行初期的评估，但从进一步接触的初始访谈开始，基于精神分析理论的对个体的理解和评估，逐渐在后续的心理辅导以及持续评估中占据上风。

四、心理评估的任务

世界卫生组织对健康的定义包括身体、心理、社会适应能力和道德四个方面，心理卫生评估内容也涉及了这四个方面。汪向东等（1999）指出，心理卫生评估的对象是人，包括了病人和健康的人，故评估的范围既涉及了疾病，又涉及了健康，而且更重视健康的评估。心理卫生强调生物—心理—社会的医学模式，其评估的内容必须涉及这三个方面及相互间的影响。当然在某项具体临床工作或研究中，评估的重点常常有所侧重，但在分析结果时应全面考虑其他方面的影响。具体而言，心理卫生评估任务包括如下方面。

（1）描述个体或人群有关疾病的特征，主要是从疾病的行为表现或精神病理学水平进行评估，协助临床诊断分类，作为科研病人入组标准，寻找各类疾病的特征性表现。

（2）描述个体或人群的健康状况，全面地从生理、心理、社会等方面对构成健康的要素进行评估，为研究增进各种人群的健康机制和方法提供依据。

（3）评估日常健康行为习惯和日常功能有效水平。

（4）评估疾病发展中的心理过程，包括认知、行为、社会、情感等诸心理过程。

（5）评估心理社会因素在疾病自然愈合过程中的作用。

（6）评估个体对不同应激刺激的反应，主要指在实验室控制条件下，观察个体对各种应激事件的身心反应性质和程度。

（7）评估疾病康复过程中的各种治疗方法的效果及其与心理社会影响因素的相互作用。

（8）评估生活方式对防治疾病和增进健康的影响。

（9）评估个体或人群的社会经济状况对健康的影响。

（10）评估各种生态学有害因素对健康的影响，既包括像噪声、环境污染、建筑风格等自然环境因素，也包括人际关系、群体气氛、家庭结构和关系、人口流动、城市化等社会环境因素。

（11）评估卫生保健的有效性，主要指各种卫生保健设施和方法对提高人群健康的作用。

（12）评估医嘱依从性对疾病和健康的影响。

上述的评估任务是从心理卫生的角度出发，更贴近中小学心理辅导教师日常对诊断的理解。面向中小学的心理评估延续了上述评估任务的大部分重要内容，但没有上述评估任务那样细致和复杂。与心理卫生领域的评估相比，中小学心理辅导的评估更模糊、更笼统，更加贴近和服务于教育的目标而不是治疗的目标。

第二节　中小学心理评估的内容与步骤

2020年9月11日，国家卫健委公布的《探索抑郁症防治特色服务工作方案》中指出：各个高中及高等院校将抑郁症筛查纳入学生健康体检内容，建立学生心理健康档案，评估学生心理健康状况，对测评结果异常的学生给予重点关注。当前，抑郁症这一精神疾病在我国青少年群体中的确诊率越来越高，如果没有及时筛查诊断则容易引起更严重的心理困扰甚至是心理危机。从相关政策的落地，尤其是贯彻预防为主的心理健康教育工作方针中，可以看出中小学对心理评估的重视。但这对心理辅导教师的评估能力提出了较高要求。从学校工作的开展来看，不管是开展全员的还是针对个别学生一对一的心理评估均需要专业人士或专业机构来实施。在开展心理评估之前，消除家长、社会对于心理评估的误解（最常见的误解如："我们家孩子原本好好的，这一测测出问题来了。"），使他们明白心理评估的目的是为了促进和改善心理健康，并不会妨碍学生的学业，反而会帮助学生更好地待在学校。早发现、早干预、早起效是应对心理问题时人人应该具有的常识。即使学校依托专业机构来进行普测，心理辅导教师依然需要具备相应的评估知识和技能，包括心理测量的专业知识、心理评估的流程、访谈与观察的专业知识等内容，切不可把心理评估等同于心理测验，更不能单纯地把测验结果作为理解学生的唯一依据。

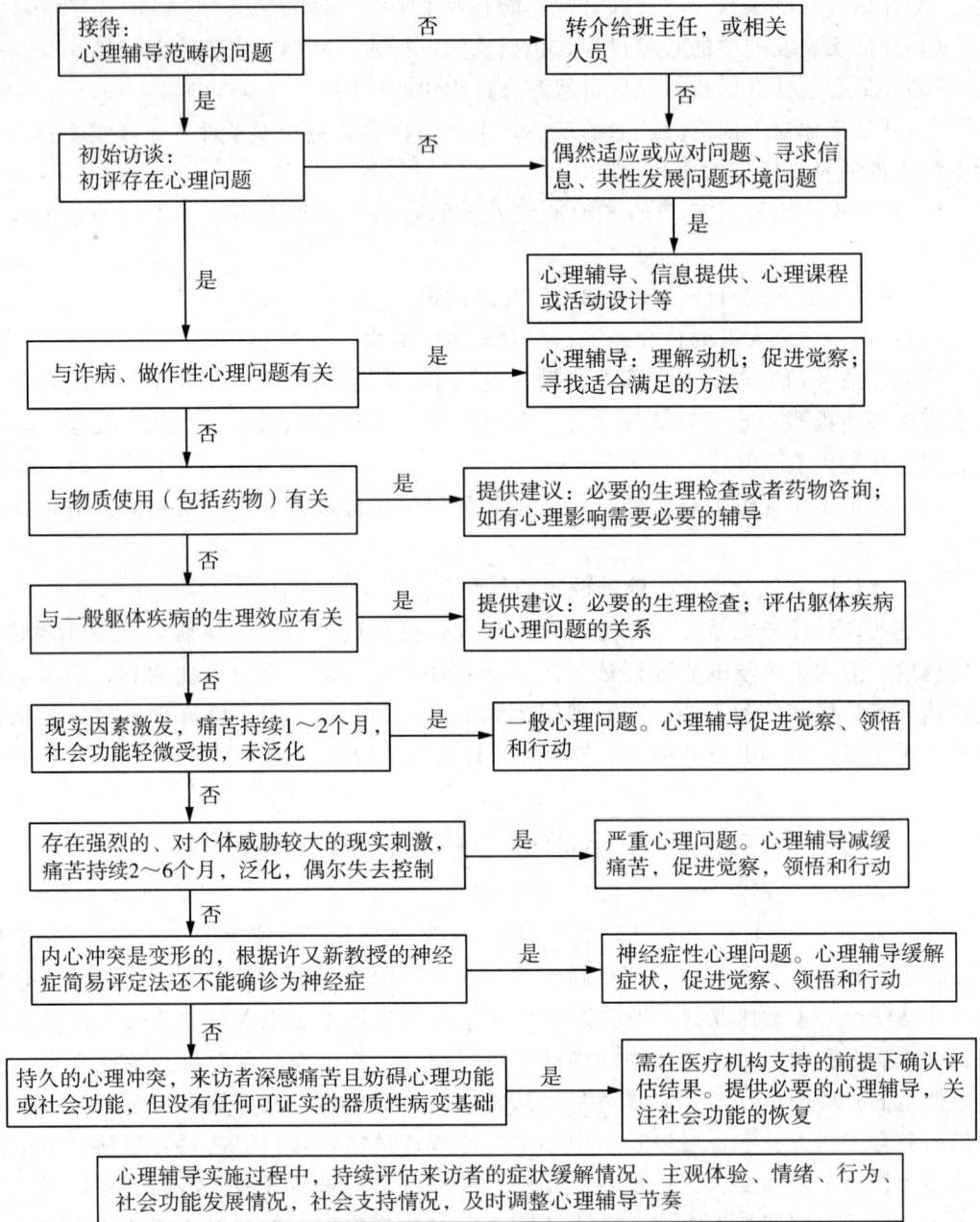

图 6-2　心理评估步骤图

一、是否需要心理辅导

中小学心理辅导中广泛意义的评估并不总是由心理辅导教师开启的。跟来访者接触最多的家长、教师、同学往往有更加朴素但敏锐的评估直觉,来访者生活中点滴的变化都可能是心理专业人士眼中的重要转折点。对非专业人士而言,他们可能并不知道这是转折点,但对当事人的关心、观察和规律性的接触也可以让他们感受到对方在发生着可能不太积极的变化。我们最常听到教师发出的信号是"这个学生与其他学生不一样",这里的其他学生指的往往是与"这个学生"同班的同龄人,或者教师会在经验中搜索往届学生在这个年级时的普遍状态,由此得出"不一样"的结论。同伴是发现需要接受心理辅导的对象的重要人群,同龄人之间的日常接触使他们更容易去发现同学身上的变化,这些变化可能是明显的上课状态从活跃到不活跃,也可能是隐蔽的偷偷自伤;可能是生理上食欲的降低、睡眠的增加,也可能是人际关系上的回避和矛盾突出。总之,同伴往往能在蛛丝马迹中最早发现身边同学的变化。同时,同伴也常常是中小学生第一个倾诉的对象,同伴可能因为倾诉内容引发焦虑和对朋友的担心、关心等情况,而主动把倾诉者的情况汇报给成年人。家长往往比教师更早发现学生在学习上的消极变化,如对学习的兴趣下降、对作业的不重视增加、成绩的起伏等,这往往给心理辅导教师一个不好的印象:家长太过于在乎成绩。事实上,成绩代表了中小学生在学校的一项重要的社会功能,而对社会功能影响的评估一直是心理评估的重点内容。当然上述只不过是中小学生心理问题出现时相关人员发现的常见信号,并不能够涵盖所有的评估维度。

心理辅导教师实施的评估贯穿了心理辅导的全程。在接待的过程中评估就已经开始了,这个时候评估的重点是来访者的问题是不是心理问题,以及这个问题是否可以通过心理辅导来解决。举例来说,如果一个学生来求助的目标是改善父母之间的关系,那么很显然这不是学校心理辅导可以解决的问题;但是接待的心理辅导教师评估之后发现学生因父母关系不良而出现了情绪困扰,并影响了他在学校的生活,那么心理辅导教师可以针对这个问题,通过心理辅导来进一步地提供支持和应对方法。如果来访者是由班主任、其他教师或者家长等人转介而来,这个时候的评估还需要参考转介报告、以往的全校测评结果、早期的学生档案、医疗记录、家庭数据和考试结果等内容来进行。在这之后心理辅导教师还要通过观察法来进一步确认评估的结果。

二、判断是否存在心理问题

个体心理辅导中的评估由初始访谈正式开启。在中小学生的心理评估中,首先要评估是否存在心理问题,评估的侧重点值得心理辅导教师留意。杜永明在《中小学生不良行为矫治全书》中提出判断问题行为的四个实践方法:(1)按常规管理方面的观察和调查统计,看问题行为出现的背景、频率和类型;(2)收集家长、各科教师、同学、社会对儿童问题行为的反映,看问题行为的征兆、环境特点;(3)运用有关的规章、制度、条例去进行鉴别,看行为"出轨"的程度;(4)对某些难以判定的问题行为案例进行分析讨论,特别注意不同年龄阶段的儿童在生理机能、心理水平、认识能力和行为控制方面的不同特点,区分儿童问题行为的程度差异。《改变心理学的 40 项研究(第七版)》中记录的一项研究列举了评估的要点,包括行为的背景、行为的持续性、社会越轨程度、主观痛苦、心理障碍和社会功能的影响（罗杰·霍克，2014）。从我的个人经验上看，在上述要点中我更加重视来访者的主观痛苦和当前困扰对社会功能的影响。其中对中小学生而言，主观痛苦除了心理痛苦，会有较多关于躯体的主诉，如食欲、睡眠的变化，躯体部位的疼痛不适等，这部分内容不仅是评估的重点，也是进行个案概念化时必须加以区分和确认的内容。社会功能主要体现在人际关系和学业两个方面。人际关系方面主要看人际关系的变化、与自我关系的矛盾以及对他人的影响；学业方面更多地从学习的动力和动机、学习成绩、学习任务完成情况、学校表现等方面来进行评估。对社会功能的评估一是为了了解正常的社会功能水平，二是为了了解心理问题影响社会功能的情况，这是评估心理问题严重程度的重要衡量指标。

三、心理问题的鉴别评估

借助观察、访谈、测验等各种方法，收集到足够的资料之后，指向辅导目标的评估也就可以开始了。这部分评估是在大致明确了来访者存在心理问题的基础上，确认心理问题的类型和严重程度。这部分评估及结果为后续的辅导工作开展指明了方向。然而受症状描述评估标准的影响，很多的心理问题可能具有同样的外在行为表现和症状表达，因此，个案概念化中进行的对心理问题假设的过程也是有一定的步骤的。例如《精神障碍诊断与统计手册（第五版）》（DSM-5）把鉴别诊断的过程分解为六个基本步骤（迈克尔·弗斯特，2016），其中前面三个步骤对中小学心理评估非常有借鉴意义，在此，将这三个步骤与中小学心理辅导的现实情况进行整合说明。

第一，排除诈病和做作性障碍。这两种状况可以依据欺骗的动机来鉴别，当动机是获得可明确识别的目标时，患者被认为是诈病。当没有明显的外部奖赏但仍存在欺骗行为时，诊断为做作性障碍。以下五种情况应该引起临床工作者的警觉：（1）当患者有明显的需要被诊断为精神疾病的外在奖励时；（2）当患者表现出的一组精神症状更符合大众对精神疾病的认识而非医学上公认的临床实体时；（3）当症状的性质从一次就诊到另一次就诊之间出现显著的变化时；（4）当患者的表现模仿某个榜样时；（5）当患者特征性地善于操纵他人或易受他人影响时。最后，临床工作者要留意自己对患者过分怀疑或过分轻信的习惯。

诈病和做作性障碍这两种情况在中小学虽不常见但并非完全绝迹。从程度上看，很多中小学生的表现达不到障碍的程度，却有一定的倾向，其中比较典型的现象是"病床得利"，指的是疾病虽然痛苦但是可以获利（外部动机）。例如学生观察到自己的同伴因为罹患抑郁障碍，各科教师不仅在课堂内外都更关注他，也放松了对他的要求，他可以上课睡觉（其他学生可能无法理解这是一种抑郁症状），还可以不交作业。获得关注对学生们而言是一种人际关系上的正强化；睡觉不被惩罚和不交作业可能被误解为在学校可以过得更轻松，从而起到负强化的作用。从发展特点上看，中小学生依赖性、受暗示性均较强，容易在受到他人的影响后出现模仿行为。因此充足的外在奖励（包括去除厌恶刺激）、有模仿的榜样、易受影响等特点，导致中小学群体中存在一定比例的来访者属于"诈病"和"做作性心理问题"。与医学诊断不同的是，这类来访者也是心理辅导教师的重要工作对象，面对这样的来访者心理辅导教师的工作重点是帮助他们理解、觉察到自己真实的需求，并通过恰当的途径来满足。而这样的辅导目标一定是建立在对是否存在"做作性"的有效评估上的，因此对中小学心理辅导而言，这个步骤也是评估的首要步骤，只是在评估完成后，如果确定是该类问题，就要针对来访者的情况进行分层、分类的心理健康教育。

第二，排除物质病因（包括滥用毒品、药物）。我国的禁毒工作一直是多措并举，多年来卓有成效。全国人民对待毒品的态度都是避之不及，因此在我国的中小学生群体中，几乎不涉及毒品对精神疾病的影响。药品对中小学生群体的影响也极为少见，一方面中小学生身体的自愈力和发展性帮助他们抵抗了很多疾病；另一方面"是药三分毒"的理念也直接影响了父母对子女服用药物的态度。尽管如此，在心理评估的过程中多问一下之前的患病史和服药情况总是没有坏处的；如果有必要，应提醒家长及时进行生理检查和药物咨询。如果在服用药物的过程中，学生产生了心理困扰，那么针对这部分心理困扰也要开展相应的心理工作。

第三，排除由一般躯体疾病所致的障碍。这步与第二步组成了传统上认为的精神医学中要"排除器质性因素"。从鉴别诊断的视角来看，这一项是精神疾病诊断中最为重要和困难的要点之一。这一点在中小学心理评估中别无二致。这个步骤之所以困难，原因有四点：（1）一些精神障碍和许多一般躯体疾病的症状可能相同；（2）有时，一般躯体疾病的首发症状是精神性的（例如在胰腺癌和脑肿瘤中，抑郁出现于其他症状之前）；（3）一般躯体疾病和精神症状之间的关系可能十分复杂；（4）患者常就诊的场所主要识别和诊断精神障碍，那里对躯体疾病诊断的预期和熟悉程度都较低。

人的身心健康是相互影响的，在DSM-5中有一类是由其他躯体疾病所致的精神障碍。我曾经接待过这样两个中小学生来访者，他们经常抱怨心理咨询没有效果，并分别在半年和一年之后被确诊为甲状腺功能低下导致的抑郁障碍和脑肿瘤导致的多动行为增加。我也曾在督导中听到过另一个关于甲状腺功能的案例，一个五年级的女孩因为情绪暴躁被转介，她开始出现暴躁情绪时恰逢二胎妹妹出生，所以大家都认为这个来访者无法适应家庭结构的变化才会如此暴躁，精神科医生也开具了缓解焦虑的药物但收效甚微，最终这个女孩在8个月之后被确诊为严重的甲亢，对症下药之后情况比之前好转了很多，这样的情况并非个例。中小学心理辅导教师在这一项上的困难还要增加两条：第一条是心理辅导教师对精神疾病的预期和熟悉程度不高；第二条是中小学生的心理问题往往会通过躯体不适来表达，这无疑增加了评估的难度。因此心理辅导教师在工作中，应该有这方面的意识，提醒来访者及其监护人先到内科等科室进行一般疾病的筛查与排除，这样的建议对家长而言更容易被采纳，一旦明确来访者的问题是一般躯体疾病，对来访者而言能立见治疗效果，对心理辅导教师而言也可以减少"久治无效"带来的无力感和迷茫。

值得注意的是，来访者存在某种一般躯体疾病，并不代表他就不再有心理困扰，通常情况下，确立了来访者的躯体疾病之后，要确定它与精神症状在病因上的关系。迈克尔·弗斯特梳理了五种可能的关系：（1）一般躯体疾病通过对大脑的直接生理效应引起精神症状；（2）一般躯体疾病通过心理机制引起精神症状；（3）服用治疗一般躯体疾病的药物引起精神症状，此时被诊断为"药物所致的精神障碍"；（4）精神症状引起或负面影响一般躯体疾病；（5）精神症状和一般躯体疾病的共存是巧合。我曾经间接处理过一些小学心理危机事件，例如有一名男生因为先天疾病需要服用激素类药物，长期治疗带来的副作用使其体型超过同龄人，被同班同学嘲笑，此后该生因无法忍受嘲笑做好了在校内跳楼的自杀计划，危机干预成功后评估该生，发现其存在较为明显的抑郁情绪和适应不良状态。因此，一般躯体疾病与精神症状在病因上的关系可能是多因素组合，需要细致有效的评估。

判断精神症状是否由一般躯体疾病的直接生理效应引起，可以参考两条线索。第一条是时间线索，需要考虑精神症状是否在一般躯体疾病起病后出现，是否随着一般躯体疾病严重程度的变化而变化，并且是否随着一般躯体疾病的改善而消失。第二条线索是如果精神症状表现的模式、起病年龄或病程不典型，在鉴别诊断中就应该考虑患者是否存在一般躯体疾病。当然这两条并不绝对可靠，尤其是对于中小学生，必须结合各方面的信息来进行判断。

第四，确定特定的原发性障碍；第五，区分适应障碍与剩余的其他特定的和非特定的障碍；第六，确立与无精神障碍的边界。这三步属于精神医学领域的重要步骤，对专业性知识和临床经验要求均较高，这里不再详述。

四、评估心理问题的严重程度

在中小学心理辅导中，能够做到前面三个步骤，就已经完成了心理评估的大部分内容了。接下来需要区分心理问题是属于心理辅导的工作范畴还是需要医疗介入，因此中小学的心理辅导接下来的步骤是鉴别精神病性障碍和非精神病性障碍，两者的重要区别是来访者是否具备自知力。精神病性障碍需要转介给精神科医生，心理问题及非精神病性障碍则是心理辅导的工作范畴/内容。

心理问题包括一般心理问题、严重心理问题和神经症性心理问题。一般心理问题通常是由于现实生活、工作和学习压力、处事失误等因素而产生内心冲突，并因此体验到不良情绪；这种不良情绪不间断地持续满一个月或间断地持续两个月而不能自行化解；不良情绪尚在理智控制下，个体始终保持行为不失常态，基本维持正常的生活、学习、社会交往，但效率有所下降；自始至终，不良情绪的激发因素仅仅局限于最初事件；即便是与最初事件有联系的其他事件，也不会引起此类不良情绪。总结来看，一般心理问题是由现实因素激发，持续时间较短，情绪反应能在理智控制之下，不严重破坏社会功能，情绪反应尚未泛化的心理不健康状态。

与一般心理问题相比，引起严重心理问题的原因通常是较为强烈的、对个体威胁较大的现实刺激；从产生痛苦情绪开始，痛苦情绪间断或不间断地持续两个月以上、半年以下；多数情况下，来访者会短暂地失去理性控制；在后来的持续时间里，痛苦可逐渐减弱，但单纯地依靠"自然发展"或"非专业性的干预"，难以解脱；对生活、学习和社会交往有一定程度的影响；不但最初的刺激能引起痛苦情绪，而且与最初刺激相类似、相关联的刺激，也可以引起此类痛苦（泛化）。总体而言，严重心理问题是由相对强烈的现实因素激发，初始情绪反应剧烈，持续时间长久，内容充分泛化的心理不健康状态。

神经症性心理问题的内心冲突是变形的，根据许又新教授的神经症简易评定法还不能确诊为神经症，但是它已接近神经衰弱或神经症，或者它本身就是神经衰弱或神经症的早期阶段。有心理问题的来访者是中小学心理辅导的重点工作对象，通常情况下，问题越严重，需要的心理辅导时间就会越长。

非精神病性障碍包括确诊的神经症、分离转换障碍、应激相关障碍、性心理障碍等，其中神经症在中小学心理辅导中越来越常见。神经症是一种精神障碍，主要表现为持久的心理冲突，病人觉察或体验到这种冲突并因此而深感痛苦且妨碍心理功能或社会功能，但没有任何可证实的器质性病变基础（许又新，1992）。神经症的来访者有清醒的自知力，因症状持续时间长且自感无法控制，往往具有较强的痛苦体验，因此也成为中小学心理辅导的一类重要服务对象。常见的神经症包括恐惧症、焦虑症、强迫症、神经衰弱和躯体形式障碍。此外，对罹患心境障碍中的抑郁发作、躁狂发作、双相情感障碍等问题的中小学生而言，尽管需要医疗介入，但心理辅导也是重要的症状缓解途径之一。

对心理障碍的评估受到主客观因素的影响，心理辅导教师通常无法清晰、完整地了解来访者罹患疾病的具体类别，但大部分心理问题都有轻度、中度和重度之分，在这种情况下要去完成对来访者当前问题严重程度的判断。如果是与危机情况有高度相关的心理问题，那么对危机状态如自杀风险的评估也是非常必要的。

五、其他因素的评估

对中小学生的评估还包括寻找导致心理问题的成因和对当前的生存环境的评估，包括但不限于：有无负性应激事件；是否存在家庭问题，例如父母婚姻问题、不适当的角色、界限不清、虐待等。考虑到心理辅导的系统性，需要对来访者的社会资源系统进行评估。

实施心理辅导的过程中，心理评估主要用于帮助判断心理辅导的方向是否准确、方法是否得当、来访者接受心理辅导的过程性效果等。这里面包含了对症状、情绪、行为、社会功能等各方面的评估，这部分评估并不是心理辅导的重点，也不需要像初始访谈一样大张旗鼓，这时的评估更多是通过来访者的讲述和心理辅导教师的观察，或者辅助使用必要评定量表等方式进行的。一旦评估的结果是来访者的症状缓解或消除，情绪稳定且积极，社会功能恢复，这也预示着心理辅导接近尾声了。

第三节 评定量表在中小学心理评估中的的应用

在心理卫生理论研究和临床实践中，常常需要对个体或群体的心理和社会现象进行观察，并对观察结果以数量化方式进行评价和解释，这一过程被称为评定。而评定绝非漫无目的，需要按照标准化程序来进行，这样的程序便是量表（汪向东，王希林，马弘，1999）。学校心理辅导教师具备进行教育评估的知识和能力，使用这些工具可以有效帮助学生、家长和教师识别出学生的心理健康状态、能力水平、发展水平等情况。

一、评定量表在心理评估中的价值

汪向东等人（1999）指出，评定量表之所以广泛使用，主要有以下原因。

（1）客观。一般每个评定量表会有一定的客观标准，不论是何人、在何时、何条件下来评定受评者，均应根据这个标准来收集资料，做出等级评定，因此所得结果比较客观。即使就他评量表而言，评定者做出的评价是主观的，但其依据来源是真实的，从这种意义上讲，其同样具有相当的客观性。

（2）数量化。在观察影响人们健康的心理和社会因素时，如果只有文字描述，那么在不同地点、不同时间的观察结果便难以比较。评定量表使观察结果数量化，用数字语言代替文字描述，是较理想的研究样本的入组指标和研究因素的变量形式，有助于分类研究，便于将观察结果作统计学处理，更有利于计算机分析，研究的结果表达更符合科学要求。

（3）全面。评定量表的内容全面而系统，等级清楚。用它来观察受评者，收集个体的一般资料，评价心理卫生各个方面，估计防治效果，一般不会遗漏重要内容。其功能相当于一份详尽的观察和晤谈大纲，并能协助评定者发现其他评估方法如观察、晤谈等所遗漏的内容，并弥补如心理测验等方法的不足之处。此外，评定量表适用范围几乎涉及心理卫生状况的所有侧面，各种心理卫生调查和各种研究心理和社会因素对人类健康的课题均可使用。

（4）经济方便。评定量表能够广泛运用的一个重要原因在于各类人员较易学会操作方法，完成一份量表评定通常只需 10～30 分钟，省时、省力、省钱。评定者和受评者一般都乐意接受。

鉴于对心理评估的重视，经济方便的评定量表受到了中小学心理健康教育的欢迎，尤其是团体测评成了当前中小学心理健康教育中最常用、最主要的评估手段。评定量表的客观性也使中小学心理辅导教师的工作更加地有的放矢，减少主观因素带来的偏差。数量化对于不同学科、不同背景的人理解受评者的心理是非常有帮助的，全面系统和等级清楚也可以使不同群体对心理状态的理解更加全面、精准。

二、自评量表与他评量表

心理卫生评定量表的形式多种多样，按评定者的性质可分为自评量表和他评量表。自评量表的填表人为受评者自己，受评者对照量表的各项目陈述选择符合自己情况的答案并做出程度判断。自评量表因实施方便，通常在中小学团体测评中广泛应用，如中学生入学之初进行的心理健康状态测评。不过因为自评量表要求受评者有一定的阅读和理解能力，因此对于小学低年级学生、个别有特殊需求的学生来讲适用性要低一些。有些量表为了弥补这方面的不足，会针对回答群体的年龄设置父母、教师等相关人员使用的量表，例如阿肯巴克儿童行为量表（Achenbach Child Behavior Checklist）主要用于筛查儿童的社交能力和行为问题，共有五种表格，包括家长填的、老师填的和智龄 10 岁以上儿童自己填的，其中家长填的使用频次最多。

他评量表的填表人为评定者，一般由专业人员担任，如心理评估工作者、医师或者护士等。评定者既可根据自己的观察，也可询问知情者意见，或者综合这两方面情况对受评者加以评定。评定者要具有与所使用量表内容有关的专业知识，并且需要接受严格的训练。他评量表对评定者要求较高，与大面积的团体测评相比更适合一对一的测评，例如汉密顿焦虑量表（Hamilton Anxiety Scale，HAMA）包括 14 个项目，是精神科中应用较为广泛的由医生评定的量表之一。

从内容上看，评定量表的种类繁多，基本上可以覆盖个体心理发展的方方面面。常见的包括心理卫生综合评定量表、生活质量和幸福度评定量表、家庭功能与家庭关系评定量表、人际关系与人际态度评定量表、抑郁评定量表、焦虑评定量表、自尊与自信评定量表。与成人相比，在中小学心理健康教育中更常见的包括行为发育相关评定量表、学习与能力相关评定量表、生涯教育相关评定量表和人格相关评定量表。

三、选择合适的量表

同一类量表可能包含了多个不同的具体评定量表，以抑郁自评量表为例，包括抑郁自评量表、贝克抑郁自评量表、流调中心抑郁自评量表、抑郁体验问卷等不同的量表，那么中小学心理辅导教师如何选择合适的量表呢？里泽恩和西格尔（Riezen & Segal，1988）提出如下评价量表的原则。

1. 量表的功效

量表的功效指所使用的量表能否全面、清晰地反映所要评定的内容特征，以及真实性如何，这与量表本身的内容结构有关。有的量表可评定多个方面的特质，而另一些量表则只限于评定一两种特质，前者的量表项目覆盖面大，但有时难深入，评定者差异上后者要小于前者。有的量表适用于所有年龄和各种类型的人群，而另一些量表可能只限于某一年龄阶段或某一特殊人群使用，如某一种疾病患者。质量好的量表应该项目描述清晰，选项分级合理，定义明确，以反映出行为的细微变化。出现频率或严重程度的分级最好采用 3～7 级划分。量表应尽可能简短，又不损失必要的细节。

2. 敏感性

敏感性指选择的量表应该对所评定的内容敏感，即能测出受评者某特质、行为或程度上的有意义的变化。它与临床上常用的诊断敏感性（特异性为其对应的名词）不同。量表的敏感性既与量表的项目数量和结果表达形式（如因子分）有关，又受量表的标准化程度和信度高低的影响。此外，评定者的经验和使用量表的动机也影响了量表的敏感性。

3. 简便性

简便性指所选择的量表简明、省时和方便实施。量表使用者大都希望自己采用的量表简短又功能齐全，省时又无须特殊训练，结果又可靠；不用特别标准的评定方法而标准化程度又符合要求。实际上，量表简短、省时就难全面；使用者不加训练和采用非标准化方法就会降低量表的信度，影响结果的可靠性。使用者应根据自己的研究需要采用不同量表，比如用简短量表进行筛查，然后再使用项目多、功能较齐全的量表进行特征性分类研究或病情诊断。同时配合使用几个量表，能弥补单一量表的缺点。

4. 可分析性

使用量表的目的是对评定对象的特质、行为或现象作质与量的估计，这就需要分析比较。一般而言，量表应有其比较标准，或者是常模，或者是描述性标准。分析方式有手工分析和计算机分析。手工分析应简便，不做复杂计算；计算机分析则另当别论。量表的单项分、因子分及总分都是常用分析指标，总分常反映受评者总的情况和变化，在诊断性量表的评定结果分析上其意义显而易见。而大多数心理卫生评定量表为非诊断性量表，其总分意义则相对次之，因为总分难以反映受评者心理健康的各个方面的变化，而单项分、因子分则是分析这些方面变化的主要指标，把单项分或因子分画成曲线或构成廓图，受评者的某方面心理特质、行为特征或社会背景情况特点会更为直观、清晰(Riezen & Segal, 1988)。

这样的四条标准对于中小学心理辅导教师而言可能过于学术化，尤其是一些转岗而来或者心理评估水平稍显不足的心理辅导教师，理解这四条原则可能需要学习和吸收大量的心理测量学知识，因此这部分仅供教师们参考，有兴趣的教师可以查阅更多的资料来加深理解。在中小学心理健康教育中，首先要明确评定的目的与目标，因此选择量表时应充分了解量表的性能与结构，了解其是否符合评价目的，是否可以解决想要解决的问题，如果有常模的话，常模能否代表受测者所处的群体等。其次要考虑量表本身的心理测量学性能，信度、效度齐全，经过大量研究反复使用和证明可靠的量表往往更科学有效，同时更能对结果的解释提供依据。中小学对量表的选择一定要考虑受测者的特点，如自评量表要考虑阅读水平，他评量表要考虑评估者的水平(是否足够了解受评者、是否熟练掌握了该量表的评定技术)和受评者的状态。同时，评估的时间、实施测评的客观条件、测评数据的分析能力等也是在选择量表时要考虑的内容。

在实际工作中，我们也常常"投机取巧"，对评定量表的选择往往参考其在行业内部的知名度，知名度高的量表通常更能满足评定的目标。另外，量表的来源也很重要，在专业期刊、书籍上发表的量表往往经过了理论编制、取样、施测、信效度分析等严谨的标准化流程，因此在使用时也能凸显科学性和实效性。当然心理辅导教师需要加强这方面的专业成长，有条件的话可以专门参加相应的学习和培训；或者学校邀请专业机构或专业人员开展评估，也可以减少对量表的选择误差，增加量表评定的有效性。下表简单罗列了中小学常用的一些量表，供心理辅导教师参考使用。

表 6-1　中小学心理辅导常用评定量表

量表类型	中小学常用量表
心理卫生综合评定量表	90 项症状清单(SCL-90)(中学生自评) 中学生心理健康诊断测验(MHT)(中学生自评) 阿肯巴克儿童行为量表(CBCL)(中小学家长他评) 康氏(Conners)儿童行为问卷(多动倾向儿童的家长、教师他评) 鲁特(Rutter)儿童行为问卷(情绪障碍和行为问题儿童的家长、教师他评)
生活质量和幸福度评定量表	生活满意度量表(LSR)(中学生自评) 儿童青少年生活质量量表(QLSCA)(中小学生自评) 儿少主观生活质量问卷(ISLQ)(中小学生自评) 青少年学习生活满意度量表(中学生自评) 情感量表:正性情感、负性情感、情感平衡(中学生自评) 总体幸福感量表(GWB)(中学生自评)
应激及相关问题评定量表	青少年生活事件量表(ASLEC)(中学生自评) 中学生生活应激评定量表(中学生自评) 中学生生活应激源量表(SSMSS)(中学生自评) 应对方式问卷(CSQ)(中学生自评) 简易应对方式问卷(SCSQ)(中小学生自评) 青少年社会支持量表(中学生自评) 青少年学习倦怠量表(中学生自评) 中小学教师工作-家庭冲突问卷(WFCS)(中小学教师自评) 中小学教师职业倦怠问卷(中小学教师自评)
家庭功能与家庭关系评定量表	家庭功能评定(FAD)(中学生自评) 父母养育方式评价量表(EMBU)(中小学生自评)
人际关系与人际态度评定量表	人际信任量表(中学生自评) 青少年学生疏离感量表(ASAS)(中学生自评) 儿童期虐待史自评量表(PRCA)(中小学生自评)
抑郁评定量表	贝克(Beck)抑郁问卷儿童版(中小学生自评) 抑郁自评量表(SDS)(中学生自评) 流调中心儿童抑郁量表(CES-DC)(中小学生自评)
焦虑评定量表	焦虑自评量表(SAS)(高中生自评) 状态-特质焦虑问卷(STAI-Form Y)(高中生自评) 儿童社交焦虑量表(SASC)(中小学生自评)
自尊与自信评定量表	皮尔斯-汉斯(Piers-Harris)儿童自我意识量表(中小学生自评) 罗森伯格自尊量表(RSES)(中小学生自评)
行为发育相关评定量表	儿童感觉统合能力发展评定量表(中小学家长他评) 儿童孤独症评定量表(CARS)(专业人员他评) 自闭症儿童行为量表(儿童家长他评)

量表类型	中小学常用量表
学习与能力相关评定量表	学习障碍儿童筛查量表（PRS）（中小学教师他评） 儿童汉语阅读障碍量表（DCCC）（小学三～五年级的教师、家长他评） 中学生考试心理和行为问题症状自评量表（中学生自评） 瑞文标准推理测验（SPM）（中小学生自评） 一般自我效能感量表（CSES）（中学生自评）
生涯教育相关评定量表	霍兰德职业兴趣量表（中学生自评） MBTI职业性格测试（中学生自评）
人格相关评定量表	卡特尔16种人格因素问卷（16PF）（中学生自评） 艾森克人格问卷（EPQ）（中小学生自评） 大五人格量表（中学生自评）

四、评定量表的施测

评定量表具体的施测应按其使用手册规定的步骤严格进行。通常情况下中小学开展评定量表施测，要经过准备阶段、量表的填写、结果换算及解释和报告四个步骤。

1. 准备阶段

准备阶段的内容主要包括评定者的准备、评定量表的选择和准备、场地准备。

进行量表评定的训练时，心理辅导教师需要对拟使用量表的相关理论基础、量表的内容进行全面的学习，并就量表的具体操作方法和结果解释进行反复练习，以熟练掌握量表评定方法，能较准确地分析解释评定结果。经过一定的训练后，正式使用量表前最好要求预试，进行一致性检验，一致性检验符合要求者才能正式成为合格的评定者（一致性检验方法见后面内容）。预试在中小学心理辅导的场景下并不常见，但在对心理辅导教师的培训中可以适当增加比重。

量表选择正确与否，直接影响了评定的质量。评定量表的选择前面已经有所介绍。量表一般采用纸笔形式作答，少量他评量表还要求准备一些评定用道具，尤其是评定儿童时，有时需要一些辅助器材如玩具、计时器等，以备评定行为能力或特征性反应之用。

施测时场地要求安静即可，少量他评量表对环境有一定的要求，按照量表手册准备即可。有些评定量表还需要到受评者经常活动的地方（如教室）进行评定，以使评定结果更加准确。

2. 量表的填写

评定量表填表过程中，首先应填写受评者的一般背景资料，大部分是人口学资料，如姓名、年龄、性别等。

自评量表各项目填写前应有一段简短的指导语，说明评定的主要目的、评定内容的范围、评定的时间界定（如评定一周内出现的现象，还是一年内出现的现象）、频率或程度标准以及记录方法与其他要求等，虽然这一指导语已用文字写明，但心理辅导教师最好口头加以说明并给受评者留出提问的时间。量表的项目由受评者自己填写，独立完成填表过程。如果受评者年龄较小，阅读能力和理解能力受限，对一些项目不理解，心理辅导教师可逐项念题，并以中性态度把项目本身的意思告诉受评者。此外，自评量表常用作团体评定工具，单个场地的受评者人数不宜太多，大多数时候以自然班为单位，如果班级人数过多，则应多配备1～2个测试教师，以便随时解答问题。心理辅导教师要注意受评者之间是否存在相互干扰，提前做好应对。团体施测时需要当场收回测试量表，以保证测试结果的可靠性和有效性。

他评量表的评定者一般为专业工作者。评定的依据来源大多由知情者提供。所谓知情者是指最了解受评者日常生活及学习、工作情况的人，一般为受评者的父母兄弟姊妹等亲属、了解学生情况的老师等。心理辅导教师最好与受评者现场见面，并辅以访谈，以取得某些项目评定的准确证据，或判断资料来源的可靠性。

3. 结果换算

量表各项目评分需要累加为因子分（或分量表分）和总分，这些分数均为原始分，很多量表要求将其进一步转换成各种形式的标准分或百分位。有些量表使用手册上提供了各种转算表，使用者只需查表即可。团体施测通常需要将结果录入数据统计系统，以方便后续的统计和撰写报告等工作使用。

4. 解释和报告

为了达到评定量表的使用目的，需要对各种评定结果进行分析综合，提出结论，并对其意义进行解释。量表的种类、功能不同和评定的原因不同，其解释的深度也会有所不同。将评定主要结果、结论及解释用文字或口头形式表达即报告。对某一人群的评定结果报告类似于科研调查报告，比较复杂，需要进行大量的统计学处理，如果这类报告可靠，则对心理健康教育工作有指导意义。对个体评定结果的报告，用语要精确明了，解释合理，才有科学性。一般提交报告的对象多为专业人员，报告中应采用专业术语，如平均数、标准分、百分位等；结论和解释要适度，因为任何评估方法都有一定局限性，结果有程度不一的误差，故不能绝对化。有时受评者个人或者家属需要了解评定结果，则多以口头形式报告，一般把专业性术语用较通俗化用语表达，但要注意其科学性（汪向东，王希林，马弘，1999）。

任何评定量表都是基于某种心理学理论、依据心理测量学原理而编制的。尽管评定量表使用广泛，但心理辅导教师需要知晓，量表评定只是心理评估的一种方法和手段，有助于心理辅导教师了解、量化学生的心理特征和态度，而过分地夸大或贬低测验的作用都是不妥的。错误地解释和应用测评结果，不仅得不到恰当的结果，甚至有可能对受评者造成伤害，因此每次测评都需要使用者足够重视，同时要将测评结果与其他评估方法得到的结果进行综合分析和判断，才能得到客观、科学的结论（戴晓阳，2010）。

第四节　观察法在中小学心理评估中的应用

中小学心理评估中使用的观察法主要是自然观察，指在日常生活环境中对受评者的行为进行观察。自然观察可观察到的行为范围较广，但需要更多的时间与受评者接触，观察者要有深刻的洞悉力。被学校教师和家长进行了无数的观察之后，转介给心理辅导教师的个案，仍需要心理辅导教师进一步的观察，一方面通过观察来证实转介者的看法；另一方面观察法也可以与其他方法共同使用，确保评估的准确、有效，例如学校通过团体量表评定后发现存在抑郁倾向的学生群体，那么进一步的观察是完善评估的重要手段。

一、使用观察法的必要性

中小学心理评估使用观察法的原因包括以下六点。(1)从心理辅导的视角评估学生的表现，观察法可以使心理辅导教师进一步确认个案的表现与转介者的看法是否一致。(2)儿童的身心成熟程度决定了儿童的行为方式，年龄较小的儿童通常不会因情绪问题而主动寻求心理帮助，他们的认知发展和语言表达能力受发展所限，无法清楚地报告当前的状态，通常是被身边人发觉他们的心理困扰之后替代求助。对于年龄较小、无法通过测验法或自我报告法等方法评估的学生，观察法可以更加深入地了解个案的情况。(3)当躯体疾病成为心理问题的表象时，往往会妨碍来访者和身边人对心理问题的觉察，甚至造成对来访者的误解，缺乏有效的理解和评估，最终导致躯体问题随着心理问题的发展愈演愈烈。心理辅导教师根据自身的临床经验，加上必要的辅助检查，可以有效地区分学生的躯体疾病是否由心理问题导致。(4)儿童、青少年的问题往往具有不确定性，"士别三日，当刮目相看"，儿童、青少年的发展性决定了即使存在一定的适应性问题，他们也会出现不同的发展趋势和变化，因此观察法可以作为其他方法的有效补充。例如学校在开学之初对全体学生进行了量表测评，在测评后根据学生的得分进行重点访谈，如果访谈结果和测评结果差别较大，这时候心理辅导教师的自然观察就可以作为一项重要的方法来佐证之前的某个结果，或者帮助提出更具解释性的新的发展倾向。(5)儿童、青少年的心理问题受自我观念和人际态度的影响较大，单纯的测评、访谈等方法可能会更多地聚焦在他们所表现出来的问题行为或情绪状态上，可能无法在儿童、青少年相对自然的状态和环境下进行，使他们在评估时的状态与真实的状态有所不同，由此可能导致评估的偏差，观察法可以很好地弥补这一不足。(6)对于不愿意接受其他评估方法，但又可能很需要心理支持的学生，观察法可以最大限度地减少评估对他们的影响，又可以在短时间内进行有效的评估和判断。综上所述，心理辅导教师的观察是对中小学生最重要的评估手段之一，也是学生评估的重要组成部分。

二、观察法的实施

有效的观察是一种技巧，也是一种有效的评估手段。中小学的观察可以在学生们活动的各个场所进行，教室，操场，走廊。通常情况下心理辅导教师知晓观察法的重要性，但对其他同事而言，心理辅导教师的出现可能会让他们感到紧张和困惑。因此我们建议心理辅导教师通过全校教职工大会、班主任会、科普小册子等途径，让全体同事知悉观察是评估的重要组成部分，请他们了解在什么情况下他们需要把学生转介给你，如何联系你，以及如果你需要得到他们的帮助的话，你将在何时何地以什么样的形式开展观察。

　　心理辅导教师开展自然观察前，需要做两方面的准备。一是观察前的准备，心理辅导教师需要提前对即将获得的资料进行梳理，确认需要观察的重点，如果有较大的倾向，例如班主任提出某学生在课堂上经常"睡觉，心情不佳"，那么心理辅导教师可以根据相应测验中的条目来确定可以观察的内容。除了内容，心理辅导教师也可以提前打印好观察表（如表 6-2 所示），观察表通常包括观察的时间、观察的内容以及对内容的记录。二是心理辅导教师要有足够的开放性，提醒自己不要完全受第一点准备的限制。这两者听上去是矛盾的，实际上两者并不冲突，如果教师缺乏足够的开放性，那么很有可能在自然观察中陷入"确认偏差"（confirmation bias）[①]之中，这无疑是在标签化的情况下戴着"有色眼镜"的观察，而这恰恰是在观察中最需要规避的。

表 6-2　学生观察记录表

学生姓名：　　　　　班级：　　　　　日期：　　　　　时间：

时间	观察内容	记录
9:03—9:05(示例)	情绪，课堂反应	教师讲了一个小笑话，其他同学笑；××表情空洞，控制不住地打了个哈欠

　　如果需要在课堂上观察，那么需要提前跟班主任和授课教师在观察时间上达成一致，通常情况下观察的时间是一节自然课的时间（40～50 分钟），一般教师需要提前通知学生："心理教师今天要来听课，大家照常上课即可，无须刻意表现或者打扰心理教师。"心理辅导教师要准时到达班里，听从教师的安排落座，这个位置通常在教室最后的角落。观察时尽量不要走动，或者接近被观察者，以免造成对方表现上的偏差。每隔 3 分钟左右记录一次内容，记录时做到客观描述，不要评判或者定性。

　　心理辅导教师在观察完成后安静地离开教室即可。后续可以跟教师表达感谢，并约定可以反馈观察的时间。反馈时不仅可以反馈观察到的内容，也可以与教师核实学生的表现。通常情况下反馈的步骤是心理辅导教师客观表述观察到的内容——询问教师这个观察是否与他的观察一致——如果不一致请教师补充——如果一致询

---

①　确认偏差是指人在接受新信息时，只接收跟自己的信念或意见相符的信息，而忽略了跟自己的信念或偏见不相符的信息。

问教师是否需要完善。很多心理辅导教师在反馈的时候只反馈学生表现出来的不良情况，但我建议更要反馈学生表现良好的一面，首先，观察的目的是为了有效地评估，评估的内容不仅有负面的，也包含了正面的。其次，尽管转介教师带着问题解决的目的，但任何一个教师都有"护短"的倾向，单纯地反馈不良的一面有可能导致教师在后续的工作配合上表现消极。最后，反馈学生积极的一面有利于提升教师的效能感，让他们感觉到自己工作带来的成就和骄傲，也可以有效避免对学生的刻板印象。

第五节 访谈法在中小学心理评估中的应用

访谈是心理卫生评估的一种基本技术，在中小学的心理评估中，访谈的对象不仅仅有来访者本人，对家长和教师等相关人员的访谈也非常有价值。访谈主要通过沟通进行，沟通有言语性的，如听和谈；也有非言语性的，如表情、手势和姿势等。访谈在不同学科中有不同分类，临床心理学中有评估访谈和治疗访谈，这些分类一般是相对的，并无绝对的区分。

一、访谈的类别

访谈按照结构特点可分为非结构式访谈、半结构式访谈和结构式访谈(林崇德，杨治良，黄希庭，2003)。结构式访谈非常标准化，访谈者会预先准备好访谈提纲，问题形式、回答方式和访谈过程都有固定模式。访谈者按照提纲向受访者逐个提问，了解情况，访谈流程完全由访谈者主导。结构式访谈类似于对话形式的问卷调查，不同的地方在于前者的问题多为开放性问题。中小学心理辅导教师可以在对家长、教师等与个案相关人员的访谈中使用结构式访谈，目的是更好地聚焦主题，快速收集资料。另一个使用结构式访谈的情况是在大面积的测验法筛查之后，可能有较大数量的受访者需要进一步的评估和确认，结构式访谈可以帮助心理辅导教师快速、高效地进行第二轮的筛选。

非结构式访谈完全去除了标准化流程和固定的问题顺序，访谈没有必须要询问的问题，研究人员可以准备一份列表，但不会受列表内容的限制和影响。非结构式访谈通常以日常的对话方式进行，让受访者表达自己的观点，过程受到访谈者和受访者的社会互动的影响。在使用观察法之后，心理辅导教师可以通过非结构式访谈来进一步收集信息，作为观察资料的补充。在实施心理辅导的过程中，如果心理辅导教师觉察到前期收集的信息并不完整，那么采用非结构式访谈也可以加深对来访者的理解，这种访谈介于评估和辅导之间，既能完善对来访者的评估，也能促进来访者的觉察和领悟。

半结构式访谈介于结构式访谈和非结构式访谈之间，它比结构式访谈更有弹性。研究人员会有要研究的关键主题，以及一份访谈指引，访谈过程中根据这些关键点灵活地发问，此外还可以讨论新问题。这种访谈是心理辅导教师使用最多的访谈方式。

评估中最常见的初始访谈通常就是半结构式访谈，心理辅导教师即使手中不拿一份访谈提纲，也会有几个"必问问题"，以及根据关键点灵活调整的准备。

二、访谈的作用

访谈也是精神心理科医生常用的诊断方法之一，访谈的功能并非仅仅确定来访者的问题，在心理卫生评估中，访谈主要有如下作用（汪向东，王希林，马弘，1999）。

（1）建立相互合作和信任的关系。

（2）获得受检者问题的初步信息。

（3）收集个人的健康史，对受检者的生活以及他的社会关系做出全面的和尽可能详尽的估计，尤其对其心理应激情况做出评价。

（4）对受检者的心理症状和有关精神病理问题进行精确的描述。

（5）向受检者介绍有关心理卫生的知识。

（6）支持受检者追求改进的信心，并且提供解决心理卫生问题的具体办法。

在中小学的心理评估中，访谈的上述功能大都可以实现，无非是在把关键词替换成教育领域常用的词语罢了。值得注意的是第四项"对受检者的心理症状和有关精神病理问题进行精确的描述"，首先心理辅导教师在对精神病理问题的准确描述上可能缺乏专业性，心理辅导中的评估更具模糊性，也更能容忍评估的不确定性；其次这里的描述并不是指对来访者所有表述的原样呈现，而是心理辅导教师在整理来访者自我描述的基础上对来访者的问题及状态的描述，这种描述推动着辅导后续步骤的建构。

三、5W1H 提问法

精神心理科医生通常会先经历严谨的学习和实习过程，才能通过访谈进行诊断。然而中小学心理辅导教师的专业培养路径、成长背景以及学生的心理困扰细化给心理辅导教师使用访谈进行心理评估带来了不少的困扰。心理及精神疾病的种类繁多且不确定因素日益增加，例如国际上通用的《精神障碍诊断与统计手册（第五版）》（DSM-5）将精神障碍分为 21 大类及可能成为临床关注焦点的其他状况，涉及几百种疾病，并强调共病障碍，要掌握这些疾病及其相关的行为问题的评估显然超出了学校教师的专业范畴。因此，找到一种具体、可操作、超越心理疾病分类的访谈方法，才能更好地满足对学生心理及行为问题的识别和评估的需求。

我在与心理辅导教师共同学习和工作中，总结出了一个相对简单的访谈方法——5W1H 提问法。这个方法其实是一个访谈的框架，类似于访谈的提纲，它跳出了对来访者具体心理问题进行评估的框架，从学生心理发展规律及学校基本情况出发，借鉴管理学中常用的 5W1H 分析法对学生的现状进行观察和访谈，通过问题来帮助教师更好地评估学生的心理问题（林雅芳，2020）。

表 6-3 用于评估学生心理和行为问题的 5W1H 提问法

	问题	问题简介
Who	谁是来访者？	界定服务对象；多元化视角看待来访者的心理或行为问题
	与来访者相关的人员有哪些？	找出重要影响人物；寻找可以提供支持的人员；尝试找出人际交往模式
What	来求助的/看到的/听到的心理问题是什么？	客观描述来访者的问题；而不是做出专业的诊断
When	为什么在这个时间来求助？	了解现状及主观痛苦程度
	第一次出现典型问题行为的时间？	用发展的视角评估问题；了解触发情境
	该问题是否随着时间的变化而发生了变化？	问题是否加重或者减轻
Where	该问题主要出现在什么情境下？	寻找触发问题出现的情境及可能的原因
	在不同的情境下该问题是否有变化？	跨情境的一致性可作为评估的重要依据
Why	导致问题产生的行为原因可能是什么？	可根据问题表现进行分类
How	来访者曾经做过什么来改善问题？	选取恰当的方法，了解来访者做出的努力
	针对现状能够做什么？	从学校视角寻找可行的方法

为帮助心理辅导教师更好地了解表 6-3 的问题，下面对 5W1H 提问法进行举例和解读。

Who 包含了两个层面，层面一需思考的问题是"谁是来访者"，这是中小学心理辅导中的常见问题，大部分学生是由班主任、家长、同伴发现问题之后被推荐甚至被强行要求到心理辅导室求助的，这样的学生在辅导之初缺乏主动寻求改变的意愿，与班主任、家长的迫切形成强烈反差。这种反差造成班主任和心理教师容易被情绪迫切的一方感染，进而转去解决他们的问题，致使学生的问题被忽视。此外，各方看待问题的视角不同，例如来寻求辅导的学生表现出厌学的情绪，家长认为是上网导致的，需要辅导教师帮助学生形成恰当的网络使用习惯；而学生则认为厌学是家长管教太多引起的，希望辅导教师指导家长适度调整。层面二需思考的问题是"与来访者相关的人员有哪些"，这些人员中有没有与学生当前问题相关的人员？哪些人可以作为该生问题行为转化的有力支持？这些问题有助于教师了解学生现有的资源，发现学生的人际交往模式。

What 指心理或行为问题是什么。由于学校心理辅导教师不具备定性的能力和诊断的权利，因此建议将此问题改为对问题行为的客观描述，例如将来访学生的表现分为生理、认知、情绪和行为四个方面；也可以划分为学业发展、人际关系（在学校主要表现为师生关系和同伴关系）、情绪管理、典型行为等方面。

When 通过三个问题串联起学生心理和行为表现在时间上的纵向发展，在评估学生问题的访谈中占有非常重要的位置。When 涉及的第一个问题是"为什么在这个时间点来求助"，这个问题的回答往往包含了求助者当前的生活状态中的困难、对自身健康状态的评估、主观感受到的痛苦等信息；When 涉及的第二个问题是"第一次出现典型问题行为的时间"，该问题有利于心理健康教育工作者了解学生首次出现问题行为时的相关信息以及行为的持续时间，同样的问题行为持续一年和持续十年是有很大差别的；When 需要思考的第三个问题是"该问题是否随着时间的变化而发生了变化"，例如随着学生的发展该问题有加重或者减轻的趋势，这种变化性有利于教师判断和预测后续的行为干预的过程和效果。

Where 指学生的问题行为在哪里出现，该问题行为是否在不同的情境下均有呈现，还是仅出现在某一个特殊场景中。有些问题行为需要具备跨情境的一致性才能被评估，有些问题行为则在特定的环境中出现。以中小学常见的注意缺陷多动障碍（ADHD）和考试焦虑为例，确诊注意缺陷多动障碍需满足在至少两种情境下（如家里、学校）均存在注意缺陷或多动行为；而考试焦虑则是以其在遇到考试时的种种表现为评估依据。

Why 指从教师和学校教育的视角看，导致学生问题行为的原因有哪些。这部分可以参照 What 部分对原因进行归类。但需要注意的是，学生的问题和原因并不总是一一对应的。因此 Why 对教师的要求更高，需要教师具备全面、灵活的分析能力，在以学生为主体的宗旨下，从时间上的纵向发展和行为表现的横向发展两个维度来进行整体分析。

How 包含了两个层面。层面一需要思考：学生及其相关人员为了改善问题曾经做了什么？用了哪些方法？取得了哪些效果？如果没有效果，则可以直接跳过这个方法；如果有效果但是未能长期见效，阻碍是什么？通过这个问题的回答可以看出学生对自己的问题的理解、想要改变的动力及恰当有效的方法，为进一步制订干预和辅导计划节省了时间。层面二需要思考：现在针对问题应该怎么做？如果学生的问题属于学校辅导的范畴，教师可以据此给出相应的干预方案；如果学生的问题已经超出了学校辅导的范畴，教师需要思考现有的资源中哪些更适合为学生提供专业的支持和服务。

需要注意的是，对中小学生的心理和行为问题进行评估需要首先排查其外在表现是否由生理问题引起，生理问题的解决能否改善其心理和行为问题。此外，还需要考虑到中小学生大部分为未成年人，对他们的心理健康教育及辅导需要得到监护人的知情同意和支持。因此在使用 5W1H 提问法时需考虑相应的伦理规范及法律责任，必要时应将主要监护人和抚养人纳入访谈的范畴，以期做出更精准的评估。

综上所述，本方法将提问融入与来访者的访谈当中，以学生为中心，围绕个人成长史及个体心理发展规律，评估学生的认知、情绪、行为、人际关系和社会功能，在此基础上进行全面分析，为学生提供行之有效的心理辅导方案。因此 5W1H 提问法不仅可以用于对心理或行为问题的评估，也可以用于对非精神障碍类学生进行更有针对性的心理健康教育和心理援助，提高心理辅导老师的专业性和效能感。

中小学心理辅导教师在访谈中可能会面临一个困境，针对同一个来访者我们访谈了当事人、家长和教师，但三者不同的视角可能带来不同的内容，是否需要去辨析访谈的内容？来访者的年龄是否影响了我们的决策？这些内容都是现实中常见但缺少定论的。这种情况下，最好的办法是结合其他评估方法进行判断，尤其是为了获得学生准确的感受描述，有必要在不同的场合下进行观察。总体而言，在遇到表述上的冲突时，应该更多地重视来访者的表述内容。

中小学心理评估的方法还包括自我报告和记录检阅两种常见的方法。随着网络技术的发展，很多评估方法可以通过在线的方式开展，如在线填写量表等，这种方式在很大程度上提升了施测和数据分析处理的效率，越来越受到中小学心理辅导教师的欢迎。不过，网络评估也衍生出一系列问题，包括伦理问题、数据解释个人化问题、技术使用熟练程度等问题，相关的工作者在选择时需要尽可能地谨慎，在保证心理评估的有效性的前提下，尽可能地减少不必要的评估误差和误解。

第七章 与家庭一起开展工作

越来越多的中小学心理辅导教师开始看到与家庭合作的必要性和紧迫性。对未成年人而言，要获得稳定的情绪、日趋完整的人格和必要的社会交往技巧，均需要来自家庭积极、稳定、长久的互动与支持。学校心理健康教育对个体向上成长的重要性不言而喻，但当把个体的发展放到连续体的视角上，学生首先是家庭的产物，家庭对学生心理健康的影响也极为深远。如果把学生的成长比喻成盖房子的话，那么家庭的教育无疑是打地基的过程。家庭对于一个人的影响可以从当前"原生家庭"这个词的火爆程度上得窥一二。诚然，家庭承载了服务个体发展的诸多功能。首先，在生理方面，家庭保障了个体发展的基本需求：吃、住、行等。其次，在中小学生的学业发展上，家庭也在学生的学习兴趣激发与维持、学习动机的保护，提供支持、鼓励和指导上担当了积极的角色。再次，家庭也为个体的自我发展提供了土壤，早年的亲子关系推动了个体积极/消极自我的基本形成，个体成长过程中父母的教养方式和父母秉承的价值取向也直接或者间接地影响了个体的自尊发展和自我概念的形成。从次，家庭对于个体社会性的培养几乎是全方位的，个体在纪律、道德、习俗、竞争等方面的表现无一不带有家庭的印记；当然家庭也随之影响了个体的社会交往，包括人际交往的技巧、选择朋友的类型以及偶像的选择等。最后，家庭是社会最小的组成单位，也或多或少地起到了文化、习惯的传承作用。实际上，家庭对个体的影响无法用简单的条目完全罗列，但每位心理辅导教师都需要尽量全面地理解家庭对个体成长和发展的种种影响。

第一节 站在社会发展的角度理解家庭

我们在中小学心理辅导中谈到与家庭的合作，不想否认家庭对个体影响的重要性，但也不想将其绝对化。有些中小学心理辅导教师回避与家庭合作，是因为他们将家庭尤其是父母看成了来访者问题的制造者而不是问题解决的合作者，同时他们混淆了一般家庭功能和具体某个来访者家庭功能的发挥，将二者混为一谈。实际上我们之所以强调与家庭的合作，除了是因为要在法律上尊重家长的监护权，更重要的原因恰恰是我们认识到了家庭对学生发展的重要性，以及家庭对问题解决可能产生的积极影响。绝对化是对与家庭合作的另一个误解，实际上针对某个来访学生家庭及其功能的探索，并不能涵盖学生问题解决的所有方面，毕竟不幸的家庭各有各的不幸，也没有哪两个学生的问题是完全一致的。因此我们在与家庭合作的时候首先需要区分，不能因为某个学生家庭的功能失调就去否认其原生家庭的所有功能定位。这让我想到我曾经带三十多位中小学心理辅导教师去高校学习，我希望他们在做心理辅导工作时有超越中小学育人年限的视角，从高校的视角回看中小学心理健康教育的开展。我们当时选取了一所既有历史传统又有现代发展的名校，他们的心理健康教育做得科学、细致和灵活，这也是我们选择的主要原因。尽管提前联系确认了相关参观和学习事宜，然而对方给我们的接待依然超出预期太多。我是抱着感恩的心去表达我的敬畏和谢意，对方负责人的回复让我印象深刻，她说："我很坦诚地告诉您，我们学校的专兼职心理咨询师加起来有 30 名左右，但是我们的常规咨询排到了三个月之后；我们不由得要去感慨为什么学生考上了大学，心理问题也跟着来到了大学，所以今天接待中学教师时我们很激动，我们就想如果学生的心理问题在高中就得到了解决，这对我们的工作来讲是多么幸福的一件事情！"对方情之殷殷，言辞恳切，我还来不及回复，我带过去的高中教师们立刻激昂了起来："不是我们高中老师不作为，实在是这些学生初中就已经有问题了！"不出所料，初中教师立刻做出反应："他们小学就是挂着号上来的！"只有小学教师显得非常可怜，轻轻地问："您什么时候带幼儿园的教师一起来？"我哭笑不得，只能反问："如果幼儿园的教师在，他们会说什么？""家庭！"大家异口同声，回答得出奇一致，以至于时隔经年，大家喊出这俩字的样子依然历历在目。

一、恰当地理解家庭对个体发展的影响

然而家庭真的承担得了这么多吗？很多心理辅导教师联系家长的时候希望家长能够承担起责任，直接指出对方的失责并且希望对方担责成了家校沟通的大问题。心理辅导教师的苦口婆心和"我都是为了您家孩子好"的态度意外地在家长面前翻了船，不仅没有实现合作的目标，反而容易激起家长维护自己的决心，要么变成互相指责、希望对方更多倾听的"抢话筒"现场，要么家长一概否认甚至拒绝再深入了解我们接下来要做的教育、指导及建议。于是，有些心理辅导教师开始反思："希望家长承担起学生成长的责任错了吗？"当然没有，但家长真的错了这么多吗？也不尽然。如果家长没错，那么不断增多和日益复杂的学生心理问题又该由谁来买单呢？

学生的身心健康受到多方面因素的影响，他们的年龄越小，家庭在其中起的作用越明显；但家庭并不是唯一起作用的因素。值得注意的是，家庭的形态与功能也随着时代的变迁和社会的需要而发生了改变（例如，突然的居家学习和办公让很多家庭开始更加重视卫生与健康的重要性，短期内还要进行线上学习与线下活动的有效调整，长期来看还要引导孩子考虑个人需求与社会责任感之间的关系等）。因此要想达成与家庭的合作，中小学心理辅导教师首先需要考虑的是把家庭放到社会发展和多元文化的视角上，这就需要心理辅导教师跳出当前接触过的千百个家庭的琐碎，站在一个更加宏观的视角去看家庭的变化，如果没有注意到这些变化，他们自然就会忽视当前绝大部分家长的努力，与家庭合作时难免会出现误会。

二、城市化进程带来的两个问题

每个小家庭都会受到国家发展和社会转型的影响，目前对家庭功能影响最大的因素之一是城市化进程的加剧。城市的快节奏不同于乡村的悠然，尤其是城市化进程把

教养一个孩子的责任由全村/家族压缩到年轻的父母身上，无形中教养的重担几乎占据了年轻父母们工作之外所有的时间和精力。试想一下，一天繁重的工作任务结束后，父母们疲惫地推开家门，这时最渴望的是休闲和休息，但子女的教育责任扑面而来——这并不是一件轻松的事情，而且这件事情的难易程度深受遗传和早年经历的影响。这一点从网传的"每个单元楼里都会传出父母陪写作业时心力交瘁的怒吼"中可见一斑。未曾养育的人总会不解，他们认为不去管孩子的学习，只是陪着孩子玩耍，难道不是既能保证孩子健康成长，又能保证父母享受亲子时光、冲淡工作疲惫的好办法吗？这就涉及城市化进程造成的另一个影响，如果只是教养的责任加重，父母们有充足的教养时间的话，子女教育问题也不会备受关注，然而城市化进程导致大部分小家庭需要夫妻双方共同进入职场才能更好地维系家庭生活，因此教养的时间就被压缩到只有早上匆忙的空隙和晚上下班后的时光，早上要考虑保障孩子充足的睡眠、应对拥堵的交通和必须按时到校等因素，因此穿衣洗漱吃饭无一不挑战着家长的耐心；晚上孩子们在不同的兴趣班之间游走，在不同的学科作业中挣扎，必要的作业和兴趣的开发都成了家长的心病，焦虑感在空气中弥漫。这种氛围往往导致家长对孩子错误的容忍度很低，但犯错本属孩子的天性，试误更是孩子学习的重要途径，当繁重的教养责任和有限的教养时间之间的矛盾越来越凸显时，能带来立竿见影的效果的"高压"和惩罚也就成了不少家长在情绪爆发当口的习惯选择。这背后的无力感一旦叠加到一定程度，父母可能变得"佛系"，情绪本身的弥散性使孩子敏感地捕捉到家长的失望和不信任，最终影响亲子关系和孩子的自我感觉，这与尊重孩子发展规律后的放手是两回事。"高压"和惩罚之外的另一个糟糕选择则是父母的控制增强，香港理工大学的研究者从2009年起对2023名中国香港高中生开展了连续六年的追踪调研，并运用个体成长曲线等方法对数据进行分析，结果发现父母的心理控制（指父母对孩子心理世界的侵入、控制甚至操纵行为，包括证明子女感受是错误的、限制子女表达、羞辱、有条件的爱、诱发子女愧疚等）程度越强，子女的人生意义感越少，即他们倾向于认为人生没有意义、没有目的、不丰富多彩。父母的行为控制（对孩子的行为进行更多的监管、监控、期望或建构）程度越强，虽然子女的人生意义感在初始阶段会更强，但是随着年龄的增长，人生意义感的下降趋势会更陡。这项研究证实了父母的控制对青少年发展的消极影响，因为它会破坏青少年的意志和自主性，侵入和操纵青少年的心理世界，阻碍他们对世界的探索（Shek, Chai & Dou, 2021）。

城市化进程带来的家庭养育的另一个常见现象是祖辈和父辈共同养育。不管是小家庭邀请自己的父母前来帮忙照顾子女还是祖辈主动请缨，这个现象都已经成了不容忽视的教养模式。对年轻的父母来讲，祖辈有教养的经验和更为平和的养育心态，经济上相对宽裕可以支持孙辈的选择，时间和精力上也能全情付出，对待孙辈的心与父母别无二致，因此祖辈承担部分的教养责任大大减轻了父辈的压力和焦虑。但父辈们也并不总是放心，面对年迈体弱的父母的全心全意的付出，一方面内疚感时常涌上心头；另一方面也难免担忧父母早年的教养方式和养育知识难以满足孩子当前的成长诉求。最为突出的是在孩子自主性的培养上，祖辈的小心翼翼和事必躬亲有可能让孙辈在享受快乐幸福童年的同时，养成一些"衣来伸手、饭来张口"的依赖行为习惯。当然健康习惯也常常让父辈头疼，例如祖辈对孙辈太多的心疼，祖辈自身经历对缺乏食物的内在恐惧导致了孙辈"小胖墩"的出现。大城市中住房紧张也会加剧祖辈与父辈之间的矛盾，两个家庭之间磨合的痕迹，大都可以在孩子的行为和心理问题中寻得端倪。

三、时代发展对家庭的影响

被裹挟在社会洪流中的每一个小家庭都身不由己地感受着时代的影响。日本哲学评论家梅原猛曾提出一个观点：工业社会的快速进步对人最主要的影响之一，就是人们对归属与爱的需求日益增加。人们急于赶上社会变迁的步伐，鼓足力量向前追赶，其间感受到的情绪仿佛被放大了许多，积极的体验包括成就感与自豪感，消极情绪中以焦虑和抑郁最为显著，这也是为什么大多数人既感受到社会发展的便利又体验到了莫名的浮躁。情绪本身具有弥散性和传递性，"踢猫效应"[①]可以很好地帮助我们理解这一点。大人情绪中消极的部分会更容易被孩子们捕捉到，一方面，他们深爱着自己的父母，渴望自己深爱的人能够稳定和幸福，因此感受和照顾他们的感受就成了子女无意识中给自己安排的小任务，以此来表达对父母的爱与忠诚。另一方面，他们的生活经验有限，而父母作为他们的第一任老师，自然而然地成了他们模仿的对象。这样一来，家庭的氛围也难免会浮躁，有人把这视作社会问题，社会的整体情绪氛围就像是空气，从门窗的缝隙里渗透进来，影响家庭中每个人的感受。这样一看，其实父母们也有可怜之处，"人往高处走"是天性，但硬币的另一面不可避免会有糟糕的体验，如何在家庭中增加积极的体验、减少消极的体验，也是每个家庭都需要去思考的问题。脱离社会生活看上去是一个选择，近年来也常见人们逃离大城市回归田园，然而这毕竟是少数，更多的家庭依然珍惜难得的现代化世界，因此逃避虽然有用但应用范围狭窄。其实家庭中鸡毛蒜皮的小事里就深藏了情绪调节的智慧，多去享受与家人在一起相处的点滴，体味生活中的幸与不幸，用近似正念的方式感受活着的每一个当下，不吝啬对自己和家人的爱，把家庭营造成归属与爱的发源地，也许是减少社会浮躁影响的好办法。

四、家长价值观的多元化

社会进步也带来了家长价值观的多元化，这一点很多中小学心理辅导教师深有体会。也不过二十几年前，家长们送孩子上学时会很认真地告诉教师："我们家孩子就交给您了，想打就打，想骂就骂，打坏了骂坏了算我的！"家长自然不希望教师体罚孩子，这只不过是信任教师和学校的一种表现罢了。现在的家长则会更多地根据自家孩子的个性发展特点对学校和教育提出更多的要求，也有不少的家长会根据自己的价值导向

① 踢猫效应，也被称为踢猫理论，描述的是一种典型的坏情绪的传染过程，即人的不满情绪和糟糕心情，一般会沿着等级和强弱组成的社会关系链条依次传递，由金字塔尖一直扩散到最底层，无处发泄的最弱小的那一个元素，则成为最终的受害者。一般而言，人的情绪会受到环境以及一些偶然因素的影响，当一个人的情绪变坏时，潜意识会驱使他选择向下属或无法还击的弱者发泄。

来表达对学校的渴望，这里面除了希望孩子学习好，五花八门的要求也不少见。其中对孩子影响最大的无疑是家庭价值渗透与学校价值教育之间的冲突，面对冲突孩子们往往会感到内在的迷茫增强并体验到更多的自我纠结。苦恼的是这些价值导向带来的问题又很难通过细致的描述来获得恰当的帮助，加上很多中小学生的语言表达能力有限，这在很大程度上影响了这些学生的求助动机。不仅如此，如果家庭和学校的价值冲突过于明显，使学生本人归属感和安全感的迷茫更强，甚至还可能促使他们将这些看不见的痛苦归结为本身的问题，导致其出现对自己的消极定义和糟糕的成长体验。家长的价值导向里过于强调结果而忽视孩子成长的过程也是让心理辅导教师们深感不安的现象，"揠苗助长"和"伤仲永"的故事告诉我们的道理，在任何时代都不过时。尊重学生成长的规律，理解学生的差异性和多样性，也是与家长合作时要考虑的重要内容。

第二节　中小学心理辅导中与家庭合作的困境

一般而言，家长在学校接触最多的是子女的班主任或导师（有些学校取消了班主任岗位，实行导师制），与其他科任教师的接触相对较少，在这里面心理辅导教师大概是家长最不愿意面对的一个。

一、污名化和病耻感

相比于传统意义上的"叫家长"，心理辅导教师与家长的联系更能使对方在接收到信息的那一刻即感受到不快和阻碍，这里面隐含着大众对心理问题的"污名化"和"病耻感"。污名化是指那些没有心理问题（包含自认为没有心理问题）的群体将人性的低劣强加给可能存在心理问题的群体之上并加以维持的动态过程，它将存在心理问题的群体偏向负面的特征刻板印象化，由此掩盖其他特征。在这个过程中，没有心理问题的群体不仅强势而且更容易出现"贴标签"等行为，而心理问题由于其本身有时会被神秘化，加之个体罹患心理问题之后的表现往往与普罗大众有所不同，因此是最容易被污名化的。尽管有研究表明，心理问题的污名化是不可避免的，然而中小学心理辅导教师在与学生和家长工作时需要及时觉察污名化可能会有的破坏性、快速污染性和不易消除性等特点。

病耻感更像是有心理问题的个体自我污名化的过程，迪诺斯对 46 例精神疾病患者进行了面谈，发现几乎每个患者的言谈中都会涉及关于病耻感的经历和感受，有些患者尽管没有被歧视的经历，但仍会有羞耻的感受，也有的患者因隐瞒病情而感到焦虑。科里根从认知心理学的角度开展了一系列与病耻感有关的研究，认为精神疾病病耻感的认知和行为特征主要包括三个方面：社会刻板印象、偏见以及歧视（蒋锋，汤宜朗，侯也之，2002）。杨在西方国家现有的精神疾病病耻感理论基础上，首次阐述了病耻感理论在华人社会文化中的发展，并描述了三种在精神疾病患者身上产生病耻感的机制：直接对个人的歧视、患者对负面刻板印象的内化及社会制度上的歧视。在此基础上，还探讨了"面子"以及传统社会中对精神疾病轻蔑的态度对病耻感的影响，揭示了在华人社会中患者的病耻感体验可能更加强烈（Yang, et al., 2017）。关于这一点心理辅导教师日常在与家长的接触中感触颇深，不止学生本身可能有病耻感，家长的病耻感更加强烈，尽管这一点完全可以理解，但实际中依然延误了不少人最好的治疗时机。

家长担心的很多问题与子女在学校遇到的现实问题有关。与污名化关系最直接的就是子女在学校会不会受到不公正的待遇，例如教师的标签化直接影响教师对学生的期待发生变化，同伴的欺凌导致孩子对同伴关系有更多的回避等。有些家长担心一旦子女出现心理问题就会"被休学"。有些家长迟迟不去寻求医疗系统的支持也是因为存在较多顾虑，其中不乏一些不科学但被广泛认同的顾虑，例如："只要去了医院，没病大夫也会说你有病""不用吃药也会给你开药"。还有更长远一些的担忧，包括："一旦确诊了，会不会把确诊的信息放进学生档案，影响将来考大学和考公务员？"每每此时，心理辅导教师既要共情和理解父母，又需要让家长明白，如果孩子当前确实非常需要借助医疗系统的支持但父母依然抗拒的话，孩子的现在都难以保证，何谈未来呢？

二、成长性与个体差异

中小学生本身成长性的一面也会导致家长忽视子女可能存在的心理困扰。纵观人的毕生发展历程，个体当下看到的大部分心理问题放在人生的长河中会变得微不足道，个体之间的差异也会减缓家长这部分的焦虑。如果父母可以站在这样的角度去认真看待孩子当前遇到的心理困扰，及时地调整可以调整的部分，例如亲子互动、家庭氛围等，那么我想大部分中小学生的心理困扰可以得到缓解或者解决。然而常见问题是父母存在侥幸心理，借着发展视角和个体差异的名义，对子女的问题视而不见，听而不闻，他们认为只要听之任之，问题自会迎刃而解。

家长常被称为最了解孩子的人，但随着孩子年龄的增加，学校活动占据了其日常活动的大部分，亲子相处时间缩短。一般情况下，孩子大概从四五年级开始，逐渐增加对同伴交往的重视，表现出更多的同伴交往诉求、更长的同伴玩耍时间以及更多的同伴倾诉，初中的学生已经在人际交往上存在明显的闭锁性与开放性的统一，其中闭锁性主要针对的就是父母。因此很多父母在子女到了中学的时候会怅然感叹，孩子长大了，有心事了，不愿意跟父母说了。令人矛盾的是，不少孩子在深感痛苦并鼓足勇气告诉父母后，得到的并不总是理解和支持。父母要想完全理解孩子的世界确实有困难，但忽视孩子的痛苦会让孩子更加闭锁和心灰意懒，如果再加上几句批评教育，那么亲子关系渐行渐远也就有迹可循。家长无法理解孩子遭受的痛苦是中小学心理辅导教师与家长合作时较为常见的问题，类似于"不想上学就是因为懒""想自杀只是在吓唬人""我上班都没喊累，上学有什么可累的"等观点是我们在做家长工作时会常常遇见的。

三、亲子双方诉求的差异

家长的诉求与学生成长的需求不一致也是中小学心理辅导教师与家长的合作中常见的问题。家长与学生本人对学生成长问题的看法不同、目标不同，也会干扰心理辅导的进程。2020年为了项目的顺利开展我们做过中学生手机使用的调研，这个调研结果意外地让我们看到一个典型的家长诉求与学生成长需求不一致的情况。以调研中初中生假期手机使用问题为例，初中生认为自己的核心问题是"自主管理"，他们要么存在时间规划、目标管理和动力性不稳定等问题，要么深陷在知道但做不到、外界干扰太多等状态当中，因此手机的使用就成了缓解焦虑的方式，以短暂的娱乐来减缓无法完成自主管理的痛苦。但是，家长看到玩手机的初中生时往往有一种快要中考了也不知道为自己负责、只顾贪玩享乐的想法，在他们看来，这就成了表面的手机使用合理化的问题。因此在中小学心理辅导中，如果家长主动要求我们关注学生的手机使用问题，心理辅导教师就需要理解这个问题在学生的视角上的内涵可能是与家长不同的。这样的冲突其实在来访学生的家庭中非常常见，给心理辅导教师构成了工作上的压力，尽管我们深知学生的健康成长才是工作的目标，然而很多时候与家长合作才能更好地保障学生的成长，家长自带成人感给心理辅导教师带来压力，传统观念强调的"父母都是为子女考虑"的理念也直接影响了心理辅导的历程。很多中小学心理辅导教师需要去小心翼翼地多方沟通，寻找一个理想的状态，既能保证与家庭的合作，又能兼顾学生的健康成长。当然，这种理想状态并不常见，大部分时候心理辅导教师需要一遍遍地与家长开展拉锯战，在温柔的坚持和耐心的沟通中让家长明白：学生心理辅导的目标不是取悦他们，而是让学生回到成长的轨道上来。

四、家长本身心理问题的影响

家长本身的心理问题会影响心理辅导中家校合作关系的建立。这部分家长虽然在家长总体中占少数，但依然给心理辅导工作带来了不小的挑战。我在咨询室里见过不少的家长本身带有一定的心理问题或者问题倾向，例如要求过于严格的家长和缺乏动力的孩子；无比焦虑的家长和焦躁的孩子；多动的家长和同样多动的孩子。我的一个可爱的小来访者让我印象尤为深刻，他进入咨询室的时候小嘴噘得高高的，当我问他有什么问题想问的时候，他一脸不屑地回答："我才没有问题，有问题的是我爸妈，但是我得来，我来了之后他们吵架就会少一点！"开始我以为他说的是气话，毕竟接触了几次之后发现他妈妈只是稍显理性，与他情感沟通较少。随着来访者年龄渐长，不太擅长情感表达的妈妈感受到与孩子之间沟通吃力和关系冷淡，进而发现孩子变得越来越敏感和暴躁，自己无能为力所以来寻求帮助，但孩子的父亲却不接受心理咨询的形式。直到这个来访者的问题基本好转而且成绩有所提升时，父亲才愿意坐到咨询室里，以一种大驾光临又出乎意料的方式告诉我："其实我知道我的孩子没什么大问题，有问题的是我们，尤其是我，但是我自己的问题我自己处理，您就把孩子的问题管好就行了。"这个父亲给我留下了深刻的印象，他很爱他的孩子，但遗憾的是他还不明白什么是爱，如何表达爱，以及怎么爱，所以他对孩子的爱夸张又无助，最终随着孩子的成长父爱也在生活的琐碎中日渐消磨了最初的热情。我想，要想跟这样的家庭合作，无疑道阻且长，他们本身需要得到支持和肯定，包括先提升作为家长的自我价值感，才能使他们接纳改进的建议。

与每个家庭开展工作都不是一件容易的事情，上述列举的与家长合作时的常见问题也不是对家长们的单纯控诉。身为家长我常自我反思，如若易地而处，我未必没有上述种种表现，之所以耗费篇幅罗列出来，一是为了提醒心理辅导教师与家庭工作的复杂性，例如并不是我们找了家长就可以圆满解决所有的问题，找家长需要谨慎，尤其是与家庭谈合作的基本流程和与学生的工作类似，都需要基于理解和情感联结，共同制定目标，并且持有对问题的正确理解和对问题解决的过程性思考才能达成共识。二是因为我觉得罗列出这些典型的与家长合作的问题，也能给问题的解决提供思路。当然，有多少家庭就有多少种合作方案，我们无法穷尽所有的困境和问题。尽管如此，中小学心理辅导教师要看到家长也在成长，因此真诚、互信和积极的态度，充满人文关怀的理解和科学有效的沟通，总是能够帮我们缓解与家长合作的困境。

第三节　走出与家庭合作的困境

与家长的合作一定要建立在对家庭的理解上，中小学心理辅导教师作为寻求合作的发起者，有义务主动地站在社会文化、历史发展的背景上去理解家庭。"存在即合理"非常适用于理解家庭的千百种形态，因此心理辅导教师对待来访学生有多开放和包容，对待家庭就也需要做到同样的开放和包容。

一、提升心理健康意识

污名化和病耻感的问题无法单独依靠心理辅导教师解决，提升心理健康意识一直是学校心理健康教育的基础和重点。近年来国家和社会机构也在加大精神疾病和心理问题的科普力度，他们以大众喜闻乐见的形式对精神疾病和心理问题进行解读，包括动画和漫画等。由国家卫生健康委员会疾病预防控制局指导，北京大学第六医院、国家精神卫生项目办公室、中国疾病预防控制中心精神卫生中心共同编写的《专家漫画精神健康科普知识》，包括了精神科 13 种常见的成人、儿童和老年精神障碍，从典型案例入手，以漫画的形式详解了每种疾病的主要临床表现、治疗和病因等，内容科学准确，通俗易懂，可读性强，并且文中还涵盖了疾病的康复、照料和自我调适等要点，建议有条件的学校可以购入，使学生和家长都能够提高对精神疾病的科学认识。

中小学心理辅导教师可以通过工作加强全员心理健康教育水平，这部分我们在心理辅导教师的专业成长与发展那一章已有过论述。中小学心理辅导教师需要在有个别家长会谈谋求合作之前尝试成为家长的"老熟人"。"见面三分情"，保持良好的关系也可以帮助心理辅导教师更好地开展工作。此外当前有些学校为保证与家长谈合作时的有效性，同时表达对学生成长的积极关注，会使用四方或者五方会谈的方式来组织面谈，四方指学校心理辅导教师、班主任、德育主管三方与家长一方，通常年龄较小的学生、需要家长调整的学生家庭更适合四方会谈。五方会谈是在四方会谈的基础上增加学生本人。不管是几方会谈，伦理意义上严格的中小学心理辅导的实施需要在家长知情同意的基础上开展，而心理辅导一旦开始，心理辅导教师需要明确他的服务对象是学生本人，联系家长时往往需要与来访者达成内容上的基本一致后才能进一步实施。这里面不是单纯的双方问题，涉及的人员越多，动力越复杂。

减缓家长对于现实问题的担忧，将有助于教师快速有效地与家长建立起合作关系。中小学心理辅导教师需要了解学校与学生心理发展相关的制度和要求，保证来访学生在学校得到恰当合理的对待。心理辅导教师也需要了解与学生发展相关的系列法律及常识。当然，中小学心理辅导教师难以做到面面俱到，遇到一些超出工作范畴的问题时可能无法给出准确答案，但这时心理辅导教师可以努力理解和安抚家长，也可以给出一些合适的专业建议。

二、协助家长觉察子女的多重感受

以痛苦感受为例，很多来访学生的痛苦不仅会由其本身的心理问题导致，也会因父母的忽视、否认或者试图弱化的态度和行为而加剧，甚至有些来访者可能会因为表达和体现出心理问题所带来的痛苦不被父母接受，而在家庭生活中遭受惩罚。穆贾拉利等人对 415 名美国中西部 18～26 岁大学生进行了调查。结果发现：童年时期遭受忽视的经历，会使个体更易对自己形成无能的认知图式，由此使个体成年后更易出现羞耻感和退缩行为。上述研究也发现，童年时期遭受惩罚的经历，会使个体对自己有更不宽容的准则，由此使个体成年后更易出现内疚感和补救行为。总之，个体在童年时遭受的父母忽视或惩罚经历，会使人形成"我很糟糕"的自我认知图式，并且会采取更严苛、更不宽容的准则来评判自己的行为，这些图式似乎并不会随年龄的增长而消失，反而会影响成年后的羞耻感和内疚感（Mojallal，Simons R M & Simons J S，2021）。心理辅导教师需要让父母们了解到"不被理解和接纳的痛苦会引发更强烈的痛苦"，这里既包含了对家长不愿接纳的理解，也包含了对学生痛苦的理解。对于身处家庭关系之外的心理辅导教师来讲，客观的身份能够帮助家长跳出个人理解的误区，但家长被人否认和教育的苦恼甚至是阻抗可能会随之而来，因此，沟通的技巧固然重要，但也需要从始至终地贯彻以人为本的理念。

三、了解中小学生心理发展特点

对大部分家长来讲，子女的成长融合在日常的一粥一饭当中，似乎看得见、摸得着，但又朦胧不清，之前没有任何预告，倏忽间就长大了，似乎一夜之间就脱胎换骨。缺乏对心理成长规律的理解，也因此错失了不少亲子共同努力的时光，是很多家长在子女成年后常见的遗憾。对于心理辅导教师而言，了解中小学生心理发展的特点才能更有效地开展辅导工作，在与家庭工作的过程中，大部分的家庭教育指导都是依托学生的心理发展特点及其相关理论而展开的。早在 2010 年，全国妇联、教育部、中央文明办、民政部、卫生部、国家人口计生委、中国关工委就联合发布了《全国家庭教育指导大纲》，并在 2019 年完成修订，适用于各级各类家庭教育指导机构和相关职能部门、社会团体、宣传媒体等组织对新婚夫妇、孕妇、18 岁以下儿童的家长或监护人开展的家庭教育指导行为。《全国家庭教育指导大纲》坚持儿童为本、家长主体和多向互动的原则，重点阐述了 0～18 岁儿童身心发展特点和家庭教育指导内容要点，且包含了特殊家庭包括离异和重组家庭、服刑人员家庭、流动人口家庭、农村留守儿童家庭等的家庭教育指导，以及灾害背景下的家庭教育指导。对广大家长和中小学心理辅导教师而言，《全国家庭教育指导大纲》在了解儿童发展、做好家庭教育指导方面具有极高的理论价值和实践指导意义。

我国大部分地区都发布了用以促进学生健康成长和全面发展的政策文件，以北京为例，2018 年北京市教育委员会、首都精神文明建设委员会办公室、北京市妇女联合会印发了《北京市关于进一步加强中小学家庭教育指导服务工作的实施意见》。该意见的总体目标是"以健全学校家庭教育指导服务体系，提升学校家庭教育指导服务水平为目标。进一步发挥学校在家庭教育工作中的重要作用，推动形成学校组织、家长参与、社会支持的家庭教育工作格局；进一步丰富学校家庭教育指导服务形式和内容，形成适应家长和学生需求的家庭教育支持服务体系；进一步构建和谐的家校合作育人关系，促进学校家庭教育指导服务专业化、精细化"。北京的中小学在这个文件的指导下，不断致力于办好家长学校，大部分学校会把不同年龄学生的心理发展需求和家庭教育指导重点作为家长学校的主要课程内容，辅以当前学校的家庭教育热点，借助讲座、沙龙、团体等形式，把学生发展的共性问题以更加普惠的形式传达给所有的家长，这个过程对于家长去理解子女的问题、发现个性化成长议题有极大的帮助，也越来越受到学校和家长的喜爱。通过科学的学习，把子女成长中的共性问题及表现清晰地识别出来，不仅提升了家长教育子女的科学性，也提高了家长的成就感。了解了共性问题和个性问题的不同之后，家长对于特殊需求子女的心理痛苦也就有了更及时的觉察。解决问题的前提是发现和认识问题，这一步对于很多中小学辅导教师来讲，是必不可少的，即使学校暂时无法做到向家长普及学生的身心发展特点及规律，那么中小学心理辅导教师在与家庭工作时，也要把这部分内容作为重点工作来开展。

四、肯定家长的付出

父母总是愿意为了孩子付出大量精力和时间。他们花时间读书、听课，参加学校的各项活动，并不断调整与孩子之间的关系。近年来我们看到父母们开始积极地承担起科学育儿的责任，这一点从研究的角度也有佐证。有一项研究分别于 1995 年在北京、2008 年在南京开展了调研。他们邀请了 488 名平均年龄在 2 岁左右的儿童及其母亲，在实验室进行了 10 分钟的自由游戏。结果发现：①相较于 1995 年组，2008 年组的儿童更少表现出以连接感为导向的行为，而在自主性活动中花费了更多的时间；②相较于 1995 年组，2008 年组的母亲较少卷入孩子的活动，而是更倾向于鼓励孩子的自主性。这项研究表明，近年来中国城市地区的母亲减少了他们对儿童自主性活动的过度介入和干预，鼓励孩子积极探索环境并表达自己的想法（Chen, et al., 2021）。从上述研究可以看出，越来越多的父母愿意把子女视作独立的个体，这也在很大程度上使他们能够正视子女的感受，包括痛苦的感受。对于中小学心理辅导教师而言，有时候提醒了这一点，也能够起到促进父母反思的效果。

五、明确联系家长的目的

家长往往把心理辅导教师发出的沟通信号视作消极的，毕竟"无事不登三宝殿"，学校处理不了才会找家长的理念已经深入人心。大部分中小学心理辅导教师联系家长也通常是为了请家长配合学校，主要的内容包括：心理问题严重需要家长调整亲子关系或教养方式，心理问题严重需要家长带子女寻求医疗支持，行为问题影响了班级管理需要家长约束等。上述内容可能会让家长有强烈的不适、无助感，对于在职的家长而言，临时插入的安排打乱了原本的工作和生活节奏，可能让他们在面对心理辅导教师时感到紧张。

我们总结了心理辅导教师联系家长的目的，大致可以包括评估、制定目标、联合干预、追踪指导四个方面。评估是指心理辅导教师需要更全面、客观地了解来访者在不同情境下的表现，在学校同龄人的背景下，可以通过横向比较来了解来访者的心理问题，但纵向比较（尤其是新入学学生）和环境比较却需要从家长的视角来完善。制定目标时尤其需要强调与家长的合作，尽管家长与来访者的目标不一致是影响合作的消极现象，但这部分正是需要心理辅导教师思考及重点推进的，否则后续的联合干预和追踪指导将很难实现。心理辅导教师可以通过更科学地讲述学生的发展规律、心理问题的变化历程、心理辅导目标的特点等方面来与家长共同制定辅导目标。家庭和学校是中小学生生活的两个主要环境，因此家校联合干预会比单一干预更容易看到效果，这里面不仅需要家长有配合和调整的意愿，也需要跟家长一起商讨符合现实、行之有效的方法，并根据目标确定干预计划和追踪频次等内容。一旦家校形成合力，来访者更能感受到多方的支持，也会帮助他们坚定自我调整的决心。让家长们感到消极和被动的那些情况通常出现在联合干预部分，这部分如果出问题的话，那么心理辅导教师需要更多地反思：是否前面与家长的关系不足以支撑家长的信任？是否过于着急地希望家长承担责任？是否没有让家长感知到学校对联合干预的渴望？是否忽视了家长现实中的困难？等等。追踪指导是巩固干预效果的必要步骤，来访学生在心理辅导中获益之后，往往变得更加灵活、自由，更有信心做出种种决定，制订新的生活方案等。心理辅导教师的主要任务是证实他们的信心和自主意识，家长则需要在这个过程中继续提供支持和肯定，看到子女存在的优势和处理困境的新方法，这部分依然需要心理辅导教师对家长保持一定频率的追踪和指导，才能更好地帮助来访者在心理上早日脱离心理辅导教师，独立完成学校各种任务的同时，源源不断地感受到来自教师和家长的心理支持。

六、接纳家长既有的问题

尽管越来越多的中小学校把家长的心理健康教育纳入学校心育体系之中，然而家长本身的心理问题，尤其是心理障碍类问题并不是中小学心理辅导教师工作的重点。这个部分涉及家长的隐私保护，也要考虑污名化和病耻感的影响。很多时候心理辅导教师仅能了解部分情况，很难做出准确的判断和科学的指导。因此，即使遇到这类家长，心理辅导教师仍需要将重点放到来访者身上，且不可有过多的预设和标签化的倾向，我们至少应该明确，对成长的中小学生来讲，任何因素都有可能导致他们产生成长的困扰甚至是心理疾病。当然，尽管这部分家长并不是中小学心理辅导教师工作的重点对象，心理辅导教师依然需要准确评估家长存在的心理问题对来访学生心理辅导进程、辅导目标以及持续健康成长的影响。更重要的是要考虑，家长作为来访者重要的社会支持力量，如何发挥其支持子女的功能。

七、提升家庭功能

一般中小学心理辅导教师首先会关注家庭的结构或类型，比如是不是单亲家庭、重组家庭、留守家庭等，实际上评估和改进家庭的功能才是中小学心理辅导教师与家庭合作时的重点。在子女的教养上，家庭的功能主要包括以下五点。（1）保证正常的生理功能发挥，包括提供固定的住所，使人衣食无忧等。（2）创建良好的家庭氛围，提醒这一点时需要家长觉察家庭氛围对个体发展的影响，家庭中的小事组成了生活的全部，关注家庭教育在日常生活照料中的渗透，尤其是父母期望、教养态度等对个体的影响，千里之行，始于足下。（3）每个人的生活都是由一件件小事组成的，养小德才能成大德。家庭在道德、纪律、习惯、自律、人格、社会适应和个性化方面影响了个体的发展，作为父母和家长，应该把美好的道德观念从小就传递给孩子，引导他们有做人的气节和骨气，帮助他们形成美好心灵，促使他们健康成长，长大后成为对国家和人民有用的人。（4）家庭的功能还包括为个体提供社会交往的练习和机会，除了必要的社会交往技巧之外，家长与相关成人的交往为子女提供社会交往的学习机会。家长也可以通过与其他家庭的互动来保障子女社会交往的机会和进行必要的练习。（5）家庭作为组成社会的最小单位，本身具有贡献与传承的功能。尊老爱幼、妻贤夫安、母慈子孝、兄友弟恭、耕读传家、勤俭持家，知书达礼、遵纪守法，家和万事兴等中华民族传统家庭美德，是支撑中华民族生生不息、薪火相传的重要精神力量，是家庭文明建设的宝贵精神财富。

第四节　与家长合作的常用方法和技巧

与家长合作的难处往往在于寻求合作的同时激发家长的效能感。很多心理辅导教师在联系家长之前受到来访者的影响，会更多地寻找父母不足之处，实际上，当感受到否定时，任何人的合作意向都会受到影响。因此与家长合作并不是指出问题或者发现不足，恰恰相反，只有把家长看作来访者改变的重要资源和力量，才能更好地形成合作关系。

一、与家长合作的方法

有多少个家庭就有多少种合作方法，心理辅导教师与家长谋求合作时，特别需要注意灵活性和创造性，这里简单介绍几种通用的方法，供大家参考。

1. 肯定家长的效能

我常使用和建议心理辅导教师使用的方法就是先肯定，这需要心理辅导教师既对来访者的家庭有所了解，又有一双善于发现的眼睛。有些教师把目标和肯定搞混淆，认为只有家长配合学校的工作了才值得肯定，实际上这样的想法在家校合作的步骤上是本末倒置的。肯定是快速建立关系和取得家长信任的基础，而不是家长配合之后再去强化的手段。因此，寻求合作的开始首先学会肯定，肯定的点一定是小而具体的，例如肯定家长能来学校，这通常代表他们放弃了其他事情而把与学校合作看得更重要；肯定家长为子女付出的精力、物质或者其他内容，被看到不仅是学生的需求，也是家长的需求。对家长而言，最好的肯定是肯定他们作为家长的效能感，这一点可以通过夸子女身上的美好品质来体现，这样的夸奖虽然间接，却足以让家长放下戒备。

2. 传递希望

帮助家长看到当前的子女发展的重点对未来的影响，同时也要让家长看到子女可塑性的一面，简言之，传递希望是与家长合作的重点。作为教师，全面地看待学生的发展是必要的。我们邀请家长的初衷往往是更好地评估和分析学生的问题，可是当我们仅跟家长讨论问题时，双方就不由自主地聚焦在问题解决上。这样的视角没什么问题，但可能会使人把有血有肉的学生/子女看成一个需要被解决的问题或者麻烦。人人都怕"麻烦"，于是，出师未捷，就已经让家长有了畏难情绪或者自我辩护的倾向，这显然不是良好沟通的主基调。因此，与家长合作时重要的是让家长看到希望，哪怕当下的这个瞬间是让人沮丧、失落和失去效能感的。心理辅导教师需要明确，永不出错、永远能够满足子女需要的父母是不存在的，但只要希望还在，结果往往会朝着积极的方向发展，就像特朗尼克在研究中明确指出的，那些育有安全依恋型儿童的母亲，在大部分时间里无法满足孩子对亲密的需求。然而，这些母亲可以更好地注意到孩子的痛苦，并开始修复和重建联结。关系是处于不断适应、犯错和修复的过程中的。只要总体基调是安全的，那些错误就是关系中的小问题，而不是拒绝、灾难化或抛弃的信号(Tronick，2007)。所以传递希望吧，让家长在看到问题时也要看到未来发展的可能，在不可避免的焦虑中维持基本的安全感。

3. 尝试跨专业沟通

与家长合作的第三个技巧是心理辅导教师要考虑与家长跨专业沟通的问题，这里面包含了三方面的内容。其一，心理辅导教师需要了解家长的生活背景，沟通时先进入家长的生活中，与卖菜的家长聊菜价，与炒股的家长谈股票，看似唠家常的话语最能深入人心。其二，心理辅导教师需要考虑专业术语与口语表达的转化，家长不是心理学专业的毕业生，尽管近年来心理健康的科普有了长足的发展，但很多家长对心理问题和现象等依然存在似是而非的理解。心理辅导教师在沟通前就需要调整话术，过多的术语表达往往让人不安，缺乏对倾听者的尊重和理解。其三，心理辅导教师需要考虑家长的认知水平、信息加工能力和行动力，这也有助于后期联合干预和追踪指导的开展。

4. 准备充分

与家长沟通之前需要做好充分的准备，既要确定沟通的内容，也要明确沟通的目标，而且这些要建立在求助学生知情并了解的基础上。心理辅导教师容易忽视的是寻找与家长沟通的时机，事情有轻重缓急之分，大多数情况下与家长的联系是可以做好准备提前寻找时机的。我们会建议大家选择与家长沟通的时机时多花费一些心思，比如考虑一下家长的职业特点，猜测下家长在工作时间是否可以与学校保持联系，以及联系是否可以保持私密性等。另外，与家长沟通的地点也很重要，沟通的地点不同，营造的氛围也会不同，过于紧张、杂乱、标签化的环境很难一下子让沟通的双方进入需要讨论的情景当中。

二、与家长沟通的流程

我们整理了与家长沟通时大致的流程，供教师们参考（见图 7-1）。

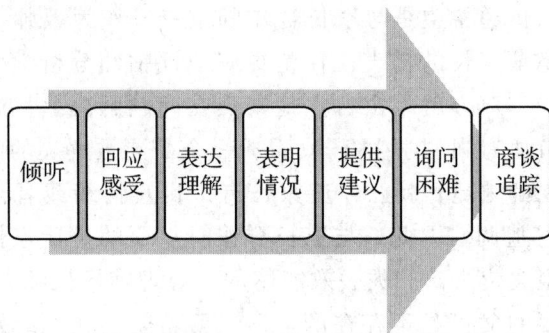

倾听　回应感受　表达理解　表明情况　提供建议　询问困难　商谈追踪

图 7-1　家校沟通流程

1. 倾听与回应感受

倾听是第一个环节，这一点可以与前一节第五点谈到的与家长沟通的四个目的联系在一起。通过倾听完善对来访者的评估，也可以快速地了解家长对学生的基本预期、已经进行的家庭调整和干预等基本情况。对于缺少人际交往技巧的家长而言，心理辅导教师的倾听可以起到示范作用。倾听并不是简单地听就可以了，积极的倾听包含了对感受的回应和对话题的启发，实际工作中我们发现很多家长言语中对于感受这部分往往是忽视的，但他们的身体和行为无一不在表达着感受，这需要心理辅导教师用心捕捉。很多家长把"被叫到学校来"这一现象等同于自己是"无能的家长"这一结论，因此把"大家都是在学习如何当家长"这样的感受外化—正常化之后，联结就在无形中建立了起来。一旦建立起联结，家长就更容易接受来自心理辅导教师的理解，这种理解不再局限于表达层面上，而是从体验上家长感受到被理解和被看到。这里心理辅导教师需要注意的是，家长在自己的感受得到回应之后容易把关注点放在自己身上（我们经常会很伤感地发现家长本身是如此需要被关照到），然而不管是家庭治疗本身，还是中小学心理辅导的界限和目标，都提醒心理辅导教师要更多地关注父母双方或者一方的父母效能感，使得养育系统能够平稳运行。换句话说，在回应完感受之后心理辅导教师需要特别注意的是工作时要更多地考虑自己的服务对象，采用人际关系的系统视角，或者兼顾系统视角和个人视角。

2. 表明情况

表明情况是为了增加父母共同教养孩子的有效性。然而表明情况特别容易激起家长的防御心理，稍有不慎则会影响之前联结的质量。表明情况要尽量客观准确，用贴近家长生活的语言描述学生在学校的表现，切不可轻易贴标签，更不可带入诊断。表明情况时如果有多元视角则更能向家长呈现不同的内容，心理辅导教师需要记住的是，孩子在学校和在家庭中的表现可能完全不同，而家长可能并没有意识到这一点。表明情况时除了问题也要表达学生积极的一面，这是很容易被心理辅导教师们忽略的，太过聚焦于问题容易让人情绪低落，且忽视问题解决的视角。表明情况时也要说明学校目前采取的举措，必要时可以简单介绍学校的育人理念及行动方案，也可以更多地聚焦在与学生相关的方案设计上。表明情况时要注意给家长传递希望，我记得当我在育儿中遇到困难时，看到河合隼雄先生在《什么是最好的父母》一书中谈到父母如果很担心孩子的问题时"可以与专家聊一聊，如果是真正的专家，我想他会对你说：'这么一点差异而已，不用担心。'骗子专家倒可能会说：'和参考值不一样，你家孩子肯定有问题！'这可真是害人不浅"。这句像唠家常一样的话传达了质朴的道理，相信孩子，相信自己。这句话也在很大程度上给了我信心和激励，所以心理辅导教师要学着做"真正的专家"呀！表明情况时更多是心理辅导教师在陈述，这期间一定要留有必要的时间和机会允许家长提问，辅导教师也要给予充分的澄清和说明，通常情况下我们建议把需要表达的内容提前准备好，至少准备好大纲，以免有所疏漏。

3. 提供建议

很多心理辅导教师特别喜欢提供建议这一环节，看上去这是发挥专业特长的一部分，甚至有很多心理辅导教师认为前面的几个步骤都是在为这部分做铺垫。实际上，如果前面几个步骤做得好，大部分有觉察能力的家长几乎不需要我们提供建议，他们的父母效能感和爱子的本能会激发出创造性，帮助他们自觉行动起来。这种情况下心理辅导教师也就不必提供建议了，尽管英雄略显无用武之地，但对心理辅导教师而言，与家长合作的目标已然达成。对于尚未完全了解情况，或者力有不逮的家长，提供建议仍然是必要的选择。提供建议时一定要考虑家长的具体情况，我经常光顾的菜店老板曾经询问我如何与青春期的大女儿沟通的问题，我当时深深地为这个老板的直觉感动：她竟然能看出来我是能做家长沟通指导的人。于是我小心地压制着扬扬自得，啰里啰唆地跟人家普及了青春期个体的心理发展特点以及沟通的注意事项，直到对方很不好意思地打断我，我才知道她的女儿远在千里之外，而我讲了半天如何改善面对面沟通的技巧。这件事情教会我提供建议时一定要对基本情况有所了解，且建议不可太过理想化，毕竟家长还有其他生活方面需要兼顾。

4. 询问困难和商谈追踪

给家长提供的建议一定要具体可行，即使看到家庭需要调整的地方比较多，也要从过程论的角度出发。就像一位身患多种疾病的患者，他的治疗也需要一步步来，一下子承诺可以治好所有疾病的医生和医院，会直接吓跑有理性的患者，反而是翔实具体的治疗方案，尽管存在不完美和较长的时间，也能让患者感受到真实的被救助感和治疗的希望感。提供建议之后应询问家长是否有实施上的困难，一方面有利于建议的调整和落地，另一方面也可以激发家长的能动性，避免出现在心理辅导室内认真听，回到家里做不到的情况。很多来访者的问题需要多次家长会谈或者定期的家校沟通，因此单次会谈的最后一个步骤是商谈追踪。追踪的目的一是为了保证家校合作的有效性，心理辅导教师可以定期了解学生在家庭中的表现，以做出动态评估，同时调整家校沟通的内容；二是巩固家校合作的效果，避免消极情况的重复发生；三是灵活提供必要的支持和指导。这部分的内容和形式要依家长的实际情况而定，在保证合作有效性的基础上是灵活可调整的。

5. 完善教育理念

幸福的家庭是相似的，不幸的家庭各有各的不幸。对于中小学心理辅导教师而言，我们接触的家庭大多处于幸与不幸之间，食人间烟火，历人生百态，因此与家庭的合作贵在用心，贵在真诚，贵在坚持。就像卢梭在他的著作《爱弥儿》中指出的，行为准则可以"通过追随不可被抹去的人性本质，在我内心深处被找到"，相比于上面的这些技巧，我想心理辅导教师"以人为本"的理念在更多的时候能够让他们与家长合作和沟通时智勇双全。不断地传递希望和信任，适当地提供方法和建议，及时地调整和改进，尊重家长们的选择，敬畏生活中的智慧，把激发家长教育的有效性放在最重要的位置，我想这样的家校合作定然会越来越顺畅，学生们也会在这个过程中不断获益，不断提升。

第二部分

中小学心理辅导的案例分析

第八章　中小学生多动症的心理辅导

提到多动学生，很多中小学教师会"心有余悸"。如果让教师们形容一下班上多动的学生，他们能很容易地罗列出一系列表现：容易分心、冲动、喜欢强词夺理、坐不住、攻击性强、健忘、成绩差等。看上去多动的学生缺乏在课堂上顺利学习的心理基础。在寻找学生为什么会多动的原因上，大家也经常会得出差劲的家长、糟糕的学生和蹩脚的教师三个主要的原因。实际上，多动问题产生的根源并不是父母的教养方式，也不是孩子有什么精神问题或者内在错误，更不是所谓的"没有教不会的学生，只有不会教的老师"。

第一节　认识多动症

多动症是儿童期常见的精神行为障碍之一，全称是注意缺陷多动障碍（Attention-deficit/hyperactivity disorder，ADHD），是一组以注意力缺损、多动冲动、角色管理失控行为为主要表现特征的行为-情绪综合症候群，是一种发展性自我控制障碍。我国多动症的发病率在 6%～8%，男孩多于女孩。多动症的儿童以与年龄不相适应的注意力不集中、注意持续时间短、活动过多和冲动行为为主要特征，并伴有各种共病。患有多动症的儿童在注意力广度、冲动控制和活动力水平上存在问题，严重影响儿童的学业、自尊心以及与父母、同学、老师之间的关系，并导致各种社会适应问题（杜亚松，2013）。

一、多动症的类型及诊断标准

从症状描述上，研究者通常把多动症分为三种类型：一是注意力缺陷型；二是多动-冲动型；三是注意力缺陷和多动-冲动的两者混合型。美国《精神障碍诊断与统计手册（第五版）》(DSM-5)介绍了诊断 ADHD 三种类型的标准，内容如下。

A. 一个持续的注意缺陷和/或多动-冲动的模式，干扰了功能或发育，以下列 1. 或 2. 为特征。

1. 注意缺陷：6 项（或更多）的下列症状持续至少 6 个月，且达到了与发育水平不相符的程度，并直接负性地影响了社会和学业/职业活动。

注：这些症状不仅仅是对立行为、违拗、敌意的表现，或不能理解任务或指令。年龄较大（17 岁及以上）的青少年和成年人，至少需要下列症状中的 5 项。

a. 经常不能密切关注细节或在作业、工作或其他活动中犯粗心大意的错误（例如，忽视或遗漏细节，工作不精确）。

b. 在任务或游戏活动中经常难以维持注意力（例如，在听课、对话或长时间的阅读中难以维持注意力）。

c. 当别人对其直接讲话时，经常看起来没有在听（例如，即使在没有任何明显干扰的情况下，显得心不在焉）。

d. 经常不遵循指示以致无法完成作业、家务或工作中的职责（例如，可以开始任务但很快就失去注意力，容易分神）。

e. 经常难以组织任务和活动（例如，难以管理有条理的任务；难以把材料和物品放得整整齐齐；凌乱、工作没头绪；不良的时间管理；不能遵守截止日期）。

f. 经常回避、厌恶或不情愿从事那些需要精神上持续努力的任务（例如，学校作业或家庭作业；对于年龄较大的青少年和成年人，则为准备报告、完成表格或阅读冗长的文章）。

g. 经常丢失任务或活动所需的物品（例如，学校的资料、铅笔、书、工具、钱包、钥匙、文件、眼镜、手机）。

h. 经常容易被外界的刺激分神（对于年龄较大的青少年和成年人，可能包括不相关的想法）。

i. 经常在日常活动中忘记事情（例如，做家务、外出办事；对于年龄较大的青少年和成年人，则为回电话、付账单、约会）。

2. 多动和冲动：6项（或更多）的下列症状持续至少6个月，且达到了与发育水平不相符的程度，并直接负性地影响了社会和学业/职业活动。

注：这些症状不仅仅是对立行为、违拗、敌意的表现，或不能理解任务或指令。年龄较大（17岁及以上）的青少年和成年人，至少需要符合下列症状中的5项。

a. 经常手脚动个不停或在座位上扭动。

b. 当被期待坐在座位上时却经常离座（例如，离开他或她在教室、办公室或其他工作的场所，或是在其他情况下需要保持原地的位置）。

c. 经常在不适当的场所跑来跑去或爬上爬下（注：对于青少年或成年人，可以仅限于感到坐立不安）。

d. 经常无法安静地玩耍或从事休闲活动。

e. 经常"忙个不停"，好像"被发动机驱动着"（例如，在餐厅、会议中无法长时间保持不动或觉得不舒服；可能被他人感受为坐立不安或难以跟上）。

f. 经常讲话过多。

g. 经常在提问还没有讲完之前就把答案脱口而出（例如，接别人的话；不能等待交谈的顺序）。

h. 经常难以等待轮到他或她（例如，当排队等待时）。

i. 经常打断或侵扰他人（例如，插入别人的对话、游戏或活动；没有询问或未经允许就开始使用他人的东西；对于青少年和成年人，可能是侵扰或接管他人正在做的事情）。

B. 若干注意障碍或多动-冲动的症状在12岁之前就已存在。

C. 若干注意障碍或多动-冲动的症状存在于 2 个或更多的场所(例如,在家里、学校或工作中;与朋友或亲属互动中;在其他活动中)。

D. 有明确的证据显示这些症状干扰或降低了社交、学业或职业功能的质量。

E. 这些症状不能仅仅出现在精神分裂症或其他精神病性障碍,也不能用其他精神障碍来更好地解释(例如,心境障碍、焦虑障碍、分离障碍、人格障碍、物质中毒或戒断)。

标注是否是:

组合表现:如果在过去的 6 个月内,同时符合诊断标准 A1(注意障碍)和诊断标准 A2(多动-冲动)。

主要表现为注意缺陷:如果在过去的 6 个月内,符合诊断标准 A1(注意障碍)但不符合诊断标准 A2(多动-冲动)。

主要表现为多动/冲动:如果在过去的 6 个月内,符合诊断标准 A2(多动-冲动)但不符合诊断标准 A1(注意障碍)。

标注如果是:

部分缓解:先前符合全部诊断标准,但在过去的 6 个月内不符合全部诊断标准,且症状仍然导致社交、学业或职业功能方面的损害。

标注目前的严重程度:

轻度:存在非常少的超出诊断所需的症状,且症状导致社交或职业功能方面的轻微损伤。

中度:症状或功能损害介于"轻度"和"重度"之间。

重度:存在非常多的超出诊断所需的症状,或存在若干特别严重的症状,或症状导致明显的社交或职业功能方面的损害。

上述为 DSM-5 的标准,ADHD 的具体诊断和治疗应由专业医生来进行,以上信息仅供中小学心理辅导教师参考。

二、多动症学生的学校表现

多动症学生在学校有一些典型的表现,具体包括以下几点。

1. 注意力涣散

注意力涣散是多动症学生面临的主要障碍之一,其负面影响遍及他们生活的方方面面:学业、友情、娱乐、就业。教师向多动儿童提出的问题,常常得到的回答是一个又一个的"我不知道"。一个又一个的"我不知道"恰恰是他们无法集中注意力的表现。多动症学生主动注意时间达不到年龄水平,因此,即使教师在讲重点内容,他们也很难集中在任务上。很多研究表明,多动症学生的自我意识和自我监控不良,任务记忆力差,因此也很难在一堂课上保持持续的专注,容易分心,经常粗心大意。多动症学生的注意转换也差,一件事情没有做完就提前转移注意力,频繁地从一种活动转向另一种活动，做语文的时候想着数学等。看上去好像是因为注意到了另一件事情而对正在做的事情失去了兴趣，但是最终任何一项活动都不能进行到底(Sousa，2011)。

2. 过分行动与过分专一

过分行动或多动同样与多动症密切相关，这一点让多动症学生本人和身边人苦不堪言，深受其害。教师们经常发现他们丢三落四，"坐不住"，喜欢做一些没有意义的小动作(大家可能都听说过通过观察学生橡皮的使用情况来确定他们的注意力是否有问题的说法)。在课堂等相对安静的环境中，在需要思考或听讲等认知活动参与的活动中，动作、活动量比较多，表现为来回奔跑，从坐的地方站起来，过分多嘴和喧闹，坐立不安等。"从不注意听讲""抢答问题""胡答一气""没有闲下来的时候"是我们常听到的对多动症学生的抱怨。如果当前的任务是无聊的、重复的、令人厌烦的，那么他们的表现会变本加厉，因为他们更容易被有奖赏的活动吸引，从而导致分心。在与人交往的过程中，缺乏正常的谨慎和克制，不受管教和约束。上课的时候小动作不停，一会儿切橡皮，一会儿撕纸条，偶尔学小动物叫；下课后招惹同学，无法安静地完成一项活动。

与容易分心相对的也经常让养育者和教育者摸不着头脑的是，多动症儿童往往又会表现出过度专一，尤其是在面对所有刺激中最有趣、奖励最多、吸引力最强的部分时。譬如，玩电子游戏最易于唤起他们恋恋不舍的劲头。一旦被某事吸引，他们就会乐此不疲，片刻不肯停歇。越是新奇、刺激和有趣的事物，越能够吸引他们的注意力。当然如果需要对其他事物感兴趣，那么移走他们周围有吸引力、有趣和高奖励的刺激就变得非常重要。

3. 无法等待

多动症儿童有一多半会难以控制冲动，他们往往在信息不充分的情况下，做出快速的、不准确的反应。有时候仅仅是等待就会让他们焦躁不安，或者对周围人纠缠不休，看上去既没有耐心又以自我为中心。在社会交往中缺乏控制力，在多种场合行为鲁莽，强行加入或者打断他人的活动，抢先回答别人尚未说完的问题，在任何活动中难以按照顺序排队等候。行为不顾及后果，容易闯祸。爱德华兹的研究发现，对于多动症孩子来说，等待会让奖励的价值降低20%~30%，相比于为更大的、更久之后以及更具有奖励性的结果而付出努力，他们更倾向于选择生活中回报小但能立即有结果的事情(Gwenyth，et al.，2001)。

4. 无法认识因果关系

无法认识因果关系是多动症学生遇到的又一道难题。这也是冲动的另一种表现。多动症儿童更多地聚焦当下，很少能够考虑到自己的行为对未来产生的影响。在不同的情况下灵活地做出反应，为实现目标去克服困难、解决问题，这些对多动症的儿童来讲都很困难。

5. 独特性显著

当然，每一个多动的孩子都有其独特的特点和表现，譬如喜欢做白日梦，做复杂的任务时经常自言自语，经常认为学习只需要付出最小的努力和最少的时间就可以，表现得目中无人，容易在青少年阶段吸烟、酗酒等。

患有多动症的儿童在学校的适应和学习会比普通儿童遇到更多的困难，很多看起来能轻易做到的事情，多动症儿童做起来都要花费大量的力气，如保持安静、遵守规则等。他们更容易感知到挫败感，更容易体验到消极情绪的影响，这些消极的情绪又会引发更多的冲动，因此多动症儿童在中小学经常会陷入情绪问题—行为问题的消极循环当中。

三、多动症的成因

有的研究者把多动症视为一种自我调节能力的障碍，这种障碍导致多动症孩子无法着眼于未来行为进行自我调节。随着身体的发育，多动症孩子的大脑无法达到正常的活跃度，这将对一个人的行为控制、自我管理、自我调节、远见以及时间管理产生重大影响（Faraone，et al.，2017）。对于多动症的原因，越来越多的研究者认为多动症儿童脑部负责抑制和执行功能的某些方面往往是更为核心的问题。将多动症患者与普通人相比，两者脑部存在诸多差异。譬如，多动症青少年与同龄人相比，前者的脑体积要小3%～10%。瓦莱拉的研究发现，与同龄人的大脑结构相比，多动症患者至少有五个脑区明显小于同龄人：小脑、胼胝体前部、右侧尾状核、大脑的右半球、大脑的前额叶区域（Valera，et al.，2007）。还有研究发现，多动症孩子的大脑比普通儿童要晚2～3年成熟，尤其是在额叶区域（Mackie，et al.，2007）。值得庆幸的是，这种脑体积的差异丝毫不影响他们的智力。其他的脑差异表现在基底神经节与额叶上，前者是脑中调动思维与情感的部位，后者是脑中进行筹谋与决策的中心。在多动症青少年的脑内，两者的异常都减少了执行功能的正常活动，也就减弱了患者集中注意和控制情绪的能力。多巴胺分泌异常使他们的这种状况雪上加霜，因为在他们体内，多巴胺的传输载体需要先装上超量的多巴胺，才能在脑细胞之间进行传递。这种程序上的失误进一步损害了多动症青少年集中注意与控制冲动的能力（约翰·萨默斯-弗拉纳根，丽塔·萨默斯-弗拉纳根，2014）。

遗传是另一个原因，如果一个孩子患有多动症，那么家庭中其他成员患有多动症的风险会比没有多动症孩子的家庭成员高5倍。值得中小学心理辅导教师注意的是，多项研究已经得出结论：抚养不当或者其他暴露在所有孩子面前的家庭事件并不会引发多动症。

四、多动症学生的心理辅导

多动症学生在家庭和学校都会遇到更多的困难，不管是养育者还是教育者，乃至同学等，都会在与多动症学生相处时感受到压力，这也常常导致多动症学生周围的环境变得更为糟糕。除了人际上的压力，多动症学生可能会面临着多动引发的很多次生结果，如学业问题、情绪问题、社交问题等。其实多动症学生在学校通常比同龄人更加辛苦，他们需要拼尽全力留在学校，对很多同龄人来讲微不足道的事情都足以让他们耗尽力气；他们要努力控制自己的冲动，这些可不仅仅发生在心理辅导室里和心理辅导教师面前。

心理辅导教师在面对多动症来访者时，首先要争取同事们的支持，这种支持不仅仅体现在心理层面上，更要在来访者日常的学校生活中发挥作用。在教育上有很多策略可以用在多动症学生身上，大卫·苏泽给教师们提供了一些建议：尽量让多动症学生们心无旁骛——安排他们坐在教室前排，清除书桌上的杂物，并使其座位离开人们经常走动的地方。在每个教学环节都给他们以具体详尽的指导。允许他们随口回答问题，若有可能，也允许他们在教室里走动。将教学目标与作业分解为容量较小且易实行的各个部分。采用计算机辅助教学，这可以吸引他们的注意力。通过利用规划簿、直接教授学习技巧等办法，帮助他们的思绪从杂乱无章走向有条有理。调整期望，不要对他们骤然爆发的捣乱行为感到震惊。保持镇静，既然他们缺乏自控能力，我们作为成人就必须有更强的自控能力。当他们行为失控时，不要与他们争辩是非。向家长或医生如实地反映他们在课堂的行为，我们既然对在校行为有要求，就要尽到自己解决有关问题的重大责任(Sousa, 2011)。

有条件的学校的心理辅导教师也可以争取家长的合作。要减少家长的焦虑和自责感，让他们更加科学地认识多动症的成因和表现。更重要的是做好家长培训和指导，帮助家长们相对体系化地干预孩子在家的表现。

我们在这一章选择了两个案例，来访者均被确诊为多动症，第一个案例的来访者是高中生，第二个案例是小学生。在第一个案例中心理辅导教师并没有针对多动问题直接进行干预，而是在情绪和自我概念上与来访者进行工作。第一个案例呈现了心理辅导的全过程，但缺少细致的对话内容。第二个案例相对来讲更聚焦在多动的表现上，含有一次完整的辅导对话内容。两个案例各有特色，也带有很多中小学心理辅导教师常常会遇到的问题，我在不破坏心理辅导教师本人提交的案例结构的基础上，就相关的问题表达了我的看法。

第二节　关于多动症高中生的心理辅导案例报告

摘要：来访者17岁，普通高中高二学生。父亲长期不在身边，由母亲独自抚养，父母关系良好。由于儿时曾患多动症未持续治疗，现存在课堂上注意力不能持续集中等表现，对老师管理有抵触感，出言不逊，常常做一些幼稚动作和行为引起他人注意，人际关系一般。因为影响到学校班级正常秩序，自控能力差，经常出现迟到和上课睡觉等现象，被老师带来咨询。采用人本主义疗法和合理情绪疗法对来访者进行咨询，帮助他解决少年时期由于创伤经历而压抑的愤怒情绪【这里提醒我们来访者不仅有多动的问题，还有创伤经历，也杂糅了情绪问题，因此在心理评估和心理辅导时需要考虑多种情况的影响。事实上，很少有来访者的问题单一出现，或者问题表现与书本上的评估标准完全一致，因此理解来访者当前状态受多种因素影响是非常重要的】，改变深层次的不合理理念，重塑合理认知，进而改变不当行为表现。进一步帮助来访者挖掘自身资源，促进他对环境的良好适应以及人格的完善。咨询结束后的随访中，老师和家长认为他情绪较为稳定，失常行为减少，来访者自述缓解了过去一直困扰他的问题所带来的压抑情绪，能够将注意力集中于学业，对师长的期望和要求有了新的理解。

关键词：案例报告；多动症；合理情绪疗法

一、一般资料

小 Z，17 岁，普通高中高二学生，身高 180cm 左右，体态正常，小学时曾因多动症就医并短期服药，后因为身体不适暂停。与母亲同住，父亲长期在外地工作。母亲为证券公司总经理，父亲为公职人员，事业均较为成功。无家族精神病史。

小 Z 的语言表达能力存在轻微障碍【心理评估中的障碍与口语中的障碍含义不同，因此心理辅导教师在撰写报告时需要格外谨慎，这里的障碍就容易引起歧义】，偶有"断句"不知该如何表达的情况。在班级中言语低俗，脏话经常脱口而出。在写语文作文和开校会时会发表负面的言论。上课不能集中精力，会在课堂安静状态下出怪声，课间偶有跳交际舞、将卡通造型笔袋顶在头顶等手舞足蹈的行为。抵抗学校管理制度，对其严加管教时会出现声泪俱下、歇斯底里的情绪状态。【这部分的内容更像是心理辅导教师根据各方面的资料整理出的小 Z 当前的问题表现，因此不能单纯作为一般资料出现，可以放在观察和他人反映部分呈现。如果是作为小 Z 当前状况和功能的描述内容，那么需要尽量清晰一下条目，如精神状态、身体状态、社会功能以及有无测验或者诊断的资料等。】

二、个人成长史

幼儿园：

小 Z 的父亲长期在外地工作不在身边，小 Z 2 岁时曾经让妈妈很生气，有被关在门外的经历。在寄宿制幼儿园的人缘很好，但曾因打架时被其他孩子陷害和告状，被老师误解过。

小学：

就医诊断患有多动症，在课堂上经常出怪声，并且做大幅度的动作。曾服用过相关药物，但由于胃肠反应较大停药。【这个部分需要完善的内容较多，如多大年龄确诊，诊断的是多动症中的具体哪一个亚类型；服用的药物是什么，用药的时长；除了副作用，用药是否对症状缓解有过帮助等。】住校时曾被赶出教室，在偏僻角落独坐很久。【需要简单说明事发时的年龄以及事件发生的缘由，也可以简要补充小 Z 的感受。】但周末母亲接他时未与母亲解释。

初中：

多动症还是会影响课堂环境，一次英语课上，一个孩子传纸条侮辱他的妈妈，他回了一句很不客气的话把纸条扔了回去，结果被老师发现，老师被打断后很生气而停课。之后班主任找两个人写检查，老师们认为他认错态度不诚恳。年级组长在没有提前告知小 Z 的情况下，召开全体班会讨论小 Z 的错误。有一个和他平时关系不好的同学说了批评他的意见，小 Z 夺门而去。第二天，妈妈发现他说话语无伦次，休息一天后恢复正常。后来，年级给他三个月的处分，他觉得这是一个不堪回首的经历。他在被处分前，是个很正直的孩子，经常管班级里违反规定的人，但被处分后，有一次他管一个同学，人家说他"你自己背处分呢，凭什么管我"，他很受挫。

初三的时候，因为与人发生了口角，他被人打，但丝毫没有还手。事后，他对妈妈说，他感到自己这么大个子被人欺负很耻辱。于是，孩子由于极度的不安全感【这个结论得出来的并不是很充分，我想心理辅导教师的意思是综合上述情况，加上小 Z 表现出来的强烈而持久的痛苦体验得出来这个结论】，初三下学期，转学去河南上学，中考回来考试，在这段时间里，情绪较为平稳。

高中：

高一时，就不喜欢学校管理要求，不喜欢思想教育，语文老师反映他作文中经常出现负面的思想。思维具有一定的逻辑，表达能力无大碍，但是欠缺恰当完整表达自己的语言能力。多动症还是存在，他本人在努力控制。曾因为当全班同学面迟到受到批评而顶撞班主任。是非常有人情味【尽量在个人史的描述中不要带有标签化倾向的语言，直接描述行为即可】的孩子，在家帮助妈妈做家务，在学校帮助同学老师做力所能及的事情。

高二时，曾因为迟到问题而顶撞年级组长老师，并在操场上声泪俱下控诉学校的管理和老师的教育，出口伤人并且情绪无法自持，表现出言语上的攻击性；准备班会课时，又会主动积极参与准备工作，配合老师采集班级录像，懂事上进，通情达理；与班级同学关系基本融洽，同学们对其看法褒贬不一，他会在课堂上激发其他同学的思考，也会在安静自习的情景中打扰别人学习；学习成绩优秀，但任课老师反映其偶尔会因领会知识或成绩优秀对知识浅尝辄止，不够踏实努力；在接受老师批评时，他会像小孩子一样露出无辜的眼神，做出小动物一样的动作和老师要赖，当老师严肃批评时，他也会出现歇斯底里的状态。【这个部分更像是将主诉、他诉、观察等不同来源的资料杂糅汇总而成。尽管可以细致地呈现出来访者表现的矛盾性、多面性，但就个人成长史而言，这部分内容显然过于琐碎，缺乏对内容的凝练。】

三、主诉和个人陈述

关于行为的陈述："我觉得自己表达能力没有问题，但是在表达时仿佛存在一个'知识屏障'，会阻隔自己正常的表达，甚至会出现'卡带'现象，忘记自己刚才要表达的意思和词语，导致原意无法准确表达出来的现象。""我经常会突然觉得自己就是一个孩子，十二三岁的孩子，就该像那样的孩子一样行动。""我就是个小孩，什么都不懂的小孩。"

关于情绪的陈述："我自己都不知道自己是谁！我每天都要整合一次自己，我压抑了多少痛苦您知道吗？""我每隔三个月左右就要情绪爆发一次，别人用打球等运动宣泄情绪，或者平时及时宣泄情绪，而我找不到途径。"

关于过去经历的陈述："小时候我经常被关在门外面。""他们每次都是批评我，训我，然后呢？告诉我该怎么做了吗？""我每天都在伤害别人，伤害我的父母，伤害所有人。""我从他（老师）的眼中看到了厌恶。"

关于自我评价的陈述："我没有安全感。""我害怕人，又不愿意孤独。""我是一个自私的人，凡是对我和家人有益的事情我就会去做，我现在的目标就是考好高考，然后希望我妈妈的身体能好起来。""我知道，我在同学们眼中就是个臭流氓。"

对现存问题的陈述："我希望大家都不要对我抱那么高的期望了，不要再约束我管我了，我找不到我现在这种状态的原因，我找了十几年了都没有找到。"

四、观察和他人反映

心理辅导教师观察：来访者衣着干净整洁，举止得体，讲话声音清晰匀速，语言较为流利，思维条理清楚，交谈过程流畅，无幻觉、妄想，无智能障碍，自知力完整。

他人反映：母亲反映孩子会在她生病时照顾自己，由于自己经常出差，他能生活自理，是个独立而且孝顺的孩子；老师们认为他是一个行为举止有些出格，自控能力差，意志力欠缺，但还是很有人情味的孩子，班级活动能够积极参加，学习也比较认真，比较聪明，认识事物的深刻性较强。

五、评估

1. 心理状态的评估

来访者儿时多动症遗留症状明显，表现为上课注意力不集中、多语多动、情绪易激惹易失控；对特定情况下的特定对象存在攻击性行为；存在情绪控制障碍；阻抗较为明显，表现为讲话内容上的情绪发泄，讲话方式上的心理外归因、健忘；过去创伤事件尚未真正解决从而影响现在的情绪和行为表现。【以上部分的心理评估杂糅了对症状的描述和精神分析视角下的心理评估，但又没有按照两种逻辑体系来呈现，因此阅读起来会使人感到杂乱。有些专业术语的表述也有问题，如"多动症遗留症状"这样的说法还是很值得商榷的。】

2. 严重程度

该来访者的问题属于一般心理问题。

3. 评估依据

依据正常与异常心理活动的三原则，结合初次辅导中来访者的表现进行初步判断：无逻辑思维混乱，无幻觉和妄想、行为异常等情况出现，自知力完整；来访者出现的情绪失调和行为失控状态是在与过去类似的创伤体验下长期压抑控制自己的愤怒情绪所产生的正常反应，是可以理解接受的；个性相对稳定，没有出现与以往言行不符的状态。因此，可以排除精神疾病。

参照症状学标准，来访者出现短暂的情绪行为失控，反应较为强烈，但并没有影响逻辑思维，没有回避和泛化，没有对社会功能造成严重影响。并且持续时间较短，随后能够迅速恢复常态。由此可以排除严重心理问题和神经症样心理问题。

根据以上依据，评估该例为一般心理问题。【从心理评估的角度看，报告对小Z的多动症一直没有明确的说明，如亚类型、严重程度；更重要的是，小Z当前的情绪和行为问题是否与多动问题有关，它们之间的关系特别需要在评估时尽量厘清。此外，对中小学生开展的心理评估不仅要评估问题和严重程度，也要对来访者所处的系统尤其是社会支持情况进行评估，毕竟来访者的问题和表现深受周围环境的影响。】

六、原因分析

社会原因：来访者小学与初中就读学校的管理较为宽松，而现在就读学校的校规较为严格，学校的大环境、许多管理的要求在来访者看来是对自己的过分约束，由此产生逆反心理和强烈的反抗性。

家庭原因：来访者的父亲长期在外工作，在孩子的成长关键期与其交流有限，来访者多数时间和母亲一起，这使得他的独立自主、善解人意、为他人着想、重感情等发展较好，而自制、服从管理等发展有限，在受到外界管理和约束的时候，会感到不适，从而做出反抗行为。同时，母亲比较保护来访者，在学校管理问题上支持孩子的看法，只要孩子不逾越法律道德底线，其他的想法都可以接受，这也在一定程度上助长了孩子的不合理情绪和思想。

心理原因：

情绪方面，他体谅母亲抚养自己的不易，从而一直不断压抑曾经受到的创伤带来的情绪和心理压力，表现为情绪不稳定、易被激惹，当出现相似情景和对象时，会激发他的情绪爆发与失控；由于缺乏安全感和对他人的信任感，情绪发泄成为他阻抗的主要表现形式，也是自我保护的一种形式【阻抗指的是在心理咨询、辅导和治疗的过程中，来访者对自我表露与自我变化的抵抗（郑日昌，江光荣，伍新春，2006）。阻抗来自心理辅导教师的视角。在这里出现的阻抗一词不确定是对心理辅导过程的描述，还是对小Z日常抵抗行为的简称，这再次体现出心理辅导教师对概念的理解可能是不清晰的。阻抗最早由弗洛伊德提出，他将阻抗定义为来访者在自由联想过程中对于那些使人产生焦虑的记忆与认识的压抑，因此，阻抗的意义在于增强个体的自我防御。罗杰斯将阻抗看作个体对于自我暴露及其情绪体验的抵抗，目的在于不使个体的自我认识与自尊受到威胁。这一观点体现了个体的认知对于自我结构与发展的防护作用。一些行为主义心理学家把阻抗理解为个体对于其行为矫正的不服从（马志国，2013）。从精神分析的角度看，心理辅导就是一个冲破阻抗的过程。这个冲破建立在对来访者阻抗的理解上，阻抗是维持神经症性冲突力量的源泉，如果说来访者不敢尝试做改变，没有勇气找到新的出路，这个阻抗就会一直存在。实际上，他需要这些神经症性冲突来缓解他内心的不安，如果他不敢往前走，是需要停留在这一步的。从某种意义上说，阻抗对于患者来说是必要的，是有存在的意义的】。

行为方面，平时的出怪声、做怪动作甚至口出污言秽语是幼年多动症尚未根治的遗留问题，同时也是为了满足他自己"与众不同"的心理需求，进而满足他青春期对"优秀"的自我认同的需要【从发展心理的视角看，青春期的学生非常渴望凸显自己的能力和价值，这是一种共性的发展需求，只不过每个学生满足需求的方法和手段是不同的】，其实背后是希望获得他人的关注和认可，换个角度来看，也反映出他自信心的不足。

认知方面，认为老师们对自己的期望过高，关注和管束都是没有必要的；每个人都应该为自己而活，为自己的家族而活；由于大环境没有足够满足自己的要求，自己才会产生如此多负面的情绪，这是理所当然的，不需要负责任的。

生理原因：儿时确诊为多动症，注意障碍、活动过度、情绪冲动易激惹是典型的多动症症状，这些遗留问题【因心理辅导教师无法确定来访者当前的多动表现是否已经不再符合 ADHD 的诊断标准，因此报告中多次用遗留问题是一种不严谨的表达】也有充分体现，并且来访者此时处于青春期，有接触异性的需要【这个部分在主诉和其他评估资料中并不明显。青春期个体内心对"我是特别的"渴望是普遍性的，并不是单纯针对异性的】，但他"哗众取宠""手舞足蹈"的行为又恰恰不被他人接受，这打击了他的自尊心，同时又恶化了他所追求的"与众不同"的行为表现。

个性原因：追求完美，对自己期望很高，一方面这带来了精神上的压力和情绪上的压抑，另一方面现实与自己想象的有差距，对外界客观环境的不满与不适应加剧了学习带来的精神压力。

七、辅导目标的制定

罗杰斯认为自我实现是人类最基本的动机，人是积极主动、自我实现和自我指导的，同时他们也是心理健康者。他们有五个特征：乐于接受一切经验；时刻保持生活充实；信任自己机体的感受；有较强的自由感；有高度的创造性。由此，按照人本主义理论的指导与来访者沟通协商设置辅导目标。

近期目标：正视过往经历对现在的影响，并从中发觉对自我成长的积极意义；学会正确处理负面情绪，找到适合自己的情绪发泄方式；改善偏差行为，调整不当认知，正确理解约束与自由的关系，关注自我和他人的感受与评价，提高自我控制力和注意力。

最终目标：成为具有意志力和自控力的更加完善的人，提高环境适应能力，以积极视角看待生活中的挫折与困难。

长远目标：真正融入群体，并能积极调动和发挥自身资源提升生活热情，促进心理健康和自我完善。【这个目标的分类并不清晰。心理辅导的目标从时间上看可以分为近期目标和长远目标，从过程上看可以分为阶段性目标和最终目标；也有心理辅导教师常用短期目标、中期目标和长期目标这样的分类标准。】

八、辅导方案的制订

1. 方法与原理

主要采用人本主义疗法、认知行为疗法（埃利斯的合理情绪疗法），具体方案如下。

第一阶段（建立良好辅导关系阶段）：由于来访者初次辅导时并非自愿而来，初次辅导中也存在明显的阻抗现象，而建立良好的辅导关系是心理辅导有效的第一步，因此，首先以人本主义疗法进行第一阶段的辅导。罗杰斯进行人本主义疗法的基本假设是"人们是完全可以信赖的，他们有很大的潜能理解自己并解决自己的问题。在这种治疗关系中，能够通过自我引导而成长"。他认为，正是这种重视个人而非个人目前的问题的治疗目标，完全无条件的积极关注、真诚与真实的信任关系，以准确的同理心深入来访者的世界，才能起到良好的辅导效果。在心理辅导室以外，小Z很难找到能够理解自己、帮助自己认识问题的人，在他看来，一切都是无谓的说教，对自己的成长不起任何积极有效的作用。早期经历又会让他抵触一般的指导性教育，因此，人本主义强调营造安全、温暖和接纳的辅导氛围，专注于个人发展的前瞻性，都会为他寻求自我完善和发展开辟一扇窗。

第二阶段（治疗阶段）：在良好的辅导关系基础之上，利用埃利斯的合理情绪疗法帮助来访者调整一直以来的不合理的认知和信念，以积极角度看待环境的约束和师长的教育，从而促成情绪与行为结果的改变。与上一阶段运用的人本主义疗法技术相同的是，合理情绪疗法也非常重视来访者在治疗中的体验。但来访者在这个阶段中很大程度上是一个学习者和行动者，来访者需要和心理辅导教师一同探讨此时此地的感受和他们目前改变自己早期形成的思维和情绪表现模式的能力。帮助来访者在认识到自身思维和情绪不当的基础之上，尝试改变并且建立合理的认知行为模式。

第三阶段（巩固与结束阶段）：人本主义疗法贯穿巩固阶段，并且检验和巩固认知行为疗法的效果。帮助来访者发掘自身积极资源，将咨询室内所习得和掌握的内容运用到生活中。

2. 辅导时间与收费

免费，每周一次，每次1小时左右。

九、辅导过程

1. 第一阶段（建立良好辅导关系阶段）

第一次心理辅导

目的：了解来访者基本情况，以接纳、尊重、倾听的方式建立良好的辅导关系，缓解来访者在情绪、咨询内容、表达方式等多方面表现出的阻抗现象。用鼓励的方法引导来访者说出被送来咨询的感受和他所认为的原因，从而了解来访者的认知偏差，确定焦点问题。【这里要强调收集资料的重要性。此外，针对被迫而来的来访者，理解他们被迫而来的感受，同时也要引导他们接纳自己最终来到心理辅导室的事实，借此机会探索被迫后隐含的主动性，为进一步激发来访者的求助意愿打基础。】

方法：摄入性会谈、倾听、鼓励、解释【解释作为一种影响技术，在第一次心理辅导中使用为时尚早。解释也称分析防御，是指在以精神分析为核心的心理治疗中，面对来访者的妥协和防御机制，不是简单地将它们意识化，而是通过防御分析将它们变得更具适应性（卡巴尼斯，等，2015）】、共情。

过程：来访者情绪尚未平复、较为激动，倾听并引导来访者叙述本次心理辅导原因和一直以来引起激动情绪的原因，了解他的家庭、学业、人际关系情况。关注来访者的情绪感受，通过共情反馈心理辅导教师的感受，并引导他意识到自己的情绪。

小结与注意事项：来访者初到心理辅导室，由于过去没有做过心理辅导并且是"被迫"而来，情绪较为激动，应该以倾听为主，帮助来访者发泄不良情绪【这里需要心理辅导教师区分发泄和宣泄的不同。发泄一般指通过激烈的情绪表达而使情绪稳定的一种方法。张日昇指出：宣泄是指让病人把过去在某个情景或某个时候受到的心理创伤、不幸遭遇和所感受到的情绪发泄出来，以达到缓解和消除来访者消极情绪的目的（张日昇，刘蒙，林雅芳，2009）。宣泄法不仅对神经症、心因性精神障碍、情绪反应等疾病有较好的疗效，而且对心身性疾病和身体健康都有很大的好处】，恢复平稳状态，并在此基础上了解具体问题，初步确定心理辅导方向。

第二次心理辅导

目的：进一步巩固与来访者之间的信任关系，并尝试引导来访者谈谈家人和过去求学经历，以情绪失控的问题为主线，纵深多角度了解他过去的经历，为现在的问题从家庭、个人经历、个性特点等多方面寻找症结。

方法：倾听、自我开放【通常称为自我表露】、解释。

过程：与来访者分享心理辅导教师的高中经历以及对环境适应的过程，帮助来访者缓解压抑的情绪【自我表露是指在适当的情况下，心理辅导教师与来访者分享自己的类似经验，协助来访者对自己的感觉、想法和行为后果有进一步的了解，并从中得到积极的启示。人本主义理论非常重视自我表露的价值，他们认为心理辅导教师在关系中应该是透明的、真实的和真诚的，因此自我表露对辅导有积极的效果。自我表露通常在辅导关系确立并良好的情况下进行，心理辅导教师有足够的理由确信自己的经历可以帮助来访者更好地解决问题。不过对于被介绍来的来访者，建立关系阶段适度的自我表露可以拉近彼此的距离，在中小学辅导中需要特别注意，来访者因多重关系可能有讨好辅导教师的倾向，因此自我表露一定要慎重，注意不要喧宾夺主或者带偏辅导方向。一旦心理辅导教师感受到自己分享得过多或者有通过自我表露显示优越感、批评来访者等倾向，最好及时中止自我表露。这里心理辅导教师使用的与其叫自我表露，不如说是使用自己的经验】，并进一步引导来访者探寻不良情绪的根源，了解过去求学经历对现在情绪的影响。

小结与注意事项：来访者初次咨询时存在的严重阻抗现象有所缓解，但在触及过去经历时，仍然有所回避，并且表现为仅仅用理智而非情绪情感表述问题，阻抗仍存在。【从下文推测，心理辅导教师所说的阻抗不仅是对自我变化和自我表露的抵抗，也包含了来访者对心理辅导的反感。阻抗分为有意识的阻抗和无意识的阻抗。对于有意识的阻抗，经过心理辅导教师的解析和引导，往往可以解除。而无意识的阻抗在心理辅导中更有意义。心理辅导的进步很多时候是通过来访者无意识阻抗意识化的过程来体现的。这里可以看出小Z的阻抗一开始更多体现在无意识层面】尝试课下联系家长了解详细情况以丰富心理辅导师对来访者的全面了解。【从伦理上讲，中小学心理辅导教师开展辅导是需要家长知情同意的，从伦理意识的提升到伦理行为的落实，教师还需要注意，家长的知情同意并非简单地知晓就可以了。与未成年人开展工作，与家长合作、从家长处获得信息和资料是非常重要的。但心理辅导教师一定要注意与家长的合作，初始访谈阶段的家长面谈安排向孩子传递了重要的信息，单独越过来访者与父母进行面谈可能会让来访者认为心理辅导教师已经与家长结盟了，或者成为另外一个权威的形象，无疑会影响心理辅导的进程，这在青少年来访者中是非常常见的。如果心理辅导教师并未在首次心理辅导中明确安排与家长的访谈，那么在后期进程中发现有联系家长的需求时，最好先跟来访者沟通，并讨论可能涉及的保密等事宜。】

第三次心理辅导

目的：来访者阻抗明显消除【这里的阻抗可能是指之前对心理辅导的反感】，能够积极主动地配合辅导教师的询问，面对自身问题，并对自己的现状提出困惑，寻求共同讨论。借此主动性，与来访者共同探讨并明确咨询中重点需要解决的问题，确立咨询目标。

方法：尊重【客观上讲尊重是一种态度，与儿童、青少年进行有效面谈要有教育上和态度上的前提要求，这种尊重需要心理辅导教师调动自己的成长经历、经验去认同儿童和青少年的表现，同时又不能完全依赖自己的经历和经验，否则就会导致在辅导中无法设置合理的界限，无法发现儿童青少年身上的独特之处。因此尊重年轻的来访者是快速发展的个体，他们需要得到的是符合他们年龄特点的沟通方式】、倾听、鼓励。

过程：巩固已建立起的辅导关系，在此基础上针对来访者自身发展与完善而非个别现实具体问题设置心理辅导目标，并与来访者达成一致。辅导目标包括：正视过去经历对情绪的负面影响，尝试调整认知以从积极角度思考问题，对偶尔出现的不当行为的矫正，对个人完善与发展的正确认识。【单次心理辅导要想实现这么多的目标并不容易，尤其是这些目标在表述上笼统模糊，并不能够准确传达出这次心理辅导真正可以达到的目标。】

小结与注意事项：辅导实施过程中，要引导来访者共同关注自身情绪情感，而不仅仅是关注认知和行为的调整。

2. 第二阶段（治疗阶段）

第四次心理辅导

目标：通过讲解合理情绪疗法的作用和实施方法，引导来访者结合自己的情况，分析和探讨不合理认知，以及其所导致的情绪和行为。

方法：会谈、合理情绪疗法。

过程：在良好的辅导关系中，讲解合理情绪疗法的理念，帮助来访者找到自己的问题症结所在。过去在学校遇到了挫折经历（事件 A），由此产生了一系列的认知（信念 B）：（1）老师并不是行事公平的，会没有调查清楚就批评我；（2）老师的教育方法不够有针对性，一味说教令人厌烦；（3）我是一个自私并缺乏安全感的人，当别人攻击我时我要自我保护；（4）我从老师眼中会看到对我的厌恶，在同学眼中我就是个吊儿郎当的形象；（5）老师对我的关注太多了，要求和期望太高了，不要管束我，我可以正常发展；（6）只要我不违反法律和道德底线就可以了。【如果心理辅导教师要讲解和使用 ABC 理论，那么需要说明信念 B 对结果 C 的影响，否则这个练习是不完整的。】

布置辅导作业：回去思考自己产生的这些认知是否都恰当合理，并且反思他们对自己生活和情绪行为的影响。

小结与注意事项：关注问题呈现过程中来访者的情绪，以此来调整辅导节奏，切忌呈现问题过多过快过急，使来访者难以接受。

第五次心理辅导

目标：深入探讨来访者的六点认知对其行为情绪的影响，并且挑战其中的不当认知。对不合理信念进行积极辩论并教给他如何进行辩论，从而动摇来访者的不合理信念[1]，并进一步建立合理认知。

方法：合理情绪疗法。

过程：帮助来访者意识到这些认知并非完全合理和积极，它们会对情绪行为产生负面影响，为了消除这些影响，我们需要共同尝试改变不合理认知方式，并建立起新的合理信念。例如，除了老师，什么人可以永远做到公正公平呢？老师对你的看法真的是厌恶厌烦吗？从未受到约束的人能够健康成长吗？等等。

辅导作业：要求来访者填写自助表格，针对存在的不合理认知，积极地进行挑战和辩驳，并形成积极的合理思维。同时，思考自己在受教育环境中因为不合理思维产生过哪些行为，这样的行为会产生哪些积极和消极的影响。

小结与注意事项：利用来访者善于思考的特点，多给他反思与成长的机会。

第六次心理辅导

目标：在已经认识到自身不合理认知的基础之上，帮助来访者明确不合理认知所引发的不当情绪和行为，以及这些对其发展的负面影响。

方法：合理情绪疗法、解释、面质。

过程：确认上次心理辅导作业，帮助巩固建立起来的合理认知，并在合理认知之下，探讨由于不合理认知产生的情绪和行为有哪些，它们是如何影响来访者本身的。心理辅导教师不断利用解释的技术【解释通常包括以下的方式：将两个看似独立的表达

---

① 与不合理信念辩论，是合理情绪疗法最常用的一种方法。

或事件联系起来；指出来访者的行为、想法或感受的主题或方式；解释防御、阻抗或者移情；提供一个新的框架来理解行为、想法、感受或者问题。解释能够帮助来访者更投入辅导，引导来访者高水平地体验，并有助于来访者自我联想（Spence, et al., 1993）。需要注意的是，解释只有针对适应良好的来访者，并且将解释与其信念和需要联系起来时，才会有更好的效果（Crits-christoph, Mark & Gibbons, 2002）。从精神分析的视角看，解释是治疗中的"无价之宝"——是帮助来访者产生自我认知并做出改变的核心技术。在这里我们可以推测心理辅导教师把精神分析的技术、人本主义的技术和合理情绪疗法的技术混合使用。此外，这里的解释也许更符合认知心理学家的看法：通过解释，心理辅导教师试图改变来访者已构建好的图式，不过这种新建立的图式必须得到强化，因此在含有认知理论的技术中，需要重复解释，才能建立和保持新的联结】，来访者认识到自己在面对老师的指责批评的时候，的确会出现情绪失控，不知如何表达就已经泪流满面的情况，因为他一直感觉不被老师和同学们喜欢和接受，他不知道该如何回应此时老师的批评，只觉得自己就是一个小孩，需要保护的无所适从的小孩。心理辅导教师进一步抓住此时来访者的表述，对他的感受表示理解和尊重，但进一步面质他已经是近乎成人的青年【面质又称质疑、对立（性）、对质、对峙、对抗、正视现实等，指咨询师指出来访者身上存在的矛盾，目的不在于向来访者说明他做错了什么，而是反射矛盾，协助来访者认识自己，鼓励他们消除过度的心理防御机制，正视自己的问题，促进问题的解决（张小乔，1998）。面质通常在来访者出现言行、前后语言、认知与情绪之间的不一致时使用，目的是促进来访者对自己的感受、信念、行为及所处境况的深入了解，帮助来访者面对现实，寻找资源。合理情绪疗法强调对非理性、不合理观念体系的面质，鼓励求助者努力地去检查狭隘的非理性信念，从而促使求助者改变并培养理性信念。心理辅导教师在使用面质时一定要建立在稳固的辅导关系之上，在良好的咨询关系没有建立起来之前，应尽量不使用面质技术，如果不得不用，可用尝试性面质，如果来访者在面对面质时故意避开，这时就不要继续问下去，以免产生难堪和恐慌。如果在心理辅导进程中来访者明显表现出情绪的一面，而且表现出对待批评的不知所措和自我保护的启动，这个时候仅靠理解和尊重可能无法达到辅导的效果，可以尝试共情，积极倾听，引导来访者更多地在情绪上进行探索。如果察觉到来访者对于情感的部分已有觉察，但表述尚有不清晰时，情感反映技术在这里是可行的。情感反映是指心理辅导教师以陈述的方式清楚地表明来访者的感受，这些情感可能是来访者曾经说过的，或者心理辅导教师从来访者的非言语信息或表达的内容信息中推论出的。通过情感反映可以帮助来访者识别、澄清，并且更深入地体验情感；情感反映也可以促进情感的宣泄，当情感不再受阻而是开始流动，来访者接纳这些情感时，情感才会得以宣泄】，情绪自控能力是需要不断培养的，并且自己一直以孩子的方式行事是无法真正适应社会环境的。来访者表示，自己理解这些道理，但是接受还是需要时间，他需要冷静认真考虑本次的辅导内容。

　　辅导作业：思考应该如何调整曾经的经历与不合理认知所形成的情绪和行为模式。

　　小结与注意事项：面质技术的使用，基于良好的辅导关系，在多次的铺垫之后，一定程度上可激发来访者正面反思存在的问题。

第七次心理辅导

目标：进一步分析不合理认知对于情绪、行为的影响。认识到不良的情绪和行为对来访者未来发展和自我完善的负面作用，并探索改进方法。

方法：会谈法、共情【罗杰斯提出，共情是指站在别人的角度考虑问题，它意味着进入他人的私人认知世界，并完全扎根于此。尽管共情由罗杰斯提出，但现在几乎所有的理论流派都会把共情当作一项重要的心理咨询的技术。在与儿童青少年工作时，使用共情技术需要注意以下几点：刻意做作的共情会起到反作用；和来访者共情地交流时，我们应该饱含情感地表达、生动地说和做。我们应该用形容词、修饰词和手势；只有共情是不够的；我们要以对来访者情绪的理解作为指引，在共情性理解的背景下，挑战来访者使之以不同的方式思考或行动，或许是以他们之前没想过或拒绝的方式（肯尼思·巴里什，2020）。在对中小学生的心理辅导中使用共情技术，需要注意引导，共情不等于随心所欲，有时候要帮助他们去理解共情和规则之间的关系】、解释、澄清【澄清是在来访者发出了模棱两可的信息之后，心理辅导教师向来访者提出问题，目的是鼓励来访者更详细地叙述；检查听到的信息的准确性；释义含糊、混淆的信息；心理辅导的初期澄清使用得更多一些，用来澄清来访者给出的言语和非言语信息。澄清的形式通常包括：直接核实；为来访者提供两种或者更多可能的反应选择；重述来访者的话之后加入一些用以确认的封闭式问题。心理辅导教师在使用澄清技术时，需要根据倾听和观察到的来访者的反应来评估澄清的效果】、合理情绪疗法。

过程：剖析来访者情绪和行为的偏差对人际关系、父母期望、老师评价等的影响，使来访者能从更积极和全面的角度思考自己的言行。认识到过去的创伤经历导致了对教育环境和教育者不当的认知，而不当认知进一步导致了冲动行为和情绪发泄。这些行为导致的后果会影响他人对自己的看法，使自己不能较好地适应环境。在认清问题根源之后，自己可以有更多的角度看待问题：并不是老师负面评价自己，而是自己的行为导致了老师的负面评价。可以有更好的方式宣泄情绪，比如可以和同学打球、参加课外活动等。【心理辅导有效的一个表现就是来访者可以从更多的角度看待问题。】

辅导作业：将自己的感悟运用到实际生活中，如果发现问题就记录下来，下次辅导时一起讨论。

小结与注意事项：来访者认知上的调整已经告一段落，重要的是将所思所得用于生活当中，取得效果。

第八次心理辅导

目标：肯定来访者在心理辅导中已经取得的成绩和进步，引导来访者讨论自己在认知、情绪和行为上的改变。并为进入巩固结束阶段奠定基础。

方法：会谈法、澄清、共情。

过程：对于来访者一周内尝试用合理认知代替自己不时产生的负性不合理认知、培养自己对不合理认知的辩论意识予以肯定和正向强化，对来访者在改进过程中出现的阻力予以理解和共情，以鼓励的方式促进来访者自信心的形成和进一步的努力。

小结与注意事项：来访者内在缺乏自信，需要不断的鼓励和认可。

3. 第三阶段（巩固与结束阶段）

第九次心理辅导

目标：在来访者状态稳定的基础之上，征求关于心理辅导的结束时间的意见，给予来访者充分的心理准备，鼓励他继续在生活中实践心理辅导室内的所得。

方法：会谈法。

过程：继续巩固来访者已经建立起的积极情绪和正向思考问题的能力。帮助他分析思考如何运用合理情绪疗法应对生活中遇到的困惑问题。

咨询作业：思考何时结束辅导，自己在离开心理辅导室之后要如何面对负性情绪和认知，控制自己的行为。

小结与注意事项：注意来访者在即将结束辅导时的感受和情绪变化。【关于结束心理辅导的指标以及如何结束的过程，我们在第四章中已经进行了详述，感兴趣的读者可以参阅。】

第十次心理辅导

目标：挖掘来访者自身资源，并且鼓励他在生活中继续践行合理情绪疗法所带来的积极改变。顺利结束心理辅导，了解来访者此时此刻的感受，给予鼓励、祝福和期望。

方法：会谈法。

过程：来访者认为自己有能力面对生活中的负面认知和情绪，可以结束心理辅导。心理辅导教师和来访者一起回顾和总结心理辅导的全过程，分析利弊得失和他自身的资源，帮助来访者巩固已建立的自信心，争取在生活中有更优秀的表现。

小结与注意事项：加强后续回访工作。

十、辅导效果评估

来访者自述："我觉得我曾经误解过老师，或许每个老师关注的侧重点不同吧，你对我来说就像黑暗行走中的一盏灯光，也许并不特别亮，却可以指引方向。有些时候我的做法的确不太妥当，以后尽量变得更好。人不能扬长避短，我需要扬长补短。"

班主任与任课老师向心理辅导老师反映，虽然该生仍然有注意力分散的情况，但是自控能力已经增强，也愿意与老师做积极交流和沟通，课上出怪声和做怪动作的次数减少，暂时没有发生情绪失控的事件。

第三节　关于多动症儿童的心理辅导案例报告

摘要：通过建立积极的支持体系和教会儿童乐观，学校教师可以尝试改变习得性无助儿童的认知，帮助他们看到自身最强的品质，重新获得自信和希望，看到改变的可能，从而获得不断努力的动力。

关键词：人际关系适应不良；习得性无助；自信心；积极心理学；注意缺陷多动障碍。

一、一般资料

1. 一般人口学资料

小朱，男，11岁，5年级，独生子，身高中等，五官端正，身体健康状态良好。父母皆为高级知识分子，家庭条件较好。进入四年级后，亲子关系较为紧张，班级人际关系紧张，经常无预警动手打同学，无法忍受老师的批评指责。医院诊断为注意缺陷多动障碍（ADHD）。

2. 个人成长史

和父母一起居住，父母为主要抚养者。小时候未见异常。一、二年级时学业能够保持班级平均水平，数学成绩尤其好；三年级下学期开始无法完成任何考试卷子，主科成绩只有30分上下。平时作业基本上无法完成，如果母亲在家辅导，能够完成部分作业，但是每天都写到深夜。小朱性格要强，敏感。【这里的个人成长史太过言简意赅，而且主要聚焦在学业及其表现上；如有可能，需要完善关于学龄前的事件和记忆内容，家庭的基本情况，与他人的关系，爱好，与父母的关系，与父母的互动等，家族有无精神病史，个人是否经历过创伤事件，确诊ADHD的时间和亚类型，是否服药等内容。】

3. 心理测量结果

医院诊断有注意缺陷多动障碍（ADHD）。

4. 家长或监护人的意见及态度

父母很关注孩子的学习状况，对孩子期望较高。经常盯着孩子写作业。【与家长或监护人沟通时需要收集的细项，包括但不限于教养方式、常用应对、做过哪些努力、遇到了什么问题、期望目标等。这里只涉及了学习的情况。极大的可能是心理辅导教师没有条件或者意识与来访者的养育者开展有效的沟通与合作。】

5. 主要负责教师的意见及态度

班主任老师对孩子比较失望，目前处于无法管理的状态。【我建议这里不仅要有对现状的资料收集，也要看一下发展的过程，比如班主任对来访者的第一印象如何，什么时候感到失望，曾经采取过何种管理方法；以及有没有换过班主任，如果有，那之前的班主任是如何看待来访者的。此外，还需要收集教师对个体的基本看法、常用应对、做过哪些努力、遇见了什么问题、期望目标等。】任课教师中美术老师和孩子关系良好，孩子很喜欢他。其他任课教师表示孩子软硬不吃，表扬和批评都无效，追讨作业很困难，处于半放弃的状态。

二、主诉和个人陈述

1. 主诉

学习不好，老师和同学都不喜欢我，他们不愿意和我一组（因为分组和同学打架被送来的）。我自己在班里待不住，老想出去，上课的时候想溜达，因为心里烦。【通常，很小的孩子是由他们的父母、监护人、养育者或学校人员推荐到心理健康专业人员这里的(Carlson & Dugger，2007)。有些来访者对自己要见谁、做什么也许不太了解，他们甚至不知道为什么会被送过来；也有的十分清楚自己的痛苦或者感受到了自己给周围人带去的痛苦。因此这里需要澄清是谁把小朱送来心理辅导室，他对这件事情的看法和感受是什么。】

2. 个人陈述

（对打架事件的描述）科学课分组，她不愿意和我一组，我就很生气，我还不愿意和她一组呢，所以我就打她了。我看她的眼神就知道她不想和我一组。【从这里可以推测，至少刚来到心理辅导教室时，小朱对自己的状态是不清楚的，或者说他并不觉得这是一个需要接受心理辅导的问题。】

三、心理辅导教师的观察和他人反映

1. 心理辅导教师的观察

从生理上看：身高体重符合同龄儿童标准，外表没有生理缺陷，身体健康，但是肢体协调性较差，体育课各项指标不合格。

从心理上看：自尊心很强，敏感，不易信任他人，对拉手、触碰等亲密行为很抵触。对自己的身体健康状态非常关注。容易紧张，紧张时身体僵硬，反复扭动手指。【这里的描述大多是对行为的描述；心理辅导教师需要在这些行为的基础上进行更深入的思考，毕竟心理是看不见摸不着的，我们首先需要对心灵和人性的运作保持基本的尊重，对学生在学校的表现有真实的洞察，对自己的局限性有真正的认识，疗愈才有可能会发生。】

从学习上看：学业在一、二年级时能够保持班级平均水平，数学成绩尤其好，三年级下学期开始无法完成任何考试卷子，主科成绩只有30分上下。【研究者建议心理健康工作者要把儿童辅导看成某种形式的跨文化辅导(约翰·萨默斯-弗拉纳根，丽塔·萨默斯-弗拉纳根，2014)。咨询师不仅要熟知认知和社会情绪发展理论，还要对发展心理学有所接触。对心理辅导教师而言，我还希望大家了解学生学校表现的总体发展趋势，比如小学三年级的考试同一、二年级相比，在形式上、内容上、难度上都有了极大的变化，因此三年级成绩波动短期内是比较常见的现象。心理辅导教师需要去了解成绩变化前后有没有其他情况影响了小朱的学业表现。】平时作业基本上无法完成，如果母亲在家辅导，能够完成部分作业，但是每天都写到深夜。各科老师也表示追讨作业很困难，处于半放弃的状态。

从适应行为方面看：不大喜欢和班里同学玩，上课时无法控制自己的行为，表现为在地上躺着或者走到教室外面。有时打扰同学上课，和同学说话或者翻看同学的东西招致同学反感。喜欢数学老师，和英语教师发生过多次冲突，表达能力强。【这个部分混杂了同伴交往、师生交往、问题表现等不同的内容；并且每个部分的内容都是一笔带过，使人读完后只能对小朱有一个非常模糊的印象。】

2. 同学及同伴的反映

在班里很闹，纪律不好，学习也不好，不完成作业，不听老师话，但是也可以和他好好玩，就是有时候他生气特别厉害。

四、评估

1. 评估

该生被医院确诊为注意缺陷多动障碍（ADHD），又称多动症。主要症状有人际关系不良，不分场合的过度活动和情绪冲动。学业不良，表现在不完成作业，考试成绩差。心理功能有损伤，压力大，易激惹，缺乏自信，习得性无助，消极认知。【这里的描述更像是对小朱在学校表现的描述，而不是针对多动症的描述。】

2. 评估结果

结果：注意缺陷多动障碍（ADHD）引发的适应不良。

依据：

(1)该来访者在学校体检正常，其心理问题没有器质性病变的基础。

(2)根据区分心理正常与心理异常的原则，该来访者主客观统一，心理活动协调、一致，人格相对稳定，有自知力，无幻觉、妄想等精神病症状，可以排除精神病性问题。

(3)该个案心理问题与人际关系有关，由现实刺激引发，与处境相符，没有变形的内心冲突，可以排除神经症性问题。

(4)该个案心理问题仅局限在人际、学业的适应不良，没有出现泛化，虽然时间较长（一学期），但考虑到儿童的成长特点，可以排除严重心理问题。

五、咨询目标的确立

目标简述：通过改变儿童认知，帮助他们看到自身最强的品质，重新获得自信和希望，看到改变的可能，从而获得不断努力的动力。

近期目标：调整认知，不再和同学发生大的冲突，能寻找和老师相处的方式。

远期目标：获得自信和希望，从习得性无助到习得性乐观。【在上文的心理评估中并未涉及习得性无助的内容。如果把调整习得性无助作为心理辅导的远期目标，那么至少在心理评估中就习得性无助的形成过程、表现、影响等内容详述清楚，包括注明习得性无助是否在特定的场景或者特定的交往群体中出现，还是针对所有的学校场景都有习得性无助的情况发生。只有这样，在心理辅导过程中对习得性无助改善的评估才是有效的。】

六、心理辅导方案

1. 心理辅导方法和原理

（1）习得性无助：是指当个体面临不可控的情境时，一旦认识到无论怎样努力，都无法改变不可避免的结果后，便产生了放弃努力的消极认知和行为，表现出无助、无望和抑郁等消极情绪。人们可以通过学习，从悲观的归因方式转向乐观的归因方式，从而学会乐观。

（2）认知行为疗法：认知行为疗法认为，一个人的非适应性或非功能性心理与行为常常受不正确的认知影响。如果一个人常常认为自己表现得不够好，大家都不喜欢他，那么他做什么事都会没有信心，很自卑，心情也不好。认知行为疗法的策略在于帮助他重新建构认知，重新评价自己。【这里对认知行为疗法的介绍更像是心理辅导教师结合小朱的表现和自己的经验给出的阐释。】

（3）行为疗法——代币制：代币制又称标记奖酬法，是用象征钱币、奖状、奖品等标记物作为奖励手段来强化良好行为的一种行为治疗方法。

2. 双方的权利和义务

（1）来访者的权利和义务

来访者有权了解心理辅导教师的资格，有权了解辅导的具体方法，有权提出终止、转介。

来访者需要提供个人和家庭的基本资料，积极主动参与心理辅导，按时完成作业，遵守心理辅导协议及心理辅导室规则，尊重心理辅导教师。

来访者隐瞒或歪曲信息的后果由来访者承担。

（2）心理辅导教师的权利和义务

心理辅导教师有权知道来访者的在家、在校表现情况，根据需要（例如超出能力范围，不擅长的领域，更严重的问题等）提出转介、终止、选择督导，以及有权选择合适来访者和合适的辅导方式。

心理辅导教师需用专业、真诚的态度来面对来访者，遵守保密原则，尊重来访者，在征得同意后可以选择录音或者录像的方式进行记录。

心理辅导教师需要做好记录并遵守保密原则。

3. 监护人和班主任的权利和义务

监护人和班主任有权了解来访者的成长过程，但是保密原则涉及内容除外。

监护人和班主任需要提供来访者的基本情况，和心理辅导教师一起协商改善来访者的生活学习环境，督促来访者完成作业。

4. 心理辅导时间及设置

每周三上操时间(40分钟)，一共8次。

七、心理辅导过程

1. 心理辅导阶段的划分

(1)初期：心理评估阶段(第1～2次)

内容：建立咨询关系；收集相关信息；进行心理评估；调整动机；确立目标；制订实施方案。

(2)中期：心理辅导阶段(第3～5次)

帮助学生明确自己的问题，梳理调整他的认知，通过代币制等行为矫正方法让他重新树立信心，改善人际关系。

(3)后期：巩固阶段(第6～8次)

继续巩固他出现的良好行为，提高他对自己的认识。

2. 具体的辅导过程(含某次辅导的全程转录)

第1次：建立关系(30分钟)
因为在科学课上突然拿椅子攻击同桌女同学，被要求来心理辅导教师这里进行辅导。

心理辅导教师：老师为什么让你来我这里，她和你说了吗？

来访者：我打人。

心理辅导教师：哦，和同学发生了冲突。你愿意和我聊聊这件事吗？发生了什么？我猜你当时一定很生气很生气才这样的，是吗？【心理辅导教师在使用提问技术时最常见的一个误区就是提问太多，以这个问题为例，第一个问题是对客观事实的开放式提问；第二个问题是针对感受的封闭式提问，两个问题并不是同一内容，逻辑上也无递进关系。提问太多会让年龄较小的来访者感到困惑，进而造成依赖、责任转移等情况；也可能会减少来访者的自我探索；或者来访者模棱两可地回答了不准确的内容；对不愿意接受心理辅导的来访者而言，过多的问题也会给他们一种被"审问"的感觉。】

来访者：(沉默，然后默默流出了眼泪)

心理辅导教师：我听说你一、二年级时的成绩挺好的，对吗？【尽管上一个问题没有得到完整的答复，但来访者被共情的部分依然发挥了作用。这时候恰当的做法是可以继续收集促发事件的信息，也可以做情感反映来增加来访者的情绪体验，不过心理辅导教师在这里转换了话题。一个可能的原因是面对来访者突然的沉默和情感表现，心理辅导教师感到无所适从，或者想要尽快转变"开局不利"的场面；另一个可能的原因是心理辅导教师对于心理辅导的流程掌握得相对刻板，无法在收集信息的阶段处理来访者"意料之外"的反应。这就回到了刚才的提问技术上，心理辅导教师提出的每一个问题都要有目的性，每一个小问题的目的性来自我们对心理辅导过程和总体目标的理解。】

来访者：是，您怎么知道的？

心理辅导教师：我知道啊，你们老师向我介绍了。

来访者：以前我能考 100 分呢。

心理辅导教师：那真是值得骄傲【适当的询问成就事件和及时的肯定，对于收集资料可能有点"曲线救国"，但对于建立心理辅导关系来讲，还是能够发挥积极作用的。而且心理辅导教师的反馈给了来访者一种很好的暗示：我其实一直都有关心你】，那么现在呢？

来访者：现在不行了，很差。

心理辅导教师：嗯，我了解了，看到你提到成绩心情不太好，说明你是一个对自己有要求的孩子，是这样吗？【这里心理辅导教师通过封闭式提问使用了情感反映的技术，格林伯格等建议使用情感反映的时间：咨询师和来访者之间有良好的治疗性联结时；咨询师和来访者一致同意针对情感开展工作时；来访者逃避感受时；来访者因缺乏对情感的觉察而行为失调时；来访者需要重新处理创伤体验时（Shaffer, Greenberg & Waslick, 2002）。上述的情感反映更贴近后两种情况。不过这里心理辅导教师对来访者给出了一个积极的评价，尽管通常情况下我们不建议过早给来访者评价，但对于正处在三四年级的来访者而言，对能力的渴求渗透在生活的方方面面，这次评价也是把发展心理学和心理辅导结合起来后的一种还不错的尝试。】

来访者：（又流眼泪）

心理辅导教师：我看到，你感到很难过，因为我们提到了你的过去很不错，但是现在有些退步了，但你会难过，说明你还是很上进的。

心理辅导教师：成绩有退有进，这都非常正常，只要想进步，我可以帮助你，我们一起努力，你觉得怎么样？【阅读到这里时让我想起我的督导师曾经提醒我们，如果在咨询中咨询师一直在说，那么这个咨询可能是需要反思的。确认这一点有时候并不容易，不过如果心理辅导教师可以录音或录像的话，那么有一个简单的操作技巧可以分享给大家：在录制的音频或视频全程中，随机选取十个点，如果这十个点中有一半以上都是心理辅导教师在说话，那么心理辅导教师可能说得有点多了。】

来访者：好。

心理辅导教师：那你能说说今天上课发生了什么吗？【终于又回到了对促发事件的资料收集上！其实在最开始来访者沉默和流泪时，心理辅导教师温柔地问一句："你可以告诉我具体发生了什么吗？"就可以有这样的效果了。】

来访者：（愤恨地）今天上课，老师让分组，她不愿意和我一组，有什么啊，我还不愿意和她一组呢，我就拿椅子打她。

心理辅导教师：哦，原来是这样，所以你生气了，感受到别人拒绝，会难过，会生气，我可以理解，换我也会不开心。那她做什么了，说什么了，让你发现她不愿意吗？

来访者：老师让分组，她不动，还看了我一眼，我就知道她不愿意。我们班的人都这样，都不愿意和我一起玩。

心理辅导教师：哦，她看你一眼，你觉得就是拒绝。【罗杰斯认为咨询师要做一面"镜子"或"回音壁"，让来访者不被评判地听到自己在说什么（Rogers，1942）。心理辅导教师可以通过重述，即对来访者讲过的内容、表述过的意思加以复述或者转述，做到这一点。重述一般指少于当事人的表述并与当事人表达的意思相近，可以更具体清晰地表达来访者的意思（克拉拉·E. 希尔，2013）。重述更主要的是聚焦问题，同时让来访者感受到被倾听。重述的内容可以是试探性的，也可以是直接的表述。这里心理辅导教师使用的是直接的表述。】有没有可能她这一眼有别的意思呢？或者她就是无意识地随便看看你呢？【针对想法的开放式提问是邀请来访者对他的想法进行澄清和探索，一般可以用询问的方式，也可以用探索的方式。对于年龄偏低的来访者，开放式提问可以帮助来访者澄清但不做决定。就像这位心理辅导教师一样，通过开放式提问引导来访者探索其他的可能性，同时也根据常识和经验提出了可能的选项，这样的选择也能透露出对来访者的尊重。如果是年龄较大的来访者，那么不提供后面的可能选项是对来访者自主思考尊重的表现。】

来访者：……也可能。

心理辅导教师：有一种心理学的说法，有时候同样的动作，如果我们给它不同的解释，就可能感受不一样呢。【提供信息技术通常可用于纠正无效或不可靠的信息，或者驱除刻板或迷信的观念；也可以帮助来访者审视他一直回避的问题。当来访者不知道自己有哪些选择时，提供信息也可以帮助来访者明确更多解决问题的方法。提供信息可以是理论的表述，也可以是经验的分享。这里心理辅导教师借助了合理情绪疗法的理论，值得赞赏的是，心理辅导教师并没有长篇大论理论，而是把它用学生可以理解的语言来进行表述，这一点是尊重学生认知发展水平的重要体现。】比如她看你，可能就是没有什么意思的，或者她在想，怎么走到你这边来。你觉得可能吗？

来访者：……她可能来不及走过来。

心理辅导教师：是呀。那么，你可能觉得自己受到伤害，然后举起椅子，这样的行为你怎么看呢？

来访者：不太好。

心理辅导教师：幸好没有伤到她，我听说她还是你的好朋友是吗？

来访者：她平时对我挺好的，就今天……

心理辅导教师：一个人有好朋友不容易，今天她一定是吓坏了。

来访者：我回去向她道歉。

心理辅导教师：真好，那么，以后呢？

来访者：我会想想她是不是真的这么想的。

心理辅导教师：真不错，我看到你接受新的事物真挺快的【肯定和赞美并不是心理辅导中的常用技术，毕竟这两者使用的范围远比心理辅导的很多技术要广泛得多。不过心理辅导也是心理健康教育的一种，尤其是对渴望能力被看到的中小学生，恰当的肯定和赞美对于建立心理辅导关系是非常有帮助的。当然这一点也需要心理辅导教师谨慎，肯定或者赞美过多、夸大或者评价性较强，有可能让来访者感受到被评价的压力，一来会导致后续心理辅导中表现的倾向性，二来也会增大脱落的可能性】，很高兴认识你。你愿意接下来继续来我这，让我们想想办法来帮助你提高成绩，让大家都喜欢你吗？

来访者：我愿意来。

第 2 次

心理辅导教师了解了来访者所在班级环境，他现在的主要问题是因为多动症，无法遵守课堂纪律，所以老师们都经常提醒批评他，导致他在班级形象很差，同学们也都比较不喜欢他。所以，改善他的班级环境很重要，除了和老师们、同学们沟通，帮大家理解接纳他的情况，心理辅导教师还会从约束他的行为入手。

首先，在辅导中，心理辅导教师表达了对他行为的理解，给他建议（已和班主任沟通过），如果他觉得心烦，可以在楼道里溜达，不要影响班级上课。然后，给他加油表（利用代币制原理编制）让他尝试，在班里只要有一丁点进步（经过允许再发言、坐在椅子上 10 分钟、帮助老师做事情等），就可以加分，让任课教师签字。然后到心理辅导教师这里来换游戏次数（快乐芯等注意力情绪训练仪器）。【对有多动症的中小学生来访者而言，得到任课教师的理解，并且能够被所有教师恰当地对待，是一件非常重要和幸福的事情。】

第 3 次

过了一周，来访者在班级的表现突飞猛进，对抗行为变少。能够在教室里多坐 20 分钟，主动帮老师拿电脑换取积分。因为加油表得分达到约定次数，这次心理辅导主要是做快乐芯。几次训练下来，分数有提升，心理辅导教师予以了及时的鼓励。来访者很高兴，兴致一直很高。

第 4 次

心理辅导教师和来访者讨论了在所有科目中他喜欢的科目，他喜欢科学，因为科学课有意思。还喜欢美术，虽然美术课上也会不遵守纪律，但是只要美术老师提醒，他都能收敛，较少和老师起冲突。心理辅导教师和来访者就规则要不要遵守、如何才能遵守规则进行了讨论。

第 5 次

本次辅导中，来访者情绪不高，因为最近几天要考试，卷子很多，他做不完。周末经常全部用来写卷子，但是写不完，到下一个周末还在写卷子，这让他非常痛苦。【来访者的反复在心理辅导过程中非常常见。心理辅导中的设置，如时间、地点、心理教师本人，以及心理辅导室的环境等，这些都可以给来访者提供一种稳定的"我在这里"的感觉，这种感觉对于来访者的安全感获得非常重要，因此心理辅导教师不需要过分担心反复，而是努力营造安全的空间即可。当然，这次辅导也让我们深刻地理解到，

影响来访者状态的不仅仅有心理辅导，更重要的是他日常生活的变化。】

心理辅导教师就这个问题和他探讨，肯定了他对学习的负责任的态度，毕竟所有的时间都拿来写卷子，说明他非常重视这件事，也在尽力做。但是之前因为不重视所以积累了很多，如果能尽快做完，对他一定有很大帮助。而且一次写这么多，正说明了他是有能力的。

本次辅导结束后，和家长进行了沟通，建议家长予以积极的鼓励，让他看到自己的能力。例如，孩子利用周末的时间完成了以前积攒的 3 张数学卷子，家长可以说："你看，你能一天完成 3 张数学卷子说明你有这个能力。"而不是像以前那样打击："你看，明明可以完成而以前就不写，就是因为你太懒了。"

第 6～8 次

临近期末，肯定了这段时间以来来访者的进步，让他将自己的进步一一列举出来，说明他的能力。让他看到周围人对他的态度是可以转变的。提出希望，希望他可以继续努力。以后有需要还可以来找心理辅导教师。

八、心理辅导效果评估

1. 来访者自我评估

期末评优时，他自己主动走到讲台上希望同学们能够评他为进步最大的同学。

2. 心理辅导教师评估

经过 3 个月的努力，来访者慢慢地可以完成一多半的作业，考试时努力写卷子，而不是像以前根本不写。期末成绩达到班级平均分。与班级同学无明显冲突，与他交谈时，他不再否定老师对他的积极评价。

3. 量表评估

无。

4. 长期效果评估

小学毕业之前，该生与班级同学和任课教师的关系都比较缓和，没有大的冲突发生，成绩还是不算好，但是能够基本完成作业。

九、总结

注意缺陷多动障碍（ADHD）儿童并不是从入学就存在如上诸多问题，问题的出现和演变是一个不断严重的过程。从一年级到六年级，即使由医院确诊并经过治疗，他们的行为心理状态也并没有多大的改善，反而有着愈演愈烈的趋势，由最初的注意力无法集中，学业不良，控制不住自己的行为到后来的厌学，不作为，人际关系恶化，给大多数教师和管理者带来了相当大的困扰，他们自身也承受着越来越大的压力。如何逆转这样一个习得性无助的过程，教师如何帮助他们转变，从习得性无助到习得性乐观，从而改变儿童的在校表现是这个个案中的尝试。

ADHD 儿童目前接受最多的除了药物治疗就是行为矫正治疗，这些往往需要更为专业的辅助，在学校很难控制和实现。但是，学校可以实现的是从他们入学开始对他们进行特别的帮助计划【改善 ADHD 学生所面临的外部环境，是一个任重道远的过程。值得高兴的是，越来越多的一线教育者开始有这样的思考和实践】，在他们的习得性无助还没有根深蒂固时，通过教师的乐观带给他们积极、肯定的评价，让他们学会乐观地看待自己的问题，从而有动力继续努力。

第九章　中小学生焦虑的心理辅导

当前，我国中小学生情绪问题多发是心理健康教育的一个突出难题。中小学生正在发育，因此，许多学生的情绪问题会表现出情绪发展阶段的种种特征，并不能确定为障碍，这就需要心理辅导教师格外注意，来访学生的年龄越小，情绪症状越不明显，行为问题更为突出，如发脾气、自伤、学习成绩下降、拒绝上学等，这时候往往需要重视与来访者的关系，通过询问了解来访者内心的体验，才能发现是否存在明显的情绪困扰。对于儿童期的情绪问题，大多数临床心理学家认为焦虑是其主要表现。

第一节　认识焦虑

相比于其他学生，焦虑的学生显得更为苦恼、不愉快、易激惹、害怕或表现为躯体功能失调。从症状描述上看，焦虑是指持续性精神紧张或发作性惊恐状态，常伴有头晕、胸闷、心悸、呼吸急促、口干、尿频、尿急、出汗、震颤等自主神经系统症状和运动性紧张等。焦虑问题包含了广泛的类别，常见的有分离焦虑、广泛性焦虑症、惊恐发作、社交焦虑、特定事物恐惧等。

一、常见的两种焦虑

对中小学生而言，广泛性焦虑症和社交焦虑是比较常见的两种焦虑。我们将从症状的角度看一下这两种焦虑的特征，以便于中小学心理辅导教师们在日常工作中能够更加有效地进行识别。

1. 儿童广泛性焦虑症

儿童广泛性焦虑症是一组以持续的恐惧与不安为主的障碍。这种恐惧无具体的指向性，是一种伴有自主神经功能兴奋和过度惊觉等特征的慢性焦虑障碍，常与恐惧、强迫等症状合并出现。

根据我国 CCMD-3 中儿童广泛性焦虑症的诊断标准，儿童广泛性焦虑症的诊断要符合以下四点。

(1)症状标准：

①以烦躁不安、整日紧张、无法放松为特征，并至少有下列 2 项：易激惹，常发脾气，好哭闹；注意力难以集中，自觉脑子里一片空白；担心学业失败或交友受到拒绝；感到易疲倦、精疲力竭；肌肉紧张感；食欲缺乏、恶心或其他躯体不适；睡眠紊乱(失眠、易醒、思睡却又睡不深等)。

②焦虑与担心出现在 2 种以上的场合、活动或环境中。

③明知焦虑不好，但无法自控。

(2)严重标准：社会功能明显受损。

(3)病程标准：起病于 18 岁以前，符合症状标准和严重标准至少 6 个月。

(4)排除标准：不是由于药物、躯体疾病及其他精神疾病或发育障碍所致。

2. 儿童社交焦虑

儿童社交焦虑是儿童最常见的焦虑障碍之一，其临床表现为儿童持久地害怕一个或多个社交场合，在这些场合中，来访者被暴露在不熟悉的人面前，或者被其他人过多地关注时出现焦虑反应。此问题的核心部分是害怕负面评价。来访者会夸大负面评价的可能性和预期不利的结果。社交焦虑的基本特征包括对社交场合和与人接触的恐惧、回避行为，有些青少年表现出一些外化问题、焦虑反应和功能损害。根据 CCMD-3 的诊断标准，儿童社交恐惧症是指儿童对新环境或陌生人产生恐惧、焦虑情绪和回避行为。

(1)症状标准：

①与陌生人(包括同龄人)交往时，存在持久的焦虑，有社交回避行为。

②与陌生人交往时，患儿对其行为有自我意识、表现出尴尬或过分关注。

③对新环境感到痛苦、不适、哭闹、不语或退出。

④患儿与家人或熟悉的人在一起时，社交关系良好。

(2)严重标准：显著影响社交(包括与同龄人)关系，导致交往受限。

(3)病程标准：符合症状标准和严重标准至少已 1 个月。

(4)排除标准：不是由于精神分裂症、心境障碍、癫痫所致精神障碍、广泛性发育障碍等所致。

本章两个案例的主题均是考试焦虑，研究者通常将考试焦虑看作社交焦虑的一种，与恐惧考试本身相比，学生们更担心的是考不好带来的消极评价、不良关注等问题。从后面的案例中也可以发现，中小学生的考试焦虑不仅有社交方面的问题，也有广泛性焦虑的一些特征。陈顺森(2005)在整合分析了考试焦虑的研究之后，指出考试焦虑是个体在考试准备、参加、结束之后各阶段，对考试情境所产生的认知反应、生理唤醒和行为表现相互作用的、复杂的情绪反应。

二、中小学生焦虑的学校表现

焦虑学生在学校的表现因其类型的不同而有所不同，如广泛性焦虑症的学生主要表现为焦虑体验、不安行为和生理反应；恐惧症则有典型的恐惧情绪、回避行为、急性焦虑反应、功能损害等。因篇幅有限和主题不同，本节无法一一列举不同焦虑类型学生的学校表现，下面将以考试焦虑学生为例，阐述他们在学校的表现。

考试焦虑是学生中常见的一种以担心、紧张或忧虑为特点的复杂而延续的情绪状态。在考试之前，当学生意识到考试对自己具有某种潜在威胁时，就会产生焦虑的心理体验，这是面临高考或中考的学生中普遍而突出的现象。考试焦虑的学生怀疑自己的能力，忧虑，紧张，不安，失望，行动刻板，记忆受阻，思维发呆，并伴随一系列的生理变化，血压升高，心率加快，面色变白，皮肤冒汗，呼吸加深加快，大小便增加。这种心理状态持续时间过长会导致出现坐立不安、食欲不振、睡眠失常等症状，影响身心健康。

通常情况下，考试焦虑的中小学生会在认知、生理唤醒和行为方面有不同的表现。考试焦虑的认知成分是在考试前后以及考试过程中，个体对考试的认知反应或有关考试的内部对话。当个体的考试焦虑认知成分处于高水平时，其普遍存在的想法主要有：(1)将自己的成绩与同伴相比较；(2)对考试产生失败的预期，担忧，害怕失败；(3)对成绩的低自信；(4)对考试过多地担心；(5)因父母而产生的烦恼；(6)觉得对考试准备不足，产生应对担忧、自我顾虑、知识遗忘及与考试无关的想法；(7)丧失自我价值。考试焦虑的生理唤醒是个体因考试而产生的生理反应的体验和主观意识。生理唤醒主要有：(1)皮肤电反应和脉搏加快；(2)头昏眼花；(3)恶心作呕；(4)感到恐慌；(5)多汗；(6)手心发抖(田宝，郭德俊，2001)。考试焦虑的行为表现指个体在考前、考中和考后对考试所表现出来的异常、公开的行为，主要包括：(1)延迟行为；(2)回避、逃避参加考试；(3)对考试结果的回避。

尽管考试焦虑在三方面均有明显表现，然而研究者发现考试焦虑的认知成分是个体学习成绩的首要预测因子，且只有当学生体验到高水平的担忧(认知成分)时，高情绪唤醒才与成绩下降有关。因此有效的干预往往主要针对认知部分开展。

三、中小学生焦虑的成因

造成焦虑的原因通常包括生物学因素、心理因素和环境因素。生物学因素中，遗传因素和神经生化因素是值得心理辅导教师特别注意的两个方面。尽管缺乏对考试焦虑的直接遗传因素研究，但在其他对焦虑受遗传影响的研究中可以发现，所有焦虑症的遗传性都很高。神经生化因素对焦虑的影响的典型研究之一是2007年冯国平发表在《自然》上的成果，该研究成果指出神经回路传导不畅是焦虑症、恐惧症的神经生理病因。

造成焦虑的因素也包括心理因素。以考试焦虑为例，考试焦虑的来访者一般缺乏自信，这一点与他们的成绩和排名没有直接因果关系。他们对自己的表现没有信心，担心在考试的过程中遇到挫折、失败，或者受到过嘲笑、讽刺、拒绝等。他们对自己的看法和他们认为别人对他们的看法之间有差异，这样的中小学生更倾向于将负面结果的责任归咎于自己，而不是归咎于外在因素，例如，认为考试成绩下降是因为自己太笨了，而不是因为题目太难了。

环境因素对考试焦虑的影响十分显著。学业负担重、学业评价单一、家庭教育方式、亲子关系等都会影响焦虑体验。考试焦虑的中小学生的父母会有更多针对学业尤其是成绩的拒绝、惩罚、干涉和过度保护。而中小学生成长需要的情感温暖、理解、信任和鼓励却相对更少。这些因素导致来访者更渴望通过考试成绩来获得赞许和评价，但不幸的是，这一方面加重了他们对外在评价的焦虑，另一方面也会使他们更加确信自身的价值只有通过成绩才能体现。

此外，研究表明，因考试情境中失败的经验，高考试焦虑的学生常常对自己的学习能力、智力表现出不自信，自尊水平较低，在评价任务中体验到大量的负面情感（Frost，et al.，1990）；高度的自我批评和完美主义倾向使他们面对失败时非常脆弱，增强了焦虑和无助感，且可能因为长期重复的失败经历，他们开始接受失败，认为自己能力低下而放弃努力，常常出现自我贬低等消极的情感体验（Blatt，et al.，1995）。

四、中小学生焦虑的心理辅导

在所有的消极情绪中，焦虑情绪是被广泛体验和重视的一种情绪。人们对焦虑情绪的认识也越来越辩证和全面。不少研究者从进化的角度分析焦虑对人类发展进步的积极影响，必要的焦虑保证了对危险的警觉以及对冒进的谨慎，避免了生存的危险。每个人的焦虑都有最佳程度，有建设性的焦虑可以提升人的创造性。关于焦虑和学习之间的关系，大部分的心理辅导教师认同中等程度的焦虑可以保持最佳的唤醒水平，对记忆的提取、问题的解决、创造性的开发等都有好处。因此，在面对中小学生的焦虑问题时，理解和面对比单纯的回避要更有效。此外，针对认知改变的调整期待、合理归因、自我暗示等都能帮助学生更好地应对焦虑；针对生理调整的呼吸训练、感官安抚技术、放松技术等也有较好的缓解效果；针对行为的加大练习、调整评价、提供支持等方法也可以改善焦虑情况。

如前所述，本章的两个案例均以考试焦虑为主题，同时也融合了广泛性焦虑和社交恐惧的特点。第一个案例的对象为初中生，采用沙盘游戏进行干预。沙盘游戏对于自尊水平低、学习成绩差、过分活跃的学生尤为适用（Carmichael，1994）。有些来访者认为制作沙盘的过程提高了他们的创造力，这种感觉进一步提升了他们的自信和自尊（Pearson & Wilson，2001）。沙盘游戏有助于提高注意力，减轻焦虑和压力，从案例中也可以看出，来访者可以快速地投入沙盘游戏制作中，通过接触沙子体验放松；透过玩具的象征意义和制作的场景将生活中的问题外化，实现对生活的再体验；全身心投入地制作、欣赏作品，也可以让他们学会从全新的视角看待自己及身边的社会支持，从而提高自信心，进行意识和无意识层面的认知重构，最终降低考试焦虑。第二个案例使用的是焦点解决短期治疗（Solution-Focused Brief Therapy，SFBT），并配合使用了放松训练等技术，这是典型的中小学心理辅导状态——整合式的心理辅导。焦点解决短期治疗不再强调来访者既往经历的回顾，而是关注当下可以让来访者做出积极改变的资源，更关注此时此刻，把注意力集中在问题本身，引导来访者做出细小的改变，这种改变是解决问题的开端。对于考试焦虑的来访者而言，聚焦在此时此刻本身就可以通过与当下的联结而缓冲对未来的担忧和恐惧。焦点解决短期治疗通过振奋性的鼓舞、赞许、例外询问、评量询问等技术，可以帮助来访者从更加积极的一面看待问题，挖掘自身资源和潜在价值，努力塑造自我应验语言，从而激发来访者敢于做出改变（Shazer，et al.，1986）。从案例中可以看出，心理辅导教师几次将来访者的注意力从消极的情绪体验和自我概念中跳出，努力聚焦来访者的资源，建立正向思考，帮助来访者从积极的一面寻找意义，最终帮助来访者在行动上做出调整。

第二节　关于初中生考试焦虑的沙盘案例报告

一、一般资料

1. 一般人口学资料

小 W，女，汉族，13 岁，某中学七年级学生。父母均为个体经营者，家庭经济拮据，有老人需要赡养，享受国家低保待遇。××年 11 月 1×日下午，在班主任（朋友）的陪同下来访。经调查与询问，父母家人均无人格障碍和其他神经症性障碍，无重大躯体疾病史，家庭无精神疾病史。

2. 个人成长史

小 W 是独生女，在成长过程中，父母因忙于生计，很少陪伴她，但对她很是疼爱。因为家庭经济条件不好，所以父母对小 W 寄予了很大希望，尤其是母亲，更是盼着她成为一个品学兼优的孩子，将来能不再重复父母的生活窘迫之路。小 W 从小特别懂事，勤俭节约，能充分理解父母的辛劳。小学六年，她学习刻苦，成绩优异，自尊心很强，对自己要求也很严格，一直是老师同学口中的好学生、家长眼中的好孩子，未受到任何挫折。【这里需要补充完善小 W 在什么时候遇到了什么样的问题，或者从什么时候开始有什么样的表现。】

3. 精神状态

紧张焦虑，情绪低落，自责，但有良好的记忆力、感知能力和思维能力。知情意统一，人格完整。

4. 躯体状态

来访者时有头疼心慌、胃疼干呕、失眠多梦、焦虑不安等躯体症状。经医学检查无器质性病变。

5. 社会功能

能自觉遵守学校的各项规章制度，能认真完成老师布置的任务，但学习效率下降，对学习和生活造成一定影响，个人无法摆脱，需要心理辅导教师的帮助。

6. 心理测量结果

（1）症状自评量表（SCL-90）

焦虑因子 2.9 分，抑郁因子 2.5 分，这两个因子分均超过常模（2分）。

（2）焦虑自评量表（SAS）

测量分为 54 分【最好说明这是原始分还是转化后的标准分；如果仅有一个，通常认为是标准分】，在 50～59 分范围内，提示来访者有轻度焦虑症状。

(3)抑郁自评量表(SDS)

测量分为 50 分，小于标准分分界值 53 分，提示来访者没有出现抑郁症状。

二、主诉和个人陈述

1. 主诉

近两个月来，经常感觉心烦气躁，总是感觉非常紧张，上课时无法集中注意力，常出现头疼胃疼、心慌干呕等情况，晚上入睡困难，睡着了也常被噩梦惊醒，害怕考试。

2. 个人陈述

近一段时间，我只要一想到一月份的期末考试就紧张得不行，心里烦躁得很，还头疼胃疼。只要老师、同学、家长提到考试的事，我就觉得心慌，甚至想吐，可又吐不出东西来。现在我晚上经常在床上躺一个小时也睡不着，就算睡着了，也常常梦到学校考试而我没复习好不会做题被吓醒。我小学学习成绩是非常好的，从来都没掉出班里的前三名。我们家里不富裕，现在也没有电脑，可是爸爸妈妈却非常重视我的学习，妈妈总是说只要我学习成绩好，就能考上重点高中，然后上好大学，有好工作，我以后的日子就不会像她和爸爸这样苦。平时爸爸妈妈起早贪黑，工作非常辛苦，花钱很仔细，可是只要是我需要的学习用品，像习题书之类的，他们给钱就很痛快，我有时心里过意不去不想买，妈妈为此还对我发过脾气，说这是该花的，等将来我考上好高中、好大学就好了。我知道爸爸妈妈非常不容易，所以就非常努力地学习，用好成绩来报答他们。今年 9 月份进入初中，第一个月过得非常顺利，可是经过第一次月考就什么都变了。老师说第一次月考是我们进入初中后的第一次规范性测试，同学们都很认真地准备，我也特别重视。可是因为太想考好了，所以考试时特别紧张，每场都胃疼，影响了我答题的思路和速度。第一次月考，我的成绩在班里排在了 15 名。我很不甘心，爸爸妈妈虽然很着急，但还是相信我的实力，老师也鼓励我以后考试不要紧张，正常发挥，期中考试肯定能取得好成绩，我入学时的成绩在班里是第二名。为了好好准备期中考试，我苦战一个月，课间都在做题，每天晚上十二点前没睡过，十一假期和周末我的学习时间也都在十小时以上。一开始这样苦学的时候，我对期中考试很有信心，想着肯定能考好让爸爸妈妈高兴，让老师同学刮目相看。可是随着考试的临近，我又忽然不自信了，题也是越做越错。在考场上，一拿到卷子，我的脑子一片空白，更可怕的是我开始胃疼，总想吐，可是出去了又吐不出来，回到考场又想吐，结果我期中考试又考砸了，在班里排在了下游，甚至不如一些平时调皮不怎么学的同学。爸爸妈妈带我去医院检查了很多项，都说没任何问题，可是我真的在考场上头晕心慌想吐。妈妈本来从不管我的学习，对我非常信任。可是期中考试后，妈妈也越来越紧张我的学习，晚上也不出去摆摊了，就坐在我旁边看着我写作业，而且天天都叮嘱我要更加努力地学习，期末考试一定要赶上去。我常常听到爸爸妈妈叹气，心里非常难过。我觉得很对不起他们，他们那么辛苦都是为我，可我不但不能帮他们，反而让他们担心。我心里很着急，可是越急越学不下去。学习效率很差，白天精神不好，上课根本集中不了精力，晚上睡不着觉，还老做考试得 0 分的噩梦。我的脾气也越来越不好，本来非常体谅父母，可是现在看到妈妈盯着我学就想跟她发火。离期末考试还有不到一个月了，要是再考不好，我就完了。爸爸妈妈会对我彻底失望，会因为我的不争气非常难过。老师和同学们也会瞧不起我，把我当差生对待。我不想落得这样的下场，老师，请您一定要帮帮我。

三、心理辅导教师观察到的情况和他人的反映

心理辅导教师观察到的情况：来访者身材瘦小，身着校服，干净整洁。在心理辅导教师的引导下，能够较为主动地谈自己的事情，但是面带愁容，有黑眼圈，似乎睡眠不足。在讲述过程中目光不愿正面与心理辅导教师接触，右手拇指和食指反复搓捏校服上衣拉链。口齿清楚，语速较快，很少有停顿。

来访者班主任反映的情况：小 W 入学成绩是班里的第二名，小学学习成绩一直很优秀。刚开学时表现非常好，内向乖巧，不常和老师、同学说话，学习认真刻苦，上课发言虽不积极，可是叫起来时总是回答得很出色。但自从第一次月考和期中考试后，上课精神恍惚，注意力不集中。因为她成绩下滑迅速，找她谈过几次话，她都低头不语。据她妈妈反映，孩子一直聪明懂事，学习用功，成绩又好，以前根本不用大人操心。但是最近一个多月，经常不耐烦和发火，和她说话也不理睬。

四、评估

(1)主要症状：焦虑不安，注意力不集中，胃疼干呕，入睡困难，睡眠障碍，学习效率、学习成绩下降。

(2)结果与依据：

评估结果：对该来访者的评估结果为一般心理问题。

评估依据：①严重程度评估：来访者心理问题是由明显的现实原因引起的(刚升入初中，前两次考试失利，期末考试即将到来)，表现出焦虑烦躁、睡眠障碍等症状。该来访者的反应强度不强烈，不良情绪仍在一定的理智控制中，能保持行为不失常态，没有影响逻辑思维。基本能维持正常的生活、学习和社会交往，没有对社会功能造成严重影响，但学习效率、学习成绩下降。反应只局限在考试引起的焦虑，无回避和泛化。②病程评估：病程两个月左右。

综上所述，可以评估为一般心理问题。

(3)鉴别：

①与精神病相鉴别：依据病与非病的三原则，该来访者的知情意是统一的，个性稳定，对自己的心理问题有自知力，有主动就医的行为，无逻辑思维的混乱，无感知

觉异常，无幻觉、妄想等精神病症状，因此可以排除精神病。

②与焦虑性神经症相鉴别：焦虑症是"以广泛性焦虑或发作性恐怖状态为主要临床相的神经症"，是一种内心紧张不安，预感到似乎将要发生不利情况而难以应付的不愉快情绪，常伴有头晕、胸闷、心悸、呼吸困难、出汗和运动性不安等，有持久的痛苦不能解决，对社会功能造成严重影响，出现泛化和回避，反应也与初始事件本身不相关，持续时间长，超过三个月或半年。虽然该来访者以焦虑为主要症状，但未严重影响社会功能和逻辑思维，没有泛化和回避，而且持续时间只有两个月左右，因此可以排除焦虑性神经症。

③与严重心理问题相鉴别：严重心理问题的反应强度强烈，已经泛化，对社会功能造成严重影响。而该来访者的心理问题并不严重，仅就事论事，没有出现泛化，没有对社会功能造成严重影响，持续时间较短，因此可以排除严重心理问题。

五、心理辅导目标的制定

心理辅导教师与来访者协商，确定了具体目标、近期目标、最终目标和长远目标。

(1)具体目标与近期目标：①调整认知方式，转变观念，帮助来访者分析两次考试失利的原因，分析考试对人生的意义；②改善来访者焦虑烦躁、情绪低落的精神状态；③帮助来访者减少失眠、胃疼干呕的生理症状，缓解心理压力。

(2)最终目标和长远目标：增强来访者的社会适应能力，提高有效处理各种生活焦虑的能力，完善来访者的个性，促进其心理健康发展。

六、心理辅导方案

1. 心理辅导方法与原理

整个心理辅导主要采取沙盘游戏疗法。

沙盘游戏疗法是由瑞士分析心理学家卡尔夫于 20 世纪五六十年代在分析心理学基础上，融合了世界技法(World Technic)和东方传统思想创建的心理治疗技术。在这个技术中，来访者利用沙子、玩具在沙箱中制作一个场景，以呈现其无意识内容，通过意识与无意识的沟通，以及展示集体潜意识原型促进原型的发展，实现对来访者心理疾病的治疗。

"沙盘游戏疗法"是一套目前最有效的、最具综合性的心理治疗系统，同时也是一套完整的心理行为系统。它是在无意识水平上进行分析与治疗的。不管是成年人还是儿童，表面上看他是在做游戏，实际上他赋予了这个游戏模型特殊的意义，沙盘的内容是他内在心灵的一种表达，所以，我们会很尊重他所呈现出来的沙盘。【这段文字看上去像是从文献资料中摘录下来的内容，案例报告尽管不像撰写文章那么严谨，但依然需要注明文字出处。此外，我对于"最有效、最具综合性"这样的描述总会抱有一定的怀疑，大概在我心中，心理咨询更像是一个咨访双方匹配的过程。这一点在学校心理辅导中同理，不同的心理辅导教师面对不同的来访者可能会选择不同的方法，同样的心理辅导教师面对同样来访者的不同问题也可以选择不同的方法，重要的不是方法本身，而是这个方法与来访者本身的契合性如何，所以没有什么疗法可以是放之四海而皆准的。后半段关于"在无意识领域开展工作""游戏性""对来访者的尊重"的论述是恰当的。】

其实每一个人的心灵深处都有一个自我治愈心灵创伤的倾向，但这一自我治愈力常常因为各种原因而难以发挥作用，沙盘游戏则能创造出一个自由与受保护的空间，当来访者对自己的摆放进行说明，心理辅导教师便可与其展开讨论，帮助来访者找到一个内在的改变的途径，以认识自己、成为自己，实现他自己作为人的内在价值。随着治疗过程的不断深入，最终来访者的自我治愈力将得以发挥作用。

2. 辅导双方的责任、权利、义务

（略）

3. 辅导的次数与时间安排

共七次，每次约 50 分钟。

4. 辅导费用

不收取任何费用。

七、心理辅导过程

1. 小 W 的初始沙盘（××年 11 月 1× 日 16:50—18:10）

当我向小 W 介绍完沙盘游戏疗法及会对她产生的帮助后，小 W 有点迟疑地走向沙盘。【心理辅导教师并没有在这个部分做具体的呈现，不过这里需要提醒下：介绍沙盘游戏时无须过多介绍临床治疗原理，没必要介绍可能的象征意义，因为过多的说明可能会冲淡箱庭疗法（沙盘游戏疗法）本身的意义、作用，而且可能影响来访者无意识心象的自然表现。如果来访者比较紧张，可以尝试让他先抚摸沙子或者观察玩具。当然，卡尔夫并不主张在治疗的最初阶段进行沙盘游戏；中学生来访者经常会认为沙盘游戏是小孩子才玩的东西，因此会有一些抵触。不过从资料中可以看出，小 W 的求助动机较好，人际上渴望积极评价，依从性强，因此虽有迟疑，但是并没有拒绝。】她用手反复触摸着沙子，并不去架子上取沙具。等了一会儿我问她："现在有什么感觉?"小 W 轻声说："凉凉的、滑滑的。"又稍停了一会儿，说："很温暖。"然后，她走向架子去挑选沙具。【这里的等待和适当的询问很有必要，等待传递了一个沙盘游戏见证者的功能；适当的询问可以让来访者从个人体验中走出来，重新回到"心理辅导"的场域中，避免在首次辅导中陷入自己的问题无法自拔。】

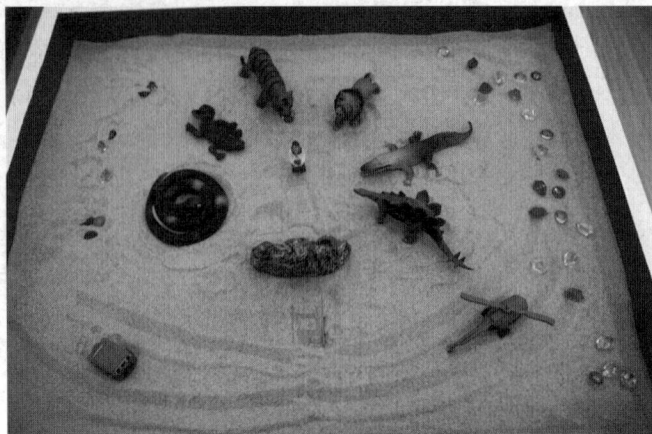

图 9-1　小 W 的第一次沙盘作品

　　小 W 摆沙盘的速度很快，很少有长时间思考的情况，但能看出，她在摆放的过程中是很投入的，已经沉浸在了沙盘游戏当中。脸上倦怠的神色消失了，取而代之的是严肃的表情。她摆放沙具的顺序是中间半陷在沙子中的小女孩，周围的恐龙、鳄鱼、狮子、老虎、大蜥蜴、蛇。她稍微端详了一会儿，又在女孩儿的正前方放了一座山，拿了一节梯子放下又拿起来了，把梯子放在山下，且大部分用沙埋住，只在山后露出了一点。做完这些后，小 W 围着沙盘慢慢走动，然后又犹豫地划出了一条路，把一辆车和一架飞机使劲地放进沙里。最后，她抓起一把彩珠，将它们散乱地撒在沙盘空白的地方，又用沙埋起了一部分。摆完后看看我，小声说："完了。"【沙盘游戏强调在来访者制作作品时，心理辅导教师是一个静默的见证者（a silent witness）。教师要见证，而不是用问题和对话干扰来访者。整个见证的过程中，心理辅导教师的基本态度是母子一体性的，即包容、接纳和关注来访者的整个制作过程。】

　　我让小 W 讲一讲沙盘故事【通常在来访者制作完成之后，心理辅导教师需要给来访者 3～5 分钟的时间体验作品，来访者在制作沙盘时可能并没有太多的想法，只是随意地摆放。当治疗者要求来访者在自己的这个世界里神游一番时，也就给来访者一个全面、整体观照自己世界的机会，一个进一步深入其作品的机会。多梅尼克认为，可以鼓励来访者绕着沙箱走走，从不同的角度观察世界。体验的重要性就在于静静地建造世界和经验世界，这本身就有治疗和治愈的价值（申荷永，高岚，2004）】，她仔细地看着沙盘，轻轻地说："一个孤独的小女孩在沙漠中行走，她太累了，快要走不动了。这个时候，来了一些猛兽，把她包围起来。她想逃走，可是陷在了沙子里，而且周围没有路。她想求救，但是周围没有任何人。她很害怕，也很绝望。"说完，她的目光久久地盯着被围困在中间的小女孩，眼睛里流露出深深的悲伤和同情。我问她："如果让你来给面前的场景起个名字的话，你会把它叫作什么？""无路可逃！"小 W 脱口而出。

　　我也看着沙盘中的小女孩，轻轻地问："看着这个小姑娘，你有什么感觉？"过了两三分钟，小 W 一字一顿地说："我想哭。我觉得她真可怜，自己一个人在大沙漠里行走，没人陪伴，没人帮助。面前有高山，周围有猛兽，她应该是没什么希望了。"我继续问她："如果你能帮助这个小姑娘死里逃生，你愿意去做吗？""当然愿意了，"小 W 不假思索地说，但随即又长长地叹了口气，显得那样忧伤，"可是我没有办法帮她呀。"我稍稍加快了语速，说："世上无难事，只怕有心人，来，咱们一起来试着为她找条生路。"小 W 被我的热情所感染，迅速将目光再投向沙盘，仔细地观察着，过了约有两分钟，她失望地抬起头来说："没有，我还是没有看到生路。"我指着右下角的汽车和飞机说："这不就有现成的逃生工具吗？咱们让她坐汽车或飞机走。"小 W 瞥了我一眼，好像在谴责我的头脑简单，一字一顿地说："可是在她面前有座高山挡住了呀！"【通常情况下，心理辅导教师不需要在首次沙盘中进行干预性指导或者提供建议，在缺少良好心理辅导关系的前提下这样做的风险较大，尤其是对来访者尚未深入了解，仅凭制作一次作品的觉察，跳过来访者复杂、消极的情绪体验，直接进入指导和干预的情况，很容易让来访者感受到不被尊重，或者引发更强烈的无助感：我自己困扰了这么久的问题，心理辅导教师竟然几分钟就解决了。当然，这种情况下也常常出现阻抗。】我用手轻轻点了点山后露出的一截梯子："你看，这是什么？"小 W 紧盯着那短短的露出沙面的梯子，喃喃自语道："是啊，有梯子能穿山而出，就证明有路，说不定还有庞大的地下宫殿呢。"边说边用灵巧的手指小心翼翼地拂去原来覆盖在梯子上的沙，让梯子清晰地呈现在面前。做完这些，我看到小 W 如释重负地进行了一次深呼吸，仿佛卸掉了一个巨大的包袱。我又趁热打铁，说："好，现在闭上眼睛，想象你来到小女孩面前，悄悄告诉她你的发现，帮助她从沙里出来，和她一起沿着梯子指示的道路摆脱险境。"静默了一会儿，我轻轻地问："小女孩儿现在怎么样？"小 W 停了一会儿说："她不再绝望了。虽然不知道前面还会遇到什么，可是至少面前的问题解决了。她又看到了希望。"【一个不愿意"与人交恶"的来访者，很巧妙地通过"至少面前的问题解决了"这样的话，告诉她的心理辅导教师，首先，不再绝望的是玩具而不是自己；其次，面前的问题解决了，其他的问题还存在。所以，心理辅导教师需要牢记：不要低估我们的来访者，哪怕她还是个孩子。】

辅导时间到了，我问小 W 做完沙盘后有什么感受，她说，高兴，心里舒服多了。问她要保留沙盘还是拆除，她说拆了，然后开始动手把沙具拿回沙具架，沙盘游戏结束。做完沙盘后，小 W 脸上的愁容没有了，走的时候还问我什么时候能再来。

初始沙盘有着很重要的意义，小 W 会在沙盘游戏过程中反映出她自己所遇到的问题、承受的压力以及内心深处的困难，当然，我们也会看到通过无意识带出的一种解决问题的方式。

沙盘所反映的问题集中表现在以下几个方面。

(1)在做沙盘的过程中，小 W 对于鳄鱼、蜥蜴、蛇表现出极大的恐惧，几乎是利用拇指和食指的指甲将它们扔进沙盘的，表现了隐藏在其内心的恐惧。

(2)整个沙盘看起来是压抑的，甚至令人窒息的。处在包围中心的孤独、弱小、无助的小女孩，交通工具的倒置与陷入，都表现了小 W 内在情绪的混乱和她内心行动的受困。

(3)沙盘里五光十色的彩珠呈现出有活力的、有生气的一面，这是小 W 心理内在能量的表现。

（4）部分的彩珠、露出头的梯子靠近我（心理辅导教师）这边的位置，表现出小 W 内心的期待——渴望得到力量来帮助自己内在的转换。【卡尔夫强调了首次箱庭（沙盘）作品的意义，她认为通常首次箱庭作品是更接近意识层面的，但是它也会反映出来访者的问题的本质，为治疗师提供治疗方向（Kalff，1966）。埃里克森也发现，青少年的首次箱庭作品往往跟其童年创伤性经历有关。】

2. 小 W 的第二次沙盘（××年 11 月 2×日 16：50—17：50）

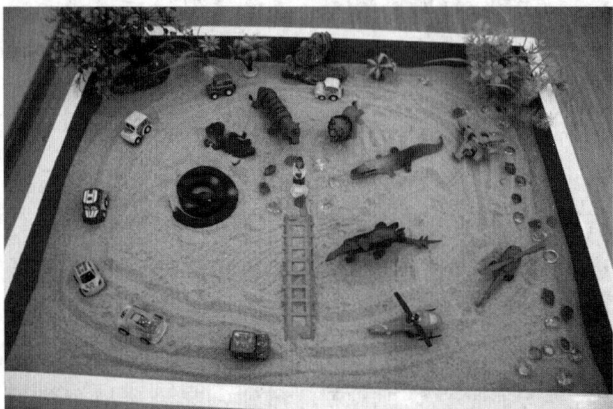

图 9-2　小 W 的第二次沙盘作品

这一次小 W 是自己来的，面对我的欢迎，她腼腆地笑了下，我发现她的眼下已经没有明显的黑眼圈了，神情也没有第一次来时的沮丧和疲惫。经过短暂的交流后得知：上次辅导后，班主任和小 W 进行了一次谈话，鼓励她放松心情，坚信自己的实力，不要被暂时的失利吓倒。老师同学们也绝不会因为成绩一时不好而不喜欢她。【心理辅导教师可以得到班主任的支持，对于开展心理辅导工作是非常有帮助的，来访者往往成为第一受益人。】小 W 在沙盘里救了那个她原以为无路可逃的小女孩后，也受到了很大启发。一周来小 W 的睡眠比以前好了。

小 W 开始了自己的沙盘制作。她依然选择了上次的恐龙、狮子、老虎、蛇、蜥蜴等，将它们用力插进沙里，围成一圈，然后用一颗颗彩珠在猛兽圈内又围了一个圈。之后，她轻轻拿起上次选择的小女孩，小心翼翼地将她安置在彩珠圈的中心，与上次不同的是小女孩的腿并没有陷在沙里。小 W 一边还喃喃自语着："这回咱们可不怕了。"那神态和语气就好像在抚慰手中的小女孩一样。摆完这些，她停了约 3 分钟，又在沙盘里开辟了一条环形道路，上面摆着汽车、飞机等交通工具。她还在小女孩身后的空间里堆了一座山，并放置了树、草等。此后，小 W 围着沙盘走了两圈，拿起一截梯子在小女孩的正前方铺了条路，在路的尽头她又摆了些花和果实。看看小女孩，又看看这条路，接着她好像有些犹豫地把彩珠圈外的恐龙移到了路边，但很快又将它放回原处。等了不到 1 分钟的样子，小 W 像下定决心似的把恐龙还是放在了路边。【通常沙盘作品中的"圆形"象征了控制，在初期的几次作品中，控制更像是对现状的表达——试图寻找对生活的控制感，当然也有可能是一种精神上的实现，作为"自我的显现"（Kalff，1966）。通常情况下，来访者制作连续作品时，才能创作出这种高度精神实现的曼陀罗作品。】

我请小 W 带我游览她的沙盘世界，这次她绘声绘色地给我讲了一个小女孩身陷沙漠危机，努力摆脱困境的故事。

我问小 W："这里面有你吗？"小 W 微微顿了一下，然后说小女孩就是她。我又指着彩珠圈说："这个很漂亮。"小 W 轻声笑了："它可不只是漂亮，它每一颗都是超级能量珠，威力无穷。别说是这些动物，就连导弹也能防呢。"我也笑了："真是厉害，怪不得你刚才说小女孩不用害怕了。"听了我的话，小 W 很用力地点了下头。我说："这座山布满绿色真好。""是的，它现在不是拦路山了，是我的靠山。山放在这里我觉得踏实，而且我也喜欢绿色，有生机。"小 W 说着，忽然又略带调皮地一笑："我可是比愚公厉害多了，不用神仙帮，自己就能移山。"我拍了拍小 W 的肩，"祝贺你，赛愚公！不过，你能不能告诉我，这个大恐龙放在没有超级能量珠保护的路边，小姑娘要是通过这条路去花园，不是很危险吗？"【这是一个封闭式问题，封闭式问题是心理辅导中最常用的技术之一，如果心理辅导教师需要得到特定事实或寻求某一具体信息时，封闭式问题是很有效的。但在这里，封闭式问题很容易给来访者一种暗示，我已经知道了答案；如果来访者阻抗明显，简单地回复是或者否的话，心理辅导教师会感受到不小的压力。这个地方可以尝试用"小姑娘要是通过这条路去花园，会有影响吗？"或者用一个情感反映加封闭式问题进行感受的澄清："这样看小姑娘通过这条路去花园，好像有点危险，是这样吗？"】小 W 神情复杂地看着恐龙，沉默了几十秒，慢慢地说："不会的，它不是食肉恐龙。虽然有时候看上去确实容易让人害怕，但它绝不会伤害我的。有它陪着，很多时候我觉得安心。"又过了近 1 分钟，小 W 忽然又说："它是妈妈。就算很多时候给我很大压力，但妈妈全心全意地爱我。"

3. 小 W 的第三次沙盘（××年 12 月×日 16:50—18:00）

图 9-3　小 W 的第三次沙盘作品

这次小 W 用了 15 分钟多一点就摆好了一个场景：沙盘里有一幢房子，房前孤零零地站了一个小女孩。小女孩的左右两侧分别摆了一张床和一架无人弹奏的钢琴（在靠近心理辅导教师一侧）。小女孩对面是一条很宽的河，河里没有任何生命，有一座小桥倒在河边。河对面有一对中年男女在望着小女孩，依然是在靠近心理辅导教师的位置，散乱地撒着一些彩珠。

做完沙盘后，小 W 就坐在沙发上看着自己做的沙盘发呆。这时我感受到一种很无奈的情绪【这时来访者自行开启了体验作品的过程，需要给她一点时间，让小 W 以旁观者的视角去觉察。如果心理辅导教师感受到了无奈的情绪，这里可以进行恰当的共情】，就说："小 W，你是想让我听你说话吗？"过了一会儿，小 W 开始看着自己的沙盘说："昨天回家，妈妈说要给我请家教。我不同意，家教太贵了，我不想给爸爸妈妈添负担，而且我觉得自己掌握的知识没有问题，用不着家教。可是妈妈死活不同意，非说我这是不求上进、自暴自弃。还说我不像小学的时候那样勤奋好学、乖巧懂事了，根本不理解父母的良苦用心。爸爸平时不怎么说我，这次我的成绩下来后，他也和妈妈持同一个观点，认定我不想请家教就是不想努力学习。最后妈妈还哭了，说如果我这一学期掉队整个初中就完了，以后就更没希望了，我们这个家也就完了。"小 W 说这些话的时候情绪没有什么大的波动，可是那种疏离感更令人担心。

沙盘结束后，我约见了小 W 的妈妈。【关于约谈家长的问题，之前的章节已经表述过，在此依然要提醒，在心理辅导的中期约见家长，最佳的方案是提前与来访者进行沟通，如有必要，与来访者在心理辅导中模拟下见面的过程和谈话的大纲。如果在首次心理辅导时能够提前跟来访者说明，类似于"我每隔三次辅导需要见一下你的爸爸妈妈，目的是……"也是很好的处理方式。这个时间间隔可以根据心理辅导教师的经验、来访者的问题、来访者的年龄等做出决断。】

4. 小 W 的第四次沙盘（××年 12 月××日 16:50—17:55）

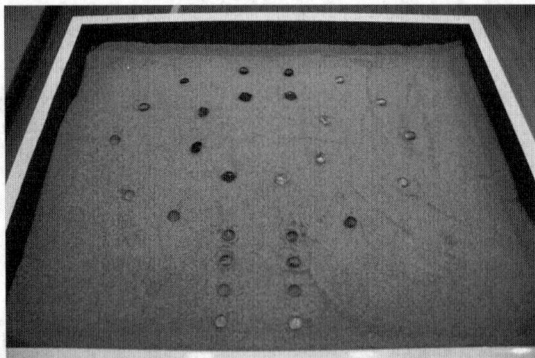

图 9-4　小 W 的第四次沙盘作品

小 W 的第三次沙盘结束后，我约见了她的母亲。通过交流，我感到那是一位可敬的母亲，她不辞辛苦地打拼，用自己的全部来爱着孩子；同时，她又是一位可怜的母亲，她把孩子当成自己的精神支柱却失去了自己；她还是一位可怕的母亲，她把全部希望寄托在孩子身上，殊不知这份厚重的期待已经成了孩子心头的枷锁。在我的建议和沟通下，父母和孩子都受到了很大触动。所以，今天小 W 做沙盘时显得很开心，嘴里还轻哼着歌。

不等我开口，小 W 就主动介绍说："这是古代的巨石阵，下面这里是出口也是入口，但凡进入巨石阵的人都能获得力量。"

我们能够觉察到孩子内在的积极变化，最为明显的是聚集的能量！这是典型的沙盘游戏治愈主题的表现。【沙盘游戏中的治愈来自荣格的思想。米切尔认为箱庭主题可分为创伤主题和治愈主题两类（张雯，张日昇，2016）。随着箱庭治疗的进展，来访者逐步好转，其箱庭主题也在不断发生变化，创伤主题越来越少，治愈主题则变得越来越多。典型的治愈主题包括深入、连接、诞生、整合等。这里还有一个需要注意的就是小 W 介绍的是"古代的巨石阵"，很有可能代表了她早期生命历程中感受到的力量。】孩子内在的心灵很自然地朝治愈、成长和整合的方向前进。

5. 小 W 的第五次沙盘（（××＋1）年 1 月×日 16：50—17：40）

图 9-5　小 W 的第五次沙盘作品

沙盘结束时小 W 说："这里所有的车子和飞机环绕着这个笼子，为的是解救笼子里的小鸟，这只小鸟正被一条有毒的大蜥蜴威胁着。"我问："如果给今天的沙盘起名字的话，你会怎么命名呢？"小 W 又看了看自己的作品，用略带得意的神色说："营救总动员。"我又指着那条红色大蜥蜴说："平时想到大蜥蜴，你会有什么感受？"小 W 迅速地回答："我会觉得危险，因为书上说很多蜥蜴都有毒，还丑陋、狠毒，和想到蛇差不多。"我看了看鸟笼，说："既然这样危险，你想不想安慰一下这只被大蜥蜴威胁的小鸟呀？"小 W 想了想，轻松地说："不用安慰，我会鼓励它不要害怕，因为大家都来救它了，毒蜥蜴只有一条，再厉害也打不过大家的。"【尽管心理辅导教师还是过早地使用了干预的策略，但值得高兴的是，来访者已经可以灵活拒绝，对比初期辅导时的被动迎合，看得出来访者的自我变得更加强大。】

八、心理辅导结束

图 9-6　小 W 的最后一次沙盘作品

　　小 W 在寒假前最后一次来访时，递给我一个绿色的小瓷宝塔，很诚恳地看着我说："这是我元旦的时候从一个玩具市场得到的，我看你这里也有宝塔，不过这个塔是我的好朋友。这学期我只有这一次沙盘时间了，我把它送给你，你可以让其他人用它来做沙盘。"听着小 W 的话，我的内心充斥着一种安全的感觉。

　　沙盘游戏强调的是在游戏过程中的变化与转机以及来访者内在治愈机制的启动。这也是沙盘游戏治疗的目的所在。同时，沙盘游戏中的治愈力量也来自无意识，或者是"道"。因而，灵性的内容，包括表现为宗教内容的象征性的出现，如宝塔，都能够表现治愈主题中的转化意义和作用。小 W 的最后一次沙盘里出现了用一个宝塔和八个彩珠能量链组成的图案，这是她本身内在力量启动的"整合"迹象，意味着小 W 内在治愈力量的出现，是治愈主题中重要的表现形式。【塔是一种精神的象征，这个作品与前面的作品相比更像是曼陀罗作品。卡尔夫认为，连续制作作品时，来访者就会达到自发的曼陀罗深度，达到高度的精神实现，制作自性作品，这种作品的制作被认为是为了保存自我与世界的和谐、平静、平衡而进行的神圣的活动。卡尔夫把它称为"自我的显现"，表现了自性实现的水平(Kalff，1966)。通常在曼陀罗作品出现之后，沙盘治疗基本接近尾声。不过曼陀罗并不是绝对的结束标准，常规情况下，曼陀罗作品之后可能还需要 2~5 次的辅导，用来寻找和维持辅导教室之外来访者行为上的转变。心理辅导教师也理解，其实小 W 刚刚进入转化阶段，接下来最佳的状态是在现实适应调整阶段继续给予支持，然而中小学心理辅导的结束常常因为寒暑假的到来而变得更多考虑现实因素，而不仅仅是来访者的状态。】

九、效果评估

1. 来访者自我评估

　　小 W 表示经过六次辅导后情绪有了很大改善，对考试不再焦虑，上课注意力集中了，学习效率也有了明显的提高。期末考试已经结束，在考试前和考试过程中她也没有再出现胃疼干呕、头疼心慌的症状，能够正常从容地面对考试了，期末考试中也比较正常地发挥了自己的水平。并且意识到自己的许多不合理的认知，尝试着改变自己不合理的信念来调整自己的情绪，对自己以后的成长有很大的帮助。

2. 心理辅导教师的评估

来访者在沙盘游戏中用心体验，心理辅导效果不断得到巩固。经过回访与跟踪，发现心理辅导已基本达到预期目标——来访者在知情意行等方面有了很大进步，对考试不再焦虑，能坦然面对。改变了以前不合理的认知，并运用学到的方法剖析自我，成长了许多。

3. 他人评估

班主任反映来访者上课注意力集中，能够较为主动地回答问题，学习效率有了明显提高，期末考试的成绩也进步很大，进入了班里的前列。同学们反映看到她能静下心来学习，精神状态良好。来访者的妈妈反映其回家不再心情低落、莫名发火了，能够与人正常交流，晚上入睡困难、失眠等情况也得到了很好的改善。

4. 社会适应状况

来访者的社会适应状况良好，已经能够保证正常的学习与生活，学习效率有了明显提高，学习成绩也有了很大进步。

5. 心理测量结果

征得来访者的同意，再次进行测试。①SCL-90：各因子分都在 2 分之下，都在常模的范围内。②SAS：标准分是 50 分，提示没有焦虑症状。③SDS：标准分是 46 分，提示没有抑郁症状。

综合各方面情况，从总体上来看，来访者心理辅导的效果是明显的，来访者的焦虑情绪得到了明显的改善，改变了不合理的认知，基本达到咨询目标。【因为使用的是沙盘游戏，所以目标总结可以更聚焦动力学流派的目标设置，如自我的确立、对过去创伤进行有效的觉察和处理等。】

第三节 关于初中生考试焦虑的心理辅导案例报告

摘要：考试焦虑在中学，特别是初二这个成绩分化的特殊时期，往往直接影响学生的学习成绩和心理状态。除了利用常规的方法帮助考试焦虑的学生，将戏剧治疗和认知学派的理论结合在一起，尝试探索一种新的方法，对缓解考试焦虑也能取得一定的效果。

关键词：考试；考试焦虑；自信

一、一般资料

1. 一般人口学资料

王某，男，14岁，某完全中学的初二年级学生。无精神疾病及家族遗传病史，无躯体性疾病。

2. 个人成长史

身体健康，未患过严重疾病。独生子女，父母都是某研究所的普通职员。父亲为大专学历，母亲则是高中毕业。家庭环境属于中等水平，成长过程比较顺利。初二第二学期的月考，开始出现焦虑情绪，出现冒虚汗，失眠，考试前手心出汗、心跳加快、不安、总觉得考试会考砸的情况，月考及平时测验成绩不理想。

3. 心理测量结果

SAS 58，SDS 50。【这里的报告格式问题同上一个案例。】

4. 家长或监护人的意见及态度

经了解，王某的父母对王某的教养方式为专制型和忽视型并存的模式。在平时生活和学习上，王某的父母总是否定王某的一些想法和做法，比如，王某觉得学习几何有难度，就和自己的母亲诉说，而母亲给予的回应则是"有什么难的，人家都学的会，你得更努力才行"。而当王某的学习成绩下滑或在学校遇到了需要父母给予指导的事情时，母亲和父亲则是讲道理为主，或者批评王某在哪里做得不对。当王某在成绩上有进步时，父母则认为都是应该的，父母给予的表扬和关注与王某期望得到的之间存在差距。【心理辅导教师使用了家庭教养方式这样的说法，然而在类别划分时使用的不是学术语言的划分方式，更像是生活用语的提炼。对心理辅导教师而言，撰写案例报告时特别要求学术语言和生活语言的区分，从上文的描述看，按照教养方式的学术研究来划分的话，王某的家庭教养属于高要求、低反应控制型——父母对孩子要求高，但对孩子需求的反应较低。其他三种类型分别是低要求、低反应的忽视型；低要求、高反应的纵容型；高要求、高反应的权威型（岳冬梅，1993）。如果辅导教师担心太过学术化而无法让他人理解的话，可以直接描述而不是划分类型，比如，用"专制又忽视"来替代"专制型和忽视型"。】当王某在初二第二学期的月考出现了考试焦虑和某些躯体症状时，父母表现得束手无策，也被班主任老师请到学校深入交谈，虽然他们明白王某现在的问题不是个小问题，但是正面解决的方法并未有什么效果，或者说因为自身的局限，王某的父母并未意识到王某出现的问题的意义是什么，更多的是对王某成绩不理想的着急和无奈。当班主任老师提出由心理老师给王某做心理辅导后，王某的父母希望王某能安静地待在家里，不给他们添麻烦，让他们看着他不那么难受，学习成绩能有提高。

5. 主要负责教师的意见及态度

经了解，王某现在的班主任老师，是王某新分到实验班的班主任，对其的印象是王某是非常听话的学生，不喜欢和同学及老师交流，学习态度非常好，但是学习方法不够灵活。对于王某在初二下半学期出现的考试焦虑引发的成绩下滑，班主任老师最初只是认为是因为王某跟不上实验班的学习速度，但是后来她通过一次监考和事后与王某的谈话才发现，王某似乎存在考试焦虑的问题。对于这个问题，班主任老师对王某非常关心，找他谈过心，但主要是从德育的角度给予利弊分析，希望王某能放宽心。数学老师在初二第一学期期末考试后发现王某的成绩在实验班倒数时，就找他谈过话，由于王某听得多，说得少，数学老师并没有发现他考试焦虑的问题，认为他存在的只是学习方法和基础知识的问题。而英语老师发现王某的成绩下滑时，和数学老师采取的应对方式几乎一样。语文老师和物理老师并没有发现王某的成绩有明显的下滑。但所有的老师都希望王某的学习成绩能有所提高，尽快掌握灵活有效的学习方法。【心理辅导教师收集了与王某单独聊过的教师的客观资料，这一点做得很好。这也是心理辅导教师在学校工作的优势，虽然有多重关系，但是收集资料的过程能够最大限度地帮助教师从纵横两个方向理解学生的问题和问题的发展变化。】

二、主诉和个人陈述

1. 主诉

最近一个月焦虑、抑郁、失眠，尤其是考试前，并伴随心跳加快、不安、手心出汗。

2. 个人陈述

初二上学期期中考试，由于在普通班考试成绩第一，在全年级排名83，因此期中考试后进入实验班，但跟不上学习进度，期末考试时成绩一落千丈，强项数学在班里考了倒数，原来的弱项英语更是考出了不及格的成绩，初二下学期的月考及平时测验，开始出现焦虑情绪，出现冒虚汗，失眠，考试前手心出汗、心跳加快、不安、总觉得考试会考砸的情况，注意力不集中，看到不会的把握不大的题时，以上症状更为明显。最后考试成绩不理想。因为成绩不理想，常常自责和后悔，非常想控制自己，但是反而越发难受，也越发无法将精力完全投入学习，形成恶性循环。他感觉非常痛苦，希望能快点摆脱这种痛苦。

三、心理辅导教师的观察和他人反映

1. 心理辅导教师的观察

与王某进行交谈的过程中，他低着头，比较紧张，谈到学习时，情绪低落。感知能力正常，能意识到自己的问题，主动配合班主任老师前来解决自己的问题。语言表达流畅，思维清晰。言行一致，人格完整，没有躯体不适感。

2. 同学及同伴的反映

同学反映王某上课注意力不集中，内向，不喜欢和同学说话，最近更加不喜欢和同学们在一起，有时候会发呆。情绪低落，易激惹。

四、评估

1. 评估功能

生理功能：未受损。

心理功能：感知觉正常，情绪焦虑且低落，思路清晰，知情意协调一致，人格完整。

社会功能：人际关系轻微受损；学业成绩下降。

2. 结果

一般心理问题。

依据：

根据病与非病的三原则，来访学生的知情意统一。对自己的心理问题有自知力，无逻辑思维混乱，无感知觉异常，并且没有表现出幻觉、妄想等精神病的症状，可以排除精神病性问题。

对照症状学标准：该来访学生表现出焦虑、抑郁、睡眠障碍等症状；从严重程度标准看，其心理问题因现实负性事件引发，反应强度及不良情绪仍在理智控制范围中，没有影响逻辑思维，无回避和泛化，没有对社会功能造成严重影响；从病程标准看，病程只有一个多月，时间比较短，排除是由器质性疾病所引起的。

与精神病相鉴别：

根据病与非病的三原则，精神病的特点是知情意不统一，没有自知力，常常表现为幻觉、妄想、逻辑思维紊乱及行为异常。而该来访学生知情意协调一致，有自知力，无幻觉、妄想等精神病的症状，因此可以排除精神病性问题。

与神经症相鉴别：

神经症的症状是无明显的道德冲突，病程一般持续三个月，焦虑、抑郁、强迫等症状泛化，社会功能受损。该来访学生觉得考试成绩不及格是特别不好的事情，具有明显的道德色彩。其焦虑和抑郁的情绪基本出现在考试的时候，也没有明显的泛化，社会功能也基本完整，能坚持上学、学习，因此可以排除神经症。

五、心理辅导目标

近期目标：

以实际行动缓解考试焦虑和抑郁的情绪，提高英语和数学成绩；学会自我放松的方法，积极面对考试；保证正常的饮食、睡眠，改善身体状况。

远期目标：

改变来访学生在学习方法、方式上的不良认知；改变其学习观，帮助其树立正确的人生价值观。

六、心理辅导方案

1. 心理辅导方法和原理

情绪 ABC 理论。来访学生的心理问题主要是对于考试的焦虑。考试焦虑是在一定的应试情境激发下，受个体的认知评价能力、个性倾向与其他身心因素制约，通过不同程度的情绪性反应所表现出来的一种心理状态。在一般情况下因为考试产生适当的焦虑是正常的。但过度的焦虑并且出现了较严重的情绪、生理、行为反应，就是有问题的了。情绪 ABC 理论认为激发事件 A 只是引发情绪和行为后果 C 的间接原因，而引起 C 的直接原因则是个体对激发事件 A 的认知和评价所产生的信念 B，即人的消极情绪和行为障碍结果(C)，不是由某一激发事件(A)直接引发，而是由经受这一事件的个体对它不正确的认知和评价所产生的错误信念(B)直接引发。错误信念也称为非理性信念。同一情境之下(A)，由于不同的人的理念以及评价与解释不同(B1 和 B2)，所以会得到不同结果(C1 和 C2)。因此，一切根源在于我们的信念。情绪 ABC 理论的创始者埃利斯认为：正是我们常有的一些不合理的信念，使我们产生了情绪困扰。如果这些不合理的信念一直存在，久而久之还会引起情绪障碍。因此心理辅导教师要与来访学生一起讨论哪些不合理的信念造成了他的焦虑、抑郁情绪，并帮助来访学生调整认知，进而缓解焦虑、抑郁情绪。

焦点解决短期治疗(SFBT)。其主要特征是治疗关注未来、目标明确。该疗法的创立者用多年的时间来观察治疗过程，仔细记录来访者的行为、问题和情绪，并最终引导他们概括和完成最终可行的解决方案。SFBT 强调如何解决问题，而非发现问题原因；以正向的、朝向未来的、朝向目标的积极态度促使改变的发生。对于考试焦虑的来访学生而言，他们缺乏自信、对自我要求严格但能力与实际有差距等深层因素都是心理辅导教师能发掘出来的，但 SFBT 的特点则是知道这些原因，却能够将解决考试焦虑作为焦点，并相信来访学生从自身和过去经验中能够找到积极的具体的解决方法。

放松训练。指身体和精神由紧张状态朝向松弛状态的过程。放松主要是消除肌肉的紧张。在所有生理系统中，肌肉系统是我们可以直接控制的。当压力事件出现时，紧张不断积累，压力体验逐渐增强。此刻，持续几分钟的完全放松比一小时睡眠的效果更好。焦虑或者压力大的人最常出现浅而快的呼吸，也就是憋气。这种呼吸严重时会引发心跳加快、手臂发麻、手心出汗等躯体症状。这些症状又会加重焦虑抑郁情绪，进而引发注意力不集中等影响学习和生活效率的问题。因此，心理辅导教师可以有针对性地教来访学生呼吸放松方法，也就是专注的腹式呼吸和完全呼吸相结合的放松方法。

2. 双方的权利和义务

（略）

3. 监护人和班主任的责任

监护人的责任：向心理辅导教师提供来访学生心理问题的真实资料。

班主任责任：积极配合心理辅导教师。

【针对未成年人的心理辅导，从伦理上讲需要尊重父母的监护权，包括自主权、公平待遇权等。事实上，为中小学生提供心理辅导服务需要监护人的知情同意，且往往以书面或口头的形式获取。然而在实际工作开展中，双方好像已经默认了这样的工作流程，尤其是对心理辅导教师而言，他们可能会带有"我们都是为了学生好，家长不可能不同意"这样的乐观偏见来开展工作。心理辅导教师对监护人和班主任的责任有所重视是伦理意识提升的一个表现，只是这里仅强调了责任，却忽视了对方的权利，这一点仍值得心理辅导教师去反思。】

4. 心理辅导时间及设置

每周一次，每次 1 小时。

七、心理辅导过程

1. 评估与心理辅导关系建立阶段

第一次心理辅导 ××年 11 月 1×日

目的：

①了解基本情况（包括人口学资料）。

②建立良好的辅导关系。

③确定主要问题。

④探寻来访学生的改变意愿。

⑤进行辅导分析。

方法：会谈法、心理测验。

过程：

①辅导登记，询问基本情况；介绍心理辅导中的有关事项规则与设置、双方的权利与义务。

②与来访学生进行摄入性谈话，收集临床资料，探寻来访学生的心理问题及改变意愿。

③跟来访学生的班主任了解来访学生的学习情况、性格及应对方式。

④来访学生做焦虑自评测验（SAS），抑郁自评测验（SDS）。

⑤结合初步印象给予初步分析。

2. 心理帮助阶段

第二次心理辅导 ××年11月1×日

目的：

①加深辅导关系。

②评定主观焦虑程度。

③学会放松训练。

方法：行为治疗（放松训练）。

过程：

①通过简单说明，让来访学生学会衡量自己的焦虑程度，并尽可能给出一个相对恰当的评分。评分通常以六分制进行。0分、1分、2分、3分、4分、5分代表焦虑依次递增，0分是安宁平静，5分则表示极度焦虑不适。

②放松训练。首先让来访学生身体后倾，以舒服的方式坐下，然后将《探触寂静》的音乐打开，引导他将注意力放在自己的呼吸上，把一只手放在腹部和胸骨之间，闭上双眼，吸气。吸气的时候，感到腹部向外移动。同时，将空气深吸入肺内。呼吸时，肩膀不动。如果肩膀向上运动了，表示是位于肺上部的浅呼吸而不是深入肺内的深呼吸。保持慢吸气3～5秒，直到肺部已经充气。缓慢呼气3～5秒。在呼气的同时，腹部回收。在音乐声和逐渐放松的呼吸声中让自己逐渐平静下来。心理辅导教师和来访学生约定考试焦虑时首选这个方法缓解心跳加快、手麻等情况，只有情绪平稳下来，注意力才能更好地集中在考试中，否则焦虑情绪本身是会影响答题的速度和效率的。

③布置心理辅导作业。回家后做放松训练，争取达到掌握自如的效果，尤其是在考试出现焦虑的情况下。

第三次心理辅导 ××年11月2×日

目的：

①鼓励来访学生从学习和生活中找到能直接缓解考试焦虑的方法。

②巩固上次辅导中学会的呼吸放松方法。

方法：焦点解决短期治疗。

过程：

①反馈上次心理辅导作业：检查上次辅导作业，来访学生对于呼吸放松的要领掌握得很好，只是放松程度没有达到最佳状态。心理辅导教师进一步引导来访学生进行呼吸放松训练。

②用短期焦点解决治疗的方式与来访学生一起讨论得出，有效的缓解考试焦虑的方法是提高自己的学习成绩和改变学习方法。

③布置心理辅导作业：回去思考更适合自己的学习方法，与父母商量寻求外界辅导提高学习成绩的可行性与效果。

本次心理辅导全过程：

师：王×，你好，一周过去了，你能向我描述你这一周的状态和感受吗？

王×：老师，这周没有考试，我感觉我没有月考和期中考试那个时候那么紧张了，我要是紧张了，就用您教给我的方法来放松。

师：听你的描述，你这一周相对比较平稳，也能用老师教的呼吸方法放松自己了。【焦点解决和建构主义的治疗师有意地以高度选择性的方式使用重述。欧·汉隆认为这种技术是表达共情和同情的方式，与此同时也能促进来访者从过去的消极或创伤体验中走出来(O'Hanlon, 1998)。在这里，心理辅导教师在重述时把王某用的"没有那么紧张"转变成"相对平稳"，这一转变看得出心理辅导教师有意识地在把来访者往积极的方向引导。】用这个方法的时候有什么感觉或者问题吗？

王×：老师，我就是觉得我用这个方法，好像不太自如。

师：能具体和我说说吗？【这大概是心理辅导教师最常使用到的一个问题了，这个提问属于开放性问题，更进一步的话也可以细化为祈使问句，来访者可以用"是"和"否"回答，但实际上适用于引起对情感、想法或问题更详细的讨论。祈使问句的好处是相比其他问句更少含有控制和要求(约翰·萨默斯-弗拉纳根，丽塔·萨默斯-弗拉纳根，2014)。】

王×：就是我怕周围的同学笑话，也不知道在课间的时候，能不能用这个方法，当着那么多同学。

师：感觉你想用这个方法，只是在某些时候用这个方法的场合让你觉得没有安全感或者无法全身心投入地使用这个方法。【再一次重述，这次的重述一方面以突出来访者感受的方式增进了情感协调和共情；同时用"某些时候"来模糊来访者的原义，降低了来访者的焦虑。】

王×：是的。

师：那么你除了尝试在课间这个场合用这个方法，还在哪些场合用了这个方法？

王×：在家里。

师：那么在家里的感觉怎么样呢？

王×：好一些。

师：我们是否可以想一想，你在家里感觉更安全些，学校、班级的环境不如家里安全，而使用这个方法因为环境的原因而产生不同的效果，你对这个是有自己的担心的，对吗？或者说，你希望在学校也有和家里一样的效果，因为毕竟考试发生在学校里，当你考试焦虑的时候，你希望你能用这个方法发挥出好的效果，同时也让自己的考试成绩稳定甚至是更好。【心理辅导教师使用了互动性总结。前半部分是互动性总结，使用者通常在总结的最后，就自己所说的询问来访者是否准确。后半部分内容更像是对前面所说内容的非正式总结，通过这样的方式让来访者感受到他被倾听，明白对他来讲最重要的问题是什么。】

王×：是的，但是，我不确定我在学校里用这个方法的效果能特别好。

师：那么你需要老师给予你实际的建议吗？或者我们继续讨论具体的操作方法？

王×：我希望老师能给我建议！

师：好的，我可以给你建议。

师：我的建议是，换个地方，比如操场或校园的某个安静地方，在对呼吸放松不熟练的情况下，进行多次的练习，而这样的练习最好用中午休息的时间。而课间的时候，如果因为课堂测验或随堂考试，有了考试焦虑的情绪，那么专注的呼吸放松是非常有效的，这种情况下被同学关注或者感到不好意思，其实都是可以克服的，并且如果向同学说明情况，同学其实是不会打扰你的，因此你的担心是可以用这些具体方法来解决的。【人人都渴望来自专家的建议。提供建议是一种典型的以心理辅导教师为中心的指导活动，心理辅导教师化身为专家，告诉来访者他应该做什么。然而在心理临床工作中，提供建议是一种颇受争议的技术，提供建议的一个原则就是在给出建议之前先了解来访者是否已经尝试了所有的努力。如果不了解他们已经尝试过的解决自己问题的各种方式就向他们提供具体建议是不公平的。对心理辅导教师而言，教师的身份、更多的生活阅历、渴望快速解决问题的心态都更容易使他们在工作中采用提供建议的工作方式。】

师：这些建议在你具体操作的时候是可以灵活变化的，但要把握的总体原则是不要因为用这个方法给自己增加新的担心和紧张。

王×：好，谢谢老师，我记住了。

师：那么我们用方法直接面对焦虑和一些你的不舒服，是能起到作用的，这一点你是否认同呢？

王×：我认同。

师：那么如果想象有个魔法棒，能让你的考试焦虑从下一个瞬间消失，你最希望什么事情发生？【魔法棒提问是焦点解决治疗中最常见的基本技术之一，它属于奇迹式提问的一种（许维素，2013）。这种方法提出的问题也可以被看成一般咨询技术中的投射问题，通常以某种形式的"如果"开始并请来访者想象，这样的问题用以激发来访者的心理想象，并促进来访者探索如果他们处在某种情境中会有什么样的想法、感受和行为。投射问题用于帮助来访者发现、表达、探索和澄清无意识的或不清晰的冲突、价值观、想法和感受。】

王×：我希望我的学习成绩能有改变。

师：能具体说说是什么样的改变吗？

王×：回到原来在普通班时的学习状态，学习成绩在班里能排在前列，同学和老师都重视我，我的心情也特别不错。

师：可以看得出，如果有这样的魔法时刻，你希望自己的学习成绩能得到老师和同学的认可、尊重，原来怎样，那个魔法时刻就是怎样！看得出，你对自己的学习有要求，也对自己的学习认真负责。【心理辅导教师可以抓住来访者话语中积极的内容，并且用稍显兴奋的语气重述这部分，帮助来访者维持积极情绪的高唤起。这个部分更像是焦点解决中的"振奋性鼓舞"。然而这里心理辅导教师在后面总结的部分忽视了来访者对受重视的渴望，这里可以加上一句："看得出，你对自己的学习有要求，也对自己的学习认真负责，希望自己成为同学和教师眼中的好学生。"】

王×：可是，我觉得我现在的成绩一无是处，也不可能有魔法时刻。

师：我相信你在进入实验班后，为了让自己的成绩回到原来的状态，肯定做了努力，这些努力都是有价值和有意义的。

王×：我是努力了，可是我还是赶不上实验班的那些原本基础就好、比我聪明的同学。我觉得我努力了也没用。【暗示是指心理辅导教师直接或间接地预测来访者的生活中将发生某种现象。暗示用于使来访者有意识或无意识地从事某种行为、改变思维方式或体验某一特定情绪(Linehan，1987)。尽管这里心理辅导教师使用了暗示的技术帮助来访者改变思维方式，努力帮助来访者以积极的一面理解当前的困境，但很显然，心理辅导教师忽视了来访者的情绪体验，两个人只是在原地打转。】

师：通常我们在做了很多尝试却发现没有效果后，就会自然地说我努力了也没用，也超不过某些人。【这是典型的正常化技术，在某种程度上可以起到安抚来访者的作用。】实际上没有做一点努力的人根本不会这么说，所以我很想了解你曾经具体的努力是什么，也许有的努力只需要调整一下方式，改变一下，就能改变学习结果。

王×：我上课的时候一刻都不松懈地听讲，下课就写作业，按照老师说的复习，可是现在实验班的学习进度快，我上课努力听，也好像听不懂，有的作业也不会做，成绩依然考不过看起来轻松的实验班的同学。

师：在普通班的时候用这些方法，你认为效果怎样，如果让你打分的话，100分是效果最佳，你会打多少分？

王×：80分。

师：在实验班的分数？

王×：不及格。【百分比问题从本质上讲，能引导来访者思考和界定问题看起来、感觉起来是什么样的。同样，这样的问题有助于把问题外化，以更具象的方式激发来访者的探索欲望。】

师：是否在实验班的这样的状态很让你着急？而每一次考试，你更是因为心里没底，也许预测到了目前的学习状态会带来的考试结果，还要硬着头皮考试，硬着头皮接受考试结果，每一次都挑战着你的心理承受水平，你也在用自己最大的努力承受着，也在努力用从前的学习方法的极限去应对，对你而言这也是你付出的一大部分努力，我们不能否定你的向上和勇气。【问题解决取向和认知取向的心理治疗师把帮助来访者从另一个角度看待自己的问题或病痛的干预方法称为重构(约翰·萨默斯-弗拉纳根，丽塔·萨默斯-弗拉纳根，2014)。这里心理辅导教师首先对来访者的状态进行了重构，有效的重构通常基于与来访者不同的、合理的另一种假设，好的重构往往能提高来访者对行为感知和解释的灵活性，促使来访者以一种新的方式看待自己的互动方式或问题，这个过程也可以减轻来访者的焦虑或悲伤。】

王×：老师，从来没有老师这样对我说过。

师：被人理解、被老师理解其实你不是个不努力的也不是个笨学生，对你而言有多重要？

王×：老师我真的不是个笨学生吗？我觉得现在这个班级的同学都比我聪明！

师：其实，怎么被评价或者评价谁，都不是最重要的，而是谁的方法能有好的效果，能提高学习成绩才是最重要的，你认同吗？【焦点解决取向的心理辅导教师通常把提问作为主要的沟通工具，以及主要的干预方式。可以看出，心理辅导教师并不倾向于解释，或者向来访者提出质疑，他们的提问总是关于当下和未来。这一点也符合焦点解决的基本信念：解决问题的最佳方式是关注曾经有效的方法以及来访者对自己生活的期望，而不是关注过去和问题的根源（许维素，2013）。心理辅导教师没有接来访者关于自我评价的话题，而是把问题更聚焦在当下的解决方法和期待上。尽管这一点很符合焦点解决的治疗思路，但对习惯了共情和关注来访者自我状态的其他流派的心理辅导教师而言，代入一下估计会有不解或者话头一再被截断的窒息感。】

王×：是的。

师：刚才你说你的学习方法是不及格，但是并不意味着这些方法就应该被完全否定，因为曾经它为你带来了在普通班的好成绩。

王×：是的。

师：你能意识到这一点，真的太好了，这可以帮助你想到其他能更好地提高你的学习成绩，使你不再担心考试的方法。

王×：我自己想到好的方法吗？

师：我们一起努力！老师在这里和你一起。

师：你现在的学习方法如果在保留的基础上，再做些调整，你能够接受吗？

王×：可以。

师：你觉得在哪个科目上需要做出更多的调整？

王×：英语还有数学。

师：英语这个科目你认为需要调整的是单词、句型、写作还是哪些呢？

王×：我觉得都需要，老师说我的基础不扎实。

师：也就是说当现在的学习难度加大，内容增多，还有竞争的同学的时候，你需要综合全面地提高自己。

王×：是的。

师：那么，你所知道的这种综合全面提高自己的方法有哪些？

王×：我不知道。但是我知道我们班很多同学都在外面的辅导班学习。

师：你觉得同学们在外面的辅导班学习对提高自己的学习成绩有帮助吗？

王×：肯定有。

师：你现在并没有参加这种辅导班对吗？

王×：是的。

师：你觉得这种辅导对你的学习成绩的提高会起到和你们班同学一样的效果吗？

王×：我不知道。

师：是否可以这么理解，你可以尝试，但不知道自己能否在这个过程里达到自己预期的结果。

王×：好像是。

师：那么我们把这个作为一个备选方法，你觉得可以吗？

王×：好。

师：那么除了这个备选方法，也许你还看到了或听到了其他的方法？

王×：我不确定，但我看到我周围的同学似乎有很轻松地学习，嘻嘻哈哈，我想知道他们有什么绝招。

师：也就是说，同学们有你不知道的好的学习方法，这点让你觉得似乎你们的脚步和步调不一致。他们在前，你似乎在追赶他们。

王×：是的。

师：如果你也有一套好的学习方法，你就用不着追赶他们了，你愿意尝试吗？

王×：我愿意。

师：关于他们轻松学习背后的东西，如果让我来解读，是有一些适合他们的学习方法的。你观察过他们的学习方法吗？

王×：没有。

师：那么我提供给你几个观察方向，并且结合我们一会儿讨论的方法，看看能不能形成适合你的学习方法，作为备选的第二种方法。

王×：好。

师：请你今天回去观察同学上课时的听讲、笔记，并检查自己能否在记忆、总结、整理方面做更多的功课。

王×：怎么做？

师：相信你自己是有这种能力在这些方面有所变化的。比如记忆的方法，目前你有灵活的记忆方法吗？是一边写作业一边记吗？考试结束后整理总结错的题了吗？今天回去可以想一想如何在这些方面做些改变！老师今天和你一起想到的备选方法有两个，一个是参加辅导班，一个是在学习方法方面观察周围的同学，并且做出自己在学习方法方面的改变。在学习成绩方面的直接改变，能改变你对考试的感觉和状态。【总结的目的包括显示准确的倾听，增进来访者和心理辅导教师对主要内容的记忆，帮助来访者集中于相对重要的问题，提取或提炼来访者所述信息背后的含义（约翰·萨默斯-弗拉纳根，丽塔·萨默斯-弗拉纳根，2014）。上文心理辅导教师对所讨论方法的总结，不仅有助于减少记忆的压力，更主要的是给来访者一些责任来记住他认为重要的事情，让来访者意识到问题的解决并不是心理辅导教师的责任，而是双方的团结合作。】

王×：老师，我想试试。

师：那么这些都需要和你的父母还有班主任一起商量，尤其是如果参加辅导班，是要得到父母许可的。但是我相信你和父母说，并且说清楚理由和预期的效果，父母是不会轻易反对的。【如果我是心理辅导教师，我可能对父母行为的预测会更加谨慎。同时我会在最后追加一句："如果遇到问题，或者需要我来做一些辅助沟通工作，你可以告诉我。"这样的提醒可以给来访者一种"心理辅导教师会一直在这里"的安全感。】

王×：老师，我试试。

第四次心理辅导　××年11月3×日

目的：

①巩固心理辅导效果，反馈上次心理辅导作业。

②与来访学生一起寻找其自身有哪些不良认知，或受到哪些错误认知的影响。

方法：谈话法、认知疗法。

过程：

①反馈上次心理辅导作业。

②肯定其应对自己的考试焦虑从补习功课提高成绩开始，增加其自信心。

③用情绪 ABC 理论来调整来访学生的认知，启发来访学生寻找自身有哪些不良认知，或受到哪些错误认知的影响。

④布置心理辅导作业：

a. 回家继续巩固以前的咨询与训练成果。

b. 在学校里与老师和同学模拟或参与考试。

c. 继续寻求父母的理解与正面支持，经常沟通，还要与老师和同学保持沟通交往。

d. 继续寻找是否还有其他不良认知在影响自己身心完全放松，并运用自如。

3. 结束与巩固阶段

第五次心理辅导　××年1月×日

目的：

①巩固心理辅导效果。

②结束心理辅导。

方法：谈话法。

过程：

①反馈上次心理辅导作业，并评价作业完成情况。

②指出继续努力的方向，继续探寻适合自己的学习策略。

③基本结束辅导，加强自我控制及解决问题的能力，以及在学习、生活中自如应用自我放松的方法。

④指导其进一步改善与父母之间的沟通与相互理解，加强与老师同学的交往，得到老师的指导与同学的理解、支持。

八、心理辅导效果评估

来访学生自身的评价："我不再像以前那样惧怕考试了，虽然也有些紧张，但我知道这点紧张是正常的。""爸爸妈妈现在也能理解我了，我心里的压力自然少了许多，已经熟练掌握放松练习，以后遇到情绪紧张也可派上用场了。"

量表评估：SAS 测验结果的总粗分为 33，SDS 测验结果的总粗分为 27。【通常情况下，量表前后测的结果要使用同样的标准，如果前面记录的是标准分，这里也要使用标准分。心理辅导前的量表得分并没有说明是标准分还是粗分（原始分），这里使用了粗分，如果照此理解心理辅导前的量表得分的话，那么从量表结果上看王某的焦虑问题在心理辅导前并不是轻度的。】测验表明来访学生的焦虑程度显著减轻，由症状引发的抑郁水平也大大下降，二者都恢复到了临界值以下的正常水平，由此认定咨询效果显著可靠。

心理辅导教师评估：期末考试后及初三第一学期回访，发现已基本达到心理辅导目标。来访学生的考试焦虑程度大大降低，能在生活中自如应用自我放松技术，英语和数学的成绩都在及格的同时得到进一步提高。来访学生的各项生理指标正常，改变了不良认知(即不合理的升学观和学习策略)，提高了学习适应水平，学习有一定的进步。

长期效果评估：来访学生在初三阶段的考试和升学考试中，没有再出现考试焦虑的情况。而且据班主任老师和科任老师反映，来访学生对于学习的努力程度和认知都是比较恰当的，也有了比较好的学习方法。

九、总结

考试焦虑是人由于面临考试而产生的一种特定的心理反应，它是在应试情境刺激下，受个人的认知、评价、个性、特点等影响而产生的以对考试成败的担忧和情绪紧张为主要特征的心理反应状态。对于中学生而言，考试成绩有着至关重要的作用，当评价学生的手段越来越依赖考试成绩时，学生的考试压力也与日俱增。由于分班或学习难度变大而产生学习成绩下降的情况时，这些学生面临的考试焦虑显得更为突出。心理辅导教师除了以认知学派的咨询理论为核心，帮助学生疏导焦虑情绪外，是否还能从焦点治疗的理论和学习心理学入手，帮助他们找到更好的学习方法，解决考试焦虑的问题，也是值得思考的。

第十章 中小学生抑郁的心理辅导

随着大众心理健康意识的提升，一些学术用语日益频繁地出现在人们的日常交流中，其中"抑郁"是最常见的用词之一。日常生活中，人们用抑郁来表示情绪体验上的郁闷、压抑、无趣甚至是无话可说等情况。然而作为心理疾病的抑郁并不仅仅是某一种或者几种情绪的体验，尤其是对于中小学生而言，抑郁不仅具有情绪问题这一核心症状，马雷认为儿童出现睡眠障碍、社交退缩、死亡恐惧、攻击、逃学行为、躯体症状和广泛焦虑，也是抑郁的表现（杜亚松，2013）。由此可以看出，中小学生抑郁不仅影响个体健康成长、学校生活，也会给其家庭和同伴带来困惑和消极情绪体验。更严重者，抑郁可能会引发当事人自伤、自杀等心理危机情况。

第一节 认识抑郁

抑郁障碍（Depressive Disorder）是指各种原因引起的以显著而持久的心境低落为主要临床特征的一类心境障碍，又称抑郁症。临床上主要表现为心境低落、兴趣减退，部分患者会出现明显的焦虑和运动性激越，严重者可能会出现幻觉、妄想等精神病性症状。部分患者存在自伤、自杀行为，甚至因此死亡。抑郁障碍的典型病程为发作性病程，但临床上有 20%～30% 的抑郁障碍为慢性病程，这个类型会带来更多的医疗问题，且长期预后更差。重性抑郁障碍（Major Depressive Disorder，MDD）是抑郁障碍最常见的类型，表现为单次发作或反复发作，具有较高的复发风险。发作期存在显著的情感、认知和躯体症状，发作间期症状缓解（马宁，李凌江，2021）。根据 2013 年全球疾病负担研究的统计，抑郁症已成为全球每个国家儿童青少年十大病因中最主要的病因。《中国国民心理健康发展报告（2019—2020）》指出，青少年抑郁的检出率为 24.6%。2021 年我国首个少年儿童精神疾病患病率的流调报告显示：中国儿童青少年的抑郁障碍患病率为 3.0%。

一、抑郁的诊断与评估标准

不同的疾病分类系统对抑郁症的诊断标准大同小异，如 ICD-10 的标准中指出抑郁症的核心症状包括 3 项，DSM-5 中指出抑郁症的核心症状包括 2 项。下文将简述这两个诊断标准，供中小学心理辅导教师参考。

根据国际疾病分类第 10 版（ICD-10），抑郁症的症状学标准里包括 3 条核心症状及 7 条其他症状。核心症状：①心境低落；②兴趣和愉快感丧失；③疲劳感、活力减退或丧失。其他症状：①集中注意和注意力降低；②自我评价和自信降低；③自罪观念和无价值感；④认为前途暗淡悲观；⑤自伤或自杀的观念或行为；⑥睡眠障碍；⑦食欲下降。

当同时存在至少2条核心症状和2条其他症状时，才符合抑郁症的症状学标准。如果符合抑郁症的症状学标准，还需同时满足2周以上的病程标准，并存在对工作、社交有影响的严重程度标准，同时还应排除精神分裂症、双相情感障碍等重性精神疾病和器质性精神障碍以及躯体疾病所致的抑郁症状群，方可诊断为抑郁症。

DSM-5重性抑郁障碍诊断标准：

A. 在同样的2周时期内，出现5个或以上的下列症状，表现出与先前功能相比不同的变化，其中至少1项是1. 心境抑郁或2. 丧失兴趣或愉悦感。

注：不包括那些能够明确归因于其他躯体疾病的症状。

1. 几乎每天大部分时间都心境抑郁，既可以是主观的报告（例如，感到悲伤、空虚、无望），也可以是他人的观察（例如，表现流泪）（注：儿童和青少年，可能表现为心境易激惹）。

2. 几乎每天或每天的大部分时间，对于所有或几乎所有的活动兴趣或乐趣都明显减少（既可以是主观体验，也可以是观察所见）。

3. 在未节食的情况下体重明显减轻，或体重增加（例如，一个月内体重变化超过原体重的5%），或几乎每天食欲都减退或增加（注：儿童则可表现为未达到应增体重）。

4. 几乎每天都失眠或睡眠过多。

5. 几乎每天都精神运动性激越或迟滞（由他人观察所见，而不仅仅是主观体验到的坐立不安或迟钝）。

6. 几乎每天都疲劳或精力不足。

7. 几乎每天都感到自己毫无价值，或过分地、不适当地感到内疚（可以达到妄想的程度），（并不仅仅是因为患病而自责或内疚）。

8. 几乎每天都存在思考或注意力集中的能力减退或犹豫不决（既可以是主观的体验，也可以是他人的观察）。

9. 反复出现死亡的想法（而不仅仅是恐惧死亡），反复出现没有特定计划的自杀观念，或有某种自杀企图，或有某种实施自杀的特定计划。

B. 这些症状引起有临床意义的痛苦，或导致社交、职业或其他重要功能方面的损害。

C. 这些症状不能归因于某种物质的生理效应，或其他躯体疾病。

注：诊断标准A—C构成了重性抑郁发作。

注：对于重大丧失（例如，丧痛、经济破产、自然灾害的损失、严重的躯体疾病或伤残）的反应，可能包括诊断标准A所列出的症状：如强烈的悲伤，沉浸于丧失，失眠，食欲不振和体重减轻，这些症状可以类似抑郁发作。尽管此类症状对于丧失来说是可以理解的或反应恰当的，但除了对于重大丧失的正常反应之外，也应该仔细考虑是否还有重性抑郁发作的可能。这个决定必须要基于个人史和在丧失的背景下表达痛苦的文化常模来进行临床判断。

D. 这种重性抑郁发作的出现不能更好地用分裂情感性障碍、精神分裂症、精神分裂症样障碍、妄想障碍或其他特定的或未特定的精神分裂症谱系及其他精神病性障碍来解释。

E. 从无躁狂发作或轻躁狂发作。

注：若所有躁狂样或轻躁狂样发作都是由物质滥用所致的，或归因于其他躯体疾病的生理效应，则此排除条款不适用。

表 10-1　基于 DSM-5 的抑郁发作严重程度评估

轻度	中度	重度
·5个症状，至少包括1个核心症状 ·轻度功能受损（受到症状困扰，进行日常工作和社会活动时会出现一些困难，但可以通过额外的努力来克服）	·6~7个抑郁症状，至少包括1个核心症状 ·进行日常工作和社会活动时感到有相当大的困难（上学，社交，家庭活动）	·超过7个抑郁障碍症状 ·会出现幻觉或妄想（精神病性抑郁障碍） ·在多个领域出现功能的严重损害（家，学校，社交） ·常常有较高的自杀风险

研究者们注意到了儿童青少年抑郁与成人有近似的核心症状，也注意到了一些差异，如卡普兰和萨多克对 DSM-4 的 2 条标准做了修改，以更适用于儿童青少年：(1)在儿童青少年期的抑郁症的抑郁情绪中易激惹情绪贯穿始终；(2)对于儿童青少年来讲，未达到期望的体重增长值应代替体重的减轻和(或)食欲紊乱。我国的研究者总结了儿童抑郁症的临床基本特征，包括以下四点。(1)情感障碍，表现为情绪低沉，不愉快，悲伤、哭泣，自我评价过低，不愿上学，对日常活动丧失兴趣，什么都不想玩，想死或企图自杀。也有的表现为易激惹、好发脾气、违拗、无故离家出走等。(2)精神运动迟滞，表现为行动迟缓、活动减少、行为退缩。严重者可出现木僵状态。儿童抑郁症可能以行动障碍为突出特征，如不听从管教、对抗、冲动、攻击行为或其他违纪不良行为等表现。也有的将这种行为表现列为抑郁症等同现象。(3)思维、言语障碍，表现为思维迟钝，低声细语，言语减少，语流缓慢，自责自卑。年龄大的儿童可有罪恶妄想。(4)躯体症状，常主诉各种躯体不适，如头晕、头痛、疲乏无力、胸闷气促、食欲减退、睡眠障碍等(杜亚松，2013)。

对抑郁症的诊断是非常严谨和专业的过程，不仅需要对是不是抑郁障碍，还需要对其严重程度、自杀风险、社会功能、病因等情况综合考量。尤其是对中小学生进行心理评估时，评估的过程还需要与正常行为、焦虑障碍、多动症、对立违抗障碍、双相情感障碍等进行鉴别。常用的诊断和评估通常是访谈法和测验法综合应用的过程。

2020 年 9 月 11 日，国家卫健委公布的《探索抑郁症防治特色服务工作方案》中指出：各个高中及高等院校将抑郁症筛查纳入学生健康体检内容，建立学生心理健康档案，评估学生心理健康状况，对测评结果异常的学生给予重点关注。这一建议反映出抑郁症这一精神疾病在我国青少年群体中的发病率越来越高，如果没有及时筛查确诊则容易引起更严重的心理困扰甚至是心理危机。从学校开展的工作来看，对高中生抑郁症的筛查并不能止于简单的筛查、建立档案等内容，如何保证被筛查出的学生基本的隐私权，如何防止其他师生在日常学校工作中不贴标签，如何保管和使用心理档案，后续心理健康状况如何评估，这一系列议题亟待学校心理健康工作者和学校管理者主动思考和认真落实。尤其是在学生的隐私权和相关议题上，一方面建议学校管理者参考使用"保密例外最小化"原则，使必要知情的人知情，不必要知情的人不知情；另一方面也要提升全校乃至家长和社会对抑郁症和其他心理健康问题的正确认识，不贴标签，去病耻感，以保证对确诊的或有症状的学生做到合理对待，积极引导。

对广大小学、初中学校管理者而言，也可以考虑进行全校性质的筛查，当然这种筛查需要严谨对待，如筛查工具的选择和使用、学生隐私的保护、筛查人员的专业性以及筛查后的一应工作安排等都需要认真考量。当前有很多学校已经实现了对学生心理健康状况的全面筛查，如入学检查中加入心理健康检查，建议这些学校提炼总结工作经验，查找不足，明确工作界限，注意评估与诊断之间的区别，合理对待，加强对全体学生的积极引导。

二、中小学生抑郁的表现

很多中小学教师对中小学生的抑郁有两极化的看法，一类老师往往把学生的抑郁表现正常化，认为儿童青少年不存在抑郁的问题，认为学生的那些表现只是成长中正常的烦恼，尤其是将青春期学生的抑郁表现视作正常的情绪波动。另一类老师相反，容易把学生的正常情绪抑郁化。事实上，儿童青少年抑郁障碍是切实存在的一类精神障碍，在不同的年龄和发展阶段，抑郁的表现也有不同，因此心理辅导教师除了考虑来访者的症状和表现之外，也要根据其年龄及发展阶段进行评估和干预。此外，儿童不是"小大人"，中小学生的抑郁与成年人抑郁的症状和干预方法也不尽相同。

中小学生抑郁的主要特征是持续、弥漫的悲伤，感觉快乐不起来，对生活和未来感到悲观、绝望；兴趣减退，对原本感兴趣的事物丧失了愉悦感或者愉悦感减退，常见的就是从社团活动中退出，或者不再积极主动参与等；脾气恶劣，容易激惹，攻击性行为增加；认知方面，往往表现出注意力不集中，成绩下降明显，对课外活动的兴趣下降等，因此成绩下降往往是教师觉察到的第一个指征；行为退缩，精力和动力缺乏，变得孤僻不合群，因此人际关系会受到影响，可能会表示不想跟朋友出去玩；消极观念和消极行为会导致他们变得尖刻、不合群。

与成人不同的是，儿童青少年的抑郁会表现出更多的躯体症状，包括没有生理疾病原因的头痛、疲惫、胃疼等；食欲变化，如增加或下降；另外他们的睡眠往往会更多(并不代表没有失眠的情况出现)，表现出课堂上嗜睡，或者过早地上床睡觉；也会有睡懒觉并拒绝去上学的情况出现。有些青少年行为上的表现会容易让教师和家长误以为是叛逆，如变得更加的违抗，离家出走，欺负他人等。特别需要心理辅导教师注意的是，儿童青少年的抑郁来访者往往会出现行为或躯体方面的症状，这些症状有可能会掩盖那些典型的抑郁症状。

与儿童的抑郁相比，青少年的抑郁会表现出更易受挫、更有敌意和更多的愤怒爆发。此外他们对他人的拒绝和批评过分敏感，如错误地感知到羞辱或批评，可能导致维持人际关系的困难。自我评价低，他们在内心不断重复着长篇独白，其中充满自卑和负疚感，对周围世界持否定态度。事情稍不如意，就会责备自己，进而得出更坏或范围更大的结论，例如一切都糟糕透顶。患者的思考力也受到影响，无法聚精会神，记忆力和专注力都下降，而这样一来，自尊心会进一步降低，负疚感和失败感就更为显著。这种过度的焦虑可能产生一种极端的后果，即自杀的念头和计划，甚至自杀的行为。

青少年的抑郁很容易被视为其他严重的问题，如行为异常，他们可能会用口头的嘲讽、尖叫或破坏性行为来表达悲伤，也可能将网络成瘾或者其他成瘾行为作为解脱方式。ICD-10 将既有抑郁情绪又有行为问题的类型称为"抑郁性品行障碍"，这类学生会表现出攻击性行为、破坏行为、逃学、说谎、霸凌、自伤自杀等（卫生部卫生统计信息中心，2001）。

三、中小学生抑郁的成因

儿童青少年抑郁是生理因素、环境因素和心理因素之间复杂作用的结果。生理因素方面，有研究证实抑郁症与皮质醇水平相关（秦萍，张勇，2009），皮质醇升高可能会加速诱导色氨酸羟化酶，降低色氨酸水平，使 5-羟色胺含量下降，导致抑郁（Gotlib & Hammen，2009）。个体的遗传基因以及产前因素都有可能增加抑郁的风险。双生子研究表明，遗传因素对儿童期疾病的影响低于青少年期疾病（Anita，et al.，2006）。

环境因素方面，约翰·鲍尔比在 20 世纪 50 年代提出母爱缺乏的概念，指出了情感纽带的重要性，认为与母亲的分离会引起儿童的焦虑和悲伤。他指出，父母对儿童充分的照顾和关爱至关重要，将深刻地影响儿童将来的人际关系。一种安全稳定的情感纽带会产生自信和自尊，而这恰恰是抑郁症患者所不具有的。母爱缺乏会导致正常的小孩变得更为敏感或更具攻击性。有研究表明，少年期起病与童年家庭不良事件、家长忽视、同伴关系呈高相关。此外，童年期的不良事件，包括贫穷、性虐待等在儿童生命发展后期经历应激生活事件时，是抑郁发生的风险性因素（克拉拉·E. 希尔，2013）。从临床经验上看，抑郁家族史是目前业界认为预测作用最强的风险因素，从遗传和环境两个方面上对个体产生影响。

心理因素方面，个体的认知方式、归因方式、积极缺乏都有可能增加个体的抑郁易感性。1977 年，贝克创立了抑郁症的认知行为疗法，并逐渐形成抑郁症的认知理论模型，提出了抑郁症的病理心理学模型。他认为，抑郁症以认知过程的歪曲为突出表现，存在对自我、世界、未来的消极看法，即抑郁认知三联征。第一联是指患者对自己的消极评价，认为自己有缺陷、没有能力、不能胜任，因此总是感到不愉快；第二联是指患者对经历的消极解释，对自己要求过高，认为在现实生活的道路上有不可克服的障碍；第三联是指以消极的态度认识未来，认为现在的问题总也得不到解决，未来的生活中也会充满困难、挫折，对未来不抱希望。贝克认为，自动思维影响情感和行为，思维歪曲和消极性思维是抑郁症的重要特征。抑郁症的其他典型症状（如动机缺乏、消沉、兴趣丧失、自杀企图）都受到歪曲性思维的影响，而且这些自动的歪曲性思维的出现是自动的、不随意的、持续存在的。由于自动思维的影响，抑郁个体对特定事件的主观看法和客观实际是不一致的。

受认知心理学兴起和发展的影响，艾布拉姆森等人在习得性无助研究的基础上，吸收了归因理论的知识和贝克抑郁认知理论中的某些理念，提出了无望抑郁的认知模型。他们认为当消极生活事件发生时，具有消极归因风格的个体倾向于以消极的方式解释事件，认为事件发生的原因是稳定的、普遍的，这种觉知会导致个体的无望体验；这种体验的积累使个体相信自己无法改变不利的处境（不可控的），最终陷入抑郁（Abramson，Metalsky & Alloy，1989）。

与以往的心理学分支不同，积极心理学在看待个体的心理疾病问题时认为"自我是一个复杂的集合体，积极与消极的因素完全可以共存于同一个体"。个体生来具有获得幸福的本能和不断成长的潜力，即使是经历心理疾病的个体，也有积极的品质与能力，只是与正常人相比，这些积极的品质与能力暂时受到了抑制。对于抑郁症的学生，抑郁的发生与幸福的缺失往往共存，以往的解释认为抑郁个体表现出来的愉悦感、参与感、意义感的缺失不仅是抑郁的症状表现，更是导致抑郁的真正原因（周雅，等，2010）。

综合来看，尽管可以对抑郁成因进行大致梳理，但实际面对深受抑郁困扰的来访者时仍需要综合考虑其独特性，其中值得中小学心理辅导教师格外注意的是，对有抑郁可能的来访者进行评估与制订辅导计划时，特别需要注意多元视角的观察，以及与家庭成员之间的合作，更重要的是，把来访者作为独特的个体，才能更有效地与他们开展工作。

四、中小学生抑郁的心理辅导

中小学生抑郁作为一种常见的情绪问题，因其对学生的情绪、学习、人际造成不良的影响，甚至是出现攻击、自伤和自杀等较严重的行为，且复发率较高，个体痛苦明显等特征，近年来受到广泛的关注。抑郁按程度可分为亚临床抑郁状态和临床上的抑郁症。中小学生抑郁不仅包括确诊的抑郁症，也包括了抑郁情绪、抑郁症状等情况，这些情况在儿童后续的成长阶段和成年之后有可能发展成临床上的抑郁症。不仅如此，中小学生受到学业压力、家庭因素、学校因素等多重因素的影响，加之抑郁本身由生理、心理等多重原因造成，因此其抑郁的症状具有病程较长（通常需要 7～9 个月的时间）、容易复燃和复发等特点，如果缺乏有效的干预，不仅会影响中小学阶段的成长，而且在个体成年后容易导致经常复发、共病、负性生活事件易感性强等不良影响。因此在个体中小学阶段，针对抑郁的及时识别、有效辅导和后续支持在中小学生抑郁的心理辅导中缺一不可。此外，中小学生抑郁往往伴随着自伤、自杀等想法和行为，因此中小学关于抑郁的心理辅导需要增加对心理危机的识别和干预的过程。

本章选取了两个关于抑郁的案例，两个案例中心理辅导教师主要使用的方法都是认知行为疗法。A. T. 贝克开创的认知行为疗法始于 20 世纪 60 年代对抑郁症的治疗，而且，实验研究表明认知行为疗法对于抑郁症如同"抗抑郁药物"一样是一种很有效的治疗方法(大卫·韦斯特布鲁克，等，2014)。认知行为疗法对来访者的认知发展水平有一定的要求，尽管近几年国外有一些认知行为疗法的研究者致力于开发针对低龄儿童的治疗技术，然而在国内，尤其是在追求实用的中小学心理辅导领域，大部分的心理辅导教师仍会对面向初中以下的学生单纯采用认知行为疗法来开展工作持更加谨慎的态度。不过在初中及以上年级的心理辅导中，认知行为疗法以其结构化的治疗历程、完善的理论体系、大量实证研究证明其有效性等优势，得到了很多心理辅导教师的喜爱。

第一个案例是一位初一来访者的心理辅导，心理辅导教师以认知行为疗法为主，沙盘游戏为辅开展工作。在这个案例中，心理辅导教师更像是使用了认知行为疗法的理念，并没有聚焦在其常见的技术和结构化的治疗过程中。整个心理辅导过程更像是一个整合的辅导过程，基于来访者抑郁情绪出现的时间短、社会功能轻微受影响等特点，这样的方式虽未呈现出认知行为治疗严谨的一面，但在实效上是可以接受的。第二个案例中的心理辅导教师全程使用了认知行为疗法，评估方法全面、客观，单次心理辅导的步骤较为清晰；从技术上看，提问技术应用得较好；同时把来访者的心理问题作为连续体看待，关注此时此地，注重认知、情绪、行为、生理和发生环境之间的相互作用，因此也取得了较好的心理辅导效果。

第二节　关于初中生抑郁情绪的心理辅导案例报告

摘要：本文对一例主要采用认知行为疗法改善初一年级学生抑郁情绪的心理辅导案例进行报告。来访者自述情绪低落，怀疑自己患上抑郁症，在网上查找了相关测试，对"抑郁症"的标签非常恐惧，拒绝心理辅导教师提出做相关心理测试的建议。心理辅导教师细致解释测试的目的、意义等后，来访者依然明确拒绝。通过对来访者的观察以及班主任反映，判断来访者处于抑郁情绪。采用认知行为疗法，帮助来访者发现不合理信念，分析自身思维活动和应对现实的策略，意识到其中的逻辑偏差，并辅以人际关系和沙盘指导加以纠正。

关键词：抑郁情绪；单亲家庭【随着中小学生心理问题的涌现，越来越多的研究者和实践者开始探寻这些心理问题出现的原因，与之并行出现的是社会发展带来的家庭结构的多元化。尽管二者之间并不存在因果关系，但还是有越来越多的人开始将二者放在一起，并逐渐带来了一股毫无依据的思潮：学生的心理问题都是原生家庭的问题，是家庭结构的问题。实际上，单纯看家庭结构有可能会导致一系列有偏差的"贴标签"，最终影响心理辅导教师对个体的理解和干预】；认知行为疗法

一、一般资料

1. 一般人口学资料

小琦，女，13岁，初一年级学生，非京籍，偏瘦，无重大躯体疾病史。【各地中考政策不同，来访者非京籍使其在京中考、录取受限，因此这里特别强调一下。另外在

中小学的心理辅导记录中，最好注明学生是不是主动求助的，如果是他人推荐或者要求而来的，那与主动求助的动机是有差异的。】

2. 个人成长史

201×年，母亲带着姐姐（比来访者大8岁）到北京生活，来访者和父亲在老家（北京周边城市）生活。一年后，她也被接到北京，和母亲、姐姐一起生活，上小学三年级。自此以后，再没回过老家，也再没见过父亲。

升入初中后，和母亲在学校附近租房子住，姐姐已经工作，在其单位附近租房子住，只有周末才会回来。母亲在超市工作，工作时间比较固定，晚上可以在家陪伴来访者。她听母亲说，有办法在北京落户，所以，她不用回老家读书。

父母前不久刚办了离婚。父亲一喝酒就打骂母亲，改不了，母亲受不了，所以带着姐姐来北京。父亲曾希望来北京一起生活，被母亲拒绝了。自离开老家，母亲就再没见过父亲，直到前不久他们离婚，母亲才回老家办理手续。但是父亲没有打骂过来访者。

二、主诉和个人陈述

近一段时间，感觉上课没意思，好像经常走神，以前会特别积极举手回答问题，现在不会了，但也会和同学一样，有时候接话茬。最近觉得自己的数学成绩并不突出，不能帮到数学老师（男，青年教师，是来访者的班主任），想辞去数学课代表职务。总不想说话，也不知道说什么，对什么都不感兴趣。之前，和同学在一起的时候，话多，感觉都是自己在说，有点"话唠"，但一个人的时候比较安静；现在，不想和同学在一起了，因为不知道要说什么，好像以前都是自己主动找朋友一起去卫生间、打水什么的，她们从来没有主动来找自己，她们要是去卫生间或者打水什么的，都有主动要找的人，来访者认为是因为自己比较强势，所以没有朋友，也没有朋友发现自己有改变，觉得特难受，低落，也不知道自己这是怎么了。【来访者的问题集中在两大方面：学业表现，包括学习兴趣、投入状态、听课状态等；人际关系，不仅是与同学的关系，还有与数学老师的关系。与抑郁相关的状态中，最典型的是兴趣减退和情绪低落，并出现回避行为倾向。】

三、心理辅导教师的观察和他人反映

1. 心理辅导教师的观察

说话语速很快，有个别字的普通话发音不准，不影响沟通；总是采用"还好吧"等不确定性回答；坐在沙发上，保持上身挺直，略显僵硬；不能时刻进行眼神交流，有时直视前方，并未聚焦某一事物；悲观、情绪低落、难过，眼里似有泪水；无助，焦急。因怀疑自己患上抑郁症，在网上查找了相关测试，对"抑郁症"的标签非常恐惧。

2. 班主任反映

来访者的成绩属于中上水平，没有明显的偏科现象，为人热情，做事认真，很负责任，自律，热爱班级，集体意识强，常常主动提醒班里纪律差的同学，是老师得力的助手。近期，没有发现来访者明显的变化，只是觉得来访者对自己太过严苛，事事追求完美，最近还就这个提醒过来访者。

四、评估

1. 评估

虽然来访者自述最近两周情绪低落，上课注意力不够集中，与同学交往缺乏兴趣，身体常觉得疲累。但是，并未出现死亡或伤害自己的念头，没有出现食欲和睡眠变化，没有认为未来渺茫等，日常学习、生活没有受到明显影响，且并非不愿和同学交往，而是希望朋友主动来和自己交往。来访者身边亲近的人都未发现其明显变化，成绩亦未明显波动。由此判定，来访者处于抑郁情绪中。当然，情绪抑郁者如果情况恶化，是有可能发展成抑郁症的。鉴于来访者受抑郁情绪困扰已有两周，所以，需尽快帮助来访者调整情绪状态。【*时间是心理评估中的重要指标。对中小学生抑郁情况的评估最好包括对危机情况的评估，这里心理辅导教师做得不错。另一个很不错的地方是对来访者的同伴交往进行了澄清，发现来访者并不是不想交朋友，而是渴望朋友主动。*】

2. 问题分析

来访者抑郁情绪的形成原因主要有以下两方面。

一是情感上遭受家庭的不良影响。父亲长期酗酒，酒后打骂母亲，来访者四年未曾见过父亲，长期缺少父爱，和母亲、姐姐的交流较少。近期，父母离婚，从法律上家庭关系确定破裂。这对来访者在人际关系和自我认知方面的发展造成消极影响。【*明显的负性生活事件有时候会混淆我们对来访者的心理评估，如果抑郁情绪是父母离异造成的，那么两周时间的抑郁体验是面对家庭破裂现实的正常情绪反应。这里需要心理辅导教师进一步确认，首先需要确认抑郁情绪与父母离异在时间上的先后顺序；其次需要去询问来访者对父母离异的感受，以及离异前后她的状态和情绪的变化，综合考量后才能做出合适的推论。*】

二是在交友观方面存在认知偏差，进而形成不良情绪。来访者认为：和好多同学都聊得来是没有意义的，找到一个特别交心的朋友才是有用的；在初中阶段应该交到一个特别好的朋友；与朋友的互动中，自己主动接近对方，感觉是在为了建立关系而迎合对方等。【*从我的经验来看，来访者提到"不能帮到数学老师"这样的观点，那么显然她对师生关系的理解也是值得讨论的。*】

五、心理辅导目标的确立

宣泄情绪，进行自我分析，厘清自身的困扰，认识到不合理认知对情绪的影响，正视并接纳自身的优势，积极探索自我认识和交友观，形成合理的观念。

六、心理辅导方案的制订

本案例主要采用认知行为疗法，辅以人际关系和沙盘指导；帮助来访者找出不合理信念，分析其思维活动和应对现实的策略，找出其中的逻辑错误，使其明确意识到，加以纠正。

认知心理学认为，认知是事件和情绪反应结果的中介因素，事件对个体的意义或者是否引起情绪反应受认知的影响，即情绪来自对所遇事情的看法、解释，而非事件本身。认知歪曲导致情绪偏差，不合理的观念具有绝对化、过分概括、糟糕至极等特征。

七、心理辅导过程

1. 第一次心理辅导

向来访者阐明双重关系，即心理辅导教师和任课教师双重身份形成的关系。介绍心理辅导原则，强调保密原则。【在与来访者的首次心理辅导中，需要跟来访者澄清的内容包括说明双重关系，介绍心理辅导教师的资质；解释保密原则和保密例外的几种情况。与社会心理咨询不同的是，中小学生的保密原则还需要兼顾家长的监护权和知情权；此外心理辅导教师作为学校的任课教师，遇到类似于班主任等校内人员的询问时，要注意保密的灵活度等问题。因此我个人的经验是，虽然看上去讨论这些问题要花费一些时间，不过一定要跟来访者把这些讨论清楚，并且倾听来访者关于这些问题的想法、顾虑等，以及要说明在整个心理辅导过程中保持对这些问题的觉察和开放性讨论的可能。】

来访者的主诉意愿很强，不停地表达自己的情绪困扰，实质内容较少，通过共情技术，使来访者眼睛里一直含着的泪水流了下来，情绪得到宣泄。之后进行个案概念化，就家庭情况、成长经历、学习水平、与教师（特别是班主任）的关系、与同学的关系等方面与来访者交谈，在倾听的过程中，捕捉言语和表情等信息，推测可能存在的症结。【首次心理辅导的主要任务是建立关系和收集资料，从心理辅导教师的角度看，已经开始了个案概念化的进程，第一次辅导中建立清晰的个案概念化是比较冒险的行为。】

来访者的父亲长期酗酒，且酒后对妻子有攻击行为，有近一年的时间，来访者被母亲留在老家和父亲单独生活，母亲则带着姐姐迁居北京。一年后来访者被带到北京，至今已有四年未曾见过父亲，近期父母正式离婚。与来访者的交谈中，发现家庭环境和成长经历对其自我认知的成长会造成影响，但来访者不愿再多谈家庭方面的事情，只说对父亲的记忆已经很少了，姐姐因年长自己太多且平时不住在一起，所以没什么话可说，感觉母亲不了解自己，说了也不懂，所以交流较少。并主动延伸话题，说现在与同学的交流也少了，和她们在一起不知道说什么，自己不主动找她们，她们也不会主动找自己，好像自己可有可无，就这样一个人也挺好的。【心理辅导教师很容易对来访者有刻板印象，尤其是日常生活中对学生的情况有所耳闻时，会把学生的某些特征作为问题的症结所在，事实上，越是在多重关系中，越要去觉察多重关系的影响，越要重视多元文化的视角，越要明确："来访者认为重要的才是重要的，来访者说的问题才是他想解决的问题。"】

我询问："她们一次都不主动找你吗？都认为你可有可无吗?"来访者未停顿地说："也不是，那天做值日，一个同学问我怎么了。"我指出："现实情况与你刚才以为的不一致。"【在首次心理辅导中进行这样的尝试有些冒险，不过这样的尝试可以作为了解来访者的求助意愿和求助动机的一种方法，只不过这样的尝试在首次心理辅导中有1～2次即可。】来访者承认了。针对过度概括的认知歪曲进行真实性验证，帮助来访者发现观念是和实际情况不符的。

临近结束，来访者依然比较强烈地表达"生活在自己的世界里也挺好"的离群感【如果来访者的感受没有被接受，那么再有针对性的建议都难以转化成行动的动力】，于是送给来访者一个笔记本，并布置作业，让来访者每天记录印象深刻的事件，由此引导来访者关注外部世界。

2. 第二次心理辅导

查阅作业，就其中的某些记录与来访者核查。

来访者：我太过强势，看到同学不对的地方就想给对方指出来，也不管对方能不能接受，因此得罪了很多同学。

心理辅导教师："看到不对的地方就想给对方指出来"的目的是什么?

来访者：希望她可以更好。

心理辅导教师：你认为所有你关心的同学不能感受到你的善意和真诚，以及全心全意为她着想的责任心?【来访者开始给出了当前人际交往困境的原因——"我太过强势"，但心理辅导教师好像并没有重视这个原因，而是把责任往人际互动方面引导。这样做的好处是可以帮助来访者获得更多的视角，跳出当前自我批评的状态；通常情况下这样做的前提是辅导双方有牢固的心理辅导关系，否则很容易导致来访者的脱落。对中小学心理辅导教师而言，这样的操作非常常见，一方面心理辅导室之外的关系使来访学生对心理辅导教师的引导和建议没有那么强的抵触和反感，另一方面脱落很多时候也不会频繁地发生。但辅导关系不稳定时这样做是很有风险的，比方说，来访者可能会感受到被忽视，但因为其他的关系而无法宣之于口；或者来访者以一种更加符合心理辅导教师期待的样子去改善，而实际想要解决的问题依然存在。所以，对待这种双重关系，并不是辅导双方知晓存在双重关系就可以了，心理辅导教师一定要在心理辅导过程中保持敏锐的觉察和反省能力，才能减少双重关系的不利影响。】

来访者：也不是，之前就有一件事情，微信上朋友问我看法，我就和她说了挺多，然后她就没回复。我就想我把她得罪了，在学校她也没有找过我，大概过了一个多星期，因为要复习，我就主动找她说咱们一起复习吧，她同意了并且问我之前是不是生气了。

心理辅导教师：以为得罪了对方，自己自责难受了那么久，原来是一场误会，代价有点大，有什么方法能避免这种误会吗？

来访者犹豫地说：下次我问问吧。【这里来访者之所以会犹豫，一方面确实如心理辅导教师所说，她找到了例外事件；但另一方面好像把所有的交往问题都归结为误会又过于以偏概全。】

心理辅导教师（引导来访者识别自动思维，使其认识到，她的结论是由主观推断得来的，缺乏真实性验证）：你不是说自己很强势吗，当面求证的勇气哪去啦。【严格来讲，这并不算是自动思维，更多是中间思维，不过用幽默的方式鼓励来访者重视行动是不错的选择。但这里也需要注意，强势与求证的勇气并不是相对的，而且这样的表达很容易让来访者感受到"被否认"。如果想要突出来访者求证的行为，那么这句话可以不强调关于强势的认知，直接询问："听上去你有些犹豫，你再遇到这样的情况时可以直接求证吗？"或者肯定："嗯嗯，所以下次遇到这样的情况，至少我们要求证一下，才能了解对方的想法和我们的体验是不是一致的。"】

来访者：（笑着点了点头）

心理辅导教师：关于你说的"得罪了很多同学"，能具体说说都有谁吗？

来访者：我前面的那个男生，他纪律不好，我就总提醒他，有时候他听，有时候就不听。

心理辅导教师：还有吗？

来访者：也就这样。

心理辅导教师：这只是一个同学，距离"很多同学"有点远。

来访者：（笑笑点头）

心理辅导教师：老是提醒那个男生，他是什么反应？

来访者：好不了几分钟就又那样了。

心理辅导教师：这样看来，事情并非像你想象的那样。【这里心理辅导教师的反馈并不是很能让人理解，对于这样结论性的总结，建议心理辅导教师要说清楚，有时候我们思路太快，言语上也会趋于简单化，会有一种对方能够理解我这样简化的言语的预期，实际上，在心理辅导的总结中必要的重复也有提醒、聚焦重点和强化责任的效果。因此这里可以尝试："听你分享了与两个同学之间交往的经历，一个是发生误解了，这件事情提醒我们以后要学着直接求证；另一个是我们以为得罪了对方，但实际上并没有什么。所以总结起来，你并不是像你想的那样得罪了很多同学。"其实这次心理辅导过程读下来，感觉心理辅导教师和来访者在两条道路上行走，来访者为自己的强势得罪同学而苦恼；心理辅导教师直接去验证和解决了问题，看上去好像问题得到了解决，但对来访者而言，是否真的因忽视同学的感受直接提建议的方式而影响了人际关系，这部分是没有讨论的，这也会使我们感到疑惑，尽管心理辅导教师帮助来访者解决了问题，但那并不是来访者想要的问题解决。就像是找数学老师询问问题，最终数学老师指出来的是拼写错误一样。】

来访者：嗯。

　　最后布置作业，让来访者每天记录发生了什么使得其对某个同学印象深刻，可以记录相同的同学。由此指导来访者关注身边的同龄人，通过观察了解他人，为之后的人际关系改善进行铺垫。

3. 第三次心理辅导

　　来访者表示感觉自己好多了，提出想做沙盘。沙盘如下：

图 10-1　小琦的第一次沙盘作品

　　【很多尝试使用沙盘游戏的心理辅导教师对于给制作完成的作品拍照并不是很熟悉，这看上去是一件小事，实际上没有拍出作品的全貌的话，很难在后续的记录撰写中清晰呈现来访者制作时的场景。通常情况下，心理辅导教师站在来访者制作的作品正面，相机与沙箱之间呈45°，就可以把沙箱的全貌尽收眼底，这个角度拍照最能体现整个作品。如果有些玩具值得记录和关注，那么针对部分玩具进行单独特写式拍照即可。】

　　对于三十多分钟的沙盘操作来说，来访者选择的沙具数量是比较少的，每一个沙具在摆放到沙盘后，都会被调整位置两到三次，且每次都是小范围的微调整。来访者对沙具的选择和摆放等表现出明显的犹豫、不确定。

　　来访者介绍沙盘，说她最喜欢左边的部分，认为左边代表自己，右边是外部世界。

　　心理辅导教师：能具体说说沙盘左右两部分看起来的感觉吗？【如果是我，我会建议来访者先谈谈她喜欢的部分，或者感觉如何，再去进行比较。】

　　来访者：左边丰富，右边单调。

　　心理辅导教师：外部世界真的如此单调吗？你怎么得来的？【在提问时需要尽力避免指责性和面质性的问题，这里可以替换为："外部世界是单调的，你可以具体说说吗？"】

　　来访者指向"门"的沙具说：是通过它看到的。

　　心理辅导教师：还有其他方法探寻吗？同时验证你看到的。【这里心理辅导教师使用了针对觉察的开放式提问，从节奏上看这样的提问可以促进来访者去寻找更多的探寻方法。但在心理辅导过程中，这样的节奏过快，忽视了来访者上一句表达的内容。

可以基于上一句进一步地促进来访者的探索，如："通过它看到了什么？"然后再询问其他方法。】

来访者看着沙盘停顿，指着右边说：到这儿来看看。

心理辅导教师对来访者积极探寻事实的想法进行了鼓励，来访者已不再将自己禁锢在内部，受困于主观推断，而是想主动走出来，开始关注外部，进行真实性检验，这是其认知重建的过程。

4. 第四次心理辅导

来访者表情微笑，眼睛有神采，明显有了更多的朝气。心理辅导教师将观察到的这些外部变化与来访者分享。【在心理辅导过程中，当来访者表现出不同的状态，心理辅导教师可以使用提供反馈的技术。提供反馈是指心理辅导教师对来访者提供有关他的行为以及他对别人影响的信息（克拉拉·E. 希尔，2013）。有效的反馈可以增加来访者的自我觉察，从而引起行为的改变（Brammer，Macdonald & Passoff，1996）。】

来访者点了点头说：感觉我自己没什么事了，恢复到之前的状态了。

心理辅导教师：具体说说，"之前"是什么样的状态？

来访者：上课开始举手回答问题了，也不会整天觉得没精打采的，该做什么事就认真去做，也开始主动和同学聊天了。

心理辅导教师：之前很纠结为什么总是自己主动，现在回到以前的模式，不再纠结了？【心理辅导教师这个问题很好，帮助来访者重新聚焦在她最开始的求助问题：主动对人际关系的影响。不过这里好像以疑问的方式给出了结论，对于敏感的来访者来说，这样可能会影响他的进一步觉察，因此，我们也可以尝试用："之前提到自己总是主动带来的问题，现在也回到之前不再为这个问题担忧的模式了吗？"】

来访者：其实也不确定，这也是这次我想问问老师的。我之前主动和很多同学聊天，也很聊得来，但是他们很少主动找自己，所以觉得看似聊得来的人很多，却都不是朋友。现在觉得朋友不在于多，有一个特别好的就成。现在就开始寻找那一个特别好的同学。尝试过和很多人交往的模式，感觉不好，现在试试和一个人交往的模式。【其实从这里可以看出来访者对于人际交往的需求和困惑，她最大的渴望是有朋友，但是对于有多个朋友还是找一个知心朋友，基于过去的经验，她更倾向于尝试找一个知心朋友。这里也暗示我们，之前的经验并没有让她感受到友谊的平等与温暖。】

心理辅导教师：你认为两个模式非此即彼？【以疑问句的方式帮助来访者重新思考她的问题，交到朋友是期待，但交朋友的模式却并不是单一的。】

来访者：不是。

心理辅导教师：还有其他模式吗？

来访者不确定地说：可以和很多同学聊得来，但也有特别好的朋友（用眼神寻求我的认可）。

心理辅导教师：嗯，我希望你自己找到答案。

布置作业，让来访者每天观察一位同学的交友模式。由此引导来访者意识到非黑即白的极端思维是认知歪曲。【这个作业的目的太偏教条。其实几次留作业看下来，作业与心理辅导过程之间的关系都不是很明显。建议心理辅导教师认真对待作业，布置作业之前需要考虑和权衡作业的目的、作业对整个心理辅导过程的影响、来访者完成作业的条件以及来访者在完成作业的过程中可能遇到的问题。】

5. 第五次心理辅导

来访者总结观察情况，指出同学好像都是和一部分同学挺聊得来，然后和少数几个同学特别好。

心理辅导教师：那么在和特别好的同学的互动中，谁主动呢？

来访者：这怎么数啊？

心理辅导教师：也就是说，不是"你主动一次，我主动一次"？

来访者：当然不可能这样，又不是机器。

心理辅导教师：那互动是什么样的呢？

来访者：这不好一概而论吧，开始可能一个人主动，然后就成她们的模式了。

心理辅导教师：如果主动一方也希望对方主动些，要怎么办呢？

来访者：和对方说说吧，既然是好朋友，应该没问题的。

我对来访者的回答进行称赞。来访者能够自觉使用真实性验证的方法调整极端思维，纠正认知偏差。【看到这里的时候我不禁感受到了心理辅导双方的可爱，在这样的对话中来访者可以用完成的作业来验证人际交往中主动与被动的问题，也理解了跟好朋友在一起时，坦诚的沟通是非常必要的。不过他们可能忽略了一个大前提：这个来访者是因为没有好朋友才来心理辅导的呀！因为心理辅导教师提交的案例只展示了部分辅导过程，那我就发挥积极想象，相信来访者吧！】

6. 第六次心理辅导

来访者表示自己没事了，对老师的帮助进行了感谢，提出想再做个沙盘。沙盘如下：

图 10-2　小琦的第二次沙盘作品

与上次相比，完成时间基本相同，但是选择的沙具数量明显增多，对沙具的选择速度明显增快，确定性明显增强；对沙具的摆放依然存在再调整现象（从照片中沙盘上留下的痕迹可以清晰看到），但次数明显减少，犹豫程度减轻；沙盘内容很丰富，构图条理性较强。

来访者介绍说这是搭建了一个街道的场景，开始设想道路两边的房子都是这样的（指着其中一个高大的房子），后来摆了个矮的房子，有高有低、有大有小，风格不一致，感觉也挺好，就成现在这样了。

我对来访者的沙盘表达了欣赏，同时称赞其接纳多元化的成长型思维。

之后，来访者与我聊了最近发生的一些事，尤其是对体育老师不喜欢。但来访者似乎并不需要我的帮助，只是将我作为信得过的朋友"发发牢骚"而已。【这次心理辅导看上去是对这个来访者的辅导工作的结果，但好像双方并没有做与结束相关的事情。通常情况下，心理辅导教师还是需要在结束前对来访者的现状进行心理评估，并与来访者一起总结心理辅导的过程，处理分别等相关工作。】

八、心理辅导效果评估

1. 来访者的自我评估

来访者自述情况已改善。

2. 心理辅导教师的观察

本人观察来访者笑容增多，身体呈放松状态，且根据来访者日常生活记录，即使面对失败，来访者也能够调整情绪，挖掘积极的影响，乐观对待。来访者的抑郁情绪情况已改善。【这里的心理评估包括了两位当事人的视角，建议加入对班主任或其他任课教师的访谈，以期多一些客观的视角。】

九、总结

认知行为疗法对改善抑郁情绪效果良好。但同时也感觉该方法对来访者和辅导者双方的挑战都非常大，对思维能力和辅导关系的要求非常高。辅导者需要及时发现来访者的认知偏差，敏锐地捕捉到问题，精心设计提问语句，引导来访者聚焦于歪曲认知的发现上，而非激活防御机制。针对初一年级学生，需要细化步骤指导，以辅助其探索认知重建的方法。【心理辅导教师能够看到细化步骤指导的重要性，这一点很难得。这个案例的总结也可以从两个方法整合使用的角度进行。另外，如果能够总结心理辅导过程中的优势和问题，有针对性地尝试制订细化的辅导步骤，会给心理辅导教师的专业成长带来更大的收益。】

第三节　关于高中生情绪困扰的心理辅导案例报告

摘要：该个案是一例运用认知疗法改变情绪困扰的案例，心理辅导教师关注来访

学生目前存在的状况，在心理辅导过程中，心理辅导教师有着明晰的辅导结构，有较
为丰富的工作体会。

关键词：情绪困扰；自卑；孤独；认知疗法

一、一般资料

1. 一般人口学资料

智慧（化名），女，16岁，高二年级学生，身高约 1.57 米，体态偏胖，无重大疾病
史。父亲为出租车司机，母亲为某公司员工，均为大专文化，家庭基本和睦，无老人
同住。家族无精神疾病史。进入高二后持续心情不佳，期中考试后前来咨询。目前除
偶尔睡眠不良外，尚无其他明显的躯体症状。

2. 个人成长史

入学以来，成绩始终处于中等偏上水平，但智慧常与成绩优异的同学进行比较，
信心始终不足。与同学的相处大体良好，但希望自己是个受欢迎的人，有时看到同学
们在一起，感到非常孤独。进入高二，成绩持续下滑，聊得来的同学有时会有针对自
己的不理睬、排挤行为，自己感到不理解、焦虑、伤心。

3. 心理测量结果

SCL-90 测验结果：智慧在抑郁、焦虑、人际关系三个因子上呈阳性。

躯体化	强迫症状	人际关系敏感	抑郁	焦虑	敌对	恐怖	偏执	精神病性	其他	总分
1.8	0.8	2.3	3.2	2.6	0.6	0.4	0.3	0.4	1.2	145

EPQ 测验结果：E，30分；P，65分；N，65分，内向不稳定型。【报告来访者心
理测量结果时需要报告检测的时间以及检测的方式，如团体检测还是个人检测。】

4. 家长或监护人的意见及态度

母亲之前批评、嘲讽多，智慧认为母亲嫌弃自己，母女关系升入高中后变得比较
对抗；父亲一般会给予鼓励和支持，但他与智慧相处的时间比较少。

5. 主要负责教师的意见及态度

智慧在老师那儿得到过些许肯定。

二、主诉和个人陈述

1. 主诉

我想我可能得了抑郁症，心情一直不太好，焦虑。

看到她们仨在一起，我特别伤心，感到孤独。

我没有朋友，她们都觉得我不怎么样，我在学校的表现很糟糕，我也一直在退步。每天我都觉得特别累，有时想干吗这么努力呀，算了，放弃了吧。

我妈也老是批评我，挖苦我，她觉得我什么都做不成，从小就这样。"一个女孩子的房间怎么能这么乱呢，这点事儿都做不好，你还能做好什么？""别吃了，瞧你现在胖的。""你怎么永远丢三落四？"我觉得我妈说得对，我做不好任何事，我无可救药。【心理辅导教师在主诉部分采用了第一人称的方式，非常直观具体地传递出了青少年抑郁情绪的一些典型表现：情绪低落，疲惫，自我评价低下，对批评和讽刺非常敏感等。这一点值得其他心理辅导教师借鉴，此外在主诉部分需要增加来访者对心理辅导的期待或者目标有哪些，或者来访者希望通过心理辅导让现状有哪些改善。】

2. 个人陈述

我现在最大的问题是人际关系非常糟糕，学习上我已经很努力了，可是成绩却越来越差。

我不是一个有能力的人，永远不可能像我妈期待的一样优秀。【这里与主诉并没有很好的区分，只是重点突出了人际关系、学业表现、亲子关系和自我概念几个方面的问题。建议个人陈述部分可以更突出对现状和问题的描述。如果说主诉体现的是来访者的主观诉求的话，那么个人陈述则需要在主诉的基础上丰富和完善相关信息。例如，增加求助的基本情况：是主动求助还是被动求助，求助的促发事件是什么，当前的状况和主要问题是什么等。】

三、心理辅导教师的观察和他人的反映

1. 心理辅导教师的观察

智慧脸上有一些青春痘，咨询时神情略显紧张，大多时候表情严肃，不常与心理辅导老师对视，语速较快，语音较低，有时话语含混不清。愿意表达，说到使其心情不佳的事情时，尤其是妈妈对她的打击时会哭泣。

2. 妈妈及老师的反映

母亲：智慧从小是个听话的孩子，脑子挺好使的，内向，有时不爱说话，有时还挺能说的。小学学习优秀，初中也不错，一直特别用功、努力，进入高中后，成绩基本保持在中等偏上水平，但是她自己不满意。近半年来她的成绩下滑得比较厉害，她的脾气也变大了。原来我管得比较严厉，现在觉得她大了，不能那么管了，就是为她着急。她跟她爸关系还不错。最近老师找过我一次，主要是说她成绩下滑，觉得她状态不对，整日里郁郁寡欢，下课也不怎么跟同学玩。【为了获得对来访学生准确的感受描述，有必要对不同的场合、不同的对象进行观察和评估，以整合信息。对于有抑郁

倾向的来访学生，对家长进行访谈可以采取联合访谈和单独访谈等形式。在与家长进行访谈时，特别需要注意收集与评估相关的信息，通常包括抑郁情绪和危机情况的评估。这个母亲报告的主要是成绩变化和脾气变大，其他内容需要心理辅导教师加以询问，比如，有无躯体的不适，是否在家反复哭泣、伤心难过，有无明显的无望感和无助感，对于曾经感兴趣的活动是否兴趣下降或体验到的快乐减少，是否表达过与死亡相关的主题，厌烦感是否明显，有无明显的不愿出门、退缩或社会关系困难，有无破坏性行为等。还需要通过与家长的访谈确认是否存在与家庭相关的病因、来访学生当前的生存环境，比如，近期有无负性应激事件，是否存在家庭问题，来访者的社会支持资源有哪些等。当然，这些访谈内容可能会引起家长的不适，这部分非常考验心理辅导教师与家长建立关系的能力。】

班主任：智慧文静，学习一直踏实认真，成绩也还不错。有能力，但是做事缺乏自信，在班里朋友不多，平时也不太爱运动。最近看着心情尤其不好，期中考试成绩下降了一些。【对学校教师的评估更重要的是评估来访者的社会功能，如学校表现和人际关系，疾病导致的社会功能受损程度以及范围。这些信息可以作为评估来访者严重程度和自杀风险的重要依据。】

四、评估

1. 评估功能

生理功能无异常，心理功能目前较弱，社会功能发挥不良。【这个部分需要写得详细一些，针对高中生，生理功能方面主要看是否存在躯体主诉，食欲、睡眠有无变化；心理功能更强调个人应对方式变化、心境变化、兴趣变化等；社会功能更强调人际关系和学校表现。】

2. 评估结果

综合资料分析，智慧的抑郁情绪状况为中度，与同伴关系问题、学习成绩下降有关，深层次原因在于自我认同不足和家庭支持不足。目前无危机。

智慧是主动预约咨询的，比较痛苦，有兴趣减退、对前途悲观、无助、精神疲惫、自我评价低、感到生活或生命本身没有意义等表现。同时，智慧对自己的精神状态有自知力，症状表现程度和持续时间未达到神经症的诊断标准，其心理与行为表现仍属于心理困扰。

五、咨询目标的确立

根据以上评估，经与来访者和家长协商，确定如下咨询目标。

近期目标：

(1)降低智慧的抑郁水平和焦虑水平；

(2)改善智慧的人际交往状况；

(3)提高智慧的学习自信心。

远期目标：帮助智慧增强自我认知，提高自我接纳水平；构建良好的人际沟通模式，增强其社会适应能力。

六、心理辅导方案的制订

1. 心理辅导方法和原理

来访者的心理困扰主要表现在其成绩下降以及适应不良的社会交往上，而这种状况是在其成长经历背景下和个性特点基础上不断形成的。这其中无论是情绪的变化，还是行为的异常，也都同样存在个体社会认知的偏差和不合理等因素的影响。目前智慧心情极其不佳，受其纷乱不已的各种想法困扰而难以自拔。贝克提出了一个认知三段论概念【即本章第一节提到的"抑郁认知三联征"】，认为它是引发抑郁的一个认知模式。三段论中的第一个成分是来访者对自己持有的一种消极观点。他们将遇到的挫折全都归咎于自己的不足而不考虑环境因素。他们确信自己缺少得到幸福的必要品质。第二个成分是来访者对经历进行消极解释的倾向。第三个成分是来访者对前途的悲观和对未来的抛弃。而咨询师基于对智慧认知模式的了解，认为此理论对于改善智慧的情绪状况，尤其是深入改善其认知继而带动人际改善比较适用。另外，认知疗法重视家庭图式，适用于家庭治疗，而对于智慧来说，触及家庭图式的改变更有利于咨询效果的提高。

2. 心理辅导方案

通过改变智慧的负性自动思维，降低其抑郁水平和焦虑水平；

通过改变智慧的不合理信念，来改善她的心境和行为；

探讨智慧的家庭关系及互动状况，建议家长共同转变；

与智慧探讨朋友关系，学习一些社交技巧；

与智慧探讨学习状况，改进学习方法，提高学习能力。

3. 心理辅导时间及设置

每周一次，每次 1 小时。

七、心理辅导过程

1. 心理辅导阶段的划分

诊断评估与辅导关系建立阶段；

心理帮助阶段；

结束与巩固阶段。

2. 具体的心理辅导过程

第 1 次

目的：

①了解基本情况；

②初步建立辅导关系；

③使来访者了解认知疗法；

④协助来访者认识她的困扰、认知模式；

⑤给予情感支持，激发来访者对辅导的期望。

方法：会谈、测验。

过程：

①填写心理辅导登记表，询问基本情况；介绍心理辅导中的有关事项与设置；

②来访者进行 EPQ、SCL-90 测验；

③与来访者交谈，收集资料，探寻其心理困扰及改变意愿；

④将测验结果反馈给来访者，并做出初步问题分析；

⑤协商确定心理辅导目标；

⑥向来访者介绍认知疗法的原理，指导来访者思考自己的认知模式；

⑦布置家庭作业。

家庭作业：

①当"我"心情变化时，自问："现在我脑子里在想什么？"并随时记下这些想法，提醒自己这些想法可能对，也可能错；

②想一想下次咨询内容；

③选一种有氧运动方式并尝试开展。

第 2 次

目的：

①帮助来访者识别其负性自动思维；

②协助来访者练习用现实来检验那些负性自动思维。

方法：会谈、《功能障碍性思维记录表》。

过程：

①交流家庭作业；

②帮助来访者识别其负性自动思维，了解自己的认知模式；

③协助来访者思考并表达认知模式对自己的学习生活、人际交往、家庭生活带来的影响；

④协助来访者练习用现实来检验那些负性自动思维；

⑤指导来访者使用《功能障碍性思维记录表》；

⑥布置家庭作业。

家庭作业：

①使用《功能障碍性思维记录表》记录和检验自己的自动思维；

②每产生一次适应反应就奖励自己一下；

③至少开展健身活动三次，每次不少于半小时。

对话记录：

心理辅导教师：你能否回忆一下，今天什么时候你注意到了自己的心情变化？什么时候你感觉到自己特别忧伤或苦恼？【通过提问引出具体行为的例子，使心理辅导教师不必依赖于来访者抽象的描述。这样的问题往往有聚焦作用，如果在探索阶段，那么这样的开放式提问也会促进来访者继续讲述。】

来访者：在来心理辅导室的路上，几个同学说笑着从我身边走过，他们看上去都那么幸福、自信、健康、无忧无虑。

心理辅导教师：你的感觉如何？

来访者：忧伤。

心理辅导教师：你想起了什么？

来访者：他们很幸福，我再也不会像他们那样。

心理辅导教师：你产生了"我再也不会像他们那样幸福"的想法，这想法使你感到忧伤，是这样吗？【心理辅导教师在这里很好地贯彻了认知主义的原则：关键是对事情的解释，而不是事件本身。通过引导来访者思考情绪背后的认知，使来访者明了情绪、认知、行为乃至生理之间的相互影响。】

来访者：我想是的。

心理辅导教师：我们来画个图如何？你举了一个很好的例子，展示了你的思维是怎样影响自己情感的。（指导来访者画出下图，并简单注明）你看这样清楚吗？

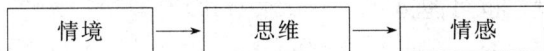

情境	→	思维	→	情感

看到同学们一起说笑——我再也不会像她们那样幸福——忧伤

来访者：挺清楚的。

心理辅导教师：你能告诉我你的思维与感觉之间是如何联系的吗？

来访者：似乎我的想法影响了我的心情。

心理辅导教师：正是这样。通过你作业中的记录，你或许已经发现想法跟心情紧密联系。

来访者：噢！

心理辅导教师：你上周记录这些想法的过程给你带来什么发现了吗？

来访者：还真是这样，在我心境变化时，愉快或糟糕时，确实总是出现一些想法，而我特别不高兴时，想哭的时候，那些想法就会让自己特别沮丧，觉得没意思，觉得自己不好，就跟走进死胡同一样。

心理辅导教师：再具体看看，你说曾经与你关系很不错，并且同在一个亲密四人小团体的那个同学最近对你冷淡，有活动都没叫你，你想到"她并不是真正关心我"，这个想法让你感到伤心？

来访者：是的。

心理辅导教师：自动思维有时候正确，有时候不正确，有时候又包含一些正确的成分。【说明也叫心理教育，是指说一些能使某事更明白或易懂的描述性句子。说明一般有三个目标：说明咨询的过程，让来访者知晓心理辅导过程中会发生什么以及自己应做什么是有好处的（克拉拉·E. 希尔，2013）；说明某一症状的含义或意义；向来访者提供信息，介绍如何应用某种辅导技术。这里关于自动思维的说明属于第三个目标，不过心理辅导教师直接说明自动思维，没有补充与前面例证之间的联系，很容易让来访者感觉摸不到头脑。这里可以使用上述的例证帮助来访者更好地理解自动思维，尤其是自动思维的"自动跳出"的工作机制，待其认识到自动思维的自动和不易觉察之后，再去说明自动思维的含义会更好。如："当你看到那个同学有活动没叫你，跳入你脑海的第一个想法是'她并不是真正关心我'，这个想法好像没有经过认真思考就自己蹦出来让你很伤心，对吗？"】现在让我们来看看关于你好友的这个自动思维的正确成分有多少可以吗？

来访者：好的。

心理辅导教师：你说她真的不关心你，有什么证据？

来访者：当我们在大街上相遇时，她看上去匆匆忙忙的样子，只冲我说了一句："智慧，我走啦。"脚步一刻也不停，她甚至没怎么瞧我。

心理辅导教师：还有什么吗？

来访者：还有，前天有个年级活动，她没叫上我一起去。

心理辅导教师：还有什么吗？

来访者：嗯……我想没有了。

心理辅导教师：好，我们换个角度，有没有证据表明她很关心你呢？

来访者：噢，她人还行，比较热情，我们一入学就是好朋友了。

心理辅导教师：她说过什么或做过什么表明她关心你？

来访者：嗯……我们那时候四个人走得比较近，她经常叫上我们一起去学校阅览室看书，不过她特别在意我有没有空去。有时我俩放学后还会聊很长时间。

心理辅导教师：很好，就是说，一方面在昨天，她从你身旁匆匆而过，没说多少话，而且也有其他好几次，她忙得不得了。但另一方面，她叫你一块去阅览室，而且有时放学后你们一起待到很晚，对吗？

来访者：是的。

心理辅导教师：很好，现在我们再来看看这一处境，有没有其他的方式来解释发生过的事情，而不是说她真的不关心你。【自动思维很多时候因为出现得短暂而频繁，且来访者本人习以为常，而经常不被"注意"到。因此首先聚焦在自动思维上。此外，大部分的来访者认为自动思维是真实可信的，尤其是在情绪强烈的情况下，他们不会轻易质疑，完全相信并受到自动思维的影响甚至被其支配。因此认知疗法中关键的一步就是用不同的方式帮助来访者消除他们信以为真的负性自动思维，唤起他们冷静考虑其正确性的能力。】

来访者：我不知道。

心理辅导教师：她匆匆而过会不会有其他原因？

来访者：她或许有什么急事要做。

心理辅导教师：很好，这事最坏的可能性是什么呢？

来访者：就是她真的不那么在意我了，我也真的不能指望她支持我了。

心理辅导教师：如果那样你承受得住吗？

来访者：应该可以，只是我会非常不开心。

心理辅导教师：四人小团体中的另外两个人呢？

来访者：她是核心，大家基本围着她转，她们仨最近走得很近。

心理辅导教师：她们仨走得很近，是不是也同时意味着你跟她们走得有点远？

来访者：是，我想把更多时间、更多精力放在学习上，成绩越来越差了，我很着急，所以，也有点疏远她们。

心理辅导教师：最好的可能性是什么？

来访者：那就是她还是关心我，她那时只是很匆忙。

心理辅导教师：最理想的结局是什么？

来访者：就是我确实认为她还关心我。

心理辅导教师：你认为她不关心你，这种想法的结果是什么？

来访者：结果是我很伤心，我可能会疏远她。

心理辅导教师：如果你改变了自己的想法，结果又会怎样呢？

来访者：我会感觉好些。

心理辅导教师：你觉得该做些什么呢？

来访者：呃……我不明白您的意思。

心理辅导教师：发生这件事后你有没有疏远过她？

来访者：您怎么知道？第二天早上我就没怎么和她说话。

心理辅导教师：如果你认准了她就是不关心你了，并据此采取了行动，结果你自己并没有开心起来，你准备怎样变化一下呢？

来访者：看来我应该多和她说些话，表现得亲密主动一些。

心理辅导教师：很好，关于"她并不是真正关心我"这一想法，现在你觉得真实程度怎么样？【启发式提问和苏格拉底式提问的主要目的是引导来访者评估自动思维的有效性和有用性，通过真实的情境检验，把来访者作为一个有思维、感受和行为的综合体，来回反复考虑各点之间的影响，包括在任何方向、任何点上的循环流动，并横向评估来访者对这个想法的信任程度和情绪体验程度。这种对自动思维的干预常常包括一定的心理教育。】

来访者：虽然还是有些忧虑，不过我觉得可能也就 20% 是真实的吧。

心理辅导教师：嗯，现在感觉如何，还很伤心吗？

来访者：不了。

心理辅导教师：假设你现在回到当时，你会怎么想？

来访者：哎呀，她有什么事啊这么匆忙？再忙也可以说几句，我一定要问问她。

心理辅导教师：很好，看来今天你的收获很大。

表 10-2 功能障碍性思维记录表

时间	情境 （导致不愉快的 现实事件等）	自动思维 （导致情感的 自动想法）	情绪 （特殊的悲哀、 焦虑、愤怒等）	理性反应 （问完下面 6 个 问题后，自己 怎么想？）	结果 （现在感觉有什么 样的情绪？强度 有什么变化？你 将做些什么？或 做了什么？）

【三栏表和五栏表是认知疗法中最常使用的两项技术，不仅可以促进来访者对认知和情感的觉察，而且可以帮助来访者纠正认知和改变行为。三栏表和五栏表通常用来布置家庭作业，以提高心理辅导的效率。不过来访者在初次接触时容易对这两个表格的使用有些误解，因此需要在心理辅导过程中反复训练，熟悉之后再请来访者以作业的形式使用该表格，以便进行整理、加深印象以及增加与下一次心理辅导的连接。】

促进理性反应形成的问题：

①证据是什么？什么能支持这个想法？这个想法的漏洞是什么？

②有没有不同的解释？

③最坏会发生什么？我能承受得住吗？最好会发生什么？最理想的结局是什么？

④如果我相信这个自动思维，结果会怎样？如果改变我的想法，结果会怎样？

⑤我该做些什么？

⑥如果对方遇到同样的情况，我会怎么跟他讲？

第 3 次

目的：

①继续协助来访者练习用现实来检验那些负性自动思维；

②促进来访者确认认知歪曲。

方法：会谈。

过程：

①家庭作业复习；

②强化《功能障碍性思维记录表》的使用；

③促进来访者确认认知歪曲；

④布置家庭作业。

家庭作业：

①学习不合理信念相关材料，寻找自己思维中的不合理之处；

②寻找并实践让自己心情好些的策略，如画画；

③坚持开展健身活动，每周至少三次，每次至少半小时。

第 4 次

目的：

①从家庭动力的角度协助来访者自我觉察与改变；

②协助来访者母亲意识到自身改变的重要性，并找到方向。

方法：会谈。

过程：

①家庭作业复习；

②针对来访者的家庭关系与互动模式，促进其观察与反思，发现家庭因素对自己的影响；

③与来访者母亲交流，促进其自我觉察与改变；

④布置家庭作业。

家庭作业：

①智慧继续填写《功能障碍性思维记录表》，重点放在家庭事件上，并每天与母亲交流；

②母亲尝试填写《功能障碍性思维记录表》，与女儿交流；

③坚持开展健身活动，每周至少三次，每次至少半小时。

第5次

目的：确定和矫正来访者的不合理信念。

方法：会谈、行为实验法、角色扮演法、《不合理信念作业表》等。

过程：

①家庭作业复习；

②确定来访者的不合理信念；

③矫正来访者的不合理信念；

④布置家庭作业。

表 10-3　不合理信念作业表

不合理信念：我不行。	
新的信念：我在很多方面还不错，但金无足赤，人无完人。	
反驳不合理信念支持新的信念的证据	利用再组织转换的想法
理解这个作业表 我知道了妈妈的爱 妈妈肯定了我的进步 数学月考我进步了 10 名 ……	我英语月考成绩没有进步，但这不是个很糟糕的状况，我这一段有点偏重数学，如果我真不行，我就不会在课堂上受到老师肯定。 ……

第6次

目的：

①促进来访者社交技能的提高；

②促进来访者学习策略的拓展；

③结束辅导。

方法：会谈、行为实验法、角色扮演法等。

过程：

①检查家庭作业的完成情况；

②针对提高社交技能进行探讨练习；

③针对来访者的学习状况，探讨目标的制定与方法的优化；

④鼓励引导来访者表达咨询过程的收获，肯定改善效果；

⑤协同确定来访者今后的努力方向；

⑥实施 SCL-90 测验并反馈结果；

⑦结束咨询。

八、心理辅导效果评估

1. 来访者自我评估

来访者智慧主诉："我感觉好多了。""我学习上进步了。""在同学眼里我没那么讨厌了。""我们班有的人跟我说，要是像我一样这么努力、认真就好了。""我妈知道鼓励我了，即使有时候听着挺别扭。""我得想想自己喜欢什么，上大学要学什么了。""我比以前自信多了，我的朋友说我爱笑了……"

2. 心理辅导教师评估

来访者结束心理辅导时神情轻松，与咨询师有较多的眼神交互，表达流畅，能看到自己的资源，客观评估自己的现状。据此可判断来访者心情不佳的状况得到很大改善，咨询有效且效果良好，咨询预期目标基本实现。

3. 量表评估

SCL-90 测验结果：智慧在抑郁、焦虑、人际关系三个因子分上均有变化，没有检出阳性因子。

4. 长期效果评估

因无法保持长期联络，故未能掌握长期效果。

九、总结

认知疗法的选用是适当的，但在行为训练和矫正上存在不足；在来访者家庭关系及影响的探寻和改善上工作不足；缺乏复发应对等。

第十一章　中小学生自我认识的心理辅导

"我是谁"的问题不仅仅是自我认识的心理问题，更是哲学思考的出发点。阿波罗神庙的石柱上刻着"认识你自己"的箴言；苏格拉底把人定义为一个能够对理性问题给予理性回答的存在(兰德曼，2006)，并且强调人最重要的就是认识自己。关于自我的研究一直是心理学家关注的重点。

第一节　自我认识的相关概念

社会心理学家乔治·赫伯特·米德把自我分为主我和客我。主我是积极地知觉、思考和做出一系列动作的我，是由行为反应表现出来的形式，例如，人照镜子的时候是在观察自己，同时个体知道自己在观察自己。客我是被注意、知觉和思考的客体，是我眼中的自己。在自我认识的过程中，主我和客我之间可能存在差别，两者之间不断互动形成新的自我(彭聃龄，2001)。布鲁默也强调自我互动，他在1969年出版的《象征互动论》中提出作为拥有自我的社会存在，人在将外界事物作为认识对象的同时，也把自己本身作为认识的对象。这种自我互动的本质是内化的与他人的社会互动。在中小学生的自我认识过程中，经常会看到他人评价对自我认识的影响，以及在不断内化过程中自我的更新。

一、自我概念和自尊

客我包括自我概念和自尊，前者是指对自己的认识，后者则是指对自己的感受和评价。威廉·詹姆斯将自我概念分为物质自我、社会自我和精神自我。物质自我即"我"的物体、人、地点等，包括躯体自我和躯体外自我。社会自我即我们所拥有的各种社会地位和我们所扮演的各种社会角色。精神自我是自我最长久和秘密的部分，是我们所感知到的自己的个人特性或内部心理品质。在个体的成长过程中，物质自我出现最早，一般在儿童早期就已经很明确；社会自我则出现在儿童中期，儿童通过社会比较和人际交往等途径获得对自我的认识；精神自我在青春期逐渐完善(乔纳森·布朗，2004)。个体的自我概念来自三个部分：反映评价(个体感知到的他人对自己的评价)、社会比较和自我感受。年龄越小越依赖于他人的评价，因此在中小学阶段，学生自我概念的一部分来自不断内化的外在评价，并深受社会比较的影响。刘翔平分析了自尊的含义，他认为自尊是指一个人对于自己是什么样的人的一种整体感觉。自尊来自早期经验；自尊既有有意识的，也有无意识的；自尊有稳定性和不稳定性；自尊可以被分为高自尊和低自尊，自尊水平的高低可以影响个体的心理弹性(刘翔平，2014)。

自尊的核心是自我价值感，包含了归属感和掌控感，就是能够对世界施加影响的感觉（乔纳森·布朗，2004）。根据埃里克森的心理社会发展理论，在个体生命的早期，与重要他人之间的互动影响了自尊的发展。由此可见，健康的自我离不开与重要他人的积极互动，因此中小学心理辅导一方面必须重视良好的辅导关系，通过心理辅导教师提供的接纳、支持、欣赏、沟通等方式帮助来访者形成新的自我概念；另一方面要联合来访学生重要他人的力量，通过必要的家庭教育指导、与班主任及其他任课教师的合作，帮助学生获得客观积极的评价、归属感和掌控感。

二、自我的功能

自我可以调节行为和情绪，可以唤起针对行为的自我调节。费斯汀格把个体的行动、知识、意见和信念等作为认知因素。他提出的认知失调理论指出当个体的行为和态度不一致时，就会产生认知失调并导致心理紧张，个体为了缓解紧张会使用改变认知、增加新的认知、改变认知的相对重要性、改变行为等方法来力图恢复平衡（黄希庭，2004）。自尊调节则是一种能力，它使个体在经历失望或者遭受冷遇之后还能逐渐找回自我，同时它也是人能在世界上应对自如的重要条件。任何会危及自尊的事物都构成自尊威胁。由于每个人感知和应对自尊威胁的方式不同，我们可以用以下几个变量来描述个体自尊调节的模式（卡巴尼斯，等，2015）：面对自尊威胁时的脆弱性，如个体面对自己无法拥有的东西时是嫉妒的还是羡慕的；面对自尊威胁时的内部反应，通常包括缺乏适应性的反应（自我吹捧和自我挫败）及更具适应性的反应（热衷于竞争和远离竞争）；利用他人来促进自尊调节，持续地索求关注或恰当地对待赞美。

中小学心理辅导教师还需要理解自我同一性。自我同一性是我们对于"我是谁"的感觉，包括我们是否了解自己喜欢什么、不喜欢什么，是否明确自己的长处与短处。自我同一性的发展贯穿一生，发展最迅速的时期是青少年期，对应个体发展的中学阶段。这个阶段对自我的整合需要探索、明晰、悦纳等不同的过程，可能会引发个体的迷茫、焦虑和抑郁等情况，也可能会出现自我意识高涨等特征。自我同一性是个体进行方方面面选择的依据，自我同一性整合较好的个体的选择更坚定，生活更稳定，反之则会犹豫不决，甚至是波动起伏。

三、文化对自我认识的影响

文化因素是影响自我认识的重要因素。"我们是谁"以及"我们认为我们是谁"是由我们所生活的时代和地点所决定的（Baumeister，1986）。文化在塑造我们的社会特性中的作用最为明显，文化期望也影响着我们的自我观念。受传统家庭观念的影响，中国人对自我边界的定义十分模糊，"我"常常被扩大为"我们"，过分强调自我可能被认为是自私的表现。北京大学的杨宜音基于费孝通的差序格局，进一步明晰了中国人的自我概念，她认为中国人的自我是边界通透的虚线圈，进入圈内的家人、朋友、亲戚等共同构成了自我的范围（杨宜音，2008）。因此，心理辅导教师对于中小学生自我认识的理解既需要借鉴经典的研究结果和临床工作经验，也要考虑到本土文化对个体自我认识的影响。

四、学生自我认识问题的心理辅导

自我认识包括三个来源：物理世界；社会世界，包括社会比较、反映评价；内部心理世界，包括内省、自我知觉和因果归因（乔纳森·布朗，2004）。因自我认识问题而来求助的学生，可能正经历着生活中的重大变化，人们总是会在面对生活中重要转折点时主动寻求自我认识。寻求自我认识的动机包括自我提高的动机，保证个体最大限度地体会到自尊感；准确动机，包括了解自己的真实情况、减少不确定性以及感受到自己有责任知道自己真正的样子，这一动机有助于个体实现其他目标，也有助于最大限度地体验到自尊感；自我一致性动机，其中斯旺（Swann）提出的自我验证理论指出，一旦人们有了关于他们自身的想法，他们就会努力证明这些自我概念（Gu，2004）。

自我认识贯穿人的一生，中小学阶段的自我认识是起点，也是基础。早期的生活经历、与重要他人的互动、文化因素等都影响了中小学生的自我认识。人对自我的认识都有正向偏见，但中小学生需要对自我概念进行准确评估，通过与客观标准进行比较来确认，重视他人的感受并保持行为的一致。考虑到自我认识对健康成长的重要影响，中小学关于自我认识的心理辅导中重要的是帮助来访者形成和保持积极的自我概念，例如，提供积极的反馈；以有利于表明他们拥有好的特质的方式回忆过去；促使他们以能够坚信自己拥有积极品质、没有消极特质的方式来反省自己（Burr，et al.，1993）。当然每个来访者都是独特的，具体的方法和策略还需要心理辅导教师在工作时科学、谨慎地做出选择。

本章为读者呈现两个关于自我认识的案例及其辅导过程。第一个案例中的学生受母亲生理问题的影响而感受到自卑情绪，这种情况下出现对自我的认识问题很常见。心理辅导教师使用合理情绪疗法帮助来访者觉察不合理认知，剖析来访者对母亲爱恨交加的复杂感受背后隐藏的对自我认识的不清晰，最终帮助来访者更好地理解自己，完善人际关系。针对第二个案例中的来访者的情绪问题，心理辅导教师使用来访者中心疗法，着力于辅导关系，给来访者提供自我探索的空间和契机，引领来访者觉察内在的真实需求，从多角度积极地认识自我。

第二节　关于初中生自卑心理问题的心理辅导案例报告

摘要：来访者是一名中学女生，由于母亲的跛脚问题被同学发现而产生自卑心理。本案例通过搜集并整理来访者的一般临床资料，对来访者的情况进行评估，后与来访者协商决定采用合理情绪疗法，使来访者对自己的不合理信念和错误思维方式有所认识，逐步引导来访者实施自我行为训练，缓解抑郁的消极情绪，最终达到了心理辅导的具体目标和近期目标，并使来访者恢复心理健康。

关键词：自卑；一般心理问题；合理情绪疗法

一、一般资料

1. 一般人口学资料

来访者：王某，女，14 岁，初二学生，身高 152 厘米，五官端正，身体健康，未患过重大躯体疾病。经询问，父母无人格障碍和其他神经症性障碍，无家族遗传病史。

2. 个人成长史

来访者出生于县城普通家庭，三口之家，家庭较和睦，家庭条件较好，其在校学习成绩中等偏上。但是来访者的妈妈有点跛脚，来访者觉得很丢人，一直不愿意让同学知道这件事。有一次学校召开家长会，本来来访者要求爸爸来参加，可最后却是妈妈来了。该事件之后，同学们都知道她妈妈跛脚，课下有些同学还会因为这件事嘲笑她。【这里需要说明家长会与本次来访之间的时间间隔，为心理评估做准备。】后来她开始责备父母，闷闷不乐，觉得妈妈跛脚的事情让自己在同学面前丢人了，就逐渐变得自卑，不爱跟同学说话，上课经常注意力不集中，最后成绩也有所下降。来访者和家人、老师认识到这是心理问题导致的，最后向心理辅导教师请教。

3. 心理测量结果

经过来访者同意，让她做了心理测验。结果显示，焦虑自评量表（SAS）标准分 45，未达到焦虑水平；抑郁自评量表（SDS）标准分 55，提示有轻度抑郁；SCL-90 测验结果为躯体化 2.3，强迫症状 1.30，人际关系敏感 1.50，焦虑 1.5，抑郁 2.5，敌对 1.50，偏执 1.33，精神病性 1.20，其他 1.43，测验结果显示躯体化、抑郁因子分明显高于常模，其余结果在正常范围内。

4. 精神状态

来访者穿着干净整洁，举止得体，待人有礼貌。言语清楚，思维敏捷。不过情绪很低落，对别人的注视很敏感，反感别人提到她妈妈跛脚这件事。

5. 身体状况

来访者身体状况健康，无遗传病或者重大疾病史。

6. 社会功能

学习成绩明显下降，对语文、历史、音乐等原本感兴趣的课程的兴趣明显降低。与同学之间的关系冷淡，与父母之间的关系较之前明显紧张。

二、主诉及个人陈述

1. 主诉

近一周来觉得浑身无力，食欲不振，情绪低落，对什么都提不起兴趣，走到哪里都觉得同学们在小声议论自己和跛脚的妈妈。

2. 个人陈述

我近一周来总觉得浑身无力，食欲不振，情绪低落，对什么都提不起兴趣。升入初中以来，一开始与同学们关系还好，就是两个月前学校开家长会，因为妈妈跛脚，走路很难看，怕同学嘲笑我，就特意让爸爸参加。但是没想到爸爸临时有事，让妈妈来参加了。同学们因此知道妈妈跛脚，并拿这件事来开玩笑甚至嘲笑我。我觉得同学们都变得不那么友好了，我不喜欢跟他们讲话，害怕一讲话他们又开始嘲笑我妈妈跛脚的事情。我内心觉得很自卑，心想为什么是我的妈妈跛脚，我害怕被同学们议论嘲笑，所以后来就天天躲着同学们。这段时间我经常会上课走神，听不进去课，害怕到人多的地方，生怕遭到同学们的嘲笑。放学回到家里，看到妈妈的时候还会莫名地发火，觉得是因为妈妈跛脚我才被同学嘲笑的，所以这段时间以来跟妈妈的关系很不好。每次跟妈妈发完火，我自己安静下来后会觉得这样做对妈妈也是不公平的，可一到学校我就觉得抬不起头，怕同学们嘲笑我，如此反复我就更觉得自卑了，觉得自己没有一个健康的妈妈。我真不知道该怎么办，我想找回从前的自己，但改变不了现在的状况，更不知道如何面对将来。【来访者不仅有认知上的改变，情感体验也变得消极，更重要的是出现了回避倾向和行为。影响范围包括同伴关系、亲子关系、学业表现和自我感受。另一个值得关注的是，来访者靠自己的努力无法改变现状，这也是主动求助的重要契机。】我想让你帮我，让我别再这么痛苦了。

三、心理辅导教师的观察

来访者由父亲陪伴，皮肤白皙，梳着齐耳短发，穿着衬衫长裤。刚进心理辅导室时显得很紧张，坐下后稍微稳定，开始与心理辅导教师对视，但不主动说话。在心理辅导教师询问后开始陈述，思路清晰，言语条理清楚，思维反应较敏捷，智商较高。但在叙述期间情绪比较低落，尤其是叙述到妈妈跛脚的时候，甚至偶尔会掉泪，不过看得出对心理辅导教师比较信任，对心理辅导结果有良好期盼。

四、评估结果

1. 评估

一般心理问题中的抑郁情绪。【心理辅导教师在这部分写得清晰、具体、简练，是很好的心理评估思路。】

2. 评估依据

(1)王某求助的心理问题是由现实环境因素所产生的压力引起的，是有因而发，并由此产生了抑郁情绪，故心理冲突为常形，并且此情绪在近期发生(近两个月内)，故排除神经症。

(2)不良情绪反应处在理智可以控制的范围，能保持行为不失常态，能基本维持正常社会功能，但效率有所下降。

（3）智能、自知力完整，有急切的求治愿望。

（4）心理测试的结果支持本评估。

综上，对照症状学的标准，王某表现出的症状从程度上看不甚强烈，社会功能未受明显损害，心理冲突发生在近半个月，评估为抑郁心理，属于一般心理问题。

3. 鉴别评估

（1）与精神病相鉴别：根据病与非病的三原则，王某的知、情、意是统一的，对自己的心理问题有自知力，有主动求医的行为，无逻辑思维的混乱，无感知觉异常，无幻觉妄想等精神病症状，因此可以排除精神病。

（2）与严重抑郁症相鉴别：王某虽有抑郁情绪但是抑郁情绪程度低，持续时间短，无妄想幻觉，且无家族精神病史，故排除严重抑郁症。

（3）与严重心理问题相鉴别：严重心理问题的反应强烈，社会功能严重受损，病程两个月以上，根据王某的症状，也可以排除。

五、原因分析

1. 个体因素

（1）生理因素：无器质性病变。

（2）心理因素：

①存在明显的非理性观念和错误的思维方式。非常在意别人对自己及妈妈的评价和议论，对妈妈的身体状况不满，有自卑感。

②受自卑情绪困扰，自身缺乏有效解决问题的行为模式。

③人际关系上回避与他人的交往，即使是与亲密的家人和朋友也缺乏交流和沟通，促使消极情绪的产生。

④个性特征：敏感、多疑、易受外界影响。

2. 社会因素

生活环境的负面影响，如害怕因妈妈的身体缺陷而被同学议论和歧视，产生情绪低落。

家庭的教育方式存在一定的问题，父亲宽容，日常忙于工作赚钱，沟通相对较少，但只要有时间都会陪来访者聊天谈心；母亲性格温顺较为内向，较少跟来访者进行心灵沟通，教育方式的偏差对来访者的个性形成和发展有较大影响。

缺乏及时的帮助，比如被同学背后议论，没有和老师沟通，老师也没有察觉，致使问题没能及时解决。

六、心理辅导目标与方案

1. 心理辅导目标

根据心理辅导目标的基本要素和以上评估与诊断的结果，在心理辅导教师和来访者共同协商后，确定如下心理辅导目标。

（1）具体目标和近期目标

①获得来访者王某的信任，建立良好的关系；

②调整认知方式，改变来访者的非理性观念，帮助来访者分析其他同学的心理，学会对问题的换位思考，促进来访者与周围人的正常人际交往。

③改善王某焦虑、烦躁、情绪低落的精神状态，缓解心理压力。

（2）最终目标与长期目标

在达到上述目标的基础上，指导来访者建立正常的认知观念，促进来访者的心理健康，帮助来访者找回自信的钥匙，重燃希望的火花，最终恢复身心双重健康，完善人格发展。【学校心理辅导的次数有限，因此很多时候无法达成长期目标，这部分虽然在表述上没有问题，但从一个良好心理辅导目标的角度看确实有其模糊之处。因此个人建议，并不是所有的学校心理辅导都需要设置长期目标和最终目标，有时候具体目标可以达到就已经是非常好的心理辅导了。】

2. 心理辅导方案

（1）辅导阶段

第一阶段是心理评估阶段，建立心理辅导关系，收集资料，进行心理评估，确定心理辅导目标。

第二阶段是开展心理辅导阶段，首先帮助王某分析和解决表层问题，改变其不合理的认知和不适应的行为；其次探讨可能存在的深层原因，帮助建立新的、合理的认知模式，同时，提高她应付抑郁性情绪反应的能力。

第三阶段是巩固与结束阶段，巩固心理辅导的成果，使其把在辅导中学到的东西应用于今后的学习、生活，不断完善人格，提高心理健康水平，同时解除王某对心理辅导教师的依赖，增强其独立性。

（2）心理辅导方法与适用原理

本案例采用的主要的心理辅导方法是合理情绪疗法。【提供案例的教师在这个部分简述了合理情绪疗法的治疗机制，因与第三章内容有重复，故此处略过。】

（3）心理辅导双方的责任、权利与义务

（略）

（4）心理辅导时间和费用

心理辅导时间：每周一次，每次 50 分钟，共五次。

心理辅导费用：义务心理辅导，免费。

七、心理辅导过程

1. 心理评估阶段

第一次心理辅导

目的：收集资料，了解基本情况；建立良好的辅导关系；确定主要问题；澄清辅导目标；制订心理辅导方案。

方法：合理情绪疗法。

过程：填写心理辅导记录表，询问基本情况；介绍心理辅导中的有关事项和规则；通过摄入性谈话收集临床资料，探询来访者的心理矛盾及改变意愿；做 SDS、SAS 问卷的心理测验；将心理测验结果反馈给来访者，并做出初步问题分析。

心理辅导教师：你对自己及家庭有何想法？

王某：我自读小学以来成绩都挺好的，爸妈也一直为我骄傲。但是随着年龄的增长，我对妈妈的跛脚越来越在意了，并觉得妈妈走路很难看，不想让我同学知道这件事，觉得他们肯定会不喜欢并以此来嘲笑我。因为我没有一个健康美丽的妈妈，我觉得很自卑，每次同学们谈论自己的父母时，我几乎闭口不提我妈妈的事情。

经过进一步的会谈提问，了解到来访者的自我评价偏低，觉得自己不喜欢的事情别人应该也会不喜欢【这部分不仅受自我评价影响，也需要考虑到来访者的年龄因素，14 岁正处在自我意识高涨、以自我为中心的阶段，因此这样的想法也体现出了自我中心的特点】，所以才会一直不让妈妈到学校看她，存有许多以偏概全的不合理信念，自信心明显不足等。

2. 开展心理辅导阶段

第二次心理辅导

目的：加深辅导关系；介绍 ABC 理论；寻找来访者的不合理信念。

方法：合理情绪疗法。

过程：采用共情、无条件积极关注等技术巩固第一次建立的辅导关系；总结来访者陈述的问题，寻找并确认来访者的不合理信念；运用 ABC 理论帮助来访者明白自己感到郁闷和自卑的真正原因在于对自己遇到的困难及事情所产生的不合理认知，介绍 ABC 理论的基本知识。【初中生成长过程中需要不断探索和完善自我概念，其中在同伴中寻找自己的位置，并由此获得参照来体验自己的能力、关系、对自己的评价等。因此在无条件的积极关注中，对来访者在乎同伴评价这一点也要给予足够的支持。】

首先，帮助王某分析和解决表层问题，厘清其纷乱的思绪，和她一起探索她的思维模式与处事方式。其次，向其讲述不合理信念与情绪困扰之间的关系，介绍合理情绪疗法理论的基本原理。归纳起来，"极度自卑""任意推断"是王某主要的不合理的信念。指出其思维方式、信念是不合理的。最后，要求来访者回去以后完成两道家庭作业。一是思考本次谈话，分析自己心理问题产生的根源，并做好记录。二是为了强化对 ABC 理论各因素之间关系的理解，要求来访者尝试将自己所有的问题按 ABC 理论的格式写出来。【写出来是一种非常好的方法，书面语言是理性和逻辑的有力呈现。书写的过程也可以让来访者有更多的时间体验感受，如果曾经有过创伤或者丧失经历，书写可以提供一种有效的缓冲，让痛苦缓慢"着陆"。不过心理辅导教师需要注意，如果来访者对书写流程并不熟悉的话，在来访者单独书写之前，心理辅导教师的举例、示范或者模拟练习是非常必要的。】

第三次心理辅导

目的：纠正核心错误观念，帮助王某改变不合理信念；帮助王某建立合理信念，减轻或消除情绪困扰；学习放松训练，对抑郁、紧张情绪进行自我管理。

方法：合理情绪疗法、放松训练。

过程：反馈心理辅导作业。来访者对自己心理问题产生的根源分析比较到位，领悟得比较好。来访者通过调查了解到周围人对她的印象很好，大多数同学不会在意来访者妈妈是否跛脚。仅仅是几个同学在开完家长会之后一周左右的时间偶尔故意拿这件事情开玩笑，其他同学都觉得她妈妈跛脚并不会影响到她在同学们心目中的地位，同学们都觉得她是个温顺善良的人，希望与来访者做朋友。来访者对实际验证的这个结果感到高兴，脸上有了灿烂的笑容，她发现大家并没有嫌弃讨厌她和她妈妈的意思，其抑郁情绪反应强度降低。【心理化是指理解他人可能会有和自己不同的想法和感受的能力，心理化的能力对于共情能力的发展、社会化的发展是十分重要的。家庭作业是心理辅导教师常用的一种直接指导技术，是指心理辅导教师对来访者在心理辅导过程之外应该做些什么提供建议或者劝告。家庭作业可以让来访者在没有心理辅导教师的指导时依然有所行动，在心理辅导的间隔中仍保持参与改变的过程。在本次心理辅导中，家庭作业可以帮助加速辅导的进程，一方面来访者在辅导之外依然主动地参与改变，另一方面来访者可以反馈改变的结果，及时得到心理辅导教师的指导。在这个作业中，心理辅导教师指导来访者采用现实检验的方法去验证自己的认知是否合理，并促进心理化能力的培养。】

针对列出的不合理信念与来访者商讨与辩论，得出如下合理信念：

①感恩妈妈让我获得生命并有个健康的身体；

②同学没有笑话我妈妈跛脚的残疾；

③妈妈很爱我，我要与妈妈好好相处。

【对于中学生来访者而言，区分不合理信念和合理信念是采用合理情绪疗法进行心理辅导时的难点，这里列出不合理信念与合理信念之间的对比会更好，比如，同学笑话我妈妈跛脚（A）——妈妈的跛脚让我变得不受欢迎（B）——我不想和同学交往，心情很低落（C）；同学笑话我妈妈跛脚（A）——可能他们只是第一次见到我妈妈时有些惊讶（B）——同学们并没有笑话我，我们依然是朋友（C）。这样的对比也是给来访者的作业一个示范，更重要的是帮助来访者看到不合理信念与合理信念的不同以及它们分别带来的影响。而且从信念的角度看，上面列举的①②③三个信念与来访者之前的不合理信念并没有较好的对应性，或者说合理信念的深度不够。】

家庭作业：要求来访者与原来列出的不合理信念辩论，得出各项的建设性信念，列表一一对比，并进行认真思考。

第四次心理辅导

目的：强化在心理辅导中建立的合理情绪信念，并结束心理辅导。

方法：合理情绪疗法。

过程：分析上一次布置的家庭作业，就整个心理辅导效果进行总结；强化重建的理性信念，并鼓励来访者继续努力，将学会的知识迁移到日常生活中去；请王某谈谈自己的感受与体会；进行心理测验，与第一次的测验结果进行比较，评估辅导效果；结束辅导【准确的表述是，与来访者共同商讨结束辅导的有关事宜】。

节选片段：

王某：我觉得我母亲不爱我。【这里也反映了在第三次心理辅导中我们提出的：合理信念的深度不够，由此带给生活的影响是不真实的，来访者的消极感受无法被有效地管理。】

心理辅导教师：嗯，你是从哪里得知你的母亲不爱你？

王某：我被同学嘲笑，她不理解我，还对我抱怨说：你还埋怨我，我自己也不想跛脚，我知道你嫌弃我，早知道你这么嫌弃我，我当初就不该生你。我天天辛苦工作让你好好读书，没有想到你却因为我跛脚的事情天天跟我生闷气，不好好读书，你太让我失望了。

心理辅导教师：你现在觉得这个作为你的母亲不爱你的依据是否还真实？【如果在这个提问前面加上释义，问题会更有力度，如："我听到妈妈表达了对你抱怨她跛脚的问题、不好好读书而感到失望，把这个作为母亲不爱你的依据是否充足？"】

王某：（沉默）这……

心理辅导教师：嗯，是的，通过之前的家庭作业你已经知道同学并没有嘲笑你，相反还很喜欢你，这是否能说明你认为同学嘲笑你的这个判断只是你自己的一个错误认知？【错误认知是一个专业术语，也像书面语，心理辅导教师在辅导过程中应尽量使用与来访者日常生活更接近的语言，这一点也是心理辅导教师专业成长中必须要考虑的一项能力——跨专业沟通的能力。因此这个问题可以稍做调整，如："这是否能说明你认为同学嘲笑你的这个判断只是你自己的一个想法，现实情况并非如此？"】

王某：是的。

心理辅导教师：嗯，那你思考下，你对母亲不爱你的这个判断，会不会也只是你的一个错误认知，事实上她很爱你？【"嗯，那你思考下，你对母亲不爱你的这个判断，会不会也只是你的一个未经现实验证的想法？事实上她爱吗？"这样的调整可以避免将"妈妈很爱你"作为一种想法灌输给来访者，而是通过让来访者使用之前跟同学现实检验的方法来检验当前的认知，也可以起到强化新学习到的方法的效果。】

王某：（沉默，眼睛湿润）是的，妈妈很爱我，如果她不爱我，她就不会每天辛苦工作赚钱供我上学，把我照顾得好好的，平日里尽量满足我的要求。可是她怎么能说那样的话，说我太令她失望呢？

心理辅导教师：我听明白了，你的意思是你并没有让她失望，而她却冤枉你了【心理辅导教师在这里的倾听和释义做得并不是很好，王某并没有说自己没有让母亲失望，这一点恰恰是她迷茫的地方，恰当的释义如下："你的意思是你从妈妈的行为中感受到她的爱，但她说你令她失望的话又让你觉得难以接受。"】，对吗？

王某：是的！（沉默）也好像不是的。

心理辅导教师：也好像不是？能详细地说说吗？

王某：某种意义上来说，我确实是让她失望了，因为我心情不好就不吃饭，而且学习成绩也下降了，辜负了她。

心理辅导教师：嗯，现在你再评估一下，"妈妈不爱我"这个想法是否合理？你认为妈妈跛脚很丢人的想法是否合理？【挑战是指指出来访者适应不良的信念和想法，指出不一致，或者来访者并未意识到或不愿改变的矛盾之处（克拉拉·E. 希尔，2013）。挑战可以帮助来访者认识到他们未曾觉察的情感、动机和愿望，可以帮助他们从不同的角度来看自己的问题，并鼓励他们为自己的问题承担适当的责任。挑战还可以帮助来访者觉察自己的矛盾的情感，也可以使他们接受自己有不同的、更深的、复杂的感受。心理辅导教师在使用挑战时切忌给来访者一种已经有所判断的感觉，带有明确判断或者强烈倾向性的挑战有可能使自我不够坚定、过于信任心理辅导教师的来访者产生自我怀疑，甚至是讨好和顺从的倾向。因此使用挑战时需要保持足够的谨慎、尊重、温和甚至谦逊。】

王某：好像不合理，妈妈是爱我的，我很幸运有个爱我的妈妈，妈妈只是身体有一点点毛病而已。因为我平日太在意自己的负面情绪并主观臆断认为同学们也像我一样不喜欢跛脚的妈妈，所以就不与他人交流，而且学习成绩还一直下降，我辜负了妈妈对我的期望，做得太不对了。

心理辅导教师：那也就是说你的妈妈其实是很爱你的？

王某：（微笑）是的！

3. 巩固与结束阶段

第五次心理辅导

目的：强化在辅导中建立的合理情绪信念，并结束心理辅导。

方法：合理情绪疗法。

过程：与第四次心理辅导过程一致。

八、心理辅导效果评估

1. 来访者自我评价

自述心情好转很多，与母亲关系明显改善。与同学相处融洽了，不再去观察和在意别人的眼神了，认为以前的许多想法是自寻烦恼，睡眠质量提高，身体状况也好了，还经常与同学们一起参加各类校园实践活动。

2. 心理辅导教师的评价

心理辅导的具体目标和近期目标基本实现，来访者基本消除或缓解了抑郁情绪。来访者在认知、情绪、行为模式上出现了积极变化，人际关系改善，自我认知趋于合理，能恰当地评价自己、看待他人。

3. 心理测量结果

SCL-90 测验结果：躯体化因子 1.5 分，抑郁因子 1.3 分。抑郁自评量表（SDS）测验结果：标准分为 47 分，显示抑郁情绪明显缓解。

4. 回访

通过回访和跟踪，发现心理辅导已基本达到预期目标，王某心情好转很多，与母亲关系明显改善。与同学相处融洽了，经常参加锻炼，现在身体状况已明显好转。

第三节　关于初中生一般心理问题的心理辅导案例报告

摘要：W，女，初一年级学生，14 岁，W 陈述有一个"不好意思开口"的问题，在心理辅导教师的鼓励下，W 自述"同学们怀疑我是'同性恋'"，但是 W 表示她目前最大的困境并不是同学们的取笑，而是觉得 C 老师不如以前那样喜欢自己了，这一星期来觉得心里难受。抑郁自评量表（SDS）得分 0.4875 分，小于 0.5 分，排除抑郁症的倾向。综合分析所获得的临床材料，对来访者问题的持续时间、强度和典型心理与行为异常表现的性质和严重程度进行分析判断，该来访者的心理和行为表现属于一般心理问题的范畴，主要表现为焦虑情绪。因此制定的近期目标是调节 W 的焦虑情绪，合理看待并处理与 C 的关系；处理同学们的取笑。长远目标是帮助 W 了解并认识依恋模式，能调节依恋模式，从而更好地处理人际关系，获得成长。使用来访者中心疗法，通过建立良好的辅导关系，采用促进设身处地地理解的技术、坦诚交流的技术、表达无条件积极关注的技术来帮助来访者。通过辅导，W 的焦虑情绪基本消失，心理冲突得到解决，能自然地与 C 老师相处，人际交往水平提高，能从容地应对同伴舆论，与父母沟通加深，依恋程度提高。

关键词：同性恋；依恋；来访者中心疗法

一、一般资料

W，女，初一年级美术班学生，14 岁，身高大约 1.6 米，非独生子女，体型中等，家庭经济水平中等。W 的父亲 50 岁，母亲 48 岁，姐姐 23 岁。父母感情良好，热爱户外运动、旅游、购物等，对 W 管束较少，家庭氛围民主。W 和姐姐的感情特别好，但自从姐姐结婚之后，日渐疏远。姐姐可能会随姐夫移民，届时父母可能也会随着移民。W 成绩中等，在班级人缘较好，但是知心朋友并不多。W 特别喜欢美术老师 C，因此班级里有同学传谣言说 W 是"同性恋"。W 的志向是考上美术学院，回学校当美术老师。无重大躯体疾病史，家族成员无精神疾病史，未接受过心理辅导。

抑郁自评量表（SDS）分数是 0.4875 分，小于 0.5 分，提示不存在抑郁症的倾向。《家庭功能问卷》测量结果中，家庭总功能得分为 1.95 分，但是行为控制、家庭角色、情感反应、问题解决这四个维度的得分分别为 2.18 分、2.33 分、2 分、2 分，据此推测 W 的家庭功能在这几个维度存在一定的问题，W 与老师相处的问题可能与家庭功能有关。

二、主述和个人陈述

主述：W 称最近一个星期感觉焦虑，心情比较低落，难以控制情绪，但是并不影响日常的学习和生活。

个人陈述：W 陈述有一个"不好意思开口"的问题，在心理辅导教师的鼓励下，W 自述"同学们怀疑我是'同性恋'"，自述"自己当然不是同性恋，但是的确特别特别喜欢某女性老师 C，因此很多同学都取笑自己是'同性恋'"，但是 W 表示她目前最大的困境并不是同学们的取笑，而是觉得"C 老师不如以前那样喜欢自己了"，觉得心里难受。

三、心理辅导教师的观察和他人反映

心理辅导教师的观察：W 衣着整洁，体型中等，面色润泽，表达流畅，语速较慢，在心理辅导过程中，尤其是心理辅导初始，W 惯于低着头，主动的眼神交流较少，无幻觉、妄想，无智能障碍，自知力完整，主动来访，有明确的求助意向。

陪伴者："她啊，其实最近说的人也少了，大家都是开玩笑的，但是她是真的挺喜欢 C 老师的。"【对中小学生而言，被同学拉到心理辅导中心或者同学陪伴、结伴到心理辅导中心都是非常常见的情况。对于陪伴而来的同学，心理辅导教师至少要明确两点，第一点，这个陪伴者是来访者的社会支持之一，或者能给来访者提供不同的看待问题的视角；第二点，这个陪伴者对心理辅导并不排斥。在这个基础上，心理辅导教师需要适度了解陪伴者的基本情况，如与来访者的关系，对来访者当前问题的了解程度，是否可以提供帮助，已经提供了哪些帮助等。】

班主任："W 热爱音乐和美术，乍看给人机灵之感，实际上性格很'温暾'，没有自信。"

四、评估

1. 症状

焦虑、心境低落。

2. 评估依据

（1）根据病与非病三原则，来访者主观世界与客观世界统一，精神活动内在协调一致，个性相对稳定，排除心理异常，属于心理正常范畴。来访者存在一定的焦虑情绪，但未泛化，不影响其社会功能，心理冲突来自现实事件，且有良好的自知力，主动来访。

（2）病程一个星期，从严重程度来看，并未泛化，没有影响社会功能。不属于严重心理问题。

（3）根据以上依据，评估为焦虑情绪为主的一般心理问题。

3. 鉴别评估

（1）与精神病相鉴别

根据病与非病三原则，来访者的主观世界与客观世界统一，精神活动的内在协调一致，个性相对稳定，心理冲突来自现实事件，且有良好的自知力，主动来访，不存在幻听与妄想等症状，排除精神病的可能性。

（2）与严重心理问题相鉴别

病程一个星期，从严重程度来看，并未泛化，没有影响社会功能。不属于严重心理问题。

（3）与抑郁症相鉴别

抑郁自评量表（SDS）的分数是 0.4875 分，小于 0.5 分，不存在抑郁症的倾向。

（4）与焦虑性神经症相鉴别

焦虑症是以广泛性焦虑或发作性恐怖状态为主要临床相神经症，考虑到 W 的表现和病程可排除此项。

来访者自述目前最大的困境并非同学取笑自己"同性恋"，对自己是不是"同性恋"的问题也不存在困扰，而是担心 C 老师不喜欢自己。同时，来访者提到有一个年长 9 岁的姐姐，两人感情特别好，但自从姐姐结婚之后，日渐疏远，在 C 老师身上有种找到姐姐的感觉。根据"焦点"治疗的理论，以来访者目前最想解决的问题为焦点，在制定辅导方向时，并不重点讨论"同性恋"的问题，而是把焦点放在 W 的焦虑上，并初步判定 W 对 C 的依恋与 W 的家庭功能存在一定的关联。【在聚焦心理辅导内容这个部分，心理辅导教师做到了以来访者为中心。在中小学生心理辅导过程中，经常会遇到让心理辅导教师困扰的情况：学生求助的问题与家长的诉求、班主任的要求、学校的要求是不一致的，这种情况下心理辅导教师需要兼顾来访者学生与其他人员的需求，除了多元沟通，也要透过要求看需求，寻找更深层、更核心的一致性。】

4. 结论

综合分析所获得的临床材料，对来访者问题的持续时间、强度和典型心理与行为异常表现的性质和严重程度进行分析判断，该来访者的心理和行为表现属于一般心理问题的范畴，主要表现为焦虑情绪。

五、辅导目标的制定

近期目标是调节 W 的焦虑情绪，合理看待并处理与 C 的关系；处理同学们的"取笑"。

长远目标是帮助 W 了解并认识依恋模式，能调节依恋模式，从而更好地处理人际关系，获得成长。

六、辅导方案的制订

1. 方案制订

每周一次，每次 50 分钟。

第一次心理辅导：建立辅导关系，确定焦点问题。

第二次心理辅导：通过合理情绪疗法，处理 W 的焦虑；探讨 W 与 C 的交往模式。

第三次心理辅导：探讨依恋模式。

第四次心理辅导：总结，效果评估，结束辅导。

2. 采用技术

来访者中心疗法。来访者中心疗法建立在人本主义的哲学基础上。通过建立良好的咨访关系，采用促进设身处地地理解的技术、坦诚交流的技术、表达无条件积极关注的技术来帮助来访者。【心理辅导教师至少整合了三种不同的心理流派及技术：来访者中心疗法、合理情绪疗法、焦点解决。但在表述上却将三者分裂开来。其实从现实因素考虑，心理辅导教师大可不必因使用技术或者流派的不专一而感到自卑，或者引发胜任力不足带来的焦虑，面对中小学生的心理困扰，灵活、有效才是最好的衡量标准。】

3. 双方的权利与义务

（略）

七、心理辅导过程

整个辅导阶段可以分成三个部分：

开始阶段：建立辅导关系与评估确立目标阶段。

辅导阶段：选择技能与策略进行心理帮助阶段。

结束阶段：评估及终止辅导阶段。

1. 开始阶段

第一次心理辅导

心理辅导老师以来访者为中心，充分共情，恰当地自我暴露，积极建立辅导关系。

心理辅导老师(以下用"X"代替)：老师之前在网络上看到你给我的留言，说你有很多话想对我说，却一直不敢说，今天你终于来找我了，你真勇敢！说明你又成长了一大步。【肯定技术在心理辅导之初最能帮助双方建立辅导关系，当来访者被肯定时，他会觉得自己更有力量，更愿意冒险。心理辅导教师使用肯定时要保持真诚和共情，肯定来访者的感受、需求和动机，肯定他们可能会有的矛盾心情，并向他们传达出一种

"你的行为和情绪是有理由的，你是可以被理解的"感觉。】

W：（点头微笑）

X：那么，不知道老师能够在什么地方帮到你呢？

W：（低头）老师，我有个事情不好意思说……

X：（注视对方，声音轻柔）没关系，慢慢来，试试看……

W：就是我的同学说我是"同性恋"（抬头，探询地注视 X）。

X：（轻松的语气）其实还蛮有趣的，前两天也有别的年级的女孩说伙伴怀疑她是同性恋，我们当年是上了高中才知道同性恋这个词，看来你们现在比我们先进好多哦。【尽管从下文可知学生反应不错，但在心理辅导之初最好不要对来访者提到的话题给出评价或表示出评价倾向，即使是积极的评价也要慎重。评价会让来访者无法畅快真诚地表达，尤其是辅导关系并未建立的时候，评价会使来访者的表达多了一些理性的思考，怯于表达感受。】

W：（表情轻松了一些）

X：（微笑）那你自己觉得呢？

W：我当然知道自己不是。

X：嗯，我也觉得。那你现在最困扰的部分是在哪里？或者说希望老师可以在哪里帮到你？【"我也觉得"可以直接用"好的"替代，前者会给来访者一种他的问题尽在老师的掌控之中的感觉。来访者走进心理辅导室寻求理解，但他们依然渴望保持自己的独特性和适当的神秘性。】

W：其实我知道同学们也是开玩笑的，我最困扰的不是那个。我是真的很喜欢 C 老师，一看见她就特别高兴，就很想抱抱她。

X：觉得她特别亲切是吗？看来 C 老师好幸福啊，好像有很多学生喜欢她。我也觉得她和一般的老师好像有点不一样。

W：（有点自豪地笑）是的，C 老师可好了，我特别喜欢她。

X：嗯，但是，你的烦恼是？

W：我觉得她现在好像不太喜欢我了。我们聊得也没有以前那么多了，前两天我们一起走路，她和别人聊的比和我聊的多。

X：嗯，听起来你真的很喜欢 C 老师，要是我是你的话，觉得老师不喜欢自己了，心里也会不舒服的。但是，W，以前在心理课上，我们讨论过，在人生的旅程上，唯一的永远乘客，是谁？【开放式提问可以帮助来访者唤起过去类似的生活经历和应对方式，寻找曾经成功的应对经验、合理的信念或者积极的情感体验。这里的问题凸显了心理辅导教师也是心理教师的优势。然而从心理辅导的进程上看，来访者刚刚提到喜欢的老师好像不喜欢自己了，尚处于资料收集阶段，与唤起成功体验相比，心理辅导教师更需要做的是积极倾听，才能收集更多的信息。过早地渴望来访者的改变会让来访者感受到愧疚，没有充分地积极倾听和资料收集就给出的建议，也会让来访者感受到强迫。】

W：是自己。

X：是的，其他人，包括父母、老师、朋友，会快乐地陪你一段时间，也会慢慢地离开你，你想想看，你有没有以前喜欢的朋友或者老师，现在不太喜欢了的？

W：我小学的时候特别喜欢一个老师，现在好像没有那么喜欢了。

X：所以，说不定你以后也不喜欢 C 老师了，或者假如 C 老师真的不像以前那么喜欢你了，是不是也可以理解呢？

W：我还是挺喜欢那个小学的老师的，只是和 C 老师不一样，我特别喜欢 C 老师。【感谢 W 的真诚，她对自己感受足够的重视可以使心理辅导教师及时地觉察到心理辅导需要调整方向。与其现在提供建议关注来访者的成长，不如重新回到心理辅导的初始阶段，收集与求助问题相关的资料，维持好辅导关系。】

X：嗯，我能够感觉到你很喜欢 C 老师，我想 C 老师也很喜欢你。【直接给出自己判断的情况再次出现，这里需要做的是追问："嗯，我能够感觉到你很喜欢 C 老师，那 C 老师对你如何？"】

W：她以前对我是挺好的。

X：你对 C 老师是不是特别有亲切感？【心理辅导教师这里放弃了对来访者问题的进一步探寻，如"和以前相比，如何不一样了？""和以前相比，发生了什么导致了不一样呢？""你能和我多说一些吗？"等。相反心理辅导教师的关注放在了 W 对 C 老师的感受上，而且用封闭式提问缩小了 W 的回答范围。接下来来访者的回答很多时候要看他求助的动机或者渴望改变意愿的强烈程度；或者说，即使来访者接下来用开放式的回答回答了封闭式的问题，但心理辅导的主动权落到了来访者的反应上，这对心理辅导教师而言是冒风险的事情。】

W：嗯，我感觉她就像我的姐姐一样。

X：姐姐？你自己有亲姐姐吗？

W：有一个。

X：姐姐比你大几岁？

W：大 9 岁。

X：你们俩的感情一定很好吧？【心理辅导教师再次用结论替代了提问。】

W：她结婚前对我可好了，我们整天在一起，但是她结婚之后，就回来得越来越少了，现在我很少能看到她了，话都说不上了。

X：姐姐结婚了，但是姐夫肯定也会很疼你吧？【这里不仅是直接用自己的经验和猜测取代了来访者的表达，阻塞了来访者自由、完成陈述的通道，还无端引入另一位家庭成员，使心理辅导面临的关系更加复杂。不仅如此，这样的提问也会导致心理辅导偏离原本的目标。】

W：某某某（W 姐夫的名字）没和我姐结婚前对我可好了，他肯定是怕我说什么，我姐就不要他了，他就整天买东西给我吃，拍我的马屁，现在结婚了，对我不好了，还老说我，说不要吃垃圾食品，容易长胖，生活不健康什么的，真是的。

X：（微笑）所以姐夫结婚前后变了一个人……【原本是姐姐婚后对待 W 的态度发生了变化，结论却成了姐夫的变化。心理辅导中关注点的变化与来访者当前的困扰之间的关系紧密程度越来越低。】

W：（强烈点头赞同）嗯。

X：老师听起来，W 好像有点心理不平衡呢，是不是有点嫉妒姐夫抢走了姐姐？

W：（点头）是的。

X：（注视来访者，语气柔和）就像嫉妒其他同学抢走了 C 老师一样？【解释是指超出来访者表面的陈述或者认识，为来访者的行为、想法或者情感赋予一种新的意义、原因和说明，使来访者从一个新的角度来看待自己的问题。常见的解释包括心理辅导教师在此处使用的将两个看似独立的表达或时间联系起来，此外解释也可以提供一个新的框架来理解问题，或者对阻抗进行澄清和说明。解释的目的是促进来访者更好地领悟，但解释与挑战一样，对心理辅导教师而言需要在衡量辅导关系、解释的准确性、结果的有益性等方面进行权衡，否则解释可能不仅不会让来访者加深领悟，还有可能让他们更加迷茫。即使来访者感受到解释的积极作用，接下来他们更需要的是给这个解释的内容增加新的信息或者提出非比寻常的理解。】

W：（慢慢点头）是的……【教师基于自己的经验得出结论，帮助 W 认识到现在的困扰与姐妹关系的变化之间的关系，从结果上看似乎并无不妥，甚至会给人一种心理辅导教师可以站在高位洞察人心的感觉，然而仅从本次心理辅导过程中辅导双方的表达长度上看，这次的心理辅导更像是心理教师以个人的经验指导来访者发现自己的问题的过程。结果良好，然而对于来访者的自我觉察和发现问题能力的培养，似乎并没有很好的帮助。】

X：我要是很喜欢一个人，就像我高中时很喜欢语文老师一样，就觉得他身上全部都是优点，一点缺点都没有，和其他人都不一样。

W：（点头）是啊。

X：但其实那个语文老师也有好多缺点的，尤其是我现在回想起来就发现了，我前两天正好碰到他，也觉得他和以前完全不同了。【自我表露可以帮助来访者正常化自己的感觉，恢复自信，并使辅导关系更为深入（克拉拉·E. 希尔，2013）。领悟性表露是指心理辅导教师表露自己获得领悟的个人经验。不过自我表露的最后依然要落脚在来访者的问题上，如最后提问："我想知道你是否也如此？""你是不是也经历过类似的？"如果没有后续提问的回归，那么自我表露的目的就从促进来访者对自己进一步的了解变成了促进心理辅导教师的自我领悟了。此外，在心理辅导初期过早地使用自我表露，也会让来访者感受到不被尊重，甚至是害怕、迷茫和被误解。】

W：但是 C 老师真的没有缺点。

X：是吧，但是没有关系。

……

家庭作业：观察与 C 老师相处的细节，尤其是喜欢和不喜欢的细节部分。

2. 辅导阶段

第二次心理辅导

辅导刚开始，W 便向 X 表示，完成"观察日常生活中你不喜欢的 C 老师的细节"

后，产生了新的困扰。

W：老师，我做了作业之后，真的发现了 C 老师有一些地方是我不喜欢的。【来访者会陷入自己过去的认知图式中，导致他迷失在自我限制的循环中，这些往往在他对社会交往的认识和情绪体验中显示出来。这个时候心理辅导教师可以使用再构法，要求或者鼓励来访者从不同的角度看待自己的问题、人际交往、情绪等，首先探索来访者对某人或者某情境是如何知觉的，然后再针对这个情况提供另外的观点或者结构。再构法能帮助来访者改变情绪、意义和选择，并能帮助来访者改变日常的意识定势和对自己局限性的知觉（约翰·萨默斯-弗拉纳根，丽塔·萨默斯-弗拉纳根，2014）。X 通过家庭作业的方式引导 W 再构她对 C 的知觉，为 W 提供了一个新的视角去看待自己的需求和人际关系。对中小学心理辅导教师而言，像 X 老师这样使用再构法存在一定的风险，一是再构法使用得过快，没有跟 W 进行充分讨论和细致的体验，可能会影响辅导关系及辅导效果；二是 C 老师是 X 的同事，W 寻找的那些不喜欢的细节有可能会影响到同事之间的关系。】

X：哦，看来你观察得很仔细，比如呢？

W：比如给我们上课的时候，她就走了，也不好好地上课……

……（暂略）

X：其实对于一名老师而言，你也能理解是吗？因为老师也是普通人呢。

W：是的，但是我现在有个新的问题，我发现自己没有以前那么喜欢 C 老师了。

X：（微笑）是吗？人的感情是不断变化的，尤其在你们这个年龄，喜欢 C 老师，还是不怎么喜欢 C 老师，或者不喜欢 C 老师都可以，我从不要求你一定要喜欢还是不喜欢。【最后一句话可以改成"都是正常的""都是可以的"，否则会给来访者一种暗示——心理辅导教师的要求非常重要。】

W：（微笑，轻松了一些）是的，可是我现在的问题是，同学们、老师们和我父母都还以为我很喜欢她，C 老师也以为我很喜欢她，因为我以前老是说她多好多好，可是事实上，我自己知道现在没有以前那么喜欢她了，这让我有点不舒服。

X：其实没有那么喜欢了，但别人都觉得你喜欢，所以你觉得有种违心的感觉？

W：是的，也担心别人会怎么说。

X：其实你能够关注到自己的内心感觉，这一点非常好。【上面心理辅导教师的回复显然是共情不充分的，W 的情绪体验有些复杂，一方面是自我感觉和他人认识之间的矛盾；另一方面是自己发生变化之后对自己的疑惑。其中夹杂了担心他人消极评价的部分，这些体验影响了 W 的学校表现。对于来访者复杂的情绪体验，心理辅导教师的共情往往是分层次的，敏感、细致、层次鲜明。如果心理辅导教师感受到共情难以分化的压力，那么最好的办法就是请来访者多说一点，因此当 W 表达自己的担心时，最好的回复是追问："你能具体说说吗？""你可以多说一点吗？"】你有没有发现，很多时候，对于同样的事情，不同的人是有不同的感觉和想法的？比如小王在路上撞了小白一下，小白可能会认为对方是故意的，而小王可能都没有意识到，觉得自己是无意的，小李呢，又会有他自己的想法。【在没有充分地倾听来访者时，心理辅导教师直接给出

建议，也给这次心理辅导增加了更多的指导的味道。】

W：是的，可能不同的人有不同的想法。

X：你说得太好了，不同的人的思考方法、角度都不一样，面对同一件事情，你觉得是这样，所以你会生气，或者会担心，或者会不舒服，其他人呢？【心理化的能力可以帮助个体更好地适应与控制日常社会情境，较准确地预测他人和自己的认知和情感状态，并协调相互间的关系。未成年人的心理化能力主要从社会交往中得到练习和确认，对于正在进行心理辅导的来访者来说，练习心理化的方法包括采用假装游戏、提炼日常生活情境、角色扮演、想象等，其中一个难点在于来访者应具备对现实和想象的事物进行区别和分离的认知水平，因此 X 在这里对 W 使用了想象提炼出来的日常生活情境，但 W 的反应是迟疑的，因此如果再次使用这种方法的话，可以适当地加入角色扮演、假装游戏等形式，进一步帮助来访者确认和提升心理化能力，最后过渡到来访者现实生活中的情境。】

W：他们不一定吧，可能有别的样子。

X：对，是有这种可能性，对吧。所以回到第一次的问题，C 老师可能并没有不喜欢你，像你这么乖巧的孩子她可能都喜欢，她可能也喜欢别的学生，老师嘛，就是会喜欢学生，也想得到别人的喜欢，或许她可能没有注意到你的想法。【这里的总结稍微复杂，其实可以简单化，如："C 老师可能并没有不喜欢你，但她喜欢你和喜欢别的同学并不冲突，你看到 C 老师跟其他同学说话并认为她不像原来那样喜欢你了，也许这并不是 C 老师的想法。"】你觉得有这样的可能性吗？

W：（沉默，思考）……嗯，有的。也许是我自己多想了。

X：那对于今天你提到的这个困扰，自己没有那么喜欢老师了，其他人却还那么认为，所以你有违心的感觉，也担心别人的闲话，其他人到底会怎么想，有没有别的可能性呢？

W：也许他们会不在意，也许会说话，也许也不会说。

X：嗯，你说的很对，当然，他们也有可能就是像你担心的那样，会说你。但是你能找到这个世界上一个永远不被别人议论的人吗？

W：（沉默，思考）好像没有。

X：是啊，其实每个人都会被别人议论，我相信，就算有可能出现议论的话，也马上会过去的，你想想你之前有没有被别人议论过？后来是怎么办的？

……

布置第二次的作业，观察 C 老师日常生活中的优点，用自己觉得最舒服的方式去和 C 老师相处。

第二次心理辅导后，W 完成了《家庭功能问卷》，W 家庭总功能得分为 1.95 分，但是行为控制、家庭角色、情感反应、问题解决这四个维度的得分分别为 2.18 分、2.33 分、2 分、2 分，可推测 W 的家庭功能在这几个维度存在一定的问题，且 W 与老师相处的问题应该和她与姐姐、父母的依恋存在关系，因此下一次心理辅导的重点放在家庭功能的工作上。

第三次心理辅导

W 在第三次辅导时，表示完成了第二次的作业，心情很愉快，说："用自己觉得舒服的方式去对待 C 老师，于是我见了她，就抱了她一下，很早以前我就想抱了，一直没敢，一下子让我轻松很多。"

W 的父母关系良好，父母较开放民主，热爱旅游，W 与姐姐关系良好，姐姐一直辅导 W 的功课，但姐姐结婚后较少回家，与 W 逐渐疏远。姐夫是健身教练，小时候在加拿大生活，拟携姐姐一起移民。W 表示，父母肯定也会一起移民，就只剩下自己在北京。

X：父母肯定会放心不下你吧？【"健忘"是心理辅导教师应该具备的重要能力，只有健忘才不会用自己的经验和想象替代来访者的感受，很显然，X 在这方面还需要练习。当 W 说出只剩下自己在北京的时候，内心其实是有担忧、恐惧和对被剩下的不满的，这个时候用一个带有价值导向的封闭式问题来提问，并且出现"肯定"这样的词，其实某种层面上是对 W 感受的否认。】

W：也许会，可是他们特别爱玩，很愿意出国去玩，前段时间他们还出去旅游了。

X：听起来爸爸妈妈很喜欢旅游？

W：他们可喜欢旅游了，经常要出去玩，而且就两个人去，他们还特别爱买东西，很多时候还得我管着他们。

X：看来父母的感情特别好，真好。你提到说，你要管着他们？

W：是啊，他们老是喜欢买东西，尤其是户外设备，户外设备可贵了，我甚至会担心钱都被他们用了，就没有零用钱给我了。前两天他们要买一个登山的墨镜，要两千多块钱呢，太贵了，我就说买那个几百的吧，买几百块的。

……

家庭系统治疗理论中提出家庭关系的三角理论，父母、子女构成三角关系，平衡的三角关系可以保证孩子健康成长，而不平衡的结构会使孩子身陷在家庭内，无法发展独立的自我。在 W 的案例中，父母的联系紧密，与 W 的关系相对疏离，其实形成了"退出的三角"，并且在一定程度上 W 与父母的角色倒置，成为倒置的三角关系，例如 W 常常需要为家庭的经济状况等考虑。倒置的三角关系也许导致 W 在人际交往中会过多地关注他人的特点。父母与 W 构成的"退出的三角"，让 W 感到"明明还是个小孩，却好像成了父母，而父母成了只顾自己玩的小孩，有种孤单的感觉"。W 与父母没有形成恰当的依恋模式，转而投射到年长的姐姐身上，而姐姐由于另外成立家庭，逐渐脱离原生家庭，由此可以推论，W 逐渐失去了作为依恋对象的姐姐，遂将依恋对象投射到 C 老师身上。并且 W 表示，以前小学的时候也喜欢某老师，但妈妈总反对，现在喜欢 C 老师，父母也喜欢，还经常一起讨论 C 老师，存在 C 老师成为 W 加强与父母关联的可能性。以上两点也许正是 W 的问题的深层原因。【这段对 W 的问题的分析很不错，遗憾的是读者无法了解到心理辅导教师如何把这部分传达给来访者。】

第三次辅导之后，布置作业：主动多与父母沟通，尽量多、及时、坦诚地向父母表达自己的感受和观点；主动多交朋友。

3. 结束阶段

通过辅导，W 的焦虑情绪基本消失，心理冲突得到解决，能自然地与 C 老师相处，人际交往水平提高，能从容地应对同伴舆论，与父母沟通加深，依恋程度提高。

八、心理辅导效果评估

1. 来访者的评价

W 自述：我不再焦虑了，用自己觉得舒服的方式去和 C 老师相处让我觉得很轻松，同学们也不乱说了。

班主任：W 最近活泼了一些，成绩也上去了。

2. 心理辅导教师评估

通过回访和跟踪，已经达到预期目标，情绪问题缓解，依恋的问题也得以改善。

九、总结

通过对整个心理辅导过程的分析，可以得出，W 一开始的与老师相处的问题实际上是家庭功能的问题，或者说是与父母依恋关系的问题。如果以后有条件，对 W 的家庭进行系统家庭治疗，也许会对 W 本身有更大的帮助。

刚开始接触本案例时，当 W 提到"同性恋"问题时，其实我也有点"吃惊"或者认为也许遇到了"棘手的问题"，这时心理辅导教师的价值中立非常重要，一定不要随意给来访者贴上标签，要去除自己的主观偏见，客观地看待问题，无条件地关注来访者，发掘来访者本身的积极力量，并为心理辅导所用。

近年来，受信息渠道的发达和社会文化的影响，青少年很容易接触到"同性恋""变态"等敏感词，而由于缺乏深刻的了解，很容易对号入座，造成心理冲突。事实上，本案例中的来访者并不符合同性恋的定义，只是来自同伴的舆论压力使其存在一定的焦虑情绪，来访者认为这是"很不好意思的事情"，会"探询"心理辅导教师的态度，因此在处理这一点时，心理辅导教师采用价值中立的回应，适当自我暴露，暗示来访者"在这个年纪出现这样的现象很正常，包括老师们也遇到过这样的事情"，积极关注来访者，对其"去病化""去标签化"，这种轻松的正常化的态度使来访者得到极大的放松，开始愿意更多地表露自己，辅导关系得以初步建立。在这一点的处理上，心理辅导教师如果很正式地与来访者探讨同性恋的定义、成因，甚至分析其是否真的具有同性恋倾向都是不恰当的，容易给来访者造成她可能真的存在"问题"的误解，加深来访者的焦虑，不利于辅导的深入开展。

第十二章　中小学生人际关系问题的心理辅导

　　情绪辅导和人际关系辅导是中小学心理辅导中的主要内容。个体具有一定的社会属性，人际关系指人们在人际交往过程中结成的心理关系、心理上的距离（时蓉华，1988）。林崇德将人际关系定义为人与人交往过程中产生和发展的所有关系（林崇德，1989）。人际关系包括三种成分：认知成分、动作成分和情感成分。其中情感成分是核心成分。在人际交往中，双方在个性、态度、情感等方面的融洽或不融洽，相互吸引或相互排斥，必然会导致双方人际关系的亲密或疏远。人际关系的变化、发展取决于交往双方需要的满足程度，如果互相之间的需要得到满足则容易有更密切的关系；如果需要得不到满足，双方之间的矛盾得不到妥善的解决，人际关系就会恶化。

第一节　中小学生不同种类的人际关系

　　良好的人际关系有利于生活幸福、心理健康和身体健康；有利于促进和谐社会的建设，发展社会生产力，增强群体的凝聚力；有利于形成一个良好的人际关系环境；有利于促进个体素质的提高和个体全面发展（彭贤，李海青，2013）。对中小学生而言，良好的人际关系有利于学生身心和谐发展，丰富内心世界，也有利于学生进行更多的学习投入（燕良轼，等，2018），促进学业发展以及个性与社会性发展。中小学生的人际关系质量是衡量他们身心健康发展的重要指标之一。人际关系有许多种，中小学生的人际关系主要包括亲子关系、师生关系和同伴关系。

一、亲子关系

　　家庭无时无刻不影响着孩子人格与社会性发展的进程，是个体学习如何适应社会以及处理人际关系的重要阵地。父母对于孩子内化社会规则有着重要作用，父母营造的家庭氛围及教养方式直接影响子女人际关系水平（黄君，2010）。亲子关系是个体形成的第一个人际关系。《社会工作辞典》将亲子关系定义为父母对子女教养的态度和亲子之间的心理交互反应。费孝通认为亲子关系是被抚育者与抚育者之间的关系，他指出，亲子关系绝不是一种单纯的生物关系，决定亲子关系的社会关系是婚姻关系而不是生物关系（费孝通，1998）。家庭是人生的第一所学校，家长是孩子的第一任"老师"，要给孩子讲好"人生第一课"，帮助孩子扣好人生第一粒扣子。由此可见亲子关系对个体健康成长的重要性。王旭等人的研究发现，中学生的亲子关系与心理健康问题呈显著负相关；亲子关系对心理健康有显著正向影响（王旭，等，2022）。好的亲子关系能让孩子的成长环境充满爱，使孩子在成长过程中更容易获得父母的认可与支持，更有利于形成高自尊和较好的情绪调控能力(周宗奎，等，2021)，在挫折和压力面前更能有效应对。

亲子关系在小学和中学有不同的特点。小学阶段的亲子关系更多由父母主导，父母通过言传身教、树立榜样、慰藉等帮助小学生获得社会交往的经验，强化行为准则，学习情绪管理和压力应对。中学的亲子关系与小学相比，会有更多情感和行为上的疏离，也会产生更多观点上的分歧，以及更少的榜样作用。然而在这些表象背后，亲子关系对中学生的影响依然不容小觑，张兴旭等人针对青少年的研究发现，师生、同伴、亲子三种不同的人际关系中对个体作用最大的是亲子关系(张兴旭，郭海英，林丹华，2019)。

二、师生关系

师生关系是在学生与教师之间建立起来的人际关系，也是学生社会化过程中的重要人际关系之一(周欣然，叶攀琴，孙丽萍，2021)。学校是中小学生生活和学习的主要场所之一，师生关系对他们的影响是方方面面的。在学校环境中，学生的情绪管理与问题行为等方面都受到师生关系的影响(Wentzel，Barry & Caldwell，2004)。作为学生的重要支持系统之一，师生关系能够降低心理虐待对个体产生的消极影响(刘晓，黄希庭，2010)。学生对于人际关系的心理需求可以从与教师的良好关系中得到满足，并减少其问题行为的产生(Ryan，2017)。教师对学生影响最著名的研究是罗森塔尔等人发现的教师期待效应，也叫罗森塔尔效应或皮革马利翁效应，指教师对学生的殷切期望能收到预期效果的现象(顾明远，1998)。教师的期待不仅影响学生的成绩，也会影响兴趣、品行、自我概念、人际关系等方面。

小学生的师生关系会影响个体的自我概念。低年级学生的自我概念更多依赖外部评价，教师在课堂内外对学生的反映评价将影响个体对自己的认识。小学生的师生关系质量影响个体后续求学阶段的师生关系质量。小学生对教师有更多的崇拜，也往往具有更诚挚的交往热情。对亲子关系不是很完善的小学生而言，良好的师生关系可以让学生体验到健康的儿童-成人关系，帮助他们减缓人际压力和早年创伤带来的消极影响。中学生的师生关系更接近平等和民主，他们不再对所有的教师照单全收，反而会有更多的独立思考，在师生关系上有了更多的选择权，他们会按照他们的人际交往需求选择亲近不同的教师，获得不同质量和亲密性的师生关系。

三、同伴关系

同伴关系是年龄相同或相近的个体在交往过程中建立和发展起来的一种重要的互动关系(邵转霞，安爱军，2017)。有的研究者把同伴友谊关系的质量分为积极和消极，其中积极友谊关系包括喜爱、陪伴、亲密、肯定、帮助等，消极的友谊关系包括冲突、背叛、欺负等(Monks & Maunder，2014)。青少年友谊关系质量的积极水平越高，其社交焦虑程度越低，反之，低的友谊关系质量则会带来更多的同伴拒绝。青少年的社交焦虑也会反过来影响友谊关系质量。在中小学阶段，友谊关系质量和社交焦虑之间的相互影响还可能发生动态变化。从实践和个体感受的角度来看，个体在中小学积极的友谊关系质量越高，社交焦虑程度越低，也能更多地被同伴接纳（La Greca & Harrison，2005）。研究者按照同伴接纳程度将儿童分为受欢迎的、被拒绝的、被忽视的、有争议的和普通儿童五类。在中小学阶段，如果个体感受到更多的同伴接纳，受欢迎，被接受和认可，那么他会感受到更高的群体归属感，在与同伴的互动中体验到更多的快乐和支持，遇到问题时更有效地解决问题，并较少出现问题行为。相反，如果个体在同伴关系中体验到更多的拒绝，在同伴中被孤立，体验到孤独感及过少的支持，则会导致个体更容易出现较多的问题行为（李月华，2021）。

与小学生相比，中学生的同伴关系中亲密感更强，并能感受到更多的同伴压力。长期来看，良好的同伴关系不仅能促进中小学生当下的人际交往和适应良好，也对他们日后多元人际关系的发展乃至亲密关系的发展都有积极的影响。总而言之，良好的同伴关系质量对个体的心理健康、学校适应以及成年后的适应都会有积极的影响。

四、中小学人际关系问题的心理辅导

人际关系本质上是社会关系的缩影。近年来，由于社会环境的影响以及电子产品的普及，中小学生的人际关系面临着更多的挑战和新兴的问题。电子产品的趣味性、便捷性也影响了中小学生的人际关系生态系统，这一点日益显现在他们的学习和生活中。在日常的工作中，希望广大心理辅导教师在进行人际关系相关的辅导时能够考虑社会发展对于人际关系的影响。

本章为大家呈现三例关于人际关系的辅导，分别是小学、初中和高中的案例。中小学心理辅导中的人际关系困扰，有时候由某一类人际困扰引起，有时候则难以分清到底是来自同伴、师生还是亲子，这三个维度常常混在一起，给学生带来情绪困扰和适应烦恼。对人际关系的辅导也因人而异，本章使用的心理辅导方法包括个体箱庭疗法、团体箱庭疗法和合理情绪疗法。个体箱庭（部分案例中，根据案例提供者的习惯称之为沙盘游戏）和合理情绪疗法在前文已有介绍，这里将简单介绍团体箱庭疗法的使用。

箱庭疗法不仅可以用于个体治疗，也可以用在团体治疗中。德·多德尼科最先把箱庭疗法用在团体治疗中。我国学者张日昇教授经过多年临床实践，参考了冈田康伸的团体箱庭形式，提出了新的团体箱庭形式，称为限制性团体箱庭。在人际关系方面，张雯等通过箱庭疗法缓解了人际交往不良的大学生的焦虑和回避行为问题（张雯，刘亚茵，张日昇，2010）；陈顺森和林凌（2011）运用团体箱庭降低了大学新生的社交焦虑；邹斌使用团体箱庭提高了高职学生干部的人际交往能力；李颖（2019）用限制性团体箱庭疗法有效预防了大学生寝室人际关系问题；韩婷（2018）运用团体箱庭改善了高中合作学习小组的人际关系。由此可见，团体箱庭疗法在缓解负面情绪、改善人际关系、提升心理健康水平等方面有其独特作用，且已得到一些干预研究的支持。

限制性团体箱庭对成员的人际关系和自我认知都有着积极影响。通常由 4 至 8 人组成箱庭团体，制作规则如下：（1）成员摆放玩具的顺序由抽签决定；（2）每个人每一

轮只能做一个"动作"；(3)在制作过程中成员之间不可以有交流；(4)移动自己或者他人的玩具也算一次"动作"；(5)允许成员放弃摆放机会；(6)最后一轮中最后一个成员有微调的机会；(7)箱庭制作结束后，成员一起进行彻底的讨论(张日昇，2006)。

第一个案例中的小学生的困扰是因自身缺乏人际交往的技巧引起的情绪问题和人际关系问题。心理辅导教师借助个体箱庭疗法给来访者提供了包容其情绪的安全与受保护的空间，激发来访者主动沟通的意愿，并通过辅导关系帮助来访者理解健康的人际关系。第二个案例中的初中生的困扰来自同伴压力，尤其是中学阶段的社会比较引发的自卑。心理辅导教师重视与家庭的合作，通过改变不合理认知和放松训练帮助来访者更快在同伴中寻找自己的位置。第三个案例是本书唯一一例团体心理辅导案例，心理辅导教师使用限制性团体箱庭疗法帮助 8 位团体成员理解人际关系的微妙，使他们在互相尊重、互相理解的基础上改善上课状态，实现共同成长。

第二节　关于小学生人际关系问题的心理辅导案例报告

一、一般资料

小罗，山区六年级男孩，家中独子，父母均在家务农，母亲是本地人，父亲是外地人，属于入赘女方家。父母很少与其交流，对于小罗在校的表现也很少过问，除非老师找到父母告知其在校状况。

第一次来我这里时，是班主任建议来的，他一副什么都知道的样子，和我随便聊起天来，聊的话题也是没有统一性，前一句还说这个话题，后一句就转移话题了，似乎不想让我了解太多，或是想让我觉得他知道的很多。

二、主诉与个人陈述

主诉：同学们不爱和我玩，同宿舍的室友也总是孤立我。老师们也不喜欢我，我不知道怎样才能让大家接受我。

个人陈述：其实我很想和同学们一起玩，一起参加各种活动，可是他们总是不爱带我，还总是说我越帮越忙。老师们上课时也总是找我的麻烦，我总是想对大家好，可是越是这样最后的结果越不好，为此我很苦恼。【从小学五年级开始，小学生对同伴关系的渴望凸显，甚至超过对亲子关系和师生关系的需求。从发展的角度看，这个阶段对同伴关系的渴望和建立良好同伴关系的信心一方面来自小学低年级段自尊的健康发展，另一方面受到早年其他人际关系的影响。从小罗的个人陈述中可以看出，他对同伴交往的渴望是正常的发展需求，尽管现有的关系让他感受到无助，但他做出改变的动机非常强烈。】

三、心理辅导教师的观察与他人反映

通过和小罗的交流，发现他一直处于矛盾中，不能想到很好的解决方法，只有一

味地自己心里烦躁，有时甚至迁怒他人。据其同学的反映，小罗在与同学交往时，喜欢用各种方式引起他人注意，且不顾行为能否为他人所接受；此外他和同学的交往时好时坏，好多时候同学们想跟他交往，但是无法忍受他突然的变化和行为的不安全性。因此，同学们都离他很远，他在学校没有一个朋友。【小罗的人际交往问题看似是缺乏人际交往技巧，背后可能隐藏了他不知道如何在满足自己的需求和人际交往的要求中寻求平衡，因此会出现充分地表达自我但忽视了他人的接受程度这样的情况。他的人际交往问题包含了对自我的认识和探索，这里面隐含了对人际关系中界限的体验和理解。】

四、评估

小罗之所以有这样的困惑，主要是因为他不知道如何正确地与人交往，交往过程中要么急于求成，要么任性自我，无法控制好自己的情绪和行为。因此，我认为案主属于社交障碍。【临床心理的概念随着不断发展与普及，变得大人化和口语化，也日益失去其原本的内涵和应用范畴。社交障碍在心理疾病的诊断系统中并没有明确的概念，但符合公众对术语的偏好，也体现了教育和科普跨度大、受众庞大与临床诊断细致精准、跨度较小的不同。对中小学生而言，所有的心理问题都会带来社交的问题，表现出恐惧、自卑、孤僻、害羞、封闭、敌意等特点。与社交相关的障碍包括前文提到的社交焦虑障碍，以及突出社会交往问题的社会功能障碍，如儿童依恋障碍、选择缄默症、口吃等（杜亚松，2013）。从小罗的表现上看，他的状态更像是社交问题，达不到障碍的程度。】

五、心理辅导目标

近期目标（具体目标）：通过沙盘游戏改变来访者错误的认知，使其形成对自我的一个适当的评价。【自我评价是指一个人对自身进行评价，自我评价是自我意识的表现形式，是自我意识发展的产物，是主体对自身思想、行为和特征的评价与判断（孙圣涛，卢家楣，2000）。朱智贤（1991）对自我评价的定义指出自我评价是自我意识的组成部分，是个体对其自身想法、行为表现和个性特征与自身状况相结合做出的肯定或否定的判断。个体在他人评价与评价他人的过程中，学会了自我评价。从个体发展的角度看，小学生的自我意识建立在小学前的发展基础上。个体进入学校后，自我意识加速发展，外在表现在自我评价的发展上，小学阶段的自我评价受到外部条件的制约，注重行为的动机和直接的后果，到了小学高年级，自我评价的独立性日渐发展，开始具备一定的批判性，同时具备一定的概括能力，尤其是对个性品质的评价。林敏（2008）的研究发现，男生的自我评价高于女生，父母关系、学习成绩、教师接纳、同伴接纳与自我评价之间存在正相关。从心理辅导教师设定的目标中可以看出，小罗的人际交往问题与自我意识息息相关。李翔（2008）的研究发现，内省在自我评价活动中更为重要，内心的恐惧，趋利避害的心态，个体自我认知的偏差，都会对自我评价产生重要影响。因此在心理辅导中，给来访者提供内省的机会，提升其内省的能力，可

以有效促进其积极的自我评价。】

长远目标（终极目标）：能够在交往中合理地控制自己的情绪和行为，消除心理障碍。

六、心理辅导方案

辅导的重点在于改变他不恰当的社交方式、行为等，所以，本案例主要采用沙盘游戏疗法。

向来访者讲清辅导的性质、方法、原理和步骤；告知辅导的保密性原则和限度；共同商量每次辅导的时间以及其他需要注意的事项。【这是心理辅导中知情同意的部分，如果放在心理辅导方案中，那么需要具体说明每一项的内容。此外，知情同意还应包括介绍心理辅导教师的资质，同时考虑到来访者是未成年人，那么可能涉及的相关人员沟通也应考虑在辅导方案之内。】

心理辅导时间：每周三下午 1 小时。

七、心理辅导过程

1. 第一次沙游

（1）心理辅导过程

图 12-1 小罗的第一次作品

小罗第一次见到沙盘，很感兴趣，一边做一边问我这些东西是哪儿来的。【对沙盘感兴趣的孩子中，有一种情况与小罗相似——生活中缺乏关注者和倾听者，因此玩具的象征意义在第一时间给了来访者一种感觉：我可以在这里充分地表达自己。对于缺乏人际交往技巧、沟通能力不佳的儿童来讲，沙盘更是他们可以表达自己内心世界的语言。】

个人陈述：

在很久很久以前，恐龙家族生活在地球上，人们开始攻击恐龙，坦克也在打大象；海洋里生活着许多鱼，岸边有老人在钓鱼；蜘蛛爬到了山上；房子旁边有三只壁虎围攻一个蚂蚱；三个精灵正在对峙；老虎和恐龙的大战一触即发……【9～11 岁男孩的沙盘最容易出现的就是战争的场面。如果故事的起始是很久以前，同时有远古动物如恐龙，那往往喻示着来访者的问题起源于生命的早期阶段。作品中还呈现出了势均力敌的对峙场面，当战争的双方直接面对面时，意味着自我发展到了从无意识的母体力量中分离出来，正在成长为一个独立的实体的阶段（特纳，2016）。通常情况下，如果后续的作品中仍延续战争的场面，将会出现代表黑暗与本我力量和代表光明与自我力量的战争双方。】

（2）心理辅导思考

整个过程让我觉得很乱，心中很烦躁，有一种力量无处发泄的感觉，压抑和孤独感占据心头。没有规则，且充满了斗争，所有的讲述都是一个个片段，不能形成整体的故事。而且在讲述过程中，他不停地移动沙具，或是将沙具拿走，控制不住。现在见到的是他讲述之后的沙盘，刚开始不是这个样子的，所以我感觉他的内心世界既丰富多彩又矛盾重重。【心理辅导教师要尊重自己在见证沙盘制作过程中的感受，同时也需要去尽力理解来访者在制作中的感受，这个过程既需要辅导关系中的共情与无条件积极关注发挥作用，又需要借助玩具的象征意义、制作动作的内涵等来揣摩和接近来访者的感受。】

2. 第三次沙游

（1）心理辅导过程

图 12-2　小罗的第三次作品

个人陈述：

两边是两个军事学院，左上角和右上角是两个武器库，中间的两座桥是用来连接两个学院的。【沙盘中的桥具有非常重要的意义，尤其是可以发挥连接作用的桥，桥的象征意义可以理解为通道，能够将原本无意义的、凌乱的心理内容连接起来（Bradway，1979），从而为来访者的成长提供可能性。】学院的士兵们在洪水来的时候抗洪，两架飞机在空中撒土（举着飞机），土把洪水给盖住了。为了防范洪水，士兵们放了许多石子，洪水退去了，他们就坐在桌子旁吃饭。来了一个小偷，（放入沙盘中一个人物）他来到左上角的武器库中偷了一架直升机，偷出来后躲在树中间怕被人看见，他开不走飞机就找来一个朋友（又拿来一个背着宝剑的卡通人物），这个朋友想绑架一个士兵，但是他打不过就被士兵埋了起来（边说边把这个人物用中下部的沙子和石子埋住）。过了一会儿这个人爬了出来，他变成了一个小人(拿一个小兵人)，人家都看不见他，他绑架了一个士兵，问他直升机怎么开。然后他就开着直升机带着朋友飞走了(右下角)。其他士兵问被绑架的这个士兵是被谁绑的，他们发射了导弹，用导弹撞向小偷和他的朋友，导弹炸了，炸到了对面学院吃饭的士兵，一个士兵到房子里去看怎么对付恐怖分子的书(把房子拿起来，将士兵放在里面扣住)，另一个和对面的士兵一起把恐怖分子消灭了。【在来访者的故事里，正义与邪恶的斗争初见端倪，这种斗争既可以看作来访者当前面对的外部困境，也可以理解成其内部斗争的体现。斗争的曲折离奇，正像是他在生活中的体验一样波动起伏，这里面可以看到补充能量的进食行为，也可以看到受挫及创伤的掩埋，还可以看到不断学习的渴望，更有斗争结果的呈现，结果虽未能给来访者以绝对的成就感，但依然能让人感受到胜利的喜悦。】

(2)心理辅导思考

在讲述第三次沙盘时，来访者已经有了较为连贯的思维方式，可以一口气讲完故事，不再是支离破碎地讲述。

通过此次的沙盘可以惊喜地看到来访者已经有了沟通的意愿，他将两座桥梁作为两所学院的沟通之路，其无意识中已经展现出希望沟通的一面。并且已经有了初步的规则意识，例如，用栅栏把武器库围起来，学院中有了规则的房子，有吃饭的地方，士兵们能够参与抗洪抢险。【一般在沙盘制作的初期会出现这种问题梳理和表层问题解决的情况。在来访者初次的混乱之后，可以看到作品更有秩序，表达上更有逻辑，或者典型象征物出现等。】

3. 第六次沙游

(1)心理辅导过程

图12-3 小罗的第六次作品

个人陈述：

这次沙盘名字是"草原疑案"。中间是一个小岛，周围只有一个地方和旁边的陆地连接，草原上生活着长颈鹿、老虎、狮子、斑马、大象、蛇、豹子。水里有鳄鱼【张日昇(2006)指出箱庭作品中所出现的动物，既可能是来访者本身所崇尚欣赏品质的具体化，也可能是自己恐惧和担忧的象征】。一天长颈鹿死了，人们为了调查是谁杀死了它，就在湖边上安了一个花朵摄像机，还派了两个人和车来到这里。开始他们以为是鳄鱼杀死了长颈鹿【两个极具象征的动物玩具，鳄鱼往往是虚伪的象征，同时代表了一种灰暗暴躁的生活态度，给人疏远和恐惧的感觉。当然，鳄鱼是迄今存活最早和最原始的动物之一，象征了人性中原始的一面。长颈鹿无法发出声音，性情温顺，往往象征了心地纯善，性格直爽。值得欣慰的是，人们注意到了长颈鹿之死，并且有一个客观的记录工具来重现事件发生的过程】。经过摄像机的拍摄发现，它本来在这里（右下角）和两个小长颈鹿在一起，后来它跑到这里（沿着湖从下面跑），让蛇咬了一口，中毒了，拖到这里（现在的位置），又被老虎和狮子咬死了。

（2）心理辅导思考

因为此次我坐在沙盘的左侧，因此，他一开始就在左侧放了许多草，这应该表示着来访者对我的一种友好的态度以及无意识中渴望得到我的帮助。几乎每一种沙具在摆放过程中都深深地陷到沙子里，显示出困难和受限制的感觉。

在第六次沙游过后，有一天他兴高采烈地跑来告诉我，他有好朋友了，而且不止一个，是两个。他给自己和朋友起了一个酷酷的名字"校园三剑客"，说起来很是自豪。看着他灿烂的笑容，我有一种说不出来的感动。

4. 第九次沙游

（1）心理辅导过程

图 12-4　小罗的第九次作品

这次沙游，他是将两个沙盘合在一起做的。

个人陈述：

右面（黄沙）是一个动物王国，各种动物、昆虫在自由自在地生活，左面（白沙）是人类生活的地方，黄色的是人们发明的大玉米，两个王国之间是一道分界线。有一天，大玉米不见了，人类开始寻找，他们认为是动物偷走了，就开始攻打动物，让它们交出大玉米，它们都被人类打死了。后来人类发现，大玉米不是动物偷的，是地裂开了一个大口子，大玉米掉了下去，大口子又合上了。于是人类开始挖掘山上的矿物，挖出黄金（指黄色的石子），用这些钱制造出了再生水（放入两个酒架），把它洒在动物身上，动物就复活了，又过上了无忧无虑的日子。【动物往往代表了来访者身上的品质，从小罗的表述中可以发现被误解、被证明是清白的、获得财富、最终复活过上无忧无

虑日子的过程，这个过程也可以看作小罗与人交往时的心路历程。】

（2）心理辅导思考

这是他的第九次沙盘，也是给我惊喜最多的沙盘。他在描述这次沙盘时虽然也有重新放入沙具的现象，但是比之前要好许多了。而且在这次的沙盘中虽然也有攻击，但是最后的结果却是复活，可以看出来访者内心治愈的力量正在发挥着作用。他能从无意识中反射出从受伤到治愈与转化，这是可喜的。而在白沙盘中间黄色的大玉米当时给我的感觉像是他内心中曼陀罗的呈现，虽然不完整，但是已经呈现出最基本的雏形。

心中的喜悦由内而发，逐渐增强，却无法用语言来形容我的感受，需要感同身受。

5. 第十三次沙游

（1）心理辅导过程

图 12-5　小罗的第十三次作品

个人陈述：

这是一场精灵和植物的大战。本来它们各自都在自由地生活，有一天，它们突然打了起来，植物动用了自己的本领来和精灵战斗。这个（指着左下角一个黄色并且脖子部分带有红色的精灵）是它们的领导——精灵王，它在指挥精灵们大战。不过最后还是没有打败植物，反而被植物打败了。【按照空间配置理论，作品的上和下分别代表着意识和无意识、精神和物质（张日昇，2006）。从小罗的作品上看，上方虽然只有植物，但植物本身种类丰富，五颜六色，生命力旺盛，而且植物被小罗赋予了本领和战斗的能力，因此虽然是植物，却充满了旺盛的生命力和原动力，并且可以提供保护的功能。在历经了十三次制作之后，来访者内在的精神力量更加充足，代表自我的意识领域更加强大，这是治愈的重要表现。】

问：你的生活中有没有类似的事情？

答：有。

问：你希望自己是哪一方？

答：植物。

问：能跟我讲讲具体是什么事吗？

答：不好说。

（2）心理辅导思考

这是一个内含一款游戏的沙盘，本来我是想问一问来访者跟现实生活中的事例是否有关，但是他还是有许多事情不愿意表达出来。包括在以前的沙盘中，反复出现的掩埋动作，均表现出在他的潜意识中还是不能感到十分安全，受保护；或者是想展现在我面前的是自己认为美好的一面，不愿意把不好的一面表现出来；或者说不想破坏他在我心中的形象。因此无法将自己的真实想法全部呈现出来。但有一点可以肯定的是，他在十几次沙盘游戏过程中，已经从最开始的边动边说变成了如今的只说不动了。也就是说他正在逐渐控制好自己的情绪和行为。【作为助人者，心理辅导教师总会带有一种希望来访者所有的心理问题都可以解决的预期，实际上没有绝对的健康，也不存在完全的解决。同时心理辅导教师需要理解，即使再有安全感的来访者，也不会体验不到恐惧。这里还是需要聚焦心理辅导的目标，而不是期盼一个完全健康的来访者。】

6. 第十五次沙游

（1）心理辅导过程

图 12-6　小罗的第十五次作品

他开始做的时候，一边用刷子漫不经心地向四周刷沙子，一边说："今天的沙盘没有主题，您不介意吧？"之后，沙子被刷成中间一个孤岛，四周是水，他忽然说："今天的沙盘就叫精灵孤岛。"

个人陈述：

岛上的精灵都练就了一身独特的本领，原来他们也是人类，后来因为岛上的环境被破坏，所以他们就变成了精灵。到了十二点钟，岛就会和陆地合在一起，那时候人们担心精灵伤害自己，就与精灵提前开始战争。

（2）心理辅导思考

在此次的沙盘中，我见到了大量的水，显示出他内心正有一股无形的力量推动着他。而最后他将孤岛与陆地相连，整个的形状像一条向右方游动的鱼，当时我的心情很激动，要知道右方代表着未来，鱼在水中游，且游动的方向又是朝向未来，再加上是一条较大的鱼，可见他内心潜意识的力量有多么强大。我知道这是一种很好的意象，只是这条鱼身上还承载了太多的东西，游动起来会比较吃力。【心理辅导教师的理解很好。同时从小罗的年纪上看，他正面临着生活中的变动，需要他在融入同伴的同时，寻找属于自己的独特性。这也带来了独特自我与融入人群的青春期常见矛盾。这次作品凸显的恰好是这样的矛盾，值得欣慰的是，作品中的精灵们都具有独特的本领，与人类的战争也有时间上的灵活性。就像是灰姑娘的故事，十二点钟的变化虽然值得担心，但结果未必不尽如人意。】

八、心理辅导效果评估和反思

由于面临毕业考试和升学，小罗没有再来心理辅导，沙盘游戏中断，但是从他十五次的沙游中，可以看到他的变化，从开始的内心凌乱不安，逐渐转变成规则、清晰，我想随着时间的推移，他能够更好地控制自己的情绪和行为，走向更广阔的天空，就像他在最后一次沙游中呈现的时钟意向那样。

经过沙盘游戏辅导，小罗有了不小的变化，班主任老师跟我反映，他上课时大多数时候能够控制好自己的情绪，在与同学交往时，也能够照顾到大家的感受，并开始虚心听取他人的意见和建议了。虽然口头上偶尔还会和那些提建议的同学理论，但是私下里确实在努力改正。就像是申荷永老师和高岚老师说的那样："一粒沙是一个世界，这是智者的见地。沙盘中展现着一个奇妙的心理世界，这是沙盘游戏治疗的真实体验。把无形的心理内容以某种适当的象征性的方式呈现出来，从而获得治疗与治愈，创造与发展，以及自性化的体验，便是沙盘世界的无穷魅力和动人的力量所在。"我想，我感受到了这种魅力和力量。也祝福每一个来访者体验到这种魅力，拥有这种力量，直到自己走出内心的阴霾。

第三节　关于初中生人际关系问题的心理辅导案例报告

摘要：本案例采用合理情绪疗法和放松训练对一例初中生人际关系不良问题进行心理辅导。经过6次心理辅导，帮助求助者改变错误观念，引导其反思自己的不合理信念，并与之辩论，最终较好地实现了心理辅导的具体目标和近期目标，取得了较好的心理辅导效果。

关键词：初中生；人际关系；合理情绪疗法

一、一般资料

1. 一般人口学资料

小于，初三男生，15岁，独生子，身材偏瘦，父亲和母亲均为大学学历，在乡镇事业单位上班，家庭经济状况一般。

2. 个人成长史

小于，足月顺产，无重大疾病史。小于是独生子，家境一般，备受家人宠爱，性格较内向，自小比较听话，深受长辈的宠爱。父母从小对其要求比较高，小时候奶奶带，小学一二年级的时候成绩还不错，大概在他三四年级的时候奶奶去世，与此同时，成绩也下滑【家人过世对个体而言是典型的负性生活事件，因此收集这些信息是非常有必要的。小学三四年级成绩下降是一种常见的现象，并不清楚小于与奶奶之间的关系，如是否存在隔代抚养、共同抚养；小于与奶奶的关系质量如何；奶奶去世是否有其他影响等。因此这里不能确定小于成绩下降是小学生常见情况还是受奶奶去世的影响】。上了初中之后，学习成绩不佳，人际关系也不好，受同学排挤，心里很苦闷。

小于认为父母对他的教养方式是民主型的，妈妈在他的心目中比较有威信，家庭中母亲对他的成长影响比较大，对家庭的喜欢程度一般，不喜欢学校。

3. 心理测量结果

征得求助者的同意后，完成以下心理测验，结果如下。

(1)症状自评量表(SCL-90)：

SCL-90总分159，阳性项目数为41，各因子分如下：人际关系敏感为2.6，抑郁为2.0，焦虑为2.4，其余因子分均低于2.0。

该测验结果显示人际关系敏感、抑郁、焦虑因子分高于常模。

(2)抑郁自评量表(SDS)：标准分为52分，显示有轻度抑郁倾向。

(3)焦虑自评量表(SAS)：标准分为56分，显示有轻度焦虑倾向。

4. 家长或监护人的意见及态度

小于认为父母对他的教养方式是民主型的，家长很关心孩子的成长，对其期待值很高，尤其是母亲，认为自己一手带大他很不容易，希望孩子听自己的话，经常用自己曾经的辛苦来劝导孩子要好好学习。【这部分应该说明的是家长和监护人的意见及态度，可以直接收集家长方面的信息，而不是以来访者的视角论述。如果双方的意见及态度不一致，那么可以同时呈现两方信息。但仅有来访者的陈述，不足以说明这部分要求的内容。如果无法收集到这部分信息，可以不写。】

5. 主要负责教师的意见及态度

班主任老师说小于能正常上课，与班级男生出现过矛盾，交往意愿较低，学习效率下降。她也知道小于从升入初中以来人际关系不好，曾经开过关于友谊主题的班会，希望他能和同学建立良好的关系。

二、主诉和个人陈述

1. 主诉

因和同学发生人际关系矛盾，引起烦躁、焦虑，情绪低下，持续时间一个多月。

在家的时候爸爸有时粗暴地对自己说话，开玩笑也会让自己不舒服。爸爸常常抽烟、看电视、喝酒，外出时间很长，父母会有些争吵，常带脏话，自己期望的家是和睦、和谐的。【主诉中第一段是问题和持续时间，主要问题是人际关系引起的情绪困扰；第二段是问题和期待，主要表现在亲子、父母沟通上。通过两段内容可以看出来访者的问题聚焦在同学之间和亲子之间的人际关系上，同时有明显的消极情绪体验。】

2. 个人陈述

一个月以前，小于上课时注意力开始不集中，经常心不在焉。平时人际关系也不好，他觉得自己比不上别人，基本不太愿意和同学们交往，经常觉得同学们嘲笑他，有时候会和同学有一点肢体冲突。于是为了减少矛盾，小于不和同学交流，放学后就离开学校，形单影只，很快就中考了，越想努力学习却越为这些事情烦扰，导致其上课时容易分心，学习效率下降。想好好学习，却不知道如何做，所以就主动来进行心理辅导，寻求帮助。【个人陈述聚焦在同学关系、学习状态两方面，并且通过主动求助可以推测来访者的求助动机较为强烈。】

三、心理辅导教师的观察和他人反映

1. 心理辅导教师的观察

心理辅导教师观察到，来访者衣着整齐，讲话声音清晰，但有些拘谨，声音低，思维连贯，情绪与反应一致。讲到同学和父亲时，情绪略显激动，对同学和父亲的评价不好。有较为强烈的求助意愿和动机。

2. 同学及同伴的反映

征得来访者的同意，据陪其来做心理辅导的班长反映，该生平时比较特立独行，很少与同学交往，在班级里同学们有时候开玩笑会引起他激烈的反应，同学们就不太喜欢和他一起玩了，小于很少参加班级活动。

四、评估与鉴别

1. 评估功能

生理功能：男，15岁，无器质性躯体疾病。家族无精神疾病及其他遗传病史。故排除生理方面的原因。

社会功能：来访者为独生子，家人对其疼爱有加，但缺乏对其独立能力的培养。父母对其要求也比较高。发生过负性生活事件，和班级同学存在摩擦矛盾。缺少社会支持系统的帮助，与同学交流较少。

心理功能：性格偏内向、敏感、自卑。存在错误认知，认为班级同学都针对自己。来访者认为自己的苦恼是环境所致，忽视了自己的能动性。

主要症状：人际关系不良，内心苦恼，情绪低落等；心理冲突为常形，有现实诱因，强度不重，但自身无法摆脱，需借助外力才能改变；时间不长，一个多月；对正常学习有轻微妨碍，有自知力；主动求助。

2. 结论

（1）评估

参考上述心理测验的数据，分析来访者的生理、心理和社会功能状况，初步判断为一般心理问题。

根据心理正常与异常（病与非病）三原则：来访者的主客观世界是统一的，精神活动内在协调一致，人格相对稳定，对自己的心理问题有自知力，主动寻求帮助，无逻辑思维混乱，无感知觉异常，无幻觉、妄想等精神病性症状，因此可以排除精神病性问题。

来访者的心理问题是由现实因素所产生的压力引起的，是有因而发，并因此产生了焦虑情绪。求助者在人际交往中出现的焦虑情绪，与其处境相符，为常形冲突，可以排除神经症性问题。

来访者的主导症状是焦虑，且仅限于与同班同学的人际交往，尚未泛化，可以排除严重心理问题。

来访者的症状持续时间为一个多月，学习基本正常，学习效率有所下降，社会功能轻度受损。

心理测验的结果支持本评估。

（2）鉴别评估

与精神病相鉴别：正常与异常的心理活动的三项原则，该来访者的知、情、意是统一的、一致的，对自己的心理问题有自知力，无逻辑思维的混乱，无感知觉异常，无幻觉、妄想等精神病的症状，因此可以排除精神病。

与神经症相鉴别：根据许又新教授的神经症诊断三标准，来访者的症状持续一个多月，为短程，评分1；自己摆脱不了心理痛苦，需借助别人的帮助或处境的改变才能摆脱，为中度痛苦，评分2；能照常参加社会活动及人际交往，只有轻微障碍，社会功能轻度受损，内容未泛化，评分1，总分为4，为可疑病例，但是许又新教授又指出，对精神痛苦和社会功能的评断至少要考虑近三个月的情况，评定涉及的时间太短是不可靠的。因此，结合进一步的观察了解，可以排除神经症。

与严重心理问题的鉴别：来访者经历的现实刺激为一般性的，非较强烈的，内心冲突属于有现实意义的，病程短，强度轻，内容未泛化，因此可以排除严重心理问题。

五、心理辅导目标的确立

根据以上评估与诊断，与来访者协商，确定如下心理辅导目标。

具体目标与近期目标：改变来访者的不合理信念，代之以合理信念，改变认知模式，重新进行归因分析；缓解其不良情绪，使其心理测试结果恢复正常水平。【从表述上看这里的目标设置具体、清晰、客观，且可以通过心理辅导改善。但最后一句的表述很容易引起误解，心理测试结果是评估学生状态的工具，不能把工具作为目标。心理辅导教师将需要测量的具体内容如焦虑、抑郁、人际敏感等进行说明，如改善焦虑、抑郁和人际敏感，而不是改变心理测验的分数。区别的核心就在于心理辅导是为人工作，而不是为了测验结果工作。】

最终目标和长期目标：促进来访者心理健康水平的提高，完善来访者的个性，增强其人际适应能力，使其学会自我管理、自我调控。

六、心理辅导方案的制订

1. 心理辅导方法和原理

根据来访者的求助动机，与来访者商量，决定主要运用认知行为疗法和放松训练。

2. 双方的权利和义务

（略）

3. 监护人和班主任的权利和义务

在生活中帮助小于多进行合适的人际交往，增加与他人的互动。

4. 心理辅导时间及设置

每周一次，每次 50 分钟，共六次，心理辅导时程为六周。

七、心理辅导过程

1. 心理辅导阶段的划分

评估与心理辅导关系建立阶段。
心理帮助阶段。
结束与巩固阶段。

2. 具体的心理辅导过程（含某次的心理辅导全程转录）

（1）评估与心理辅导关系建立阶段
心理辅导教师通过真诚、共情等技术，与来访者建立良好的心理辅导关系。通过摄入性会谈收集资料，探寻来访者的心理矛盾及改变愿望。向来访者介绍合理情绪（ABC）疗法，并根据具体事项做初步的分析和诊断。

××年4月××日，第一次心理辅导

过程：

首先，礼貌地接待小于，明确他希望获得帮助的意望，让其填写心理辅导登记表，询问基本情况，同时说明双方拥有的权利、承担的责任和义务。

其次，进行摄入性会谈，确定小于想解决的问题和想获得的帮助。在这一过程中多采用开放式提问和倾听，收集其详细资料，通过倾听、共情、积极关注等技术，为其营造安全、信任的氛围，建立良好的辅导关系，鼓励其将内心感受、困惑和渴望解决的问题尽情倾诉出来，同时了解其目前的焦虑状态。

最后，完成心理测验，进行心理评估，确定辅导目标。

辅导反思：来访者略显紧张、不自然，思维正常。来访者提出自己注意力不集中，常常心不在焉。在班级里不爱说话，不愿意和他人交流，在家里爸爸有时粗暴地对自己说话，开玩笑也会让自己不舒服。爸爸常常抽烟、看电视、喝酒，外出时间很长，父母间会有些争吵，常带脏话。自己期望的家是和睦的、和谐的。通过与小于谈话，了解到该生对自己的人际关系存在不满，在家庭中对父亲也有很多不满。表面看来，注意力问题是他的困扰，但通过该生的沙盘中摆出家庭成员围坐的画面，自己解释说向往和谐的家庭，可以得出，造成他注意力不能很好地集中在课堂上的根源是对自己的人际关系存在不满。

××年4月×日，第二次心理辅导

小于的母亲来访。【关于与中小学生工作中约谈家长的部分，前文已经进行了大量的说明，这里不再赘述。不过心理辅导教师需要注意，即使是在来访者同意的前提下约谈家长，也要留意会面的顺序。对于小学中年级以上的来访者，我强烈建议针对会面的顺序征求来访者的意见。】小于的母亲言语表达通畅流利，神态自然。对于小于对爸爸的描述和评价，母亲表示没想到，并且认为这些与事实不符。她认为三口之家的亲子关系还好，而不是像孩子说的存在问题，她认为孩子和老师说的内容与现实不符，孩子只是"断章取义"，"我很难理解我们给孩子那么多的关爱，孩子并不知道感恩，反而更不听话了，我在家说话，孩子根本不听，甚至顶嘴"。

与小于的母亲聊了将近30分钟，我真切地感受到一位苦口婆心的妈妈，在生活细节上对孩子的关心照顾，换来的是儿子的不领情，甚至是冷语相待。从言语中也发现母亲的话常常带有消极信息，如"我把你从50cm养成170cm的大个子，难道你现在想气死我，我四十多岁了，你还要动手打我，你要考不好，春节来人问起你的成绩，多难堪"，部分对话如下。

师：您认为这些就是对他的关爱，为他好？您考虑到这些话会给孩子带来什么吗？【这部分的处理稍显生硬，开头的反问句很容易激起家长的防御。从读者的角度看，小于母亲的话确实让人忍不住想要反问这位母亲，毕竟这样的消极信息很容易给子女压力，甚至是叛逆的情绪。然而心理辅导教师的职业素养之一就是要学会区分自己的价值观对辅导过程的影响。我建议可以使用总结和开放式提问的技术，例如："您用这样的表达来表示对小于的关爱，付出了很多，但他好像不领情，这让您感到困惑。这些是您的感受，那我们换个角度想一想，孩子听了您这些话会有什么感受呢？"这样客观方式的总结一方面可以共情母亲的困惑，另一方面也帮助母亲思考和梳理；开放式提问可以更加聚焦心理辅导教师渴望关注的问题。】

母亲：我就认为我为他付出这么多，都是爱他的，想不明白，为什么孩子还这样？

师：能理解您这份心情，我们从孩子角度考虑，他会感受到什么？

母亲：强大的压力，父母不相信我。

师：有什么办法能让孩子接受您的话？我们是否能换个说话的方式、说话的语气，给孩子鼓励的、具体支持孩子的做法呢？

母亲：说话的方式、语气，倒没有考虑过孩子是否能接受，我会尝试着改变。

师：嗯，您有空的时候可以看看"小孩不笨"的视频，还有《好妈妈胜过好老师》等书籍。

而后，我向小于介绍了ABC疗法。首先，向小于讲述不合理信念与情绪困扰之间的关系，介绍ABC理论的基本原理。其次，使来访者能接受这种理论及该理论对自己的问题的解释，让其相信自己的问题根源在于他对事物的看法和信念，从而相信可以从改变认知入手来改变自己的情绪和行为反应。再次，帮助他识别在心理辅导中所暴露出来的一些负性的自动想法和不确定的观念，如"我不受欢迎""我很差"等想法，并进行自我审查和反省。最后，布置家庭作业，让其想象自己正在和班级同学一起进行某个活动，把自己的内心想法及身体、情绪的变化情况记下来，按照ABC理论分别记录相应的诱发事件（A），事件发生时自己的情绪困扰和不适的行为（C），以及自己当时对事件的解释（B），越细越好。

（2）心理辅导阶段

进一步寻找和明确来访者的不合理信念；与不合理信念辩论，通过改变认知，帮助来访者改善情绪；教会来访者简单的放松训练方法。每次布置家庭作业，要求小于记录发生的相关事件、想法和行为。心理辅导教师引导来访者分析原因及出现的反应，来访者基本领悟到自己不良情绪的真正原因，自我反省意识增强了。

××年4月×日，第三次心理辅导

生：我觉得自己的状态不好。

师：如果说情绪很不好是0分，情绪非常好是10分，你现在会给自己的状态打几分呢？

生：3分。

师：那你期待的是几分？

生：7分。【标尺问题是心理辅导教师最常用的技术之一，标尺问题可以帮助来访者更精确地设想他们可能发生的改变。不过使用标尺问题时除了询问状态，更需要聚焦在改变上，如上文当来访者给出了 3 分的现状和 7 分的期待时，需要明确具体的方面，如愤怒和委屈，后续心理辅导教师就可以聚焦在这个可以改变的行为上，如提问："如果下周你能给自己打 7 分，那么会有哪些方面不一样吗？"】

师：最近发生什么事情了吗？

生：嗯，上周和同学一起踢球，然后我去捡球，后来同学们（队友）都骂我。

师：能说说具体过程吗？

生：我看见球跑出去了，我去捡，然后给了（对方），本队队友就骂我。

师：你很热心地跑去捡球，但是可能无意间给了对方，给了对方攻击本队的一个机会，所以同学们骂你，然后你觉得有点委屈。你能理解他们的情绪吗？

生：能理解。

师：嗯，能理解，很多时候我们无法改变别人的做法和情绪，我们可以做的是改变自己。【这里的处理有点过快，缺少让来访者体验 ABC 理论的过程。我们以来访者的经历为例，再次体验 ABC 理论："你被队友骂了觉得很委屈，但是当我跟你说明你的热心给了对方攻击本队的机会，你能够快速理解队友的情绪，当你理解了队友的情绪之后，你的情绪发生了什么变化吗？"】你平时情绪不好的时候采用什么方法缓解或者调节你的情绪？

生：我喜欢看一些有黑帮老大的电影。

师：那你觉得用这种方式有什么好的，有什么不好的吗？

生：能缓解情绪。看电影，也能学一些动作。

师：打架是一个好方法吗？【来访者并没有提到打架的问题，这里属于心理辅导教师的揣测，尽管小于没有受到这个问题的影响，我还是建议心理辅导教师不要轻易将自己未经验证的揣测放在提问当中。这个问题也让这次心理辅导多了训导的味道。当心理辅导教师把自己认为的价值观强加在来访者身上，他与来访者之间的互动就会失去弹性，当心理辅导教师以纯粹教条般的价值观去尝试改变或影响来访者时，这样的辅导会失去安全与自由的感觉，来访者潜藏的感受与想法就难以彰显。】

生：不好，这种方法不是你伤就是我残。

师：那我们一起来想想还有没有更好的方法，你平时还会采用什么方式呢？

生：我去运动区打沙袋，还会听歌、打游戏之类的，来缓解不好的情绪。（停顿了一会）老师，我还觉得自己什么都不如别人。

师：你能具体说说吗？

生：其他同学的学习比我好，经济条件比我好，人缘比我好。

师：你觉得有什么不对劲的吗？

生：没有。

师：我说说我的发现，你好像用 A 的学习好、B 的经济好、C 的人缘好来和你比，是这样吗？

生：好像是。

师：那如果像这样总是用别人的优势和自己比，你可能会觉得自己一无是处，你能说说你有什么优势吗？

生：其实我也不是所有科目学习成绩都不好，我也有比别人好的。

师：嗯，很好，你发现了这一点，还有吗？

生：到很多城市旅游，我会把路线查好并且记住。

师：那看起来你的空间记忆很好，而且你做事还很细致、有计划。

此时上课铃声响，他说迟到几分钟没事。我和他简单回顾了今天聊的两个主要话题。我们约好下次的谈话时间，并且我帮他找出了一个他的优势：有苦恼愿意来找心理辅导老师，说明很主动，有些同学苦恼了也不知道怎么寻求帮助。

××年4月××日，第四次心理辅导

师：这周过得怎样？

生：这周过得挺好的，没发生什么事。

师：来，坐这里。

生：嗯，老师，你有花钱吗？

师：你是说我的心理辅导是否收费是吗？不用哈。【经常会遇到一些心理辅导教师喜欢把自己的假设直接当成事实，其实这个部分可以多问一句"是什么让你想问这个问题？"而不是直接用自己的想法替代。这种把假设当成事实的情况在中小学心理辅导中非常常见，这也是多重关系的影响之一。】

生：不是，您平时是否花钱？

师：花钱啊，怎么了？

生：我花钱的时候会有顾虑，即便花的数目不多。比如说上周买了一本地图，花了五六十元吧，背着父母买的。

师：你之前是否有过买了东西被父母亲说的？

生：有，他们指责我浪费钱。

师：那你的生活费是谁给的？

生：我妈妈。

师：你是否尝试过表达你的想法？【心理辅导教师可以邀请来访者先说说自己的想法和感受，否则后面的内容很容易陷入主观臆断中，也会让来访者感受到不被尊重和支配感。】

生：没有。

师：你在平时的人际关系中也这样怕被别人说吗？

生：（若有所思）嗯。

师：我们今天可以尝试一下新的方法，你能否去取几个人物（沙具），摆一下你们家的成员位置图？

生：（思考了很久）没必要。

师：那能否在纸上给我画画看？

生：我也不想画。

师：家里除了你爸妈，还有其他人吗？

生：没有。

师：你奶奶呢？不在了？

生：嗯。

师：大概什么时间去世的？

生：我三四年级的时候。

师：我记得你上次说过你一二年级的时候成绩还不错，之后就下降了，和奶奶的离世有关系吗？

生：好像没什么关系。【当来访者的回复越来越简短，而且对心理辅导教师的建议多加否定时，心理辅导教师一定要注意觉察，最快速的办法是停止提问，给来访者更多可以诉说的机会；或者关注辅导关系，回归心理辅导尊重、真诚、无条件积极关注和共情的部分，而不是把解决问题放在第一位。】

师：人际关系不好大概从什么时候开始的？

生：我记得是从初二的时候开始的。班主任也给开过一次关于友谊的班会，让我感到压力和内疚。

师：嗯，你觉得有压力，为什么呢？

生：因为我不需要别人的同情和怜悯。

师：那内疚呢？

生：老师做了很多事情。

师：你很理解老师的用心，每个老师都希望自己的学生变得更好一些。很快就中考了，你对自己今后的计划是？【从大脑研究和发展心理研究的结果看，青春期大脑发育的特点之一就是对人际关系非常敏感，自主意识的增强导致他们非常在乎"面子"。班会通常是为了解决共性的问题而不是个性的问题，如果班主任老师为了解决小于的人际关系问题而专门开班会的话，对小于而言是一件感到羞耻和有压力的事情。心理辅导教师并没有深入了解小于的情绪，直接给了一个结论，这一点会使来访者感到不被理解。】

生：老师，我想去××寄宿制学校。

师：是高职还是高中？

生：是一所技校，但是爸爸妈妈说先别急着做决定。我很想逃离这个班集体，要是去技校就不用参加中考了。我就能早点离开，重新开始新的人际关系。

师：你好像想早点离开这个环境。

生：在这里，我的行为经常被模仿和夸大，我感觉到了被嘲笑。

师：嗯，你觉得被嘲笑，还有些无奈和愤怒，是吗？

生：是的。

师：那你是怎么想的？

生：有时候真想一刀把他们都捅了。

师：在和我做心理辅导过程中，不要伤害自己也不要伤害他人，能做到吗？【张日昇在他的《咨询心理学》中提出了重大决定延期原则，指的是在心理辅导期间，由于来访者情绪不稳定，原则上应规劝其不要轻易做出诸如退学、转学等重大决定。在心理辅导结束后，来访者的情绪得以安定、心境得以整理之后再做出决定，往往不容易后悔或后悔的比率较小。重大决定延期原则应该在心理辅导开始时告知来访者。心理辅导教师此处使用了这一原则，同时又像是针对可能的危机事件进行了干预，两者都很必要。然而在这个心理辅导过程中，来访者鼓起勇气表达的感受并没有被重视，长久积压的情绪没有被理解和疏导，直接跳过这些并让他做出关于行为的保证，来访者的情绪没有被看到、被听到，这也直接导致了后半程心理辅导过程中来访者的消极抵抗和不满情绪。】

生：可以。

我邀请他做沙盘，他左手先摸了摸沙，然后抓了一些，抖落，很多次，叹气。转过身来和我说："老师，这些不是我特别想要的。"

师：你可以在地上的包里和箱子里找你想要的东西。【在沙盘辅导时可以对来访者进行必要引导，但当来访者表达了明确的拒绝，那么建议心理辅导教师尊重来访者的自主选择。来访者用了"不是我特别想要的"，那么下一个问题呼之欲出："那么你特别想要的是什么？"】

他先放了一个房子，左手一直摸沙，叹气，然后右手往左手放了几个玩偶，在沙里分别摆放时摁了摁，然后又把房子放回去了。

制作时间大概只有3分钟。

师：你能给你的作品取个名字吗？考验你语文作文水平的时候到啦。【心理辅导教师一定在当时感受到了辅导关系的紧张和辅导室内氛围的微妙变化，因此希望用幽默的方式缓解尴尬。给作品取名不能说与语文水平毫无关系，但这样的提醒会破坏来访者对作品的体悟和思考。来访者的回答转到了语文作文上并且委婉地表达了自主性没有得到尊重的不满，可惜心理辅导教师当局者迷，失去了对这部分的觉察，也失去了与来访者的联结。】

生：老师，语文作文一般是命题作文。

师：呵呵，也有自拟题目的哦。

生：（思考了一会）那就"无题"吧（右手玩沙）。

师：这里面有你吗？

生：有（他找了一个最小的代表自己）。

师：你第一次为什么叹气？

生：我在想着警察追杀一群市民的画面。

师：你是警察还是市民？

生：警察。

师：我刚才看见你把房子放回去了，原因是?

生：我只要有友谊就可以了。

师：嗯，那你对你的作品最满意的是什么?【每次接近真相时，心理辅导教师的提问都能把话题岔开，每个问题单独拿出来都是好问题，然而错误的提问时机、错误的提问方式、错误的语气等促成了错误的问题。来访者被动的"欲言又止"，明明没有被打断，却总是在表达时受阻，估计来访者内心也是愤怒和失望的。其实当他说起："我只要有友谊就可以了。"我们回复的方式至少可以有两种，一种是探寻："那你有吗?"一种是表达感受："听上去这个要求很正常啊!"不管是哪一种回复都会使来访者有继续表达的欲望。】

生：我最满意的是四个人面对面。

师：最不满意的呢?

生：有点单调。

师：那你下次制作的时候，可以再加一些你想要的东西。【多拉·卡尔夫作为沙盘游戏的创始人，认为沙盘游戏治疗的基本假设是在人类的心中存在朝向整合和治愈的基本内驱力(Kalff，1966)。因此使用沙盘游戏进行学生心理辅导时，决不做任何干扰儿童游戏过程的事，仅仅是观察和接受治疗过程中发生的一切。强调在自由与受保护的空间内使用沙盘，鼓励来访者和他们的无意识相联系，表达前言语阶段的经历和受阻的心理能量。然而在讨论部分，心理辅导教师直接对来访者进行了干预，忽视了其实静静地建造和经验世界本身就有治疗和治愈的价值。】

(3)巩固和结束阶段

回顾、总结前几次的心理辅导，评估、巩固心理辅导效果。来访者开始认清引起人际矛盾的并不是他人或者环境，愿意自己调整应对方法来适应新的环境，同时焦虑、抑郁现象基本消失。

八、心理辅导效果评估

1. 来访者自我评估

通过这段时间的心理辅导，我的心胸开阔了很多，开始对目前自己的人际交往有了合理的认识。每个人都有自己的生活习惯和态度，我不能把自己的想法强加给别人。以前因为自己的看不惯所以在班里和同学发生了很多摩擦，在日常的相处中，运用ABC理论让自己改变了很多固有的不合理信念。现在我已经没有了焦虑、抑郁的状态，可以和同学一起进行户外活动，并且学会了放松方法。

2. 心理辅导师评估

通过回访与追踪，小于比以往开朗了许多，遇到问题会有一个理性的态度和处理方式，达到了心理辅导的具体目标和近期目标。

3. 量表评估和求助者的自我评估

小于在心理辅导结束时感觉已经完全恢复，认为没有进行心理测量的必要，故未进行再次的心理测评。

4. 长期效果评估

小于建立了比较理性的态度和认知方式，对于他以后的人际交往有帮助。

九、总结

在本次心理辅导中，心理辅导教师和来访者建立了良好的心理辅导关系，材料收集完整，分析翔实。心理辅导教师针对来访者的成长经历和具体情况，运用认知行为疗法，帮助来访者改变错误认知，建立新的观念，与班级同学达成良好的沟通，取得了较好的心理辅导效果。

第四节　关于高中生人际关系问题的团体箱庭辅导案例报告

摘要：8 位高二男生被班主任推荐过来，他们有共同的状况：在上课和自习等需要安静的氛围下，经常说话；听课和写作业时注意力不能集中，无法完成作业，拖延等。心理辅导教师用团体箱庭进行心理辅导，5 次后他们的心理、认知、行为均发生正向的变化。

关键词：注意力；违规行为；团体箱庭

一、一般资料

1. 团体成员第一印象

这 8 位男生都是 17 岁的高二学生，常常在课堂上说话、违规、不交作业，并且势头越来越严重，被班主任推荐来。第一次见到他们时，我先说："班主任刚接班不久，她从心底里很关心大家，她希望你们能有变化，变得更好，所以和我商量做一系列活动，我很想听听大家对于来到这里是怎么想的，希望自己在哪些方面有变化和进步？希望我们一起做点什么？"【心理辅导教师这里处理得很好，首先从旁观者的视角说明了她观察到的班主任对大家的理解。之后使用开放性提问来征询大家对自己的具体希望、对心理辅导的希望，这里非常聪明的一点是她把班主任的期待转化成了学生们的期待，不会让他们有一种"被迫"的感受。开放式提问又给了学生充分的自主和表达的空间。】在他们分享时，我觉得他们率真又可爱。【与其他教师相比，心理辅导教师看待学生总要有点"不一样"，这个"不一样"可能是心理辅导的独特视角，可能是心理辅导教师个人学生观的体现，不管怎样，从这个看法开始，心理辅导教师已经传递给来访学生一种"这是不一样的"师生关系的感觉。】想到箱庭疗法对行为的转变特别有效，因此希望做些尝试。

2. 心理测量结果

采用了症状自评量表（SCL-90），学习动机策略问卷（MSLQ），以及一般自我效能感量表（GSES）。【心理辅导中使用心理测量的目的一是了解来访学生的基本情况，二是衡量与评估来访学生的心理辅导目标是否可以达成以及中后期达成情况，因此心理测量应符合来访学生的现状和基本诉求。SCL-90 通常用于医疗系统的患者评估，对于17 岁的中学生来讲效果尚可接受，学习动机策略问卷和一般自我效能感量表在没有清晰的辅导目标时使用，有些突兀。因此建议在案例报告的书写顺序上，将这部分调整至评估部分会更好。】

SCL-90 的结果显示：8 人中有两人测验总分超过 160，其中一人 247，另一人 172，另有两人得分 159 和 157，在需要筛查的边缘。此四人的 F2 项（强迫）症状因子分均超过 2 分，提示有阳性意义，他们在敌对、偏执、人际关系、焦虑、精神病性等几项因子的分数都值得关注。

在学习动机策略问卷（MSLQ）的结果中发现，小组成员中成绩好的同学各项得分高（其中第 1～9 题考察自我效能；10～18 内在价值；19～22 考试焦虑；23～35 认知策略使用；36～44 自我调节），成绩排名靠后的同学各项得分低。

一般自我效能感量表（GSES）的结果均分是 25 分左右，最低的只有 21 分，最高的是 30 分。

3. 主要负责教师的意见及态度

班主任认为他们的问题集中在不能遵守上课的秩序，喜欢违规，比如说话和不交作业，影响课堂氛围；不能集中注意力，自控力差；不爱学习，老是爱闹。

我也是他们的任课老师，在课堂上也发现他们互相找着说话，常常因为一个玩笑或是一句口误，就要哄闹很长时间，提醒时能意识到，可是扭头又开始做小动作，感觉行为像初中低年级的学生，能感觉他们也不愿意这样，可就是控制不住。

4. 主诉和个人陈述

8 个人参加团体箱庭的期待基本相同，都希望自己能管理好自己，上课可以更专注，少说没用的话。

二、评估与方案制订

1. 评估

8 位同学身体健康状况良好，有两位有经常性的踝关节扭伤；心理健康状况需要关注，注意力、专注力需要提升，学习动机有待加强；人际方面他们只有自己这个小圈子，不太和别的同学接触，因此他们也需要加强人际沟通，以帮助他们未来和更多的同学相处。

2. 心理辅导目标的确立

在澄清了他们的期待和需求之后，大家共同讨论和商定，把管理自己的行为举止、集中注意力和提高学习能力作为共同目标，其中管理行为、自我规范和集中注意力为短期目标，学习成绩的提高为长期目标。

3. 心理辅导方案的制订

(1)心理辅导方法和原理

箱庭疗法认为，人的心理有自我治愈能力和自我整合趋向，注重个体心中被忽视成分及阴影的表达与宣泄，认为与来访者的关系本身就具有治疗功能。又有研究表明，游戏治疗对于参与者的行为控制和管理、建立秩序感都有积极的作用。箱庭不仅适用于个体，也适用于团体，对丰富个体的情感体验，促进自我成长及人格完善，改善团体人际关系，即增强团体的凝聚力，有着不可替代的作用。因此选择团体箱庭作为介入的媒介和方法。

(2)双方的权利和义务

双方都有保密的义务，团体成员同意在匿名的情况下将作品用于教学和分享使用。

(3)班主任的权利和义务

班主任是推荐团体成员参与辅导的重要人物，也是团体成员学习生活中的重要他人。班主任会配合团体箱庭的活动内容，记录团体成员在班级和学习中的表现，作为辅导参考依据。同时，班主任也定期和团体成员沟通，询问需要的帮助。【这个设置很有意思，从中小学心理辅导的视角看，这是一个很有意思的尝试与探索。不过心理辅导教师需要注意提前跟班主任说明心理辅导的伦理原则，如保密原则、自主原则等。】

(4)心理辅导时间及设置

双方共同约定，每周五中午12:20—13:05为团体活动时间，有事情时需要提前告知和请假，班主任也会督促成员到来。具体的团体箱庭设置参考团体箱庭的操作步骤。【从团体辅导的设置上看，心理辅导时间的设置由双方共同协商，通常情况下团体箱庭疗法的开展包括介绍规则、团体制作、按照制作轮次讨论、总讨论、确定共同主题几个部分。要想完全地展开，5～8人的团体至少需要120分钟的时间，如果是规范的团体箱庭治疗可能需要180分钟的时间设置。中小学生在学校很难单独拿出这么长的时间，因此时间受限使很多中小学心理辅导教师无法开展团体心理辅导。这里心理辅导教师约定了45分钟的时间，对团体成员的充分体验和表达来说是比较受限的，然而敢于去做这样的尝试，也是一种有意义的探索。】

三、心理辅导过程

第一次团体箱庭 ××.××.1× 周五中午 12:25—13:07
命名：PB乐园

表 12-1　第一次团体箱庭制作过程记录表

成员	第1轮	第2轮	第3轮	第4轮
A	木头5根	一组士兵＋飞机进沙	蜈蚣＋蛇（褐色）＋蛇（花）	3个人（摩托服人）在白车周围
B	背酒的孙悟空，E说，B动	人＋旗＋车	黑衣人（2人）：一个蹲，一个趴地下	美人鱼娃娃坐进沙里
C	蜘蛛侠	摩托人	5个士兵站在房顶（先车后，后房顶）	超人＋黑狗
D	足球小子	吉他人	绿蛇＋黄蛇（绕在吉他人身上）	黄头发娃娃
E	背酒壶的人	士兵（绿色帽子，大）	一组蜘蛛人（红绿蓝黑4人）	软透明骷髅4个（2黄＋2黑）
F	天坛（居中）	白车	李小龙飞踢汽车人	大翅膀女神
G	房子	白色圣女像（倒着，天坛前）	红衣人坐在李小龙身上	软鹰立在女神头上＋两头狮子
H	耗子	大佛	两丛草＋蛇	蜻蜓＋蝎子＋鳄鱼2个＋老鼠2个＋苍蝇＋蛇（绿）
总体	E没有说话，其余人都在小声说话； B、C开始后，多人围到沙具那边挑选去了； H捏沙子； 几乎所有人都在别人摆的同时在沙前挑选，互相交谈，只有H能看着； 好像有时间压力，如H："别老碰箱子，一会儿又倒了。"			

图 12-7　第一次团体箱庭作品：PB乐园

　　本次箱庭共进行四轮，我感觉初始团体比较混乱，组员频频违规。违规时我也是安静地观察，并没有打断或停止箱庭。结束后组员们迫不及待地交流彼此摆放物件的原因，他们描述的主要理由都是"随心所欲，看着好玩，爽"。我询问他们是否违规，他们大多能说出违规之处，我也在最后补充了自己的观察。【不管是团体箱庭还是个体箱庭，在箱庭的制作阶段，心理辅导教师的角色都是一位静默的见证者（a silent witness），过多的言语会影响来访者直觉的开启，从而无法起到让理性放松的作用。心理辅导教师的基本态度是"母子一体性"，即包容、接纳和关注团体成员的个人和团队互动过程。在这个过程中，心理辅导教师的任务是努力去理解过程中发生的一切，并且必须对可能发生的任何情况做好应对的准备】。

同时我发现，他们摆放的速度很快，似乎不需要考虑。他们的主题和沙具的选取很特别，充满男性的竞争、打斗、纠缠，但不是很暴力，不让人害怕，就是觉得琐碎，而且没有什么力量，好像不是攻击，而是逗人玩。沙具互相触碰、包围、托起，彼此很有联结，互相觉得很安全信任。好像没有特别不舒服的感觉，我觉得他们都在放置沙具的过程中发泄完了，很尽兴。【箱庭室和沙箱玩具的包容和限定以及心理辅导师共感理解的态度为来访者提供了物理和心理上自由受保护的空间。心理辅导教师的静默为团体开展营造了自由与受保护的空间，团体成员之间彼此熟悉也强化了空间的安全感。箱庭疗法适用于中小学生的优势就在于制作箱庭的过程涉及多个身体系统：运动（包括抓握和移动）、触觉、视觉。成员在接触沙子和选择玩具时，已经产生了情绪和记忆。尽管如此，在团体箱庭的初期，团体成员往往会有个人独特的表达，这个团体的成员彼此熟悉，虽然个体没有对团体的担忧和顾虑，然而有充分表达自己的机会也使他们暂时顾不上团体的目标，关于团体凝聚力的部分暂时不会有明显的体现。这种联结只有通过制作完成之后的充分讨论才能被成员相互感知。】

第二次团体箱庭　　　××.××.2×　　　周五中午　　　12:20—13:00
命名：PB 海滩

表 12-2　第二次团体箱庭制作过程记录表

成员	第 1 轮	第 2 轮	第 3 轮	第 4 轮	第 5 轮
A	红色房子	两丛草	唐僧	一对歌者	将女神正过来
B	女神（倒立靠着房子）	一组桌椅放在草上	白雪公主	4个房子	一条蛇，盘旋在女神身上
C	红头发娃娃	左（房子）	婚礼夫妻	一对老夫妻	足球小子（5人）
D	婴儿车	骷髅正对门口	李小龙	月亮酋长	红色艾蒙放在女神头上
E	城门	南瓜城堡	老人翻开一本书	女雕像倒立在骷髅上	拿枪的超人
F	小姑娘	帆船（堆起一点沙堆）	大佛	李小龙踢佛	小伞（唐僧手里）
G	佛	两座塔	房子	风车	小舟

图 12-8　第二次团体箱庭作品：PB 海滩

他们比前一次更遵守规则，比如说话声音更轻，或者不说了；更在意这个活动，比如侧着身子走，不碰到沙箱；思考的时间比上次长，是观察完别人后摆的，更有规则意识，也更注重别人摆了什么。这次的主题很让人惊讶，没有了蛇、鼠一类的东西，而且摆放开始有种整体感。他们看起来很开心，似乎他们内心更平静些了，但关于自己要做些什么，还是很茫然。【根据汉森等对团体箱底初始阶段的描述可知，这个阶段成员会根据过去的经验呈现出较为安全的一面，彼此很支持，会担心是否被接纳，能否被大家喜欢（科瑞，2006）。在团体第一次体验了箱庭疗法的游戏性之后，玩具的象征意义和团体箱庭的规则开始引发团体成员对团体本身的关注，与好玩相比，他们更加在乎彼此之间的互动，更期待彼此之间的照应和理解。不过对于团体的目标，他们还缺少更多的体验，这也是团体箱庭辅导需要多次体验的原因。】

有一个突发情况，H 迟到了，我没有等他出现就开始了，他在 12:35 时拿着一瓶水来了，我平静地告诉他："你迟到了，我们就开始了，下一次你再加入好吗？"他有点惊讶但还是点头同意了，没有说什么。我请他站在身边，并对他说："请你观察好吗？这次你虽然不能和他们一起创造一个沙盘，但你的观察也很重要呢，一会儿你可以就你看到的、好奇的问问他们。"他的状态一下子轻松起来，主动要求坐在更靠近沙盘的位置。后来创作完毕后他真的问了不少问题。

第三次团体箱庭　　××.1×.0×　　周五中午　　12:25—13:07

命名：飞鱼公园（经历了 PB park，talking park，最后确定的名字）

表 12-3　第三次团体箱庭制作过程记录表

成员	第 1 轮	第 2 轮	第 3 轮	第 4 轮	第 5 轮
A	右上一丛树	卡通小战士（找了好几个地方才放进树丛）	挑选了树、手榴弹……最后放下两只蝴蝶（大家轻声鼓掌赞叹）	挑选了石头、粉桌、植物，最后放座桥（开始放鱼上，后来放水边）	挑选了葡萄。好像因为桌上摆不下，最后放了西红柿和樱桃

续表

成员	第1轮	第2轮	第3轮	第4轮	第5轮
B	3只恐龙,一蓝两绿	放鱼进水里	挑选了人鱼、小伞,最后拿绿色自行车放下	猪八戒	松鼠放桥上
C	蜘蛛侠扛着狗在树林边	房子(别墅)	冲浪人	鹰在树上	一块石头
D	两丛小树(拿沙埋上根)	右下放房子,拿沙埋上点儿	5个小矮人,半埋进沙里	城堡,放在矮人边	4个小别墅(也拿沙埋起来点儿)
E	大白鹅(左下),D拨沙	挪开沙具(房子),放上小人	小帆船	两只海豚	小狗放在门口
F	两个汤姆布利柏	小羊	小伞,开始放在老夫妇中间,后来又挪到爸爸那侧	桥下开一片水域,堆出小岛,放个小亭子(得到大家轻声赞叹)	放下一座桥和一艘船
G	红发娃娃靠在树上(脚上埋沙)	在大房子两侧放上两排草	一个黑猩猩坐在自行车上	小鸟在草丛里	军舰
H	开一片湖水	一对老夫妇	大山放在湖的一侧	小桌子放在老夫妇中间	小和尚

图 12-9　第三次团体箱庭作品：飞鱼公园

他们已经可以在团体箱庭开始时说出所有规则了,好几个人选沙具的时间加长,拿起后思考觉得不合适又放下,几经挑选后才会拿到自己理想中的沙具,而且这个过程他们会比较专注平静,其他同学也可以等,没有催促。【张日昇(2006)指出,在团体箱庭的制作过程中,经历了前一两次的冲突后,团体成员都在进行反思,所以接下来的几次体验中整个团体箱庭的制作步调会减慢。成员拿着玩具思考和犹豫的情况出现得越来越多。这个阶段被称为"察言观色"阶段。】

等待别人找沙具和摆放的时候,我看到他们四个人摞在一起(一个人完全躺在另一个人身上),觉得惊奇也好奇——他们这么放心地把自己的身体交给别人,或者换句话说，他们很缺乏身体的接触，又特别渴望，这种互相的依靠让他们觉得心里很踏实。

发现了这些，我感到欣喜。在箱庭作品完成后，我将这些变化提出来分享给他们。我也觉得和他们的关系变得紧密，他们好像觉得很安全，也愿意在我面前展现自己（比如躺着）。【从我个人的视角看，我很好奇组员听到这个反馈后的反应如何。尽管箱庭疗法非常注重营造自由与受保护的空间，然而在限制性团体箱庭的制作过程中，小组成员对团体代表的社会属性，包括规则、团体氛围、团体互动等，均应有不同程度的觉察、体验和调整，然而从组员的表现中可以看出，他们更多地处在团体箱庭之前的小团体氛围中，并未特别感受到心理辅导教师的存在对团体的影响。】

第四次团体箱庭　　××.1×.0×　　周五中午　　12:30—13:05

G 因为管乐团开会没有到场；H 在午饭前的体育课把脚崴了，当时不能走路也没有过来。

命名：混沌世界（他们说 G 和 H 没有来的时候，话语里满是遗憾、牵挂）

表 12-4　第四次团体箱庭制作过程记录表

成员	第1轮	第2轮	第3轮	第4轮	第5轮	第6轮
A	中间，城门	3个城堡，其中两个背靠背	开河放桥（桥两端埋进沙子）	一丛树（左边）	四辆汽车擦在一起	一组打仗的士兵
B	右下，宫殿	鸟停在城堡上	乌龟进水里	大鹅（水边）	军舰（拓宽拓长河道）	大兵（旗帜在胯下）
C	红毛娃娃（烈焰）	猎狗	石头（3块）	李小龙飞踢	少年背葫芦	艾蒙（坐在牛和狗身上）
D	古代房子	背羊羔的人与红发娃娃面对面	牛过桥上	2头牛	一堆木头	3只米老鼠，1只唐老鸭
E	大山	老夫妻（安详生活）	圆桌	一块饼	一对亲吻的少年	宝塔
F	蜘蛛侠	大别墅	西装男	狮子在蜘蛛侠后面	超人站在木堆上	骷髅趴在宫殿顶上

图 12-10　第四次团体箱庭作品：混沌世界

本次箱庭总时间不变，但是因为有了秩序，可以放置的轮数变多了，除了心情和命名主题，每人还说了说对自己摆放最满意的物品、最喜欢别人摆放的部分、让自己不舒服的摆放等。

关于对别人满意的部分，大家说的几个相对集中，比如开河放桥、飞踢老头、蜘蛛侠、骷髅，原因主要是有创意、出乎意料、设计很精妙等。他们从自我表达和宣泄开始转变为学习先进，模仿榜样。感到不舒服的地方有飞踢老头（破坏）、火焰娃娃（和风格搭不上）。

他们偶尔还会小声地讨论和说话，不过内容更多是评论当下的放置，也比较简短，进步一直在继续。【限制性团体箱庭中最重要的一步就是允许成员彻底地讨论，这一点在中小学开展中往往因时间设置的严苛而受限。这时候最考验心理辅导教师的敏感，包括对于箱庭制作过程、团体互动与融合的状况、成员之间的关系、作品进展的阶段、讨论彼此的不言而喻等，保持敏感才能在有限的时间里通过有效的提问来弥补不能彻底讨论的遗憾。本案例中心理辅导教师使用的"自己最满意、最不满意、最喜欢他人的部分"就是希望达到这样的效果。当然如果时间允许，彻底地讨论才能帮助团体所有成员用心感悟，积极反思和调整，最终收获团体的成长。】

在我看来，不同的人渐渐呈现了不同的主题，每个人转变进展的程度不同，有的人还在宣泄和释放，有的人已经在发掘、建设、追寻……

第五次团体箱庭　　××.1×.1×　　周五中午　　12:20—13:00

F的脚崴了，他不想因为他行动太缓慢影响大家的沙盘进度，主动提出在一边观看，G被老师叫走，H因为管乐团开会没有到场。

命名：米其林乐园、桃花源记（还有人小声嘟囔什么但被人否了，这是他们第一次出现分歧，而且在他们坚持自己看法的时候，我认为这是他们既可以与他人联结分享，又可以独立存在的证据，为他们感到开心。）

表 12-5　第五次团体箱庭制作过程记录表

成员	第1轮	第2轮	第3轮	第4轮	第5轮
A	开了一大片水，手捧沙做了个小岛，放上了绿植。	桥，细心地拿沙子没到桥墩边上	3块石头散落	灰、白2只老鼠（草丛里，城门后）	3条狗
B	开始拿绿植，后来又换成渔船	一条龙趴在树丛里，望向水（合为一体）	螳螂	穿山甲，2只恐龙，面向水	河马
C	冲浪男子	城墙	蓝色围栏	狗在围栏外	月亮法老
D	7棵小椰子树（分布四周）	4只龟，2只在沙上，2只在水里	蓝色宝盒和浅蓝色宝盒半埋进沙里	4辆汽车（3辆翻了）	石墙
E	大绿植	榕树换成绿地，紧紧挨在一起，半埋进沙	摩托车手换成4个城堡	9个小士兵	一组木头，放下，换成超人，骑在月亮法老上

图 12-11　第五次团体箱庭作品：米其林乐园、桃花源记

　　在这次的团体箱庭活动中，他们在摆放过程中能更用心，反复挑选最符合心意的沙具，这和刚开始的时候随意拿来，为了吸引大家眼球或是希望成为焦点不同，他们开始摆放自己真正在意的物品。【当团体成员在制作完成后的交流加深，他们会更愿意开诚布公地谈自己的想法、困惑与矛盾、对团体的期望，尽管可能有争论和遗憾，但过后大家都感到非常舒服。在这个阶段大家会认识到生活中沟通和调整的必要性。当团体成员本身并不存在较大的人际冲突时，他们会进入一个整个团体制作时大家都用心感悟彼此的心声，对彼此的摆放非常关注的阶段，这个阶段也被称为"协调共感阶段"（张日昇，2006）。】结束的时候，他们一直在沙盘周围不想离开，我催了好几遍他们才下楼。看到大厅光滑的地板时，C说："嗨，我一直都想这么做……"说话间，他快跑几步，然后顺势一溜，整个人滑在地板上，其他人看到后，争先恐后滑起来，或趴或躺，一时之间地面上全是人，他们很开心很得意地大笑，我一开始很惊讶，然后忍不住和他们一起大笑起来。【虽然心理辅导教师在团体辅导中与团体成员的角色不同，但仍需把自己看作团体的一员，用心感悟整个制作过程，苦乐与共，才能收获团体的成长。对教师而言，在难得的时空里可以放下教师的身份，体验与团体成员一样的青春和偶尔的放飞自我，也是一种难得的宝贵经历。】

　　也是通过观察这次的箱庭作品，我看到了他们作品中质的变化和飞跃，也认为团体箱庭可以告一段落。后来，又一次集合大家一起观看历次的箱庭作品，让他们做了问卷并说说自己的变化，还有对大家的祝福。团体箱庭到此结束。

四、心理辅导效果评估

1. 来访者自我评估

　　几乎所有的来访者都表示自己在课堂上比较能够控制自己了，更专心听讲。个别组员提到自己更有效地利用时间，还会对回家后的时间进行规划；能及时完成作业不拖延。第二次买水迟到的组员特别提出自己上课发呆次数减少，写作业、听课、待人处事、办事时都更用心投入，原因是自己想要改变了。我追问："怎么是现在？以前没有想过要改变吗?"他说就是突然意识到了,自己就是想要改变了。班主任反馈他们的总体情况有好转,明显的部分主要有:课堂表现比以前积极,作业基本能按要求完成,班主任找谈话时态度有所好转,其中有一两人在做值日时明显比以往认真,更负责任了。

除此之外,我与他们一起看了五次的箱庭作品,他们说到作品的变化:从野蛮、混乱到开始分区域、有主题,再到更团结、有规则和主动配合别人。

2. 心理辅导教师评估

团体箱庭让成员们在各方面发生变化:现实转变有成员之间、成员与班主任和外界环境的关系好转,秩序感加强;心理与行为转变有情绪平稳,减少违规行为,调整自我和对自己负责;能量转变有从对抗、消极的负面能量转变为建设、积极的正面能量。

3. 量表评估

学习动机策略问卷(MSLQ)的结果显示,团体成员的自我效能有所提高,变化不明显;内在价值提升较多,考试焦虑有所下降;认知策略使用分值增高,自我调节分值也提高。一般自我效能感量表(GSES)结果均分变化不明显,某几个同学有所提高。【这些结果也可能代表了心理测量所使用的工具与本次团体辅导目标之间的不匹配。】

五、总结

团体箱庭小组"没有 PB"一共进行了 1 次团队建立,5 次箱庭创作,2 次测量。在这个过程中,团体的成员们和心理辅导教师形成信赖、亲近的关系。他们在箱庭创作中可以尽情释放攻击性的能量,宣泄负面的情绪,因为彼此的接纳,5 次箱庭创作中,主题和风格有了明显的变化。在这个过程中,团体成员对学习的认知发生了积极的变化,情绪稳定,在行为方面发生了许多积极的改变:课堂注意力更集中,较少出现违规行为,在完成作业方面更加主动,也能够去承担和完成老师布置的班级工作了。团体箱庭不仅带动了他们,更带动了他们的世界发生转变。

第十三章 中小学生适应问题的心理辅导

对于适应的科学论述来自生物学，其中达尔文在《物种起源》中提到"物竞天择，适者生存"，强调了适应对生存的重要性。朱智贤主编的《心理学大词典》对适应的定义是"适应是来源于生物学的一个名词，用来表示能增加有机体生存机会的那些身体和行为上的改变"。

第一节 中小学生适应及影响因素

斯宾塞将适应一词用于心理学研究，提出社会适应的概念，并将社会适应分为生理机能适应、心理行为适应和客观环境适应三个方面。联合国教科文组织提出的现代教育的四项培养目标——学会做事、学会求知、学会与人共处、学会生存，反映了社会适应方面的基本要求。

一、社会适应

朱智贤(1990)指出社会适应是个体以及群体接纳所处社会中的生活状态、行为规范以及道德准则的过程。陈会昌(1999)认为社会适应是社会或文化倾向的转变，即人的认识、行为方式和价值观因为社会环境的变化而发生的变化。从局部和具体的事件看，社会适应是个体社会行为的自我调节过程；从个体发展的全过程看，社会适应实际上就是个体实现社会化的过程。贾晓波(2001)认为社会适应应当包括以下内容：一是对社会生活环境的适应，包括对不同生活条件和方式的适应；二是对各种社会角色的适应，包括各种角色意识的形成以及对不同角色行为规范的掌握；三是对社会活动的适应，包括各种活动规则的掌握与活动能力的形成。也有的研究者认为社会适应是指个体独立处理日常生活与承担社会责任，以达到他的年龄和所处社会文化条件所期望的程度，也就是个体适应自然与环境的有效性(肖丽琴，2004)。

二、心理适应

社会适应的基础是心理适应。皮亚杰认为智慧的本质从生物学上讲是一种适应，它既可以是一个过程，也可以是一种状态。有机体是在不断运动变化中与环境取得平衡的，这可以概括为两种相辅相成的作用：同化和顺应。适应状态则是在这两种作用之间取得相对平衡的结果。这种平衡不是绝对静止的，某一个水平的平衡会成为另一个水平的平衡运动的开始。如果有机体与环境失去平衡，就需要改变行为以重建平衡。这种平衡—不平衡—平衡的动态变化过程就是适应，也是儿童智慧发展的实质和原因

（戴维·谢弗，2004）。根据皮亚杰的理论可以得出，心理适应就是主体对外部变化所做出的一系列自我调节的过程，最终目的是重新适应新的环境变化。也有研究者认为皮亚杰把心理适应的过程仅分为同化和顺应过于简单，结合认知心理学和社会心理学的理论，贾晓波（2001）认为从出现不适应现象到重新适应中间一般要经历认知调节、态度转变和行为选择三个环节，其中认知调节分为外部评估和内部评估。外部评估是认知调节的第一阶段，指主体对变化了的外部环境及其对自身发展所具有的影响进行全面了解并做出新的判断的过程，主要任务是确定外部环境中发生了哪些新的变化，提出了哪些新的要求，这些变化和要求对自身发展所具有的影响，在此基础上对发展中遇到的困难做出准确的判断，对新的角色期待形成正确的理解与把握。内部评估是指主体在对外部变化做出正确判断的基础上，对自身内部状态进一步了解与判断，是在自我监控系统的参与下，自我评价和自我意向重新调整的过程。态度转变实际上是对动力系统和反应倾向的调节，这是适应新环境的变化、保持和恢复心理平衡的一种背景条件。行为选择的核心是一个比较和决策的过程，对原有行为方式进行调整与改变。在适应过程中，同化与顺应两种调节方式始终发挥着作用。面对内外环境的复杂性和行为效果的多重可能，主体的判断与选择不可能一次性完成，所以适应过程必然会表现出一个反复循环的动态过程。

阿尔伯特·班杜拉（Albert Bandura）的社会学习理论也可以用来解释个体的适应过程。班杜拉着眼于观察学习和自我调节在引发人的行为中的作用，重视人的行为和环境的相互作用。班杜拉认为行为的习得受遗传因素和生理因素的制约，又受到后天经验环境的影响。行为的习得有两种不同的过程，一种是通过直接经验获得行为反应模式的过程；另一种是通过观察示范者的行为习得的过程。观察学习从开始到结束是逐步完成的，主要包括四个过程——注意过程、保持过程、运动再现过程和动机过程，每一个过程都对学习行为的最终完成有着至关重要的作用（彭聃龄，2001）。对中小学生而言，知识、能力、情感等都可以通过观察学习来获得。同时班杜拉认为自我调节是个人的内在强化过程，是个体通过将自己对行为的计划和预期与行为的现实结果加以对比和评价，来调节自己行为的过程。自我具备提供用来参照的认知框架及知觉、评价和调节行为等能力。影响行为习得的因素还包括自我效能感，是指个体对自己能否在一定水平上完成某一活动的能力判断、信念或主体自我把握与感受。班杜拉指出："效能预期不只影响活动和场合的选择，也会对努力程度产生影响。知觉到的效能预期是人们遇到应激情况时选择什么活动、花费多大力气、支持多长时间的努力的主要决定者。"影响自我效能感的主要因素包括成败经验、替代性经验、言语劝说、情绪唤起、情境条件。

三、学校适应

学校是家庭之外对儿童发展影响最大的正式结构。儿童在学校获得知识和技能，不断探索和塑造自己的价值观。学校通过教学教会儿童运用各种规则、策略和问题解决能力来处理各种各样的信息，从而促进其认知和元认知的发展（戴维·谢弗，2004）。

学校还给儿童提供非正式课程，要求学生遵守规章制度、与同学合作、尊敬权威、成为好的公民。从学校的角度看，学校适应是一个多维的概念。有的研究者认为学校适应是指在学校背景下愉快地参与学校活动并获得学业成功的状态，学生的学校适应可以分为适应良好与适应不良（方怀胜，2003）。也有研究者认为学校适应是反映学生生活状况的重要指标，包括学业、师生关系、同学关系、常规适应等多种评价维度。还有研究者认为学校适应包括学习活动表现的适当性、行为与情绪的常规性以及人际关系的恰当性（刘旺，冯建新，2006）。

学生的适应性问题可以从显性和隐性两个维度去理解。适应性的显性特征主要表现为学生对特定环境的适应表现，隐性特征则指向个体心理适应的内在活动过程。显性维度具体包括两个方面：(1)学生适应有效性的表现，即学生对环境、学业、人际关系及自我适应的有效性，判断个体是否有效适应的标准是认知、情绪和行为表现的恰当性；(2)学生适应过程的动态性与现实相关性，即学生适应问题产生于学生身心发展的动态过程中，在各种活动中由特定的个性特征和即时的情境因素累积所引发的情绪沉淀。学生适应性问题的隐性维度指适应性组织的自觉性与开放性，即任何一个个体在发展过程中都会出现适应问题，但并非都会产生消极结果，这说明个体的内在适应性机制具有自我调节能力，个体能积极地调节内在的平衡（张英，刘志军，2008）。

四、中小学生适应的影响因素

学校是影响儿童适应的因素之一，有研究者提出"最佳拟合"假设：学校根据学生的文化背景、个人特点和发展需要进行精心调整的教育更有可能成功促进儿童的社会适应。当学校鼓励所有的学生尽其所能，充分发挥积极性，而不是一味地强调成绩时，学生的心理和学习适应较好（贾晓波，2001）。父母、学校和学生齐心协力可以实现教育最优化。父母的态度与参与程度也会影响个体的适应情况，父母的积极参与将会使孩子在面对学业挑战时更加自信。父母也会影响个体的同伴交往和社会性发展，这方面的影响可以是促进，也可以是抑制。如果父母的教养方式是积极的、支持性的、乐观的，并且很重视亲社会策略，那么儿童也更可能形成能够促进积极的同伴关系的亲社会倾向；相反如果父母不是寻求建设性的解决办法，而是对孩子生气，命令孩子，就会引发孩子的消极反应，其社会技能不会提高，同伴冲突也会继续。若父母不能控制自己的消极情绪，孩子往往对消极情绪的调节机能也差，而不良的情绪调节与不和谐的同伴交往有很高的相关。有些儿童模仿父母的霸道或者独裁风格，也会引发同伴的消极反应，抑制儿童的社会性发展。

同伴交往是影响儿童适应的另一大影响因素。心理学家哈里斯提出群体社会化发展理论，他认为儿童社会化是其被社会接纳的过程，是通过学习逐渐成为一个有明确行为、语言、技能、恰当的信念和态度的社会成员的过程，是一种高度情境化的学习形式。儿童在这个过程中习得两套独立的行为系统，一套用来适应家庭内部的生活，另一套用来适应社会上的生活。这两套行为系统的学习方式和强化途径均不同。哈里斯相信家庭在孩子儿童时期的社会化过程中扮演着重要的角色，但这些角色逐渐被同伴团体所取代。在儿童的同伴团体中存在五种现象：团队内的友好；团队内部的同化；团队内部的疏远；团队外的敌对；团队间的对比。哈里斯试图用同伴团体中的异化和同化现象来说明儿童的性格差异。根据哈里斯的理论可以得出，儿童在中小学阶段的玩伴在他们成长历程中发挥着重要的作用（林崇德，杨治良，黄希庭，2003）。儿童小学时的同伴群体可以给他们的成长提供一个充满活力的社会环境，身处其中的他们会发现合作的价值，形成实现共同目标的责任感和忠诚感，学习社会组织如何实现目标等许多经验。中学生与同伴交往的时间更多，特别是与小团体中的亲密朋友在一起的时间多于其他人。这种同伴交往允许青少年表达他们的价值观，使他们在离开家庭后开始塑造同一性的过程中可以尝试各种新角色，也为后来建立恋爱关系铺平了道路，帮助青少年建立社会认同（戴维·谢弗，2004）。

　　本章将剖析两例关于适应的心理辅导。案例一的来访者是一名刚刚转学的小学二年级学生，生活环境的变化、成长背景的差异、抚养者的变化、语言差异等使他在转学后出现了适应问题，表现为害怕上学，过度紧张，缺乏同伴交往。心理辅导教师使用箱庭疗法给来访者提供了表达情绪的空间，陪伴来访者进行内外调整，优化自我评价，提升自我效能感，帮助来访者顺利度过转学期的适应阶段。研究表明，学生从小学过渡到初中时可能会出现许多不良情况，包括自尊水平下降，学习兴趣丧失，成绩下降，破坏行为增多等（戴维·谢弗，2004）。案例二的来访者是一名初中生，升入中学后出现不适应问题，表现为成绩下降，厌学情绪严重。心理辅导教师使用行为管理法激发来访者的自我管理能力，陪伴来访者处理了学习问题、同伴交往问题等，虽然自我评价部分显示的辅导效果稍有不足，但总体上辅导改善了来访者的适应状况。

第二节　关于小学生适应问题的沙盘案例报告

　　摘要：这是一个刚从老家转学过来的男孩子小Y，8岁，中等身高，身体偏瘦，皮肤较黑，比较腼腆。他从小和妈妈生活在农村老家，上下学由爷爷接送。爸爸在北京的一所学校做校工。据他爸爸说，他突然有一天说不想去老家的那所学校了，所以转学到了北京，和爸爸在一起。妈妈和1岁的妹妹住在郊外，周末他和爸爸回去。小Y看起来很乖，有些胆小，说话声音也很小。小Y从小和妈妈、爷爷生活在一起，来到北京后离开了妈妈，更多的时间和爸爸在一起，学习环境发生变化，接触的人群都是陌生的同学和老师，而且由于说话有口音，不太愿意和别人交流，这些都造成了他的紧张和不适应。

　　关键词：焦虑；紧张；同伴交往；适应

一、背景介绍

　　小Y在老家的学校准备上一年级时，由于年龄不够就没有正式上学，爷爷是语文老师，小Y就到爷爷的班里旁听了一年，语文成绩很好。第二年该正式上学时，爷爷退休了，妈妈正怀着妹妹，爸爸就给他找了个县里的寄宿学校上学，他们的班里有80个孩子，他考试名列前茅。由于他突然离开妈妈，自理能力很差，上了一个月，不适应新学校的生活，就回到了以前的学校。但是爷爷退休了，换了新的老师，使他的生活又一次发生了变化。老家的学校很多时候没有老师上课，小 Y 就这样松散了一年，然后被爸爸带到了北京现在的学校。目前，他上二年级第二学期，据他爸爸说，他上课不敢发言，学习成绩较差，学习不自觉，这学期头一个月学习比较好，最近由于减负不留作业又退步了。

刚刚转到新的学校，小 Y 有些不太适应，又因为说话有口音所以在班里不常说话，也没有朋友。开学两周后在申请选修课时，他很想去体育组，但是被老师分到了书法组，于是每到周一都不愿意去上学。他爸爸见到我跟我说了他的情况，向我询问怎么办，想让我开导开导他。于是我邀请小 Y 来辅导室进行沙盘游戏，缓解一下他的紧张情绪。

二、问题分析

小 Y 从小和妈妈、爷爷生活在一起，来到北京后离开了妈妈，更多的时间和爸爸在一起，学习环境发生变化，接触的人群都是陌生的同学和老师，而且由于说话有口音，就不太愿意和别人交流，这些都造成了他的紧张和不适应。

三、心理辅导目标

具体目标：通过辅导改变来访者错误的认知，消除紧张焦虑情绪，改善与同伴的人际交往状况。

近期目标：建立良好的辅导关系，取得来访者的信任。【建立良好的辅导关系可以作为心理辅导的目标，但是作为唯一辅导目标的前提是来访者的核心问题是缺乏对人的信任感。因此这里还需要补充其他目标，可以考虑把建立辅导关系作为实现辅导目标的必要途径。】

最终目标：通过沙盘游戏，调适心理状态，消除紧张焦虑情绪，建立良好的同伴交往模式，习得健康有效的人际交往技巧。

长远目标：促进来访者的心理健康和发展。

四、辅导状况

辅导时间：×年 9 月 18 日—×＋1 年 5 月，每周一次，共 13 次。

五、辅导过程（节选）

第一次：×年 9 月 18 日

图 13-1　小 Y 的第一次作品

初次见面我们互相做了自我介绍，小 Y 的口音很重。我让他写了自己的名字，他的字写得很工整，笔画正确，写字时也很认真。

写完名字，我对他说："你可以从玩具架上拿你喜欢的玩具摆放在沙箱里，想怎么摆都可以。"【沙盘游戏开始的指导语特别强调"想怎么摆都可以"，目的是以沙箱为中心营造一个"自由与受保护的空间"，在心理辅导教师的包容、接纳和关注下，来访者的自我治愈力得以发挥。实际上心理辅导教师在使用沙盘的每时每刻都要注意这个空间的营造，因此"想怎么摆都可以""你想怎么样都可以""你按照自己的想法去做就可以了"这样的表达贯彻了陪伴来访者的始终。】他在玩具架前看了一会儿，拿起坦克放到了右下角，炮口向上，放下后抬头笑着看了看我，我也对他微笑着点了点头，他又继续摆放起来。他拿起一个小超人放到了坦克上，但很快又把它拿了下来放到旁边，这时他又抬头看了看我。我感觉他第一次和一个陌生人单独在一起，还是有点紧张的，于是我又向他笑了笑。接着他拿起一个房子问我："能不能拿这个？"我说："可以，玩具架上的玩具都可以拿，如果你够不着我可以帮你。"【对于年幼或者身高不足的学生，心理辅导教师可以提前准备小矮凳，或者说明"够不着的可以叫我"这样的方式来协助来访者获取玩具。如果前面没有说明，那么在来访者制作的过程中像这位心理辅导教师一样以不打扰的方式提醒也是非常必要的。】

他把房子放到了坦克旁边，又拿起超人，想把超人放到房子上，最后面对房子放下了。接着他拿起变形金刚摆弄了一会儿，放到房子前，想让变形金刚站着可是站不住。他把房子放回了玩具架，换了个橘色的大房子，又把机器人放到左上角和超人面对面。接下来他又把机器人挪回房子前，超人放到房顶上与机器人面对面。到目前为止，他一直在左下角处理这几个玩具的位置。【沙盘作品的左侧可以看成人的内在世界、无意识的世界，右侧则可以看成人的外在世界、意识世界。在从内心世界向外部世界、过去向未来的新的可能性开发过程中，往往使用沙箱左下角区域的情况较多。左下角往往意味着可能性、发展的源泉（张日昇，2006）。】

接着他拿了两个印第安小人放到房子前面和右面，又把机器人挪开。接下来他开始玩坦克和机器人，让机器人站在沙上，又把超人拿起来和机器人对打，拿印第安小人和机器人对打。玩了一会儿，他又来到玩具架前挑选玩具，拿起老虎看了很久，又放下了。又拿起粉色的城堡，把它和橘色的房子并排放下，又拿起老虎，放到了两个房子中间。他又拿起印第安小人放到粉色城堡上。他回到玩具架前拿起一个高个子的男人看了看又放下了（给我的第一感觉是，那个高个子男人是他的爸爸，但是他和爸爸并不是很亲密，所以没有摆到沙箱里）。他又拿起红色的大鸟和蜘蛛侠，把蜘蛛侠在大鸟上比了比，接着把红色大鸟放到了房子前，想让蜘蛛侠站在大鸟身上，可是站不住，又把蜘蛛侠放回了玩具架。他接着拿了圆桌和粉色沙发，放到机器人前，让机器人坐在沙发上，还把大鸟和超人挪到了机器人前，又把大鸟放回去了，把超人也放了回去。他又拿来一座小桥，放到沙箱的左中部，用手模拟人过桥的样子玩了会，又把桥放回玩具架。又拿了几个印第安小人，拿起骷髅看了看又放下了。把大骷髅烟缸放到机器人旁，把红色小狐狸放到机器人前，印第安小人放到左下的房子前，绿色小精灵放到左下。又拿了两个士兵放到大骷髅烟缸前。接着拿了三个水果放到左中部的沙子上。又拿了小桌子和小椅子放到粉色城堡前，然后把水果放到机器人前的小桌子上。又拿了魔方和一串葡萄，他把葡萄放到了粉色城堡前的桌子上，把魔方放回了玩具架。又拿了个红色的昆虫放到左上的桌子上。

自我描述：

小Y没有把自己摆的沙盘讲成故事或者有逻辑性地进行介绍，只是告诉我这是什么那是什么，在我的追问下告诉我，机器人前的桌子上放了三个水果，是给机器人吃的，左下的两个城堡里没有人，门前的老虎是保卫城堡的，印第安小人也是保卫城堡的。【来访者最终呈现的主题很明显：食物和保护。前者可以理解为来访者在沙盘制作中感受到力量和能量的修复，他可以在沙盘中获取力量。后者则很直观地让我们意识到有威胁才会特别强调保护。】

陪伴者感受：

开始的时候他有点拘谨，摆放完一个玩具就看看我，还问我："这个可以拿吗？"后来渐渐放松，自己拿着两个玩具玩起来。在给我讲他的沙盘时也开心地笑了。临走时还很有礼貌地说："老师再见！"让我挺意外的。

小Y摆沙盘的时候一直在左边工作，右边三分之二都空着，我坐在沙箱的右边，感觉他可能是因为和我不太熟悉，所以在离我最远的地方摆放。【这一点非常常见，沙盘游戏的创始人多拉·卡尔夫认为最好不要在咨询的最开始使用沙盘游戏。来访者需要时间去熟悉咨询师、咨询室、咨询的流程等，因此在咨询的初始阶段，咨询师在建立关系的过程中需要寻找时机介绍和使用沙盘游戏。然而对于小学生而言，他们走进心理辅导室就会被玩具和沙子吸引，因此心理辅导教师也不需要过分刻板，对待规则或者前辈的经验要有足够的灵活性，来访者被玩具吸引时直接开始就好，当来访者表现得抗拒或者过于纠结时，那么先收集资料、建立关系也是一种不错的选择。】

小Y在摆放沙盘过程中接触过的玩具很多，也有很多又放了回去。在摆放过程中他挪动和放回的玩具比较多，让我感觉到他心理界限的不确定和不稳定性。

在小Y的初始沙盘中，玩具只摆在了左上角和左下角，整个沙盘感觉比较空洞。左下角无意识区域出现了拿着兵器的印第安人，表现了他对超自然力量的渴望和向往。两座漂亮的大房子象征着家、归宿，同时还象征着来访者本人的内心世界，正所谓"心房"。选择高大且富丽堂皇的房屋，往往象征着来访者内心丰富的表现、远大的目标或是坦诚的心态。小Y初始沙盘中的房屋恰恰都是这一类型，表明了小Y内心世界的丰富，以及由于离开家、离开妈妈而产生的内心对家的一种渴望。在家的前面有坦克、印第安人、老虎在保护房子，我感觉他的内心有一种不安全感。在房子前面，小桌子上的绿色葡萄和蓝色桌子的搭配显得柔和宁静，给人很舒服的感觉。表现他内心世界的左上角有机器人，体现了他渴望超自然的力量。全副武装的士兵让人感受到他的自我保护受到了威胁。机器人前有水果，左下的房子前还有葡萄，可能投射出他物质和精神上的匮乏，有对滋养的需求。中间表现自我现实感的位置是空的。【心理辅导教师在这里对作品的分析结合了来访者的实际情况和沙盘的具体表现。初始沙盘在了解和评估来访者的问题中有着非常重要的意义和价值。然而与分析相比，我个人更倾向于把来访者的表达放在更重要的位置上，心理辅导教师可以有自己对沙盘的理解，但是不要过早地向来访者解释，以避免打破来访者的心路历程。即使是心理辅导教师自己的理解，我建议也不要太过僵化，或者仅从玩具的象征意义去推断，毕竟来访者是一个独立的个体，他的独特性、神秘性和复杂性值得我们敬畏和尊重。】

第二次：×年9月25日

图 13-2　小 Y 的第二次作品

这次来做沙盘，小 Y 不再像第一次那么拘谨了，他一来就马上做起来，好像事先就已经想好了。这次他还是从左下角开始摆，他拿的第一个玩具就是粉色的城堡，接着拿了坦克（这两个玩具都在上次的沙盘中出现过）。接着拿的是灯塔，把灯塔摆在了左下又移到中间。将几个印第安小人放到城堡四周，有两个站在城堡上面。接着他在左中部摆了石桥。然后把石狮子放到城堡两侧并挪动了城堡位置，把坦克位置也向下移动了。接着他拿了摩托车，放到了城堡和石狮子之间。接着他拿了老虎放到左上角对着城堡，拿了蜘蛛侠又放了回去。把士兵和机器人放到左上角面对着城堡。接着他又把骷髅烟缸和油罐车放到了左上角的位置，还把一个士兵放到了烟缸里。接着他又摆放了花、枫树、恐龙、蓝色小精灵、印第安小人、小超人和小悟空。在做到第 22 个动作的时候，他对沙箱里左下的玩具进行了重新摆放，并且从左下移到了右下，这个位置的移动有什么特殊的意义？【按照沙盘游戏的空间配置理论，从左到右意味着进行，而下方更多体现了无意识的进展。右下侧有时也代表不能保持适当的人际关系，孤立、混乱的状态，也可能展现了乡愁。灯塔的位置一直不确定，上下左右都试过，最后放到了右上角。张日昇（2006）认为右上角是目的、终点、发展方向。灯塔上的灯光常作为指引人们方向的标志，且一般建于高而易见的位置，因此可以象征来访者心中神秘而崇高的努力方向。】接着他把小人拿到茶杯前围着，随后把茶杯放回玩具架。这时他对我说让我帮他拿下最上层的一个大城堡，他把大城堡放到了沙箱的中上部。他在左下部放上了一个黄头发的小男孩，还拿了青蛙和小城堡，但又都放了回去。最后把葡萄和灯塔也放回了玩具架。【玩具放进又放回也是来访者内心挣扎的真实写照。这种好像有收获又好像没有收获，好像得到了指引又好像迷失了方向的状态可以完整地体现在制作的过程中，因此制作过程本身也是非常重要的见证内容。在制作中，来访者有治愈和个性化的过程，当它在沙中被做成可见的形式时，我们这些目睹沙盘形成的人得到特权，看到这个过程的发生——每一个步骤都会开启下一个步骤（特纳，2016）。】这时，他告诉我他摆完了。

自我描述：

这次依然没有明确的主题，但是比起第一次，小 Y 对自己的沙盘有了介绍，他告诉我上面的人是坏的，机器人是大王，在休息，下面的人是好的，花挡住了好人，老虎是吃人的，超人等是搞破坏的，他们要来破坏城堡。

陪伴者感受：

这次的沙盘制作中小 Y 很自如，不像第一次那样拘谨了。

在制作过程中玩具的摆放位置依然总是在变，在第 22 个动作后，小 Y 把前面摆放的重新摆了一遍，从左下移到了右下。灯塔的位置一直不确定，上下左右都试过，最后放到右上角。有的玩具摆放后又被他放回了玩具架。他移动最多的就是印第安小人，我感觉他喜欢与人互动。这回依然有很多玩具在他拿起后又被放回玩具架。

玩具的摆放从左下延伸到了右下，而且从左边移到了右边，但是右上和中间的部分依然是空的。从小 Y 的自我描述中可以感受到这是个对抗主题的沙盘作品，沙盘的上下两部分界限很分明。但是上下两部分都有绿树、花等装饰，看起来很舒服，让我觉得他的内心有很多美好的东西需要表达。

左下的水井给我的感受很深。【沙箱左下角本身就是源泉的象征，井水来源于地下，是无意识深层的力量，是神圣的象征，井水不受污染，因此也象征了纯洁的灵魂，水本身的孕育功能使水代表了女性或者母性的力量（张日昇，2006）。作为女性见证者，在这个部分会有更多的共鸣。】

第三次：×年 10 月 16 日

图 13-3 小 Y 的第三次作品

自我描述：

左上部分是坏人，上面的森林里也有坏人，绿色的小人是他们的队长，右上角的大房子是给队长住的，左下的树林里有很多士兵在打对面的坏人，老虎是保护树林的。中间的恐龙是要去撞坏人的队长。左下的房子是好人住的家，屋里是被打死的好人。

【沙盘游戏的投射机制可以简化和凝练来访者的现实生活，将来访者内心好与坏的对立更直观地表现出来。死亡的主题在有童年阴影或创伤的来访者身上十分常见。沙盘中的死亡有不同的象征意义，好人的死亡可能是对丧失的哀悼，也有可能象征了失去过去美好的悲愤。但作品中的死亡并不是来访者心路历程的终点，死亡之后往往跟随着新生，这也使得死亡主题既是沙盘游戏中的创伤主题，也通常象征了转化的开端。】

陪伴者感受：

这次来做沙盘，小Y一进门就和我说了我们俩上次的约定（9月25日沙盘结束的时候我和他聊天，我问他的班主任和任课老师都是谁，他告诉我他不知道老师姓什么，也还没有朋友，所以我就和他约定在下次做沙盘前要知道语数英老师姓什么，还要认识三个同学）。这次他来的时候很高兴，和我说的话也多了，很放松的样子。

左下角是他摆放时花心思最多的地方。

小Y和小兵人还有印第安小人的互动很多，并且不断地调整他们之间的位置和状态。

虽然他还是给我讲了个好人和坏人打仗的故事，但是他的沙盘中有很多绿色的植物，还有彩色的房子，看着让人很舒服，让我觉得他心中有很多美好的东西。

这回他放回玩具架的玩具很少，但是对沙箱里摆的玩具还是会不断地调整位置。特别引起我注意的是他把本来放到沙箱中部的四个小兵人藏到了左下角的树丛里。【士兵卸甲归田通常象征了来访者可以有效地接纳和使用内在的攻击性。藏匿在左下角也是来访者将攻击性转化为力量的一个开始。】

第四次：×年10月30日

图13-4　小Y的第四次作品

自我描述：

这是个打仗的场面，中间是海，两边通行要过桥，下面的是好人。坏人想破坏村子所以打仗。右下角有水，是以前的村子被毁坏了，好人在森林里保护小鸟。左下的两个房子里有病人和死人。红房子是队长住的，船里的是队长。

陪伴者感受：

小Y摆放右中部的草坪、树和花的时候先用手指画了个半圆，然后把这些玩具放到这个半圆中。在树丛里还放了小鸟，让我有一种他想释放自己的感觉。

这次沙盘中依然出现了很多小兵人，而且他们还处于一种对峙的状态，他在处理这些小兵人的时候花了很长时间，不断地调整位置改变状态，感觉他还是没有处理好和同学的关系，而他自己又非常渴望与同学老师的交流和互动。【对峙既是一种外在真实情况的表达，也有可能是来访者内部两种不同力量的对抗。理解来访者的作品切忌僵化和单一，足够的灵活才能激发对来访者人性的好奇，这种好奇启发了心理辅导过程中真正的尊重。】

在制作快结束的时候，他拿了很多彩色的木块放在橘色房子旁边，想摆成楼梯的形状，但是没有成功，就放弃了。然后他把彩色木块放到对峙的双方中间，一块摞一块，想摆成墙，摆着摆着成了两个桥墩，就在上面放了座木桥，又用积木搭成了楼梯和小路。还在沙子上用手指画了几道，我以为是什么界限，他告诉我用手画的印都是水。他开始时在橘色房子前摆楼梯后来又用积木搭成桥，我感觉都是在建立一种联结，至于到底是什么联结、与谁的联结，我说不好。

自己创造的桥表现出了自愈的线索，花草树木、小鸟让整个沙盘充满生机，也让我感受到蓬勃的生命力。【来访者用大自然的馈赠来唤醒内在的自我治愈力，心理辅导教师通过见证可以感知到这种人性上的共鸣。因此沙盘游戏并不强调对作品的解释，静静地建造和经验世界就具有治愈的价值。】

印第安小人和小兵人也是小 Y 的沙盘里每次都会出现的，而且都处于对峙的状态。从第二次开始，沙盘里有了花草树木。前三次都出现了老虎，第一次是保护房子，第三次是保护树林里的人，让我感受到他内心有被保护的需要。

第五次：×年 11 月 20 日

图 13-5　小 Y 的第五次作品

这次小 Y 来到心理辅导室做沙盘时，先从玩具架上拿下来两个大房子放到了沙箱的左下角，又移到了右下角。接着他把印第安小人放到两个房子中间，把红色的枫树放到房子的夹角处，又拿来两棵树放到房子两旁。装饰完两座房子后，他拿来骷髅烟缸和机器人放到右上角，然后把汉堡、小面碗等几个吃的东西放到骷髅烟缸里，又拿来一个甜筒给机器人吃。【在作品中，小吃、水果等食物可能象征着对创造的肯定和回报，是成就感的表现（张日昇，2006）。来访者在制作过程中多次使用玩具食物，也给这些玩具赋予了新的象征意义。这里的食物可以是一种补偿或者奖励，也可以是赋能和成就的体现。通常情况下，当象征着贫乏、缺少情感、创伤的玩具得到滋养之后，来访者将表现出对这些玩具及其背后象征意义的释怀，后期的作品中将不再呈现，或者不再持续呈现，或者改以不同的功能呈现这些玩具。】他接着拿了四个印第安小人放到房子和树丛里，其中一个放好后，他又从玩具架上抓来一大把小兵人放到离他最近的沙箱的底部，小兵人的枪口对着上边。他精心地摆放着小兵人，又拿了很多蓝色和黄色的小兵人，又把之前放在下面的一排士兵移到了右边树丛和房子的地方摆成两排，有一个印第安小人在前面，蓝色和黄色的士兵在右上角处被摆成了三排，接着拿来蓝色和黄色的小兵人继续给他们排成几排，把中间的印第安小人向后挪了一些，并在沙箱中间的沙子上用手指画出了一个倒 U 形。随后他又把下面的小兵人移到了沙箱的左边排成一排，把机器人拿回了玩具架，把小兵人放到了右上角，骷髅也移到了右上角。这时，他从玩具架上拿来两块草地、各种树、荷花等，放到刚才画的痕迹里，又在沙箱下部画了一个圆把花草放进去，并拿来几个小兵人放到左边排成一排。接下来，他把骷髅烟缸里的食物放回了玩具架，换成了各种水果，又在果篮中放入各种水果放到左下角【食物既是物质食粮也是精神食粮，果实在作品中最常表达的是硕果累累的成就感，是对自身努力结果的期待】，并在树丛中放了一盆荷花和一些小兵人，把一对鸳鸯放到树枝上。最后他拿来一个玩具放到右上角，上面放了些小兵人。

自我描述：

他给自己的作品命名为"神枪手"，他告诉我骷髅烟缸里的水果是给敌人的队长吃的，右边的小兵都是神枪手，就队长不是（台子上的那个），他在用望远镜看敌人。左边的两排士兵都是敌人，花丛里的都是好人，但有的人被敌人打死了。右下角的房子是开会用的，橘色的房子是队长睡觉的地方。两个拿大炮的是班长，晚上看着小兵，好让队长睡觉。【沙盘作品中出现两军对峙，可能表现了来访者内心的矛盾，也可能说明其正面临着一种艰难的选择，或者重大的挑战及任务（张日昇，2006）。同时来访者在作品中是否有自我像，这个自我像在战争中的位置、身份、对战局的影响、是否有伤亡都有不同的意义和价值，这些需要心理辅导教师带有敬畏、好奇地认真倾听。虽然该作品中没有自我像，但是在制作中刻画了具有代表性的战士形象，比如神枪手，这往往是来访者价值观的体现，也体现了其强大的本能力量，以及对自身力量的赞赏和渴望。】

陪伴者感受：

这次沙盘中依然出现了很多小兵人，而且他们还是处于一种对峙的状态，小 Y 在处理这些小兵人的时候花了很长时间，不断地调整位置改变状态，感觉他还是没有处理好和同学的关系，而他自己又非常渴望与同学老师的交流和互动。

之前出现的机器人和骷髅烟缸在这次沙盘中又出现了，但是大机器人被他放了回去，而骷髅烟缸里一开始放了很多食物，后来食物被换成很多水果，而且左下角也有很多水果，让我感受到一种滋养的需要。

这次的制作过程中，很多玩具的摆放位置和玩具的状态依然在不断地变化，让人感觉到他心里的不确定、不稳定。

他的描述中有队长，还有人保护队长，让我感到他总有不安全的感觉。【沙盘的优势在于给年幼、语言受限、表达受限的来访者一种可以按照自己的需要讲述自己故事的途径，如果心理辅导教师感受到来访者在逐渐地呈现出问题，那么教师应该感到荣幸，她已经被来访者信任，并得到了邀请，来访者愿意展现自己内心世界的美好与黑暗，而这是心理辅导可以起作用的必要步骤。】

第六次：×年 11 月 27 日

图 13-6 小 Y 的第六次作品

过来做沙盘时小 Y 显得很高兴，他一走到沙箱边就发现沙子有些不平，于是问我为什么。【这是一个很有趣的问题，即使是年幼的儿童来访者，他们内心深处也希望自己是心理辅导教师的唯一来访者，哪怕他们知道心理辅导教师不可能只服务他一人，但他依然渴望自己在对方心目中是独特的。这种独特性可以是方法上、态度上、关系上的独特，也可以是时间上、作品呈现上、地点上的独特。心理辅导教师需要觉察到这些微妙的问题背后的含义，并不断体验来访者这种心理体验对辅导关系的影响。】我告诉他刚才有别的同学来做过沙盘。他把沙子用手铺平，就到玩具架上找玩具了。首先他拿了大骷髅烟缸放到了沙箱的左上角，烟缸里还有个棕色的恐龙。接着他又拿来粉色屋顶的小房子，他发现房子的门把手坏了，就认真地修起来。【在来访者挑选玩具时，每个玩具已经不再是冷冰冰没有情感的物品，而是承载了来访者的经历和感受、期待和理想，当来访者看到、拿起玩具的刹那，玩具本身就成了来访者人生故事的一部分。因此修复、调整都不仅仅是针对玩具本身，来访者对待修复的态度越认真，流露出的渴望越多，他对这个玩具投入的情感就越多，渴望玩具能够表达的内容也就越丰富。】可是一直弄不好，就让我帮他。修好后，他把房子放到左下角，又向右边挪动了一点，使房子和沙箱边之间留了一点空隙。他拿来五个蜘蛛人放到房子的右边排成一排，又把其中的一个黑色的蜘蛛人拿出来面对其他四个。【左下角是可能、发展的源泉，也可以代表幼儿期的固着和过去的创伤（张日昇，2006）。房子往往是家的象征，一个门把手坏掉的房子可能是藏在心中但无法进入、缺少归属的家。】他又拿来橘色屋顶的房子放到中下部。然后，他拿来四个小兵人和一个小骷髅人放到大烟缸里，把里面的恐龙拿出来。接着又拿来小骷髅烟缸，把大骷髅烟缸移到了右上，小骷髅烟缸放到中间。这时，他在沙子上画了一个圆形和一条弧线，又把橘色的房子移到了右下角。然后他站在玩具架前看了半天，好像在找什么。过了一会儿，他拿来了一个带翅膀的小人取代了黑色的蜘蛛人，把黑色的蜘蛛人和其他蜘蛛人放在一起，又把红色的蜘蛛人放到房子后面，把蓝色的蜘蛛人放到大房子右边。接着，他又把大骷髅烟缸挪到左上角，士兵也拿开，把两个房子从下面挪到了右边，蜘蛛人也移到右边，带翅膀的小悟空放到了右上，面对三个蜘蛛人。接着，他用手把沙子抚平，然后在上面画了个椭圆的痕迹，好像在划定什么疆界。他把大骷髅烟缸和小骷髅烟缸都放到了左上，又把恐龙放到小骷髅烟缸旁。然后他从玩具架上拿来一个小城堡，放到沙箱的右下角，在城堡前画了一块地，把印第安小人放到城堡两边。接着他拿来印第安小人放到右下城堡前摆成两排，又拿来很多蓝、黄色小兵人放到左下角。接着在左下角又放了个城堡，把小兵人放到城堡前，又拿了几个小兵人躺在那里。然后他用树和草地把沙箱内部分成了左右两边，还把一些小兵人放到树丛中。【左侧和右侧的对峙，根据来访者的经历可以被看作是对过去母亲的留恋和对现在与父亲的相处的纠结，也是留在过去和奔向未来之间的踌躇，更是守住自我世界和探索外部世界之间的迷茫。这次作品是来访者问题的一种核心呈现，原本现实的恐惧虽然影响了来访者的生活，但已经得到了相应的回报，典型的是骷髅玩具变成了旁观者。现在呈现的是更核心的问题，一方面是内心渴望的过去的家已经变得残破，有母亲的温暖但是已经不再属于自己的悲伤和丧失；另一方面是需要来访者做出改变但依然让他感到恐惧的现在的家，让来访者陷入两难。结合后面的主题，坏人未必坏，而是在来访者的感觉里，他当前的选择包含了对母亲和过去的抛弃，以及这种抛弃引发的强烈的内疚和自责，只有用象征性的死亡才能表达。】

自我描述：

这次他给自己的沙盘作品命名为"坏人输给好人"。他给我讲了沙盘里呈现的故事，右上角的小悟空和蜘蛛人是机器人，共五个，悟空是队长。左上角的是怪兽大王，有四个怪兽，加上小虫和恐龙是七个。中间的两个人在树林里碰上了，他们在打架。树林里是打仗的人，机器人和他们要分开。左下角的小兵是坏人，右下角的是好人，坏人有很多，在花上、草上、树上，这些坏人想让地球消失，但后来被好人打死了。小房子给队长住，机器人住在大房子里。【坏人虽然胜利了，但从来访者的命名中可以看到坏人在道德上的失败，给人一种得了天下却失去人心的感觉，所以坏人的胜利更可能是暂时的。来访者用这样的方式把自己从自责的深渊里解放了出来，积蓄力量重新找回好人，寻找动力，指向未来，最终改善现实生活。】

陪伴者感受：

这次的沙盘制作过程中，小Y重复使用的玩具还是很多，骷髅烟缸、橘色房子、士兵、小兵人、各种花草，虽然没有了以前常用的机器人，但是在他的描述中四个蜘蛛人和小悟空还是机器人。

小Y在制作中移动沙具的次数比之前有所减少。

中间的花草把沙箱分成两部分，界限很清楚，但是在花草中依然有士兵隐藏起来，而且他们之间是有冲突的，看来小Y人际关系的处理还不是很好。

在小Y看来权威是很重要的，这次的沙盘中依然有一个队长，而且队长住在房子里，是有归宿的。我感觉他就是这个队长，而且他很希望有家，有受保护的感觉。

小结：

在这种自由与受保护的空间中，陪伴者与来访者共享着"母子一体性"的咨询关系。

以包容、接纳、尊重、理解的态度来感悟和分享来访者的内心世界，唤醒来访者的自我治愈力量。陪伴小 Y 做沙盘的这段时间里，我感觉很愉快，我们的沙盘游戏共进行了十三次，来访者从最初的胆怯拘谨到慢慢地放松心情，在沙盘上尽情表达自己的感受，内心的不安、恐惧等得到了一定的释放。每次看到他的脸上洋溢着发自内心的笑容的时候，我都能感受到他内心的变化，这就是沙游带给孩子的神奇的力量。

第三节 关于初中生适应困难的心理辅导案例报告

摘要：本文是一例适应困难引发的厌学情绪的心理辅导报告。主要采用认知行为疗法，教授学生时间管理的技巧和策略，挖掘学生的积极品质，树立学生的自信心。经过四周心理辅导后，达到了预期的心理辅导效果。

关键词：中学生；适应；学习动机；人际关系

一、一般资料

1. 一般人口学资料

欣欣，女，13 岁，初一年级，身体健康。来访者外在表现比较开朗，表情坚定，行动迅速，思路也清楚，守时且有礼貌。能够积极主动去解决自己的问题，但是毅力较差，学习习惯不太好，尤其是作业方面。对很多问题有自己的主见，希望引起别人的注意，但大家不太喜欢她。

2. 个人成长史

来访者小学时候成绩一直较好，进入初中后成绩下降。来访者就读的班级为实验班，同学们的成绩都不错，竞争也大。小学升入初中后来访者的学习成绩落差大，导致其产生了强烈的挫败感。学校宣传学生在初二之后会有两极分化，成绩差的更难跟上。【这里心理辅导教师没有介绍清楚，来访者可能是因为学校的宣传而产生了消极的情绪体验。】

3. 心理测量结果

无。

4. 家长或监护人的意见及态度

父母非常支持来访者参与心理辅导，希望能够通过心理辅导提高女儿的学习成绩。

5. 主要负责教师的意见及态度

班主任老师支持来访者参与心理辅导，认为她有点懒散，学习没什么动力。班主任老师经验丰富，而且对学生很耐心，一直鼓励来访者，比较关注来访者的情况，认为来访者的情况与开学初相比，已经有所进步。

二、主诉和个人陈述

1. 主诉

我觉得生活没什么意思，每天都是一样的重复，其他人也都是这样，所以我应该调整心态。我的人际关系也不好。我想知道怎么才能让生活有意义。

2. 个人陈述

进入中学后仍用小学的方法学习，成绩下降很快，几乎是班里倒数。只有少数朋友，说话很直接，容易伤害到同学，不知道怎么说话。写作业时容易分心，边玩手机边写，看其他同学在网上聊天，无法专心写好作业。尤其抵触数学作业，有些难题会空着，不愿意动脑筋，就不想写了，但是如果努力想还是能够做出来的。辅导班的作业也是集中在周末写，但是写不完。总是找借口不去上辅导班，去了很痛苦，没有去又觉得内疚，觉得对不起老师。

三、心理辅导教师的观察和他人反映

1. 心理辅导教师的观察

来访者陈述事情经过时会情绪激动，并不断指出对方是如何伤害自己的，但从未提到自己的原因。来访者看上去非常有礼貌、有教养，但在考虑问题时比较以自我为中心，语气强硬。

2. 同学及同伴的反映

原本来访者是陪同学来做心理辅导的，过程中来访者发现自己有同样的问题，希望解决。【这里呈现的是来访者求助的过程和部分求助动机，并非同学及同伴的反映。】

四、评估

评估：学习成绩下降。人际关系不好，只有少数朋友。不懂得时间管理，缺乏自制力。对辅导班有抵触情绪。【这部分是在收集资料的基础上对来访者问题的描述，心理辅导教师需要结合来访者的主诉和观察的内容对来访者的问题进行分析，而不是简单地罗列相关内容。】

评估结果：缺乏学习动机引起的厌学情绪。【从欣欣的主诉上可以看出，她在中学阶段使用小学时的学习策略，影响了她的学习功能，这符合对行为适应不良的界定，因此心理评估时应更突出适应不良，缺乏学习动机和引发的厌学情绪都是由适应不良引起的。同时，初中生重视同伴交往，尤其是中学阶段，他们表现出闭锁性和开放性统一的特征，其中闭锁性是指针对家长或其他成人有封闭内心的倾向，开放性则指他们把对成人封闭的内容更多地对同伴开放，因此欣欣缺乏同伴交往也会引发她进一步的适应问题，带来消极的情绪体验，最终影响她对自己的客观评价。】

五、心理辅导目标的确立

目标简述：

(1)向来访者介绍学习时间管理的方法，做好时间规划。【这是心理辅导的过程，不能作为辅导目标。可以将这部分调整为"向来访者介绍时间管理方法，使来访者可以独立地做好时间规划"。其实这部分的三个表述都像是实现辅导目标的过程，而不是辅导目标的简述。】

(2)教会来访者一些交往的人际技巧、说话的方式，从而提升来访者的人际关系。

(3)让来访者更加了解自己性格上的优势和劣势，帮助来访者准确地进行自我评价，提高来访者的自信。

近期目标：教会来访者一些时间管理的技巧，让来访者能够合理安排学习时间。

远期目标：提高来访者的学习动机和适应能力。【关于目标的阐述有些混乱。其中前面心理评估的过于简略导致了目标设置相对随意且目标之间毫无关联。在设置心理辅导的目标时，最好是综合了心理辅导教师的评估、来访学生的诉求之后，心理辅导教师与来访者共同商讨制定。此外，近期目标和远期目标之间应有逻辑性，一种情况是近期目标处理来访者非常急切、表面的诉求，远期目标则更针对核心、深层问题的解决。另一种情况是近期目标由远期目标分解而来，近期目标的达成是完成远期目标的一部分。】

六、心理辅导方案的制订

1. 心理辅导方法和原理

行为管理指对个人的某种特定明确的行为进行监管和调节。早期行为治疗学将它发展成一种专业的"行为矫正技术"，并进而衍生出"自我管理契约"，它遵循强化理论，这种理论认为奖励可以导致行为再发生。咨询师与来访者签订自我管理契约，对目标行为进行观察，具体来说是对先前经历、行为本身以及结果的观察。认知行为疗法也有一种类似的技术，被称为"自我监督"，不同的是这种咨询方法不仅要求来访者每天记录事件、动作、行为，也要他们留心观察当时的想法或反应，更注重协助来访者深入了解目标行为、想法或者感受。

本文中的行为管理方法以行为主义的学习理论为基础，参考了行为矫正技术，与来访者订立自我管理契约，并在每次咨询时与他讨论目标行为发生时的具体过程和感受，是对上述两种心理辅导技术的综合运用。在对学生进行辅导的过程中，本方法强调正强化在个人良好行为的模仿与塑造中的作用，以强化学生自我向善所做出的努力。具体做法如下：

确认学生行为改变的目标和评估学生的现有水平；

分析行为改变所需的步骤；

与学生协定自我管理契约；

执行行为改变目标的步骤；

给予学生明确的指导；

检查行为并做出必要的调整。

2. 双方的权利和义务

（略）

3. 心理辅导时间及设置

每周一次，每次 50～60 分钟。

七、心理辅导过程

1. 心理辅导阶段的划分

心理辅导共四次，大致分为三个阶段：（1）诊断评估与心理辅导关系建立阶段；（2）心理帮助阶段；（3）结束与巩固阶段。

2. 具体的心理辅导过程

第一次：某年 4 月 11 日 12：00—12：50

来访者描述了自己学习和写作业的习惯，明晰了心理辅导目标，心理辅导教师与来访者共同制订了心理辅导计划。

第二次：某年 4 月 18 日 12：00—12：50

这次来访者依然比较准时，心理辅导记录节选如下。

师：上周感觉怎么样？

欣欣：挺好的。

师：挺好的，具体怎么说？【在心理辅导的开始，使用开放式提问聚焦来访者的积极变化，这种问题不仅传递出了心理辅导教师在积极倾听中表现出的好奇和兴趣，也可以帮助来访者聚焦现在，让来访者更专注地重新经验过去的积极感受。】

欣欣：我的作业基本完成了，80％的数学作业能够在饭前写完。只有两天因为有事情没有做完。

师：那你一定很高兴。

欣欣：（笑）

师：说一说，这一周跟过去有什么不同的地方吗？【著名的叙事治疗师迈克尔·怀特首创了独特叙述，也被称为重新描述问题。这类问题用于引导来访者描述他们曾经以何种独特的方式完成了某些具体的积极任务。温斯莱德和蒙克描述了咨询师在使用独特叙述时的关注点：咨询师要注意任何与整个问题不同的经验，无论它们多么微不足道。这些经验片段是形成新故事的原材料。通过询问这些"独特的结果"，咨询师探究了来访者对问题的影响（约翰·萨默斯-弗拉纳根，丽塔·萨默斯-弗拉纳根，2014）。中小学生来访者在长期的学业压力之下，形成了对学习成绩的积极追求，但也忽视了对生活中那些微不足道的独特性的体验，因此我们的心理辅导教师更需要在这方面增强觉察，及时看到来访者生活经历中的积极的独特之处。】

欣欣：这一周我基本没有早起到学校补作业的情况，我都在家完成了作业。做作业的过程中我都百分百集中注意力，很少分心。

师：嗯，还有什么新发现吗？

欣欣：我做作业的时候脑子很清楚，做完一科再做另一科。还有，我在学校完成了一些作业。

师：在作业方面你有了很多进步，今天你希望我能帮你做些什么呢？

欣欣：就是我的课外班作业，我每次都在临近交的时候才写，这让我很难受，我想把它们放在平时。

师：你能详细说说你都是什么时候完成课外班的作业吗？【这几段对话中，心理辅导教师很好地使用了开放式提问的方法，帮助来访者澄清问题，聚焦求助的重点。】

欣欣：我都是周末才写，来不及的时候就随便写，不能好好做。

师：那说说看，周末你通常是怎么做作业的？

欣欣：我总是打算在周五的时候写完，结果周五晚上我又跟妹妹玩，想着还有周六，周六早上写一点儿，又拖到了下午，下午没写完，晚上就去上古筝班了，然后就到了周日，周日早上我总起不来，起来之后写到下午快一点就得去上英语兴趣班，晚上的时候就很紧张了，通常作业写得特别赶，到七八点才能写完。我希望能够合理安排时间，让我能有一些玩的时间。

师：听上去你的周末都是在拖拉着过完的，你有做过一些计划吗？

欣欣：有啊，很多计划，每次都没有完成，甚至一天都没有完成过。我总想着从明天开始吧。

师：那上周的计划你是怎么让自己坚持下来的，完成得这样好？【心理辅导教师这里再次使用了独特叙述，看到来访者报告的个人成就，抓住独特的结果重新描述问题，可以让来访者把关注点聚焦在优势和成功上，鼓励来访者更深入地分析成功的原因，提炼优势要素。】

欣欣：我就想着必须要做完啊。

师：看来这次是决心跟过去不一样了啊。

欣欣：是的。我要提高成绩。

师：那我们来做一个周末的计划吧。你有了决心，跟过去相比，现在只是需要一个提醒你完成的标识。

欣欣：（看着我）

师：我们可以做一个表格来规划这些时间。作业通常有三科，语数外。画一个像日历一样的表格，确定到具体的半天，比如周五晚上、周六上午。然后写下具体的安排，比如周五晚上你可以做多少作业？

欣欣：至少要把二分之一或者三分之一的作业完成。

师：无论多少都要完成？

欣欣：嗯！

师：实际上你这个计划实现了吗？【心理辅导教师是在与学生确认行为改变的目标和现有水平。】

欣欣：没有……

师：你还记得上周的计划吧，你之前是规定自己要写几个小时的作业，后来是说在某个时间完成多少作业，这次我们能不能也把规定写几个小时的作业改成做完某一科作业？

欣欣：数学吧，我喜欢先苦后甜。

师：那周五晚上一定要完成数学作业，如果这个计划实现了，你就在表格上画一个笑脸，如果没实现呢？

欣欣：画一个大叉。

师：呵呵，不允许有缓冲的时间吗？

欣欣：我每次就是因为缓冲才拖拖拉拉，我不希望有。

师：好的，那就先按这个目标去做。（以此类推，示范了表格的画法）【这部分心理辅导教师分析了行为改变所需的步骤，并与学生协定自我管理的契约，给予了明确的指导。】

……

师：你实际的成绩情况怎么样？

欣欣：客观地说，我应该是中等，但是我接受不了。

师：你刚才也说了"客观地说"，那你认为你应该在哪？

欣欣：排名前十吧。上学期我都是这样。

师：现在你的排名呢？

欣欣：大概 19 或 20 名。

师：你怎么评价这个名次？

欣欣：我接受不了，以前我即使跌出前十名也不过是 12 或 13。

师：你在跟别人的竞争中确定自己的位置，这会让你有压力吗？

欣欣：这是我的动力，我就是因为没有压力所以才会这么懒。

师：你分析下自己的成绩怎么会下滑的？

欣欣：懒，不努力。

师：那上学期你如何保持前十名呢？

欣欣：可能跟我提前上过辅导班有关吧，拿数学来说，我都学过三遍了。

师：也就是说提前准备对你有很大的帮助？

欣欣：是吧，这学期基本每次考试我都有一道大题不会写，所以好几次都是最后一名。

师：你学习的目标是什么？【针对新的议题再次确认目标和现有水平。】

欣欣：自主学习吧，能够自己安排好学习的时间，完成作业。

第三次：某年 5 月 16 日 12:00—12:50

暂停辅导一段时间之后，这是来访者第一次回来辅导，来访者已经发生了很多改变。中间来访者因为各种学校活动暂停辅导或者改约时间，初步的判断是她的问题已经得到部分解决，因此辅导可能会告一段落，果然这次她决定要终止心理辅导，但是与心理辅导教师约定好，以后如果有必要，就会过来继续求助。

师：我们有两周没有见面了，前两次的心理辅导对你这段时间的状态和学习有什么影响？

欣欣：肯定有影响，最起码有一段时间改变了。

师：现在不是在改变中吗？

欣欣：偶尔会有一天先写数学作业，想起来是这样，也差不多是这个情况，比较习惯。

师：我从上课的角度也观察了，你在课上也有一个变化，我发现你会积极地举手，也很勇敢地做一些尝试，特别主动。【中小学心理教师与来访学生之间的状态经常在多重关系中切换，从这里可以看出心理辅导教师把日常在教学情境中的观察作为了过程性评估的一部分，也利用教师的身份为来访者提供了积极的反馈。在心理辅导中，我建议这样的反馈应谨慎，不管是积极的反馈还是问题发现，一定要在辅导关系良好的基础上进行，同时必须要明确这样做的目的是有利于心理辅导的积极开展的，否则还是需要更稳妥一些。】

……

欣欣：老师，如果说话的时候老是无意间伤到别人怎么办？

师：你说一个具体的例子。

欣欣：具体的例子太多了，我说话的时候老是脱口而出，肯定是伤到别人了，事后想想肯定不好。

师：你常常做这样的事？

欣欣：有克制啊，就三思而后行，我说话之前应该想一想，有时候没想就说多了。

师：那你想了之后会好些吗？

欣欣：当然，就不会那么严重。我想到同学说过我这个毛病，同学之间不像家人那样有矛盾时会给你指出来，同学一旦开口了就说明问题肯定挺严重了。我想知道怎么说话才能让人家高兴，有时候无意间就小气了，拒绝了别人，然后别人求我，我又后悔心软了，但是人家就已经不高兴了。

师：就是一开始你拒绝得很坚决。

欣欣：有那么一瞬间很不耐烦这个人或者某句话，后来发现不对，就 360 度转变，别人就觉得我很奇怪。

师：当然，注意说话的方式的确会让当事人比较高兴。你想想，如果一个人每次都让对方很高兴了，是不是就一定能够成为朋友？

欣欣：不一定啊。

师：那你是想跟他们成为朋友还是想让对方高兴？【与来访者一起明确她在人际交往中的需求，从认知层面帮助来访者更好地觉察当前的问题。不过这里有一点值得大家去思考，来访者求助的问题是交友的问题，还是担心自己无意间伤害别人的问题？尽管心理辅导教师的问题能够启发来访者，但如果与来访者的求助问题不符，也会使来访者不得不重申她的问题，并让来访者觉得没有被真正地倾听。】

欣欣：当然是成为朋友，我也不是想跟每个人都那么好，但是不要太僵了。但是有些人不愿意跟我交流，在班里跟陌生人似的。

师：你是怎么发现自己像陌生人的？

欣欣：就是不太跟人说话。有时候我做事太张狂了，用老师的话就是哗众取宠，有时候在课上就脱口而出说一些话，我都不知道该说什么。

师：在上课的时候，也有一些同学很积极地说话，你跟他们有什么不同吗？

欣欣：他们的问题都是跟着老师走，我的好像跟问题没什么关系。所以老师有时候也会不太高兴。

师：你感觉自己在说的时候，其他同学是什么反应？

欣欣：他们有的很不耐烦，有的很惊讶，有的很高兴。

师：那你的感觉呢？

欣欣：很尴尬吧，大家都看着我。

师：你自己在做这个事情的时候，大部分同学当时可能在想什么？

欣欣：他们应该是比较高兴的，但是后来就不高兴了。

师：他们很高兴听到你说这样子的话，当下乐呵呵的，后来发现你打扰了课程进度，就不开心了。

欣欣：嗯。

师：所以你说话本身是会让大家开心的，但不是在所有时候都这样。比如下课的时候，你说笑话，其他人是什么反应？

欣欣：大部分的人还是会高兴，可是也有人不满意我。

师：那些不满意你的人是以前就不喜欢你，还是有其他原因？

欣欣：他们好像在做其他事情。

师：也就是说当你打扰到别人时，对方就会不高兴了。

欣欣：嗯，上课的时候就是这样。

师：那现在我们清楚了，逗乐别人本身没有问题，问题是我们要选好场合，尽量不打扰别人。

欣欣：嗯。

师：你想想看，什么情况下会打扰别人？

欣欣：上课的时候，下课的时候也会，比如她们在写作业，或者已经开始成一个圈子说话了，有时候我突然插话，她们也会不高兴。

师：那你现在是想全部禁止这种行为，还是想换个场合去做呢？

欣欣：（思考）【心理辅导进行到这里结束，给人一种事情没有解决的感觉，来访者依然不确定自己是需要调整行为还是换个场合，这个问题看似是来访者只想要获得关注而忽视了他人感受的技巧性问题，实际上它反映了初中生的成长需求之一——在同龄人中寻找自己的位置，而这种寻找通常会伴随着一些莽撞甚至是失误，个体也会在这些失误中跌跌撞撞地成长。因此心理辅导教师需要增强对这部分的共情，表达理解和尊重，在此基础上引导来访者换位思考，聚焦自己的优势，学习人际交往的技巧。】

第四次：某年 5 月 23 日 12：00—12：50

为了对心理辅导最后做一个评估，给来访者做了一个绘画测验（房树人测验）。来访者这样描述："一个人躺在树下，百无聊赖，看着天上的云，在休息，想着一点不高兴和难过的事情，在这里发呆。"【青春期的迷茫是初中生常见的情绪体验，绘画是一种以投射为原理的艺术治疗方法，从来访者的描述上看，显然她依然有情绪和人际交往的问题，动力的问题同样困扰着她，这既是成长的必经之路，也体现了心理辅导具备了一定的效果，但离目标的达成还有距离。】

八、心理辅导效果评估

1. 来访者自我评估

"喜欢这种自己主动探索、解决问题的方式，对老师也比较满意。"心理辅导结束后以后，来访者的妈妈给我打来电话，说孩子的变化：晚上开始在小区里跑步，也主动地跟小区里其他人交谈。妈妈觉得这都是她毅力的体现，过去孩子特别懒得动。妈妈提出了要给孩子继续做心理辅导，但是实际上来访者已经提出了终止辅导。【家长反馈来访者的积极变化，对心理辅导教师是一种极大的鼓舞，也是对辅导效果的侧面印证。不过家长的期待与来访者的期待并不相同，这一点值得心理辅导教师更深入地思考。】

2. 心理辅导教师评估

来访者内心的纠结已经减少，她能够面对自己成绩的现状，也了解自己能做的事情、愿意付出的努力程度，看到了付出行动后的变化，最终接纳自己当前的学习和心理状态。

3. 量表评估

房树人测验中，来访者描述了自己内心平静的状态，更能接纳当下的自己。

4. 长期效果评估

班主任老师反映来访者学习动力增强，积极参与班级活动，成绩不断提升。

九、总结

行动力是这个案例带给我最深的感受。来访者非常有行动力，她能够将心理辅导留下的作业及时完成，并且每次心理辅导过程中都非常主动地配合，让人能够预期她的辅导效果定会不错。

第十四章 其他主题的中小学生心理辅导

每个个体都是独一无二的。在中小学心理辅导中，来访学生的问题融合了发展的共性和独特的个性。心理辅导教师可以按照来访学生的共性表现进行分类，做好对学生的后续辅导工作。然而不同学生身上的共性问题只能是分类而不能是标签，每一个共性问题背后都有无数个性化的表现，这些表现融合了个体的成长历程、应对方式、内在品质及个性特点等内容。这些表现对中小学心理辅导教师而言既是挑战，也是工作的乐趣——永远不要失去对人性复杂且美好的敬畏，永远不要忘记对个体独特又蓬勃生命力的尊重。

第一节 相关主题概述

本章将呈现三个案例，这些案例所属主题无法归入前面的章节，但在中小学心理辅导中颇为常见。

一、生涯辅导

第二节的案例是一例高中生的生涯辅导。生涯辅导是中学教育的重要内容。2014年国务院发布了《国务院关于深化考试招生制度改革的实施意见》，赋予了学生更大的自主权和选择权。后续全国各省市均推出了相应的高考、中考改革政策，推动了中学生在学业规划乃至生涯规划上不断思考和探索。中学生涯辅导的出现并不仅仅受外部影响，关于生涯问题的思考早出现在考试改革之前。根据舒伯的生涯发展理论，15岁至24岁的青少年处于自我能力和职业兴趣的探索阶段，这个阶段青少年开始对自我有更全面的认知，逐渐了解到自己的兴趣所在以及与职业相关的信息（Xie & Long，2008）。尽管在此阶段个体身心得到了发展，具有在学生角色中逐步投射工作角色的想法，但其在职业生涯规划过程中难免会遇到对职业种类、就业形势等信息不够了解的困难，导致其不能结合自身特点做出理性的职业生涯规划（曾维希，2012）。此外，个体的生涯思考通常并非单纯的生涯议题，而是融合了情绪问题、行为问题等相关问题，需要心理辅导教师细致甄别。

从个体需求的角度看，生涯辅导的最终目的是唤醒学生内在自我成长的热情和渴望，将个人兴趣、学业能力、社会需求三者相结合，完善自我价值，逐步实现实际情况和理想展望的和谐统一。从教育的角度看，生涯教育的目的是把个人发展和组织发展相结合，使学生能够从个人、组织以及社会维度，将学习目标与个人发展目标、考试改革要求和未来社会发展相结合。中学生对生涯辅导的需求也体现了他们发展的个性化一面，如陈菡(2022)的研究发现，大部分人认为高中阶段比较需要接受生涯辅导，该阶段学生在自我探索、升学探索、职业探索、生涯定向与规划、生涯准备上均有接受辅导的需求。高中生对生涯辅导的需求存在性别和年龄差异，女生的需求显著高于男生；从年级上看，高一 72.9% 的学生希望生涯辅导可以贯穿整个高中阶段；超过50% 的学生希望进行一对一的生涯辅导；且 64.5% 的学生希望辅导者是心理教师。

在第二节的案例中，来访者的生涯问题隐藏在焦虑情绪、父母期待和失眠等问题之下，因此心理辅导教师在辅导的最初使用了缓解情绪的辅导方法，与学生共同探寻情绪背后的核心议题。在缓解了来访者的情绪之后，生涯问题的部分显露出来，心理辅导教师在帮助学生提升自我认知的同时，帮助学生理解了个人兴趣、家庭期待、社会发展之间的关系，最终帮助来访者缓解了焦虑情绪，行动上做出更好的选择。

二、与家庭教养方式相关的心理辅导

第三节的案例呈现了一例寄宿生的烦恼。家庭的教养方式导致来访者在遇到偶发事件时萌发了强烈的不合理信念，最终导致学生出现情绪、躯体和适应问题。父母的教养方式是父母在养育子女时，受自身生活经验、价值取向以及个性影响所产生的与儿童互动的行为以及态度。勾洪斌(2015)将家庭教养方式定义为父母对孩子进行抚养和家庭教育时所表现出来的固定的情感偏向和行为模式。鲍姆林德划分出三类家庭教养方式：专制型、权威型和放纵型。麦克利等人在鲍姆林德的研究基础上通过"要求"和"回应"两个维度来界定家长的教养方式，前者是指家长通过监督和管教使孩子的行为符合家长要求和社会规范，后者则是指家长通过沟通和满足孩子特定的需要来培养其独立性和自我管理能力。按照这两个维度各自程度强弱进行交叉分类可以得到四种简明的教养方式：权威型、宽容型、专制型和忽视型。权威型是比较好的教养方式，权威型家长既坚持以较高的要求管教孩子，同时也尊重孩子的个性和独立性，与孩子存在平等且频繁的沟通。宽容型家长与孩子也存在频繁沟通，但他们并不要求孩子服从某种既定的规则，更强调孩子在成长过程中的自我调节。专制型家长对孩子要求严格，且在孩子违背要求时，家长倾向于通过惩罚或强迫的方式要求孩子服从，而不是像权威型家长那样通过平等沟通解决。忽视型家长则对孩子既没有严格的要求，又缺乏积极的回应和沟通。2012 年美国的一项研究发现，权威型教养方式可以有效地提升孩子的自我效能感，减少孩子的偏差行为，强化孩子的社会交往能力以及帮助孩子更好地融入集体生活。

当然，所有的教养方式都有可能培养出健康的子女，这一点也提醒我们个体成长的影响因素是非常复杂的。因此在第三节的案例中，尽管心理辅导教师发现来访者的问题根源是"溺爱"——过分宽容的家庭教养方式，但心理辅导教师并没有单纯地对家庭进行指导，而是继续把关注点放在学生身上，与来访者一起识别不合理信念，提升行动力。这个案例最值得关注的是，有时候心理辅导工作要注意工作对象，尽量避免"曲线救国"或者"隔山打牛"，把家庭教养方式的影响与学生接受和理解教养方式的态度和想法结合起来，重点关注学生本身的能动性，寻找学生当前在校内表现的原因，而不是单纯地把学生的问题都归因到校外。心理辅导教师主动承担的这部分不仅不会增加其压力，反而给了心理辅导教师更多觉察的权利，提升因家庭问题产生困扰的学生在心理辅导中的掌控性。

三、神经性呕吐学生的联合心理辅导

第四节的案例中来访学生的问题也与家庭教养息息相关。这个案例提供了中小学心理辅导在遇到家庭影响时更常见的一种思路：联合开展工作。在这个案例中，来访者的问题是神经性呕吐，导致其学校生活和家庭生活均受到影响，心理辅导教师在辅导前的谨慎评估值得我们学习。在有效的心理评估之后，心理辅导教师使用暗示治疗、行为塑造和家庭学校系统治疗方法，多管齐下，其中与家长的沟通、对家庭的指导、以及对学生兴趣的尊重、优势的挖掘都很值得借鉴。当然，案例中也呈现出了相应的问题，这也提醒大家，当前学校心理辅导的有效性和规范性的要求并非完全重合，心理辅导教师在保证有效的基础上提高工作的规范性，将更有利于提升与不同来访者工作的效能。

第二节　关于高中生高考恐惧的心理辅导案例报告

摘要：来访者小Q在刚刚结束的月考中成绩不理想，只有最擅长的语文学科发挥正常，其他学科成绩全军覆没。小Q对未来感到十分迷茫，害怕高考会失败，从而出现焦虑、抑郁情绪和失眠情况。心理辅导教师通过箱庭疗法对个案进行概念化，并且帮助小Q认识到自己的问题源头为缺乏目标与对自己的片面认知，通过生涯辅导帮助小Q了解自己的兴趣、能力、性格与价值观，将个人特质与大学、专业进行匹配，树立大学和专业目标，激发学习动力，掌握合适的学习策略，从而消除迷茫感与自卑感，减少焦虑、抑郁情绪，减轻了失眠的症状，对高考不再恐惧。

关键词：高考恐惧；箱庭疗法；生涯辅导；缺乏自信；学习方法

一、一般资料

1. 一般人口学资料

小Q，男，高三，18岁，父亲为军队工程师，母亲为三甲医院医生，父母均为国内顶尖院校博士学历。

2. 个人成长史

小Q从小一直与父母生活在一起，父母工作都很繁忙，陪伴孩子的时间不多。父母之间关系一般，不是很亲密，但也不怎么吵架，平日里家庭氛围比较平淡，没什么大的起伏。但父母对小Q的关注度很高，基本上能够满足他生活上的需求，并且给予足够的关心，因此小Q对父母心存感激。父母对小Q的期望很高，虽然不怎么将要求

挂在嘴边，但从他们的言语和表情中能看出来他们特别希望他将来能成功（至少达到父母这样的成就）。偶尔会督促小 Q 学习，关注小 Q 的考试成绩，与小 Q 会有一定的沟通，但沟通内容大都关于高考、未来。

小 Q 从小朋友数量就不多，有一两个交心的朋友。高一时，小 Q 参加过学校的模拟联合国社团，发现与社团中的成员相处比较辛苦，因为成员之间钩心斗角，为了利益的争夺会见风使舵，让小 Q 颇为不适。这件事使小 Q 对社会的复杂和黑暗比较反感，期望自己能生活在相对单纯的世界中。

3. 心理测量结果

在第一次心理辅导时，用 SCL-90 量表了解小 Q 的基本状态。

结果：总分 181，各因子分为(1)躯体化 1.75；(2)强迫症状 2.8；(3)人际关系敏感 2；(4)抑郁 2.07；(5)焦虑 1.7；(6)敌对 1.7；(7)恐怖 1.1；(8)偏执 2.7；(9)精神病性 1.8；(10)其他 2.6。

小 Q 最近睡眠质量较差，存在入睡困难的情况，一般需要半小时以上的时间才能入睡。

4. 家长或监护人的意见及态度

无(因小 Q 本人寻求帮助，为遵循保密原则，没有与其家长沟通)。【严格按照伦理规范来看，对未成年人的心理辅导需要尊重家长的知情权。考虑到家长与学校的合作范围包含了心理辅导的范畴，因此在中小学进行的心理辅导，可以在入学之初与家长沟通签订相关协议，如："同意学生在校按需接受心理辅导，如遇特别情况会联系监护人。"当然，不同的家长群体对心理问题的看法不同，心理辅导教师需要在日常对消除病耻感这部分开展相应工作。此外，心理辅导教师需要尊重家长的监护权，才能争取家长的合作，因此对家长保密与否不仅是伦理问题，也是影响心理辅导进程的技术问题，是考虑影响心理辅导要素的意识问题。】

5. 主要负责教师的意见及态度

无(因小 Q 本人寻求帮助，为遵循保密原则，没有与其负责教师沟通)。

二、主诉和个人陈述

1. 主诉

焦虑、失眠、心情低落、恐惧高考、丧失信心。

2. 个人陈述

进入高中以来，成绩一直不是很稳定，在年级 100～200 名。但这次月考成绩却一下子跌出了前 200 名，除了一向擅长的语文保持了一贯的水平，其他科目都不理想。

因此开始格外害怕高考，情绪低沉、焦虑，每晚入睡困难，不敢跟父母过多交流自己的成绩。

三、心理辅导教师的观察和他人反映

1. 心理辅导教师的观察

小 Q 条理清晰，表达能力强，对高考分外关注，在谈话中能感受到他的恐惧和没自信，总在说"高考太难了，我最近状态不好，很害怕考不好，未来很迷茫"，每次来辅导都会提到最近的学习状况和考试成绩。小 Q 文学素养较高，读过很多书籍，例如科幻小说、杂文、新闻等，对时事和社会新闻比较关注。做事认真，填量表时每道题都反复斟酌。

2. 同学及同伴的反映

无（因小 Q 本人寻求帮助，为遵循保密原则，没有与其同伴、同学沟通）。

四、评估

1. 功能评估

(1)生理功能良好，除了失眠，基本没有其他不良症状。

(2)从月考成绩出来到现在(3 天)持续心情低落，想到高考就感到恐惧，而且恐惧的念头比较难祛除，需要由其他事情分散注意力才能摆脱这种情绪，但时不时又会想到这次月考的成绩和高考。

(3)社会功能基本没有受到影响，小 Q 尽量不让这次事件影响到与同学的交往和学习状态。

2. 问题评估

根据小 Q 第一次来心理辅导时的陈述（包括症状、出现的原因和时间），判断小 Q 的心理问题属于一般心理问题，只是由考试成绩不理想、对未来的不自信和迷茫导致的，暂时不用转介。

五、心理辅导目标的确立

1. 目标简述

帮助小 Q 意识到生涯规划的重要性，找到理想的大学和专业，建立自信，增加学习的动力，掌握适合自己的学习策略，最终减轻对高考的恐惧。

2. 近期目标

提升生涯规划的意识，减轻对未来的迷茫感，能够找到适合自己的大学和专业，

以此为目标增加学习动力，考出好成绩。

3. 远期目标

真正掌握学习技能，对自己有正确的全面的认识，悦纳自我，选择适合自己的职业和人生，进行合理的生涯规划。【这些目标设置得非常好，首先，这些目标属于心理辅导范畴，并且符合小 Q 年龄发展阶段的需求。其次，这些目标表述没有否认要减少消极，但更突出强调积极的一面，并且目标之间层次分明，相互统一，双方都认可。】

六、心理辅导方案的制订

1. 心理辅导方法和原理

（1）箱庭疗法

箱庭疗法展现了一种心理治疗的创造和象征形式，即在所营造的"自由和受保护的空间"中，把沙子、水和沙具运用在富有创意的意象中。一系列的各种沙盘意象，反映了小 Q 内心深处意识和无意识之间的沟通与对话，以及由此而激发的治愈过程、身心健康发展以及人格的发展与完善。

（2）生涯咨询/辅导

金树人认为，生涯咨询是通过一对一或团体的方式，由专业生涯咨询人员协助个人克服和生涯准备、生涯选择、生涯适应有关的困难与问题，祛除情绪与认知上的障碍，达成生涯角色、工作角色与各种生活角色之间的融洽和谐，以增进个人的生涯发展与生活适应。

2. 双方的权利和义务

（略）

3. 心理辅导时间及设置

每周一次，每次 50 分钟，每周三中午 13：00—13：50。地点：学校心理辅导中心。小 Q 每次都准时到，没有阻抗现象出现，最终辅导次数为 7 次。心理辅导结束两星期后进行一次追踪评估。

七、心理辅导过程

1. 心理辅导阶段的划分

（1）辅导初始阶段：建立关系，取得小 Q 信任，帮助小 Q 释放情绪。了解个案的基本资料，澄清期待，完成个案概念化。小 Q 因为对未来的迷茫和对自己的不自信（主要针对学习）而恐惧高考，出现焦虑、抑郁情绪，最近失眠严重。

（2）辅导中间阶段：通过箱庭疗法让小 Q 了解到现在问题的症结在于对未来的迷茫

以及对高考的恐惧。之后运用生涯辅导技术，帮助小 Q 意识到探索大学和专业目标的重要性，通过了解自己的特点和职业世界，找到未来的大致发展方向，让未来从模糊变得清晰。有了目标，就有了强大的学习动力，降低小 Q 对高考的恐惧和焦虑。

（3）辅导结束阶段：帮助小 Q 寻找并应用适合自己的学习方法，提升学习效率，保证学习效果。两星期后对小 Q 进行一次追踪评估，了解小 Q 接受心理辅导的效果。

2. 具体的心理辅导过程

每次小 Q 来心理辅导的时候，都会对其进行心境评分，评价其最近一周的总体心情，分数范围为 0～100 分【正规的案例报告中要注明 0～100 分代表的含义，如 0 分表示总体心情非常糟糕，100 分表示总体心情非常愉悦】。

小 Q 在初次接待、第一次正式心理辅导和结束心理辅导两周后的心境评分分别是 50、40（因为刚刚考的英语测试特别难，比较受打击）和 65 分（英语测试成绩很好，而且想到初中班主任说过的话：每个人的状态在一段时间的提升之后会有个稳定期或者下滑期）。

第一次会面

收集来访者的基本资料，澄清期待，建立关系，完成 SCL-90 量表，心境得分为 40 分（因为月考成绩非常不理想）。

第二次会面：箱庭疗法

心境得分：45 分（最近学习状态比较稳定，没发生什么其他的事情，但还是会想到高考，感到害怕）。

引导小 Q 完成箱庭作品：索伦之眼。小 Q 对自己箱庭作品的讲述如下。

这是发生在电影《指环王》里的故事，索伦（大反派）打造十九枚魔戒并暗中铸造了至尊魔戒，故事中两个主人公（霍比特人）的任务就是毁掉魔戒，而方法是把魔戒扔入索伦之塔的岩浆中。箱庭正中心站着的两个人是主人公，右下角是他们的同盟者，左上角是精灵咕噜，它也是反派之一，渴望得到魔戒。中间是围绕索伦之塔的铜墙铁壁，特别高大，难以逾越。在铜墙铁壁里的是索伦之塔的保护者（反派）。

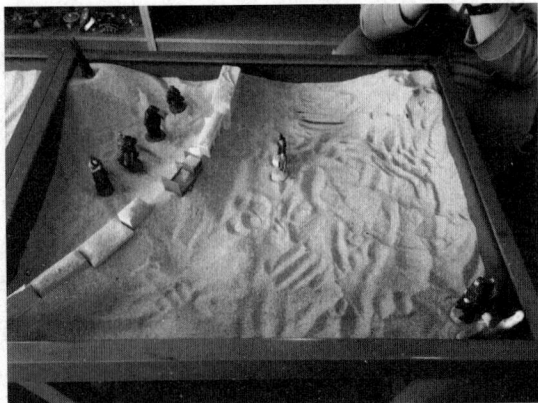

图 14-1　小 Q 的箱庭作品：索伦之眼

小 Q 认为，两个主人公就是他自己，他正面临着人生中非常大的挑战——高考（索伦之塔），并且在这个过程中有很多的阻碍，例如自身的能力倾向和性格特点的限制（铜墙铁壁），对未来的迷茫感（索伦之塔的保护者），同伴的不理解和自私行径（精灵咕噜），当然还有支持者（同盟者）。小 Q 之前平时成绩不稳定，在年级 100～200 名之间浮动，最近一次月考的成绩非常不理想，落到了年级 200 多名。

高考（索伦之塔）成绩是未知的，小 Q 很没有把握，觉得这个挑战太难太难了，很想早点考完获得解脱，解脱了就不害怕和焦虑了，但又害怕没考好，因此不想面对，希望高考晚些到来。对自己的能力很不自信（铜墙铁壁），虽然一直对语文感兴趣，语文素养较高，语文成绩比较稳定，在班级甚至年级中都很靠前，但理科是自己的弱项，特别是化学和生物，如果发挥失常，在班级中成绩就会倒数。小 Q 认为自己在理科上的分数低是由于先天能力不足，而不是不够努力，即使每天在化学和生物科目上花费更多的时间，也不见任何成效。能力的问题是无法改变的，能力的不足强烈阻碍着自己考出好的成绩。

对未来的迷茫感（索伦之塔的保护者）是小 Q 对高考产生恐惧的原因之一。不知道未来自己想做什么、能做什么、适合做什么，因此对自己没有信心，觉得高考之后的生活仍然会是艰难的，而高考与学习本身对小 Q 来说根本就是无意义的，因为除了父母和老师的期盼，没有任何其他的动力推动着小 Q 努力学习。

同伴的不理解和自私行径（精灵咕噜）。在小 Q 心目中，大部分的同班同学更多是一种竞争者的角色，其中有一小部分人甚至是恶意的竞争者，自私自利，伤害他人。特别是高一、高二参加模拟联合国社团时，虽然自己表现不俗，但也看到了同伴的自私自利和见风使舵，这让人极为反感。

小 Q 的箱庭作品已经很好地展现了他的现状和问题所在，因为对自己的认识不准确、不全面，没有系统地进行过生涯探索，所以对未来感到迷茫，没有目标真正推动着自己认真学习，高考更像是在完成一项任务，而不是为理想而奋战。再加上外界的压力，导致小 Q 对高考和学习感到恐惧。因此，心理辅导教师首先找到一个切入点，解决小 Q 生涯发展的问题，包括对自己的认识与接纳、对未来发展方向的探索。之后，待小 Q 对高考有一个准确清晰的定位，提升了学习的动机，再辅以学习策略的建议，帮助小 Q 渡过这段困境。

【每次看到来访者透过箱庭疗法来呈现他内心的真实世界时，我都忍不住感叹箱庭的神奇和人性的复杂与韧性。就像小 Q 的这次作品，寥寥几个玩具勾勒出对峙的场面，每个玩具都恰如其分地传递了他内心的情绪体验和生命能量。明确的自我像及其象征意义喻示着小 Q 的自我已经从无意识的母性力量中分离出来，现在作为一个正在成长的自治的心理实体，自我把自己认同为自治的男性力量，但同时又体验到了来自内心的不自信和外界的压力，这就给两极对立（黑暗和光明，自信与自卑，接纳他人与坚持自己，带着恐惧向前与被恐惧压倒）提供了条件。这次作品完美地投射了小 Q 的内心世界，既可以作为初始箱庭来确认问题、寻找治愈的方向，也可以用作评估，来全面了解小 Q 的状态。】

第三次会面：生涯辅导（全程转录）

师（指心理辅导教师，下同）：请你给这一星期以来自己的心情打个分吧，还是 0 到 100 分之间。

生（指小 Q，下同）：30 分吧。

师：好像比上次分数低了，是有什么事情发生了么？

生：嗯，最近又一次英语考试，题目极难，有很多题难倒我了，我需要停下来仔细分析斟酌答案，但还是不确定是否正确，心里特别没底。

师：嗯，英语是高考中很重要的科目，你因为这次考试比较难，不确定成绩如何，所以感到心情低落是比较正常的。【心理辅导教师使用了重述和正常化的技术，使来访者的消极情绪体验不再继续恶化和扩散。后续则是帮来访者寻找不同的视角，用以佐证他心情低落其实是正常情绪反应。】那你们班其他同学是如何看待这次考试的？

生：他们也都觉得挺难的。

师：嗯，每个人都觉得挺难的，所以也许你发挥出了自己应有的水平。等成绩出来了，咱们再来探讨这个问题哈。

师：你最近对高考的看法如何呢？还恐惧么？

生：还是害怕吧，不过害怕的频率相对减少一些了，毕竟离月考也有一段时间了。

师：嗯，确实。你认为影响高考成绩的因素包括什么呢？

生：挺多的。个人能力、考试时的心态。

师：嗯，不错。那除了这些，还有其他特别重要的因素，你认为是什么呢？

生：还有平时的努力吧。

师：确实，那有什么能够推动着你努力呢？

生：压力呀。我爸妈给的压力，我也希望自己考好点。

师：除了外界压力，什么情况下我们才能最心甘情愿地努力，全力以赴地努力呀？【心理辅导教师这里的节奏稍微快了一些。很多时候心理辅导教师并不会直接告知答案，他们希望来访者可以根据自己的经验和体验来发现问题。同时心理辅导教师又希望来访者能够按照自己设定的节奏进行自我觉察。这两者之间最好的媒介是对来访者阐述内容的有效倾听和及时反馈，否则很容易让心理辅导教师忽略来访者的节奏，变成以问题为引导，稍有不慎就会给来访者一种绕来绕去、真诚打折扣的感觉。】

生：……喜欢吧。不过有谁会喜欢高考呀？

师：即使不喜欢高考，但我们可以喜欢高考成功带给自己的生活。这样的生活中有哪些内容会推动着你努力呢？【提问中经常使用的一种方式就是预设问题，通过预设问题让来访者看到之后的积极变化，引导来访者思考当前可以调整的内容。】

生：高考之后就会很轻松啊，没有压力呀。

师：有些人的大学生活确实会相对轻松一些，有些人就不是了。除了轻松或者大学生活中可以自由谈恋爱、交友，还有哪些内容是你高考之后会向往的，并且能推动着你现在努力的呢？【很多高中生会把高考成绩当作人生的目标，实际上高考只是实现人生目标的途径，既然是途径就不会只有一个，当高中生可以意识到这一点时，对高考就会有更正确的认知，相应的焦虑情绪也会减少。这里心理辅导教师可以尝试进行心理健康教育，直接告诉学生这个道理也是不错的选择。】

生：还有能功成名就吧。

师：对，还有呢？

生：还有……对专业和工作的热爱吧，不过这很难实现。

师：确实不容易。不过如果没有对未来工作和生活的期待和真正的热爱，仅凭父母给的压力，我们在高考前的努力都是一种伪装的努力，甚至这种伪装都能骗过我们自己，让我们觉得自己已经全力以赴了。但实际这种全力以赴远不如为了自己喜欢的专业和职业而努力高考来得实在。【这部分心理辅导教师更像是帮助来访者理解内部动机和外部动机的差别。这样的对比确实能启发来访者，生涯辅导的一个重要内容就是促进中学生对自我的觉察。不过父母给的压力激发出来的努力是不是伪装的努力这部分是值得商榷的，中国的学生很多是既为了自己而努力，也为了父母而学习，因此心理辅导教师在表述上需要更严谨。】如果有了高考的目标，我们就更容易心甘情愿地挥洒汗水，动机更高，学习效果更好。

生：（陷入了很长时间的沉默）你说的这个我确实得好好想想，有道理，但我不知道该做些什么。

师：如果有一些不太花费时间的内容，我与你一起来完成，帮助你找到热爱的专业和工作，推动着你现在努力，为高考做准备，你愿意吗？

生：可以试一试吧。

师：嗯，这需要我们从三大部分入手，内容包括了解你自己（你的兴趣、特长、性格等内容），了解大学、专业和职业信息，以及学会取舍，做出选择。【按照现有生涯教育的观点，中学生的生涯教育包括自我探索、环境探索和生涯抉择。心理辅导教师在这里使用了提供信息的技术，并在使用时做到了温和、共情和非权威。】我们会逐步进行，一点点帮你找到自己的具体目标，初步确定高考想填报的大学和专业。其中，有一部分内容可能你我都没有太多的时间来完成，需要借助你爸妈的力量，这就是了解大学、专业和职业信息，这部分内容需要你爸妈在工作之余帮忙查阅，你可以不用告诉他们你在接受心理辅导，只拜托他们帮忙即可。你觉得可以吗？

生：可以。

师：好的，那我们今天的任务是先帮助你了解自己的兴趣和能力。请你写下自己喜欢做的事情和擅长做的事情，每种至少写5件，可以有重复。

生：喜欢阅读小说、辩论、写文章、玩电脑游戏、听音乐、看电影。擅长写文章、辩论、弹钢琴、玩电脑游戏。喜欢做的事情挺多的，但擅长做的事情不好想，绞尽脑汁也凑不出5条来。而且，我喜欢做的事情与擅长做的事情有3个是重合的，挺有意思。【这部分心理辅导教师带着来访者一起进行兴趣和能力的探索。尽管在生涯课上，兴趣和能力的探索往往是分开进行，然而就学生的主观感受而言，他们生活中很难有某件事单纯地落在兴趣或者能力的领域，二者往往是融合或者混杂在一起的。因此在做生涯辅导时，心理辅导教师更应该关注学生本人，而不是单纯的某一方面的生涯

探索。】

师：嗯，想一想，为什么你喜欢做的事情与擅长做的事情有这么多的重合呢？

生：以前还真没特别仔细想过这个问题。喜欢做的事情，做的次数多一些，练习得多一些，所以做得也比较好吧。

师：这是很重要的原因，还有其他原因么？

生：（思索）可能擅长的做得好，就开心并有成就感吧。

师：嗯，所以我们选择专业是不是也可以从喜欢做的事情和擅长做的事情入手呢？来分析分析你喜欢和擅长的科目吧。

生：毫无疑问是语文。这一天只要有语文课，我从早晨起床就会很期待，想去学校上课。但要是没有语文课，连着上的都是数学、化学之类的，我就特别不想去学校，心情很不好。我的成绩也是如此，语文一直是我的强项，在全班数一数二，但其他科目成绩不好，特别是化学，这次考了全班的倒数。

师：我发现你喜欢的科目与喜欢做的事情很吻合呢，你看，语文和写文章、看小说、辩论息息相关，甚至与看电影也有一点关系。这样，我们一起来做一些测试与思考探索，这些测试与思考探索能帮你对自我有更全面和深入的认识，包括你的兴趣、能力、性格和价值观等内容，今天可能只能做其中之一，未来我们每次辅导时都会做一些，直到你对自己有了比较全面的认识，我们会结合你与爸爸妈妈查阅的有关大学、专业和职业的知识，最终做一个倾向性的判断，了解你更喜欢哪个专业，更想报考哪个大学。

生：好的。

师：嗯，现在我们一起做的测试是生涯测试中最经典、最著名的测试之一，叫霍兰德职业倾向测试。

第四次会面：分析职业兴趣和能力测试结果，进行职业人格测试

心境得分：60分（英语成绩下来了，考得不错）。

对霍兰德职业倾向测试结果进行说明与分析。小Q的测试结果为调研型（I）32分，实际型（R）28分，艺术型（A）20分，社会型（S）18分，常规型（C）11分，企业型（E）6分。最高分数为调研型，其次为实际型和艺术型。

①调研型（I）

共同特点：思想家而非实干家，抽象思维能力强，求知欲强，肯动脑，善思考，不愿动手。喜欢独立的和富有创造性的工作。知识渊博，有学识才能，不善于领导他人。考虑问题理性，做事喜欢精确，喜欢逻辑分析和推理，不断探讨未知的领域。

典型职业：喜欢智力的、抽象的、分析的、独立的定向任务，要求具备智力或分析才能，并将其用于观察、估测、衡量、形成理论、最终解决问题的工作，并具备相应的能力。常见从业者如科学研究人员、教师、工程师、电脑编程人员、医生、系统分析员等。

②实际型（R）

共同特点：愿意使用工具从事操作性工作，动手能力强，做事手脚灵活，动作协调。偏好于具体任务，不善言辞，做事保守，较为谦虚。缺乏社交能力，通常喜欢独立做事。

典型职业：喜欢使用工具、机器并需要基本操作技能的工作。对要求具备机械方面才能、体力或从事与物件、机器、工具、运动器材、植物、动物相关的职业有兴趣，并具备相应的能力。如技术性职业（计算机硬件人员、摄影师、制图员、机械装配工等），技能性职业（木匠、厨师、技工、修理工、农民和其他一般劳动者）。

③艺术型（A）

共同特点：有创造力，乐于创造新颖、与众不同的成果，渴望表现自己的个性，实现自身的价值。做事理想化，追求完美，不重实际。具有一定的艺术才能和个性。善于表达、怀旧，心态较为复杂。

典型职业：喜欢要求具备艺术修养、创造力、表达能力和直觉，并将其用于语言、行为、声音、颜色和形式的审美、思索和感受的工作，具备相应的能力。不擅长事务性工作。常见从业者如艺术（演员、导演、艺术设计师、雕刻家、建筑师、摄影家、广告制作人、歌唱家、作曲家、乐队指挥等），文学（小说家、诗人、剧作家）等方面的从业者。

测试完成后，结合小 Q 喜欢、擅长做的事以及霍兰德测试，心理辅导教师帮助小 Q 认识到他对文科方面的专业感兴趣并且相对擅长。但这些只能帮助小 Q 更深入更准确地认识自己，结果只起参考作用，并不是完全不变的，小 Q 也没有必要只根据测试结果进行选择，要在生活中多思考、多分析。【中小学生涯辅导最怕的是教师刻板地告知学生生涯规划的重要性，而忽视了让学生理解和体悟环境的灵活和人性的复杂。因此心理辅导教师突出生涯规划的重要性，但不否认变化，体现了生涯辅导的精髓，即让学生明白计划严谨和执行灵活是共存的。因此心理辅导教师这里的引导非常好，尤其是在测试结果的解读上，既能保持专业性，又可以根据来访者本身的特点体现灵活性。】同时，帮助小 Q 明白每个人都有自己的特点和特长，世界上没有完美的人，学会接纳自己，找到适合自己的职业，发挥特长才是应该努力的方向。

进行 MBTI 职业人格测试，结果显示其人格类型为 INFP。

第五次会面：分析职业人格测试结果和职业价值观

心境得分：55 分。

INFP，理想主义者，忠于自己的价值观及自己所重视的人。外在的生活与内在价值观相匹配。有好奇心，很快看到事情的可能与否，能够加速对理念的实践，试图了解别人，协助别人发展潜能，适应力强，有弹性。如果和他们的价值观没有抵触，往往能包容他人。最后，与小 Q 一起进行职业价值观分析。小 Q 排名靠前的职业价值观包括职业带来的价值感、兴趣、职业的发展前景、薪酬、职业带来的挑战等。

第六次会面

心境得分：60 分。整合小 Q 对自己的认识与家长和小 Q 本人在网络上查找的资料，基本确定中国政法大学的法学、首都师范大学的中文是小 Q 比较青睐的大学和专业。

第七次会面

心境得分：70 分。跟小 Q 探讨适合他的学习方法，例如制订合理的学习计划，进行时间管理，使用错题本，对于没有掌握的知识及时询问老师和同学等。

八、生涯辅导效果评估

1. 自我评估

小 Q 对未来的认识更加清晰和明确，专业选择上有两个倾向，分别是中国政法大学的法学和首都师范大学的中文。因此，小 Q 学习的动力增强，情绪相对稳定，虽然对高考还有一点恐惧，但程度减轻很多。同时，小 Q 在学习策略上有了一定的积累，会逐渐应用合适自己的学习方法，养成良好的学习习惯，使成绩得到一定提升。

另外，小 Q 的失眠问题减轻，基本不会出现失眠现象。

2. 心理辅导教师评估

小 Q 最开始的心境分数偏低，而且明显受到近期学习状态的影响。但后期心境分数稳定在较高的水平，是因为他对未来不再感到迷茫。小 Q 有了目标之后学习动力增强，学习状态稳定，较少出现焦虑、抑郁情绪。另外，小 Q 开始悦纳自我，接受自己在理科上的不足。不断寻找适合自己的学习策略，学习成绩逐渐稳定，形成良性的循环。

3. 量表评估

SCL-90 结果为总分 132，各因子分：(1)躯体化 1.6；(2)强迫症状 1.8；(3)人际关系敏感 1.6；(4)忧郁 1.6；(5)焦虑 1.3；(6)敌对 1.4；(7)恐怖 1.2；(8)偏执 1.4；(9)精神病性 1.5；(10)其他 1.8。

4. 长期效果评估

心理辅导结束两周后，对小 Q 进行了追踪评估，心境得分比之前高，SCL-90 得分也在正常范围内。小 Q 情绪较稳定，学习状态也比较稳定。

九、总结

在本个案中，通过与小 Q 的对话和探讨箱庭作品，收集资料，发现小 Q 最大的问题在于对未来的迷茫和对高考的恐惧，于是选择了生涯辅导的方式帮助小 Q 解决问题，最终效果良好。这给了我很大的启示，助人之时一定要看来访者需要什么，适合什么，澄清期待，找到问题的症结，有的放矢，才能真正解决问题。

第三节　关于小学生亲子关系问题的心理辅导案例报告

摘要：一名六年级女寄宿生，因感觉身体不适要求父母将其接回家，未果。来访者情绪低落、烦躁，不愿意与父母沟通，上课无法集中精神，学习效率有所下降，时间持续一个月左右。通过与来访者进行摄入性会谈【摄入性会谈是谈话法的一种，是为了收集资料进行的一种会谈，其工作程序包括确定谈话的目标、内容和范围，确定提问方式，仔细倾听，控制谈话方向，对谈话内容进行归类，结束谈话。在心理咨询中，通过摄入性会谈可以了解来访者的病史和当前的基本状况，帮助咨询师区分来访者求助问题的真伪和严重程度，是评估的重要步骤之一（唐龙香，2013）。摄入性会谈要求咨询师保持态度中立，不给出绝对化的结论，以避免引起来访者的误解】，对其问题进行分析，做出评估，确定来访者系因"爸爸妈妈不来学校接我回家就是不再爱我了"的不合理信念引发的不良情绪，评估为一般心理问题。在与来访者进行沟通协商后，确定采用合理情绪疗法，帮助来访者改变其不合理的认知模式，从而摆脱由此产生的不良情绪。通过五次心理辅导，取得了较好的效果。

关键词：一般心理问题；烦躁；合理情绪疗法

一、一般资料

1. 一般人口学资料

郑某，女，12岁，小学六年级，身高156厘米，体态正常，汉族。家庭经济状况良好，家族无精神病史。

2. 个人成长史

足月顺产，出生于山村农民家庭，独生女，无重大疾病史。入学后，表现良好，成绩稳定，同伴关系正常。父母溺爱，有求必应。来访者性格内向、敏感、脆弱，在意家人态度。

3. 心理测量结果

未做心理测量。

4. 家长或监护人的意见及态度

最近几周周末回家显得很不高兴，情绪焦躁、不安，经常一个人发呆，不愿与父母过多交谈。经常叹气，最爱吃的饭菜也不想吃。晚上睡眠不好。从小到大，孩子从没受过委屈，要什么给什么，就是不知道孩子为什么这么大反应，期望孩子能够正确认识事情，理解父母。

5. 主要负责教师的意见及态度

学习一直比较稳定，只是最近课堂上注意力有些不集中，学习效率有所下降，体现在作业质量有所下降，也不像以前那样爱请教问题了，课下经常一个人发呆，课间游戏也不积极主动。

二、主诉和个人陈述

1. 主诉

情绪低落，烦躁，失眠，已经持续一个月。

2. 个人陈述

从小到大，凡是我想要买的东西，爸爸妈妈都会给我买，不管是吃的、穿的、玩的，都是如此。凡是我对爸爸妈妈提出的要求，他们都会满足我。凡是我不想做的事，爸爸妈妈从不强迫我去做。比如晚上我洗脚后不想洗袜子了，爸爸妈妈就会帮我洗。反正在爸爸妈妈面前，我想怎样就怎样，不想怎样就不怎样。我觉得爸爸妈妈非常爱我，他们这样做是因为他们爱我。上六年级后，学习比较紧张了，我跟爸爸妈妈提出要到学校住宿，因为晚自习的时间有老师辅导学习。我家离学校没多远，走路不到10分钟，爸爸妈妈还是同意了我的要求。前些日子，我感觉自己肚子疼，给爸爸妈妈打电话，让他们来学校接我，我想回家住一晚。但是，他们说有事没在家，而且晚上也不在家，不能来学校接我。他们给班主任打了电话，请求班主任带我到医院做个检查。班主任对我很好，带我去医院做了检查，医生说没什么问题，可能是参加体育训练引起的，叫我放心。从医院回到学校后，我心里感觉特别难受，觉得憋得慌，晚上躺在宿舍就开始胡思乱想，难以入睡。我觉得他们是不想要我了，不爱我了。尽管第二天他们很早就到学校看我，但是我就是觉得他们不想要我了，不爱我了。以前每次我打电话后，爸爸妈妈总是会来学校接我回家的。无论他们在哪里，都会来接我。甚至是在很远的山外边，他们也会赶回来接我回家。但是，那天他们没来接我，我感到他们是嫌我麻烦，不想要我了，不爱我了。我的心里非常难受、害怕。在家里，我不想跟他们说话，因为我觉得他们不爱我了。可是，他们送我上学，我又不想让他们离开我，因为我怕他们把我扔在学校就不再管我了。现在我觉得自己学习时不能集中注意力，躺在床上很久才能迷迷糊糊地入睡，吃饭也不香。我不想搭理爸爸妈妈，却又很想跟他们聊天，我现在很烦恼。我想解决这些问题，我想像以前那样快乐地学习、生活。所以，妈妈说带我来找您做咨询，我就来了，我希望得到您的帮助。【通常情况下，尽管小学生有自己的心理困扰，但受到心理发展程度、生活经验等限制，他们的主动求助意愿可能并不强烈，多数情况下由教师、家长带领而来。这时心理辅导教师不能用成年人的求助意愿来看待小学生的被动求助，而要更多地通过来访者的求助问题、对心理辅导的态度、与心理辅导教师的关系等来综合评估他们的求助意愿和求助动机。】

三、心理辅导教师的观察和他人反映

1. 心理辅导教师的观察

来访者体态正常，衣着整洁，意识清楚，条理清楚，言语清晰，声音适中，情绪低落、紧张。交谈时有搓手、摆弄衣角的动作。反复强调爸爸妈妈不爱自己，声泪俱下。面容憔悴，明显睡眠不足。初次接触时比较合作，无幻觉，无妄想，无智能障碍，无思维逻辑障碍，自知力完整，有明确的求助要求。

2. 同学及同伴的反映

课间不与同学玩耍，上课没精神，晚上在宿舍也没精神。作业也不像以前那样能按时交了。

四、心理评估

1. 评估

（1）生理检查：经医生检查诊断，无器质性疾病，系统检查未发现异常。

（2）精神状况检查：紧张、烦躁，但意识清晰，智力正常，接触交谈合作。无幻觉，无妄想。自知力完整，有明确的求助要求。

（3）社会功能状况：不愿与父母过多交谈，学习效率下降。生活、学习和社会交往受到一定影响。

（4）引发心理问题的关键：由认知偏差（对父母的绝对化要求）引起的亲子关系紧张和不良情绪。

2. 评估结果

（1）初步评估

由不合理信念引起的不良情绪，属于一般心理问题。

依据：排除器质性病变；主客观统一、精神活动内在协调一致、自知力完整，无精神病性症状，排除精神病性问题；心理冲突为常形，无神经症性症状，排除神经症性问题。

引发原因为生活事件，心理问题持续一个月左右，社会功能轻微受损，主要是与父母沟通不畅，无泛化。主要的不合理信念为"父母一次不来接我，就是不要我了，不爱我了"，"他们把我送到学校，是为了把我扔到学校，不要我了""父母必须满足我的任何要求"。

（2）鉴别评估

与精神病相鉴别：根据病与非病三原则，来访者的主观世界与客观世界相统一，精神活动内在协调一致，个性稳定，自知力完整，有自主求助动机，并且没有幻觉、妄想等精神病的典型症状，因此排除精神病。

与抑郁症相鉴别：来访者虽有情绪低落症状，但程度较轻，并未出现兴趣减退、无助绝望、思维迟缓等，可以排除抑郁症。

与焦虑性神经症相鉴别：焦虑症以广泛性焦虑或发作性恐怖状态为主要临床表现，有持续的痛苦不能解除，对社会功能造成严重影响，有明显泛化，并伴有回避行为出现，反应与初始事件本身不相关，表现为漂浮式的，持续时间长，一般在半年以上。来访者虽有焦虑症状，但程度较轻，没有严重影响其社会功能，未出现泛化，焦虑情绪体验持续时间不长。且来访者的心理冲突与现实处境直接相联系，带有明显的道德性质，为常形冲突，可排除焦虑性神经症。

与严重心理问题相鉴别：严重心理问题的开始反应较强烈，情绪出现泛化，严重影响社会功能，病程超过两个月。来访者心理问题反应强度不甚强烈，持续时间不长，没有对社会功能造成严重影响，心理冲突仅限于与爸爸妈妈沟通上出现的问题，未泛化，可排除严重心理问题。【心理辅导教师这部分撰写得非常清晰、标准。】

（3）原因分析

生物因素：来访者女性，12岁。

社会因素：现实事件引发常形冲突，父母溺爱，缺少社会支持系统的帮助。

心理因素：①存在明显认知错误，"父母一次不来接我，就是不要我了，不爱我了"，"他们把我送到学校，是为了把我扔到学校，不要我了"；②缺乏有效解决问题的能力，紧张失眠，不知如何解决现有的问题；③性格内向、敏感、脆弱。【原因分析很好，如果能够归类更清晰则更有借鉴意义，如认知错误、应对方式、性格因素。这样的分类有助于在制定咨询目标时更有针对性。】

五、心理辅导目标的确立

1. 近期目标

转变来访者的不合理信念，改变其错误认知观念；缓解不良情绪；提高学习效率，改善当前的亲子关系。

2. 远期目标

达到上述目标的基础上，促进来访者的心理健康发展、自我成长及人格完善。使其学会理解父母，不苛求他人。

六、心理辅导方案的制订

1. 辅导方法和原理

运用合理情绪疗法改变来访者的不合理观念，从而改善来访者的不良情绪。

2. 双方的权利和义务

（略）

3. 心理辅导时间及设置

（1）共进行五次辅导，每周一次，每次50分钟左右。

（2）来访者为本校学生，此次辅导免费。

七、心理辅导过程

1. 心理辅导阶段的划分

（略）

2. 具体的辅导过程

第一次会面：建立辅导关系和评估阶段

建立辅导关系，收集相关资料，根据情绪 ABC 理论对来访者的问题进行初步分析和评估，确立辅导目标，制订辅导方案。

辅导方法：摄入性会谈、合理情绪疗法。

辅导过程：首先，心理辅导教师向来访者做自我介绍，并介绍了心理辅导的一些基本情况，来访者填写心理辅导记录表。会谈开始后，在充分尊重来访者的基础上，用开放性问题收集详细资料；通过真诚、共情和积极关注等技术，与来访者建立良好的辅导关系；用提问、倾听、情感反应让来访者能尽情地倾诉，宣泄紧张、不良的情绪，使其心情有所放松。然后，通过与来访者交谈，找出她情绪困扰和行为不适的具体表现，以及与这些反应相关的诱发事件，对两者之间不合理的观念进行初步分析；向来访者解说合理情绪疗法中用于解释情绪产生的 ABC 理论，使来访者能够接受这种理论及其对自己问题的解释。最后与来访者对其问题达成统一的认知解释，共同协商确立辅导目标，制订辅导方案。【尽管学校心理辅导教师跟学生在进行心理辅导之前可能有过多次接触，但第一次以心理辅导教师的身份面对学生时，还是需要做好自我介绍——突出心理辅导教师的受训背景和资质等；说明心理辅导的时间和地点设置；做好关于保密等伦理问题的讨论，尤其是来访学生可能顾虑的与家长、任课教师和同学的保密界限等问题；选择使用的心理辅导流派时做到知情同意等。此外，首次心理辅导的任务往往是建立关系和收集资料，澄清来访者的期待，逐步明晰辅导目标。】

家庭作业：寻找使自己产生紧张情绪的原因，并尝试运用情绪 ABC 理论初步分析自己的问题。

本次辅导小结：来访者的痛苦情绪得到宣泄，感觉轻松多了；心理辅导教师与来访者建立了良好的辅导关系；对来访者心理问题做出了正确的评估；共同协商确立辅导目标，制订辅导方案。

第二次会面：心理帮助阶段

辅导任务：加深辅导关系；心理辅导教师进一步认识来访者不良的认知模式和非理性的认知观念；来访者进一步领悟自己的问题及其与自身的不合理信念的关系。

辅导方法：会谈、合理情绪疗法。

辅导过程：与来访者从生物、社会、心理等方面探讨其烦躁情绪产生的原因。针对来访者的不合理信念展开讨论，帮助来访者认识到自己的不合理信念，形成正确的合理信念。

对话记录节选如下。

师：那次让爸爸妈妈来学校接你回家，是因为你肚子疼，是吗？

来访者：是的。那天我的肚子很疼，我很难受，我想让爸爸妈妈把我接回家。可是，他们并没有来学校接我，而是让班主任老师带我去医院。

师：以前有过这样的情况吗？

来访者：以前只要我打电话，他们就会来接我。不管我是什么理由，不管离学校多远，他们都会来的。那时家里还没车呢，他们可以从××地打车回来接我（为保护来访者的隐私，地名部分进行模糊处理）。

师：在这以前，他们克服各种困难来接你，你有什么感受？

来访者：我感觉他们是爱我的，是在乎我的。

师：这次他们没来接你回家，你的感受是什么？

来访者：当在电话中听他们说不能来接我时，我都蒙了，以前从来没有过。我不知道自己该怎么办，我觉得好像天一下子就压下来了，压得我喘不过气来。

师：为什么？【在心理辅导中尽量不要问"为什么"的问题，"为什么"的问题容易给来访者一种受到质疑的感觉，从而激发他们的自我保护，尝试用道理去解释问题，或者将问题归咎于他人，从而否认自己在问题中需要承担的责任。不过在实际的心理辅导中，"为什么"的问题也代表了心理辅导教师的好奇，或是推动来访者去深入思考的方法，因此"为什么"的问题需要结合心理辅导时的情境、辅导关系、辅导教师提问的目的、来访学生的开放程度等来综合衡量，不能一概而论。】

来访者：我觉得我在他们心中不像以前那样重要了，他们不爱我了。他们让班主任带我去医院，就是想把我推给学校。我有一种被抛弃的感觉。

师：是呀，你肚子疼，你的爸爸妈妈怎么能把你委托给班主任呢？让你受这么大的委屈，这简直是对你的不负责任嘛。【情感证实是心理辅导中一个常见的技术，每个来访者都希望自己的情感得到承认，每个心理辅导教师也乐于承认他人的情感。提供情感证实的策略包括赞同、安慰和自我暴露。来访者会因此感受到自己得到了支持。不过也有研究者认为，直接的情感证实会导致来访者对心理辅导教师过分依赖，影响来访者对重要问题的探讨，甚至过于直接和支持的情感证实会让来访者难以在自我知觉中产生任何真实或持久的变化（克拉拉·E. 希尔，2013）。】不过，你确定只有这一次没来接你吗？

来访者：确定。

师：只因为这一次没来接你，你就能断定爸爸妈妈不爱你了？要把你推给学校？【提问本身就是强调心理辅导教师的兴趣和价值观，尤其是反问，会让来访者感受到质疑——自己的观点不重要，同时也会给来访者一种心理辅导教师更有权力、更权威的印象，这一点可能会导致来访者产生被动或者防备心理。其实心理辅导教师这里的提问是希望让来访者感受到她认知的不合理性，但如果处理不好的话，很有可能会降低来访者言语中的主动性，增强防御，或者激发来访者的自我保护，不断捍卫自己的观点，因此这种反问要慎重使用。这种情况下可以尝试重述来访者的表达，如"尽管他们只有一次没来接你，但你依然感到他们不爱你了"。这样可以加深来访者的印象，帮助她重新去体验自己的感觉。】

来访者：是的。他们要是爱我、在乎我，就一定会回来接我的，因为我病了。他们不回来，就是不爱我了。

师：我是不是可以这样理解，如果爸爸妈妈爱你，每次都必须满足你的要求，否则，他们就不爱你了。哪怕只有一次不能满足你的要求，也不行。【这次重述使用得很好，既总结了来访者的主诉，又没有包含心理辅导教师的积极或消极的观点。】

来访者：是的，因为我病了，我很难受。

师：我能理解你的感受，也能体会到你的委屈，寄宿生活确实很苦，你们这么小就要离开爸爸妈妈，自己照顾自己。你家不是离学校很近吗？你为什么也到学校寄宿呢？

来访者：是很近。六年级学习紧张，晚自习有老师辅导，为了更好地学习，能考个好成绩，我就到学校寄宿了，这样能够得到老师的辅导，提高学习效率。

师：哦，是这样呀，你是个有上进心的孩子。【在情感和观点上认可来访者会让来访者轻松，更愿意跟心理辅导教师合作。】你觉得什么样的成绩才算好成绩呢？

来访者：我觉得语文、数学、英语都考95分以上就是好成绩。

师：满分是100分吗？

来访者：是100分。

师：那我觉得都考95分以上，根本不算什么好成绩。你说是吗？

来访者：为什么？

师：都考100分才是好成绩嘛。而且是每次每科考试都要考100分，才算好成绩。只要有一科考试成绩不是100分，就不是好成绩。从一年级到大学毕业，每次考试全部是满分，才能是好成绩，只要有一次考试没能全得满分，就不能算好成绩。你说是吧？

来访者：这怎么可能，这是不可能的。如果偶尔几次都考100分还是有可能的。如果每次每科都考100分，还从一年级到大学毕业，就更不可能了。那就没有人能考好成绩了。

师：不对呀，根据你的理论，就应该是这样的，你怎么自己否定了？

来访者：我的理论？我没什么理论呀。我说的是95分以上呀。

师：爸爸妈妈必须满足你的要求，就是爱你的、在乎你的。只要有一次不能满足你的要求，就是不爱你了，要把你推给学校了。由此可以推论，每次考试每科都是100分，才是好成绩，只要有一次一个科目没能得100分，哪怕是得了99.5分，都不是好成绩。你说呢？【与中小学生开展心理辅导工作，最难的一点就在于既要把他们当成独立的个体去尊重和理解，又需要寻找他们能够理解的例证和语言进行沟通。这里心理辅导教师用了一个学生最容易理解的例子来类比她之前的观点，是一次大胆但有效的尝试。】

来访者：（沉思）好像是这样的，可这是不可能的呀。

师：为什么？

来访者：我好像有点明白了，可是我不知道该怎么说。

师：试着说说，没关系。

来访者：是不是我对爸爸妈妈的要求太高了？高得有些离谱了？

师：接着说。

来访者：爸爸妈妈爱不爱我，应该看平时、多数事情上对我怎样。而不能只看一件或几件事。

师：还有吗？

来访者：爸爸妈妈是爱我的，要不然也不会第二天很早到学校看我。是我想多了，还想错了。

师：你的悟性很高，还有吗？

来访者：我也说不好还有没有，就是觉得要好好地反思自己的想法，遇到事情要先往好的方面去想。【心理辅导教师如果在这个部分的处理更加具体和细致，那么这次辅导的效果就会更明显。来访者已经看到遇事先向好的方向想的重要，但什么是好的方向对来访者而言还是模糊的。在以上的例子中，心理辅导教师引领学生一起觉察了她的不合理认知——以偏概全，这个不合理认知也包含了糟糕至极。而在本次心理辅导的尾声，来访者只觉察到了糟糕至极的部分，对于以偏概全缺少更多的体验和有效的认识，后面的心理辅导可以再敞开讨论一下这部分内容，包括如何觉察不合理信念对生活的影响，不合理信念的不合理之处在哪，如何有效辩驳等。从后面的心理辅导上看，心理辅导教师把重点放在了辩驳上，可能是因为篇幅限制未能体现全部流程。】现在就是觉得爸爸妈妈是爱我的，我出现的问题让他们为我担心了。一会儿我想和他们聊聊。

师：是应该好好地跟他们聊聊。现在感觉情绪、心情怎样呀？

来访者：我感觉好多了，心情舒畅了许多，觉得眼前豁然开朗。谢谢您！

师：这就对了。遇事要先向好的方面想，就能减少自己不必要的烦恼和麻烦。你的父母是非常爱你的，自己来不了，还委托班主任带你去医院，而不是去学校的医务室，可见你父母有多么在乎你。而且，我了解到，那天你父母没能及时赶回来，是因为去了外地，路途太远，接到你的电话，他们是连夜赶回来的。可见，你的父母是多么的爱你。长时间驾驶是很危险的。你以后也要多体谅你的爸爸妈妈。

来访者：是的，我知道了，谢谢您！

接着，心理辅导教师与来访者共同分析来访者的不合理信念，使来访者领悟到自身问题与不合理信念的关系。使她认识到是信念，而不是诱发事件本身引起了情绪及行为的结果。

家庭作业：找出非理性的观念，并加以驳斥。

本次辅导小结：来访者能较好地领悟自己的问题，驳斥不合理信念，构建新的认知。

第三次会面：重建认知和放松阶段

辅导反馈：来访者表示紧张、烦躁的情绪有较大缓解，愿意主动地与爸爸妈妈交谈，上课注意力比较集中，学习效率有所提升，睡眠得到改善。来访者能够运用辩驳法，纠正不合理观念，感觉心情愉悦了许多。

辅导任务：帮助来访者学会多角度分析看待问题，重建积极认知；学会放松技巧。

辅导方法：会谈、认知重建、放松训练。

辅导过程：(1)继续辩驳非理性观念，巩固积极认知；(2)通过身体放松的训练，让来访者学会放松技巧。咨询师指导来访者练习肌肉渐进性放松训练：靠在沙发上，按头部、颈肩、躯干、手臂、腿部的顺序，用先绷紧再放松的方法，通过了解紧张与放松的不同，体会放松身体不同部位的状态，最终学会全身放松的技巧。任何时候，只要出现紧张状态，都能运用放松技巧，通过身体肌肉的放松达到心理放松。

家庭作业：在日常生活中继续运用所掌握的辩论技巧和放松技巧，提高有效处理生活挫折的能力。

本次辅导小结：来访者重建积极认知；紧张、低落情绪得到较大的改善；基本掌握了放松技巧。基本达到本次咨询目标。

第四次会面：巩固阶段

辅导反馈：来访者表示紧张、烦躁的情绪基本缓解，能够与父母沟通，上课注意力比较集中，学习效率有所提升，睡眠得到改善。能够运用辩驳法，纠正不合理观念，感觉心情愉悦了许多。

辅导任务：能够运用放松技巧放松；巩固积极认知。

辅导方法：会谈、巩固认知、放松训练。

辅导过程：与第三次会面的辅导过程一致。

家庭作业：在日常生活中继续运用所掌握的辩论技巧和放松技巧，提高有效处理生活挫折的能力。

本次辅导小结：来访者巩固积极认知；紧张、低落情绪基本缓解；掌握了放松技巧。基本达到近期咨询目标。

第五次会面：结束阶段

辅导反馈：与父母沟通流畅，上课能够认真听讲，课后能够完成作业，睡眠很好。该来访者能够运用积极认知纠正不合理观念。

辅导任务：能够运用放松技巧放松；巩固积极认知；结束辅导。

辅导方法：会谈、巩固认知、放松训练。

辅导过程：(1)放松训练；(2)来访者讲述自己的收获和变化；(3)结束辅导。

本次辅导小结：来访者建立积极的认知，能够运用一些技巧调节不合理信念，完成结束谈话。达到本次辅导目标。

八、心理辅导效果评估

1. 来访者自我评估

对自我有了新的认识，我现在明白了，爸爸妈妈确实是非常爱我的，是我自己想得太多了。我要注意自己要求的合理性，宽容对待身边爱我的人。经历本次事件后，觉得自己长大了。同时，烦躁、紧张等情绪明显缓解，心情平静了，能够很快入睡，吃饭香了。

2. 咨询师评估

来访者的不良情绪得到释放和缓解；纠正了不合理的信念，重建了积极的认知，形成合理的信念；学会了自我调节、缓解的方法；懂得用合理信念取代不合理信念；有一定的自我成长，心理辅导的具体目标和近期目标基本实现。

3. 量表评估

未做量表评估。

4. 长期效果评估

来访者改变了不合理认知，重建了积极认知，心理得到健康发展，促进了自我成长及人格完善。能够理解父母，能够正确处理与他人的关系。

九、总结

帮助来访者建立积极认知，改变了不合理信念。同时也对来访者家长的教养方式进行了指导。本次辅导没有进行量表测量与评估，是因为心理辅导教师个人认为没有太合适的量表，这说明心理辅导教师本身还要加强学习和督导。

第四节　关于神经性呕吐的心理辅导案例报告

摘要：五年级男生洋洋，上操时频频出现呕吐现象，经检查身体无相关疾病，由班主任老师建议、母亲带领来到心理辅导室。经过评估，确定为神经性（心因性）呕吐。其产生原因与自我及他人关于身体的消极暗示，家庭教养理念和方式的匮乏，以及学校教育的片段化、趋同化处理有关。本案例的心理辅导运用暗示治疗、行为矫正、家庭和学校系统治疗的方法。由于洋洋的呕吐行为主要发生在学校，又与家庭教育密切相关，所以我征得了洋洋班主任和家长（特别是洋洋母亲）的配合，共同明确目标，开展辅导工作。通过三方协调，配合实施，洋洋在克服呕吐、形成替代行为、逐渐走出心理依赖的过程中变化越来越明显。而每当他取得一点进步，班主任老师都会及时捕捉，公开在班上表扬，随时将他的进步通知家长，一步步树立他的自信心。本案例整体反馈情况较好。

关键词：神经性呕吐；行为塑造；积极暗示

一、一般资料

1. 一般人口学资料

洋洋，男，10岁，家中独子，某小学五年级学生，本地人，身高153厘米，体型偏瘦。居住在离学校有一段距离的社区（不堵车时坐公交20分钟）。父母均为职工，洋洋日常与母亲在一起的时间比较多，父亲经常出差，与孩子和家人在一起的时间比较少。家庭经济收入较为稳定。由班主任老师建议，被母亲带入心理辅导室。

2. 个人成长史

据母亲表述，由于自己工作繁忙，造成其早产一个多月。小的时候洋洋就比较瘦弱。学龄前阶段因为奶奶爷爷帮忙照料，孩子身体还可以。幼儿园阶段，洋洋一有不舒服的情况就被爷爷奶奶接回家，因此幼儿园断断续续上了一年。上了小学，老人年纪大了，照顾孩子的任务就落在妈妈身上了。一年级刚开始那会儿，洋洋隔三岔五就嚷嚷肚子疼，早晨上学经常迟到。到医院检查身体，医生说没事，是害怕上学的心理紧张造成的。和当时的班主任老师联系后，老师表示理解，并与家长达成一致，不随便答应洋洋请假，严格监督他每天到校的时间。在家长和老师的坚持下，洋洋肚子疼的借口无效了。上学迟到的问题解决完没多久，老师又向家长反映了洋洋课上的情况，说他小动作特别多，还经常乱说话，吵得周围的同学没法听课，告状的同学也越来越多。洋洋的爸爸听说后，对他进行了严厉的教育，并告诉他会和老师联系，随时监督他的听课情况，要求他保证不会再犯。这次之后洋洋的表现好了一段时间，但是小男孩调皮，问题又反复出现。家长带着孩子去儿童医院检查，医生说不是典型的多动症，不用吃药。洋洋爸爸工作忙，妈妈经常到学校和老师沟通，有些小事就不和他爸爸讲，免得他担心生气影响工作。四年级，洋洋他们班换了一位年轻的女老师。开家长会时，老师几次提到洋洋很聪明，有发展潜力。妈妈把老师的话转告洋洋，那个学期他的成绩提高得很快，但是上课说话和坐不住的毛病没怎么改。四年级下学期，有一次上早操洋洋突然感觉胃里不舒服，吐了两口，老师赶紧让妈妈接他回家休息。从此，洋洋经常在早操时呕吐，妈妈也没少为了他往学校和医院跑。检查了好几次，中西医跑遍了，连胃镜都照了，就是没查出什么毛病。后来医生干脆说是消化不良，早饭没吃好之类的。前一阵，带洋洋去看老中医，抓了几服养胃的汤药，喝了一段时间还是没什么起色。进入五年级，他们班又换了一个年轻女老师，发现洋洋上操呕吐的情况后，她联系家长认为这是心理问题，需要请教心理辅导老师，所以特地来寻求帮助。

3. 心理测量结果

实施统合型HTP测验【HTP（Synthetic House-Tree-person Technique）测验由美国

心理学家巴克率先在美国《临床心理学》杂志上系统论述，也是我们常说的房树人测验。日本学者在临床实践上对测验进行改良，实施时要求被测者将房子、树、人三项合画在一张纸上，能简便有效地探测被测者的需求和人格特征】，呈现出比较显著的依赖倾向和沟通愿望。作画顺序为房—人—树。紧靠画纸左边边缘，绘制两层式房屋，每层都有两个大窗户，两层楼之间有楼梯连接，一楼的大门清晰对开。屋内有两个人，妈妈在厨房做饭，孩子在二楼书房计算机旁。爸爸去上班了，还没有回家。屋右侧的树上有几片树叶，树干比较细。在最大的一根树杈上，有一个鸟窝，里面有正在孵鸟蛋的鸟，另一只鸟正在往窝的方向飞。洋洋解释为外出觅食的鸟回家了。树的正上方和右上方有两朵云，右上角是露出一部分的太阳。整个作品短线条较多，笔迹较轻，连贯性较弱。人物均在房屋里，五官不清晰。孩子的头比较小，头发只用笔画了两道竖线，提示体力较弱。整幅作品在清晰度和力度上都比较欠缺，绘制内容也凸显能量的缺乏和对于爱的渴望。

4. 家长或监护人的意见及态度

洋洋母亲：早产的经历让洋洋妈妈总感觉因为自己的疏忽亏欠了孩子。认为洋洋从小体弱，上学后出现各种不适症状可能与先天不足有关系，孩子的行为可以理解。上学以来，不论洋洋在学校出现什么问题，妈妈都毫无怨言地及时赶到学校，和老师解释洋洋的情况。有时候一天到学校好几次，心里也特别不舒服，真想回家好好教训孩子一番。但是一看到洋洋瘦弱的身体和躲闪的眼神，心就软了。洋洋爸爸由于工作原因经常不在家，工休期间，如果遇到孩子惹事就急风暴雨地训斥一顿，没时间就干脆不管。但是，洋洋妈妈能感觉到洋洋比较敬畏爸爸。每次父亲回来那几天，洋洋就会比较收敛，做事也比较踏实。现在孩子呕吐的情况已经持续了一段时间，家长也带着看了好几次医生，但一直不见效。平时在家也很少吐，偶尔因为吃得不舒服会说肚子疼。老师说可能是心理问题，需要找心理辅导老师进行辅导。家长也愿意配合教育好孩子。

5. 主要负责教师的意见及态度

班主任：我刚刚接班不久，发现洋洋有些亟须解决的问题。据原班主任和其他学生反映，洋洋挺聪明的，计算机学得特别好。就是平时对自己要求不严格，有破坏纪律的现象，但一般不会欺负同学、惹是生非。洋洋最让人不能理解的是几乎每天早上都会在上操前后出现呕吐现象，连升国旗仪式都不能完整参加。起初，还以为他真是不舒服，让同学把他送回教室休息。可后来发现，他吐完后就跟没事人一样，一会儿的工夫就在班里又玩又闹。近来，干脆不送他回班了，本来想试着矫正一下，但是他呕吐的现象还是会发生。经一段时间的观察发现，他呕吐的东西不多，一般是早饭的残渣。而且，吐后很短的时间就会恢复正常。中午小饭桌分饭的时候食欲很好，好像什么都没发生一样。另外据同学们反映，四年级时每当他呕吐现象发生，老师就让他休息，还跟大家说洋洋身体不好，可以不上操。开学一个月来，发现洋洋连一套完整的操都不会做。体育课上老师让他做动作，他也是非常懒散地伸一下胳膊，踢一下腿，动作很不协调。经过与其父母沟通，发现他母亲很关注他。但是我从没见过他父亲的面，好像工作很忙。另外，这个孩子丢三落四的毛病很严重，他妈妈几乎每天都会到学校给他送东西。

二、主诉和个人陈述

1. 主诉

开学一个月来，五年级男生洋洋发生多次上操呕吐现象，在操场就发作，回到教室就恢复。呕吐物以早餐刚刚吃过的食物残渣为主，如果早餐没有进食就呕一些水状物，或者捂着肚子干呕。因此无法参与正常的早晨身体锻炼，精神状态萎靡。同时，这也影响班级其他学生参与锻炼的积极性。【主诉是来访者对自己当前困扰的表述，通常情况下是第一人称表达。这里更像是心理辅导教师按照收集来的资料整理的结果。】

2. 个人陈述

我也不知道老师为什么让我来。我不是故意不上操，也不知道怎么回事，就是想吐。吐了就好一些。有时候同学帮我清扫，还挺好的。回到班里就会好一些。老师，我妈说我肠胃不好，所以才会吐，休息一下就会好的。如果能不吐也挺好，但我也不是故意的，就是想吐。

三、心理辅导教师的观察和他人反映

1. 心理辅导教师的观察

第一次会面，洋洋是在妈妈的陪伴下来到辅导室的。虽然并不属于强壮的体型，但是作为一个小学五年级男生，洋洋也绝不是弱不禁风的"小豆芽"。值得关注的是，他会做出一些看起来比较弱势的动作。当妈妈向我诉说时，他经常会做出一些皱眉头、挤眼睛、长出气、揉肚子的动作，看起来像是配合妈妈描述的特征。在与我对话的过程中，洋洋语速比较快，目光比较游离，对视不多，坐不住。有多次表达希望谈话能快点结束，说担心耽误下午的计算机课。他个头不矮，但是说话做事的方式与三四年级的学生相似。会因为说错话伸舌头，因为着急离开而走来走去，会当着老师的面和妈妈撒娇。问他呕吐时有什么感觉，他表示没什么感觉。问他呕吐后有什么感受，他表示舒服了。问他是否愿意解决呕吐的问题，他表示愿意，但不知道怎么办。

2. 同学及同伴的反映

同学反映洋洋平时挺淘气的，看着也没觉得有什么病，就是一上操就在队伍后面蹲着，好像不舒服的样子。原来老师说他身体不好，需要照顾。但是，他一回班就折腾。我们都习惯了，反正觉得他挺特别的。

四、评估

1. 评估功能

生理功能：

经与妈妈、班主任老师沟通，观察其行为表现一周，评估洋洋的肠胃问题没有发展到疾患的程度。【特别值得肯定的是，在学生的主诉不清晰或无法清晰表达，班主任和家长难以给出有效的解释、应对无效的情况下，心理辅导教师遵从了观察—理解—介入三步走的工作模式，观察的目的是从心理工作的视角对来访学生问题进行更系统的评估，包括过程性评估、结果性评估以及鉴别评估三部分。只有在充分观察、有效评估的基础上，后续的辅导工作才能更有实效。】但因为早晨不在家吃早饭，上学路上边走边吃的情况偶有发生。心理辅导期间已值十月中旬，天气没有夏天那么热了，迎风咀嚼早餐也会引起短暂的肠胃不适感。观察其平时身体形态、上操和体育课情况，发现其身体动作不协调，经常表现出没有力量或者慵懒的状态。其参与身体锻炼的动机明显偏弱。遇到上操或升旗仪式等需要集体参与的体育活动时，会发生呕吐现象。

心理功能：

根据班主任、家长反映情况，结合随班观察的行为表现，洋洋认知情况正常，课上发言和作业反馈情况无异常。没有出现读写障碍或其他学习困难现象。课上有坐不住扭动身体或者懒散地趴在桌子上的行为，也有做小动作或与同学说话的现象，但均在老师可以调控的范围内，没有出现难以控制的影响他人的声音和行为。有走神的现象，但没发展到影响学习的程度。有丢三落四的现象，但没有发展到失序的状况。结合 CCMD-3 关于 ADHD 的诊断标准，洋洋不完全符合注意缺陷、多动和冲动症状上的描述（未达到同时满足 4 条或以上的标准）。其呕吐现象与特定的体育或户外活动相关，平时课间活动或其他学习活动中没有频繁出现过类似的情况，有比较明显的心因性。【这部分关于心理功能的描述更像是一个鉴别评估的过程，包括与认知障碍、适应问题、学习困难以及注意力缺陷多动障碍的鉴别。对中小学生的鉴别评估一定要结合其年龄进行，如上文提到的丢三落四的现象，在小学五年级的来访学生和高中二年级的来访学生中出现，对心理评估结果的影响是极为不同的。】

社会功能：

主要表现为不能完整参与体育类户外集体活动。参与此类活动常伴有呕吐。呕吐发生后倾向于回到班里，或者在队伍后面与其他同学互相打闹。没有其他显著的社会功能受损，能在班级中完成学习任务，能坚持上学，偶有迟到。

2. 评估

洋洋语言、思维比较清晰，具有自知力【自知力是指来访者对自己心理状态的认识和判断能力，判断来访者是否有自知力往往是鉴别评估的第一步，是区分精神病性问题和非精神病性问题的核心特征，也是判断心理问题严重程度和好转程度的重要指标。

自知力通常包括四个方面的内容：能否意识到他人看待某种行为或心理状态是异常的；能否意识到自己这样的心理状态是异常的；能否意识到这样的异常表现是心理障碍所致；这样的心理障碍是否需要专业心理科或精神科治疗（胡赤怡，1992）】。其在校期间的呕吐现象经常出现在早餐后的做操时间，量小、多为食糜，已反复发作半年以上。来访者无控制体重的动机，体重无明显减轻，经全面体检，无法找到解释该症状的躯体疾病。呕吐现象的发生具有比较显著的心因性。在学校观察、教师和家长的反馈中，来访者也有一些行为特征与 ADHD 相似。注意力缺陷方面，表现为丢三落四，经常丢失学具；多动、冲动方面，上课时有坐不住、手脚乱动、扰乱周边同学的行为。行为幼稚唐突，有突然插话的现象。但具体行为表现又与 ADHD 有差异。其在注意力缺陷方面的表现不显著，在干扰其他同学学习的过程中，没有影响自己的学习效果。经老师提醒、暗示，往往可以控制行为。其注意的短时转移常常不是因为外界刺激，而是主观故意。繁难学习任务的完成未受到过多干扰。其多动、冲动的症状时有发生，但在教师有意忽略或者暗示指导时，能有较为显著的改善。有多动倾向，但不足以诊断为 ADHD。

早产造成的亏欠心理，一直影响着洋洋母亲对他的教育理念和行为。温尼科特曾经用镜子的形象表述母亲对于儿童人格形成过程中的重要作用。当母亲把自我"借给"孩子用，把孩子当作镜子映射出自己焦虑的状态时，孩子的焦虑也会被激发。加之父亲教育的缺位，使洋洋对母亲产生比较强烈的依赖。学校氛围暂时隔离了这种心身依赖，也使洋洋潜意识选择了其他重建依赖的方式。当入学时的"肚子疼连接法"宣告失败后，因为多动倾向，习得了通过课上干扰同学的方式吸引老师注意，从而再度赢得家长关注。四年级，由于老师的积极关注，他开始尝试以好成绩赢得信赖，但是多动倾向一时无法根除。一次突发性的呕吐使他得到了老师、家长甚至同学们的关爱，还享受到了不用做操的特权。于是，呕吐成为新的连接方式，频频出现。综上所述，洋洋的问题属于伴有多动倾向的神经性（心因性）呕吐。【心理辅导教师在此使用的两种评估体系也是当前心理咨询中常用的两种体系：精神动力学的评估和症状描述学的评估。在学校心理辅导中，将两者结合起来有助于心理辅导教师更好地理解心理辅导的价值和意义，理解学生成长的发展性、复杂性和动力性，同时不会因缺乏症状描述学的评估而延误必要的医学治疗时机。】

五、心理辅导目标的确立

1. 目标简述

根据心理辅导目标具体、可行、积极、双方可以接受、属于心理学性质、可以评估、多层次统一的原则【对心理辅导目标原则的描述非常有借鉴价值】，洋洋的心理辅导目标设定为减少直至消除因呕吐而不参与体育锻炼的行为，按时、主动参加体育锻炼活动，逐渐养成自我管理、自我激励的行为方式，形成独立、自信、积极健康的学习、生活态度。

2. 近期目标

能够逐步减少呕吐的次数，直至消除，可以按时和其他同学一样做早操。

3. 远期目标

摆脱对家长和老师过度的身心依赖，逐渐养成自我管理、自我激励的行为方式，形成独立、自信、积极健康的学习、生活态度。

六、心理辅导方案的制订

1. 心理辅导方法和原理

对本个案的心理辅导，计划运用暗示治疗、行为塑造和家庭学校系统治疗方法。【通常情况下，这部分需要跟来访者及其监护人进行知情同意的沟通。尽管在很多中小学心理辅导中，知情同意仍然只是一个简单的概念，但口头和书面的知情同意可以传递给来访者一个信息：他或他们在心理辅导中有重要的权利。知情同意也不是单纯的告知，在与来访者讨论知情同意的内容——通常包括心理辅导教师使用的理论流派、受训背景、使用的技术及可能产生的结果时，必须欢迎和鼓励来访者提问和讨论。在中小学心理辅导中，家长或来访者出于对教师权威身份的默认，可能会轻视知情同意的重要性，所以即使他们直接接受，心理辅导教师也需要解释知情同意的内容，并提示来访者展现他们的自主性。】由于洋洋的呕吐行为主要表现在学校，且又与家庭教育密切相关，所以我征得了洋洋班主任和家长（特别是洋洋母亲）的配合，共同明确了靶目标和矫正措施，以及行为强化的实施策略。

（1）靶目标

①呕吐的次数；②因呕吐不上操的次数。

通过暗示治疗和正向强化，逐渐引导洋洋习得并稳定做出预期行为，并健康发展。

（2）具体方法

暗示治疗：通过积极的暗示，使个体的心理、行为及生理机能得到改善，治疗由心理因素引起的心因性疾病，增强个体对自己痊愈和康复的信心，达到治疗的目的。特别是对于洋洋这种心因性呕吐的症状，暗示治疗的效果会更理想。

阳性强化法：对洋洋不呕吐、按时上操的行为及时进行奖励。在本案例中采用代币奖励，后续强化物是成为老师的小助手。

采用生态模式的系统干预方法：强调心理辅导是心理辅导教师、班主任和家长合力进行的。学校心理辅导面对的是未成年人，在辅导过程中，努力造就学校、家庭和社会诸多因素构成的多维、协调发展的系统，是系统治疗发展的方向。

采用短期焦点解决心理咨询的方式对个案进行心理辅导，唤醒洋洋自我管理和激励意识，激发他的上进心和责任感，帮助其认识到自己的优势和潜能，并不断发展自己的潜能。

2. 双方的权利和义务

（略）

3. 心理辅导时间及设置

从初次接待到完成辅导预计九周（约两个月），具体安排如下：
(1)初次接待及收集资料一周；
(2)与洋洋、班主任、家长共同制订行为矫正计划一周，其中与家长沟通一次；
(3)班主任观察记录个案行为一周；
(4)实施行为矫正四周，并对个案咨询两到三次；
(5)巩固两周，其中与班主任沟通一次，个案再巩固辅导一次，与班主任、家长联系，了解辅导效果。

七、心理辅导过程

1. 心理辅导阶段的划分

(1)评估阶段
此阶段的目标为建立辅导关系，收集相关信息，确定问题类型，确定辅导目标，制订辅导和干预的实施方案。
(2)辅导干预阶段
请洋洋的母亲和班主任来到心理辅导室，共同商讨止吐的方法。再次确认洋洋的呕吐现象无躯体疾病因素，决定采用暗示治疗，控制呕吐症状的发生。采用行为矫正方法进一步矫治，同时配合以目标激励的方法。与洋洋的父母进一步沟通，共同商讨确定家校配合的辅导方式，促进矫治效果的延续。
(3)巩固阶段
系统辅导一个月后，分别与洋洋的班主任、洋洋的父母和洋洋本人进行谈话或电话通话了解情况，了解洋洋的行为改善状态和当下棘手问题，以便巩固辅导效果。

2. 具体的心理辅导过程

(1)评估阶段
洋洋的神经性呕吐发生的原因主要有以下三点。
①家长教育方式和行为的失当。母亲的歉疚心理导致亲子关系过于黏滞，孩子依赖心理突出；而父亲陪伴时间有限，教育缺位，简单粗暴和放任忽略的教养方式也导致了孩子的焦虑、孤独。其独立、自信的人格难以形成。
②班主任和学科教师们对学生问题转化的关注中，即时性、表面性的工作较多（例如单纯的表扬或鼓励），鼓励的措施和方法趋同，从个体发展的角度来看，系统、有效的个性化辅导不够，导致学生的良好行为不能完成全过程的塑造，往往半途而废。

③在意识层面，洋洋对自己的问题缺乏认识，甚至在潜意识中表现出不愿面对问题，导致行为上以呕吐这一消极替代行为获取新的依赖。

基于上述对洋洋问题成因的分析，决定采用以下矫治方案。

①与家长、班主任进行沟通，采用暗示治疗、行为塑造的方法，减少直至消除洋洋呕吐症状的发生。

②对洋洋进行辅导，运用短期焦点解决心理咨询技术启发其确立行为目标，运用行为塑造的策略，引导其一步步用积极健康的行为方式代替呕吐行为，进而唤醒其自我管理和激励的意识，形成健康积极的学习生活态度。

③采用家庭成员共同参与的方式，与洋洋的父亲沟通，引导其改变以往简单的教育方法，使洋洋感受到更多来自父亲的关爱，从而减少其求得关注的依赖替代行为。对母亲进行指导，消除其愧疚、补偿心理，为洋洋营造积极、和谐的家庭氛围。

与洋洋的班主任沟通后，我们和洋洋、洋洋妈妈约定了第一次会面的时间。午饭后，我在心理辅导室静等洋洋和洋洋妈妈的到访。约定时间为 12:20，到了 12:30，还没有人敲门。我开门出去，发现楼道另一头有一位短发女士正在和一个男生拉扯着。"你动作快点，要迟到了！老师还等着呢……"我冲着那个方向抬高音量问道："是洋洋吗？"那位中年女士转过头来赶快应声道："老师，是我们！这就过去！"只见男生被家长拖着，向心理辅导室这边走过来。

不一会儿，孩子和妈妈站到了辅导室门口，孩子拽了一下刚才拉扯中有些歪的衣领，懒洋洋地说了一声："报告！"妈妈在旁边赶快说道："老师，抱歉我们来晚了！"

我招呼洋洋和妈妈进来，请他们坐到双人沙发上。洋洋一下瘫坐下来，妈妈也赶快坐下，边拉起歪倒的洋洋边说："老师，让您见笑了。"我笑笑，看着勉强坐起来的洋洋，开始了我们的对话。

师：中午刚吃完饭就和妈妈来这了，午餐消化得怎么样？

洋洋：（揉了揉肚子，长出了一口气）还行吧。

师：中午时间这么紧张，你还是来了，是怎么做到的呢？【很多心理辅导教师认为"被"要求来心理辅导的学生缺乏主动求助的意愿，实际上能够来这个动作本身就包含了主动的信息和能量。因此在面对这种被动的来访学生时，心理辅导教师更需要利用问题引出具体行为背后的积极力量，或者激发来访者关于未来的积极愿景，发现被动背后的主动性。】

洋洋：（挺了挺腰，似乎又要站起来）老师和我妈让我来的，我下午还有计算机课呢！

师：我想你一定还有些疑问，不知道为什么会被老师和家长安排到这儿来，和一位不太熟悉的老师谈话。【这是对来访者想法的共情，其实共情不仅针对情绪体验，也可以针对想法、行为、观点、选择等内容。】

洋洋：（看了一眼妈妈，摇了摇头）确实不知道。

师：你的想法很正常，大部分来到这里的同学和你有同样的疑问。我先向你介绍一下咱们今天交流的大概过程，也许会让你轻松一些。

洋洋：哦……

师：首先，我们彼此要做个自我介绍，我也想多了解你一些。比如：你的兴趣爱好，你特别擅长做的事。其次，我想听你说说希望自己的学习生活有哪些改变。再次，和你交流后，我会再和妈妈交谈。你可以选择在旁边听，或者做你喜欢的事情。只要不影响我们交谈就可以。最后，我会邀请你和妈妈一起商讨一些问题。【这部分处理得很好，说明心理辅导的过程可以增加来访者的掌控性，更重要的是让来访者感受到自己的角色，熟悉心理辅导的过程。对这种角色引导的研究表明，来访者明了治疗中会发生什么以及自己应做什么是有好处的（约翰·萨默斯-弗拉纳根，丽塔·萨默斯-弗拉纳根，2014）。针对这里的表述有两点需要提醒，一是完善一下关于时间的说明，比如"我们可能需要谈一次，也可能需要多谈几次，这个由我们共同商量"，有这样的说明会更好。二是需要在说明完之后征求一下来访者的意见或者感受，如"我说清楚了吗""听完之后你有什么想跟我说的吗"，这样的提问能够表达对来访者的尊重，同时无形中让来访者有对自己的问题负责任的倾向。】

洋洋：（揉着肚子，扭了一下身体，瞥了一眼妈妈）老师，不用很长时间吧？还有计算机课……

师：按我们约定的时间，下午上课前完成。我们暂时请妈妈移步到隔壁办公室休息。

洋洋妈妈：（慢慢站起来）老师，您看我不需要一起吗？

师：需要时我会去隔壁邀请您。

洋洋妈妈：（边走边回头）那我……先出去，洋洋，要听老师话啊！【这部分的互动是母子关系的一个缩影，很多母亲对孩子的担忧是一种爱的表达，但无形中也传递了不信任的态度——我无法相信你自己可以独立完成。这种态度不仅会加重母亲的焦虑，也会影响孩子对自己的认识。不过这个母亲的依从性较好，虽然担忧但依然表达了合作的态度和行为，这是心理辅导教师需要重点肯定的部分。】

心理辅导室又关上了门，我和洋洋的对话继续。此刻的洋洋身子坐直了一些。仿佛有些急切地想说什么。我简短介绍了自己，也邀请洋洋说说自己。

师：刚才听你一直在说下午的计算机课，你好像很重视这节课哦！

洋洋：是啊，一星期就两节，就今天上机！

师：你很喜欢计算机课。

洋洋：（坐起身，直了直脖子）我希望每星期多安排一些计算机课！最好每天都有！

师：哦！你愿意花更多的时间做自己喜欢的事。【这种重述与解释相结合的反馈，可以让来访者情感在体验的同时，走出过去消极或者创伤的感受，更加关注积极和感兴趣的一面。】

洋洋：我还会编程呢！

师：现在的工作学习中大家都在用电脑，但是真正成为高手可不容易！

洋洋：只会玩游戏的可不是高手！编程序、做软件才是最厉害的！

师：你觉得要想成为高手，需要具备哪些条件呢？

洋洋：聪明的大脑，好多知识，还有……能坚持。

师：你说的坚持是？

洋洋：就是有时候一次不一定成功，得一直试啊试。

师：哦，需要花费很多时间和精力。会不会觉得累？

洋洋：有时候会吧？但是喜欢就不累。

师：网上经常曝光程序员因为太累了而突然去世，你听说过吧？

洋洋：听我妈说过。

师：你怎么看这样的报道？

洋洋：因为没有休息吧？这样的人也不多吧？

师：如果大家都有必须完成的任务，暂时不能休息，那么什么样的人会比较少生病呢？

洋洋：身体比较好的人，比较健康的人吧……老师，现在几点了？

师：（指了指心理辅导室的表）我们现在如果再来看看成为高手的条件，聪明的大脑，丰富的知识，有毅力能坚持，是不是还需要一个能坚持的条件？

洋洋：您说的是？

师：我们不用着急下结论。可以回家找一找你崇拜的高手的故事，看看他们是怎么说，怎么做的。【以上的提问带有引导的意图，读者们在前面的叙述中了解了洋洋的问题，可以很容易理解心理辅导教师提问的意图。然而对于来访者和刚刚开启一个心理辅导的教师而言，更好的表述也许是肯定洋洋对于坚持的理解，这种肯定的目的不仅为建立良好的辅导关系服务，更重要的是帮助洋洋体验到自己的力量，这种体验在心理辅导初期可以多一些。这部分的积极体验也可以成为后续工作的重点，让来访者的积极体验和能力感不断扩散。心理辅导教师也要注意来访者提到的"喜欢就不累"背后的智慧以及与现实的矛盾之处，比如，可以询问："你刚才提到喜欢就不累，班主任老师跟我谈到你上操时遇到的困难，也跟喜欢有关系吗？还是有其他的原因？"这样的提问可以避免中间过多的绕弯，因为当洋洋再次询问时间担心错过计算机课的时候，也就代表了心理辅导教师之前引导的内容显效甚微。】

洋洋：哦……

师：前两天，我和你们班主任一起聊过你的情况。

洋洋：（不自然地挤了一下眼睛）哦……

师：班主任对你有些担心，也有些期待。

洋洋：（腿开始左右摇摆）【对非言语信息的关注非常重要，心理辅导教师在这里做得很棒。非言语信息让心理辅导室中的来访者形象更加丰满，更加真实，他们的非言语信息与言语信息构成一个整体，影响整个心理辅导的氛围。】

师：你觉得老师担心的是什么？

洋洋：不知道……

师：如果老师的担心会因为你的一点点改变而减少，你觉得是自己改变了什么？
【这种提问可以看作治疗前改变的问题，通过这个提问，心理辅导教师界定并强调了来访者自身做出积极改变的能力，即使是在没有心理辅导的情况下。这种策略让来访者开始进入"讨论解决办法"的过程（史蒂夫·德·沙泽尔，2011）。】

洋洋：上课不乱说话……不随便下座位……上操……

师：嗯，做操。你在做操的时候遇到了什么困难吗？

洋洋：老师，我肚子不舒服，做操的时候恶心。【鉴于心理辅导教师的多重角色，他们很有可能在来访者进入心理辅导室之前，已经通过班主任、其他学生、家长等开始了了解来访者的工作，他们可能对来访者的表现和困扰都较为清楚。我个人建议与其花费大把的时间引导，不如在介绍了心理辅导流程之后直接提出主题，这样来访者更可能会感到你是有能力且可信赖的。尤其是对于中小学生而言，如果他们发现心理辅导教师并未重视其他更重要的问题，只反复提问那些不重要的问题，那不仅会损害辅导关系，也会降低他们对于心理辅导的主动性和兴趣。】

师：那你要坚持下来一定需要不少毅力吧？

洋洋：（腿忽然不摇晃，低下头）哦，应该是吧……我不是故意不上操的，也不知道怎么回事，就是想吐。吐了就好点。有时候，同学帮我清扫，还挺好的。回到班里就会好一些。老师，我妈说我肠胃不好，所以才会吐，休息一下就会好的。

师：身体不舒服还能坚持上操，是不容易做到的！有没有什么情况下，你可以坚持做操不出现吐的情况？【寻找例外的问题，哪怕是微小的积极变化都有可能引发更大的转变，寻找例外可以帮助来访者看到他们的问题并非一成不变的，也不是压倒性的。例外问题通常以一个序列的形式出现，从建构主义的观点看，使用例外问题可以帮助来访者重新认识本身存在的优势和资源，有助于建立或充实来访者的适应性过程，而不是聚焦问题的表现和对抗问题的过程。】

洋洋：好像也有吧？

师：还记得当时是什么情况吗？你是怎么坚持的？

洋洋：记不太清楚了，好像是在家吃馄饨的时候。我也记不清了。

师：你是怎么坚持完成那次早操的？

洋洋：我看见前面的××跳得特别带劲，就跟着跳了几下，身上就暖和了一些。好像体育老师还让做了一个什么游戏，我觉得挺好玩的。然后就把操做完了。

师：如果把坚持出操作为一个目标，你愿意试着改变一下吗？

洋洋：如果能不吐也挺好，但我也不是故意的，就是想吐。（说着，又干呕了一声）【大家读到这里会有些剥离感，原因在于心理辅导教师把目标聚焦在坚持出操，来访者把目标聚焦在不吐上。这两者看上去存在因果联系——"因为想吐所以不能坚持出操"，但心理辅导教师的表述会给来访者一种忽视了他的痛苦的感觉，所以如果把关注点放在"我们在接下来的辅导中可以一起看看为什么想吐，以及怎么做可以不吐，你觉得可以吗"，这样的表述会更接近来访者关心的问题。】

师：我们一起来试试看，找到"不舒服"的感觉想要告诉我们什么，也许它不仅是让我们休息的信号。

洋洋：啊？哦……

师：也许我们可以找到其他与"不舒服"相处的方式。让未来的电脑高手强壮起来！

【最后聚焦在积极的愿景上是很不错的方式，这里也可以简单跟来访者说明后续的工作计划或者安排，征求来访者关于时间安排的意见，告知后续与妈妈沟通中的可能涉及的保密问题、单独会面问题等，然后再结束本次会谈会更好一些。】

洋洋：哦！（又坐直了一些，挺了挺腰）

与洋洋的对话暂告一段落后。我让洋洋把妈妈请到心理辅导室来。和妈妈进一步确认了合作关系，把洋洋想要尝试改变的情况进行了告知。妈妈听到后很高兴，再次表述了洋洋因为早产身体虚弱、自己工作忙照顾不周等情况。在一旁摆弄沙发靠垫的洋洋又在过程中揉了揉肚子，长出了几口气，并插话询问时间，怕耽误计算机课。

第一次心理辅导结束前，我指导洋洋完成了统合型 HTP 测验，还给洋洋布置了一个家庭作业，请他把当天讨论的成为电脑高手需要具备的条件收集全。可以访谈周围的高手，也可以从高手的故事中找线索。因为时间限制，我又和洋洋妈妈约了第二次单独辅导的时间。准备共同实施针对洋洋呕吐现象的干预。

（2）心理辅导干预阶段

①把洋洋的母亲和班主任请进心理辅导室，共同商讨止吐的方法。再次确认洋洋的呕吐现象无躯体疾病作为基础，并决定采用暗示治疗，控制呕吐症状的出现。具体操作方法如下：

• 由心理教师向洋洋介绍一位专门治疗呕吐的医生（事先安排好的儿科大夫朋友），告知其按照医生的要求"服药"（维生素类保健品），坚持每天上早操，一周内肯定会有效；【暗示治疗是采用语言、动作等方法让来访者在不知不觉间受到积极暗示的影响，接受来自他人的观点、态度，减少心理压力和负担。心理辅导中常用鼓励、安慰、解释、认可等方式，以言语暗示或者情景暗示的方式缓解或者消除来访者的不良行为。这里的暗示疗法借助了医疗的力量，虽然不可复制，但也有参考的价值。】

• 要求家长配合执行上述方案，定时让孩子"服药"，提醒他上早操呼吸新鲜空气才会有药效，如无极特殊情况，不去学校看望；

• 班主任不对洋洋采取任何特殊关照，只关心做操本身，暗中观察他的动态，并做好相关行为记录。

一周后，班主任反映，周一升旗时看见洋洋干呕了两下，没吐出来；周二跟着做了几下操，动作不太协调，但是没出现呕吐现象；周三显得有点没精神，没做几下操就到队伍后面蹲着去了，询问原因说是没吃早饭；周四跟着比画了一套操，跳跃运动没做，说是怕吐出来；周五又做了一遍操，班主任老师带着他做了跳跃运动，没出现呕吐现象。经过一周的尝试发现，对洋洋的暗示治疗已经开始生效。在与家长沟通后，商定减少"药量"，直至停止服用。向洋洋强调要想获得更好的疗效，必须加大运动量。与此同时，心理辅导教师与班主任沟通，准备下一步矫治。

②采用行为塑造方法实施进一步矫治，同时配合以目标激励的方法。

根据洋洋第一周的表现，结合实际情况，心理辅导教师、班主任老师和洋洋共同制订了奖励措施，具体如下：

· 和大家一样完整地做两套操，坚持一天奖励红星一枚；

· 获得五枚红星，兑换金星一枚，给家长打电话报喜；

· 获得三枚金星，有资格成为班级领操员；

· 获得五枚金星，将有参选小干部的资格，老师将推荐他成为计算机课代表的候选人（当选计算机课代表是洋洋最大的心愿）。

班主任与学生在心理辅导教师的见证下，签订奖惩契约。班主任、学生、心理辅导教师各持一份，以备查验。【代币奖励亦称代币法、行为矫正程序。根据操作条件作用原理，利用个体的自发活动，配合外部强化控制，使个体循序渐进地以适当行为取代不当行为。具体做法：当来访者表现出适当行为时，根据行为的性质，来访者可获得一定数量的代币，并可用代币换取自己喜爱的活动或物品。代币是来访者因表现出适当行为而得到的用以交换奖品或奖励的替代品，如筹码、记分等，具有强化适当行为、消除不良行为的价值（林崇德，等，2003）。最早的代币法用于治疗慢性的或者衰退的精神病患者和智力落后儿童，20世纪70年代后，开始在学校广泛应用，主要用于克服课堂上学生的捣乱行为以及培养儿童良好的行为（Ollendick & Thomas，1979）。】

签约结束后，我和洋洋进行了一次面谈。询问他最近感觉如何？对和老师签订的契约有什么看法？洋洋的反应很积极，感觉自己最近吃的药很管用，想呕吐的现象少多了。而且，一做操才发现，运动一下也挺好的，比自己在队伍后面蹲着玩有意思。

我抓住时机进行引导，表示他最近有股小男子汉的精气神，走起路来都显得特别有劲！借势还请他表演了一套广播体操。虽然动作有些零乱，但看得出洋洋在努力学习。在交谈中，我启发洋洋认识如下三点：

· 在队尾无精打采地呕吐，不如加入大家的行列精神抖擞地锻炼；

· 做好操能够引起更多人的关注，躲在后面只会被大家遗忘；

· 得到大家的关注后，将会有更多机会参与到自己喜欢的事务中，能够收获更多快乐。【心理辅导教师在这部分及时强化来访者的新认知和新情感体验，是巩固心理辅导效果的重要方式。】

我们还商定，每星期会面一次，由洋洋向我介绍他获得星星奖励的情况以及下一步计划。第一周，洋洋得了三颗红星，拿来让我看时，表示下周一定要得更多。我帮助他分析了获得红星的方法，谈到又锻炼又拿星的好处，洋洋兴奋地告诉我，他这周虽然没有天天得星，但是每天都站在队伍里，第二套广播体操都已经学得差不多啦！随后的三周，洋洋进步显著，不但得到了金星，还首次站在全班队伍的前面，以领操员的身份为大家示范动作。据班主任老师反映，当天洋洋的表现非常出色。在评价会上，同学们给他打出了9.5的高分。接连不断的激励、强化，促使洋洋以较快速度寻找到呕吐的适宜替代行为——做操。

③与洋洋的父母沟通，共议矫治策略。

告知父母洋洋最近的变化，强调其头脑的灵活性和行为的可塑性。提示只要教育方法得当，就可以引导孩子步入正轨，从容地投入学习生活。分享了洋洋画的房树人，询问家长看到画之后的感受，也分享了心理辅导教师的感受。建议父亲更多参与到孩子的教育中来，发挥男性的优势，促进孩子身心共同发展，强健起来。洋洋的父亲表示，以后只要时间允许，一定会多关注儿子的学习生活，常与孩子对话，摒弃简单粗暴的教育方法，不再打洋洋了。而母亲则要学会一步步放手，克服内心的愧疚心理，认识到孩子实现独立的愿望，帮助他掌握自我管理和激励的能力才是对其成长最有力的支持。同时引导父母发现多参与体育运动对于洋洋身心健康发展的重要性。建议家长，特别是父亲，利用休息时间带领洋洋形成锻炼习惯，找到适合他的运动项目。【在中小学心理辅导中，条件允许的情况下，对家长的指导是非常必要的。有效的家庭教育指导需要掌握学生发展的规律、来访者本身个性化的表现、家庭教育的规律、来访家庭可以调整的部分等内容。通常情况下，指导的重点包括改善亲子关系、改善家庭氛围、调整家庭功能、激发某个家庭成员的调整、具体的技巧和方法等。在这个案例中，既有引导母亲放手和父亲投入等对亲子关系的改善，也有教给父亲改变的技巧和方法。下列调整饮食等干预措施，针对的是家庭的功能部分，这部分心理辅导教师做得比较专业和有针对性。】

除此之外，提示家长还要注意：

· 纠正洋洋的不良饮食习惯，确保每天吃好早餐；
· 若没有特别要求，就不去学校给洋洋送东西；
· 密切关注洋洋的身体状况，按时参加健康检查。

经过上述咨询和干预，洋洋的班主任反映洋洋的进步非常大，上操不再呕吐，不再要求特殊照顾，课上纪律也有所好转。

（3）巩固阶段

实施上述系统辅导一个月后，我分别与洋洋的班主任、洋洋的父母和洋洋本人进行谈话或电话通话了解情况。

洋洋的班主任反映洋洋课上、课下的变化都很大，学习成绩也有了提高。只是课堂上小动作比较多，坐不住，有时还看着没精打采的。

经过与家长沟通，了解到最近洋洋在家练习编程，晚上睡觉比较晚，作息时间需要调整。家长与老师联系后，决定不去简单制止。首先由老师出面，对他的课下学习表示关心，并提醒注意休息，分配好自己的学习时间。随之，家长在家里帮助洋洋制定一个学习时间表，确保充足的睡眠，从而保证第二天按时起床，吃好早饭，上课精力充沛。此外，心理辅导教师建议家长结合洋洋的学习兴趣，选报一个电脑编程班，使时间专用化。这样的安排较好地发展了洋洋的优势，使其获得成就感，同时也为竞聘计算机课代表做好准备。

我又与洋洋进行了一次谈话，提示他要想成为计算机课代表，不仅要做技术上的高手，还要成为老师工作的小助手。鼓励其从管理好自己的生活开始，向着为同学服务的标准看齐。到那时，老师推荐他竞选，同学们才会心服口服！洋洋点头答应，表示从安排好自己的时间开始，一步步向课代表的目标前进。

八、心理辅导效果评估

1. 来访者自我评估

两个月后，洋洋表示感觉自己越来越有精神了，肚子不舒服的感觉没有了，现在上操也挺好的，喜欢做跳跃运动和全身运动。爸爸出差回来会带他去练双杠，刚开始爬都爬不上去，现在两手撑着可以坐上杠了。妈妈给他报的编程班挺有意思的，不过他自己学的比老师讲的更难。有时候上课还是想说话，不过老师看他的时候，他会不好意思。询问洋洋，如果给现在的自己打分，满分为 10 分，可以得多少分？洋洋给自己打 8 分，说留 2 分，自己还能做得更好。

2. 心理辅导教师评估

心理辅导两周后，洋洋的呕吐行为显著减少，一个月后，未发生呕吐行为。两个月后随访，也未发生呕吐行为。与之相应地，体重增加，食欲增进，精神状态显著提升。通过暗示治疗、行为矫正与目标激励的配合实施，洋洋在克服呕吐、形成替代行为、逐渐走出依赖的过程中变化越来越明显。并且每当他取得一点进步，班主任老师都会及时捕捉，公开在班上表扬，随时将他的进步通知家长，一步步树立他的自信心。两个月后，同学们一致同意他参选计算机课代表，并积极为其投票。最终，他竞选成功，与另一位同学同时当选。此后，他学习的积极性更高，热心为同学服务的行为也越来越多。与此同时，洋洋妈妈不再常往学校跑了，洋洋在学习生活中的独立管理行为也不断增加。

3. 长期效果评估

本次心理辅导目标的设定关注了短期目标与长期目标的循序渐进，长期效果较为理想。在五年级下学期，洋洋的自主管理行为逐渐增多，因为承担了信息技术课代表的职务，越来越多地在同学中受到积极关注。五年级期末考试数学和语文成绩均为优秀。体育成绩也及格了。五年级下学期，洋洋在区中小学编程大赛中获得二等奖。

九、总结

学生成长过程中的迟滞、倒退等异常行为，甚至生理上病态表现的背后往往潜藏着不为人知的心理因素，需要我们每一位工作在教育领域的心理辅导教师保持职业敏感度，探索分析问题产生的心理因素的同时，也不要忽略每一个孩子潜在的积极能量。正如萨提亚冰山模型中的理念，每一种行为和应对方式下，都掩藏着被压抑的情绪，积极的期待，以及全人类共有的渴望与自我核心的生命力。

行为矫正的过程会经历停滞、反复甚至倒退，这时候需要我们静心分析问题的根源，不急功近利，每一步都从学生的真实需求入手，关注学生的内心感受，激发其积极向上的愿望和潜能。

　　学生疗愈、成长的资源不应局限于学校，调动家庭教育中的积极因素，加之专业咨询机构的有效介入，能更好地为学生心理健康发展服务。【纵览整个案例，心理辅导教师可以调动家校社三方面资源，共同开展工作，这一点非常值得借鉴和学习。此外，心理辅导教师很好地使用了代币法和及时强化法，利用短期焦点解决技术帮助来访者聚焦优势，促进了积极改变的发生。唯一感到不足的是，案例中心理辅导教师引导来访者关注了"不舒服"的其他意义，但在后面的讨论中并未说明，因此对待类似的案例，可以直接考虑聚焦优势，使用行为矫正的方法，而不去探讨行为背后的意义，尤其是早年家庭教养的影响。】

参考文献

第一部分

伯纳德,古德伊尔.2005.临床心理督导纲要[M].北京:中国轻工业出版社.

车文博.2001.当代西方心理学新词典[M].长春:吉林人民出版社.

程永琛,朱仲敏.2018.近40年来上海市中小学心理健康教育的回顾与展望[J].上海教育科研(3):7.

大卫·韦斯特布鲁克,海伦·肯纳利,琼·柯克,等.2014.认知行为疗法[M].方双虎,等,译.北京:中国人民大学出版社.

戴维·谢弗.2004.儿童与青少年.影印版[M].北京:中国轻工业出版社.

戴晓阳.2010.常用心理评估量表手册[M].北京:人民军医出版社.

樊富珉.1996.团体咨询的理论与实践[M].北京:清华大学出版社.

郭召良.2020.认知行为疗法入门[M].北京:人民邮电出版社.

河合隼雄.2020.什么是最好的父母[M].北京:北京联合出版公司.

吉利兰,詹姆斯.2000.危机干预策略[M].肖水源,等,译,北京:中国轻工业出版社.

蒋锋,汤宜朗,侯也之.2002.精神疾病病耻感形成的相关因素及对策[J].中国心理卫生杂志(10).

江光荣.2012.心理咨询的理论与实务[M].北京:高等教育出版社.

卡巴尼斯,等.2015.心理动力学个案概念化 [M].孙铃,等,译.北京:中国轻工业出版社.

克拉拉·E.希尔.2013.助人技术:探索、领悟、行动三阶段模式[M].北京:中国人民大学出版社.

科瑞.2004.心理咨询与治疗经典案例(第六版)[M].石林,等,译.北京:中国轻工业出版社.

科瑞.2006.团体咨询的理论与实践[M].刘铎,等,译.上海:上海社会科学院出版社.

林崇德,杨治良,黄希庭.2003.心理学大辞典 [M].上海教育出版社.

林效廷.2005.略论高校大学生心理健康教育[J].河南教育(高教版)(中),(8):2.

林雅芳.2020.5W1H 提问法在评估学生心理及行为问题中的应用[J].班主任之友(10).

刘华山.1998.学校心理辅导[M].合肥:安徽人民出版社.

刘华山,江光荣.2010.咨询心理学[M].上海:华东师范大学出版社.

刘伟.2015.团体心理咨询与治疗[M].北京:人民卫生出版社.

罗杰·霍克.2014.改变心理学的四十项研究[M].北京:人民邮电出版社.

马建青.1992.辅导人生:心理咨询学[M].济南:山东教育出版社.

迈克尔·弗斯特.2016.DSM-5 鉴别诊断手册[M].北京:北京大学出版社.

牛格正,王智弘.2008.助人专业伦理[M].中国台北:心灵工坊文化事业股份有限公司.

米切尔·A.斯蒂芬,布莱克·J.玛格丽特.2007.弗洛伊德及其后继者:现代精神分析思
　　想史[M].北京:商务印书馆.

欧文·D.亚隆.2015.存在主义心理治疗[M].北京:商务印书馆.

施密特.2013.学校心理教师工作指南[M].孙菲菲,刘亚茵,喻莉,译.北京:中国轻工业
　　出版社.

宋晓东,施永达.2010.美国中小学心理辅导综合模式及其对我国的启示[J].外国中小学
　　教育,(6):3.

汪向东,王希林,马弘.1999.心理卫生评定量表手册(增订版)[M].北京:中国心理卫生
　　杂志社.

王建平,王晓菁,唐苏勤.2011.从认知行为治疗的发展看心理治疗的疗效评估[J].中国
　　心理卫生杂志,25(12):4.

王明宾,程振响.2003.中小学心理健康教育师资培训的需求评估[J].江苏教育学院学报
　　(社会科学版),19(2):32-35.

王智弘.2014.应用心理研究中的含摄文化考量[J].应用心理研究(60):33-39.

王智雄,刘靖,李雪,等.2021.青少年抑郁症患者的健康相关危险行为[J].中国心理卫生
　　杂志,35(4):6.

王震.2011.构建区域性中小学心理健康教育教师专业系统的实践研究[D].上海:华东师
　　范大学.

韦尔费勒,帕特森.2009.心理咨询的过程:多元理论取向的整合探索[M].高申春,等,
　　译.北京:高等教育出版社.

吴武典.1987.散播爱的种子[M].中国台北:张老师出版社.

吴增强.2012.学校心理辅导实用规划[M].北京:中国轻工业出版社.

徐汉明,盛晓春.2010.家庭治疗:理论与实践[M].北京:人民卫生出版社.

许又新.1992.心理治疗与学习[J].临床精神医学杂志(2):4.

叶一舵,赖运成.2015.中学生人际敏感性问卷的编制[J].中国临床心理学杂志,23
　　(6):5.

伊丽莎白·雷诺兹·维尔福.2010.心理咨询与治疗伦理[M].侯志瑾,等,译.北京:世界
　　图书出版公司北京公司.

尹海兰,贾晓明.2012.焦点解决取向治疗在即时文字网络心理咨询中应用的初探[J].中
　　国心理卫生杂志,26(11):846-850.

约翰·萨默斯-弗拉纳根,丽塔·萨默斯-弗拉纳根.2014.心理咨询面谈技术(第4版)
　　[M].陈祉妍,江兰,黄峥,译.北京:中国轻工业出版社.

张春兴.1992.张氏心理学辞典[M].上海:上海辞书出版社.

张南.2015.即时文字网络心理咨询的伦理问题与对策[J].才智(27):3.

张日昇.1999.咨询心理学[M].北京:人民教育出版社.

张日昇.2006.箱庭疗法[M].北京:人民教育出版社.

张晓霞.2011.教学反思:教师专业成长之路[J].甘肃教育(11):1.

张长英,刘美廷.2010.中小学心理教师职业倦怠现状及影响因素的研究[J].江苏理工学院学报(2):43-47.

赵建章,陈家麟.2013.3D与网络视频测量技术环境下网络催眠疗法理论探究[J].心理技术与应用(4):3.

赵志成,张佳伟.2012.探索院校协作中实践共同体的建设:香港优质学校改进计划"职校教师专业发展日"的个案研究[J].教育学报,40(1):115-134.

郑日昌,江光荣,伍新春.2006.当代心理咨询与治疗体系[M].北京:高等教育出版社.

周正.2003.加强职后培训,提高教师科研能力[J].科学咨询(教育科研)(6):15-15.

朱永新.2012.教师是教育之本[J].云南教育:视界(3):3.

Adler E. 1997. Imagined (Security) Communities: Cognitive Regions in International Relations[J]. Millennium-Journal of International Studies.

Ainsworth M D S, Blehar M C, Waters E, et al. 1978. Patterns of Attachment: A Psychological Study of the Strange Situation[J]. Lawrence Erlbaum Associates, 23.

Benenson J, Hodgson L, Heath S. 2010. Sex differences in the form of competitive strategies utilized in groups[J].

Berg I K, Shafer K C. 2004. Working with mandated substance abusers: The language of solutions[J]. SL A. Straussner, ed. , Clinical Work with Substance-Abusing Clients, 82-102.

Bersoff D N, Prasse D P. 1978. Applied psychology and judicial decision making: Corporal punishment as a case in point[J]. Professional Psychology, 9(3):400-411.

Blocher D H. 2000. The evolution of counseling psychology[M]. Springer Publishing Company.

Bordin E S. 1994. Theory and research on the therapeutic working alliance: new directions[J]. Working Alliance Theory.

Bowlby J. Attachment, 1969. Vol. 1 of Attachment and loss[J].

Bronfenbrenner U. 1979. The Ecology of Human Development: Experiments by Nature and Design[J].

Brown R A, Lewinsohn P M. 1984. A psychoeducational approach to the treatment of depression: comparison of group, individual, and minimal contact procedures[J]. J Consult Clin Psychol, 52(5):774-783.

Buckley J, Schneider M. 2009. Figures: Charter Schools Hope or Hype? [J]. Charter Schools.

Castonguay L G, Hayes A M. 1995. The focus of therapist interventions in cognitive therapy for depression[J]. Cognitive Therapy & Research, 19(5):485-503.

Chen X, Chen X, Zhao S, et al. 2021. Autonomy- and connectedness-oriented behaviors of toddlers and mothers at different historical times in urban China[J]. Developmental

Psychology,57(8):1254-1260.

Cohen R,Preiser L,Gottlieb S,et al. 1993. Law,Psychology, and Children ‖ Relinquishing Custody as a Requisite for Receiving Services for Children with Serious Emotional Disorders:A Review[J]. Law & Human Behavior,17(1): 121-134.

Corey G,Corey M S,And Callanan P. 1979. Professional and Ethical Issues in Counseling and Psychotherapy[J]. Crnkovic.

Corey G,Williams G T,Moline M E. 1995. Ethical and legal issues in group counseling [J]. Ethics Behav,5(2):161-183.

Dansby-Giles G, Carpenter J, Howes J, et al. 1999. Report of the ASCA Ethics Committee:1997-1999[J]. Codes of Ethics,14.

Disher N G,Guerra A L,Haeffel G J. 2021. Men have ability,women are lucky:A pre-registered experiment examining gender bias in knowledge attribution[J]. British Journal of Social Psychology(3).

Elkin I. 1989. National Institute of Mental Health Treatment of Depression Collaborative Research Program. General effectiveness of treatments[J]. Archives of General Psychiatry,46(11):971.

Ellis M V, Berger L, Hanus A E, et al. 2014. Inadequate and harmful clinical supervision:Testing a revised framework and assessing occurrence[J]. Counseling Psychologist,42(4):434-472.

Erikson E H. 1963. The Golden Rule and the cycle of life[J].

Falender,C. A,Shafranske,E P. 2004. What Makes for Good Supervision? [M]// Clinical supervision: A competency-based approach. (pp. 37-58). American Psychological Association.

Falender C A, Shafranske E P. 2012. The Importance of Competency-based Clinical Supervision and Training in the Twenty-first Century:Why Bother? [J]. Journal of Contemporary Psychotherapy,42(3):129-137.

Fessler K H. 1992. The inner world of school principals:Reflections on career life stages [J]. International Review of Education.

Florian V, Mikulincer M, Bucholtz I. 1995. Effects of adult attachment style on the perception and search for social support[J]. J Psychol,129(6):665-676.

Follette W C, Greenberg L S. 2006. Technique factors in treating dysphoric disorders [J]. Principles of therapeutic change that work,83-109.

Gabbard G O. 2005. Psychodynamic psychiatry in clinical practice [M]. American Psychiatric Pub.

Gelso C J, Carter J A. 1985. The Relationship in Counseling and Psychotherapy: Components,Consequences,and Theoretical Antecedents[J]. Counseling Psychologist,13

（2）：155-243.

Goldberg J A，Maldavsky D. 2012. Factors intervening in the Alliance in adolescents' psychotherapy［J］. DOI：http://dspace. uces. edu. ar：8180/xmlui/handle/ 123456789/2024.

Gross A E，Mcmullen P A. 1983. Models of the help-seeking process[J]. 2：45-70.

Harris M J. 1989. Personality moderators of interpersonal expectancy effects： Replication of Harris and Rosenthal(1986)[J]. Journal of Research in Personality, 23(4)：381-397.

Heesacker M. 1988. Counseling Seen From Convergent and Divergent Perspectives[J]. PsycCRITIQUES,33(4).

Herzig A，Licht J. 2006. Overview of Empirical Support for the DSM Symptom-Based Approach to Diagnostic Classification［J］. Psychodynamic diagnostic manual, 663-690.

Husén. 1994. The Role of the University：A Global Perspective[J]. Access to education.

Howard K I，Lueger R J，Maling M S，et al. 1993. A phase model of psychotherapy outcome： causal mediation of change[J]. Journal of Consulting & Clinical Psychology,61(4)： 678-85.

Jacobson J G. 1998. What Works for Whom? A Critical Review of Psychotherapy Research[J]. American Journal of Psychiatry,155(1)：146a-147.

Johnson S M. 2019. EFFT：Emotionally Focused Family Therapy[M]// The Practice of Emotionally Focused Couple Therapy.

Jongsma A E，Peterson L，Mcinnis W P. 2000. The child psychotherapy treatment planner (2nd ed.)[J].

Kent T，Stern J. 2016. Integration in primary care：The Tavistock model[J].

Kim D，Seitz A，Watanabe T. 2008. Reward contingency on perceptual learning does not follow rules of classical conditioning[J]. Journal of Vision,8(6)：477.

Kiselica，M. S. 1998. Preparing Anglos for the Challenges and Joys of Multiculturalism[J]. Counseling Psychologist,26(1)：5-21.

Knudsen H K，Ducharme L J，Roman P M. 2008. Clinical supervision, emotional exhaustion, and turnover intention：A study of substance abuse treatment counselors in the Clinical Trials Network of the National Institute on Drug Abuse [J]. Journal of Substance Abuse Treatment.

Lambert M J. 2010. Using progress feedback to inform treatment：Conceptual issues and initial findings[M]//Lambert M. J. Prevention of treatment failure：The use of measuring, monitoring, and feedback in clinical practice. American Psychological Association,109-134.

Lambert M J, Hill C E. 1994. Assessing psychotherapy outcomes and processes[J]. American Psychological Association.

Lambert M J, Masters K S, Ogles B M. 1991. Outcome research in counseling[J]. Research in counseling, 51-83.

Linehan M. 1987. Dialectical Behavior Therapy for Borderline Personality Disorder. Theory and Method[J]. Bulletin of the Menninger Clinic, 51(3):261-276.

Lueger R J, Howard K I, Martinovich Z, et al. 2001. Assessing treatment progress of individual patients using expected treatment response models[J]. Journal of Consulting & Clinical Psychology, 69(2):150-158.

MacKenzie, Roy K. 1994. Where is here and when is now? The adaptational challenge of mental health reform for group psychotherapy[J]. Int J Group Psychother, 44(4): 407-428.

McWilliams N. 2011. The Psychoanalytic Diagnosis, Second Edition[J]. World Psychiatry, 14(2), 237-239.

Mikulincer M, Shaver P. 2016. Attachment theory as a framework for the promotion of optimal relationships[J]. Positive approaches to optimal relationship development, 56-78.

Miller W R, Rollnick S. 2002. Motivational Interviewing, Second Edition[J]. Guilford Press.

Milne D L, Reiser R P. 2017. A Manual for Evidence-Based CBT Supervision[J]. DOI: 10.1002/9781119030799:14-31.

Mojallal M, Simons R M, Simons J S. 2021. Childhood maltreatment and adulthood proneness to shame and guilt: The mediating role of maladaptive schemas[J]. Motivation and Emotion.

Murphy E A, Mutalik G S. 2008. The Application of Bayesian Methods in Genetic Counselling[J]. Human Heredity, 19(2):126-151.

Nichols R C, Beck K W. 1960. Factors in psychotherapy change[J]. Journal of Consulting Psychology, 24(5):388.

Oyserman D, Coon H M, Kemmelmeier M. 2002. Rethinking individualism and collectivism:Rethinking individualism and collectivism[J]. DOI:10.1037//0033-2909.128.1.3.

Paterson G, Metcalfe C D. 2009. Uptake and depuration of the anti-depressant fluoxetine by the Japanese medaka(Oryzias latipes)[J]. Chemosphere, 74(1):125-130.

Pickren W E, Marsella A J, Leong F T L, et al. 2012. Playing Our Part:Crafting a Vision for a Psychology Curriculum Marked by Multiplicity[J]. DOI:10.1007/978-1-4614-0073-8_15.

Riezen H V, Segal M. 1988. Comparative evaluation of rating scales for clinical psychopharmacology[M]. Elsevier.

Rousmaniere T, Wright C V, Boswell J, et al. 2019. Keeping Psychologists in the Driver's Seat: Four Perspectives on Quality Improvement and Clinical Data Registries[J]. Psychotherapy Theory Research & Practice, 57(4).

Shedler J. 2010. The Efficacy of Psychodynamic Psychotherapy [J]. American Psychologist.

Shek D T L, Chai C W Y, Dou D. 2021. Parenting factors and meaning of life among Chinese adolescents: A six-wave longitudinal study[J]. Journal of adolescence, 87: 117-132023-10-3.

Solomon Z, Shklar R, Mikulincer M. 2005. Frontline treatment of combat stress reaction: a 20-year longitudinal evaluation study [J]. American Journal of Psychiatry, 162(12):2309.

Swanson, Carl D. 1993. Confidentiality and privileged communication[M]. American Counseling Association.

Talitman E. 1995. Predictors of outcome in Emotionally Focused Marital Therapy. [M]. University of Ottawa(Canada).

Taylor R D, Lopez E I. 2005. Family management practice, school achievement, and problem behavior in African American adolescents: Mediating processes[J]. Journal of Applied Developmental Psychology, 26(1):39-49.

Thompson C L, Rudolph L B, Henderson D. 2004. Counseling Children. 6th [J]. Australia: Thompson, Brook/Cole.

Tronick E. 2007. The neurobehavioral and social-emotional development of infants and children. [References][M]. WW Norton & Company.

Valera, E. M, Faraone, et al. 2007. Meta-Analysis of Structural Imaging Findings in Attention-Deficit/Hyperactivity Disorder[J]. Biological Psychiatry-New York.

Vera A P. 1999. Accommodationists versus structuralists: some empirical evidence from Spain(1987-1998)[J]. Universidad Complutense de Madrid, Facultad de Ciencias Económicasy Empresariales.

Wakefield J C, Schmitz M F, First M B, et al. 2007. Extending the Bereavement Exclusion for Major Depression to Other Losses: Evidence from the National Comorbidity Survey[J]. Arch Gen Psychiatry, 64(4):433.

Wampold B E. 2001. The Great Psychotherapy Debate: Models, Methods, and Findings [M]. Routledge.

Woody S R, Ollendick T H. 2006. Technique factors in treating anxiety disorders[J]. Principles of therapeutic change that work, 167-186.

Yalom I D, Leszcz M. 2005. The theory and practice of group psychotherapy(5th ed.)

[J]. Mental Health,29(Winter):24-25.

Yang L H,Wong L Y,Grivel M M,et al. 2017. Stigma and substance use disorders[J]. Current Opinion in Psychiatry,30(5):378-388.

第二部分

陈菡. 2022. 新高考背景下"线—面—点"三级分层生涯辅导体系的构建——基于生涯辅导需求调查的视角[J]. 现代中小学教育,38(5):1-7.

陈会昌. 1999. 德育忧思:转型期学生个性心理研究[M]. 北京:华文出版社.

陈顺森. 2005. 箱庭疗法缓解初中生考试焦虑有效性的研究[D]. 保定:河北大学.

陈顺森,林凌. 2011. 团体箱庭疗法缓解大学新生社交焦虑的效果[J]. 内蒙古师范大学学报(教育科学版),24(3):5.

大卫·韦斯特布鲁克,海伦·肯纳利,琼·柯克,等. 2014. 认知行为疗法[M]. 北京:中国人民大学出版社.

戴维·谢弗. 2004. 儿童与青少年. 影印版[M]. 北京:中国轻工业出版社.

杜亚松. 2013. 儿童心理障碍诊疗学[M]. 北京:人民卫生出版社.

方怀胜. 2003. 中小学生的学校适应及教师的指导[J]. 北京教育学院学报,(3):4.

冯友兰,涂又光. 2013. 中国哲学简史[M]. 北京:北京大学出版社.

费孝通. 1998. 乡土中国生育制度[M]. 北京:北京大学出版社.

勾洪斌. 2015. 傣族初中生心理健康和社会适应性特点及与其家庭教养方式的关系研究[D]. 重庆:西南大学.

顾明远. 1998. 教育大辞典(增订合编本)[M]. 上海:上海教育出版社.

韩婷. 2018. 团体箱庭疗法提升高中合作学习小组人际关系的效果[J]. 中小学心理健康教育,(3):19-23.

胡赤怡. 1992. 自知力:定义及临床研究[J]. 国外医学:精神病学分册,19(3):4.

黄君. 2010. 父母教养方式对儿童人际关系的影响[J]. 科技信息(20):1.

黄希庭. 2004. 人格心理学[J]. 杭州:浙江教育出版社.

贾晓波. 2001. 心理适应的本质与机制[J]. 天津师范大学学报(社会科学版)(1):5.

卡巴尼斯,等. 2015. 心理动力学个案概念化[M]. 孙铃,等,译. 北京:中国轻工业出版社.

克拉拉·E.希尔. 2013. 助人技术:探索、领悟、行动三阶段模式[M]. 北京:中国人民大学出版社.

科瑞. 2006. 团体咨询的理论与实践[M]. 刘铎,等,译. 上海:上海社会科学院出版社.

肯尼思·巴里什. 2020. 儿童心理治疗中的情绪[M]. 王晓彦,译. 北京:机械工业出版社.

兰德曼. 2006. 哲学人类学(第2版)[M]. 阎嘉,译. 贵阳:贵州人民出版社.

李翔. 2008. 个体自我评价的途径及其影响因素探析[J]. 前沿,(6):2.

李月华. 2021. 中小学生同伴关系的影响因素及教育建议[J]. 中小学心理健康教育(3):2.

李颖. 2019. 积极心理学视角下限制性团体箱庭疗法预防大学生寝室人际关系问题的探索性研究[J]. 产业与科技论坛(15).

林崇德.1989.品德发展心理学[M].上海:上海教育出版社.

林崇德,杨治良,黄希庭.2003.心理学大辞典[M].上海:上海教育出版社,2003.

林敏.2008.学校、家庭因素对小学六年级学生自我评价的影响[J].心理研究,1(4):5.

刘旺,冯建新.2006.初中生学校适应及其与一般生活满意度的关系[J].中国特殊教育(6):5.

刘翔平.2014.自尊有毒[M].北京:中信出版社.

刘晓,黄希庭.2010.社会支持及其对心理健康的作用机制[J].心理研究(1):7.

马宁,李凌江.2021.基层常见疾病诊疗指南[J].中华全科医师杂志,20(12):1249-1260.

马志国.2013.做一个心理健康的教师:教师心理咨询的48个典型案例[M].北京:教育科学出版社.

彭聃龄.2001.普通心理学(修订版)[M].北京:北京师范大学出版社.

彭贤,李海青.2013.人际关系心理学[M].北京:清华大学出版社,北京交通大学出版社.

乔纳森·布朗.2004.自我[M].北京:人民邮电出版社.

秦萍,张勇.2009.贫困大学生抑郁症状与血浆皮质醇,认知倾向及应对方式的相关研究[J].中国临床心理学杂志(5):3.

邵转霞,安爱军.2017.撷谈影响中小学生同伴关系的心理健康因素及教育策略[J].学周刊(34):2.

申荷永,高岚.2004.沙盘游戏:理论与实践[M].广州:广东高等教育出版社.

史蒂夫·德·沙泽尔.2011.超越奇迹:焦点解决短期治疗[M].重庆:重庆大学出版社.

时蓉华.1988.透视中国社会的社会心理学[M].中国香港:中华书局香港分局.

孙圣涛,卢家楣.2000.自我意识及其研究概述[J].心理学探新(1):17-22.

唐龙香.2013.摄入性会谈在优质护理服务实施中的应用[J].中国医药指南,11(30):2.

特纳.2016.沙盘游戏疗法手册[M].陈莹,姚晓东,译.北京:中国轻工业出版社.

田宝,郭德俊.2001.考试焦虑影响考试成绩的模式研究[C]//第九届全国心理学学术会议文摘选集.

王旭,刘衍玲,林杰,等.2022.亲子关系对中学生心理健康的影响:社会支持和心理素质的链式中介作用[J].心理发展与教育,38(2):9.

卫生部卫生统计信息中心.2001.国际疾病分类(ICD-10)应用指导手册[M].北京:协和医科大学出版社.

肖丽琴.2004.运用Fuzzy公式法对大学生社会适应能力的综合评价[J].武汉体育学院学报,38(5):138-139,145.

许维素.2013.建构解决之道:焦点解决短期治疗[J].宁波:宁波出版社.

燕良轼,王小凤,李桃,等.2018.中学生人际关系对学习投入的影响机制研究[J].中国临床心理学杂志,26(1):6.

杨宜音.2008.关系化还是类别化:中国人"我们"概念形成的社会心理机制探讨[J].中国社会科学(4):12.

岳冬梅.1993.父母教养方式:EMBU的初步修订及其在神经症患者的应用[J].中国心理

卫生杂志,7(3):5.

约翰·萨默斯-弗拉纳根,丽塔·萨默斯-弗拉纳根.2014.心理咨询面谈技术(第4版)[M].陈祉妍,江兰,黄峥,译.北京:中国轻工业出版社.

曾维希.2012.生涯发展的混沌特征与生涯辅导的范式整合[J].电子科技大学学报(社会科学版),14(1):5.

张日昇.2006.箱庭疗法[M].北京:人民教育出版社.

张日昇,刘蒙,林雅芳.2009.箱庭疗法在灾后心理援助与辅导中的应用[J].心理科学(4):5.

张雯,刘亚芮,张日昇.2010.团体箱庭疗法对人际交往不良大学生的治疗过程与效果研究[J].中国临床心理学杂志(2):3.

张雯,张日昇.2016.父母婚姻问题对子女心理成长的影响及表现——基于箱庭作品特征的视角[J].心理与行为研究,14(5):6.

张小乔.1998.心理咨询的理论与操作[M].北京:中国人民大学出版社.

张兴旭,郭海英,林丹华.2019.亲子、同伴、师生关系与青少年主观幸福感关系的研究[J].心理发展与教育,35(4):9.

张英,刘志军.2008.学生适应性研究的现状和展望[J].矿业工程研究,30(2):156-158.

郑日昌,江光荣,伍新春.2006.当代心理咨询与治疗体系[M].北京:高等教育出版社.

周欣然,叶攀琴,孙丽萍.2021.师生、同伴、亲子关系对农村小学寄宿生心理资本的影响:有调节的中介模型[J].中国临床心理学杂志,29(2):230-235.

周雅,刘翔平,苏洋,等.2010.消极偏差还是积极缺乏:抑郁的积极心理学解释[J].心理科学进展(4):8.

周宗奎,曹敏,田媛,等.2021.初中生亲子关系与抑郁:自尊和情绪弹性的中介作用[J].心理发展与教育,37(6):9.

朱智贤.1990.中国儿童青少年心理发展与教育[M].北京:中国卓越出版公司.

朱智贤.1991.发展心理学的研究类型[J].北京师范大学学报(社会科学版)(1):8.

Abramson L Y, Metalsky G I, Alloy L B. 1989. Hopelessness Depression: A Theory-Based Subtype of Depression[J]. Psychological Review, 96(2):358-372.

Anita, Thapar, et al. 2006. Twin Studies in Pediatric Depression[J]. Child & Adolescent Psychiatric Clinics of North America, 2006.

Baumeister R F. 1986. Identity: cultural change and the struggle for self[M]. Oxford University Press.

Blatt, Sidney, Quinlan J, et al. 1995. "Impact of perfectionism and need for approval on the brief treatment of depression: The National Institute of Mental Health Treatment of Depression Collaborative Research Program revisited": Correction[J]. Journal of Consulting & Clinical Psychology.

Bradway K. 1979. Sandplay in psychotherapy[J]. Art Psychotherapy, 1979.

Brammer M, Macdonald D, Passoff M. 1996. Innovest Strategic Value Advisors[J].

Burr W R,Klein S R,Burr R G,et al. 1993. Reexamining family stress:New theory and research. Sage library of social research,193[J]. Sage Publications.

Carlson L,Dugger S M. 2007. Critical Incidents in Counseling Children[M]. American Counseling Association.

Carmichael K D. 1994. Sand play as an elementary school strategy[J]. Elementary School Guidance & Counseling,28(4):302-307.

Crits-christoph P,Mark D,Gibbons M B C. 2002. Supportive-expressive psychodynamic therapy for depression [M]//Reinecke M A. Davison M R. Depression: A practitioner's comparative treatment. Springer Publishing Company. pp. 166-194.

Faraone S V, Schachar R J, Barkley R A, et al. 2017. Early Morning Functional Impairments in Stimulant-Treated Children with Attention-Deficit/Hyperactivity Disorder Versus Controls:Impact on the Family[J]. Journal of Child & Adolescent Psychopharmacology,715-722.

Frost R,Marten P,Lahart C,et al. 1990. The dimensions of perfectionism[J]. Cognitive therapy and research(14-15).

Gotlib I H, Hammen C L. 2009. Handbook of depression,2nd ed[M]. The Guilford Press.

Gu M X. 2004. A Brief Introduction of Swann's Self-Verification Theory and Research [J]. Advances in Psychological Science,12(3):423-428.

Gwenyth,Edwards,Russell,et al. 2001. Parent-Adolescent Conflict in Teenagers with ADHD and ODD[J]. Journal of Abnormal Child Psychology.

Kalff D M. 1966. Introduction to Sandplay Therapy[J]. Journal of sandplay therapy.

La Greca A M,Harrison H M. 2005. Adolescent peer relations,friendships,and romantic relationships:do they predict social anxiety and depression? [J]. Journal of Clinical and Adolescent Psychology,34(1):49-61.

Linehan M M. 1987. Dialectical Behavior Therapy for Borderline Personality Disorder. Theory and Method[J]. Bulletin of the Menninger Clinic,51(3):261-276.

Mackie S,Shaw P,Lenroot R,et al. 2007. Cerebellar Development and Clinical Outcome in Attention Deficit Hyperactivity Disorder[J]. American Journal of Psychiatry,164 (4):647-655.

Monks C, Maunder R. 2014. Children's peer relationships in primary classrooms: friendship quality; participant roles in bullying situations; and links to feelings of self-worth and school belonging [C]//Child and Adolescent Mental Health (CAMHS)Conference 2014,The University of Northampton,(Unpublished).

O'Hanlon W. 1998. Possibility therapy:An inclusive,collaborative,solution-based model of psychotherapy[J].

Ollendick,Thomas H. 1979. Child behavioral assessment[M].

Pearson M,Wilson H. 2001. Sandplay and symbol work:Emotional healing and personal development with children, adolescents and adults [M]//Sandplay & Symbol Work:Emotional Healing & Personal Development with Children,Adolescents,and Adults. Camberwell,Vic. :ACER Press,pp. 41-53.

Peterson C,Maier S F,Seligman M E P. 1993. Learned helplessness:A theory for the age of personal control[M]. Oxford University Press.

Rogers C R. 1942. Counseling and psychotherapy:newer concepts in practice[J]. J R Coll Gen Pract.

Ryan R M. 2017. The (Well-Known) Secrets of Human Motivation:research on facilitating positive engagement using self-determination theory[J]. Publications Office.

Shaffer D,Greenberg T,Waslick B D. 2002. Suicide and suicidal behavior in children and adolescents [M]//The many faces of depression in children and adolescents, American Psychiatric Publishing Inc. pp. 129-178.

Shazer S D,Berg I K,Lipchik E,et al. 1986. Brief Therapy:Focused Solution Development[J]. Family Process,25(2):207-221.

Solomon Z,Shklar R,Mikulincer M. 2005. Frontline treatment of combat stress reaction:a 20-year longitudinal evaluation study [J]. American Journal of Psychiatry,2005,162(12):2309.

Sousa D A. 2011. Mind,Brain,and Education:The Impact of Educational Neuroscience on the Science of Teaching[J]. LEARNing Landscapes,5(1):37-43.

Spence,Donald,Dahl P,et al. 1993. Impact of interpretation on associative freedom[J]. Journal of Consulting & Clinical Psychology.

Valera,E. M,Faraone,et al. 2007. Meta-Analysis of Structural Imaging Findings in Attention-Deficit/Hyperactivity Disorder[J]. Biological Psychiatry,New York.

Wentzel K R,Barry M N,Caldwell K A. 2004. Friendships in Middle School:Influences on motivation and school adjustment[J]. Journal of educational psychology.

Xie Y,Long L R. 2008. Study on Super's Career Stage Theory with the Chinese Samples [J]. Journal of China University of Geosciences(Social Sciences Edition).

后　记

常用技术几乎是所有读者最渴望了解、学习进而在实践中应用的内容,也是广大心理辅导教师最喜欢阅读的内容。本书为读者呈现了 16 个中小学心理辅导的真实案例,在这些真实案例中呈现了心理辅导中常用的技术以及应用示例。为了突出心理辅导技术的部分,我在每个案例正文中出现心理辅导技术时,以批注的形式标明了该技术的定义、适用范围、本次使用的适用程度等内容。就像是案例教学法的文字版,透过真实的案例,我与读者一起来学习心理辅导技术的使用方法和使用时机。以批注的形式撰写虽然鲜活却也冒险,在撰写中我遇到了以下三个问题。

第一个问题:真实还是完美?我希望为大家呈现真实的心理辅导案例,因此在案例收集之初提供了案例写作的模板,说明了真实性的理由。但拿到案例后我又不免疑惑:这是否可以代表提交者的真实水平?我相信每一位提交者都在自己负责的案例中耗费心力,渴望表现专业又温暖的自己,但显然这些作品也渗透着提交者的专业水平和学习历程,甚至呈现出中小学心理辅导教师这个职位特有的一些历史发展问题。因此我动过请提交者修改到完美的念头,然而最终让我放弃这个打算的原因是尽管真实并不完美,但真实更有力量。我会尽可能把案例原汁原味地放到每一个章节,仅删减所有案例都有的重复内容(如辅导双方的权利和责任)和修改错别字,对于不同的表达习惯和案例繁简程度尽量不做调整,以期让读者看到中小学心理辅导的真实案例。与此同时,我也深深地希望并感激读者不要以批判和刻板的眼光来看待这些心理辅导案例及案例的提供者,尤其是在我言辞并不温和的批注和略带严苛的技术拆解后,大家难免会低估提交案例的心理辅导教师的真实水平。"事非经过不知难",如果以旁观者的角度看待心理咨询或者心理辅导的过程及其作品,那么无论多么经验丰富的咨询师都会在其过程中犯低级、愚蠢或者低级又愚蠢的错误。心理咨询师或者心理辅导教师的专业性,归根结底仰仗于他们对人性的深度理解和对世俗的圆转包容,这里面不仅仅是说话的艺术,更是对人类苦难的悲悯,是对生命灵动的敬畏,是坚信在狭窄阴郁中拥有希望的信仰,是与同类一起共赴深渊的勇敢。但每位心理辅导教师皆是普通人,他们在有限的心理辅导时间里尽力遗忘自己的烦恼,调动自己的灵性,却也难免受困于以往的经验和个人的价值坚守,更遑论中小学心理辅导教师的专业成长之路并非坦途,他们才是困难重重中的坚守者,奋力在这个行业发展中不断协调、寻求平衡的探路者,也是不断学习、不断自我约束的苦修人。

第二个问题:如何做到既尊重学员教师们的劳动成果,又保护来访学生的隐私?每位来访者都担心心理辅导教师会暴露自己的隐私。几乎所有的心理咨询类工作者都要学会克制自己炫耀成功的冲动和不合理的"好奇",这种克制给整个行业带来了神秘的色彩。不过一味地把自己的心理辅导案例捂在怀里,最可能的结果是失去外部因素对心理辅导教师本人自我觉察的助益,因此定期的案例研讨、及时的寻求督导、撰写反思日志和案例报告等行为减弱了上述情况出现的可能。所有的心理辅导教师需要在同行分享、督导工作和撰写案例时考虑到对来访者的隐私的保护,其中必要的包括:用无法被大众揣测的名称替代来访者的真实姓名,有些心理辅导教师在使用这一方法时并不娴熟,如他们可能仅迷糊了名字,采用真实的姓+某的方式呈现来访者的姓名信息,这样的情况十分常见,然而这样做并不能百分之百地保护学生的姓名信息,毕竟学校的"李某""张某"可能数量太多不好一一对应,然而"欧阳某""东方某"出现的话,那几乎算是直指当事人了。即使是"王某"这种常见的形式也有风险,例如两个王同学来寻求支持,那么"王某"或者"王某某"之外,心理辅导教师可能无法接待再多的"王同学"了。因此简单的字母编码如小 A 是比较适合的替代真实姓名的方法。如果遇到来访学生过多、需要定期督导等复杂的情况,也可以变通使用拼音和字母编码,如姓名的首字母和最后一字拼音的第二个字母,如张三可以使用 ZSA 来代替、李晓明可以使用 LXMI 来代替。除了姓名,学生的家庭成员、学校教师、同学也不能实名出现(本书案例中使用的所有人名均为化名)。

本书采用了三种方式来保护来访者,第一种方式是报告心理辅导的全过程,但仅呈现 1~2 次辅导的细节。第二种方式是不完全呈现案例的全部辅导过程,采用节选的方式呈现。有的案例节选了心理辅导的前半部分,有的案例节选了心理辅导中的重要转折部分。第三种保护来访学生隐私的方式是在本书中集中呈现案例提供者和分散呈现案例,这样做一方面可以更加充分地保护来访者的基本信息——就读学校信息不被识别;另一方面也是因为考虑到案例均来自某市,心理辅导教师彼此熟知,如果将二者对应呈现,很容易引发彼此间的猜测和推导。当然,因为案例的提供者并非随机取样,案例也经过挑选,有些案例是在几年前提交的,因此这部分案例并不能代表该地区全体教师当前的实际心理辅导水平。

第三个问题:术语如何使用? 心理辅导案例中使用的术语会涉及翻译的不同、习惯的不同乃至理解的不同等问题。如何在尊重心理辅导案例和相关研究的基础上更加贴近心理辅导教师的实际,这部分确实很有挑战。如箱庭疗法与沙盘游戏,尽管二者同宗同源,仅有细微的差异(本书并不涉及这种差异)。前者我使用了十几年,对我而言有深厚的感情,后者则只像一个专业名词。但很多心理辅导教师与我恰恰相反,他们更倾向于使用沙盘游戏一词,这也导致我在阅读批注时颇为纠结,最终理性靠微弱的优势战胜了情感:当案例提供者和相关研究者使用沙盘游戏时,我尊重他们的专业背景,同样使用沙盘游戏一词。同样,箱庭疗法一词出现的概率也较高,某种意义上对我是一种快乐的来源。另一对混合使用的词语是心理咨询和心理辅导,以及由其衍生出的咨询师和心理辅导教师,在部分地方我尊重以往研究者的表述,直接沿用了心理咨询和咨询师等用语,但在可以调整的部分我更突出了心理咨询迁移心理辅导领域的适用性。鉴于上述种种,大家在阅读时可能需要灵活转换,好在这些术语本质相差不大,虽然阅读体验可能并不流畅,但从另一角度看,这未必不是帮助读者提高注意稳定性的办法。

在心理辅导案例中直接批注这种方式并非我首创,最让我印象深刻的是《循环提问》中的使用,让人颇感惊艳。当然,我的经验、水平、写作风格都无法与经典书籍的作者相提并论,但我的这些批注也是诚心之作,希望给大家带来更多的思考和益处,唤起更多的工作激情。

本书涵盖了中小学心理辅导工作常用的理论和技术,力求贴近实践,重在实用。希望本书可以成为广大中小学心理教师的工具书,也可以被渴望学习心理辅导、致力于从事中小学心理辅导相关工作的专业人士认可。本书理论和技术多与心理咨询相通,因此我也期待更多的心理咨询同行给予批评指正。

尽管本书结构相对完整,但与不断发展的中小学生来访者相比,与人性的奥秘和灵动相比,本书的表述显得刻板又苍白。我希望得到读者更多的建议,使我能够有更多的视角去理解中小学心理辅导这一工作。此外,书中难免有这样那样的缺点和错误,在此真诚地希望专家、同行和读者不吝赐教,以便修改和更正。